Erfolgreich integrieren –
die Staatliche Europa-Schule Berlin

Zu den Herausgebern

Jens Möller hat an der Christian-Albrechts-Universität zu Kiel die Professur Psychologie für Pädagogen inne. Seine Hauptforschungsgebiete sind Bilingualität, Motivation und Lehrerprofessionalisierung.

Friederike Hohenstein hat am Institut für Psychologie in der Abteilung Psychologie für Pädagogik der Christian-Albrechts-Universität über das professionelle Wissen von Lehramtsstudierenden promoviert und ist als Post-Doc im Rahmen der Europa-Studie für das Projektmanagement verantwortlich.

Johanna Fleckenstein ist als Post-Doc wissenschaftliche Mitarbeiterin am Leibniz-Institut für die Pädagogik der Naturwissenschaften und Mathematik (IPN). Ihre hauptsächlichen Forschungsinteressen umfassen die Messung und den Erwerb zwei- und fremdsprachiger Kompetenzen sowie die Motivation von Schülerinnen und Schülern.

Olaf Köller ist Geschäftsführender Wissenschaftlicher Direktor am Leibniz-Institut für die Pädagogik der Naturwissenschaften und Mathematik (IPN) und Professor für empirische Bildungsforschung an der Christian-Albrechts-Universität zu Kiel. Sein Forschungsschwerpunkt liegt in der Untersuchung fachspezifischen Lernens über die Lebensspanne.

Jürgen Baumert ist Direktor emeritus am Max-Planck-Institut für Bildungsforschung in Berlin und Honorarprofessor an der Christian-Albrechts-Universität zu Kiel. Seine Forschungsschwerpunkte sind: Individuelle Entwicklung in institutionellen Kontexten, Lehren und Lernen sowie pädagogische Professionalität.

Jens Möller, Friederike Hohenstein,
Johanna Fleckenstein, Olaf Köller,
Jürgen Baumert (Hrsg.)

Erfolgreich integrieren – die Staatliche Europa-Schule Berlin

Waxmann 2017
Münster • New York

Bibliografische Informationen der Deutschen Nationalbibliothek
Die Deutsche Nationalbibliothek verzeichnet diese Publikation in
der Deutschen Nationalbibliografie; detaillierte bibliografische
Daten sind im Internet über http://dnb.dnb.de abrufbar.

Print-ISBN 978-3-8309-3577-3
E-Book-ISBN 978-3-8309-8577-8

© Waxmann Verlag GmbH, Münster 2017
Steinfurter Straße 555, 48159 Münster

www.waxmann.com
info@waxmann.com

Umschlaggestaltung: Anne Breitenbach, Münster
Titelbild: © Monkey Business Images, Shutterstock.de
Satz: Erna Schiwietz, Berlin
Druck: Hubert & Co., Göttingen

Gedruckt auf alterungsbeständigem Papier,
säurefrei gemäß ISO 9706

Printed in Germany

Alle Rechte vorbehalten. Nachdruck, auch auszugsweise, verboten.
Kein Teil dieses Werkes darf ohne schriftliche Genehmigung des
Verlages in irgendeiner Form reproduziert oder unter Verwendung
elektronischer Systeme verarbeitet, vervielfältigt oder verbreitet werden.

Inhalt

Vorwort 7

Kapitel 1
Die Staatliche Europa-Schule Berlin: Entwicklungsstand und Evaluation
in der EUROPA-Studie
Jens Möller, Friederike Hohenstein, Esther D. Adrian & Jürgen Baumert 11

Kapitel 2
Formen und Effekte des Fremdsprachenerwerbs und der bilingualen Beschulung
Jens Möller, Friederike Hohenstein, Johanna Fleckenstein & Jürgen Baumert 25

Kapitel 3
Die EUROPA-Studie: Untersuchungsanlage, Stichproben, Erhebungsinstrumente
und analytisches Vorgehen
Friederike Hohenstein, Jürgen Baumert, Johanna Fleckenstein,
Esther D. Adrian, Susanne Radmann & Jens Möller 49

Kapitel 4
Wer besucht die Staatliche Europa-Schule Berlin? Sprachlicher, ethnischer und
sozioökonomischer Hintergrund sowie kognitive Grundfähigkeiten der
Schülerinnen und Schüler
Jürgen Baumert, Friederike Hohenstein, Johanna Fleckenstein & Jens Möller 75

Kapitel 5
Die schulischen Leistungen an der SESB – 4. Jahrgangsstufe
Jürgen Baumert, Friederike Hohenstein, Johanna Fleckenstein, Sandra Preusler,
Isabell Paulick & Jens Möller 95

Kapitel 6
Die schulischen Leistungen an der SESB – 9. Jahrgangsstufe und 15-Jährige
Johanna Fleckenstein, Jens Möller, Friederike Hohenstein, Susanne Radmann,
Michael Becker & Jürgen Baumert 189

Kapitel 7
Interkulturelle Verständigung und kulturelle Integration
Jürgen Baumert, Olaf Köller, Jens Möller & Friederike Hohenstein 253

Kapitel 8
Soziale Eingebundenheit in immersiven und monolingualen Klassenzimmern.
Ein Index zur Messung sprachbezogener Inklusion
Lysann Zander, Bettina Hannover, Christian Steglich & Jürgen Baumert 285

Kapitel 9
Gesamtüberblick über die Ergebnisse der ersten Phase der EUROPA-Studie
Jens Möller, Johanna Fleckenstein, Friederike Hohenstein & Jürgen Baumert 305

Kapitel 10
Schulporträts 313

Vorwort

Vorrangiges Ziel der Staatlichen Europa-Schule Berlin (SESB) ist die Zweisprachigkeit der Schülerinnen und Schüler. Die SESB folgt dem Konzept der dualen Immersion. In dieser Konzeption wird neben einer Erstsprache (L1) eine Zweitsprache (L2) als gleichberechtigte Unterrichtssprache verwendet. Die Zweitsprache wird also nicht als Unterrichtsfach gelehrt wie im herkömmlichen Fremdsprachenunterricht, sondern in den Fächern als Unterrichtssprache verwendet. In der EUROPA-Studie, der hier vorgestellten Evaluation dieses Schulmodells, werden die Effekte der dualen Immersion an der SESB analysiert, an der Schülerinnen und Schüler mit der Erstsprache Deutsch gemeinsam mit Schülerinnen und Schülern Schulklassen bilden, die als Erstsprache eine von neun Partnersprachen sprechen. Als Partnersprachen sind Englisch, Französisch, Griechisch, Italienisch, Polnisch, Portugiesisch, Russisch, Spanisch und Türkisch einbezogen. Angestrebt wird jeweils in den einzelnen Klassen und Sprachprogrammen eine ungefähr hälftige Zusammensetzung aus Schülerinnen und Schülern mit Deutsch und der jeweiligen Partnersprache als L1. Als SESB werden sämtliche Klassen bezeichnet, die sich auf die unterschiedlichen Sprachprogramme verteilen.

Zentrales Anliegen der EUROPA-Studie ist die Erfassung schulischer Leistungen und psychosozialer Variablen im Querschnitt in der 4., 6. und 9. Jahrgangsstufe. Zum Vergleich werden Kontrollgruppen aus Berlin und Daten aus internationalen Schulleistungsvergleichsstudien wie PIRLS, TIMSS und PISA herangezogen. Mit dem Vorhaben werden erstmals umfassend die Effekte der Zweiwegimmersion in Deutschland untersucht. In späteren Schritten wird längsschnittlich die Entwicklung von der 4. bis zur 6. Jahrgangsstufe untersucht.

Ein so aufwändiges Forschungsprojekt ist nicht ohne die Unterstützung vieler Institutionen und Personen durchführbar. An erster Stelle sind die Schülerinnen und Schüler, die Lehrkräfte, Schulleitungen und Eltern aus der SESB und den Vergleichsklassen zu nennen, deren Mitarbeit die vorliegenden Erkenntnisse zu verdanken sind. Die Bereitschaft, sich dieser Form der externen Evaluation zu stellen, ist beispielhaft! Zu danken ist dem Abgeordnetenhaus der Stadt Berlin für den Beschluss, die Arbeit und das Konzept der SESB wissenschaftlich untersuchen zu lassen. Bei der Umsetzung dieses Beschlusses ist der Senatsverwaltung für Bildung, Jugend und Wissenschaft für ihre Unterstützung zu danken. Ohne die freundliche, engagierte und inspirierende Unterstützung durch den Abteilungsleiter Tom Stryck und seine Mitarbeiterinnen und Mitarbeiter wäre das Projekt weniger reibungslos gelaufen. Hervorheben wollen wir gern das Engagement von Wilfried Stotzka von der Senatsverwaltung für Bildung, Jugend und Wissenschaft bei der Vermittlung zwischen den Schulen und dem Evaluationsteam – Herr Stotzka räumte viele Stolpersteine beiseite und bestimmte die sehr kooperative Atmosphäre nachhaltig. Auch Beate Schöneburg von der Senatsverwaltung ist besonders zu danken für die sehr unterstützende und konstruktive Zusammenarbeit.

Zu Dank verpflichtet sind wir der Mercator-Stiftung, die durch die großzügige Förderung des Projekts „Bilingualer Unterricht an der Staatlichen Europa-Schule in Berlin – ein praktikabler Weg, die Bildungsbenachteiligung von Zuwandererkindern zu reduzieren?" Mittel bereitstellte, die dabei halfen, die längsschnittliche Entwicklung der Schülerinnen und Schüler der SESB zu verfolgen. Die Datenerhebung erfolgte in Kooperation mit dem IEA Data Processing and Research Center in Hamburg, das mit seiner vielfach erprobten Expertise sehr zum Gelingen des Projekts beitrug.

Ebenfalls ist den Kolleginnen und Kollegen zu danken, die im Projekt zeitweise gearbeitet haben und die sich Verdienste bei der Datenerhebung, der Datenanalyse und/oder der Erstellung des Buches erworben haben, zu nennen sind vor allem Kristina Gebauer und Franz Möckel. Unterstützung bei den statistischen Analyseverfahren bekamen wir außer von den Koautoren mancher Kapitel von Oliver Lüdtke, Gabriel Nagy, Alexander Robitzsch und Marcus Pietsch, denen ebenfalls zu danken ist. Wir danken auch Kai Maaz, Marko Neumann, Michael Becker und Hanna Dumont und weiteren Kolleginnen und Kollegen der BERLIN-Studie, die uns viele Fragen beantwortet und mit Rat und Tat zur Seite gestanden haben. Sehr unterstützend waren auch die Kooperation und das Feedback durch Michael Becker-Mrotzek, den Direktor des Mercator-Instituts für Sprachförderung und Deutsch als Zweitsprache an der Universität zu Köln. Beim Redigieren des Textes und beim Layout des Buches leisteten Marianne Hauser und Erna Schiwietz vom Max-Planck-Institut für Bildungsforschung in Berlin Außerordentliches: Vielen Dank! Christina Zimmermann, ebenfalls vom Max-Planck-Institut für Bildungsforschung, ist für die vielfältigen Koordinationsarbeiten zu danken.

Dankesworte sind naturgemäß in der Vergangenheitsform formuliert – die EUROPA-Studie hat zwar wesentliche Schritte bereits getan, wie das vorliegende Buch zeigt –, dennoch stehen weitere Nacherhebungen und viele Nachbereitungen an, die noch eindeutiger die überdauernden Effekte der SESB zeigen werden. Insofern verbindet sich mit diesem Dank die Hoffnung, dass die zukünftige Zusammenarbeit weiter vom Geist der Kooperation und der gegenseitigen Unterstützung getragen wird.

Struktur des Buches

Zunächst wird in Kapitel 1 das Konzept der SESB vorgestellt. Anschließend werden in Kapitel 2 die unterschiedlichen Formen des Fremdsprachenerwerbs und der Forschungsstand zu den Effekten des Fremdsprachenlernens vorgestellt. In Kapitel 3 werden die Ziele und die Durchführung der Evaluation der SESB beschrieben. Mit Kapitel 4 beginnt die Ergebnisdarstellung. Dort wird als Ergebnis der Evaluation erstmals ausführlich berichtet, welche Schülerinnen und Schüler die SESB besuchen. Im Mittelpunkt stehen dabei die sprachlichen, ethnischen und sozioökonomischen Hintergründe der Schülerinnen und Schüler. In den beiden nächsten Kapiteln 5 und 6 geht es um die schulischen Leistungen der Schülerinnen und Schüler der SESB. Vor allem gehen wir hier auf die Leistungen der Schülerinnen und Schüler in der 4. Jahrgangsstufe (Kap. 5) und der Schülerinnen und Schüler in der 9. Jahrgangsstufe sowie der 15-Jährigen (Kap. 6) in den erst- und zweitsprachlichen Unterrichtsfächern, der Mathematik und den Naturwissenschaften ein. Die Fachleistungen in den jeweiligen Schulen werden mit den Leistungen von Schülerinnen und

Schülern aus Vergleichsstichproben aus Berlin und mit den Leistungen von Schülerinnen und Schülern aus den Partnerländern verglichen.

Zur Evaluation gehört neben der Erfassung der schulischen Leistung auch die Überprüfung der Frage, wie sich das Konzept der SESB auf Persönlichkeitsaspekte und die Integration von Schülerinnen und Schülern auswirken. In Kapitel 7 geht es um die psychosoziale Integration der Schülerinnen und Schüler mit unterschiedlichen sprachlichen und ethnischen Hintergründen. Der Ergebnisteil wird in Kapitel 8 abgeschlossen mit einer Darstellung der Befunde aus Analysen sozialer Netzwerke. Hier werden Fragen zu Interaktionsmustern zwischen den Schülerinnen und Schülern unterschiedlicher Herkunft und Sprachgruppen beantwortet. Schließlich werden die Ergebnisse in Kapitel 9 zusammengefasst, und es wird die weitere Entwicklung des Projekts skizziert. Im Abschlusskapitel 10 stellen sich die einzelnen SESB-Standorte kurz vor.

Kapitel 1
Die Staatliche Europa-Schule Berlin: Entwicklungsstand und Evaluation in der EUROPA-Studie

Jens Möller, Friederike Hohenstein, Esther D. Adrian & Jürgen Baumert

Die Staatliche Europa-Schule Berlin (SESB) fasst an verschiedenen Grund- und Sekundarschulen in Berlin eingerichtete Klassen zusammen, die jeweils Unterricht in einer von insgesamt neun Sprachkombinationen aus Deutsch und einer anderen Partnersprache anbieten. An der SESB gibt es neun Sprachkombinationen (Deutsch mit Englisch, Französisch, Griechisch, Italienisch, Polnisch, Portugiesisch, Russisch, Spanisch und Türkisch). Die Konzeption der SESB folgt den Prinzipien immersiven („in ein Sprachbad eintauchenden") Unterrichts, das heißt, die Schülerinnen und Schüler sind in manchen Schulfächern mit einer Sprache als Unterrichtssprache konfrontiert, die nicht ihre Erstsprache (L1) ist. Zu den konzeptuellen Besonderheiten dieser Form immersiven Unterrichts an der SESB zählen die Gleichberechtigung der beiden beteiligten Sprachen, die paritätische Besetzung der Klassen mit deutschsprachigen Schülerinnen und Schülern sowie die unterschiedliche sprachliche Herkunft der Lehrkräfte. Die Besonderheit der bilingualen Konzeption der SESB stellt sich für die beiden Klientel in unterschiedlicher Weise dar: Für die Schülerinnen und Schüler mit Deutsch als L1 wird eine Zweitsprache als Unterrichtssprache verwendet, und sie haben Mitschülerinnen, Mitschüler und Lehrkräfte, deren L1 diese Sprache ist. Anders als an anderen deutschen Schulen wird für Schülerinnen und Schüler, deren L1 eine andere Partnersprache als Deutsch ist, diese zum Unterrichtsfach und zur Unterrichtssprache in manchen Sachfächern. Zudem treffen sie auf Lehrkräfte, die die L1 mit ihnen gemeinsam haben. Zentrale Ziele der SESB sind die Bilingualität der Schülerinnen und Schüler und die soziale und kulturelle Integration der Gruppen mit einem besonderen Augenmerk auf europäischer Verständigung.

In diesem Kapitel wird zunächst das Konzept der SESB dargestellt. Ein knapper Überblick über ihre Geschichte schließt an, gefolgt von einer Übersicht über die Standorte der SESB, die aktuellen Schülerzahlen und deren Entwicklung an Primar- und Sekundarschulen, differenziert nach Sprachprogrammen.

1.1 Zum Konzept der Staatlichen Europa-Schule Berlin

Das Spracherwerbskonzept der SESB basiert darauf, dass neben Deutsch eine zweite (Partner-)Sprache für die Vermittlung von Sachinhalten im Fachunterricht eingesetzt wird. Die

Klientel der SESB hat entweder einen deutsch- oder einen partnersprachigen Hintergrund; Schülerinnen und Schüler, für die Deutsch die L1 ist, besuchen gemeinsam mit Schülerinnen und Schülern, für die die jeweilige Partnersprache die L1 ist, die Klassen der SESB. Somit arbeitet die SESB nach dem Konzept der *dualen Immersion*. Duale Immersion hat zum Ziel, Schülerinnen und Schüler mit einer Erstsprache (L1, hier beispielsweise Deutsch) gemeinsam mit Schülerinnen und Schülern, die eine sogenannte Partnersprache als L1 (hier beispielsweise Englisch oder Russisch) gelernt haben, zweisprachig in gemeinsamen Klassen zu unterrichten (zu Formen und Effekten immersiven Unterrichts siehe genauer Kap. 2). Für die Schülerinnen und Schüler, die Deutsch als L1 sprechen, wird im Gegensatz zum konventionellen Fremdsprachenunterricht die Partnersprache (L2) als Unterrichtssprache in ausgewählten Fächern eingesetzt und damit eine Lern- und Kommunikationssituation geschaffen, die weit über Verfahren und Inhalte traditionellen Fremdsprachenunterrichts hinausreicht. Es müssen dabei keine fremdsprachigen Gesprächssituationen gesondert hergestellt werden, die Inhalte der fremdsprachigen Kommunikation ergeben sich im Fachunterricht aus den Erfordernissen der unterrichteten Fächer (Zydatiß, 2000). Für die Schülerinnen und Schüler, die eine nichtdeutsche Partnersprache als L1 sprechen, wird im Gegensatz zum konventionellen Unterricht diese Partnersprache als Unterrichtssprache eingesetzt und als eigenständiges Unterrichtsfach unterrichtet. Die Lernenden sollen besonders anfangs sprachlich eher wenig korrigiert werden und sich die zu lernende Sprache aus dem Zusammenhang erschließen, in dem sie verwendet wird.

Deutsch und die jeweilige Partnersprache sind schulrechtlich und curricular gleichgestellt. Das Konzept der SESB sieht nach Sprachgruppen getrennten Sprachunterricht und gemeinsamen immersiven Fachunterricht vor. Im immersiven Fachunterricht werden Deutsch oder die jeweilige Partnersprache als Unterrichtssprache verwendet; für manche Schülerinnen und Schüler einer Klasse ist dies dann die L1, für andere die L2. Im Sprachunterricht werden die Klassen in den Jahrgangsstufen 1 bis 8 geteilt, sodass Schülerinnen und Schüler mit Deutsch als L1 getrennt von den Schülerinnen und Schülern unterrichtet werden, für die Deutsch die L2 ist. Ebenso findet der partnersprachige Sprachunterricht für die beiden Schülergruppen getrennt statt. Der Sprachunterricht wird von Lehrkräften gegeben, für die die jeweilige Sprache ihre L1 ist. Ab der 9. Jahrgangsstufe werden die Schülerinnen und Schüler im Sprachunterricht nicht mehr getrennt unterrichtet, sie besuchen den Unterricht nun auch in beiden Sprachen gemeinsam. Ziel der bilingualen Instruktion ist die Beherrschung beider Sprachen auf einem Niveau, auf dem die Schülerinnen und Schüler fachkundige Sprachkompetenzen besitzen, somit also längere Texte verstehen und auch implizite Bedeutungen erfassen können und die Sprache im gesellschaftlichen und beruflichen Leben oder in Ausbildung und Studium wirksam und flexibel gebrauchen können (Europarat, 2001).

Das Konzept sieht als Zusammensetzung der Klassen 50 Prozent deutschsprachige und 50 Prozent Schülerinnen und Schüler der nichtdeutschen Partnersprache vor. In der Praxis finden sich allerdings je nach Sprachprogramm deutliche Abweichungen von dieser Regel (siehe Kap. 4).

Der Fachunterricht findet etwa jeweils hälftig in einer der beiden Sprachen statt. In deutscher Sprache werden Mathematik, Chemie und Physik erteilt. In der Partnersprache werden die Fächer Sachkunde, Geografie, Geschichte/Politische Bildung, Biologie, Geschichte/ Sozialkunde und Politik unterrichtet. Die Unterrichtssprache in Musik, Kunst, Sport und Ethik wird durch die einzelne Schule bestimmt. Die Wahl der Sprache im Fach Naturwissenschaften kann vom thematischen Schwerpunkt abhängig gemacht werden. Dabei können auch beide Sprachen abwechselnd verwendet werden. An der SESB gilt die Partnersprache bereits als erste Fremdsprache, ab Jahrgangsstufe 5 wird dann für alle Schülerinnen und Schüler gemeinsam zusätzlich eine zweite Fremdsprache eingeführt und durchgängig bis Jahrgangsstufe 10 unterrichtet. Im deutsch-englischen Sprachprogramm ist dies Französisch, ansonsten Englisch.

Neben der Bilingualität strebt die SESB das interkulturelle Lernen mit besonderem Europa-Bezug an. Interkulturelle Lerngelegenheiten ergeben sich zum einen aus der Zusammensetzung der Schülerschaft (siehe Kap. 3), zum anderen aus eigens initiierten Projekten wie Partnerschulprojekten und sprachen- und standortspezifischen Projekten, die kulturelle Spezifika der Partnerländer thematisieren. Dazu zählen Schüleraustausche, Klassenfahrten, Projektwochen (z. B. *book week, la semaine de goût*), die Zusammenarbeit mit Kulturinstituten und Botschaften, bilinguale Schülerzeitungen, Feste und Tanzgruppen (Schumacher, 2005). Zudem gab und gibt es gemeinsame Veranstaltungen der SESB-Standorte wie Vorlese- und Schreibwettbewerbe in Deutsch und einzelnen Partnersprachen, die Fußballmeisterschaft der SESB oder die anlässlich der Olympischen Spiele in Athen von den griechischen Grundschulen organisierten Sportveranstaltungen.

1.2 Zur Geschichte der Staatlichen Europa-Schule Berlin

Städte wie Berlin gelten als „multikulturelle Ballungsgebiete" (Zydatiß, 2000, S. 37), die innovative Schulentwicklungen wie die SESB wegen der vielfältigen Zuwanderung begünstigen. Nach Gräfe-Bentzien (2001) sind die ersten Anstöße zur Gründung europäisch orientierter Schulen in Berlin schon in den 1980er-Jahren unter anderem von Elterninitiativen und der Europa-Union ausgegangen. Ziel war es, den Wert der Sprachenvielfalt im vereinten Europa zu betonen und Mehrsprachigkeit mithilfe einer neuen Fremdsprachendidaktik zu fördern. Zu diesem Zweck entstand im Senat die Planungsgruppe „Staatliche Europa-Schule Berlin", die sich mit den Vorgaben in Bezug auf die Sprachen, die Klassenzüge, die Stundentafel, den Lehrerbedarf und die Standorte beschäftigte. Es sollte ein neues Schulkonzept entstehen, das sich als sogenannte Begegnungsschule verstand, in der verschiedene europäische Sprachen nebeneinander bestehen sollten. Im Schuljahr 1992/93 wurde dann die Staatliche Europa-Schule Berlin gegründet, zunächst mit ersten Vorklassen mit den drei Sprachkombinationen Deutsch-Englisch, Deutsch-Französisch und Deutsch-Russisch. Vom Abgeordnetenhaus wurde der Schulversuch 1993 für die gesamte – in Berlin sechsjährige – Grundschulzeit offiziell genehmigt, und zum Schuljahr 1993/94 wurden jeweils zwei parallele Grundschulklassen mit den genannten Partnersprachen eingerichtet. In den nächsten Jahren kamen die Partnersprachen Spanisch, Italienisch (1994/95), Türkisch und Griechisch (1996/97), Portugiesisch (1997/98) und Polnisch (1998/99) hinzu. Seit dem Schuljahr 2006/07 ist die SESB im Grundschulbereich gebundene Ganztagsschule.

Nach der 6. Jahrgangsstufe erfolgt der Übertritt in die Sekundarstufe I, in der Mehrzahl der Sprachkombinationen eine Integrierte Sekundarschule (ISS) mit gymnasialer Oberstufe (für die drei Sprachkombinationen Deutsch-Englisch, Deutsch-Italienisch und Deutsch-Griechisch besteht die Wahl zwischen Gymnasium und ISS). Mit dem Ende des Schuljahres 2005/06 legten die ersten Schülerinnen und Schüler der sechs Vorklassen aus dem Schuljahr 1992/93 das zweisprachige Abitur ab. Das Abitur in der zuletzt hinzu gekommenen deutsch-polnischen Sprachkombination wurde erstmals im Jahr 2011/12 abgelegt. Die SESB ist eine Regelschule und seit 2012 eine „Schule besonderer pädagogischer Prägung", die „durch die integrierte Erziehung und Bildung in kulturell heterogenen Lerngruppen bei durchgängig zweisprachigem Unterricht" gekennzeichnet ist (Senatsverwaltung, 2012, S. 1).

1.3 Stundentafel, Standorte und Schülerzahlen

Stundentafeln

Die Tabellen 1.1 und 1.2 zeigen die Stundentafeln für die Grundschulen und für die Sekundarstufe I der SESB. Die Gesamtstundenzahl liegt bei den Grundschulen der SESB leicht über dem Stundendurchschnitt der Regelschulen, was durch den Unterricht in Deutsch und der nichtdeutschen Partnersprache begründet ist. Für die beiden Sprachen sind im Bedarfsfall zusätzliche Förderstunden vorgesehen. Für die Klassen der Gymnasien deckt sich die Gesamtstundenzahl, während die Klassen der ISS der SESB minimal über dem Stundendurchschnitt der Regelschulen liegen.

Tabelle 1.1: Stundentafel für die Klassen der Grundschule der SESB (modifiziert; Senatsverwaltung, 2012)

Unterrichtsfach	Schulanfangsphase		Jahrgangsstufen			
	1	2	3	4	5	6
Muttersprache[1]	7	7	6	6	5	5
Partnersprache[1]	3	4	6	6	5	5
Mathematik	5	5	5	5	5	5
Sachunterricht	2	2	3	5	–	–
Kunst/Musik	3	3	3	3	3	3
Sport	2	2	2	2	2	2
Zweite Fremdsprache					5	5
Naturwissenschaften					4	4
Geografie					3 (1)	4 (2)
Geschichte/Politische Bildung					(2)	(2)
Gesamtstundenzahl[1, 2]	22	23	25	27	32	33
Sonstige Grundschulen nach GsVO[3]	20	21	24	27	30	31

1 Hinzu kommen bei (nachgewiesenem) Bedarf pro Partnersprachgruppe 2 Förderstunden, die in getrennten Gruppen erteilt werden.
2 Gemäß § 13 Abs. 5 SchulG sind im Stundenplan wöchentlich zwei Stunden innerhalb der normalen Unterrichtszeit für den Religions- bzw. Weltanschauungsunterricht freizuhalten.
3 Verordnung über den Bildungsgang der Grundschule (Grundschulverordnung – GsVO) vom 19. Januar 2005.

Tabelle 1.2: Stundentafel für die Klassen der Sekundarstufe I der SESB (modifiziert; Senatsverwaltung, 2012)

Unterrichtsfach	Jahrgangsstufen								Unterrichtssprache
	ISS				Gymnasium				
	7	8	9	10	7	8	9	10	
Muttersprache[2]	4	4	4	4	4	4	4	4	D[1]
Partnersprache[2]	4	4	4	4	4	4	4	4	P[1]
Zweite Fremdsprache	3	3	3	3	3	3	3	3	2. FS
Mathematik	4	4	4	4	4	4	4	4	D
Physik	2	2	3	3	2	2	2	2	D
Chemie							2	2	
Biologie	2	2	2	2	2	2	2	2	P
Geschichte/Sozialkunde	2	2	2	2	2	2	2	2	P
Geografie	1	1	1	1	1	1	1	1	P
Ethik[3]	2	2	2	2	2	2	2	2	D oder P
Musik[3]	2	2	2	2	1,5	3	2	2	D oder P
Bildende Kunst[3]					1,5	–	–	–	
Sport[3]	2	2	2	2	2	2	2	2	D oder P
Profilstunden[4]	5	5	3	3	4	4	4	4	
Wahlpflichtunterricht	–	–	2 (3)[5]	2 (3)[5]	–	–	–	–	
Gesamtstundenzahl	33	33	34	34	33	33	34	34	

1   D = Unterrichtssprache ist Deutsch, P = Unterrichtssprache ist die nichtdeutsche Partnersprache.
2   In den Jahrgangsstufen 7 und 8 werden Deutsch und die nichtdeutsche Partnersprache in geteilten Lerngruppen unterrichtet.
3   Über die Unterrichtssprache in diesen vier Fächern entscheidet jede Schule unter Berücksichtigung des Gleichgewichts beider Partnersprachen.
4   Profilstunden dienen an den ISS der Verstärkung von Unterrichtsfächern, Lernbereichen bzw. der Durchführung des Fachs Wirtschaft, Arbeit, Technik sowie für den Unterricht in fachübergreifenden Aufgabenbereichen. An den Gymnasien dienen Profilstunden der Verstärkung von Unterrichtsfächern und Lernbereichen sowie für den Unterricht in fächerübergreifenden Aufgabengebieten oder dem Wahlpflichtunterricht (z. B. dritte Fremdsprache).
5   Es handelt sich um drei Unterrichtsstunden, sofern als Wahlpflichtfach eine dritte Fremdsprache gewählt wird.

Standorte und Schülerzahlen

SESB-Züge wurden an bereits bestehenden Grundschulen und weiterführenden Schulen eingerichtet. Aus ihrem Status als Regelschule resultiert, dass die SESB an die geltenden Rechtsvorschriften wie die Grundschulordnung und den Berliner Rahmenplan gebunden ist. Zur Umsetzung des Unterrichts in Deutsch als Partnersprache sowie in den nichtdeutschen Sprachen einerseits als Erstsprache und andererseits als Partnersprache wurden gesonderte Unterrichtspläne entwickelt; besonders in den gesellschaftswissenschaftlichen und in den naturwissenschaftlichen Fächern werden die Curricula der Partnerländer berücksichtigt (Doyé, 2005). An jedem der Grundschulstandorte sollen mindestens zwei SESB-Züge vorhanden sein. Dabei werden die Einzugsbereiche aufgehoben, die Züge der SESB stehen Schülerinnen und Schülern aus allen Bezirken Berlins offen. Die Tabelle 1.3 zeigt für die einzelnen Sprachkombinationen die Schulnamen, Bezirke und Schülerzahlen im Jahr 2014/15 für die Grund- und Sekundarschulen.

Tabelle 1.3: Grund- und Sekundarschulstandorte und Schülerzahlen SESB (2014/15)

Partnersprache der Schulen	Schule	Schulform	Bezirk	Organisationsform	Schülerzahl SESB	Züge SESB[1]	Schülerzahl insgesamt	Züge insgesamt[1]
Englisch	Charles-Dickens-Grundschule	GS	Charlottenburg-Wilmersdorf	Integriert	310	2	458	3
	Quentin-Blake-Grundschule	GS	Steglitz-Zehlendorf	Selbstständig	378	3	393	3
	Schiller-Gymnasium	GY	Charlottenburg-Wilmersdorf	Integriert	290	2	829	5
Französisch	Grundschule am Arkonaplatz	GS	Mitte	Integriert	135	1	431	3
	Judith-Kerr-Grundschule	GS	Charlottenburg-Wilmersdorf	Selbstständig	408	3	408	3
	Märkische Grundschule	GS	Reinickendorf	Selbstständig	356	3	379	3
	Regenbogen-Schule	GS	Neukölln	Integriert	156	1	604	4
	Georg-von-Giesche-Schule	ISS	Tempelhof-Schöneberg	Integriert	152	2	486	5
	Sophie-Scholl-Schule	ISS-Plus	Tempelhof-Schöneberg	Integriert	220	2	1.112	6
Griechisch	Athene-Grundschule	GS	Steglitz-Zehlendorf	Integriert	154	1	402	3
	Homer-Grundschule	GS	Pankow	Integriert	73	1	484	3
	Gymnasium Steglitz	GY	Steglitz-Zehlendorf	Integriert	134	2	919	5
Italienisch	Finow-Grundschule	GS	Tempelhof-Schöneberg	Integriert	312	2	570	4
	Herman-Nohl-Schule	GS	Neukölln	Integriert	181	1	458	3
	Alfred-Nobel-Schule	ISS	Neukölln	Integriert	60	1	516	6
	Albert-Einstein-Schule	GY	Neukölln	Integriert	211	2	1.003	5
Polnisch	Katharina-Heinroth-Grundschule	GS	Charlottenburg-Wilmersdorf	Integriert	222	2	498	4
	Robert-Jungk-Schule	ISS-Plus	Charlottenburg-Wilmersdorf	Integriert	253	2	939	6
Portugiesisch	Grundschule Neues Tor	GS	Mitte	Integriert	256	2	359	3
	Kurt-Schwitters-Schule	ISS-Plus	Pankow	Integriert	160	1	932	6
Russisch	Grundschule am Brandenburger Tor	GS	Mitte	Integriert	242	2	526	4
	Lew-Tolstoi-Grundschule	GS	Lichtenberg	Integriert	248	2	468	4
	Mildred-Harnack-Schule	ISS-Plus	Lichtenberg	Integriert	141	2	787	5
Spanisch	Hausburg-Grundschule	GS	Friedrichshain-Kreuzberg	Integriert	301	2	551	4
	Joan-Miró-Grundschule	GS	Charlottenburg-Wilmersdorf	Integriert	482	3	737	5
	Friedensburg-Schule	ISS-Plus	Charlottenburg-Wilmersdorf	Integriert	422	4	1.021	8
Türkisch	Aziz-Nesin-Grundschule	GS	Friedrichshain-Kreuzberg	Selbstständig	387	3	387	3
	Carl-von-Ossietzky-Schule	ISS-Plus[2]	Friedrichshain-Kreuzberg	Integriert	155	1	1.066	7

1 4. bzw. 9. Jahrgangsstufe.
2 Gemeinschaftsschule.

Die Senatsverwaltung weist die Schulleitungen darauf hin, dass vor der Aufnahme der Schülerinnen und Schüler „die den Anforderungen entsprechenden Kompetenzen in beiden gleichberechtigten Unterrichtssprachen in einer von der Schulaufsichtsbehörde einheitlich genehmigten Überprüfung nachzuweisen [und] deren Ergebnisse nachvollziehbar zu dokumentieren sind" (Senatsverwaltung, 2012, S. 4). Diese Maßnahme wurde eingeführt, da sich eine Aufnahme und Einordnung der Schülerinnen und Schüler nur nach Elternangaben in einigen Fällen als problematisch erwies. Bereits Gräfe-Bentzien (2001) hatte darauf hingewiesen, dass manche Eltern bei besonders beliebten Sprachkombinationen wegen des begrenzten Platzangebots für Kinder mit der L1 Deutsch ihre Kinder als Erstsprachler der nichtdeutschen Partnersprache ausgegeben haben, was zu einer deutlichen Überforderung der Kinder führen kann. Der SESB ist es erlaubt, schuleigene Tests zur Überprüfung der Sprachkompetenz für Kinder deutscher Erstsprache durchzuführen, wenn diese deutliche Schwächen in der deutschen Sprache aufweisen und das erfolgreiche Durchlaufen der Schule fraglich ist. Das Sprachniveau in der nichtdeutschen Partnersprache wird allein durch die SESB überprüft. Da die Nachfrage in manchen Schulen deutlich über dem Angebot an verfügbaren Plätzen liegt, kann es zu einem Losverfahren für die 1. Jahrgangsstufe kommen. Für Familien, die aus dem Ausland kommen und deshalb den regulären Anmeldetermin nicht wahrnehmen konnten, sind die SESB dazu angehalten, für die Jahrgangsstufen 1 und 7 pro Klasse zwei Plätze bis vier Wochen vor den Sommerferien freizuhalten.

Im Schuljahr 2013/14 sind 17 Grundschulen Teil der SESB, zwei dieser Standorte bestehen ausschließlich aus SESB-Klassen (die deutsch-französische Judith-Kerr-Grundschule und die deutsch-türkische Aziz-Nesin-Grundschule). Die deutsch-englische Quentin-Blake-Grundschule und die deutsch-französische Märkische Grundschule stellen bis auf den Unterricht in der flexiblen Schulanfangsphase ebenfalls reine SESB-Standorte dar. Ansonsten gibt es meist ein- bis dreizügige SESB-Zweige an Grundschulen. In der Schulanfangsphase finden sich aufgrund der jahrgangsgemischten Lerngruppen vier- bis siebenzügige Europaschulzweige. Zum jetzigen Zeitpunkt befinden sich SESB-Züge an 13 weiterführenden Schulstandorten. Es handelt sich bei dem Großteil um ein- oder zweizügige SESB-Zweige, eine Ausnahme stellt die deutsch-spanische Friedensburg-Schule dar, die drei- bis vierzügig ist. Ein deutsch-englischer, ein deutsch-griechischer und ein deutsch-italienischer SESB-Zweig sind an Gymnasien sowie parallel an kooperierenden ISS vorzufinden, alle anderen Kombinationen sind Teil der ISS Berlins mit gymnasialen Oberstufen.

In Abbildung 1.1 sind die Standorte den Bezirken Berlins zugeordnet. Das Abgeordnetenhaus Berlin (1993) hat sich dafür ausgesprochen, dass die Verteilung so erfolgt, dass allen Berliner Schülerinnen und Schülern ein Zugang zu dem von ihnen gewählten Sprachprogramm gewährleistet wird. Es sollten vor allem im Ostteil Berlins Standorte für die deutsch-englischen und deutsch-französischen Sprachprogramme entstehen, um eine regional ausgewogene Struktur zu erzielen. Ebenso sollte an einer Grundschule in den westlichen Bezirken Berlins das deutsch-russische Sprachprogramm eingerichtet werden, um ein flächendeckendes Angebot zu sichern.

Ersichtlich ist, dass Standorte der SESB in fast allen Bezirken Berlins vertreten sind, mit Ausnahme von Treptow-Köpenick, Marzahn-Hellersdorf und Spandau. Es ist ein deutlicher

Abbildung 1.1: Standorte der SESB (mit Länderkürzeln für die Partnersprachen)

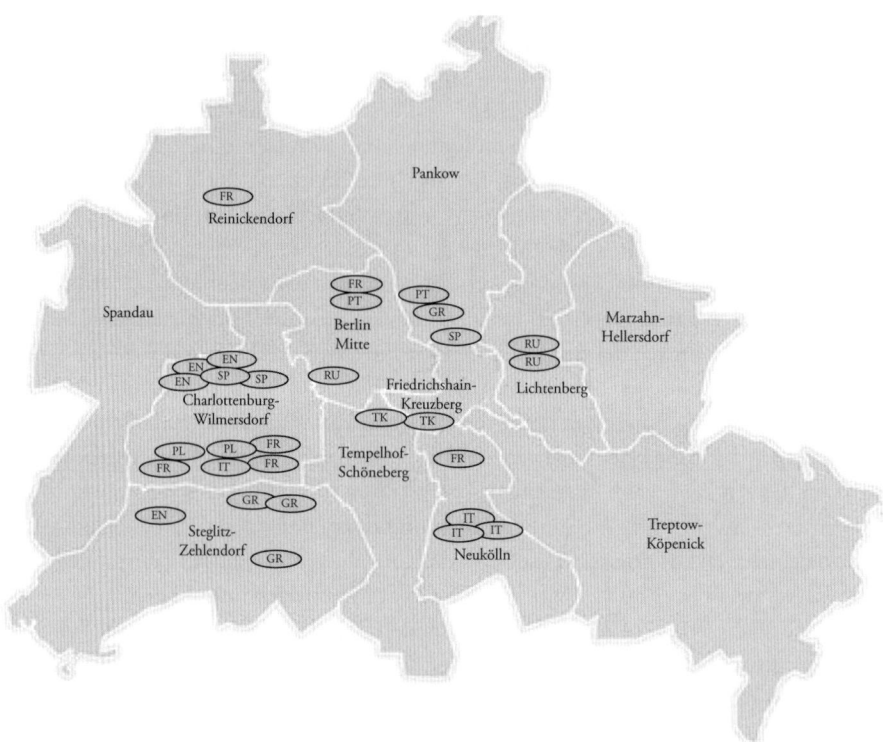

Schwerpunkt innerhalb von Charlottenburg-Wilmersdorf, Tempelhof-Schöneberg und Mitte festzustellen. Zu den Stadtgrenzen Berlins hin nimmt die Zahl der Standorte ab, Ausnahmen bilden der griechische Zweig in Steglitz-Zehlendorf und der französische Zweig in Reinickendorf. Insgesamt gibt es zwar viele zentral gelegene SESB, das Gewicht liegt eindeutig mehr in den westlichen bis mittleren als in den östlichen und nördlichen Teilen Berlins.

Im Schuljahr 2014/15 befanden sich an der SESB an 17 Grundschulstandorten 4.601 Schülerinnen und Schüler. An den 13 weiterführenden Standorten wurden im Schuljahr 2014/15 insgesamt 2.285 Schülerinnen und Schüler beschult. Insgesamt ergibt sich für die SESB für das Schuljahr 2014/15 eine Gesamtschülerzahl von 6.886. Um einen Eindruck von der Entwicklung der Schülerzahlen geben zu können, stellt Abbildung 1.2 die Entwicklung über die 22-jährige Laufzeit der SESB vom Schuljahr 1993/94 bis 2014/15 dar. Dabei wird deutlich, dass die Schülerzahlen an den Grundschulen von Jahr zu Jahr zugenommen haben und dass auch an den Sekundarschulen eine steigende Tendenz zu verzeichnen ist. Die Zunahme der Schülerzahlen ist großenteils auf das sukzessive Durchwachsen der einzelnen später dazu gekommenen Sprachkombinationen bis hin zum Ende der Grundschulzeit bzw. bis zum Abitur zurückzuführen.

Abbildung 1.2: Anzahl der Schülerinnen und Schüler der Staatlichen Europa-Schule Berlin im Jahresvergleich

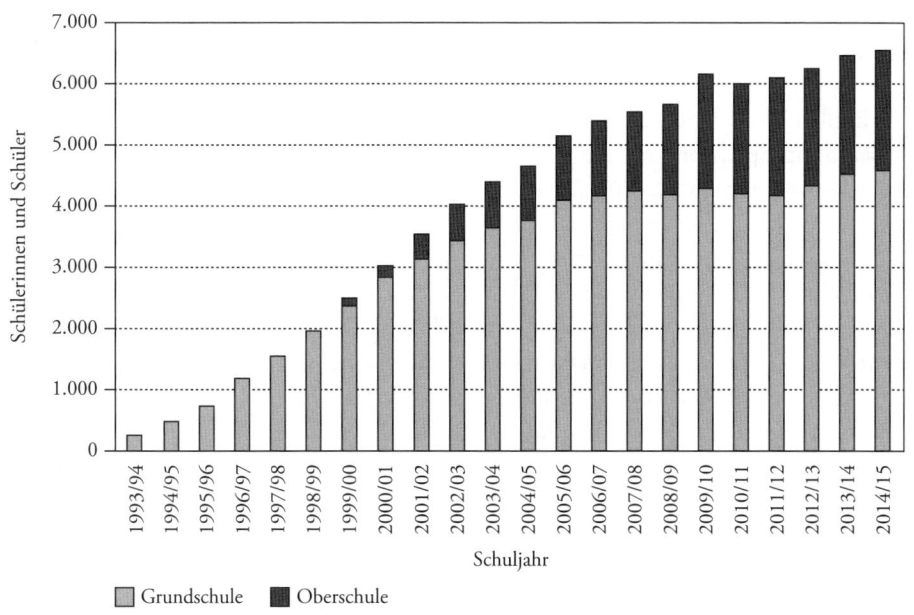

1.4 Die EUROPA-Studie als Evaluation der Staatlichen Europa-Schule Berlin

Übergeordnetes Ziel der SESB ist die integrierte Beschulung bilingualer Lerngruppen in einem durchgehend zweisprachigen Unterricht von der 1. Jahrgangsstufe der Grundschule an. Die gleichberechtigte Förderung der sprachlichen Kompetenz von Schülerinnen und Schülern in der L1 und der L2 ohne Beeinträchtigung der Leistungsentwicklung in den Sachfächern steht dabei im Vordergrund. Neben der Förderung der sprachlichen und fachlichen Kompetenzen sollen auch motivationale, kognitive und soziale Kompetenzen gefördert werden. Zusätzlich wird ein besonderer Wert auf den Gedanken der europäischen Verständigung gelegt. Da dies im Wesentlichen auch die Ziele anderer Regelschulsysteme sind, ergibt sich die Besonderheit der SESB weniger aus den Zielen als vielmehr aus den vier miteinander verbundenen organisationalen Aspekten, die diese Form dualer Immersion ausmachen:
(1) Unterrichtsgestaltung in Form der dualen Immersion, bei der zwei Sprachen als Unterrichtssprachen verwendet werden;
(2) paritätische Zusammensetzung der Klassen mit Schülerinnen und Schülern, die Deutsch oder die jeweilige Partnersprache als Erstsprache verwenden;
(3) Zusammensetzung der Lehrerschaft mit Lehrkräften, die Deutsch oder die jeweilige Partnersprache als Erstsprache verwenden;

(4) Zusammensetzung der SESB aus Schulen an verschiedenen Standorten mit neun Sprachprogrammen.

Der vierte Aspekt stellt eine Besonderheit auch unter den national und international bekannten Formen dualer Immersion dar, in denen meist die Verkehrssprache und eine Minderheitensprache unterrichtet werden. Diese Besonderheit der SESB ermöglicht es, in der Evaluation die schulischen Leistungen der Schülerinnen und Schüler der unterschiedlichen SESB-Sprachprogramme miteinander zu vergleichen. Einschränkungen der Vergleichbarkeit ergeben sich aus der unterschiedlichen Selektivität der Sprachprogramme (siehe Kap. 4). Welchen konkreten Fragen sich die EUROPA-Studie bei der Evaluation der SESB zuwendet, wird unten beschrieben. Zuvor soll kurz dargelegt werden, mit welchem Verständnis von Evaluation an diese Herausforderung herangegangen wird.

Nach Köller (2015) wird von einer wissenschaftlichen Evaluation gesprochen, wenn die Bewertung des Evaluationsgegenstandes theoriebasiert ist und sich auf empirische Daten stützt, die im Rahmen der Evaluationsforschung mit wissenschaftlichen Methoden bzw. Verfahren gewonnen und analysiert werden. Zur wissenschaftlichen Überprüfung der Wirksamkeit einer Maßnahme gehört beispielsweise zwingend die parallele Erfassung der Zielvariablen in einer Kontrollgruppe, die möglichst einer alternativen Maßnahme ausgesetzt sein sollte. Im Falle der Evaluation der SESB sind verschiedene Kontrollgruppen wie monolingual unterrichtete Parallelklassen oder Klassen aus Ländern beteiligt, in denen die Partnersprachen die jeweilige Verkehrssprache darstellen (siehe detaillierter Kap. 3). Wenn eine Kontrollgruppe berücksichtigt wird, sollten die Zielgruppen möglichst dem Zufall nach auf die Gruppe, in der die zu evaluierende Maßnahme stattfindet, und die Kontrollgruppe aufgeteilt werden. Eine zufällige Aufteilung garantiert (zumindest theoretisch), dass alle möglichen Merkmale der Mitglieder der Gruppen ähnliche Ausprägungen haben. Dies lässt sich nun im Fall der Evaluation der SESB nicht realisieren, da die Entscheidung darüber, ob ein Kind der SESB oder einer anderen Schule zugeordnet wird, nicht zufällig erfolgt, sondern von zahlreichen Eltern-, Schüler- und Schulmerkmalen beeinflusst ist. So ist etwa bekannt, dass Schülerinnen und Schüler in Immersionsprogrammen oft eine positive Selektion darstellen – der sozioökonomische Hintergrund, die kognitive Leistungsfähigkeit und auch die Bildungserwartungen der Eltern sind positiver ausgeprägt als bei den Schulen der Nachbarschaft (Baumert, Köller & Lehmann, 2012). Im Falle der SESB unterscheidet sich zweckgemäß auch die ethnische Zusammensetzung der Klassen. Möglicherweise beeinflussen jetzt genau diese selektionsrelevanten Faktoren die Entwicklung der SESB-Schülerinnen und -Schüler. Um solche Einflüsse zumindest statistisch zu kontrollieren, sollten Evaluationen möglichst vor Beginn der Maßnahme starten und möglichst viele dieser sogenannten Kontrollvariablen vor dem Beginn der Maßnahme erfasst werden. Beides ist in vielen schulischen Evaluationen und auch im Fall der Evaluation der SESB nicht möglich, da die zu evaluierende Maßnahme längst begonnen hat. Hier behelfen wir uns mit der Erfassung der Kontrollvariablen zum Beginn der Evaluation in der jeweiligen Jahrgangsstufe und kontrollieren anschließend den Einfluss der Kontrollvariablen und damit den Einfluss der Eingangsselektivität statistisch (siehe Kap. 3).

Die Darstellung der Befunde in diesem Buch orientiert sich an den Fragestellungen der Evaluation der SESB, die sich aus den wissenschaftlichen Theorien und Befunden und aus den pädagogischen Überlegungen zur dualen Immersion an der SESB ergeben. Im

Mittelpunkt der Analysen stehen Fragen nach den Schulleistungen, aber auch Fragen nach motivationalen Variablen, interkulturellen und sozialen Kompetenzen für die einzelnen Schulformen und Schülerinnen- bzw. Schülergruppen. Zentrale Fragestellungen der querschnittlichen Untersuchung der Jahrgangsstufen 4, 6 und 9 sind unter anderem:

(1) Wer besucht die Staatliche Europa-Schule Berlin (SESB)? Welchen sprachlichen, ethnischen und sozioökonomischen Hintergrund haben die SESB-Schülerinnen und -Schüler? (siehe dazu Kap. 4)

Um einen Eindruck von der Zusammensetzung der Schülerschaft der SESB zu erhalten, sind im Rahmen der Schüler- und Elternbefragung verschiedene Variablen erhoben worden, die Aufschluss darüber geben sollen, welche Familien durch das Konzept der SESB angesprochen werden. Von besonderem Interesse sind dabei der sprachliche und der ethnische Hintergrund der Schülerinnen und Schüler.

(2) Welche Kompetenzen erreichen die SESB-Schülerinnen und -Schüler in verschiedenen Leistungsdomänen (Lesen, Mathematik, Naturwissenschaften und Englisch) im Vergleich zu herkömmlich unterrichteten Schülerinnen und Schülern? (siehe dazu Kap. 5 und 6)

Zur Beantwortung dieser Fragestellung wurden in der vorliegenden Studie verschiedene Leistungstests eingesetzt, die es ermöglichen, die Leistungen der SESB-Schülerinnen und -Schüler mit den Leistungen von konventionell unterrichteten Schülerinnen und Schülern zu vergleichen. In den drei Klassenstufen wurden jeweils geeignete Vergleichsgruppen untersucht (siehe Kap. 3).

(3) Welche Kompetenzen erreichen die SESB-Schülerinnen und -Schüler in den partnersprachigen Leistungstests? (siehe dazu Kap. 5 und 6)

Im Rahmen der Evaluation der SESB wurden in den Jahrgangsstufen 4, 6 und 9 Leistungstests zum Leseverständnis und zu den Naturwissenschaften in der nichtdeutschen Partnersprache eingesetzt. Diese Leistungstests stammen aus großen internationalen *Large-Scale*-Studien (PISA, PIRLS, TIMSS; für einen detaillierten Einblick siehe Kap. 3), sie ermöglichen den Vergleich der Leistungen der SESB-Schülerinnen und -Schüler mit den Leistungen von Schülerinnen und Schülern, die in den Ländern beschult werden, in denen die Partnersprache die Verkehrssprache ist.

(4) Trägt die SESB zum Ausgleich von Bildungsnachteilen von Zuwandererkindern bei? Unterscheiden sich die Erträge der SESB in Abhängigkeit vom sprachlichen Hintergrund und vom Migrationshintergrund? (siehe dazu Kap. 5 und 6)

Das Konzept der SESB mit dem partnersprachigen Unterricht führt dazu, dass Schülerinnen und Schüler mit zwei gleichberechtigten Erstsprachen (Deutsch und Partnersprache) gemeinsam unterrichtet werden. Durch die Evaluation wird es möglich zu überprüfen, ob eventuelle Bildungsnachteile der Schülergruppe mit der Partnersprache als L1 durch den dual-immersiven Unterricht ausgeglichen werden können. Im Rahmen der Evaluation werden aufseiten der Schülerinnen und Schüler sowie der Eltern bzw. Erziehungsberechtigten verschiedene demografische Variablen erfragt, die einen Einblick in den sprachlichen Hintergrund und den Migrationshintergrund der Schülerinnen und Schüler erlauben.

(5) Unterscheiden sich die Erträge der SESB in Abhängigkeit vom Sprachprogramm, also der mit Deutsch jeweils kombinierten Partnersprache?

Die Evaluation der SESB macht Vergleiche der Befunde zu den Sprachprogrammen mit den unterschiedlichen Partnersprachen möglich. Vermutet werden kann, dass mit den einzelnen Sprachprogrammen unterschiedliche Selektionsmechanismen, aber auch unterschiedliche schulische Routinen, Leistungsziele und Leistungsstände verbunden sind.

(6) Trägt das Programm zum Erwerb interkultureller Kompetenzen und zur interkulturellen Verständigung bei? (siehe dazu Kap. 7 und 8)

Ein Ziel der SESB ist es, einen Beitrag zur europäischen Verständigung zu leisten und die interkulturelle Kompetenz der Schülerinnen und Schüler zu stärken. Mit der EUROPA-Studie wird es möglich zu überprüfen, ob bei den SESB-Schülerinnen und -Schülern eine größere interkulturelle Kompetenz im Vergleich zu Regelklassenschülerinnen und -schülern vorliegt.

(7) Gibt es spezifische Indikationen für den erfolgreichen Besuch der SESB?

In Kapitel 9 des vorliegenden Bandes werden die zentralen Ergebnisse der Evaluation zusammengefasst. Es wird erläutert, durch welche organisatorischen Besonderheiten und Ziele sich die SESB auszeichnet, welche spezifische Indikation sich aus dem Konzept ergibt und in welchem Umfang die Ziele der SESB erreicht werden können.

Literatur

Abgeordnetenhaus Berlin. (1993). *Erweiterung des Angebots der Staatlichen Europa-Schule Berlin (SESB) mit Beginn des Schuljahres 1993/94.* Drucksache 12/273. Berlin.
Baumert, J., Köller, O., & Lehmann, R. (2012). Leseverständnis im Englischen und Deutschen und Mathematikleistungen bilingual unterrichteter Schülerinnen und Schüler am Ende der Grundschulzeit. Ergebnisse eines Zwei-Wege-Immersionsprogramms. *Unterrichtswissenschaft, 40*(4), 290–314. doi:09201204290
Doyé, P. (2005). *Kernfragen des Fremdsprachenunterrichts in der Grundschule.* Braunschweig: Westermann.

Europarat. (2001). *Gemeinsamer Europäischer Referenzrahmen für Sprachen: Lernen, lehren, beurteilen.* Berlin: Langenscheidt.

Gräfe-Bentzien, S. (2001). *Evaluierung bilingualer Sprachkompetenz: Eine Pilotstudie zur Entwicklung der deutschen und italienischen Sprachfähigkeiten in der Primarstufe beim Schulversuch der Staatlichen Europa-Schule Berlin (SESB).* Dissertation, Freie Universität Berlin.

Köller, O. (2015). Evaluation pädagogisch-psychologischer Maßnahmen. In E. Wild & J. Möller (Hrsg.), *Pädagogische Psychologie* (S. 333–352). Heidelberg: Springer. doi:10.1007/978-3-540-88573-3

Schumacher, B. (2005). Modell einer bilingualen Begegnungsschule: Die Staatliche Europa-Schule Berlin. In P. Doyé (Hrsg.), *Kernfragen des Fremdsprachenunterrichts in der Grundschule* (S. 216–231). Braunschweig: Westermann.

Senatsverwaltung für Bildung, Jugend und Wissenschaft. (2012). *Einrichtungsverfügung für die Staatliche Europa-Schule Berlin (SESB) als Schule besonderer pädagogischer Prägung* (Rahmenvorgaben). Berlin.

Zydatiß, W. (2000): *Bilingualer Unterricht in der Grundschule: Entwurf eines Spracherwerbskonzepts für zweisprachige Immersionsprogramme.* Ismaning: Hueber.

Kapitel 2
Formen und Effekte des Fremdsprachenerwerbs und der bilingualen Beschulung

Jens Möller, Friederike Hohenstein, Johanna Fleckenstein & Jürgen Baumert

Dieses Kapitel verfolgt im Wesentlichen zwei Ziele: Erstens werden kurz die zentralen Merkmale verschiedener Formen des Fremdsprachenerwerbs vorgestellt, um die Besonderheiten der dualen Immersion zu verdeutlichen, wie sie in der Staatlichen Europa-Schule Berlin (SESB) umgesetzt wird. Neben dem herkömmlichen Fremdsprachenunterricht werden immersive und dual-immersive Ansätze beschrieben. Zweitens wird der Forschungsstand zu den Auswirkungen (dual-)immersiver Unterrichtsformen auf Leistungen in den beteiligten Sprachen, Leistungen in den Fächern sowie kognitive und motivationale Variablen zusammengefasst. Präsentiert werden auch Befunde aus einzelnen Studien zur Evaluation der SESB. Dabei kann vorab bereits festgestellt werden, dass es aus Deutschland erst mit diesem Band eine umfassende Evaluation der Effekte dualer Immersion geben wird.

2.1 Lehrgangsorientierter Fremdsprachenunterricht

Der traditionelle Fremdsprachenunterricht in der Schule wird als lehrgangsorientierter Fremdsprachenunterricht bezeichnet. Er umfasst eine Gruppe von Unterrichtsformen, die die Vermittlung fremdsprachiger Kompetenzen an Mitglieder der Mehrheitsgesellschaft anstreben. Das Charakteristische am lehrgangsorientierten Fremdsprachenunterricht ist, dass die Fremdsprache selbst der Lerngegenstand ist. In eigens dafür vorgesehenen Unterrichtsstunden wird sie mit dem vornehmlichen Ziel des möglichst fehlerfreien Beherrschens der neuen Sprache unterrichtet. Diese Art des Fremdsprachenunterrichts bemüht sich, auf der Basis von ausgewählten Sachthemen Fremdsprachenkenntnisse zu vermitteln, wobei etwa Wortschatz und Grammatik entlang der Vorgaben von Lehrbüchern erarbeitet werden. Die Inhalte des Unterrichts dienen dabei als Hilfsmittel für die Einübung grammatischer und sprachlicher Strukturen (Wolff, 1997). Der Erwerb der L2 geschieht somit nicht auf natürliche Weise, sondern durch vorgefertigten und systematisierten Input im Sinne des Fremdsprachenlernens. Einen hohen Stellenwert nehmen nach wie vor die explizite Grammatikvermittlung, das ausdrückliche Regellernen und die Textarbeit ein, wobei heutzutage die Bedeutung des Kommunikativen betont wird. Der Fremdsprachenunterricht in Deutschland ist in den letzten Jahren besonders in den Grundschulen ausgebaut worden.

Im Unterschied zu den Leistungen in Deutsch, der Mathematik oder den Naturwissenschaften sind die fremdsprachigen Kompetenzen als Ergebnis lehrgangsorientierten Fremdsprachenunterrichts eher selten Gegenstand empirischer Untersuchungen gewesen. Eine bedeutende Ausnahme für die Sekundarstufe I stellt die Studie *Deutsch Englisch Schülerleistungen International* (DESI) dar (Klieme & Beck, 2006). Dabei wurden die Englischleistungen und ihre Determinanten an einer repräsentativen Stichprobe von Schülerinnen und Schülern zu Beginn und am Ende der 9. Jahrgangsstufe untersucht. Die fremdsprachigen Kompetenzen im Fach Englisch wurden unter Berücksichtigung curricularer Vorgaben und fachdidaktischer Expertise mittels verschiedener Untertests erfasst. Für den Untertest „Sprechen" wurden die Leistungen auf dem *Gemeinsamen Europäischen Referenzrahmen für Sprachen* (GER) verankert. Der GER dient der Einschätzung der Fremdsprachenkompetenz, um die Vergleichbarkeit und Anerkennung der sprachlichen Qualifikationen sowie die internationale Kooperation von Bildungsinstitutionen zu erleichtern. Im GER sind under anderem Kompetenzstufen für die globalen und spezifischen Sprachkompetenzen der Lernenden definiert. Die Stufen reichen von der „elementaren" (A1, A2) über die „selbstständige" (B1, B2) bis zur „kompetenten" Sprachverwendung (C1, C2). In der DESI-Studie erreichten ungefähr zwei Drittel der untersuchten Schülerinnen und Schüler am Ende der Jahrgangsstufe 9 mindestens das Niveau A2. Für die meisten fremdsprachigen Dimensionen zeigten sich schmale Spitzengruppen, deren Leistungen deutlich über den in den Lehrplänen beschriebenen Kompetenzen lagen, und deutliche Defizite am Ende der schulischen Ausbildung im nichtgymnasialen Bereich (DESI-Konsortium, 2008; Köller, Baumert, Cortina, Trautwein & Watermann, 2004).

Seit dem Jahr 2009 werden im sechsjährigen Abstand die Englischleistungen deutscher Schülerinnen und Schüler am Ende der Sekundarstufe I im Ländervergleich überprüft (Köller, Knigge & Tesch, 2010). Hierbei werden bislang das Lese- und das Hörverstehen im 9. Jahrgang des allgemeinbildenden Schulsystems in allen 16 Bundesländern hinsichtlich der von der Kultusministerkonferenz (KMK, 2004, 2005) definierten Bildungsstandards für Englisch als erste Fremdsprache untersucht. Die durch die KMK (2004) festgelegten Mindest-, Regel- und Maximalstandards wurden ebenfalls auf dem GER verortet (Rupp, Vock, Harsch & Köller, 2008). Es wurden dabei allerdings systematische Unterschiede zwischen Ländern gefunden (z. B. ein Ost-West-Gefälle). Die Ergebnisse des ersten Ländervergleichs zeigten etwa, dass 92 Prozent der Schülerinnen und Schüler in den alten Bundesländern den Mindeststandard (A2.2) und 46 Prozent den Regelstandard (B1.2) beim Hörverstehen in Englisch erreichen. In den neuen Bundesländern sind es für den Mindeststandard 75 Prozent, für den Regelstandard 25 Prozent. Diese Ergebnisse wurden von Köller et al. (2010) insbesondere auf Unterschiede in der Lehrerausbildung im Fach Englisch zurückgeführt. Fremdsprachige Kompetenzen in der Oberstufe des Gymnasiums sind noch seltener untersucht als in der Sekundarstufe I. Für die Bundesländer Baden-Württemberg und Hamburg konnte allerdings gezeigt werden, dass manche Abiturientinnen und Abiturienten sogar Englischleistungen erzielen, die die Minimalanforderungen für die Aufnahme eines Studiums an vielen US-amerikanischen Universitäten erfüllen (Jonkmann, Köller & Trautwein, 2007; Jonkmann, Trautwein, Nagy & Köller, 2010). Die Effekte unterschiedlicher Profilwahlen in der gymnasialen Oberstufe untersuchten Leucht, Retelsdorf,

Pant, Möller und Köller (2015). Erwartungsgemäß wiesen das sprachliche Profil im fremdsprachigen Lese- und Hörverstehen besonders starke und das naturwissenschaftliche und das sportliche Profil im fremdsprachigen Leseverstehen eher schwache Zuwächse aus.

Köller (1998) berichtete für L2-Leistungen stärker schulformabhängige Entwicklungsverläufe als in anderen Fächern. Vor allem in Haupt- und Gesamtschulen zeigten sich starke Defizite. Auch im Hinblick auf Lernzuwächse innerhalb eines Schuljahres zeigten sich differenzielle Schulformeffekte, wobei Gymnasiastinnen und Gymnasiasten insgesamt den höchsten Leistungszuwachs aufwiesen. Wie Köller und Trautwein (2004) zeigten, werden die Ergebnisse im Fach Englisch auch von außerschulischen Lerngelegenheiten beeinflusst: So führten längere Aufenthalte im englischsprachigen Ausland zu einem erheblichen Anstieg der fremdsprachigen Kompetenzen im Fach Englisch am Ende der Sekundarstufe II.

Was die Analyse der Praxis des Englischunterrichts angeht, ist die DESI-Studie ebenfalls wegweisend (Helmke, Helmke, Schrader, Wagner & Nold, 2008). Obwohl dem Kommunikativen im Unterricht allgemein eine große Bedeutung zugesprochen wird, zeigen Videoanalysen, dass Lehrkräfte doppelt so viel Sprechzeit für sich beanspruchen, als sie allen Schülerinnen und Schülern zusammen zugestehen. Zudem wird auf Schülerantworten kaum länger als drei Sekunden gewartet. Höhere Sprechanteile der Schülerinnen und Schüler und geduldigeres Warten auf Schülerantworten mit der Möglichkeit zur Selbstkorrektur durch die Schülerinnen und Schüler erwiesen sich aber durchaus als förderlich für die kommunikativen Kompetenzen.

Die pädagogisch-psychologische Erforschung des L2-Lernens hat in den letzten Jahren durch Studien wie DESI und die Einführung und Überprüfung der Bildungsstandards deutliche Fortschritte gemacht. Die Einführung des Englischunterrichts in der Grundschule und die vor allem in den unteren Leistungsgruppen unzureichenden L2-Kenntnisse werfen aber die Frage auf, ob konventioneller Fremdsprachenunterricht in Deutschland den Anforderungen der schulischen Leistungsstandards (KMK, 2004, 2005) gerecht wird. Alternativ werden daher immersive Unterrichtsformen eingesetzt, die im nächsten Abschnitt beschrieben werden.

2.2 Immersionsunterricht

Immersionsunterricht wird als Eintauchen in ein Sprachbad verstanden (engl. *immersion* = das Eintauchen). Nach Johnson und Swain (1997) richten sich Immersionsprogramme an Schülerinnen und Schüler, deren L1 Majoritätssprache des Landes ist (z. B. an deutschsprachige Schülerinnen und Schüler in Deutschland, die Englisch lernen). Beim immersiven Unterricht wird die Fremdsprache nicht in einer eigens dafür vorgesehenen Unterrichtseinheit gelehrt, sondern als Unterrichtssprache in unterschiedlichen Fächern und Situationen eingesetzt, wobei die Lehrkraft auf die Verwendung der Erstsprache (L1) vollständig verzichtet. Die Schülerinnen und Schüler „tauchen" in die neue Sprache ein, indem sie diese gleichzeitig als Umgangssprache und Arbeitssprache verwenden. Es müssen dabei keine fremdsprachigen Gesprächssituationen gesondert hergestellt werden, die Inhalte der fremdsprachigen Kommunikation ergeben sich aus den Erfordernissen der unterrichteten Fächer. Die Lernenden werden besonders anfangs sprachlich eher wenig korrigiert und erschließen sich die neue Sprache aus dem Zusammenhang, in dem sie verwendet wird. Das Lernen grammatikalischer Regeln oder das Vokabellernen werden im Immersionsunterricht in den Hintergrund gerückt. Dieses Vorgehen nutzt damit Prozesse, wie sie von der Psycholinguistik für den primären Spracherwerb beschrieben werden (Wode, 1995).

Immersiver Unterricht gilt als geeignetes Mittel, Bilingualität zu erzielen. Die Unterteilung der verschiedenen bilingualen Lernformen in subtraktiven und additiven Bilingualismus (Lambert, 1984) resultiert aus historisch unterschiedlichen Ansätzen und Zielsetzungen des Zweit-/Fremdsprachenlernens. Weitere Unterschiede ergeben sich vor allem hinsichtlich der Zielpopulation sowie der Gewichtung des L1- und L2-Sprachgebrauchs im Unterricht (für eine Übersicht siehe Tab. 2.1). Insbesondere ältere bilinguale Programme zielten auf eine schnelle Assimilierung von Schülerinnen und Schülern mit Migrationshintergrund in die etablierte Kultur der Majoritätsgesellschaft ab (z. B. türkischsprachige Schülerinnen und Schüler in Deutschland oder lateinamerikanische Schülerinnen und Schüler in den USA; siehe Baker, 2011). Diese Lernform, auch Submersion (oder *structured immersion*) genannt, strebt den Erwerb einer L2 an, die im jeweiligen Land die Verkehrssprache darstellt. Die L1 und kulturelle Eigenheiten der L1 werden zunehmend weniger genutzt, sodass es zu einem (weitgehenden) Verlust der L1 kommt (subtraktive Bilingualität). Submersion wird aufgrund dieses L1-Verlusts als eine monolinguale Art von bilingualen Lernformen bezeichnet, die häufig mit Defiziten nicht nur in der L1, sondern auch in der L2 einhergeht. Sie wird daher nicht als Form bilingualen Lernens in der Tabelle 2.1 aufgeführt. Um L1- und L2-Defizite, wie sie in Submersionsprogrammen auftreten können, zu verhindern, wurden sogenannte transitionale Programme eingeführt. Transitionale Programme sehen vorübergehend Instruktionen sowohl in der L2 als auch in der L1 vor, bis die L2 so weit beherrscht wird, dass die Schülerinnen und Schüler dem Unterricht in der L2 folgen können. Im Vergleich zur Submersion führt dieser Übergang zu besseren Leistungen in der L1, der L2 und in den Naturwissenschaften sowie zu einer positiveren Einstellung zur Schule (Willig, 1985). Die Beherrschung der L2 bis zum Ende der Grundschule bleibt jedoch auch in transitionalen Programmen primäres Ziel, dabei wird meist akzeptiert, dass auch hier die L1 zumindest teilweise verloren geht. Obwohl transitionale Programme bereits zu den sogenannten schwachen bilingualen Lernformen gezählt werden, entspricht ihre Zielsetzung eher einer monolingualen Art bilingualer Lernformen.

Neben den transitionalen Programmen wird ebenso der konventionelle Fremdsprachenunterricht (z. B. das Fach Englisch an deutschen Schulen) den schwachen bilingualen Lernformen zugeordnet. Auch der herkömmliche Unterricht in der Majoritätssprache bildet für Schülerinnen und Schüler, deren L1 eine andere Sprache als die Majoritätssprache ist (z. B. Schülerinnen und Schüler mit Migrationshintergrund), eine schwache Form bilingualen Lernens.

Auf sogenannte additive Bilingualität zielen Programme ab, die den Erwerb (schrift-)sprachlicher Kompetenzen sowohl in der L1 als auch in der L2 vorsehen. Kulturerhaltender L1-Unterricht (z. B. das Fach Türkisch für Schülerinnen und Schüler mit der L1 Türkisch an

Tabelle 2.1: Typisierung bilingualer Lernformen (basierend auf Hu, 2008)

Typ	Zielpopulation	Sprachgebrauch im Unterricht	Zielsetzung	Beispiele im deutschen Raum
Schwache Formen				
Transitionaler bilingualer Unterricht	Sprachliche Minderheit	L1 und dann L2	L2-Erwerb, begrenzte und subtraktive Bilingualität, Assimilation	–
Konventioneller Fremdsprachenunterricht	Sprachliche Mehrheit	L1 mit L2-Unterricht	L2-Erwerb, begrenzte Bilingualität, begrenzte kulturelle Bereicherung	Englischunterricht an deutschen Regelschulen
Kulturerhaltender L1-Sprachunterricht	Sprachliche Minderheit	L1 und L2 (Schwerpunkt auf L2)	Additive Bilingualität, kulturelle Bereicherung, linguistischer Pluralismus	Türkisch (L1) als Fach neben dem regulären Curriculum für türkischsprachige Schüler
Regelunterricht in der Majoritätssprache bei Migrationshintergrund	Sprachliche Minderheit	L2	Kein expliziter L2-Erwerb, sondern Einstieg in L2 auf muttersprachlichem Niveau, L2-Gebrauch für akademische Ziele	Schüler mit Migrationshintergrund in deutschen Regelschulen
Starke Formen				
Immersionsunterricht	Sprachliche Mehrheit	L1 und L2 (unterschiedlich starker Schwerpunkt auf L2)	Additive Bilingualität, kulturelle Bereicherung, sozialer Zusammenhalt, sozialer Aufstieg, wirtschaftliche Vorteile	Englisch ab 1. Klasse in allen Fächern; das Fach Deutsch zur Alphabetisierung in L1
Duale Immersion	Sprachliche Minderheit und Mehrheit	L1 und L2 (gleichwertig)	Additive Bilingualität, kulturelle Bereicherung, sozialer Zusammenhalt	SESB
Kulturerhaltender bilingualer Unterricht	Sprachliche Minderheit	L1 und L2 (Schwerpunkt auf L1)	Additive Bilingualität, kulturelle Bereicherung, linguistischer Pluralismus	Dänische Schulen in Schleswig-Holstein
Aufenthalte in L2-sprachigen Gebieten	Sprachliche Minderheit	Ausschließlich L2 für einen begrenzten Zeitraum	Additive Bilingualität, kulturelle Bereicherung, sozialer Zusammenhalt, sozialer Aufstieg, wirtschaftliche Vorteile	Schüleraustausch, AuPair-Programme, Auslandssemester

deutschen Schulen) hat zwar additive Bilingualität als Ziel, gehört aber zu den schwachen bilingualen Lernformen, da meist nur wenig Zeit für die L1-Unterweisung vorgesehen ist. Zu den starken Formen bilingualen Lernens, die ein hohes Niveau der Sprachbeherrschung (einschließlich schriftsprachlicher Fertigkeiten) in der L1 und der L2 anstreben, gehören der Immersionsunterricht nach kanadischem Vorbild *(French immersion),* aber auch die duale Immersion, wie sie an der SESB umgesetzt wird. Als starke bilinguale Lernform gilt zudem kulturerhaltender bilingualer Unterricht, der sich an eine sprachliche Minderheit wie etwa die dänische Minderheit in Schleswig-Holstein richtet und primär die Minoritätssprache, die L1 der Schüler (z. B. Dänisch), als Unterrichtsprache einsetzt. Gleichzeitig wird jedoch zumeist, wenn auch in geringerem Umfang, die Majoritätssprache der Umgebung (also die L2 der Schülerinnen und Schüler) verwendet, um beide Sprachen ausreichend zu fördern.

Längere Aufenthalte in Ländern mit Majoritätssprache, die nicht die L1 ist, gelten nicht direkt als schulisches Programm, werden jedoch häufig im Verlauf der schulischen oder universitären Ausbildung (Schüleraustausch, Auslandssemester) zur Förderung der L2-Kenntnisse genutzt. Aufgrund des intensiven L2-Kontakts durch das temporäre Leben in einer L2-sprachigen Umwelt und durch den Besuch einer L2-sprachigen Schule oder Universität erreichen solche Schülerinnen und Schüler oder Studierende einen hohen Grad bilingualer Kompetenzen (zu L2-Leistungen von Austauschschülern siehe z. B. Köller & Trautwein, 2004), sodass derartige Auslandsaufenthalte zu den starken bilingualen Lernformen gezählt werden können.

Johnson und Swain (1997) nennen acht Charakteristika immersiven Unterrichts: (1) Die L2 ist Mittel der Instruktion; (2) das Immersionscurriculum entspricht dem Curriculum in traditionell unterrichteten Klassen; (3) die L1 wird unterstützt; (4) das Programm zielt dabei auf additive Bilingualität ab (L1 und L2 sollen nebeneinander bestehen); (5) die Verwendung der L2 ist auf den Unterricht fokussiert (im Unterschied zu Austauschprogrammen); (6) die Kinder haben alle ähnlich begrenzte L2-Vorkenntnisse; (7) die Lehrer sind zweisprachig; (8) die im Klassenraum herrschende Kultur entspricht jener der lokalen L1-Gesellschaft.

Immersion kann früh oder spät einsetzen und als vollständige Immersion (engl. *total immersion*) oder als Teilimmersion (engl. *partial immersion;* Cummins, 1998) durchgeführt werden. Bei vollständiger Immersion wird auf die Erstsprache als Unterrichtssprache (zumindest in den ersten Jahren) gänzlich verzichtet, und allein die Fremdsprache findet im Unterricht Anwendung. Teilimmersiver Unterricht im Gegensatz dazu sieht zumindest partiell die Verwendung der Erstsprache vor, indem ein Teil der Fächer in der L1, die anderen Fächer aber in der L2 unterrichtet werden. In Europa spricht man von *Content and Language Integrated Learning* (CLIL), wenn eine Integration von Sachfach- und Sprachenlernen angestrebt wird. Dabei wird das reguläre Curriculum beibehalten (Vollmer, 2002). Zusätzlich wird die L2 häufig durch explizites Lernen von Sprachstrukturen gefördert (Genesee, 2004). Als Unterrichtssprache wird in CLIL-Programmen häufig eine Lingua franca (vor allem Englisch, seltener Französisch) eingesetzt, damit die Schülerinnen und Schüler den sprachlichen Anforderungen an eine erfolgreiche berufliche Zukunft gerecht werden können. In welchem Umfang Sachfächer in dieser Fremdsprache unterrichtet werden, variiert von Programm zu Programm (Johnson & Swain, 1997).

2.3 Duale Immersion

Zu den starken Formen bilingualen Lernens, die ein hohes Niveau der Sprachbeherrschung (einschließlich schriftsprachiger Fertigkeiten) in der L1 und der L2 anstreben, gehört neben dem Immersionsunterricht nach kanadischem Vorbild auch die duale Immersion. Bei dualer Immersion stellt für einen Teil der Schülerinnen und Schüler die Majoritätssprache die L1 dar (z. B. Deutsch), während für den anderen Teil der Schülerinnen und Schüler eine Minoritätssprache die L1 ist (z. B. Spanisch). Bilinguale Angebote für Schülerinnen und Schüler, die eine Minoritätssprache sprechen, können sich zu dualen Immersionsprogrammen weiterentwickeln, wenn Angehörige der Majoritätssprache aufgenommen werden. In den USA sind duale Immersionsprogramme für die Partnersprachen Spanisch und Englisch am häufigsten (Calderón & Minaya-Rowe, 2003; Howard, Sugarman & Christian, 2003). Nach Thomas und Collier (2002) und Collier und Thomas (2004) haben sich Zwei-Wege-Immersionsprogramme *(two-way immersion)* gegenüber den üblichen bilingualen und den submersiven *English-only*-Programmen als überlegen erwiesen.

In Deutschland sind Angebote selten, die von Schulbeginn an auf eine doppelte Alphabetisierung für zwei Sprachgruppen setzen. Beispiele sind vor allem die Staatliche Europa-Schule in Berlin, die duale Immersionsprogramme für mehrere Sprachkombinationen anbietet (Göhlich, 1998), und die bilingualen Grundschulklassen in Hamburg (Duarte, 2011; Gogolin, Neumann & Roth, 2003).

Ein wichtiger Aspekt der dualen Immersion ist die Zusammensetzung der Klassen aus zwei Gruppen von Erstsprachlerinnen und -sprachlern, die ihre jeweilige L1 altersgemäß fließend beherrschen und mit den Sprecherinnen und Sprechern der anderen Sprache kommunizieren (Baker, 2011; Lindholm-Leary, 2001). Die SESB setzt diese Form dualer Immersion um. Zur Umsetzung zählen dann beispielsweise die portugiesischsprachige Vermittlung naturwissenschaftlicher Sachverhalte an Schülerinnen und Schüler mit der L1 Deutsch genauso wie der deutschsprachige Mathematikunterricht für Schülerinnen und Schüler mit der L1 Portugiesisch. Für die Fächer, die in der L1 bzw. der L2 unterrichtet werden, werden jeweils Lehrerinnen und Lehrer mit entsprechender L1 eingesetzt.

2.4 Theoretische Grundlagen bilingualer Programme

Grundlegende Annahme bilingualer Programme ist, dass die Verwendung der L2 als Unterrichtssprache dazu führt, dass die L2 implizit und dabei effektiver und umfassender erworben werden kann als im traditionellen Fremdsprachenunterricht mit seiner expliziten Vermittlung von Wortschatz, Grammatik und Syntax (Krashen, 1982). Die Immersionsprogramme gehen davon aus, dass eine Zweitsprache effektiver gelernt wird, wenn nicht Wortschatz und Grammatik im Vordergrund stehen wie im herkömmlichen Fremdsprachenunterricht, sondern alltägliche Kommunikation in sogenannten authentischen Situationen stattfindet. So verfolgt der bilinguale Unterricht einen *focus on meaning* im Vergleich zum traditionellen Fremdsprachenunterricht mit dem *focus on form(s)* (Long & Robinson, 1998; vgl. Darsow, Paetsch, Stanat & Felbrich, 2012).

Neben dem höheren Niveau in der Zweitsprache soll sich möglichst kein Nachteil des immersiven Unterrichts für die L1 und das Wissen in den Sachfächern ergeben. Damit ist eine Befürchtung mancher Eltern ausgedrückt, die davon ausgehen, dass insbesondere in der Grundschule die gleichzeitige oder zeitlich nur wenig versetzte Alphabetisierung in zwei Sprachen zu Interferenzen führe und der doppelte Schriftspracherwerb Entwicklungsverzögerungen in beiden Sprachen zur Folge habe. Solchen Befürchtungen steht die sogenannte Interdependenzhypothese von Cummins (1998) entgegen, nach der der Entwicklung von Bilingualität eine gemeinsame Sprachfähigkeit *(common underlying proficiency)* zugrunde liege, die zu einer Interdependenz beider Sprachen führe und bei hinreichendem Sprachkontakt in der Zweitsprache zur wechselseitigen Verbesserung der Entwicklung in beiden Sprachen beitrage. Voraussetzung ist laut Cummins (1998) doppelter Schwellenhypothese ein Mindestniveau in beiden Sprachen.

Dressler und Kamil (2006) haben die verfügbaren Evidenzen für die Interdependenzhypothese zusammengestellt und finden uneinheitliche Ergebnisse. Dies gilt auch für die wenigen Längsschnittstudien, die systematisch Transferprozesse zwischen Sprachentwicklungsprozessen in der Erst- und Zweitsprache untersucht haben (Baker, Park & Baker, 2012; Leseman, Scheele, Mayo & Messer, 2009; Van Gelderen, Schoonen, Stoel, de Glopper & Hulstijn, 2007). In der eigenen Arbeitsgruppe konnten substanzielle reziproke Transfereffekte vom deutschen und englischen Leseverständnis in der 3. Jahrgangsstufe auf Leseflüssigkeit und Leseverständnis in der 4. Jahrgangsstufe nachgewiesen werden (Gebauer, Zaunbauer & Möller, 2013).

Aus kognitionspsychologischer Sicht wird zudem argumentiert, dass bei Bilingualität eine Verbesserung exekutiver Funktionen zu erwarten sei, da im Unterschied zu monolingualen Personen bei bilingualen Sprechern kontinuierlich die Fähigkeit geschult werde, die lexikalische und syntaktische Repräsentation der gerade nicht verwendeten Sprache zu unterdrücken *(inhibition)*. Diese Differenzierungsleistung erfordere systematische Kontrolle und systematischen Wechsel der Aufmerksamkeit *(attention control, shifting;* siehe Bialystok, 1999, 2005). Die Einübung dieser Prozesse komme dem Spracherwerb in beiden Sprachen zugute. In einer Metaanalyse kommen Adesope, Lavin, Thompson und Ungerleider (2010) auf der Basis von 63 Studien zu dem Schluss, dass bilinguale Personen in metalinguistischen und metakognitiven Fähigkeiten, abstrakter symbolischer Repräsentation und Aufmerksamkeitskontrolle monolingualen Personen im Mittel überlegen sind. Dabei ist allerdings zu berücksichtigen, dass die Mehrzahl der in die Metaanalyse einbezogenen Primärstudien aus der Arbeitsgruppe um Bialystok stammt. Es fehlt bis heute an unabhängigen Replikationen. Neuere Arbeiten (siehe Paap, Johnson & Sawi, 2015) bestreiten generell die Vorteile von bilingualen Personen in exekutiven Funktionen.

2.5   Empirische Befunde zu den Effekten immersiven Unterrichts

Die meisten Forschungsergebnisse zum bilingualen Lernen in der Variante des Immersionsunterrichts stammen aus Kanada (siehe zum Überblick Baker, 2011). Empirische Studien konnten die Befürchtungen der Eltern bezüglich etwaiger Leistungseinbußen in der Erstsprache oder anderen Schulfächern durch immersiven Unterricht weitgehend widerlegen (vgl. z. B. Genesee, 2004). Die meisten Schülerinnen und Schüler zeigten eine funktionale Beherrschung der L2 ohne Verschlechterung der L1 (Marsh, Hau & Kong, 2002; Reeder, Buntain & Takakuwa, 1999). Häufig übertrafen die L1-Leistungen immersiv unterrichteter Schülerinnen und Schüler sogar die entsprechenden Leistungen monolingual unterrichteter Schülerinnen und Schüler, unter anderem in Bezug auf Grammatik, Zeichensetzung und Lesekompetenzen (Lapkin, Hart & Turnbull, 2003). Dabei müssen allerdings Selektionseffekte betrachtet werden, da immersive Unterrichtsprogramme oft sozial und kognitiv positiv selegierte Schülerinnen und Schüler anziehen.

Für duale Immersionsprogramme zeigten sich international in *Large-Scale*-Studien positive Effekte auf schulische Leistungen (siehe im Überblick Kim, Hutchison & Winsler, 2014; Krashen, 2005). Insbesondere profitierten Angehörige der Minderheitensprache von dualer Immersion. Aus Deutschland liegen zu den Effekten dualer Immersion sehr wenige Begleituntersuchungen vor. So untersuchten Baumert, Köller und Lehmann (2012) die Effekte des Zwei-Wege-Immersionsprogramms der SESB für die Partnersprachen Deutsch und Englisch am Ende der Grundschulzeit in der 6. Jahrgangsstufe. Im Gesamtergebnis sind die immersiv unterrichteten Schülerinnen und Schüler – unabhängig davon, ob sie der Sprachmajorität oder der Sprachminorität angehören, in beiden Sprachen (und in Mathematik) den monolingual unterrichteten Altersgleichen aus den Regelschulen auch bei Kontrolle von sozioökonomischem Hintergrund und Intelligenz überlegen. Für den deutschitalienischen Standort der SESB berichtet Gräfe-Bentzien (2001), dass die Schülergruppe, deren dominante Sprache Italienisch war, in ihrer L2 (Deutsch) im Hörverstehen, Wortschatz, Leseverständnis und Grammatik gleiche Leistungen wie die deutsche Sprachgruppe zeigte. In der deutschsprachigen Gruppe blieben die Italienischkenntnisse (L2) in allen Bereichen weit hinter der Sprachkompetenz von L1-Sprecherinnen und -Sprechern zurück, ein Vergleich mit den Italienischkenntnissen von Regelschülerinnen und -schülern war hier nicht durchführbar.

2.5.1 Leistungen in der Fremdsprache (L2)

Im Vergleich zum herkömmlichen lehrgangsorientierten Fremdsprachenunterricht ist der immersive Unterricht in Bezug auf den L2-Erwerb deutlich überlegen (Genesee, 1987; Marsh, Hau & Kong, 2000). Die besseren Leistungen immersiv unterrichteter Schülerinnen und Schüler zeigen sich in gesteigerten rezeptiven und produktiven Fertigkeiten in der L2 (Genesee, 2004). Diese Befunde bestätigten sich in der Metaanalyse von Slavin und Cheung (2005) zu Effekten bilingualer Programme für Angehörige einer Minoritätssprache. In ihrer Zusammenfassung mehrerer Metaanalysen zeigten McField und McField (2014), dass bei lateinamerikanischen Zuwanderern der Spanischunterricht die Leistungen in der Verkehrssprache Englisch steigert. Die Effekte waren stärker ($d = 0.56$), wenn eine starke Form bilingualen Unterrichts realisiert wurde, die in der L2 hinreichenden Input enthielt, in der L1 alphabetisierte und L1-Fachunterricht erteilte. Jepsen (2010; siehe auch Conger, 2010) fand zunächst negative Wirkungen von bilingualen Programmen auf die

L2-Kompetenz für Angehörige einer Minoritätssprache, die allerdings verschwanden, als die L2 gleichberechtigt mit der L1 Spanisch eingesetzt wurde. Die Metaanalyse über zehn Studien von Lo und Lo (2014) ergab höhere L2-Kompetenzen immersiv unterrichteter Schülerinnen und Schüler moderater Effektstärke in der Sekundarstufe ($d = 0.42$).

Immersiver Unterricht scheint für alle Schülergruppen geeignet: Weder unterdurchschnittliche Intelligenz (Genesee, 1978) noch eine Sprachentwicklungsstörung (Bruck, 1982) stehen der erfolgreichen Teilnahme am immersiven Unterricht entgegen.

Viele immersiv unterrichtete Schülerinnen und Schüler erreichen in der L2 annähernd das Niveau von Muttersprachlern. Zaunbauer und Möller (2007) haben bei deutschsprachigen, immersiv unterrichteten Viertklässlerinnen und Viertklässlern ein Leseverständnis im Englischen nachweisen können, das dem durchschnittlichen Niveau von Drittklässlerinnen und Drittklässlern in Australien entspricht; Leseflüssigkeit und Wortschatz entsprechen sogar US-Normen für Gleichaltrige (Zaunbauer, Gebauer & Möller, 2012).

Allerdings zeigt eine Reihe von Untersuchungen auch, dass immersiv unterrichtete Schülerinnen und Schüler im Vergleich zu L1-Sprecherinnen und -Sprechern hinsichtlich Sprachrichtigkeit zunächst grammatikalische Defizite aufweisen können (Genesee & Jared, 2008; Swain, 2005). Dies gilt vor allem, wenn sich der Unterricht ausschließlich oder weitgehend auf den kommunikativen Spracherwerb *(focus on meaning)* konzentriert und die Regelarbeit ausblendet (Norris & Ortega, 2000).

Die bisher einzige Längsschnittuntersuchung mit pädagogisch-psychologischer Ausrichtung zum immersiven Unterricht an deutschen Grundschulen in Deutschland analysiert die Folgen englischsprachiger Immersion (Gebauer, Zaunbauer & Möller, 2012; Gebauer et al., 2013; Kuska, Zaunbauer & Möller, 2010; Zaunbauer, Bonerad & Möller, 2005; Zaunbauer, Gebauer, Retelsdorf & Möller, 2013; Zaunbauer & Möller, 2007, 2010; Zaunbauer et al., 2012). An den beteiligten Schulen erfolgt der gesamte Unterricht mit Ausnahme des Deutschunterrichts (Alphabetisierung in der L1 Deutsch) in der L2 Englisch. Die Ergebnisse fügen sich in die Befunde internationaler Forschung ein, indem sehr positive Effekte der Immersion auf die Leistungen in der L2 gezeigt wurden, die verglichen mit Grundschülerinnen und -schülern mit konventionellem Englischunterricht mehr als zwei Standardabweichungen betrugen. Solche Leistungsvorteile in der L2 zeigen sich oft bei früher Immersion, die bereits im Kindergarten oder in der Grundschule startet und – etwas weniger stark – auch bei später Immersion in der Sekundarstufe.

Insgesamt gibt es deutlich weniger Studien zu den Fremdsprachenkompetenzen immersiv unterrichteter Schülerinnen und Schüler als zu deren muttersprachlichen Leistungen, vermutlich weil die Leistungsvorteile trivial erscheinen. Welches Ausmaß sie haben, ist aber dennoch erstaunlich: In einer aktuellen Metaanalyse von Deventer, Machts, Gebauer und Möller (2016) ergab sich ein starker durchschnittlicher Effekt von $d = 1.42$ (28 Effektstärken aus 10 Studien) für die Leistungen in der L2. Auch zur dualen Immersion gibt es eine aktuelle Metaanalyse: Matthießen (2016) fand dabei Leistungsvorteile der Schülerinnen und Schüler aus der dualen Immersion in der Partnersprache ($d = 0.53$).

2.5.2 Leistungen in der Erstsprache (L1)

Immersionsunterricht (wie auch lehrgangsorientierter L2-Unterricht) scheint sich zumindest langfristig nicht negativ, sondern eher positiv auf die Leistungen im Bereich des Lesens, Schreibens und Hörverstehens der Erstsprache auszuwirken (Cummins, 1979; Swain & Lapkin, 1991). Vorteile in der L1 fanden etwa Marsh et al. (2000) bei älteren Schülerinnen und Schülern in Hongkong, die nach einer Variante der späten Immersion in Englisch unterrichtet wurden. In der Sekundarstufe sind die Ergebnisse allerdings nicht durchgängig positiv. In ihrer Metaanalyse zu bilingualem Unterricht in Hongkong zeigen Lo und Lo (2014) für die acht Studien, die L1-Leistungen erfassten, sogar leichte Nachteile ($d = -0.12$) im Chinesischen bei den Schülerinnen und Schülern, die überwiegend in englischer Sprache unterrichtet wurden. In den Metaanalysen von Deventer et al. (2016) und Matthießen (2016) ergaben sich kleine durchschnittliche Vorteile der Immersionsschüler von jeweils $d = 0.32$.

Zwar zeigen sich bei früher vollständiger Immersion mit Alphabetisierung in der L2 anfangs Defizite im erstsprachlichen Lesen und Schreiben (Swain & Lapkin, 1991), nach Einführung der Erstsprache im Unterricht gleichen sich solche Mängel jedoch bald aus (Genesee, 1987).

Auch in der deutschen Längsschnittstudie zeigten sich Vorteile immersiv unterrichteter Schülerinnen und Schüler in ihrer L1 Deutsch. Die Leistungsunterschiede in der Lesegeschwindigkeit und der Dekodiergeschwindigkeit, im Rechtschreiben und beim Lesen ließen sich allerdings teilweise auf Unterschiede in den kognitiven Grundfähigkeiten zurückführen (Gebauer et al., 2012; Zaunbauer & Möller, 2007, 2010; Zaunbauer et al., 2005). Wurden wegen möglicher Selektionseffekte die kognitiven Grundfähigkeiten und der sozioökonomische Hintergrund als Kovariaten berücksichtigt, zeigte sich, dass bei gleichem Ausgangsniveau in der 1. Jahrgangsstufe die Leseflüssigkeit der immersiv unterrichteten Kinder schneller stieg, während sich die Rechtschreibleistung in beiden Gruppen ähnlich positiv entwickelte. Insgesamt bestätigte sich, dass Immersionsschülerinnen und -schüler mindestens keine Nachteile im Lesen und Schreiben in der L1 erleiden, obwohl sie überwiegend in einer Fremdsprache unterrichtet werden (für Details siehe Gebauer et al., 2012). Für eine deutsch-portugiesische Partnerschule in Hamburg berichtet Duarte (2011), dass am Ende der 6. Jahrgangsstufe keine Unterschiede zwischen bilingual und monolingual (deutschsprachig) aufgewachsenen Schülerinnen und Schülern in der Beherrschung der Verkehrssprache Deutsch vorlagen. Zudem übertrafen bilingual aufgewachsene Schülerinnen und Schüler die Sprachleistungen von anderen portugiesischsprachigen Schülerinnen und Schülern in Regelschulen. Ihre narrative Sprachfähigkeit entsprach der von monolingual unterrichteten Gleichaltrigen in Portugal.

Von besonderem Interesse sind Studien zu den Transfereffekten zwischen Sprachen (Feinauer, Hall-Kenyon & Davison, 2013): In Gebauer et al. (2013) wurde die Leseflüssigkeit im Deutschen in der 4. Jahrgangsstufe vom vorherigen Leseverständnis in der 3. Jahrgangsstufe, mehr aber noch vom Englisch-Leseverständnis beeinflusst. Transfereffekte zwischen den beiden Sprachen zeigten sich auch beim Leseverständnis: Der Einfluss des Englisch-Leseverständnisses auf das Deutsch-Leseverständnis war dabei dominierend, sodass angenommen werden kann, dass für erfolgreiches Lesen wichtige Fertigkeiten auch in einem L2-Kontext erworben und in die L1 transferiert werden können. Leseverständnis und Leseflüssigkeit übertragen sich also von der Erst- auf die Zweitsprache und umgekehrt. Diese Transfereffekte für die Vielzahl der an der SESB beteiligten Sprachen zu untersuchen, ist ein Kernanliegen des hier vorgestellten Projekts. Baumert et al. (2012) fanden bereits positive Effekte dualer Deutsch-Englisch-Immersion an der SESB auf die L1.

2.5.3 Leistungen in anderen Schulfächern

Für andere als sprachliche Fächer ergeben sich uneindeutige Befundmuster, was den Vergleich immersiver und monolingualer Unterrichtsprogramme betrifft. Parrish et al. (2006) haben beispielsweise keinen Unterschied im Leseverständnis und in den Mathematikleistungen zwischen bilingualem Unterricht und einem submersiven Englischunterricht für Schülerinnen und Schüler einer spanischsprachigen Minorität gefunden.

Für Schülerinnen und Schüler, die Mathematik in der L2 lernen, werden auf frühen Schulstufen ähnliche Leistungen wie für monolingual unterrichtete Schülerinnen und Schüler berichtet (Johnstone, 2002). In höheren Klassen zeigen sich bessere Leistungen immersiv unterrichteter Schülerinnen und Schüler (Bournot-Trites & Reeder, 2001; de Courcy & Burston, 2000). In der Hongkong-Studie (Marsh et al., 2000) ergaben sich deutlich negative Effekte auf Leistungen in Geschichte, Erdkunde und Naturwissenschaften *(science)* und schwach negative Effekte auf mathematische Testleistungen, die auf die mangelnde Beherrschung der Unterrichtssprache aufseiten der Schüler und der Lehrer bei Beginn der Immersion zurückgeführt wurden (Marsh et al., 2000). Dagegen fanden sich in der deutschen Längsschnittstudie auch bei Kontrolle kognitiver Grundfähigkeiten signifikant bessere Mathematikleistungen und eine beschleunigte Lernkurve für immersiv unterrichtete Schülerinnen und Schüler (Zaunbauer & Möller, 2007, 2010). Ähnliche Befunde fanden Baumert et al. (2012) für die duale Immersion in den SESB mit Partnersprache Englisch: Im bilingualen Programm erreichen ansonsten vergleichbare deutschsprachige Schülerinnen und Schüler in dem in deutscher Sprache erteilten Mathematikunterricht deutlich höhere Leistungen als im monolingualen Regelunterricht. Im Vergleich dazu blieben Schülerinnen und Schüler mit Englisch als L1 gut eine halbe Standardabweichung zurück. Diese Leistung liegt aber immer noch etwas über der vergleichbarer Schülerinnen und Schüler, die Deutsch als L2 sprechen und monolingual in deutscher Sprache Mathematikunterricht erhielten. In der Metaanalyse von Lo und Lo (2014) über Studien zu bilingualem Unterricht in Hongkong fanden sich zwar keine Unterschiede für Mathematik ($d = -0.01$, 13 Studien), deutliche Nachteile aber in den Fächern Geschichte ($d = -0.86$, 9 Studien), Naturwissenschaften ($d = -0.55$, 13 Studien) und Geografie ($d = -0.78$, 7 Studien), wenn diese auf Englisch unterrichtet wurden. In der Metaanalyse von Deventer et al. (2016) ergaben sich für Mathematik ($d = 0.29$, 67 Effektstärken aus 22 Studien) und Naturwissenschaften ($d = 0.40$, 5 Effektstärken aus 4 Studien) dagegen leichte Vorteile für Immersionsschüler. In der Metaanalyse von Matthießen (2016) zeigten sich solche Leistungsvorteile der Schülerinnen und Schüler aus der dualen Immersion in der Mathematik ($d = 0.26$) und den Naturwissenschaften ($d = 0.33$).

2.5.4 Kognitive Faktoren

Zur Erklärung der Vorteile bilingualer Programme wird aus kognitionspsychologischer und linguistischer Perspektive häufig auf die Arbeiten zur Aufmerksamkeitskontrolle von Bialystok (1999) und die Hypothese der Interdependenz von L1- und L2-Sprachlernprozessen von Cummins (1979, 2008) Bezug genommen (siehe oben). Genesee, Geva, Dressler und Kamil (2006) finden etwa, dass metalinguistische Fähigkeitskomponenten wie die phonologische Bewusstheit relativ leicht zwischen Sprachen übertragen werden können. Die frühe Mehrsprachigkeit hat positive Effekte auf verschiedene kognitive Funktionen, vor allem auf die Kontrollprozesse, die mit der Unterdrückung irrelevanter Informationen zu tun haben. Zudem wurden positive Effekte der Bilingualität auf kognitive Funktionen wie Kreativität, divergentes Denken, Aufmerksamkeit, Konzentration und kognitive Flexibilität berichtet (vgl. Bialystok, 2005).

Aus linguistischer Perspektive besagt Cummins' Interdependenzhypothese, dass die bei einem erfolgreichen Unterricht erreichte Sprachkompetenz einen Transfereffekt auf die Sprachkompetenz in einer anderen Sprache ausüben kann, wenn für diese zweite Sprache ausreichende Sprachgelegenheiten vorhanden sind (Cummins, 1979). Cummins geht von einer metalinguistischen Sprachfähigkeit aus (*common underlying proficiency*), die es erlaubt, Sprachfertigkeiten und metakognitive Strategien von einer Sprache zur anderen zu übertragen. Allerdings gibt es nur wenige Längsschnittstudien, die systematisch Transfereffekte zwischen Sprachentwicklungsprozessen in der Erst- und Zweitsprache modelliert haben (Baker et al., 2012; Leseman et al., 2009; Van Gelderen et al., 2007). Kuska et al. (2010) untersuchten in einer experimentellen Studie, inwiefern sich unterschiedliche Lern- und Gedächtnisleistungen zwischen immersiv und konventionell unterrichteten Schülerinnen und Schülern ergeben. Um den Einfluss der didaktischen Gestaltung des Unterrichts und der Lehrereigenschaften konstant zu halten, wurde der Lernstoff immersiv und konventionell unterrichteten Schülerinnen und Schülern in einer standardisierten Lernsituation als Film zu einem Sachthema dargeboten. Die Lernleistung wurde anschließend anhand eines Wissenstests erfasst. Eine *Follow-up*-Erhebung nach drei Monaten ermöglichte zusätzlich die Erfassung von Gedächtnisleistungen. Unterschiede zwischen immersiv und konventionell unterrichteten Schülerinnen und Schülern in den kognitiven Fähigkeiten sowie im sozioökonomischen Hintergrund wurden wie bei den anderen Studien in den Analysen statistisch kontrolliert. Die Ergebnisse bestätigten die Annahme besserer Lern- und Gedächtnisleistungen immersiv unterrichteter Schülerinnen und Schüler gegenüber konventionell unterrichteten Schülerinnen und Schülern auch in dieser standardisierten Lernsituation. Sie stellen einen Hinweis auf das Bestehen kognitiver Vorteile durch Immersionsunterricht dar, für deren Auftreten die Unterrichtsgestaltung und Lehrereigenschaften eher eine untergeordnete Rolle spielen dürften. In der Metaanalyse von Deventer et al. (2016) ergaben sich Vorteile in den Intelligenztestwerten von $d = 0.45$ für die Immersionsschüler (42 Effektstärken aus 19 Studien). Wie oben diskutiert, wirken hier vermutlich Selektionseffekte und Effekte der bilingualen Beschulung zusammen.

2.5.5 Motivationale Entwicklung

Zu motivationalen Effekten lehrgangsorientierter und immersiver Unterrichtsformen gibt es bislang nur wenig Forschung. Ähnlich wie in anderen Schulfächern gilt, dass sich fremdsprachige Schulleistungen und motivationale Faktoren wie das Selbstkonzept der eigenen Begabung wechselseitig beeinflussen. Das Interesse an der Fremdsprache spielt eine zentrale Rolle für den erfolgreichen Besuch eines Immersionsprogramms (Collier, 1995). Zudem beurteilen immersiv unterrichtete Schülerinnen und Schüler, die zuvor einen traditionellen Fremdsprachenunterricht besuchten, ihren immersiven Fremdsprachenunterricht als spannender und interessanter verglichen mit traditionellem Fremdsprachenunterricht, den Erwerb einer Fremdsprache als nützlicher und gleichzeitig als weniger schwierig; auch sind sie im Vergleich mit Schülerinnen und Schülern im Regelunterricht eher bereit, den Fremdsprachenerwerb in Zukunft fortzusetzen und Zeit dafür zu investieren (Peters, MacFarlane & Wesche, 2004). Peters et al. (2004) beobachteten bei Schülerinnen und Schülern der 5. und 6. Jahrgangsstufe einen Unterschied im Fremdsprachenselbstkonzept zugunsten immersiv unterrichteter Schülerinnen und Schüler. Ihre qualitative Befragung legt zudem eine Zunahme des fremdsprachigen Selbstkonzepts im Laufe eines Schuljahres nahe. Bilingual unterrichtete Schülerinnen und Schüler scheinen auch eine deutlich positivere Einstellung gegenüber der Verwendung der Fremdsprache aufzuweisen (für einen Überblick siehe Genesee, 1984). In einer Untersuchung von Baker und MacIntyre (2000) zeigten bilingual unterrichtete Schülerinnen und Schüler der 10. bis 12. Jahrgangsstufe ein höheres Fremdsprachenselbstkonzept verglichen mit Schülerinnen und Schülern im konventionellen Unterricht. Der Vorteil wurde damit begründet, dass der intensivere Kontakt mit der Fremdsprache die fremdsprachige Leistung verbessert und dadurch die Einschätzung der eigenen Fremdsprachenkompetenz steigt. Dieselbe Untersuchung kommt auch zu dem Schluss, dass immersiv unterrichtete Schülerinnen und Schüler eine höhere Kommunikationsbereitschaft *(willingness to communicate)* in der L2 zeigten und diese auch häufiger verwendeten. Unterschiede im Selbstkonzept von bilingual und konventionell unterrichteten Schülerinnen und Schülern wurden also bisher insbesondere für die L2 belegt. Pilotti, Gutierrez, Klein und Mahamame (2015) fanden leicht positivere Einstellungen zur Bilingualität bei immersiv unterrichteten Schülerinnen und Schülern.

Zaunbauer et al. (2013) erfassten die Entwicklung des Selbstkonzepts und des Interesses von Jahrgangsstufe 2 bis 4 in den Domänen Englisch, Deutsch und Mathematik bei Kontrolle von Intelligenz und Geschlecht. Analysen von latenten Wachstumskurvenmodellen zeigten ein höheres Ausgangsniveau im Englischselbstkonzept bei immersiv unterrichteten Schülerinnen und Schülern. Für das Englischselbstkonzept ließ sich in beiden Gruppen eine identische Zunahme nachweisen. Das Deutsch- und Mathematikselbstkonzept sowie das Englisch-, Deutsch- und Mathematikinteresse unterschieden sich nicht bedeutsam zwischen den Gruppen.

Auch in der Metaanalyse von Lo und Lo (2014) ergab sich der größte Unterschied zwischen immersiv und konventionell unterrichteten Schülerinnen und Schülern für das Selbstkonzept in der L2 zugunsten der immersiv unterrichteten Schülerinnen und Schüler ($d = 0.28$). Die fachspezifischen Selbstkonzepte in den anderen Fächern und andere affektive Variablen wie Interesse und Motivation zeigten meist sehr kleine Vorteile immersiven Unterrichts.

2.5.6 Interkulturelle Kompetenz

Neben der Bilingualiät streben Immersionsprogramme positive Einstellungen und Verhaltensweisen zu kultureller Diversität an. Insgesamt zeigen die wenigen empirischen Untersuchungen, dass interkulturelle Kompetenzen durch Immersionsprogramme gefördert werden. So befasste sich Genesee (1984) mit sozialpsychologischen Effekten der *French immersion* in Kanada und fand, dass Immersionsschüler positivere Einstellungen nicht nur zum Französischen, sondern auch zu Frankokanadiern entwickelten. Zudem nutzten sie in der Freizeit die französische Sprache mehr als andere Schülerinnen und Schüler. In ähnlicher Weise fand Lindholm-Leary (2000) positivere Einstellungen von Schülerinnen und Schülern aus dualen Immersionsprogrammen zum Multikulturalismus und positivere Einstellungen zu anderen Sprachen und Ethnien als bei traditionell unterrichteten Schülerinnen und Schülern. Wie Cazabon, Lambert und Hall (1993) es ausdrücken, finden an immersiven Schulen Entscheidungen darüber, mit wem man zusammen arbeitet oder mit wem man Zeit verbringt, „in an ethnic-blind and color-blind random fashion" (Cazabon et al., 1993, S. 22) statt.

In den wenigen Studien zu Effekten dualer Immersion auf interkulturelle Kompetenzen zeigten sich Vorteile dual-immersiver Schulprogramme in den USA (englisch-spanisch; siehe Freeman, 1998), in Israel (arabisch-hebräisch; siehe Bekerman & Horenczyk, 2004) und in Deutschland (Wolfsburg, deutsch-italienisch; siehe Sandfuchs & Zumhasch, 2002). In Bezug auf die SESB finden sich im Sammelband von Göhlich (1998) mehrere Beiträge zum Thema „Europäische Dimension und Interkulturelle Erziehung"; diese liefern vor allem pädagogische Anstöße, curriculare Überlegungen und Beispiele gelungener bikultureller Erziehung. Empirische Befunde zu Effekten der dualen Immersion auf interkulturelle Kompetenzen finden sich hier und in der gesamten Literatur nur selten. Eine Ausnahme bildet die Arbeit von Meier (z. B. 2012), die insgesamt zu einem positiven Fazit kommt (siehe nächsten Abschnitt).

2.6 Studien zur Evaluation der SESB

Im Folgenden sollen vier Studien kurz vorgestellt werden, die sich bereits mit den Effekten der dualen Immersion an der SESB auseinandergesetzt haben. Doyé (1998) hat eine Untersuchung zum Hörverstehen der Schülerinnen und Schüler der 2. Jahrgangsstufe der SESB durchgeführt. Schülerinnen und Schüler verschiedener Erst- und Partnersprachen (Englisch, Französisch, Italienisch, Russisch, Spanisch) wurden in der jeweiligen L2 getestet. Als Messinstrument wurde ein standardisierter Test (LEU 3; Doyé & Lüttge, 1977) mit 18 Multiple-Choice-Aufgaben in die verschiedenen Sprachen übertragen. Die Teilnehmerinnen und Teilnehmer mussten einen ihnen von Erstsprachlern vorgesprochenen Satz einem von vier Bildern auf einem Testbogen zuordnen. Doyé fand deutliche Leistungsunterschiede zwischen Schülerinnen und Schülern der einzelnen Partnersprachen und auch innerhalb einzelner Sprachen zwischen einzelnen Standorten. Spezifische Befunde für die einzelnen Sprachprogramme wurden nicht präsentiert; die partnersprachig aufgewachsenen Kinder schnitten in den deutschsprachigen Tests besser ab als die deutschsprachig aufgewachsenen Kinder in den nichtdeutschen partnersprachigen Tests. Detailliertere inferenzstatistische Absicherungen und die Kontrolle von Störvariablen fehlen allerdings.

Gräfe-Bentzien (2001) untersuchte den 2. Jahrgang des deutsch-italienischen Sprachprogramms. Insgesamt lagen Daten von nur 36 Schülerinnen und Schülern vor. In allen vier verbalen Kompetenzen (Hören, Sprechen, Lesen, Schreiben) entsprach das am Ende des 2. Schuljahres erreichte Niveau dem der monolingualen Kontrollgruppe aus Italien.

Meier (2009, 2010, 2012) untersuchte insgesamt N = 603 Schülerinnen und Schüler aus 15 SESB-Klassen und 15 Regelschulklassen der Jahrgangsstufen 9 und 11 der Partnersprachen Englisch, Französisch, Griechisch, Italienisch, Spanisch, Russisch und Türkisch. Meier fand in der SESB einen größeren Klassenzusammenhalt, weniger Ausgrenzung einzelner Gruppen und bessere Konfliktlösungskompetenzen. Sämtliche Effekte sind von eher kleiner Effektstärke. Baumert et al. (2012) untersuchten das Leseverständnis im Englischen und Deutschen sowie die Mathematikleistungen am Ende der Grundschulzeit. Längsschnittlich von der 4. bis zur 6. Jahrgangsstufe wurden zwei Klassen des deutsch-englischen Sprachprogramms untersucht. Die Analyse des sozioökonomischen Hintergrunds und der Schulleistungen zeigte eine starke Positivselektion der Schülerinnen und Schüler dieser Sprachkombination. Kinder, die Deutsch als L1 sprachen, erreichten am Ende der 6. Jahrgangsstufe eine Lesekompetenz im Deutschen, die die der monolingual unterrichteten Altersgleichen um eine halbe Standardabweichung übertraf. Die Schülerinnen und Schüler, die Englisch als L1 sprachen, wiesen gegenüber den deutschsprachigen Klassenkameradinnen und -kameraden nur sehr geringe Nachteile in ihren Deutschleistungen auf und waren ebenfalls deutlich leistungsstärker als monolingual deutschsprachig unterrichtete Kinder.

Auffällig war besonders das Ergebnis der Überprüfung des Textverständnisses im Englischen: Die Schülerinnen und Schüler mit der L1 Deutsch erzielten am Ende der Grundschulzeit Leistungen, die die von Altersgleichen mit traditionellem Fremdsprachenunterricht um mehr als eineinhalb Standardabweichungen übertrafen. Im Vergleich zu den immersiv unterrichteten Schülerinnen und Schülern mit der L1 Englisch lagen die Englischleistungen der deutschen Erstsprachlerinnen und -sprachler der SESB ungefähr um ein Drittel einer Standardabweichung zurück.

Die erzielten Leistungen im deutschsprachig erteilten Mathematikunterricht der Schülerinnen und Schüler mit Deutsch als L1 übertrafen die Resultate von vergleichbaren Schülerinnen und Schülern im monolingualen Schulsystem um zwei Drittel einer Standardabweichung. Die immersiv unterrichteten Schülerinnen und Schüler mit Englisch als L1 konnten dieses Leistungsniveau zwar nicht ganz erreichen, liegen in ihren Mathematikleistungen aber etwas über den Schülerinnen und Schülern aus der Vergleichsgruppe.

Die durchgängig besseren Leistungen der SESB-Schülerinnen und -Schüler können mit unterschiedlichen Eingangsvoraussetzungen, mit dem intensiven Partnersprachenkontakt und „der Kombination von authentischer Kommunikation in der Fremdsprache und formeller Sprachbildung" (Baumert et al., 2012, S. 310) erklärt werden. Zudem wird der Zusammenhang zwischen Bilingualität und kognitiver Entwicklung insgesamt als Begründung angeführt (siehe auch Abschnitt 2.5.4).

2.7 Fazit

Die große Mehrzahl der Studien zur Immersion berichtet sehr positive Effekte auf die L2-Kompetenzen und meist keine Einbußen in den schulischen Leistungen anderer Fächer, die auf immersive Unterrichtsformen zurückgeführt werden könnten. Erste Befunde aus der SESB passen in dieses Gesamtbild. Häufig sind die Immersionsschülerinnen und -schüler den monolingual unterrichteten Schülerinnen und Schülern sogar überlegen, jedenfalls dann, wenn das Unterrichtsprogramm angemessen durchgeführt wurde. Die Befunde beziehen sich in aller Regel auf Immersion für Schülerinnen und Schüler der Majoritätssprache, Befunde für Effekte dualer Immersion finden sich nur selten. Unklar bleibt in vielen Studien zudem, inwiefern Selektionseffekte zu den Leistungsvorteilen der immersiv unterrichteten Schülerinnen und Schüler beitragen. Immersiv unterrichtete Klassen stellen häufig eine hinsichtlich kognitiver und familiärer Eingangsvariablen positiv selegierte Gruppen dar (Genesee, 1987). Wie die Selektion in die SESB abläuft und wie statistisch mit diesem Problem in dieser Evaluation verfahren wird, wird in Kapitel 4 behandelt.

Die Analyse der Entwicklung schulischer (sprachlicher und nichtsprachlicher) und außerschulischer (interkultureller und sozialer) Kompetenzen in der SESB ist zentrales Ziel dieses Projekts. Die SESB bietet eine besondere Gelegenheit zur Ermittlung der Effekte dualer Immersion. In der SESB wird ab der 1. Jahrgangsstufe bis zum Abitur in zwei Sprachen gelernt und gelebt. Dabei kann eine Vielzahl von Sprachen untersucht werden, und die Leistungsstände der Schülerinnen und Schüler können sogar mit denen von Normstichproben aus internationalen Schulleistungsstudien (PIRLS, PISA, TIMSS) verglichen werden. Insbesondere die Analyse von Transfereffekten zwischen verschiedenen Sprachen und Sprachengruppen werden die Erkenntnisse über den Erwerb von Zweitsprachen erweitern. In den folgenden Kapiteln finden sich die Befunde der querschnittlichen Analysen für die 4. und die 9. Jahrgangsstufe.

Literatur

Adesope, O. O., Lavin, T., Thompson, T., & Ungerleider, C. (2010). A systematic review and meta-analysis of the cognitive correlates of bilingualism. *Review of Educational Research, 80*(2), 207–245. doi:10.3102/0034654310368803

Baker, C. (2011). *Foundations of bilingual education and bilingualism* (5th ed.). Clevedon, UK: Multilingual Matters.

Baker, D., Park, Y., & Baker, S. (2012). The reading performance of English learners in grades 1–3: The role of initial status and growth on reading fluency in Spanish and English. *Reading and Writing, 25*(1), 251–281. doi:10.1007/s11145-010-9261-z

Baker, S. C., & MacIntyre, P. D. (2000). The role of gender and immersion in communication and second language orientations. *Language Learning, 50*(2), 311–341. doi:10.1111/0023-8333.00119

Bekerman, Z., & Horenczyk, G. (2004). Arab-Jewish bilingual coeducation in Israel: A long-term approach to intergroup conflict resolution. *Journal of Social Issues, 60*(2), 389–404. doi:10.1111/j.0022-4537.2004.00120.x

Baumert, J., Köller, O., & Lehmann, R. H. (2012). Leseverständnis im Englischen und Deutschen und Mathematikleistungen bilingual unterrichteter Schülerinnen und Schüler am Ende der Grundschulzeit: Ergebnisse eines Zwei-Wege-Immersionsprogramms. *Unterrichtswissenschaft, 40*(4), 290–314. doi:09201204290

Bialystok, E. (1999). Cognitive complexity and attentional control in the bilingual mind. *Child Development, 70*(3), 636–644. doi:10.1111/1467-8624.00046

Bialystok, E. (2005). Consequences of bilingualism for cognitive development. In J. F. Kroll & A. M. B. de Groot (Eds.), *Handbook of bilingualism: Psycholinguistic approaches* (pp. 417–432). Oxford, UK: Oxford University Press.

Bournot-Trites, M., & Reeder, K. (2001). Interdependence revisited: Mathematics achievement in an intensified French immersion program. *The Canadian Modern Language Review/La Revue canadienne des langues vivantes, 58*(1), 27–43. doi:10.3138/cmlr.58.1.27

Bruck, M. (1982). Language impaired children's performance in an additive bilingual education program. *Applied Psycholinguistics, 3*(1), 45–60. doi:10.1017/S014271640000415X

Calderón, M. E., & Minaya-Rowe, L. (2003). *Designing and implementing two-way bilingual programs: A step-by-step guide for administrators, teachers, and parents.* Thousand Oaks, CA: Corwin Press.

Cazabon, M., Lambert, W. E., & Hall, G. (1993). *Two-way bilingual education: A progress report on the Amigos program.* Santa Cruz, CA/Washington, DC: National Center for Research on Cultural Diversity and Second Language Learning. <http://www.ncbe.gwu.edu/miscpubs/ncrcdsll/rr7/index.htm>

Collier, V. P. (1995). *Acquiring a second language for school: Directions in language and education.* Washington, DC: National Clearinghouse for Bilingual Education.

Collier, V. P., & Thomas, W. P. (2004). The astounding effectiveness of dual language education for all. *NABE Journal of Research and Practice, 2*(1), 1–20.

Conger, D. (2010). Does bilingual education interfere with English-language acquisition? *Social Science Quarterly, 91*(4), 1103–1122. doi:10.1111/j.1540-6237.2010.00751.x

Cummins, J. (1979). Linguistic interdependence and the educational development of bilingual children. *Review of Educational Research, 49*(2), 222–251. doi:10.3102/00346543049002222

Cummins, J. (1998). Immersion education for the millennium: What have we learned from 30 years of research on second language immersion? In M. R. Childs & R. M. Bostwick (Eds.), *Learning through two languages: Research and practice. Second Katoh Gakuen International Symposium on Immersion and Bilingual Education* (pp. 34–47). Numazu, Japan: Katoh Gakuen.

Cummins, J. (2008). Total immersion or bilingual education? Findings of international research on promoting immigrant children's achievement in the primary school. In J. Ramseger & M. Wagener (Hrsg.), *Chancengleichheit in der Grundschule: Ursachen und Wege aus der Krise* (S. 45–55). Wiesbaden: VS Verlag für Sozialwissenschaften.

Darsow, A., Paetsch, J., Stanat, P., & Felbrich, A. (2012). Ansätze der Zweisprachförderung: Eine Systematisierung. *Unterrichtswissenschaft, 40*(1), 64–82.

De Courcy, M., & Burston, M. (2000). Learning mathematics through French in Australia. *Language and Education, 14,* 75–95. doi:10.1080/09500780008666780

DESI-Konsortium (Hrsg.). (2000). *Unterricht und Kompetenzerwerb in Deutsch und Englisch: Ergebnisse der DESI-Studie.* Weinheim: Beltz.

Deventer, J., Machts, N., Gebauer, S. K., & Möller, J. (2016, under review). *Immersion education and school achievement: A three-level meta-analysis.* Kiel: CAU.

Doyé, P. (1998). Eine Untersuchung zum Hörverstehen der Schülerinnen und Schüler der Staatlichen Europa-Schule Berlin. In M. Göhlich (Hrsg.), *Europaschule – Das Berliner Modell: Beiträge zu Zweisprachigem Unterricht, Europäischer Dimension, Interkultureller Pädagogik und Schulentwicklung* (S. 53–65). Neuwied: Luchterhand.

Doyé, P., & Lüttge, D. (1977). *Untersuchungen zum Englischunterricht in der Grundschule: Bericht über das Braunschweiger Forschungsprojekt „Frühbeginn des Englischunterrichts", FEU.* Braunschweig: Westermann.

Dressler, C., & Kamil, M. L. (2006). First- and second-language literacy. In D. August & T. Shanahan (Eds.), *Developing literacy in second-language learners* (pp. 197–238). Mahwaw, NJ: Erlbaum.

Duarte, J. (2011). *Bilingual language proficiency: A comparative study.* Münster: Waxmann.

Feinauer, E., Hall-Kenyon, K. M., & Davison, K. C. (2013). Cross-language transfer of early literacy skills: An examination of young learners in a two-way bilingual immersion elementary school. *Reading Psychology, 34*(5), 436–460. doi:10.1080/02702711.2012.658142

Freeman, R. D. (1998). *Bilingual education and social change.* Clevedon, UK: Multilingual Matters.

Gebauer, S. K., Zaunbauer, A. C. M., & Möller, J. (2012). Erstsprachliche Leistungsentwicklung im Immersionsunterricht: Vorteile trotz Unterrichts in einer Fremdsprache? *Zeitschrift für Pädagogische Psychologie, 26*(3), 183–196. doi:10.1024/1010-0652/a000071

Gebauer, S. K., Zaunbauer, A. C. M., & Möller, J. (2013). Cross-language transfer in English immersion programs in Germany: Reading comprehension and reading fluency. *Contemporary Educational Psychology, 38*(1), 64–74. doi:10.1016/j.cedpsych.2012.09.002

Genesee, F. (1978). Is there an optimal age for starting second language instruction? *McGill Journal of Education, 13,* 145–154.

Genesee, F. (1984). Beyond bilingualism: Social psychological studies of French Immersion Programs in Canada. *Canadian Journal of Behavioural Science/Revue Canadienne des Sciences du Comportement, 16*(4), 338–352. doi:10.1073/h0080864

Genesee, F. (1987). *Learning through two languages: Studies of immersion and bilingual education.* Rowley, MA: Newbury House.

Genesee, F. (2004). What do we know about bilingual education for majority-language students? In T. K. Bhatia & W. C. Ritchie (Eds.), *Handbook of bilingualism and multiculturalism* (pp. 547–576). Malden, MA: Blackwell.

Genesee, F., Geva, E., Dressler, C., & Kamil, M. (2006). Synthesis: Cross-linguistic relationships. In D. August & T. Shanahan (Eds.), *Report of the National Literacy Panel on K-12 youth and adolescents* (pp. 147–168). Mahwah, NJ: Erlbaum.

Genesee, F., & Jared, D. (2008). Literacy development in early French immersion programs. *Canadian Psychology, 49*(2), 140–147. doi:10.1037/0708-5591.49.2.140

Gogolin, I., Neumann, U., & Roth, H.-J. (2003). *Bericht 2003: Schulversuch Bilinguale Grundschulklassen in Hamburg.* Universität Hamburg, Fachbereich Erziehungswissenschaft, Arbeitsstelle Interkulturelle Bildung.

Göhlich, M. (1998). *Europaschule – Das Berliner Modell.* Neuwied: Luchterhand.

Gräfe-Bentzien, S. (2001). *Evaluierung bilingualer Sprachkompetenz: Eine Pilotstudie zur Entwicklung der deutschen und italienischen Sprachfähigkeiten in der Primarstufe beim Schulversuch der Staatlichen Europa-Schule Berlin (SESB).* Dissertation, Freie Universität Berlin. <http://www.diss.fu-berlin.de/diss/receive/FUDISS_thesis_000000000370>

Helmke, T., Helmke, A., Schrader, F.-W., Wagner, W., Nold, G., & Schröder, K. (2008). Die Videostudie des Englischunterrichts. In DESI-Konsortium (Hrsg.), *Unterricht und Kompetenzerwerb in Deutsch und Englisch: Ergebnisse der DESI-Studie* (S. 345–363). Weinheim: Beltz.

Howard, E. R., Sugarman, J., & Christian, D. (2003). *Two-way immersion education: What we know and what we need to know.* Baltimore, MD: Hopkins University.

Hu, G. (2008). The misleading academic discourse on Chinese-English bilingual education in China. *Review of Educational Research, 78,* 195–231. doi:10.3102/0034654307313406

Jepsen, C. (2010). Bilingual education and English proficiency. *Education Finance and Policy, 5*(2), 200–227. doi:10.1162/edfp.2010.5.2.5204

Johnson, R. K., & Swain, M. (1997). *Immersion education: International perspectives.* Cambridge, UK: Cambridge University Press.

Johnstone, R. (2002). *Immersion in a second or additional language at school: A review of the international research.* Stirling, UK: University of Stirling, Institute of Education, Scottish CILT.

Jonkmann, K., Köller, O., & Trautwein, U. (2007). Englischleistungen am Ende der Sekundarstufe II. In U. Trautwein, O. Köller, R. Lehmann & O. Lüdtke (Hrsg.), *Schulleistungen von Abiturienten: Regionale, schulformbezogene und soziale Disparitäten* (S. 113–142). Münster: Waxmann.

Jonkmann, K., Trautwein, U., Nagy, G., & Köller, O. (2010). Fremdsprachenkenntnisse in Englisch vor und nach der Neuordnung der gymnasialen Oberstufe in Baden-Württemberg. In U. Trautwein, M. Neumann, G. Nagy, O. Lüdtke & K. Maaz (Hrsg.), *Schulleistungen von Abiturienten: Die neu geordnete gymnasiale Oberstufe auf dem Prüfstand* (S. 181–214). Wiesbaden: VS Verlag für Sozialwissenschaften.

Kim, Y. K., Hutchison, L. A., & Winsler, A. (2014). Bilingual education in the United States: An historical overview and examination of two-way immersion. *Educational Review, 67,* 1–17. doi:10.1080/00131911.2013.865593

Klieme, E., & Beck, B. (2006). *Unterricht und Kompetenzerwerb in Deutsch und Englisch: Zentrale Befunde der Studie Deutsch-Englisch-Schülerleistungen-International (DESI).* Frankfurt a. M.: DIPF.

KMK – Ständige Konferenz der Kultusminister der Länder in der Bundesrepublik Deutschland. (2004). *Bildungsstandards für die erste Fremdsprache (Englisch/Französisch) für den Mittleren Schulabschluss* (Beschluss vom 4.12.2003). München: Luchterhand.

KMK – Ständige Konferenz der Kultusminister der Länder in der Bundesrepublik Deutschland. (2005). *Bildungsstandards für die erste Fremdsprache (Englisch/Französisch) für den Hauptschulabschluss* (Beschluss vom 15. 10. 2004). München: Luchterhand.

Köller, O. (1998). *Zielorientierungen und schulisches Lernen.* Münster: Waxmann.

Köller, O., Baumert, J., Cortina, K. S., Trautwein, U., & Watermann, R. (2004). Öffnung von Bildungswegen in der Sekundarstufe II und die Wahrung von Standards: Analysen am Beispiel der Englischleistungen von Oberstufenschülern an integrierten Gesamtschulen, beruflichen und allgemein bildenden Gymnasien. *Zeitschrift für Pädagogik, 50,* 679–700.

Köller, O., Knigge, M., & Tesch, B. (2010). *Sprachliche Kompetenzen im Ländervergleich.* Münster: Waxmann.

Köller, O., & Trautwein, U. (2004). Englischleistungen von Schülerinnen und Schülern an allgemein bildenden und beruflichen Gymnasien. In O. Köller, R. Watermann, U. Trautwein & O. Lüdtke (Hrsg.), *Wege zur Hochschulreife in Baden-Württemberg: TOSCA – Eine Untersuchung an allgemein bildenden und beruflichen Gymnasien* (S. 285–326). Opladen: Leske + Budrich.

Krashen, S. D. (1982). *Principles and practice in second language acquisition.* Oxford, UK: Pergamon Press.

Krashen, S. D. (2005). The acquisition of academic English by children in two-way programs: What does the research say? In V. Gonzalez & J. Tinajero (Eds.), *Review of research and practice* (Vol. 3, pp. 3–19). Mahwah, NJ: Erlbaum.

Kuska, S. K., Zaunbauer, A. C. M., & Möller, J. (2010). Sind Immersionsschüler wirklich leistungsstärker? Ein Lernexperiment. *Zeitschrift für Entwicklungspsychologie und Pädagogische Psychologie, 42,* 143–153. doi:10.1026/0049-8637/000015

Lambert, W. E. (1964). Culture and language as factors in learning and instruction. In F. Aboud & J. Meade (Eds.), *Cultural factors in learning and education* (pp. 99–122). Bellingham, WA: Fifth Western Washington Symposium on Learning.

Lambert, W. E. (1984). Cross-cultural perspectives on children's development of an identity. *Teachers College Record, 85*(3), 349–363.

Lambert, W. E. (1990). Persistent issues in bilingualism. In B. Harley, P. Allen, J. Cummins & M. Swain (Eds.), *The development of second language proficiency* (pp. 201–220). Cambridge, UK: Cambridge University Press.

Lambert, W. E., Genesee, F., Holobow, N. E., & Chartrand, L. (1993). Bilingual education for majority English-speaking children. *European Journal of Psychology of Education, 8,* 3–22. doi:10.1007/bf03172860

Lapkin, S., Hart, D., & Turnbull, M. (2003). Grade 6 French immersion students' performance on large-scale reading, writing, and mathematics tests: Building explanations. *Alberta Journal of Education, 49,* 6–23.

Lapkin, S., & Swain, M. (1984). Faisons le point/research update. *Language et Société/Language and Society, 12,* 48–54.

Leseman, P., Scheele, A., Mayo, A., & Messer, M. (2009). Bilingual development in early childhood and the languages used at home: Competition for scarce resources? In I. Gogolin & U. Neumann (Hrsg.), *Streitfall Zweisprachigkeit – The bilingualism controversy* (S. 289–316). Wiesbaden: VS Verlag für Sozialwissenschaften.

Leucht, M., Retelsdorf, J., Möller, J., & Köller, O. (2010). Zur Dimensionalität rezeptiver englischsprachiger Kompetenzen. *Zeitschrift für Pädagogische Psychologie, 24,* 123–138. doi:10.1024/1010-0652/a000010

Leucht, M., Retelsdorf, J., Pant, H. A., Möller, J., & Köller, O. (2015). Effekte der Gymnasialprofilzugehörigkeit auf Leistungsentwicklungen im Fach Englisch. *Zeitschrift für Pädagogische Psychologie, 29,* 77–88. doi:10.1024/1010-0652/a000153

Lindholm-Leary, K. (2000). *Biliteracy for a global society: An idea book on dual-language education.* Washington, DC: National Clearinghouse for Bilingual Education.

Lindholm-Leary, K. (2001). *Dual language education.* Clevedon, UK: Multilingual Matters.

Lo, Y. Y., & Lo, E. S. C. (2014). A meta-analysis of the effectiveness of English-medium education in Hong Kong. *Review of Educational Research, 84*(1), 47–73. doi:10.3102/0034654313499615

Long, M., & Robinson, P. (1998). Focus on form: Theory, research, and practice. In C. Doughty & J. Williams (Eds.), *Focus on form in classroom second language acquisition* (pp. 15–41). Cambridge, UK: Cambridge University Press.

MacWhinney, B. (1995). Language-specific prediction in foreign language learning. *Language Testing, 12,* 292–320. doi:10.1177/026553229501200303

Marsh, H. W., Hau, K.-T., & Kong, C.-K. (2000). Late immersion and language of instruction in Hong Kong high schools: Achievement growth in language and non-language subjects. *Harvard Educational Review, 70*(3), 302–346. doi:10.17763/haer.70.3.gm047588386655k5

Marsh, H. W., Hau, K.-T., & Kong, C.-K. (2002). Multilevel causal ordering of academic self-concept and achievement: Influence of language of instruction (English compared with Chinese) for Hong Kong students. *American Educational Research Journal, 39,* 727–763. doi:10.3102/00028312039003727

Matthießen, R. (2016). *Dualer Immersionsunterricht und schulische Leistungsmerkmale – Eine Metaanalyse.* Unveröffentlichte Diplomarbeit, Universität Kiel.

McField, G. P., & McField, D. R. (2014). The consistent outcome of bilingual education programs: A meta-analysis of meta-analyses. In G. P. McField (Ed.), *The miseducation of the English learners: A tale of three states and lessons to be learned* (pp. 267–299). Charlotte, NC: Information Age Publishing.

Meier, G. (2009). Can two-way immersion education support the EU aims of multilingualism, social cohesion and student/worker mobility? *European Journal for Language Policy, 1*(2), 145–164. doi:10.3828/ejlp.2009.5

Meier, G. (2010). Two-way immersion programmes in Germany: Bridging the linguistic gap. *International Journal of Bilingual Education and Bilingualism, 13*(4), 419–437. doi:10.1080/13670050903418793

Meier, G. (2012). *Social and intercultural benefits of bilingual education: A peace-linguistic evaluation of Staatliche Europa-Schule Berlin.* Frankfurt a. M.: Lang.

Möller, J., & Zaunbauer, A. C. M. (in Druck). Erwerb fremdsprachlicher Kompetenzen. In M. Hasselhorn & W. Schneider (Hrsg.), *Handbuch Pädagogische Psychologie*. Göttingen: Hogrefe.

Möller, J., Zaunbauer, A. C. M., & Leucht, M. (in Druck). Fremdsprachenlernen. In D. H. Rost (Hrsg.), *Handwörterbuch Pädagogische Psychologie*. Weinheim: PVU.

Morison, S. H. (1990). A Spanish-English dual-language program in New York City. *The Annals of the American Academy of Political and Social Sciences, 508*(1), 160–169. doi:10.1177/0002716290508001013

Norris, J. M., & Ortega, L. (2000). Effectiveness of L2 instruction: A research synthesis and quantitative meta-analysis. *Language Learning, 50*(3), 417–528. doi:10.1111/0023-8333.00136

Paap, K. R., Johnson, H. A., & Sawi, O. (2015). Bilingual advantages in executive functioning either do not exist or are restricted to very specific and undetermined circumstances. *Cortex, 69,* 265–278. doi:10.1016/j.cortex.2015.04.014

Parrish, T. B., Merickel, A., Perez, M., Linquanti, R., Socias, M., & Spain, A. (2006). *Effects of the implementation of proposition on the education of English learners: Findings from a five-year evaluation*. Washington, DC: American Institutes for Research.

Peters, M., MacFarlane, A., & Wesche, M. (2004). Le Régime pédagogique du français intensif à Ottawa: Le bain linguistique. *Canadian Modern Language Review, 60*(3), 373–391. doi:10.3138/cmlr.60.3.373

Pilotti, M., Gutierrez, A., Klein, E., & Mahamame, S. (2015). Young adults' perceptions and use of bilingualism as a function of an early immersion program. *International Journal of Bilingual Education and Bilingualism, 18*(4), 383–394. doi:10.1080/13670 050.2014.904841

Reeder, K., Buntain, J., & Takakuwa, M. (1999). Intensity of L2 instruction and biliterate proficiency in the intermediate years of a French immersion program. *Canadian Modern Language Review, 56*(1), 50–72.

Rupp, A. A., Vock, M., Harsch, C., & Köller, O. (2008). *Developing standards-based assessment tasks for English as a first foreign language: Context, processes, and outcomes in Germany*. Münster: Waxmann.

Sandfuchs, U., & Zumhasch, C. (2002). Wissenschaftliche Begleituntersuchung zum Schulversuch Deutsch-italienische Grundschule Wolfsburg: Reflexionen und ausgewählte Ergebnisse. *Interkulturell, 1*(2), 104–139.

Slavin, R., & Cheung, A. (2005). A synthesis of research on language of reading instruction for English language learners. *Review of Educational Research, 75*(2), 247–284. doi:10.3102/00346543075002247

Swain, M. (2005). The output hypothesis: Theory and research. In E. Hinkel (Ed.), *Handbook of research in second language teaching and learning* (pp. 471–484.). Mahwah, NJ: Erlbaum.

Swain, M., & Lapkin, S. (1991). Heritage language children in an English-French bilingual program. *Canadian Modern Language Review, 47*(4), 635–641.

Thomas, W. P., & Collier, V. P. (2002). *A national study of school effectiveness for language minority students' long-term academic achievement.* Berkeley, CA: University of California, CREDE.

Van Gelderen, A., Schoonen, R., Stoel, R. D., de Glopper, K., & Hulstijn, J. (2007). Development of adolescent reading comprehension in language 1 and language 2: A longitudinal analysis of constituent components. *Journal of Educational Psychology, 99,* 477–491. doi:10.1037/0022-0663.99.3.477

Vollmer, H. J. (2002). Leistungsfeststellung und Leistungsbewertung im bilingualen Sachfachunterricht. In S. Breidbach, G. Bach & D. Wolff (Hrsg.), *Bilingualer Sachfachunterricht: Didaktik, Lehrer-/Lernforschung und Bildungspolitik zwischen Theorie und Empirie* (S. 101–121). Frankfurt a. M.: Lang.

Willig, A. (1985). A meta-analysis of selected studies on the effectiveness of bilingual education. *Review of Educational Research, 55,* 269–317. doi:10.3102/00346543055003269

Wode, H. (1995). *Lernen in der Fremdsprache: Grundzüge von Immersion und bilingualem Unterricht.* Ismaning: Hueber.

Wolff, D. (1997). Bilingualer Sachfachunterricht: Versuch einer lernpsychologischen und fachdidaktischen Begründung. In H. J. Vollmer & E. Thürmann (Hrsg.), *Englisch als Arbeitssprache im Fachunterricht: Begegnungen zwischen Theorie und Praxis* (S. 50–62). Soest: Landesinstitut für Schule und Weiterbildung.

Zaunbauer, A. C. M., Bonerad, E.-M., & Möller, J. (2005). Muttersprachliches Leseverständnis immersiv unterrichteter Kinder. *Zeitschrift für Pädagogische Psychologie, 19,* 263–265. doi:10.1024/1010-0652.19.4.263

Zaunbauer, A. C. M., Gebauer, S. K., & Möller, J. (2012). Englischleistungen immersiv unterrichteter Schülerinnen und Schüler. *Unterrichtswissenschaft, 40,* 315–333.

Zaunbauer, A. C. M., Gebauer, S. K., Retelsdorf, J., & Möller, J. (2013). Motivationale Entwicklung von Grundschulkindern in Englisch, Deutsch und Mathematik im Immersions- und Regelunterricht. *Zeitschrift für Entwicklungspsychologie und Pädagogische Psychologie, 45,* 91–102. doi:10.1026/0049-8637/a000083

Zaunbauer, A. C. M., & Möller, J. (2007). Schulleistungen monolingual und immersiv unterrichteter Kinder am Ende des ersten Schuljahres. *Zeitschrift für Entwicklungspsychologie und Pädagogische Psychologie, 39,* 141–153. doi:10.1026/0049-8637.39.3.141

Zaunbauer, A. C. M., & Möller, J. (2010). Schulleistungsentwicklung immersiv unterrichteter Grundschüler in den ersten zwei Schuljahren. *Psychologie in Erziehung und Unterricht, 57,* 30–45. doi:10.2378/peu2010.art03d

Kapitel 3
Die EUROPA-Studie: Untersuchungsanlage, Stichproben, Erhebungsinstrumente und analytisches Vorgehen

Friederike Hohenstein, Jürgen Baumert, Johanna Fleckenstein, Esther D. Adrian, Susanne Radmann & Jens Möller

3.1 Einleitung

Mit der EUROPA-Studie soll die Staatliche Europa-Schule Berlin (SESB) evaluiert werden. Die Untersuchung hat zum Ziel, den Entwicklungsstand der SESB nach gut zwanzigjähriger Laufzeit zu beschreiben und zu analysieren, welche Auswirkungen der Besuch der SESB im Vergleich zu einer konventionellen monolingualen Beschulung auf die kognitive Entwicklung, die Schulleistungen, die motivationalen und interkulturellen Orientierungen und die soziale Interaktion von Schülerinnen und Schülern unterschiedlicher kultureller und sozialer Herkunft hat. In die Untersuchung sind Schülerinnen und Schüler, Lehrkräfte und Eltern einbezogen. Im folgenden Kapitel werden die Anlage der Studie, die Organisation und Durchführung der Erhebungen, die eingesetzten Testinstrumente und das analytische Vorgehen beschrieben.

3.2 Studiendesign

Die EUROPA-Studie ist eine Mehrkohortenuntersuchung, die drei Querschnittserhebungen mit einem dreijährigen Längsschnitt verbindet und ihre Kontrollgruppen vornehmlich durch die Nutzung vorhandener Datensätze gewinnt. Abbildung 3.1 gibt einen Überblick über die in der EUROPA-Studie neu erhobenen Daten; Abbildung 3.2 illustriert die Kontrollgruppenstruktur.

Im Frühsommer 2014 wurden drei Kohorten querschnittlich untersucht. Dies waren die 4. und 6. Jahrgangsstufe an Grundschulen (Kohorte 1 und 2) sowie die Altersgruppe der 15-Jährigen und die 9. Jahrgangsstufe an Sekundarschulen (Kohorte 3). Die Untersuchungen wurden an *allen* Standorten der SESB durchgeführt. In der 4. Jahrgangsstufe wurden an den jeweiligen Grundschulstandorten zusätzlich monolingual unterrichtete Parallelklassen als „Kontrollgruppe maximaler Ähnlichkeit" in die Untersuchung einbezogen. In den Fällen, in denen die Standorte der SESB als rein bilinguale Schulen geführt wurden (vgl. Kap. 1), wurden Kontrollklassen an Grundschulen mit vergleichbarem Einzugsgebiet ausgewählt. Die querschnittliche Untersuchung der ersten Kohorte auf der 4. Jahrgangsstufe diente gleich-

Abbildung 3.1: Anlage der EUROPA-Studie – Querschnitts- und Längsschnittskomponenten

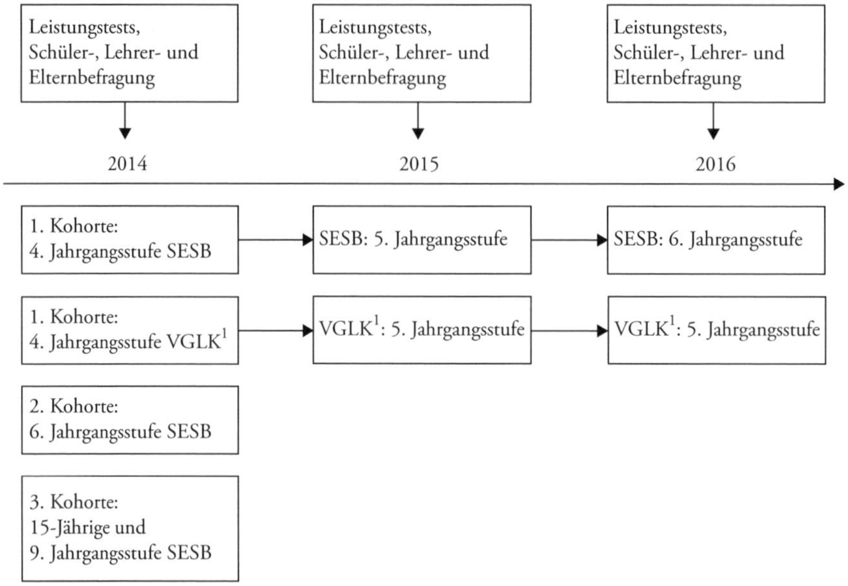

```
Leistungstests,              Leistungstests,              Leistungstests,
Schüler-, Lehrer- und        Schüler-, Lehrer- und        Schüler-, Lehrer- und
Elternbefragung              Elternbefragung              Elternbefragung

      │                             │                             │
      ▼                             ▼                             ▼
    2014                          2015                          2016
──────────────────────────────────────────────────────────────────────▶

1. Kohorte:                → SESB: 5. Jahrgangsstufe  →  SESB: 6. Jahrgangsstufe
4. Jahrgangsstufe SESB

1. Kohorte:                → VGLK¹: 5. Jahrgangsstufe →  VGLK¹: 5. Jahrgangsstufe
4. Jahrgangsstufe VGLK¹

2. Kohorte:
6. Jahrgangsstufe SESB

3. Kohorte:
15-Jährige und
9. Jahrgangsstufe SESB
```

1 Vergleichsklassen.

zeitig als *Baseline*-Erhebung des dreijährigen Grundschullängsschnitts, der im Frühsommer 2015 und 2016 auf den Jahrgangsstufen 5 und 6 fortgesetzt wird. In dieser längsschnittlichen Erhebung wird ebenfalls die Entwicklung exekutiver Funktionen der Kinder analysiert. Die Evaluation liefert mit den Datenerhebungen in der 6. Jahrgangsstufe einen Einblick in die schulischen Leistungen an der SESB zum Abschluss der Primarschulzeit in Berlin. Die Untersuchung der dritten Kohorte wurde als Erweiterung der Begleituntersuchung zur Berliner Schulstrukturreform, der sogenannten BERLIN-Studie, geplant und durchgeführt (vgl. Maaz, Baumert, Neumann, Becker & Dumont, 2013; und unten Punkt [5]).

Aus forschungsökonomischen Gründen nutzt die EUROPA-Studie für den Vergleich der SESB mit monolingualen Regelschulen vornehmlich vorhandene Datensätze. Dies verlangte bereits in der Planungsphase eine gezielte Abstimmung in der Instrumentierung der Untersuchung. Die notwendige Abstimmung gelang weitgehend, sodass sowohl aus dem Berliner Regelschulwesen als auch aus Referenzländern für alle neun Partnersprachen der SESB geeignete monolingual unterrichtete Kontrollgruppen zur Verfügung stehen. Abbildung 3.2 liefert den entsprechenden Überblick. Auf Grundschulebene stammen die externen Kontrollgruppen aus vier unterschiedlichen Datensätzen, von denen jeweils zwei für den Vergleich innerhalb Berlins (ELEMENT-Studie und BERLIN-Studie, Modul 1) und zwei für den internationalen Vergleich (PIRLS und TIMSS) geeignet sind. Für die Sekundarschulebene steht ein Datensatz für den Vergleich mit Berliner Schulen zur Verfügung (BERLIN-Studie, Modul 2). Ein internationaler Vergleich kann mit den durch-

Abbildung 3.2: Kontrollgruppenstruktur der EUROPA-Studie, Erhebung 2014

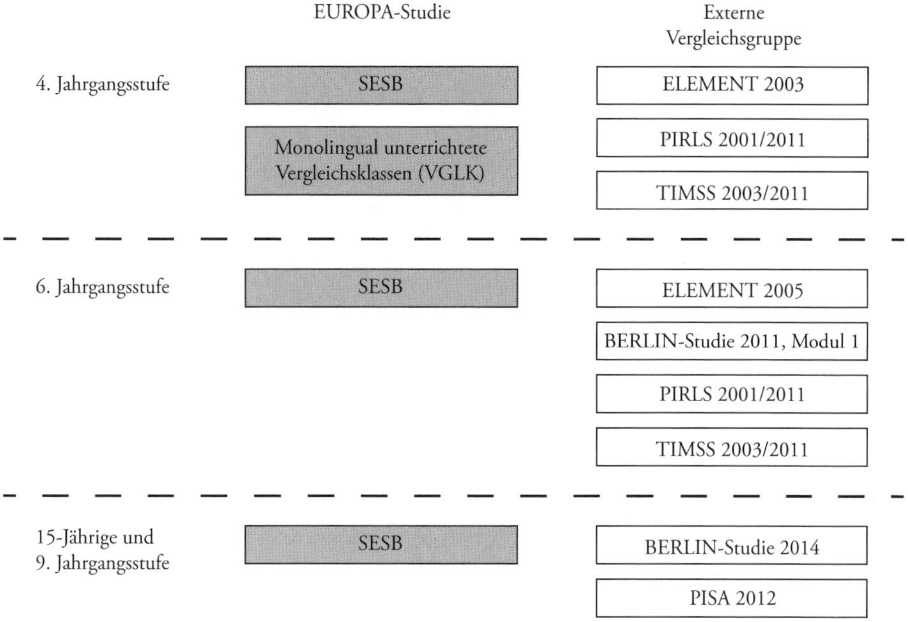

Jahrgangsstufe	EUROPA-Studie	Externe Vergleichsgruppe
4. Jahrgangsstufe	SESB	ELEMENT 2003
	Monolingual unterrichtete Vergleichsklassen (VGLK)	PIRLS 2001/2011
		TIMSS 2003/2011
6. Jahrgangsstufe	SESB	ELEMENT 2005
		BERLIN-Studie 2011, Modul 1
		PIRLS 2001/2011
		TIMSS 2003/2011
15-Jährige und 9. Jahrgangsstufe	SESB	BERLIN-Studie 2014
		PISA 2012

schnittlichen Leistungen der Schülerinnen und Schüler aus entsprechenden Ländern in PISA 2012 durchgeführt werden. Die Vergleichsstudien sollen im Folgenden knapp vorgestellt werden.

(1) Erhebung zum Lese- und Mathematikverständnis – Entwicklungen in den Jahrgangsstufen 4 bis 6 in Berlin (ELEMENT-Studie)

Für die Grundschule ist die ELEMENT-Studie die wichtigste Vergleichsuntersuchung (Lehmann & Lenkeit, 2008; Lehmann & Nikolova, 2005a, 2005b; Nikolova, 2011). ELEMENT ist eine Längsschnittstudie über drei Messzeitpunkte von Schülerinnen und Schülern der Jahrgangsstufen 4 bis 6, die in den Schuljahren 2002/03, 2003/04 und 2004/05 an Berliner Grundschulen und grundständigen Gymnasien durchgeführt wurde. An ELEMENT nahmen zum ersten Messzeitpunkt $N = 3.293$ Schülerinnen und Schüler aus 140 4. Jahrgangsstufen an 71 Berliner Grundschulen teil. Zum dritten Messzeitpunkt zwei Jahre später wurden noch $N = 2.964$ Schülerinnen und Schüler erreicht. Die mehrfach geschichtete Zufallsstichprobe ist für die Schülerschaft aller drei Jahrgangsstufen in Berlin repräsentativ. Ziel der ELEMENT-Studie war es, die Leistungs- und Motivationsentwicklung der Schülerinnen und Schüler vor dem Übergang in die Sekundarstufe zu analysieren. Die deutschsprachigen Leistungstests zum Leseverständnis und zur Mathematik sowie der Test zum Leseverständnis in Englisch sind in der EUROPA-Studie und in ELEMENT identisch. Zur Erfassung der kognitiven Grundfähigkeiten wurden in beiden Untersuchungen zwei Untertests des Kognitiven Fähigkeitstests (KFT) eingesetzt (Heller & Perleth, 2000). Ebenso wurden Instrumente zur Motivationsentwicklung parallelisiert. Relevante Personen- und Herkunftsmerkmale wurden in derselben Form erhoben.

(2) Bildungsentscheidungen und Bildungsverläufe vor dem Hintergrund struktureller Veränderung im Berliner Sekundarschulwesen – Modul 1 (BERLIN-Studie, Reformkohorte Grundschule)

Die ELEMENT-Untersuchung der 6. Jahrgangsstufe wurde im Schuljahr 2010/11 in wesentlichen Teilen als Komponente der BERLIN-Studie, die den Übergang von der Grundschule in die Sekundarstufe untersuchte (Modul 1), repliziert (Becker et al., 2013). Für die BERLIN-Studie wurde eine zweifach stratifizierte Zufallsstichprobe von $N = 3.981$ Schülerinnen und Schülern aus 191 Klassen an 87 Grundschulen gezogen. Die Untersuchung fand im Frühsommer 2011 statt. Die Vergleichbarkeit der ELEMENT- und BERLIN-Kohorten wurde von Becker et al. (2013) untersucht. Es stehen vergleichbare Leistungsdaten für die kognitiven Grundfähigkeiten, Lesekompetenz, Mathematik und Englisch sowie entsprechende Daten zu motivationalen Orientierungen und relevanten Personenmerkmalen zur Verfügung.

(3) Progress in International Reading Literacy Study (PIRLS)

PIRLS ist die internationale Lesestudie der *International Association for the Evaluation of Educational Achievement* (IEA), die seit 2001 im Abstand von vier Jahren wiederholt wird (Mullis, Martin, Foy & Drucker, 2012). Derzeit beteiligen sich etwa 45 Länder weltweit an der Untersuchung. PIRLS basiert auf Stichproben von Schülerinnen und Schülern der 4. Jahrgangsstufe, die jeweils für die Schülerschaft der Jahrgangsstufe der teilnehmenden Länder repräsentativ ist. Die Stichprobengrößen schwanken je nach Land ungefähr zwischen $N = 3.000$ und $N = 26.000$. Erfasst werden das Leseverständnis, Lesemotive, das Leseverhalten und die Einstellung zum Lesen. Die Leseverständnistests enthalten altersentsprechende Informationstexte und literarische Texte. In der EUROPA-Studie werden ausgewählte Testhefte eingesetzt, die einen Vergleich der partnersprachigen Lesekompetenz von Schülerinnen und Schülern aus SESB-Grundschulklassen mit der Lesekompetenz von Viertklässlern aus Ländern, in denen die jeweilige Partnersprache als L1 gesprochen wird, erlauben. Für die meisten Partnersprachen stehen Kontrollgruppen aus PIRLS 2011 zur Verfügung (Mullis et al., 2012). Für die Partnersprachen Griechisch und Türkisch kann auf Kontrollgruppen aus PIRLS 2001 zurückgegriffen werden (Mullis, Martin, Gonzales & Kennedy, 2003).

(4) Trends in International Mathematics and Science Study (TIMSS)

TIMSS ist die Internationale Mathematik- und Naturwissenschaftsstudie der IEA, die seit 1995 in vierjährigem Abstand auf der 4. und 8. Jahrgangsstufe mit repräsentativen Stichproben durchgeführt wird (Martin & Mullis, 2013). Die Stichprobengrößen liegen je nach Land ungefähr zwischen $N = 1.000$ und $N = 15.000$. 2011 nahmen 50 Länder an der Untersuchung teil. In jenem Jahr wurden TIMSS und PIRLS infolge einer Überschneidung der Zyklen gemeinsam durchgeführt. In der EUROPA-Studie wurden auf der 4. Jahrgangsstufe zur Erfassung des Leseverständnisses in der jeweiligen Partnersprache und der naturwissenschaftlichen Basiskompetenzen jeweils ein partnersprachiges Testheft eingesetzt, das sich aus zwei Leseblöcken aus PIRLS bzw. aus zwei Naturwissenschafts-/Sachkundeblöcken aus TIMSS zusammensetzte. Für den Vergleich der naturwissenschaftlichen Kompetenzen konnten für fast alle Partnersprachen Kontrollgruppen aus TIMSS 2011 gebildet werden. Nur für Griechisch wurde eine Kontrollgruppe aus TIMSS 2003 herangezogen.

(5) Bildungsentscheidungen und Bildungsverläufe vor dem Hintergrund struktureller Veränderung im Berliner Sekundarschulwesen – Modul 2 (BERLIN-Studie, Reformkohorte Sekundarstufe)

Bei der BERLIN-Studie handelt es sich um die Begleituntersuchung zur Berliner Schulstrukturreform (Baumert, Maaz, Neumann, Becker & Dumont, 2013), die den Reformprozess vom Zeitpunkt des Beginns im Schuljahr 2010/11 wissenschaftlich begleitet (Maaz et al., 2013). Im Modul 2 untersucht die BERLIN-Studie die Lernerträge und Ergebnisse der Berufsvorbereitung, die motivationalen und interkulturellen Orientierungen und die Selbstregulationsfähigkeit von 15-Jährigen und Schülerinnen und Schülern der 9. Jahrgangsstufe. Die Studie beruht auf einer mehrfach stratifizierten Zufallsstichprobe von $N = 2.119$ 15-Jährigen und $N = 1.925$ Schülerinnen und Schülern der 9. Jahrgangsstufe aus 99 Integrierten Sekundarschulen (ISS) und Gymnasien, die für die Altersgruppe und Jahrgangsstufe repräsentativ ist. Da sich die beiden Substichproben überlappen, beläuft sich die Gesamtstichprobe auf $N = 3.335$. Die Erhebungen fanden im Frühsommer 2014 statt. Die Untersuchung der SESB wurde in diese Erhebungen integriert. Die Vergleichsgruppe für die SESB stellen die Schülerinnen und Schüler der BERLIN-Studie dar, die nicht an der SESB unterrichtet wurden und zur Kernstichprobe der BERLIN-Studie gehören. Im Zentrum der Testung stand die Leistungsmessung in den Bereichen Leseverstehen, Mathematik, Naturwissenschaften und Englisch.

(6) Programme for International Student Assessment der OECD (PISA)

PISA ist der internationale Leistungsvergleich der Organisation für wirtschaftliche Zusammenarbeit und Entwicklung (OECD), mit dem Basiskompetenzen von 15-Jährigen in den Bereichen Leseverständnis *(reading literacy)*, Mathematik und Naturwissenschaften untersucht werden. PISA wird seit 2000 in dreijährigem Turnus durchgeführt. 2012 beteiligten sich an der Untersuchung 65 Länder und Volkswirtschaften, in denen jeweils Stichproben im Umfang von etwa $N = 3.500$ bis $N = 38.000$ Schülerinnen und Schülern getestet wurden. Im Rahmen der EUROPA-Studie wurden zwei Testinstrumente eingesetzt, die das Leseverständnis und die naturwissenschaftlichen Kompetenzen von 15-Jährigen in der jeweiligen Partnersprache anhand von veröffentlichten PISA-Aufgaben in den jeweiligen Referenzsprachen erfassen. So können die Lesekompetenzen in der Partnersprache und die in der Partnersprache erfassten Naturwissenschaftsleistungen an der SESB mit den durchschnittlichen Leistungen in den PISA-Teilnehmerstaaten verglichen werden, in denen die jeweilige Partnersprache Verkehrssprache ist. Für den Vergleich werden Befunde der PISA-Erhebung 2012 verwendet.

3.3 Organisation und Durchführung der Untersuchung

Mit der Datenerhebung wurde das *Data Processing and Research Center* (DPC) der IEA in Hamburg beauftragt. Im Rahmen der technischen Durchführung der Studie waren die Mitarbeiterinnen und Mitarbeiter des DPC für die Schulung der Testleiterinnen und Testleiter, die Planung und Überwachung ihres Einsatzes, die Datenerfassung und die Codierung offener Aufgaben verantwortlich.

An den Schulen wurden Schulkoordinatorinnen und -koordinatoren als Ansprechpartner der Studienleitung und des DPC benannt. Diese übermittelten auch die jeweiligen Anschreiben und Fragebögen an die Eltern der Schülerinnen und Schüler und waren mit dem Rückversand der ausgefüllten Fragebögen betraut. Zudem sorgten die Schulkoordinatorinnen und -koordinatoren für einen reibungslosen Ablauf der Erhebungen an den Schulen, für die Organisation von Testräumen und für das Ausfüllen von Schülerteilnahmelisten, die eine anonyme Befragung der Schülerinnen und Schüler ermöglichten.

Die Schülerinnen und Schüler wurden in Gruppen durch geschulte Testleiterinnen und Testleiter untersucht. Fehlten in einer Testgruppe mehr als drei Schülerinnen und Schüler, wurde zeitnah (maximal innerhalb von drei Wochen) eine Nachtestung durchgeführt. Die computerbasierte Testung der Exekutivfunktionen von Schülerinnen und Schülern der 4. Jahrgangsstufe wurde von einem Mitarbeiter der Universität Kiel betreut. Der Mitarbeiter war bei allen Testungen anwesend und supervidierte die korrekte Durchführung der Computertestung durch die Testleiterinnen und Testleiter.[1]

Nach der Datenerfassung und der Codierung offener Antworten am DPC in Hamburg wurden die pseudonymisierten Daten für die weitere Verarbeitung an die Universität Kiel weitergegeben, wo die Aufbereitung des Gesamtdatensatzes und die statistischen Analysen erfolgten.

Die Durchführung der Erhebungen nahm in der 4. Jahrgangsstufe drei Testtage, in der 6. Jahrgangsstufe zwei Testtage und in der Sekundarstufe wiederum drei Testtage in Anspruch. Die Testtage 1 und 2 wurden in der Grundschule an aufeinanderfolgenden Tagen angesetzt, während der dritte Testtag in der 4. Jahrgangsstufe auch einige Tage (nicht länger als 14 Tage) nach der ersten Untersuchung stattfinden konnte. Die Testleiterinnen und Testleiter erhielten im Vorfeld eine Testleiterschulung und ein Testleitermanual, das alle Details der Testvorbereitung und -durchführung beinhaltete. Die Durchführung erfolgte nach einem standardisierten Skript. Die Mitarbeiterinnen und Mitarbeiter der Universität Kiel und des DPC fungierten als Ansprechpersonen für die Testleiterinnen und Testleiter. Für jede Testsitzung war ein Testsitzungsprotokoll zu erstellen, um den Testverlauf zu dokumentieren und eventuelle Probleme festzuhalten. Dieses Protokoll wurde den Erhebungsunterlagen (Schülerteilnahmeliste, Materialerhaltbogen, Testleiterskripte) beigelegt. Die Erhebungen fanden zwischen Mai und Juli im Jahr 2014 statt. Nachfolgend

---

[1] Im vorliegenden Band werden die Ergebnisse der Untersuchung der exekutiven Funktionen nicht behandelt.

Tabelle 3.1: Ablauf der Testtage in SESB- und Vergleichsklassen für Kohorte 1 (Jahrgangsstufe 4)

Testtag 1	
Testheft 1 (Test zu kognitiven Lernvoraussetzungen)	15 min
Testheft 2 (Leseverständnis Deutsch)	40 min
Testheft 3 (Mathematiktest)	25 min
Testheft 4 (Naturwissenschaften Deutsch)	36 min
Reine Bearbeitungszeit Testtag 1	116 min
Testtag 2 – Vergleichsklassen	
Testheft 1 (Wortschatztest Deutsch)	15 min
Einweisung in den Schülerfragebogen	5 min
Bearbeitung des Schülerfragebogens Teil 1	25 min
Bearbeitung des Schülerfragebogens Teil 2 (Soziogramm)	10 min
Reine Bearbeitungszeit Testtag 2 – Regelklasse	50 min
Testtag 2 – SESB	
Testheft 1 (Naturwissenschaften in der nichtdeutschen Partnersprache)	36 min
Testheft 2 (Lesen in der nichtdeutschen Partnersprache)	36 min
Testheft 3 (Wortschatztest Deutsch)	15 min
Reine Bearbeitungszeit Testtag 2 – SESB	87 min
Testtag 3 – SESB und Vergleichsklassen	
Exekutivfunktionen Teil 1	10 min
Exekutivfunktionen Teil 2	10 min
Exekutivfunktionen Teil 3	10 min
Exekutivfunktionen Teil 4	10 min
Exekutivfunktionen Teil 5	10 min
Bearbeitung des Schülerfragebogens Teil 1	25 min
Bearbeitung des Schülerfragebogens Teil 2 (Soziogramm)	10 min
Reine Bearbeitungszeit Testtag 3	50/85 min

werden die Ablaufpläne der Testtage sowie die Testblöcke nach Jahrgangsstufen geordnet näher erläutert.

In Tabelle 3.1 wird der Testablauf für die Kohorte 1 – jeweils für die SESB und die Vergleichsklassen (VGLK) – dargestellt. Testtag 1 war für die SESB sowie für die VGLK identisch. Er sah folgende Testblöcke vor: Tests zu den kognitiven Grundfähigkeiten, zum deutschen Leseverständnis, zur Mathematik und zu Naturwissenschaften in deutscher Sprache. Testtag 2 gestaltete sich für die SESB-Schülerinnen und -Schüler und für die Vergleichsschülerinnen und -schüler in Kohorte 1 unterschiedlich. Die SESB-Schülerinnen und -Schüler bearbeiteten jeweils zwei Testhefte in der jeweiligen nichtdeutschen Partnersprache und den Wortschatztest Deutsch. Die Vergleichsschülerinnen und -schüler bearbeiteten am Testtag 2 neben dem Wortschatztest Deutsch den Schülerfragebogen. Am Testtag 3 wurde in beiden Gruppen die computerbasierte Testung zur Untersuchung der exekutiven Funktionen durchgeführt. Testtag 3 beinhaltete für die SESB-Schülerinnen und -Schüler zum Abschluss die Bearbeitung des Schülerfragebogens, während die

Tabelle 3.2: Ablauf der Testtage in SESB-Klassen für Kohorte 2 (Jahrgangsstufe 6)

Testtag 1	
Beginn der Testsitzung: Verteilung des Materials, Einweisung in den Test	ca. 15 min
Testheft 1 (Leseverständnis Deutsch)	40 min
Pause	15 min
Testheft 2 (Mathematiktest)	45 min
Pause	15 min
Testheft 3 (Englischtest)	40 min
Reine Bearbeitungszeit Testtag 1	125 min
Gesamtzeit Testtag 1	ca. 170 min
Testtag 2	
Beginn der Testsitzung: Verteilung des Materials, Einweisung in den Test	ca. 15 min
Testheft 1 (Test zu kognitiven Lernvoraussetzungen)	15 min
Pause	15 min
Testheft 2 (Lesen in der nichtdeutschen Partnersprache)	36 min
Pause	15 min
Testheft 3 (Naturwissenschaften in der nichtdeutschen Partnersprache)	36 min
Einweisung in den Schülerfragebogen	5 min
Bearbeitung des Schülerfragebogens	30 min
Reine Bearbeitungszeit Testtag 2	117 min
Gesamtzeit Testtag 2	ca. 167 min

Vergleichsschülerinnen und -schüler am Testtag 3 nur die computerbasierten Aufgaben zu bearbeiten hatten, da sie den Schülerfragebogen bereits am Testtag 2 bearbeitet hatten (siehe Tab. 3.1).

In Kohorte 2 (Jahrgangsstufe 6) wurden nur SESB-Schülerinnen und -Schüler untersucht (siehe Abb. 3.1). Analog zum Vorgehen in Kohorte 1 wurde auch hier die Testung von geschulten Testleiterinnen und Testleitern durchgeführt. Für die Testung waren zwei Testtage vorgesehen, deren Ablauf in Tabelle 3.2 zusammengefasst wird. Am Testtag 1 wurden drei Testblöcke bearbeitet: Leseverständnis Deutsch, Mathematik und Englisch. Am Testtag 2 wurden vier Testblöcke administriert: zu den kognitiven Grundfähigkeiten, zum Lesen und zu den Naturwissenschaften in der Partnersprache sowie zu Schülerangaben aus dem Schülerfragebogen.

Die Untersuchung der dritten Kohorte wurde als Erweiterung der BERLIN-Studie an drei Tagen durchgeführt. Tabelle 3.3 gibt einen Überblick über die eingesetzten Testinstrumente. Testtag 1 bestand aus zwei Blöcken: den Tests zur Mathematik, zum Lesen und den Naturwissenschaften und dem ersten Teil des Schülerfragebogens. Testtag 2 beinhaltete drei Blöcke: den Englischtest, den kognitiven Fähigkeitstest und den zweiten Teil des Schülerfragebogens. Am Testtag 3 wurden die Tests in der nichtdeutschen Partnersprache zum Leseverständnis und zu den Naturwissenschaften und der dritte Teil des Schülerfragebogens eingesetzt. Dieser dritte Testtag war ausschließlich für die Evaluation der SESB bestimmt; an ihm nahmen die Teilnehmerinnen und Teilnehmer der BERLIN-Studie nicht teil.

Tabelle 3.3: Ablauf der Testtage für Kohorte 3 (15-Jährige und Schülerinnen und Schüler der 9. Jahrgangsstufe)

Testtag 1 – BERLIN-Studie und EUROPA-Studie	
Beginn der Testsitzung: Verteilung des Materials, Einweisung in den Test	ca. 15 min
Testheft 1 (Mathematik, Naturwissenschaften, Leseverständnis)	60 min
Pause	15 min
Testheft 2 (Mathematik, Naturwissenschaften, Leseverständnis)	60 min
Einweisung in den Schülerfragebogen	10 min
Bearbeitung des Schülerfragebogens Teil 1	35 min
Reine Bearbeitungszeit Testtag 1	155 min
Gesamtzeit Testtag 1	ca. 195 min
Testtag 2 – BERLIN-Studie und EUROPA-Studie	
Beginn der Testsitzung: Verteilung des Materials, Einweisung in den Test	ca. 15 min
Testheft 1 (Englisch Leseverständnis)	40 min
Pause	15 min
Testheft 2 (kognitive Fähigkeiten)	15 min
Pause	15 min
Einweisung in den Schülerfragebogen	5 min
Bearbeitung des Schülerfragebogens Teil 2	35 min
Reine Bearbeitungszeit Testtag 2	90 min
Gesamtzeit Testtag 2	ca. 140 min
Testtag 3 – EUROPA-Studie	
Beginn der Testsitzung: Verteilung des Materials, Einweisung in den Test	ca. 15 min
Testheft 1 (Leseverständnis bzw. Naturwissenschaften nichtdeutsche Partnersprache)	60 min
Pause	15 min
Testheft 2 (Leseverständnis bzw. Naturwissenschaften nichtdeutsche Partnersprache)	60 min
Einweisung in den Schülerfragebogen	5 min
Bearbeitung des Schülerfragebogens Teil 3	30 min
Reine Bearbeitungszeit Testtag 3	150 min
Gesamtzeit Testtag 3	185 min

3.4 Population, Stichproben und Stichprobenausschöpfung

Primäre Untersuchungspopulation der EUROPA-Studie sind Schülerinnen und Schüler der 4. und 6. Jahrgangsstufe an der SESB (Kohorte 1 und 2) sowie alle 15-Jährigen und Schülerinnen und Schüler der 9. Jahrgangsstufe, die an der SESB beschult wurden (Kohorte 3). Im Frühsommer 2014 wurden an allen Standorten der SESB Vollerhebungen der definierten Untersuchungspopulation durchgeführt.

Da nach § 9 SchulG (vom 26.01.2004) alle ausgewählten Schülerinnen und Schüler zur Teilnahme an der Evaluation verpflichtet waren, fielen die Ausschöpfungsquoten sehr hoch aus. Die tatsächlich realisierten Stichproben betrugen für Kohorte 1 $N = 769$ (Ausschöpfungsquote: 97,5 %), für die Vergleichsgruppe der Kohorte 1 (VGLK) $N = 731$

Tabelle 3.4: Erstsprache und Migrationshintergrund in Jahrgangsstufe 4 getrennt nach SESB und Vergleichsgruppen

	Gesamtstichprobe EUROPA		ELEMENT	Teilnahme Leistungstest EUROPA		Teilnahme SFB EUROPA	
	SESB	VGLK		SESB	VGLK	SESB	VGLK
Anteil Mädchen	54,4%	51,2%	50,0%	54,3%	50,8%	54,2%	51,0%
Monolingual deutschsprachig aufgewachsen	18,7%	49,4%	75,7%	19,2%	51,7%	20,7%	53,4%
Bilingual aufgewachsen	36,0%	1,2%	11,0%	37,6%	1,3%	39,7%	1,3%
Einseitiger MGH	43,5%	20,2%	13,3%	43,5%	20,2%	44,3%	20,2%
Beidseitiger MGH	38,5%	32,9%	22,3%	38,3%	32,7%	37,7%	32,6%
Ohne MGH	18,0%	46,9%	64,5%	18,2%	47,0%	18,1%	47,2%
Halbjahresnote 4. Jahrgangsstufe			2.18 (0.7)[1]				
Deutsch, M (SD)	2.16 (0.86)	2.40 (0.87)		2.15 (0.86)	2.40 (0.87)	2.14 (0.86)	2.39 (0.88)
Mathematik, M (SD)	2.53 (0.93)	2.61 (1.00)		2.52 (0.93)	2.62 (1.00)	2.51 (0.92)	2.61 (0.99)
Alter zum Testzeitpunkt, M (SD)	10.09 (0.41)	10.23 (0.53)	10.54 (0.53)	10.08 (0.40)	10.22 (0.51)	10.08 (0.40)	10.22 (0.51)
Gesamt N	769	731	4.926	735	698	697	676
Anteil an Gesamtstichprobe	100%	100%	100%	95,6%	95,5%	90,6%	92,5%

M = Mittelwert, SD = Standardabweichung, SFB = Schülerfragebogen, VGLK = Vergleichsklassen, MGH = Migrationshintergrund; Angaben jeweils für valide Fälle auf den jeweiligen Variablen.
1   Durchschnittliche Note der Schülerinnen und Schüler aus ELEMENT 2003.

(Ausschöpfungsquote: 97,7%), für Kohorte 2 N = 588 (Ausschöpfungsquote: 95,2%) und Kohorte 3 N = 617 (Ausschöpfungsquote: 98,2%).

Parallel zur Schüleruntersuchung wurde in der Grundschule für die Kohorten 1 und 2 eine Befragung der Eltern oder Erziehungsberechtigten an SESB und in VGLK sowie aller Lehrkräfte durchgeführt, die im Schuljahr der Erhebung in einer der untersuchten Klassen an der SESB oder in einer VGLK Unterricht erteilten. Nach § 9 SchulG waren auch diese Lehrkräfte zur Teilnahme an der Evaluation verpflichtet. Den Eltern stand die Teilnahme an der Befragung frei. Die realisierten Lehrkräftestichproben betragen für Kohorte 1 und 2 an der SESB N = 204 Lehrerinnen und Lehrer und für die VGLK insgesamt N = 52 Lehrkräfte. Die Ausschöpfungsquoten bei der freiwilligen Elternbefragung betragen für Kohorte 1 und 2 an der SESB N = 776 und für die VGLK N = 395 (Ausschöpfungsquote: 62% bzw. 55%).

Einen umfassenden Überblick über die jeweiligen untersuchten Stichproben wird in den Tabellen 3.4 bis 3.6 dargestellt. Hier werden für die drei Kohorten die Teilnahmequoten der Schülerinnen und Schüler aufgeschlüsselt nach Leistungstest und Schülerfragebogen aufgeführt. Zusätzlich werden der Migrationsstatus, der sprachliche Hintergrund und die Noten in den Fächern Deutsch und Mathematik angegeben.

Wie aus Tabelle 3.4 zu ersehen ist, nahmen in der 4. Jahrgangsstufe 769 Schülerinnen und Schüler der SESB teil, davon 735 (95,6%) am Leistungstest und 697 (90,6%) am

Tabelle 3.5: Angaben zu Schülerinnen und Schülern nach Teilnahmestatus der Jahrgangsstufe 6 (SESB)

	Gesamtstichprobe EUROPA 2014	Gesamt ELEMENT 2005	Teilnahme Leistungstest EUROPA	Teilnahme SFB EUROPA
Anteil Mädchen	50,9%	49,9%	51,1%	51,3%
Monolingual deutschprachig aufgewachsen	15,6%	75,7%	16,4%	17,0%
Bilingual aufgewachsen	39,8%	11,0%	41,6%	43,3%
Einseitiger MGH	43,5%	13,3%	43,5%	43,6%
Beidseitiger MGH	41,7%	22,3%	41,7%	41,8%
Ohne MGH	14,7%	64,5%	14,7%	14,7%
Halbjahresnote 6. Jahrgangsstufe				
Deutsch, *M (SD)*	2.33 (0.86)	2.72 (0.87)	2.32 (0.84)	2.30 (0.83)
Mathematik, *M (SD)*	2.72 (1.08)	2.88 (0.99)	2.70 (1.07)	2.68 (1.06)
Alter zum Testzeitpunkt, *M (SD)*	12.15 (0.50)		12.15 (0.50)	12.15 (0.50)
Gesamt *N*	588	4.926	562	540
Anteil an Gesamtstichprobe	100%	100%	95,6%	91,8%[1]

M = Mittelwert, *SD* = Standardabweichung, SFB = Schülerfragebogen, MGH = Migrationshintergrund; Angaben jeweils für valide Fälle auf den jeweiligen Variablen.
1 Am freiwilligen Teil der Schülerbefragung (mit Elterneinverständnis) nahmen 67,9% der Gesamtstichprobe aus Jahrgangsstufe 6 teil.

Schülerfragebogen. Im Vergleich dazu konnten von 731 Schülerinnen und Schülern der VGLK 698 (95,5%) die Leistungstests bearbeiten sowie 676 (92,5%) den Schülerfragebogen. In der ELEMENT-Untersuchung in Jahrgangsstufe 4 wurden im Jahr 2003 4.926 Schülerinnen und Schüler untersucht.

Tabelle 3.5 gibt einen Überblick über die Teilnahmequoten der 6. Jahrgangsstufe. Es werden die Teilnahmequoten an den Leistungstests und dem Schülerfragebogen präsentiert sowie eine Übersicht über den sprachlichen Hintergrund, den Migrationshintergrund und die Noten in den Fächern Deutsch und Mathematik gegeben. In der 6. Jahrgangsstufe nahmen von 588 Schülerinnen und Schülern der SESB 562 (95,6%) am Leistungstest und 540 (91,8%) am Schülerfragebogen teil. Die Vergleichsgruppe der ELEMENT-Stichprobe aus dem Jahr 2005 besteht aus 4.926 Schülerinnen und Schülern.

In Tabelle 3.6 sind die Teilnahmequoten für die Kohorte 3 dargestellt, die eine Gegenüberstellung der Gesamtstichprobe mit der tatsächlich realisierten Stichprobe ermöglichen. Auch hier wird zwischen der Teilnahme an den Leistungstests und an dem Schülerfragebogen unterschieden, wobei sich diese Quoten an der SESB nicht unterscheiden. Zudem wird ein Überblick über die Teilnahmequoten getrennt nach Geschlecht, Schulform, sprachlichem Hintergrund und Migrationshintergrund gegeben sowie das mittlere Alter der Schülerinnen und Schüler und die Noten in den Fächern Deutsch und Mathematik.

Tabelle 3.6: Angaben zu Schülerinnen und Schülern nach Teilnahmestatus in Kohorte 3

	Gesamtstichprobe 2014		Teilnahme Leistungstest		Teilnahme SFB	
	SESB	VGLK[1]	SESB	VGLK[1]	SESB	VGLK[1]
Anteil Mädchen	51,5%	49,4%	50,4%	47,6%	50,4%	47,5%
Anteil ISS	69,5%	69,8%	68,7%	67,8%	68,7%	67,7%
Monolingual deutschsprachig aufgewachsen	19,9%	53,8%	18,9%	55,4%	18,9%	55,5%
Monolingual partnersprachig aufgewachsen	25,0%	15,6%	25,0%	14,1%	25,0%	14,0%
Mehrsprachig aufgewachsen	55,1%	30,7%	56,1%	30,6%	56,1%	30,5%
Einseitiger MGH	36,3%	19,9%	36,9%	20,2%	36,9%	20,2%
Beidseitiger MGH	47,7%	29,4%	47,1%	29,7%	47,1%	29,7%
Ohne MGH	16,0%	50,7%	16,0%	50,1%	16,0%	50,2%
Zeugnisnote 9. Klasse						
Deutsch, *M (SD)*	2.94 (1.06)	3.06 (0.98)	2.98 (1.02)	3.08 (0.93)	2.98 (1.02)	3.08 (0.93)
Mathematik, *M (SD)*	3.14 (1.16)	3.30 (1.11)	3.14 (1.14)	3.34 (1.07)	3.14 (1.14)	3.34 (1.07)
Alter zum Testzeitpunkt, *M (SD)*	15.39 (0.65)	15.65 (0.57)	15.36 (0.63)	15.62 (0.56)	15.36 (0.63)	15.62 (0.56)
Gesamt *N*	617	3.289	581	2.896	581	2.893
Anteil an Gesamtstichprobe	100%	100%	94,2%	88,1%	94,2%	88,0%

M = Mittelwert, *SD* = Standardabweichung, SFB = Schülerfragebogen, VGLK = Vergleichsklassen, ISS = Integrierte Sekundarschule, MGH = Migrationshintergrund; Angaben jeweils für valide Fälle auf den jeweiligen Variablen.
1 Angaben beziehen sich auf die ungewichtete Stichprobe.

3.5 Untersuchungsinstrumente

Die eingesetzten Erhebungsinstrumente lassen sich drei Gruppen zuordnen, den *Schülerteilnahmelisten und Notenblättern,* die auf Daten aus Schülerakten basieren, den *Leistungstests* und schließlich den *Fragebögen,* die Schülerinnen und Schülern, Eltern bzw. Erziehungsberechtigten sowie Lehrkräften vorgelegt wurden.

3.5.1 Schülerteilnahmelisten und Notenblätter

Die Schülerteilnahmelisten wurden durch die Schulkoordinatorinnen und -koordinatoren ausgefüllt. Sie enthielten Angaben zu allen teilnehmenden Schülerinnen und Schülern. Neben der Angabe zur Teilnahme an den einzelnen Testblöcken wurden demografische Angaben erfasst. Dazu gehörten Geburtsmonat und -jahr, Geschlecht, Geburtsland, Staatsangehörigkeit und die in der Schule vorgenommene Einteilung der Zugehörigkeit zur Sprachgruppe (Deutsch als Erstsprache vs. nichtdeutsche Partnersprache als Erstsprache). Neben den Schülerteilnahmelisten wurden zudem von den Schulkoordinatorinnen und

-koordinatoren Notenblätter mit Angaben zu den Halbjahresnoten der teilnehmenden Schülerinnen und Schüler ausgefüllt.

3.5.2 Leistungstests

Leistungstests für die Kohorten 1 und 2 (Jahrgangsstufe 4 und 6)
Um die Vergleichbarkeit der EUROPA-Studie mit der ELEMENT-Untersuchung zu gewährleisten, wurden für Kohorte 1 und 2 alle in ELEMENT eingesetzten deutschsprachigen Tests übernommen. Für die Untersuchungen in den nichtdeutschen Partnersprachen wurden Instrumente aus den internationalen Vergleichsstudien PIRLS und TIMSS verwendet. Im Folgenden werden die eingesetzten Instrumente genauer beschrieben. Zur Beurteilung der Zuverlässigkeit der Leistungstests wird die WLE-Reliabilität *(Weighted Maximum Likelihood Estimate Person Separation Reliability [r_{WLE}])* herangezogen.

Das Leseverständnis in Deutsch wurde in der 4. Jahrgangsstufe mit der Darbietung eines drei bis vier Seiten langen Prosatexts erfasst, zu dem 15 Items (6 davon offen, 9 als Multiple-Choice-Items) zu beantworten waren. Die WLE-Reliabilität dieses Tests ist mit r_{WLE} = 0.73 als zufriedenstellend zu bezeichnen. In der 6. Jahrgangsstufe wurden zur Testung des Leseverständnisses in Deutsch vier kurze Texte dargeboten, denen jeweils fünf bis sieben Multiple-Choice-Items zugeordnet waren. Die WLE-Reliabilität liegt für diesen Test bei r_{WLE} = 0.78 und damit ebenfalls im zufriedenstellenden Bereich. Der Test zum sachkundlichen Wissen bestand in der 4. Jahrgangsstufe aus 25 Items mit einer WLE-Reliabilität von r_{WLE} = 0.79. In der 4. Jahrgangsstufe wurde ein Mathematiktest aus 23 Items mit einer zufriedenstellenden WLE-Reliabilität von r_{WLE} = 0.79 eingesetzt, während der Mathematiktest der 6. Jahrgangsstufe aus 40 Items bestand (WLE-Reliabilität r_{WLE} = 0.90). Der Englischtest der 6. Jahrgangsstufe bestand aus einem Lückentest *(cloze test)*, in dem 90 Wörter einzusetzen waren. Die WLE-Reliabilität dieses Tests ist mit r_{WLE} = 0.95 sehr gut.

Zur Überprüfung der Leistungen in der nichtdeutschen Partnersprache auf den Jahrgangsstufen 4 und 6 wurden jeweils zwei Testblöcke aus PIRLS und TIMSS zu einem Testheft zusammengefasst. Zur Erfassung des Leseverständnisses in der 4. Jahrgangsstufe wurden zwei Prosatexte aus PIRLS 2011 dargeboten, zu denen 17 Items (6 offen, 11 Multiple Choice) bzw. 12 Items (7 offen, 5 Multiple Choice) zu bearbeiten waren. In der 6. Jahrgangsstufe wurden ebenfalls zwei Prosatexte aus derselben PIRLS-Erhebung vorgelegt, denen 16 Items (9 offen, 7 Multiple Choice) bzw. 14 Items (5 offen, 9 Multiple Choice) zugeordnet waren. Die Leistungen in den Sprachen Englisch, Französisch, Italienisch, Polnisch, Portugiesisch und Russisch konnten ebenfalls mit Testheften aus PIRLS aus dem Jahr 2011 erfasst werden. Ihre WLE-Reliabilitäten lagen mit Werten zwischen r_{WLE} = 0.73 und r_{WLE} = 0.84 im zufriedenstellenden bis guten Bereich. Da für die türkische und griechische Partnersprache keine Booklets aus PIRLS 2011 verfügbar waren, wurden in diesen Fällen Testhefte aus der PIRLS-Untersuchung von 2001 verwendet. Die WLE-Reliabilitäten dieser Testhefte fielen mit Werten von r_{WLE} = 0.44 bis r_{WLE} = 0.52 unbefriedigend aus. Dies kann darauf zurückgeführt werden, dass einige Items zu schwer für die SESB-Schülerinnen und -Schüler waren.

Die sachkundlichen Testhefte in den Partnersprachen Englisch, Französisch, Italienisch, Türkisch, Portugiesisch, Polnisch, Russisch und Spanisch wurden aus TIMSS 2011 übernommen. Ihre WLE-Reliabilitäten sind mit Werten zwischen $r_{WLE} = 0.80$ und $r_{WLE} = 0.90$ gut bis sehr gut. Da Griechenland an TIMSS 2011 nicht teilgenommen hatte, wurde zur Testung der Leistung in der griechischen Partnersprache auf TIMSS-Booklets aus dem Jahr 2003 zurückgegriffen. Die WLE-Reliabilität der eingesetzten Booklets, die jeweils 25 Items umfassten, fielen mit Werten um $r_{WLE} = 0.50$ unbefriedigend aus. Auch in diesem Fall waren einige Items zu schwer für die SESB-Schülerinnen und -Schüler. Zur Erfassung der kognitiven Grundfähigkeiten der Kohorten 1 und 2 wurden zwei Untertests des *Kognitiven Fähigkeitstests* (KFT) eingesetzt, die verbales und figurales Schlussfolgern erfassen (Heller & Perleth, 2000). Ferner wurde in der Kohorte 1 der Wortschatztest aus dem CFT 20-R (Weiß, 2003) administriert.

Leistungstests für die Kohorte 3 (15-Jährige und 9. Jahrgangsstufe)
Die deutschsprachigen Leistungstests für die Domänen Leseverständnis, Mathematik und Naturwissenschaften sowie der Test zum englischsprachigen Leseverständnis wurden im Rahmen der BERLIN-Studie administriert. In den drei deutschsprachigen Tests wurden Aufgaben aus PISA 2006 (Prenzel et al., 2007, 2008) verwendet; die Aufgaben des Englischtests entstammten dem Test für das Lesevestehen in der ersten Fremdsprache Englisch, der für den Ländervergleich 2009 (Köller, Knigge, & Tesch, 2010) entwickelt wurde. In der BERLIN-Studie wurde jeweils eine Auswahl der in PISA 2006 bzw. im Ländervergleich 2009 verwendeten Testhefte eingesetzt. Zur Beurteilung der Zuverlässigkeit der Leistungstests wird im Folgenden die EAP/PV-Reliabilität *(Expected a Posteriori/Plausible Value Reliability [$r_{EAP/PV}$])* herangezogen.

Die Tests zum Leseverständnis sowie zur mathematischen und naturwissenschaftlichen Kompetenz wurden anhand von vier PISA-Booklets in einem Multi-Matrix-Design administriert. Der Test zum Leseverständnis bestand aus 28 Items und erreichte eine gute Reliabilität von $r_{EAP/PV} = 0.88$. Die mathematische und die naturwissenschaftliche Kompetenz wurden mit 48 bzw. 57 Items gemessen. Die Reliabilitäten der Tests liegen bei $r_{EAP/PV} = 0.90$ bzw. $r_{EAP/PV} = 0.91$ und damit in einem sehr guten Bereich.

Um das Leseverständnis im Englischen zu erheben, wurden zwei unterschiedliche Testhefte (ein leichteres und ein schwereres) in jeweils zwei pseudoparallelen Versionen eingesetzt. Der Englischtest umfasste 82 Items und erreicht eine sehr gute Reliabilität von $r_{EAP/PV} = 0.93$. Alle genannten Tests wurden im Rahmen der BERLIN-Studie Rasch-skaliert.

Neben den deutschsprachigen Tests und dem Englischtest wurden in Kohorte 3 auch Instrumente zur Erfassung des Leseverständnisses und der naturwissenschaftlichen Kompetenz in der Partnersprache eingesetzt. Die partnersprachigen Tests für die Kohorte 3 wurden aus veröffentlichten PISA-Aufgaben in der jeweiligen Sprache zusammengestellt, um die partnersprachigen Leistungen der SESB mit den durchschnittlichen Leistungen in den jeweiligen Herkunftsländern der Schülerinnen und Schüler vergleichen zu können. Der Test zur Erfassung des Leseverständnisses bestand für die meisten Partnersprachen aus jeweils 35 Items. Die Aufgaben wurden aus den PISA-Erhebungen 2000 (21 Items) und 2009 (14 Items) entnommen. Eine Ausnahme bilden hier die Tests in den Sprachen Türkisch und Italienisch:

Für Türkisch lagen keine Items aus dem Jahr 2000 vor. Deshalb wurde der türkischsprachige Test mit 7 zusätzlichen Items aus PISA 2009 aufgefüllt. Für Italienisch hingegen lagen keine Items aus dem Jahr 2009 vor. Der Leseverständnistest auf Italienisch enthielt deshalb nur die 21 Items aus dem Jahr 2000. Der Test wurde für alle neun Partnersprachen gemeinsam unter Nutzung der originalen PISA-Itemparameter Rasch-skaliert. Die WLE-Reliabilität des partnersprachigen Tests zum Leseverständnis liegt mit r_{WLE} = 0.87 im zufriedenstellenden guten Bereich. Der partnersprachige Test für Naturwissenschaften bestand aus insgesamt 28 veröffentlichten Aufgaben aus PISA 2000 (10 Items) und PISA 2006 (18 Items). Vier der Aufgaben lagen nicht in italienischer Sprache vor. Die italienische Testversion umfasst deshalb nur 24 Aufgaben. Auch für diesen Test erwies sich die WLE-Reliabilität mit r_{WLE} = 0.83 als gut.

Die kognitiven Grundfähigkeiten wurden in der dritten Kohorte wie schon in den Kohorten 1 und 2 mit zwei Untertests des KFT erhoben, die verbales und figurales Schlussfolgern erfassen (Heller & Perleth, 2000).

3.5.3 Fragebögen für Schülerinnen und Schüler, Eltern und Lehrkräfte

Zur Erfassung relevanter demografischer Merkmale, schulbezogener Einstellungen, motivationaler und interkultureller Orientierungen wurden Fragebögen für Schülerinnen und Schüler, Eltern und Lehrkräfte verwendet. Die Fragebögen wurden in deutscher Sprache vorgegeben. Die Schülerfragebögen wurden mit Instrumenten der jeweiligen Kontrollgruppen abgeglichen.

Im Schülerfragebogen wurden neben der Abfrage demografischer Daten und neben Angaben zur Herkunft, zum Sprachgebrauch, zum Lesen und zur Leistungsmotivation (aus der ELEMENT-Studie bzw. aus der BERLIN-Studie) auch Fragen zur Herkunft und zum Gebrauch der Partnersprache aus der NEPS-Studie (*Nationales Bildungspanel;* Blossfeld, von Maurice & Schneider, 2011) gestellt. Zur Abfrage der Sprachbeherrschung der jeweiligen Erst- und Partnersprache wurden Fragen aus dem *Sustainability Cultural Indicator Questionnaire* (SCIP; Marans & Shriberg, 2012) aufgenommen. Des Weiteren wurden Fragen zur interkulturellen Identität (Reinders, Ditton, Gräsel & Gniewosz, 2011) und zur Einstellung zur Erst- und Partnersprache (Yagmur, 2004) eingesetzt. Die sozialen Netzwerke im Klassenkontext wurden durch Soziogramme erfasst (siehe dazu Kap. 8). Der Elternfragebogen stammte überwiegend aus der ELEMENT-Studie bzw. aus der BERLIN-Studie und wurde durch eine differenziertere Abfrage des Migrationsstatus ergänzt. Im Lehrerfragebogen wurden neben demografischen Abfragen (Alter, Geschlecht, Muttersprache, Ausbildung sowie unterrichtete Fächer), Fragen zur beruflichen Belastung (Arbeitsbezogenes Verhaltens- und Erlebensmuster [AVEM]; Schaarschmidt & Fischer, 2001) und zu Überzeugungen zu kultureller Vielfalt in der Schule eingesetzt. Einen beispielhaften Überblick über die eingesetzten Skalen gibt Tabelle 3.7.

Im Folgenden werden ausgewählte Variablen genauer beschrieben, die kapitelübergreifend genutzt werden. Variablen, die nur für einzelne Kapitel Bedeutung haben, werden in den jeweiligen Kapiteln eingeführt.

Tabelle 3.7: Inhalte des Schüler-, Eltern- und Lehrerfragebogens der drei Kohorten

Fragebogen	Inhalte
Schülerfragebogen	Demografische Angaben Subjektive Sprachkompetenz (Deutsch und Partnersprache) Sprachgebrauch (Deutsch und Partnersprache) Lesemotivation Sprachkonsum (Deutsch und Partnersprache) Schulzufriedenheit Selbstkonzept Schulbezogene Fragen Unterrichtsbezogene Fragen Zugehörigkeitsgefühl Soziale Netzwerke
Elternfragebogen	Demografische Angaben Sprachgebrauch Subjektive Sprachkompetenz Fragen zur SESB Beruf und Schulabschluss Sozioökonomischer Hintergrund Förderung des Kindes Zugehörigkeitsgefühl
Lehrerfragebogen	Demografische Angaben Hintergrund zum Studium und zur Ausbildung Hintergrund zur derzeitigen Beschäftigung Unterrichtsgestaltung Berufliche Belastung

Migrationshintergrund

Der Migrationshintergrund (MGH) wird in der EUROPA-Studie im Anschluss an den Mikrozensus (Statistisches Bundesamt, 2011) folgendermaßen definiert: Kinder *ohne MGH* haben Eltern, die beide in Deutschland geboren sind. Ein *einseitiger MGH* liegt vor, wenn ein Elternteil nicht in Deutschland geboren wurde. Von *beidseitigem MGH* wird gesprochen, wenn beide Elternteile nach Deutschland zugewandert sind. Diese Definition wird im Folgenden verwendet, wenn ohne weitere Spezifikation von MGH oder Migrationsstatus die Rede ist.

Zusätzlich wird in der EUROPA-Studie nach der Zuwanderungsgeneration oder dem *Generationsstatus* differenziert. Soweit es die verfügbaren Daten zulassen, werden dabei vier Ausprägungen unterschieden (1. Generation – im Schulalter zugewandert; 1,5. Generation – nach der Geburt, aber vor Schuleintritt zugewandert; 2. Generation – in Deutschland geboren, aber mindestens ein Elternteil zugewandert; ohne MGH). Bei dieser Einteilung werden die Zuwanderer der 3. Generation, die selbst und deren Eltern in Deutschland geboren wurden, deren Großeltern aber zugewandert sind, der Gruppe ohne MGH zugeschlagen. Sind Angaben zum Geburtsland der Großeltern verfügbar, kann auch eine dritte Zuwanderungsgeneration unterschieden werden. Für die Kohorten 1 und 2 ist aufgrund der Datenlage eine dreistufige Einteilung (1. Generation, 2. Generation, ohne MGH) möglich. Im Rahmen der BERLIN-Studie wurde das Geburtsland der Großeltern nur im Rahmen von Modul 1 (6. Jahrgangsstufe), nicht aber im Rahmen von Modul 2

(15-Jährige und Neuntklässler) erfragt (vgl. oben Punkt [5]). Allerdings wurde in Modul 2 in der Kernstichprobe und den SESB mit einer Filterfrage erfasst, aus welchem „anderen Land als Deutschland" die Familie des Befragten – unabhängig vom Zuwanderungszeitpunkt – stammte. Sofern diese Fragen von Personen beantwortet wurden, deren Eltern in Deutschland geboren wurden, gehören sie zur 3. Zuwanderungsgeneration. Damit kann der Generationsstatus für Kohorte 3 auch mit fünf Ausprägungen operationalisiert werden (1. Generation – im Schulalter zugewandert; 1,5. Generation – nach der Geburt, aber vor Schuleintritt zugewandert; 2. Generation – in Deutschland geboren, aber mindestens ein Elternteil zugewandert; 3. Generation – Eltern und selbst in Deutschland geboren, aber mindestens ein Großelternteil zugewandert; ohne MGH).

Im Rahmen von PISA schließlich wurden der Migrations- und Generationsstatus zu einem einzigen Merkmal zusammengefasst (Stanat, Segeritz & Christensen, 2010). Daraus resultiert eine Variable mit sechs Ausprägungen (1. Generation – im Schulalter zugewandert und beide Elternteile im Ausland geboren; 1,5. Generation – nach der Geburt, aber vor Schuleintritt zugewandert und beide Elternteile im Ausland geboren; 2. Generation – selbst in Deutschland, aber beide Elternteile im Ausland geboren; 3. Generation – beide Eltern und selbst in Deutschland geboren, aber mindestens ein/zwei Großelternteile zugewandert; einseitiger MGH – ein Elternteil im Ausland geboren; ohne MGH). Diese sparsame Operationalisierung wird, soweit es die Datenlage gestattet, auch in der EUROPA-Studie verwendet.

Sprachlicher Hintergrund
Der sprachliche Hintergrund in Kohorte 1 und 2 der Schülerinnen und Schüler wurde mit der Frage „Welche Sprache hast Du als Kind in Deiner Familie von Anfang an gelernt?" abgefragt. Dazu waren im Multiple-Choice-Format als Antwortfelder Deutsch und die neun nichtdeutschen Partnersprachen der SESB (Englisch, Französisch, Griechisch, Italienisch, Portugiesisch, Polnisch, Russisch, Spanisch und Türkisch) sowie ein zusätzliches offenes Feld dargeboten. Die Angabe von Mehrfachantworten war erlaubt. Diese Frage wurde für alle drei Kohorten ebenfalls den Eltern bzw. Erziehungsberechtigten gestellt, um die Schülerangaben zu verifizieren („Welche Sprache[n] hat Ihr Kind, für das Sie den Fragebogen ausfüllen, in der Familie zuerst gelernt?"). Aufgrund dieser Angaben war es möglich zu identifizieren, welche Schülerinnen und Schüler allein Deutsch bzw. allein eine andere Sprache (z. B. eine der Partnersprachen), Deutsch und eine andere Sprache/Partnersprache oder zwei andere Sprachen als Erstsprache(n) gelernt haben.

Der sprachliche Hintergrund wird bei den Analysen der Leistungen der Schülerinnen und Schüler berücksichtigt (siehe Kap. 6). Dabei werden drei unterschiedliche Sprachgruppen voneinander abgegrenzt: In Sprachgruppe 1 (monolingual deutschsprachig aufgewachsen) sind die Schülerinnen und Schüler kategorisiert, die von Anfang an deutschsprachig aufgewachsen sind, ohne zugleich die nichtdeutsche Partnersprache zu lernen. Zu Sprachgruppe 2 (bilingual aufgewachsen) zählen die Schülerinnen und Schüler, die neben Deutsch noch eine andere Sprache von Anfang an gelernt haben. In Sprachgruppe 3 (monolingual nicht deutschsprachig aufgewachsen) werden die Schülerinnen und Schüler eingeordnet, die von Beginn an nur die Partnersprache gelernt haben.

Familialer Hintergrund
Der sozioökonomische Hintergrund wird durch den *International Socio-Economic Index of Occupational Status* (ISEI; Ganzeboom, de Graaf, Treiman & de Leeuw, 1992) operationalisiert, wobei jeweils der höhere Wert der beiden Elternteile (*Highest International Socio-Economic Index,* HISEI) zugrunde gelegt wurde. Zudem wurden die jeweils höchsten Schul- und Ausbildungsabschlüsse (Hochschulreife bzw. Hochschulabschluss) im Elternhaus erhoben.

Schulnoten
Die schulischen Leistungen wurden über die vorangegangenen Halbjahresnoten in den Kohorten 1 und 2 in den Fächern Deutsch, nichtdeutsche Partnersprache, 1. Fremdsprache, Mathematik, Sachkunde bzw. Biologie, Physik und Chemie, Erdkunde, Geschichte, Kunst, Musik und Sport operationalisiert – soweit Unterricht in diesen Fächern erteilt wurde. In der Kohorte 3 wurden die Noten in den Fächern Deutsch, Mathematik, erste Fremdsprache bzw. nichtdeutsche Partnersprache, zweite Fremdsprache, dritte Fremdsprache, Lernbereich Naturwissenschaften als kombiniertes Fach, Biologie, Physik, Chemie und Wirtschaft-Arbeit-Technik erfasst. Die Informationen wurden in anonymisierter Form den Schülerakten entnommen und über Codenummern den Datensätzen hinzugefügt.

3.6 Methodisches Vorgehen

3.6.1 Skalierung der Leistungstests

Im folgenden Abschnitt wird das Vorgehen bei der Skalierung der Testleistungen skizziert. In der vorliegenden Untersuchung wird pro Domäne nach der *Item-Response-*Theorie das 1-parametrisch-logistische Modell (1-PL-Modell; siehe dazu für einen vertiefenden Einblick Embretson, 1996; Reckase, Ackerman & Carlson, 1988; Rost, 2004; Yen, 1993; Yen & Fitzpatrick, 2006) angewendet. Beim 1-PL-Modell, auch Rasch-Modell genannt (Rost, 2004), wird davon ausgegangen, dass Antworten von Personen auf ein Item auf der Interaktion der Itemschwierigkeit mit der nicht direkt beobachtbaren, als latente Variable zu verstehenden Personenfähigkeit basieren. Eine Analyse nach der *Item-Response-*Theorie liefert für jede Testteilnehmerin und jeden Testteilnehmer die geschätzte Personenfähigkeit und für jedes Item die ermittelte Schwierigkeit (beides auf der sogenannten Logit-Skala). Zudem werden Informationen zur Reliabilität dieser Werte und zum Fit der Daten zum theoretischen Modell gegeben (Ludlow & Haley, 1995).

Die Skalierung der Tests fand mit dem Programm *Conquest* (Wu, Adams & Wilson, 1998) statt. Es überprüft, ob die Wahrscheinlichkeit, die richtige Antwort zu geben, mit zunehmender Fähigkeit der Probandinnen und Probanden zunimmt und ob die richtige Antwort von fähigeren Probandinnen und Probanden auch tatsächlich eher gewählt wird als falsche Antworten (Rost, 2004). Zur Bestimmung der Personenfähigkeiten wurden für die 4. und 6. Jahrgangsstufe WLE herangezogen, die einen optimalen Punktschätzer der Personenfähigkeit darstellen, jedoch die Varianz verschätzen. Die Berechnung von WLE ermöglicht den Vergleich mit den ELEMENT-Daten aus 2003 und 2005, für die ebenfalls WLE vorliegen. Zum Vergleich der Leistungen in der nichtdeutschen Partnersprache mit den Leistungen der jeweiligen Referenzländer in den Leistungstests aus TIMSS und PIRLS wurden zunächst die Rohdaten der Ländererhebungen aus dem Jahr 2011 mittels 1-PL-Modellen neu skaliert, wobei die Itemparameter frei geschätzt wurden. In einem nächsten Schritt wurden die Daten aus TIMSS 2003 und PIRLS 2001 kalibriert, indem die Schwierigkeitsparameter sich überschneidender Aufgaben auf die entsprechenden Werte aus 2011 fixiert und die der übrigen Aufgaben frei geschätzt wurden. In diesen ersten beiden Schritten gingen die Daten aus den Referenzländern jeweils gleich gewichtet in die Skalierung ein. Anschließend wurden bei der Kalibrierung der EUROPA-Daten die Schwierigkeitsparameter der in der EUROPA-Studie eingesetzten Aufgaben auf die jeweiligen Itemparameter aus TIMSS und PIRLS fixiert, um mit den Referenzländern vergleichbare WLE zu erhalten. Da die ursprünglichen Daten aus TIMSS mittels 3-PL-Modellen und aus PIRLS mittels 2-PL-Modellen skaliert wurden, ermöglichte das beschriebene Vorgehen den Vergleich der Leistungen.

Zur Ermittlung der Personenfähigkeiten wurden die deutschsprachigen PISA-Tests sowie der Englischtest aus dem Ländervergleich für die Kohorte 3 innerhalb der BERLIN-Stichprobe Rasch-skaliert und je fünf *Plausible Values* (PV) aus den individuell streuenden Personenverteilungen gezogen. Dabei wurde ein Hintergrundmodell berücksichtigt, das präzisere Schätzungen von Populationsparametern erlaubt. Die Analysen wurden jeweils für alle fünf PV durchgeführt und im Anschluss nach den Regeln von Rubin (1987) kombiniert. Um der unterschiedlichen Verteilung der 15-Jährigen auf 9. Jahrgangsstufen in der EUROPA-Stichprobe im Vergleich zur BERLIN-Stichprobe Rechnung zu tragen, wurde nachträglich eine Gewichtung vorgenommen. Die Leistungstests in der Partnersprache (Leseverständnis und Naturwissenschaften aus veröffentlichten PISA-Aufgaben) wurden unabhängig von der BERLIN-Stichprobe Rasch-skaliert. Hier wurden wie in der 4. und 6. Jahrgangsstufe WLE geschätzt. Dabei wurden die Itemschwierigkeiten auf den internationalen PISA-Itemparametern fixiert, um die Vergleichbarkeit mit den internationalen Ergebnissen aus PISA 2012 herzustellen. Anders als für die Kohorten 1 und 2 war für die Kohorte 3 keine erneute Skalierung mitsamt der PISA-Rohdaten notwendig, da letztere ebenfalls Rasch-skaliert wurden. Somit lassen sich die partnersprachigen Ergebnisse für Kohorte 3 direkt mit den Mittelwerten des jeweiligen PISA-Referenzlandes vergleichen.

3.6.2 Umgang mit fehlen Werten

Das Fehlen von Werten kann verschiedene Ursachen haben. Zum einen gibt es den vollkommen zufälligen Datenausfall, bei dem die beobachteten Daten keine Informationen über einen Fehlendmechanismus enthalten (*Missing Completely at Random,* MCAR). Zum anderen gibt es den bedingt zufälligen Datenausfall, bei dem die beobachteten Werte Informationen über den Fehlendmechanismus enthalten (*Missing at Random,* MAR) sowie nichtzufällige Datenausfälle (*Missing Not at Random,* MNAR).

In der EUROPA-Studie lagen je nach Jahrgangsstufe und Vergleichsgruppe unterschiedlich komplexe Formen von partiellem Stichprobenausfall vor. Es ergab sich für keine Schülerin und keinen Schüler ein vollständiger Datenausfall, da durch die Schülerteilnahmeliste durch die Schulkoordinatorinnen und -koordinatoren die demografischen Hintergrundinformationen vorlagen.

In der Vergangenheit wurden für den Umgang mit fehlenden Werten häufig Verfahren eingesetzt, bei denen Fälle mit fehlenden Werten aus dem Datensatz ausgeschlossen wurden oder aber in Berechnungen, die keine fehlenden Werte erlauben, punktuell nicht einbezogen wurden. Diese Vorgehensweise kann zu verzerrten Schätzungen in den Ergebnissen führen, wenn sich Personen mit fehlenden Werten systematisch von Personen mit vollständigen Werten unterscheiden. Um diesem Problem zu begegnen, wurden Verfahren entwickelt, die es ermöglichen, fehlende Werte in den Datensätzen zu schätzen. Sie ermöglichen unter Einbezug aller verfügbaren Informationen die präziseste mögliche Schätzung für statistische Kennwerte. Die Grundidee ist es, die fehlenden Einzelwerte so zu ersetzen, dass nicht nur Mittel- und Prozentwerte, sondern auch andere Populationsparameter trotz des Datenausfalls verzerrungsfrei geschätzt werden können. Für einen detaillierteren Einblick zum Umgang mit fehlenden Werten sei an dieser Stelle auf Lüdtke, Robitzsch, Trautwein und Köller (2007) verwiesen.

Eine Möglichkeit, systematische Datenausfälle in den Stichproben zu korrigieren, besteht darin, fehlende Werte durch multiple Imputationen zu schätzen (Graham, 2009; Graham, Cumsille & Elek-Fisk, 2003; Lüdtke et al., 2007). Beim Verfahren der multiplen Imputation werden fehlende Werte auf Grundlage vorhandener Hintergrundinformationen geschätzt. Dadurch müssen weniger restriktive Annahmen über den Ausfallprozess gemacht werden, und lediglich ein bedingt zufälliges Fehlen der Daten muss gegeben sein (Lüdtke & Robitzsch, 2010). Zur Bestimmung der Hintergrundinformation werden verschiedene Hintergrundvariablen eingesetzt. Als Hintergrundvariablen werden solche bevorzugt, die in einem Zusammenhang mit den Determinanten des Datenausfalls stehen oder mit den in die Analysen einbezogenen Variablen korrelieren. Aufgrund dieser Hintergrundvariablen werden die fehlenden Werte in Form multipler Werte geschätzt. Dadurch können die Unsicherheiten, die mit dieser Schätzung behaftet sind, in den Parameterschätzungen statistisch modelliert werden. Somit entstanden aus dem unvollständigen Datensatz in dem vorliegenden Fall fünf vollständige Datensätze. Die Analysen fanden auf Grundlage der fünf Datensätze statt, und die benötigten Statistiken werden fünfmal für einen imputierten Datensatz berechnet, die dann anschließend zusammengefasst werden. Für die Analysen im Rahmen der EUROPA-Studie waren die Voraussetzungen, fehlende Daten zu schätzen, insofern sehr gut, da durch die verpflichtende Teilnahme und die Informationen aus den Schulakten eine Reihe von wichtigen Hintergrundvariablen für alle Schülerinnen und Schüler zur Verfügung stehen. Als Hintergrundvariablen wurden die fachbereichsspezifischen Noten der Halbjahreszeugnisse, allgemeines und fachspezifisches Selbstkonzept, Interesse und Motivation, Alter und Geschlecht sowie der sozioökonomische Status, der Migrations- und der sprachliche Hintergrund berücksichtigt.

3.6.3 Effektstärken

Die praktische Bedeutsamkeit von Gruppenunterschieden etwa in Leistungstests wird im Allgemeinen über das Maß der Effektstärke bestimmt (Bortz & Döring, 2006; Fröhlich & Pieter, 2009; Leonhart, 2004). Cohen (1969) gab mit seiner Definition der Effektstärke ein bis heute vielfach gebrauchtes Maß vor, welches sich aus den Mittelwertdifferenzen in Relation zur Streuung des interessierenden Merkmals bestimmt. Das von Cohen (1969) vorgeschlagene Maß für die Effektstärke d ergibt sich demnach folgendermaßen:

$$d = \frac{M1 - M2}{\sqrt{\frac{SD1^2 + SD2^2}{2}}}$$

Diese Effektstärke d ist im Unterschied zu signifikanzstatistischen Größen nicht sensitiv für die Stichprobengrößen, sondern gibt einen direkten Eindruck von der Größenordnung der Mittelwertdifferenzen wieder. Nach dem Vorschlag von Cohen (1969, S. 38) beginnt ein kleiner Effekt bei d = 0.20, ein mittlerer Effekt liegt zwischen d = 0.50 und 0.80, und ein großer Effekt beginnt bei d = 0.80. Cohens Vorschlag basiert im Wesentlichen auf experimentellen Studien mit in der Regel kleinen Stichproben. Die Klassifikation sollte nicht ohne Weiteres auf quasi-experimentelle Untersuchungen mit großen Stichproben übertragen werden. Baumert und Artelt (2002) haben vorgeschlagen, bei Schulleistungsuntersuchungen für die Beurteilung der praktischen Bedeutsamkeit von Befunden als Referenz den mittleren Leistungsfortschritt pro Schuljahr zu verwenden, der in Abhängigkeit von Schulstufe und Domäne variiert. Dies hat sich mittlerweile weitgehend durchgesetzt. Bloom, Hill, Black und Lipsey (2008) haben für Schulleistungstests in den USA mittlere Zuwächse innerhalb eines Schuljahres systematisch zusammengestellt. Für das Lesen etwa zeigten sich zum Beispiel Effektstärken von d = 1.00 für die ersten Schuljahre, für die höheren Jahrgangsstufen (Sekundarstufe II) ergaben sich deutlich kleinere Effekte, die zwischen d = 0.10 und d = 0.20 lagen. Ähnliche Ergebnisse konnten auch für den deutschen Sprachraum vorgelegt werden (vgl. u. a. Baumert & Artelt, 2002; Baumert et al., 1997; Bos et al., 2010; Lehmann & Lenkeit, 2008). Abweichend von der Klassifikation von Cohen (1988) können also auch scheinbar kleine Effekte große praktische Bedeutung haben.

3.6.4 Testpower, Kumulation von Stichproben und Schätzung von Standardfehlern

Im Rahmen der EUROPA-Studie liegen je nach Partnersprache unterschiedlich große Stichproben vor. Beispielsweise wurden in der 4. Jahrgangsstufe N = 187 Schülerinnen und Schüler in der Partnersprache Französisch getestet, während in der Partnersprache Portugiesisch lediglich eine Stichprobengröße von N = 38 erreicht werden konnte (für einen detaillierteren Überblick siehe Kap. 4 und 6). Die Variation der Stichprobengrößen hat unmittelbaren Einfluss auf die sogenannte *Testpower*, mit der die Wahrscheinlichkeit angegeben wird, eine Null-Hypothese richtigerweise zurückzuweisen, wenn diese falsch ist: Mit kleiner werdenden Stichproben steigen die Standardfehler und sinkt die Chance, festgestellte Unterschiede zufallskritisch absichern zu können. Um die Testpower zu erhöhen und gleichzeitig die Darstellung zu vereinfachen, werden in den folgenden Kapiteln immer dann, wenn es Fragestellung und Datenlage erlauben, Stichproben durch die Zusammenfassung von Gruppen oder Kohorten kumuliert.

Bei der Untersuchungsanlage der EUROPA-Studie handelt es sich um ein geschachteltes Design: Stichprobeneinheiten sind Schulen oder Jahrgangsstufen, in denen Schülerinnen und Schüler entweder insgesamt oder durch Zufallsausfall in die Untersuchung aufgenommen werden. Die Ziehung der Individuen erfolgt also nicht unabhängig voneinander. Bei der üblichen Schätzung von Standardfehlern wird aber die Unabhängigkeit der Stichprobenelemente vorausgesetzt. Diese Voraussetzung ist im EUROPA-Design verletzt. Deshalb werden im Folgenden zur korrekten Schätzung der Standardfehler sogenannte robuste Standardfehler verwendet (Huber-White-Schätzer oder Sandwich-Standardschätzer; White, 1980), die mittlerweile in vielen Statistikpaketen implementiert sind. Schätzer für robuste Standardfehler sind selbst Zufallsvariablen und haben in der Regel eine größere Varianz als die konventionellen Standardfehler. Robuste Standardfehler sind in der Regel zwar nur asymptotisch gültig, aber sie sind im Gegensatz zu den konventionellen Standardfehlern auch bei heteroskedastischen Störtermen konsistentere Schätzer für die wahren Standardfehler.

Literatur

Baumert, J., & Artelt, C. (2002). Bereichsübergreifende Perspektiven. In J. Baumert, C. Artelt, E. Klieme, M. Neubrand, M. Prenzel, U. Schiefele, W. Schneider, K.-J. Tillmann & M. Weiß (Hrsg.). *PISA 2000 – Die Länder der Bundesrepublik Deutschland im Vergleich* (S. 219–235). Opladen: Leske + Budrich. doi:10.1007/978-3-663-11042-2_8

Baumert, J., Lehmann, W., Lehrke, M., Schmitz, B., Clausen, M., Hosenfeld, I., Köller, O., & Neubrand, J. (Hrsg.). (1997). *TIMSS – Mathematisch-naturwissenschaftlicher Unterricht im internationalen Vergleich: Deskriptive Befunde.* Opladen: Leske + Budrich.

Baumert, J., Maaz, K., Neumann, M., Becker, M., & Dumont, H. (2013). Die Berliner Strukturreform: Hintergründe, Zielstellungen und theoretischer Rahmen. In K. Maaz, J. Baumert, M. Neumann, M. Becker & H. Dumont (Hrsg.), *Die Berliner Schulstrukturreform: Bewertung durch die beteiligten Akteure und Konsequenzen des neuen Übergangsverfahrens von der Grundschule in die weiterführenden Schulen* (S. 9–34). Münster: Waxmann.

Becker, M., Neumann, M., Kropf, M., Maaz, K., Baumert, J., Dumont, H., Böse, S., Tetzner, J., & Knoppick, H. (2013). Durchführung, Datengrundlage, Erhebungsinstrumente und statistische Methoden. In K. Maaz, J. Baumert, M. Neumann, M. Becker & H. Dumont (Hrsg.), *Die Berliner Schulstrukturreform: Bewertung durch die beteiligten Akteure und Konsequenzen des neuen Übergangsverfahrens von der Grundschule in die weiterführenden Schulen* (S. 49–74). Münster: Waxmann.

Bloom, H., Hill, C. J., Black, A. R., & Lipsey, M. W. (2008). Performance trajectories and performance gaps as achievement effect-size benchmarks for educational interventions. *Journal of Research on Educational Effectiveness, 1,* 289–328. doi:10.1080/19345740802400072

Blossfeld, H.-P., Maurice, J. von, & Schneider, T. (2011). *Grundidee, Konzeption und Design des Nationalen Bildungspanels für Deutschland* (NEPS Working Paper No. 1). Bamberg: Otto-Friedrich-Universität, Nationales Bildungspanel.

Bortz, J., & Döring, N. (2006). *Qualitative Methoden: In Forschungsmethoden und Evaluation* (S. 295–350). Berlin: Springer. doi:10.1007/978-3-540-33306-7_5

Bos, W., Gröhlich, C., Guill, K., Ivanov, S., May, P., Nikolova, R., Scharenberg, K., & Wendt, H. (Hrsg.). (2010). *Kompetenzen und Einstellungen von Schülerinnen und Schülerin – Jahrgangsstufe 8: KESS 8.* Hamburg: Behörde für Schule und Berufsbildung.

Cohen, J. (1969). *Statistical power analysis for the behavioral sciences* (1st ed.). Hillsdale, NJ: Erlbaum.

Cohen, J. (1988). *Statistical power analysis: A computer program.* New York: Routledge.

Embretson, S. E. (1996). The new rules of measurement. *Psychological Assessment, 8*(4), 341–349.

Fröhlich, M., & Pieter, A. (2009). Cohen's Effektstärken als Mass der Bewertung von praktischer Relevanz: Implikationen für die Praxis. *Schweizerische Zeitschrift für Sportmedizin und Sporttraumatologie, 57*(4), 139–142.

Ganzeboom, H. B., de Graaf, P. M., Treiman, D. J., & de Leeuw, J. (1992). A standard international socio-economic index of occupational status. *Social Science Research, 21*(1), 1–56. doi:10.1016/0049-089X(92)90017-B

Graham, J. W. (2009). Missing data analysis: Making it work in the real world. *Annual Review of Psychology, 60,* 549–576. doi:10.1146/annurev.psych.58.110405.085530

Graham, J. W., Cumsille, P. E., & Elek-Fisk, E. (2003). *Methods for handling missing data* (Handbook of Psychology). doi:10.1002/0471264385.wei0204

Heller, K. A., & Perleth, C. (2000). *Kognitiver Fähigkeitstest für 4. bis 12. Klassen, Revision (KFT 4–12 + R).* Göttingen: Hogrefe.

Köller, O., Knigge, M., & Tesch, B. (Hrsg.). (2010). *Sprachliche Kompetenzen im Ländervergleich.* Münster: Waxmann.

Lehmann, R. H., & Nikolova, R. (2005a). *Erhebung zum Lese- und Mathematikverständnis: Entwicklungen in den Jahrgangsstufen 4 bis 6 in Berlin. Bericht über die Untersuchung 2003 an Berliner Grundschulen und grundständigen Gymnasien.* Berlin: Senatsverwaltung für Bildung, Jugend und Sport.

Lehmann, R. H., & Nikolova, R. (2005b). *Lese- und Mathematikverständnis von Grundschülerinnen und Grundschülern am Ende der Klassenstufe 5. Befunde aus dem zweiten Erhebungszeitpunkt der ELEMENT-Untersuchung Schuljahr 2003/2004.* Berlin: Senatsverwaltung für Bildung, Jugend und Sport.

Lehmann, R. H., & Lenkeit, J. (2008). *ELEMENT. Erhebung zum Lese- und Mathematikverständnis – Entwicklungen in den Jahrgangsstufen 4 bis 6 in Berlin: Abschlussbericht über die Untersuchungen 2003, 2004 und 2005 an Berliner Grundschulen und grundständigen Gymnasien.* Berlin: Humboldt-Universität zu Berlin.

Leonhart, R. (2004). Effektgrößenberechnung bei Interventionsstudien. *Die Rehabilitation, 43*(4), 241–246. doi:10.1055/s-2004-828293

Ludlow, L. H., & Haley, S. M. (1995). Rasch model logits: Interpretation, use, and transformation. *Educational and Psychological Measurement, 55*(6), 967–975. doi: 10.1177/0013164495055006005

Lüdtke, O., & Robitzsch, A. (2010). Umgang mit fehlenden Daten in der empirischen Bildungsforschung. In S. Maschke & L. Stecher (Hrsg.), *Enzyklopädie Erziehungswissenschaft Online. Fachgebiet Methoden der empirischen erziehungswissenschaftlichen Forschung, Quantitative Forschungsmethoden.* Weinheim: Juventa.

Lüdtke, O., Robitzsch, A., Trautwein, U., & Köller, O. (2007). Umgang mit fehlenden Werten in der psychologischen Forschung. *Psychologische Rundschau, 58*(2), 103–117. doi:10.1026/0033-3042.58.2.103

Maaz, K., Baumert, J., Neumann, M., Becker, M., & Dumont, H. (2013). *Die Berliner Schulstrukturreform: Bewertung durch die beteiligten Akteure und Konsequenzen des neuen Übergangsverfahrens von der Grundschule in die weiterführenden Schulen.* Münster: Waxmann.

Marans, R. W., & Shriberg, M. (2012). Creating and assessing a campus culture of sustainability: The University of Michigan Experience. In W. Leal (Ed.), *Substainable development at universities: New Horizons* (pp. 557–567). Frankfurt a. M.: Lang.

Martin, M. O., & Mullis, I. V. S. (Eds.). (2013). TIMSS and PIRLS 2011: Relationship among reading, mathematics, and science achievement at the fourth grade – Implications for early learning. Chestnut Hill, MA: TIMSS & PIRLS International Study Center, Boston College.

Mullis, I. V. S., Martin, M. O., Foy, P., & Drucker, K. T. (2012). *PIRLS 2011 international results in reading: International association for the evaluation of educational achievement.* Chestnut Hill, MA: Boston College.

Mullis, I. V. S., Martin, M. O., Gonzalez, E. J., & Kennedy, A. M. (2003). *PIRLS 2001 international report: IEA's study of reading literacy achievement in primary schools in 35 countries.* Chestnut Hill, MA: Boston College.

Nikolova, R. (2011). *Grundschulen als differenzielle Entwicklungsmilieus* (Pädagogische Psychologie und Entwicklungspsychologie Vol. 81). Münster: Waxmann.

Prenzel, M., Artelt, C., Baumert, J., Blum, W., Hammann, M., Klieme, E., & Pekrun, R. (Hrsg.). (2007). *PISA 2006: Die Ergebnisse der dritten internationalen Vergleichsstudie. Zusammenfassung.* Münster: Waxmann.

Prenzel, M., Artelt, C., Baumert, J., Blum, W., Hammann, M., Klieme, E., & Pekrun, R. (Hrsg.). (2008). *PISA 2006 in Deutschland: Die Kompetenzen der Jugendlichen im dritten Ländervergleich.* Münster: Waxmann.

Reckase, M. D., Ackerman, T. A., & Carlson, J. E. (1988). Building a unidimensional test using multidimensional items. *Journal of Educational Measurement, 25*(3), 193–203. doi:10.1111/j.1745-3984.1988.tb00302.x

Reinders, H., Ditton, H., Gräsel, C., & Gniewosz, B. (Hrsg.). (2011). *Empirische Bildungsforschung* (2 Bde.). Wiesbaden: VS Verlag für Sozialwissenschaften. doi: 10.1007/978-3-531-93015-2

Rost, J. (2004). *Lehrbuch Testtheorie – Testkonstruktion*. Göttingen: Huber.

Rubin, D. B. (1987). *Multiple imputation for nonresponse in surveys*. New York: Wiley. doi:10.1002/9780470316696

Schaarschmidt, U., & Fischer, A. W. (2001). *Bewältigungsmuster im Beruf: Persönlichkeitsunterschiede in der Auseinandersetzung mit der Arbeitsbelastung*. Göttingen: Vandenhoeck & Ruprecht.

Stanat, P., Segeritz, M., & Christensen, G. (2010). Schulbezogene Motivation und Aspiration von Schülerinnen und Schülern mit Migrationshintergrund. In W. Bos, E. Klieme & O. Köller (Hrsg.), *Schulische Lerngelegenheiten und Kompetenzentwicklung: Festschrift für Jürgen Baumert* (S. 31–57). Münster: Waxmann.

Statistisches Bundesamt (Hrsg.). (2011). *Bevölkerung und Erwerbstätigkeit: Bevölkerung mit Migrationshintergrund – Ergebnisse des Mikrozenzus 2011* (Fachserie 1, Reihe 2.2). Wiesbaden: Statistisches Bundesamt.

Weiß, R. H. (2003). *CFT 20-R mit WS/ZF-R: Grundintelligenztest Skala 2 – Revision (CFT 20-R) mit Wortschatztest und Zahlenfolgentest – Revision (WS/ZF-R)*. Göttingen: Hogrefe.

White, H. (1980). A heteroskedasticity-consistent covariance matrix estimator and a direct test for heteroskedasticity. *Econometrica, 48,* 817–838. doi:10.2307/1912934

Wu, M. L., Adams, R. J., & Wilson, M. R. (1998). *ACER ConQuest: Generalized item response modeling software manual*. Melbourne: ACER.

Yagmur, K. (2004). Issues in finding the appropriate methodology in language attrition research. *First Language Attrition: Interdisciplinary Perspectives on Methodological Issues, 28,* 133–164. doi:10.1075/sibil.28.09yag

Yen, W. M. (1993). Scaling performance assessment strategies for managing local item dependence. *Journal of Educational Measurement, 30*(3), 187–213. doi:10.1111/j.1745-3984.1993.tb00423.x

Yen, W. M., & Fitzpatrick, A. R. (2006). Item response theory. In R. L. Brennan (Ed.), *Educational measurement* (pp. 111–153). Westport, CT: Praeger.

Kapitel 4
Wer besucht die Staatliche Europa-Schule Berlin? Sprachlicher, ethnischer und sozioökonomischer Hintergrund sowie kognitive Grundfähigkeiten der Schülerinnen und Schüler

Jürgen Baumert, Friederike Hohenstein, Johanna Fleckenstein & Jens Möller

Das Land Berlin bietet die Staatliche Europa-Schule (SESB) für neun Partnersprachen – Englisch, Französisch, Griechisch, Italienisch, Polnisch, Portugiesisch, Russisch, Spanisch und Türkisch – an 31 Standorten an. Die Standorte sind über ganz Berlin verteilt, auch wenn sich ein gewisser Schwerpunkt im innerstädtischen Bezirk Charlottenburg-Wilmersdorf andeutet (vgl. die Übersicht in Kap. 1). Der ursprünglichen Idee nach sollte die SESB – wie andere Europa-Schulen in Deutschland auch (KMK, 2008, 2013) – ein Ort der internationalen Begegnung und der europäischen Verständigung zwischen deutschen (und deutschsprachigen) Heranwachsenden, Kindern und Jugendlichen aus europäischen Nachbarstaaten sein (Abgeordnetenhaus Berlin, 1993; Göhlich, 1998; Senatsverwaltung für Bildung, Jugend und Wissenschaft, 2012). Ziel ist Bilingualität – kompetente Sprachbeherrschung im Deutschen und in der jeweiligen europäischen Partnersprache, die von Schulbeginn an entwickelt wird. Im Vergleich zur Normalsituation einer multiethnischen und vielsprachigen Schülerschaft an Regelschulen von Großstädten nimmt die SESB also intentional eine Homogenisierung der Schülerschaft durch Sprachpräferenz vor. Dies kommt auch in der für die SESB immer noch gültigen Zielvorgabe zum Ausdruck, nach der die Schülerschaft der SESB eine etwa gleichgewichtige Verteilung von Schülerinnen und Schülern mit Deutsch und der jeweiligen Partnersprache als Erstsprache aufweisen sollte (Senatsverwaltung für Bildung, Jugend und Wissenschaft, 2012). Der europäische Grundgedanke wurde in der Metropole Berlin infolge weltweiter Wanderungsprozesse und der zunehmenden europäischen Freizügigkeit teils globalisiert, teils aber auch in sehr spezifischer, auf einzelne ethnische Minderheiten bezogenen Weise reinterpretiert. In Abhängigkeit von der Partnersprache können die Standorte der SESB sowohl weltweite Begegnungsstätten für Kinder aus bildungsbewussten und oft mehrsprachigen Familien ganz unterschiedlicher Herkunft als auch Schulen ethnischer und nationaler Minderheiten sein, die für bildungs- und herkunftsbewusste Zuwandererfamilien besonders attraktiv sind und eine spezifische Funktion im Rahmen der langfristigen und generationsübergreifenden Integration großer Zuwanderungsgruppen in Berlin wahrnehmen könn(t)en (Zydatiß, 2000). Dennoch wissen wir über die tatsächliche Klientel wenig. Neben der vergleichenden Untersuchung einer Einzelschule (Baumert, Köller & Lehmann, 2012) und einer qualitativen Studie zu den Wahlmotiven deutschsprachiger

Eltern von Kindern an bilingualen Grundschulen in Berlin (Rasche, 2014) gibt es bislang keine systematische Untersuchung des sprachlichen, ethnischen und sozioökonomischen Hintergrunds sowie der kognitiven Grundfähigkeiten von Schülerinnen und Schülern der SESB: Wer also besucht diese Schulen und welche Indikation haben sie? Diese Frage soll im Folgenden anhand der Verteilung der Erstsprachen, des Migrationsstatus, der nationalen Herkunft und der kognitiven Grundfähigkeiten der Schülerinnen und Schüler sowie des Sozial- und Bildungsstatus ihrer Eltern beantwortet werden. Da aufgrund der teilweise kleinen Fallzahlen in den einzelnen Sprachgruppen der SESB multivariaten Analysen enge Grenzen gesetzt sind, erfolgt die deskriptive Darstellung schrittweise und in der Regel bivariat. Verglichen wird die Schülerschaft an der SESB mit repräsentativen Stichproben von Schülerinnen und Schülern gleichen Schul- bzw. Lebensalters an den sonstigen Regelschulen Berlins (vgl. Kap. 3).

4.1 Erstsprachenverteilung

Tabelle 4.1 weist die Verteilungen der Erstsprache (L1) nach Partnersprache der Schulen jeweils getrennt für die Grundschule und Sekundarstufe aus. Dabei wird zwischen Deutsch als L1, Deutsch *und* Partnersprache als L1 (Bilingualität im engeren Sinne), der Partnersprache als L1 und anderen Sprachen bzw. anderen Sprachkombinationen als L1 unterschieden.

Betrachtet man die Ergebnisse in Tabelle 4.1, fällt zunächst auf, dass für keine Partnersprache die angestrebte Gleichverteilung zwischen Schülerinnen und Schülern mit ausschließlich Deutsch bzw. der jeweiligen Partnersprache als L1 erreicht wird. Der Anteil von Kindern und Jugendlichen, die ausschließlich Deutsch als L1 sprechen, bleibt immer – und in einer Reihe von Fällen erheblich – hinter der Zielmarke zurück. Am ehesten scheint eine ausgeglichene Verteilung noch an den Standorten erreicht zu sein, die eine der Weltsprachen – Englisch, Französisch, Spanisch oder Portugiesisch – als Partnersprache anbieten. In diesen Schulen schwankt der Anteil der Schülerinnen und Schüler mit ausschließlich Deutsch als L1 zwischen knapp einem Viertel und gut einem Drittel der Schülerschaft. Gleichzeitig wird auch deutlich, dass es eine Reihe von Sprachprogrammen gibt, die für ausschließlich deutschsprachige Familien praktisch keine Option darstellen. Dies sind die Sprachen Griechisch, Polnisch, Russisch und Türkisch. An den Standorten, die diese Sprachen anbieten, ist der Anteil monolingual deutschsprachig aufgewachsener Schülerinnen und Schüler gering; er liegt auf der Sekundarstufe zwischen 1 und 10 Prozent und in der Grundschule zwischen 2 und 7 Prozent. Bemerkenswerterweise gelingt es auch im östlichen Teil der Stadt nicht, an die russische Fremdsprachentradition der ehemaligen DDR anzuschließen.

Tabelle 4.1 zeigt aber auch, dass nur für die Partnersprachen Griechisch, Polnisch, Russisch und Türkisch annähernd 50 Prozent der Schülerinnen und Schüler mit der Partnersprache als ausschließlicher L1 aufgewachsen sind. In der Sekundarstufe gilt dies sogar nur für Polnisch und Russisch. Der Modalfall an der SESB sind aber bilingual aufgewachsene Schülerinnen und Schüler, die Deutsch und die jeweilige Partnersprache gleichzeitig als L1 gelernt haben. Ihr Anteil schwankt über alle Standorte hinweg etwa zwischen 40 und 50 Prozent.

Tabelle 4.1: Schülerinnen und Schüler nach Schulstufen, Erstsprache (L1) und Partnersprache der Schulen (Angaben in % der Schülerinnen und Schüler der Schulen der jeweiligen Partnersprache)

Partnersprache	Schulstufe/Erstsprache (L1)								
	Grundschule: 4. und 6. Jahrgangsstufe					Sekundarstufe: 15-Jährige und Neuntklässler			
	Deutsch[1]	Deutsch und Partnersprache	Partnersprache[2]	Andere[3]	N	Deutsch[1]	Deutsch und Partnersprache	Partnersprache[2]	Andere[3]	N
Englisch	32,4	35,6	28,7	3,3	195	35,1	42,9	13,8	8,3	77
Französisch	25,3	53,8	19,4	1,5	304	26,8	49,7	16,7	6,8	109
Griechisch	1,6	35,6	59,3	3,5	86	2,7	72,0	24,4	0,9	45
Italienisch	26,6	30,8	37,0	5,6	139	18,7	48,4	15,7	17,2	93
Polnisch	11,6	18,4	67,0	3,0	88	15,4	33,4	54,0	7,2	67
Portugiesisch	29,4	26,1	37,7	6,8	79	28,3	30,7	22,0	19,0	41
Russisch	8,7	40,5	49,9	0,9	133	2,2	39,4	45,6	12,8	36
Spanisch	27,9	48,9	20,5	2,6	229	21,4	46,3	23,0	9,3	99
Türkisch	17,1	35,6	44,2	3,1	104	10,0	56,8	25,2	8,0	50
Insgesamt	22,5	40,2	34,3	2,9	1.357	19,0	46,7	24,5	9,8	617

1 Nur Deutsch oder Deutsch und eine andere Sprache, die nicht Partnersprache ist.
2 Nur Partnersprache oder Partnersprache und eine andere Sprache, die nicht Deutsch ist.
3 Andere Sprache oder Sprachkombination.

Ein Vergleich mit den beiden Kontrollgruppen auf Grundschul- und Sekundarstufenebene (vgl. die Darstellung des Untersuchungsdesigns in Kap. 3) macht dies noch einmal in besonderer Weise deutlich. Tabelle 4.2 enthält die entsprechenden Informationen. Für die Grundschule werden nur die Befunde für die 4. Jahrgangsstufe berichtet, da für die 6. Jahrgangsstufe keine Vergleichsdaten zur Verfügung stehen.

Mehrsprachigkeit ist danach auch an den sonstigen Berliner öffentlichen Schulen, die keine Schulen besonderer pädagogischer Prägung sind, ein Normalfall. Etwa 30 Prozent der 15-Jährigen bzw. Neuntklässler im Schuljahr 2013/14 sind von Geburt an mehrsprachig aufgewachsen mit Deutsch und einer anderen Sprache als L1. Allerdings muss man daran erinnern, dass diese Jugendlichen nicht zweisprachig alphabetisiert wurden. In den Grundschulen, die im Rahmen unserer Untersuchung als spezifische Vergleichsschulen für die SESB herangezogen wurden, beträgt der Anteil von früher Kindheit an doppelsprachiger Schülerinnen und Schüler 15 Prozent. In der größeren Vergleichsgruppe der ELEMENT-Studie 2003 liegt der Wert bei 16 Prozent. An der SESB ist dieser Anteil erheblich höher. Er beträgt in der Grundschule ungefähr 42 Prozent und in der Sekundarstufe etwa 50 Prozent.

Insgesamt zeigen diese Befunde, dass die SESB primär ein Schulangebot für Familien mit partnersprachigem Hintergrund ist, in denen ein Elternteil oder beide Eltern die Partnersprache als L1 sprechen. Diese Familien wünschen sich offensichtlich, dass ihre Kinder in einer primär deutschsprachigen Umgebung die vor Schulbeginn erworbene Kompetenz in der Partnersprache auch während der Schulzeit systematisch pflegen und vertiefen, sodass die Beziehung zur Herkunftskultur auch in der nachwachsenden Generation nicht verloren geht. Diesem Wunsch zu entsprechen, scheint *eine* Indikation der SESB zu sein.

Tabelle 4.2: Schülerinnen und Schüler nach Schulstufe, Schulform (SESB, Vergleichsgruppe) und Erstsprache bzw. Erstsprachenkombination (Angaben in % der Schülerinnen und Schüler der jeweiligen Schulform)

Erstsprache (L1)	Schulstufe/Schulform				
	Grundschule: 4. Jahrgangsstufe[1]			Sekundarstufe: 15-Jährige und Neuntklässler	
	SESB	Vergleichsklassen	ELEMENT 2003[a]	SESB[2]	BERLIN-Studie
Monolingual deutschsprachig aufgewachsen	20,5	51,8	67,2	18,4	53,4
Monolingual nichtdeutschsprachig aufgewachsen	37,3	32,9	17,1	31,3	17,2
Bilingual aufgewachsen (Deutsch Plus)	42,2	15,3	15,7	50,3	29,4
Insgesamt	100,0 (N = 769)	100,0 (N = 731)	100,0 (N = 2.437)	100,0 (N = 617)	100,0 (N = 3.289)

1 Vergleichsdaten nur für die 4. Jahrgangsstufe verfügbar.
2 Abweichung von entsprechender Angabe in Tabelle 4.1 imputationsbedingt.
a Einschließlich Frühübergänger; nicht imputierte Daten.

4.2 Migrationsstatus

Dieses Bild wird bestätigt, aber auch ergänzt, wenn man den Migrationsstatus der Familien der Schülerinnen und Schüler an der SESB in den Blick nimmt. Tabelle 4.3 stellt die entsprechenden Informationen über den Migrationshintergrund (MGH) der Schülerinnen und Schüler zusammen.

Tabelle 4.3 zeigt, dass der Anteil der Familien, in denen beide Elternteile in Deutschland geboren wurden – nach mittlerweile gängiger Definition also *kein* MGH vorliegt (vgl. Kap. 3) –, insgesamt für die SESB etwa 16 Prozent beträgt. Dieser Prozentsatz liegt damit etwas unter dem Anteil der Kinder und Jugendlichen, die bis zum Schulbeginn monolingual deutschsprachig aufgewachsen sind (vgl. Tab. 4.2). In einem kleinen Teil der Familien mit MGH wachsen die Kinder also bereits monolingual deutschsprachig auf.

Der verfügbare Grundschuldatensatz erlaubt auch die Prüfung der Frage, inwieweit sich in der Gruppe der Kinder ohne MGH Kinder befinden, die bereits zur 3. Zuwanderungsgeneration gehören. In diesen Fällen sind die Großeltern oder Teile der Großeltern zugewandert, aber die Eltern bereits beide in Deutschland geboren. Die Prüfung ergibt, dass etwa 45 Prozent der Grundschülerinnen und Grundschüler der SESB, die definitions-

Tabelle 4.3: Schülerinnen und Schüler nach Schulstufe, Migrationshintergrund und Sprachprogramm der Schule (Angaben in % der Schülerinnen und Schüler der Schulen der jeweiligen Partnersprache)

Partnersprache	Schulstufe/MGH							
	Grundschule: 4. und 6. Jahrgangsstufe				Sekundarstufe: 15-Jährige und Neuntklässler			
	Kein MGH	Ein-seitiger MGH	Beid-seitiger MGH	N	Kein MGH	Ein-seitiger MGH	Beid-seitiger MGH	N
Englisch	31,6	44,8	23,6	195	26,0	44,4	29,6	77
Französisch	21,8	49,9	28,4	304	24,6	47,2	28,3	109
Griechisch	18,1	42,6	39,3	86	10,7	32,0	57,3	45
Italienisch	12,1	46,9	41,0	139	15,1	41,9	3,0	93
Polnisch	2,0	13,4	84,5	88	1,2	13,1	85,7	67
Portugiesisch	11,6	41,3	47,1	79	16,1	47,3	36,6	41
Russisch	3,3	17,0	79,7	133	0,0	11,7	88,3	36
Spanisch	17,6	58,0	24,4	229	21,6	40,4	38,0	99
Türkisch	7,5	34,2	58,3	104	6,0	27,6	66,4	50
Insgesamt	16,5	42,5	41,0	1.357	15,8	36,5	47,7	617
Vergleichsgruppe 2014[a]	41,2	19,2	39,6	731	–	–	–	–
ELEMENT 2005[b]	59,5	12,7	27,8	3.169	–	–	–	–
BERLIN-Studie 2011[b]	54,7	18,9	26,4	3.935	–	–	–	–
BERLIN-Studie 2014	–	–	–	–	50,5	20,0	29,4	3.289

a 4. Jahrgangsstufe.
b 6. Jahrgangsstufe.

gemäß unter die Kategorie „ohne MGH" subsumiert werden, tatsächlich als Angehörige der 3. Zuwanderungsgeneration aus Familien mit einer längeren Migrationsgeschichte stammen. Dieser Anteil ist an der SESB *doppelt* so hoch wie an sonstigen Berliner Grundschulen, an denen er im Schuljahr 2010/11 23 Prozent betrug (BERLIN-Studie, Modul 1). Die SESB besitzt offenbar eine weitere spezifische Indikation. Sie ist auch für Familien mit länger zurückliegender Migrationsgeschichte attraktiv, die für ihre Kinder die doppelte Kulturbindung durch aktive Beherrschung der Herkunftssprache in Wort und Schrift bewahren möchten.

Etwa 85 Prozent der Schülerinnen und Schüler an SESB kommen aus Zuwandererfamilien, in denen mindestens ein Elternteil über eigene Wanderungserfahrungen verfügt. Betrachtet man die quantitative Relation der Familien, in denen ein bzw. beide Elternteile zugewandert sind, zeigen sich große Differenzen zwischen den Sprachgruppen, die im Wesentlichen das unterschiedliche Partnerwahlverhalten der zugewanderten Bevölkerungsgruppen in Deutschland abbilden (Haug, 2010). In den Sprachprogrammen der SESB mit den Partnersprachen Englisch, Französisch, Spanisch und Portugiesisch handelt es sich bei den Familien mit Zuwanderungshintergrund ganz überwiegend um Elternpaare, bei denen ein Partner aus Deutschland stammt, während an Schulen mit polnischer, russischer und türkischer Partnersprache in der Mehrzahl der Fälle Vater und Mutter aus diesen Ländern zugewandert sind. An Standorten mit griechischer oder italienischer Partnersprache deuten sich etwa ausgewogene Verhältnisse an. Festzuhalten ist, dass sich der MGH in Abhängigkeit vom Sprachprogramm deutlich unterscheiden kann. Daraus ergeben sich spezifische Herausforderungen für die einzelnen Sprachprogramme, nicht zuletzt im Hinblick auf ihren Auftrag zur interkulturellen Verständigung und zur sozialen Integration beizutragen.

Weitere Auskunft über die spezifische Klientel der SESB gibt die Aufschlüsselung der Schülerinnen und Schüler mit MGH nach Generationszugehörigkeit. Tabelle 4.4 weist die entsprechenden Verteilungen nach Schulstufe und Partnersprache der Schulen aus. Es werden auf der Sekundarstufe drei Generationen unterschieden (vgl. Kap. 3): Zur 1. Generation zählen Schülerinnen und Schüler, die im Grundschulalter oder später mit ihren Familien nach Deutschland zugewandert sind. Zur 1,5. Generation gehören Kinder und Jugendliche, die ebenfalls über eigene Wanderungserfahrungen verfügen, aber bereits vor Schulbeginn nach Deutschland gekommen sind. Zur 2. Zuwanderungsgeneration rechnen Schülerinnen und Schüler, die aus Familien stammen, in denen mindestens ein Elternteil eigene Wanderungserfahrungen hat, selbst aber bereits in Deutschland geboren wurden. Aufgrund der kleinen Fallzahlen in den einzelnen Sprachgruppen wird auf Angaben zur 3. Generation verzichtet. Schülerinnen und Schüler der 3. Generation werden als Personen ohne MGH behandelt. Auf Grundschulebene erlaubt die Datenlage nur die Unterscheidung zwischen 1. (selbst zugewandert) und 2. (in Deutschland geboren) Generation.

Generell gilt für Deutschland und ebenso für Berlin, dass die große Mehrheit der Schülerinnen und Schüler mit MGH mittlerweile zur 2. Wanderungsgeneration zählt, also selbst bereits in Deutschland geboren wurde und aufgewachsen ist. Im Schuljahr 2013/14 stammten in Berlin etwa 40 Prozent der 15-Jährigen bzw. Neuntklässler aus Zuwandererfamilien. 85 Prozent von ihnen gehören der 2. Generation an. Nur knapp

Tabelle 4.4: Schülerinnen und Schüler mit Migrationshintergrund nach Schulstufe, Zuwanderungsgeneration und Sprachprogramm bzw. Vergleichsgruppe (Angaben in % der Schülerinnen und Schüler der Schulen der jeweiligen Partnersprache bzw. Vergleichsgruppe)

Partnersprache	Schulstufe/Zuwanderungsgeneration						
	Grundschule: 4. und 6. Jahrgangsstufe			Sekundarstufe: 15-Jährige und Neuntklässler			
	1. Generation	2. Generation	N	1. Generation	1,5. Generation	2. Generation	N
Englisch	22,2	77,8	113	6,3	13,3	80,4	57
Französisch	22,4	77,6	208	8,8	12,4	78,8	82
Griechisch	45,0	55,0	56	22,3	2,5	75,2	40
Italienisch	39,3	60,7	113	121,6	6,2	72,2	78
Polnisch	57,9	42,1	82	36,1	23,2	40,7	66
Portugiesisch	53,2	46,8	47	32,8	12,6	54,6	35
Russisch	28,5	71,5	101	20,0	22,2	57,8	36
Spanisch	21,4	78,6	173	20,0	16,9	63,1	77
Türkisch	13,4	86,6	90	12,1	6,5	81,5	46
Insgesamt	29,7	70,3	983	19,3	13,0	67,7	518
Vergleichsgruppe 2014[a]	17,1	82,9	220	–	–	–	–
ELEMENT 2005[b]	19,6	80,4	1.059	–	–	–	–
BERLIN-Studie 2011[b]	11,0	89,0	1.782	–	–	–	–
BERLIN-Studie 2014	–	–	–	6,7	8,3	85,0	1.623

a 4. Jahrgangsstufe.
b 6. Jahrgangsstufe.

15 Prozent der Jugendlichen mit MGH haben selbst noch Wanderungserfahrung, etwa die Hälfte von ihnen kam bereits vor Schulbeginn nach Deutschland. In der Grundschule betrug der Anteil der Kinder aus Zuwandererfamilien im Schuljahr 2010/11 45 Prozent, von denen 90 Prozent der 2. Generation angehörten (BERLIN-Studie, Modul 1).

Auch an der SESB ist eine lange Verweildauer der zugewanderten Familien in Deutschland die Regel. Rund 70 Prozent der Familien mit Kindern im Grundschulalter lebten im Jahre 2014 mindestens seit 10 Jahren in Deutschland. In der Sekundarschule gilt dies entsprechend für mindestens 15 Jahre. Gleichwohl ist der Anteil der Schülerinnen und Schüler mit eigener Wanderungserfahrung an der SESB deutlich höher als an anderen öffentlichen Schulen Berlins. Dies gilt insbesondere für Schülerinnen und Schüler der 1. Generation, die mit ihren Familien erst im schulpflichtigen Alter nach Deutschland kamen. Ihr Anteil ist an der SESB mit fast 20 Prozent doppelt so hoch wie an den Vergleichsschulen. Die Aufteilung nach Partnersprachen der SESB zeigt allerdings charakteristische Unterschiede. Während sich an den Standorten mit türkischer Partnersprache die Generationsverhältnisse in öffentlichen Schulen Berlins weitgehend widerspiegeln, zeigen sich deutliche Abweichungen an den Standorten sowohl mit polnischer und russischer als auch mit griechischer und portugiesischer Partnersprache. An den Schulen mit polnischer und russischer Partnersprache liegt der Anteil der Schülerinnen und Schüler mit eigener Wanderungserfahrung weit höher. Die Schülerinnen und Schüler stammen aus Familien, die – relativ spät – vermutlich als Spätaussiedler oder als Asylsuchende aus Ländern der ehemaligen Sowjetunion nach Deutschland gekommen oder als Spätaussiedler bzw. im Rahmen der zunehmenden Arbeitsmigration aus Polen eingereist sind. Bemerkenswert ist ebenfalls der hohe Anteil von Schülerinnen und Schülern der 1. Zuwanderungsgeneration an Schulen mit portugiesischer und griechischer Partnersprache. Im Fall des Portugiesischen handelt es sich vor allem um Zuwanderer aus Brasilien, Angola und Mosambik, im Fall des Griechischen vermutlich um jüngst zugewanderte Familien. Dies würde auch die auffälligen Verteilungsunterschiede zwischen Grundschule und Sekundarstufe erklären. An den Grundschulen mit griechischer Partnersprache beträgt der Anteil der Schülerinnen und Schüler mit eigener Wanderungserfahrung fast 50 Prozent im Vergleich zu etwa 25 Prozent an Schulen der Sekundarstufe.

Betrachtet man diese Befunde insgesamt, so wird deutlich, dass die SESB stärker als die anderen öffentlichen Schulen Berlins Hilfestellung bei den ersten Schritten der Integration neu zugewanderter Kinder und Jugendlicher zu leisten hat. Dies gilt insbesondere für die Schulen mit den Partnersprachen Polnisch, Portugiesisch und Russisch und auf Grundschulniveau auch für die Schulen mit den Partnersprachen Griechisch und Italienisch.

4.3 Erstsprache und Migrationshintergrund

Spontan würde man erwarten, dass Erstsprache und MGH weitgehend konfundiert sind: Schülerinnen und Schüler, die eine andere Sprache als Deutsch als L1 gelernt haben, sollten ganz überwiegend aus zugewanderten Familien stammen. Und umgekehrt sollten Schülerinnen und Schüler, die mit Deutsch monolingual aufgewachsen sind, aus deutschstämmigen Familien kommen. Die Sachlage ist jedoch aus unterschiedlichen Gründen komplizierter.

Tabelle 4.5 liefert die Grundinformationen zum Zusammenhang zwischen Erstsprache und MGH sowohl für die Grundschule als auch für die Sekundarstufe. Ein genauerer Blick auf die Tabelle zeigt erwartbare Zusammenhänge, aber auch überraschende Konstellationen – insbesondere große Unterschiede zwischen der SESB und sonstigen Regelschulen. Betrachtet man zunächst die Erstsprachenverteilung im Falle eines *beidseitigen* MGH, erkennt man den erwarteten Befund, dass Schülerinnen und Schüler mit beidseitigem MGH in ihrer großen Mehrheit entweder zuerst eine andere Sprache als Deutsch gelernt haben oder aber von Anfang an mit Deutsch und einer anderen Sprache bilingual aufgewachsen sind. Die Verhältnisse sind an der SESB und den sonstigen Regelschulen Berlins durchaus vergleichbar. Festzuhalten ist aber auch, dass sowohl an der SESB als auch an sonstigen Regelschulen eine Minderheit in dieser Gruppe – etwa 10 Prozent der Altersgruppe – monolingual deutschsprachig erzogen wurde, obwohl beide Elternteile zugewandert sind. Vermutlich handelt es sich in diesen Fällen um Kinder von Spätaussiedlern, die ihre Familiensprache

Tabelle 4.5: Schülerinnen und Schüler nach Schulstufe, Schulstatus (SESB/sonstige Regelschulen), Migrationshintergrund und Erstsprache (Angaben in Zeilenprozent und *N* pro Zeile)

Schulstufe/Schulstatus/MGH	Erstsprache (L1)			
	Monolingual deutschsprachig aufgewachsen	Monolingual nichtdeutschsprachig aufgewachsen	Bilingual aufgewachsen (Deutsch Plus)	*N*
Grundschule (4. Jahrgangsstufe)[1]				
SESB				
Kein MGH	42,6	16,6	40,8	128
Einseitiger MGH	21,4	26,8	51,8	322
Beidseitiger MGH	10,8	56,1	33,1	320
Sonstige Regelschulen: Vergleichsschulen 2014				
Kein MGH	81,0	12,8	6,2	301
Einseitiger MGH	46,1	32,7	21,2	141
Beidseitiger MGH	24,3	53,8	21,9	289
Sonstige Regelschulen: ELEMENT[2]				
Kein MGH	96,3	0,6	3,1	1.390
Einseitiger MGH	51,9	16,4	31,7	266
Beidseitiger MGH	7,9	50,0	42,1	642
Sekundarstufe (15-Jährige und Neuntklässler)				
SESB				
Kein MGH	56,6	12,1	31,3	99
Einseitiger MGH	13,0	19,6	67,4	224
Beidseitiger MGH	9,5	46,9	43,5	294
Sonstige Regelschulen: BERLIN-Studie				
Kein MGH	82,3	7,4	10,3	1.667
Einseitiger MGH	39,9	18,6	41,5	656
Beidseitiger MGH	12,8	33,2	54,0	967

1 Vergleichsdaten nur für die 4. Jahrgangsstufe verfügbar.
2 Erstsprache nicht imputiert; einschließlich Frühübergänger.

relativ schnell auf Deutsch umgestellt haben, wenn nicht schon im Herkunftsland deutsch gesprochen wurde (Worbs, Bund, Kohls & Babka von Gostomski, 2013).

Deutliche Unterschiede zwischen der SESB und sonstigen Regelschulen in der Verteilung der Erstsprache lassen sich dagegen bei *einseitigem* MGH feststellen. An sonstigen Regelschulen spricht etwa die Hälfte der Kinder und Jugendlichen, die aus ethnisch gemischten Familien stammen, als L1 Deutsch. Die übrigen sprechen zu unterschiedlichen Anteilen als L1 entweder eine andere Sprache als Deutsch oder wuchsen von Anfang an bilingual auf. An der SESB ist dagegen bei Schülerinnen und Schülern mit einseitigem MGH Bilingualität der Modalfall. Zwischen 50 und 70 Prozent dieser Gruppe ist von vornherein zweisprachig.

Eine besonders auffällige Diskrepanz zwischen der SESB und den sonstigen Regelschulen ist bei Kindern und Jugendlichen ohne MGH zu erkennen. An den sonstigen Regelschulen sind Schülerinnen und Schüler, die nach unserer Definition zur Gruppe der Personen ohne MGH gehören, in ihrer großen Mehrheit erwartungsgemäß monolingual deutschsprachig aufgewachsen. Die entsprechenden Anteile an der Altersgruppe schwanken zwischen 80 und über 90 Prozent. Allerdings ist in den jüngeren Vergleichskohorten auch eine Gruppe von Schülerinnen und Schülern zu finden, die bilingual oder monolingual nichtdeutschsprachig groß geworden sind. In der ELEMENT-Studie aus dem Jahre 2005 war diese Gruppe mit knapp 4 Prozent noch sehr klein, während sie im Schuljahr 2013/14 sowohl in der Grundschule als auch in der Sekundarstufe schon fast 20 Prozent betrug. Hier handelt es sich überwiegend um Kinder und Jugendliche der 3. Zuwanderungsgeneration, die allmählich in das Schulsystem hineinwachsen. In der SESB ist diese Gruppe jedoch weitaus stärker besetzt. An Grundschulen beläuft sie sich auf 55 Prozent, aber auch in der Sekundarstufe überschreitet sie bereits die 40-Prozent-Marke. Auch hier handelt es sich – wie die Daten zeigen – überwiegend um Kinder und Jugendliche der 3. Zuwanderungsgeneration, deren Familien die Herkunftssprache zu Hause pflegen, obwohl beide Elternteile bereits in Deutschland geboren wurden. Aber nicht ausschließlich: Auch Kinder deutschstämmiger Familien gehören zu dieser Gruppe. Man könnte vermuten, dass die SESB bei passender Partnersprache auch für deutschstämmige Familien die Schule der Wahl sein kann, die mit ihren kleinen Kindern längere Zeit im Ausland gelebt und ihre Kinder dort zweisprachig haben aufwachsen lassen. Überwiegend dürften diese Familien wieder nach Deutschland zurückgekehrt sein, bevor ihre Kinder schulpflichtig wurden.

Die komplizierte Verknüpfung von Erstsprache und Migrationsstatus hat für eine Reihe von Analysen der folgenden Kapitel dieses Buchs unmittelbare Konsequenzen. Wenn man für den Vergleich der Kompetenzen von Kindern und Jugendlichen an der SESB und sonstigen Regelschulen Berlins monolingual deutschsprachig aufgewachsene Kinder und Jugendliche aus deutschstämmigen Familien als normative Referenz wählen will, muss man in allen Analysen sowohl den Migrationsstatus als auch die Erstsprache simultan kontrollieren (vgl. Kap. 5 und 6).

4.4 Nationale Herkunft

Aus welchen Ländern kommen die zugewanderten Familien, die für ihre Kinder die SESB wählen? Diese Frage ist für einen Teil der Partnersprachen leicht zu beantworten. An den Schulen mit Griechisch, Italienisch, Polnisch, Russisch und Türkisch als Partnersprache stammen die Familien, deren Kinder die jeweilige Partnersprache als L1 sprechen, ganz überwiegend aus den entsprechenden Kernländern – also aus Griechenland, Italien, Polen oder der Türkei – und im Falle der Schulen mit russischer Partnersprache entweder aus der russischen Föderation oder aus anderen Staaten der ehemaligen Sowjetunion.

Ganz andere Verhältnisse sind an den Standorten mit den Partnersprachen Englisch, Französisch, Portugiesisch und Spanisch anzutreffen. Diese Schulen haben, soweit es sich um Schülerinnen und Schüler mit der jeweiligen Partnersprache als L1 handelt, eine kosmopolitische Schülerschaft. Die SESB mit Englisch als Partnersprache sind für englischsprachige oder *auch* englischsprachige Familien interessant, die aus ganz unterschiedlichen Ländern kommen. Der Anteil der Familien, die aus Großbritannien stammen, ist relativ klein. Familien aus den Vereinigten Staaten sind an der SESB praktisch nicht anzutreffen. Der größte Teil der englischsprachigen Familien stammt aus nichteuropäischen Ländern, vornehmlich aus ehemaligen britischen Kolonien. An Schulen mit französischer Partnersprache ist eine ähnliche Situation anzutreffen. Allerdings ist hier der Anteil nichteuropäischer Familien noch größer. An Schulen mit Portugiesisch als Partnersprache sind Zuwanderer aus Portugal eine kleine Minderheit. Die Mehrheit der zugewanderten Familien stammt aus portugiesisch sprechenden Ländern wie Brasilien, Angola oder Mosambik. Ein ganz ähnliches Bild zeigt sich für die Standorte mit spanischer Partnersprache. Hier kommen die Familien überwiegend aus süd- oder mittelamerikanischen Ländern. Diese Befunde machen insgesamt noch einmal deutlich, dass die SESB sehr unterschiedliche Funktionen erfüllen kann. Zum einen bedienen die Standorte spezifische ethnische Minoritäten – darunter mit den türkischen, russischen und polnischen Minderheiten die stärksten Zuwanderergruppen in Berlin. Zum anderen ist die SESB eine kosmopolitische Bildungseinrichtung für Kinder und Jugendliche aus Familien, in denen Englisch, Französisch, Spanisch oder Portugiesisch gesprochen wird und die aus allen Ländern der Welt kommen können.

4.5 Sozialschicht und Bildungsniveau

Bisherige Befunde zu bilingualen Angeboten in Deutschland zeigen übereinstimmend, dass diese besonders für eine sozial und bildungsmäßig begünstigte Elternschaft interessant sind (Baumert et al., 2012; Zaunbauer & Möller, 2007). Gilt dies generell auch für die SESB? Tabelle 4.6 weist die Sozialschicht (HISEI) und den höchsten Schul- und Ausbildungsabschluss der Eltern (vgl. Kap. 3) an der SESB aufgeschlüsselt nach Partnersprache aus.

Betrachtet man zunächst die Verhältnisse an öffentlichen Grundschulen in Berlin insgesamt, ist zu erkennen, dass die mittlere Sozialschicht der Sechstklässler zwischen 2005 und 2011 praktisch stabil geblieben ist, die Standardabweichung aber zugenommen hat. Die Schülerschaft an Berliner Grundschulen ist in diesem Zeitraum also etwas heterogener geworden. Eine bemerkenswerte Dynamik zeigt sich im Hinblick auf die höchsten Bildungsabschlüsse der Eltern. Der Anteil von Familien, in denen Vater oder Mutter einen Hochschulabschluss (nicht Fachhochschulabschluss) erworben haben, stieg in dem Sechsjahreszeitraum zwischen 2005 und 2011 von etwa 20 auf 27 Prozent – also um 7 Prozentpunkte. Auf Sekundarschulniveau zeigt sich 2014 ein vergleichbares Bild wie 2011 zum Ende der Grundschulzeit.

Setzt man die Ergebnisse zu den Regelschulen zu den Befunden an der SESB in Beziehung, ist über alle Standorte hinweg die bekannte soziale und bildungsmäßige Selektivität der bilingualen Schulen zu erkennen. An Grundschulen beträgt die Differenz der mittleren Sozialschicht zwischen Schülerinnen und Schülern an der SESB im Jahr 2014 und den Sechstklässlern im Jahr 2011 mit 10 Punkten etwa eine halbe Standardabweichung.

Tabelle 4.6: Schülerinnen und Schüler nach Schulstufe, Sozialschicht, höchstem Schul- und Ausbildungsabschluss der Eltern sowie Partnersprache der Schule (Mittelwerte und Standardabweichungen bzw. Prozentanteile der Schülerinnen und Schüler der Schulen der jeweiligen Partnersprache, Standardfehler in Klammern)

Partnersprache	Schulstufe/Familienmerkmale							
	Grundschule: 4. und 6. Jahrgangsstufe				Sekundarstufe: 15-Jährige und Neuntklässler			
	Sozialschicht (HISEI)		Abitur (in %)	Hochschul- abschluss[1] (in %)	Sozialschicht (HISEI)		Abitur (in %)	Hochschul- abschluss (in %)
	M	SD			M	SD		
Englisch	68.07 (1.41)	15.79	79,4	78,8	73.56 (1.15)	13.82	84,9	72,5
Französisch	64.76 (1.17)	17.33	77,4	67,7	68.15 (1.32)	15.81	77,8	59,3
Griechisch	51.32 (3.03)	20.52	56,7	25,0	51.08 (1.88)	21.91	60,9	31,6
Italienisch	64.58 (1.64)	17.43	71,7	63,0	59.95 (4.62)	20.78	57,0	38,9
Polnisch	49.71 (2.05)	19.96	69,5	42,4	50.49 (1.71)	17.64	66,3	38,5
Portugiesisch	57.89 (2.47)	19.41	58,5	55,8	65.71 (1.64)	17.36	69,8	52,2
Russisch	60.72 (1.74)	18.22	65,0	54,2	56.64 (1.36)	19.83	67,8	32,8
Spanisch	64.26 (1.42)	17.81	75,6	59,7	66.22 (0.36)	17.58	77,4	46,5
Türkisch	43.82 (1.87)	18.24	52,1	16,1	48.40 (0.10)	19.26	38,4	25,2
Insgesamt	60.90 (0.64)	19.24	70,4	56,3	61.68 (2.85)	19.80	68,7	46,7
Vergleichsgruppe 2014[a]	54.09 (1.15)	20.92	57,9	38,5	–	–	–	–
ELEMENT-Studie 2005[b]	46.50 (0.32)	15.63	32,2	19,5	–	–	–	–
BERLIN-Studie 2011[b]	49.30 (0.40)	21.30	51,6	27,2	–	–	–	–
BERLIN-Studie 2014	–		–	–	52.21 (1.22)	20.16	45,0	25,0

1 Werte für SESB und Vergleichsgruppe 2014 nicht imputiert.
a 4. Jahrgangsstufe.
b 6. Jahrgangsstufe.

Die Anteile der Familien mit Hochschulreife als höchstem Schulabschluss bzw. mit Hochschulabschluss unterscheiden sich jeweils mit rund 30 Prozentpunkten ebenfalls erheblich. Die für den Vergleich auf Grundschulniveau gezogene spezielle Vergleichsgruppe (vgl. Kap. 3) ist der Schülerschaft an der SESB im Hinblick auf Sozialschicht und Bildungsniveau der Eltern ähnlicher. Dies ist erwartungsgemäß, da die Vergleichsgruppe nach Standortähnlichkeit gebildet wurde. Auf Sekundarstufenniveau fallen die Unterschiede in der Sozialschicht und dem Bildungsniveau der Eltern mit fast 10 Punkten oder einer halben Standardabweichung für die Sozialschicht und rund 24 bzw. 22 Prozentpunkten für den Anteil der Familien mit Abitur bzw. Hochschulabschluss nur wenig kleiner aus.

Eine Ausnahme von diesem Gesamtbild machen auf Grundschulniveau die Standorte mit griechischer, polnischer und türkischer Partnersprache, deren Schülerschaft sich hinsichtlich der Sozialschicht und des Bildungsniveaus der Elternhäuser nicht signifikant von den sonstigen öffentlichen Regelschulen unterscheiden – wenn man einmal davon absieht, dass der Standort mit polnischer Partnersprache eine Elternschaft mit etwas höherem Bildungsniveau besitzt. Auf der Sekundarstufe wiederholt sich dieser Befund. Um das Bild abzurunden, muss man auch auf die sehr hohe Selektivität der englisch-, französisch- und tendenziell auch spanischsprachigen Standorte sowohl im Hinblick auf die Sozialschicht als auch auf das Bildungsniveau der Eltern hinweisen.

Die Datenlage erlaubt auch einen Vergleich der sozialen und bildungsmäßigen Zusammensetzung der Schülerschaft mit MGH an der SESB und den sonstigen öffentlichen Regelschulen Berlins. Die mittlere Sozialschicht der Eltern von Schülerinnen und Schülern mit beidseitigem MGH liegt auf Grundschulniveau bei 56.0 (0.85) an SESB und 37.9 (0.69) an sonstigen Regelschulen und auf Sekundarschulniveau bei 55.4 (1.20) bzw. 43.2 (0.69). Die Unterschiede betragen d = 0.90 bzw. 0.64 Standardabweichungen und sind statistisch und praktisch bedeutsam. Im Falle eines einseitigen MGH sind die Unterschiede mit d = 0.90 bzw. 0.78 in ähnlicher Größenordnung. Dieses Muster wiederholt sich beim Bildungsniveau der Eltern. Bei beidseitigem MGH liegen die Anteile der Familien mit Hochschabschluss an der SESB bei 39,1 und an den sonstigen Regelschulen bei 16,0 Prozent; bei einseitigem MGH betragen die Werte 55,9 bzw. 25,6 Prozent. Vergleicht man diese Verteilungen mit den Gesamtangaben in Tabelle 4.6, wird deutlich, dass die soziale und bildungsmäßige Selektivität der SESB gerade bei Schülerinnen und Schülern mit MGH besonders ausgeprägt ist.

Insgesamt ist festzuhalten, dass über alle Standorte hinweg die SESB-Schülerschaft im Vergleich zu sonstigen öffentlichen Regelschulen Berlins sozial begünstigt, aber ähnlich heterogen ist (vgl. Tab. 4.6). In besonderem Maße ziehen die Standorte mit englischer, französischer, portugiesischer und spanischer Partnersprache sozial und bildungsmäßig privilegierte Familien an. Dies gilt nicht oder nur eingeschränkt für die Schulen mit den Partnersprachen Griechisch, Polnisch und Türkisch.

4.6 Kognitive Grundfähigkeiten

Die SESB ist hinsichtlich Sozialschichtzugehörigkeit und Bildungsniveau der Elternschaft – von wenigen Ausnahmen abgesehen – eine selektive, teilweise sogar hoch selektive Schulform. Dies gilt insbesondere für Schülerinnen und Schüler aus Zuwandererfamilien. Sozialstatus und Bildungsniveau der Familien kovariieren in der Regel substanziell mit den kognitiven Leistungen der Kinder – auch schon vor Schulbeginn (Anders, 2013; Becker, Klein & Biedinger, 2013; Ebert et al., 2013). Auch in der EUROPA-Studie ist dieser Zusammenhang nachweisbar. Die Korrelationen zwischen Sozialschicht und kognitiven Grundfähigkeiten liegen auf Grund- und Sekundarschulniveau in der üblichen Höhe von r = 0.31 bzw. 0.32. Diese Kovariation ist eine der Ursachen für soziale Unterschiede in der Bildungsbeteiligung, die regelmäßig an Übergangsschwellen der Bildungskarriere auftreten. Im Anschluss an Boudon (1974) spricht man in diesem Fall von primären sozialen Disparitäten (vgl. Maaz & Nagy, 2009). Aufgrund dieses Zusammenhangs ist zu erwarten, dass mit der sozialen und bildungsmäßigen Selektivität der SESB auch eine leistungsmäßige Auslese einhergeht, wie sie von Zaunbauer und Möller (2007) und Baumert et al. (2012) berichtet wurde. Als Indikatoren für Leistungsselektion stehen in der EUROPA-Studie für die Grund- und Sekundarschulen Testergebnisse zu den kognitiven Grundfähigkeiten (Heller & Perleth, 2000) und für die Sekundarschulen zusätzlich die Durchschnittsnoten der Grundschulempfehlung zur Verfügung (vgl. Kap. 3). Bei der Interpretation der kognitiven Grundfähigkeiten ist zu berücksichtigen, dass diese bereits durch den Besuch der SESB positiv beeinflusst sein könnten (vgl. Kap. 2) und dadurch die Selektivität dieser Schulform potenziell überschätzt wird. Für die Grundschulnoten gilt dies weniger, da sie ein breiteres Leistungsspektrum abdecken und vor dem Sekundarschulbesuch erteilt wurden. Tabelle 4.7 weist die entsprechenden Ergebnisse aufgeschlüsselt nach Schulstufe und Partnersprache der SESB aus.

Die in Tabelle 4.7 zusammengestellten Befunde sind vor dem Hintergrund der theoretischen Erwartungen verblüffend. Betrachtet man zunächst nur die Gesamtwerte zur kognitiven Leistungsfähigkeit von Schülerinnen und Schülern an SESB und den sonstigen Regelschulen in Berlin, lässt sich erwartungswidrig keine leistungsmäßige Selektivität der SESB erkennen. Die Leistungswerte sind auf Grund- und Sekundarschulniveau sehr ähnlich. Dieser Befund ist umso bemerkenswerter, da die kognitiven Grundfähigkeiten der Schülerinnen und Schüler der SESB aufgrund häufig doppelsprachigen Aufwachsens und bilingualer Beschulung bereits positiv beeinflusst sein könnten (Genesee, Geva, Dressler & Kamil, 2006).

Ein näherer Blick auf die Grundschulen mit unterschiedlicher Partnersprache zeigt, dass sich die Sprachgruppen in der 4. Jahrgangsstufe in ihren kognitiven Grundfähigkeiten – mit Ausnahme der Schulen mit polnischer und türkischer Partnersprache – kaum unterscheiden. Die Schulen mit polnischer und türkischer Partnersprache fallen durch eine deutlich ungünstiger zusammengesetzte Schülerschaft auf. Die Unterschiede sind im Vergleich zu den anderen SESB und den sonstigen Regelschulen mit d = 0.61 bzw. 0.93 erheblich. Tabelle 4.7 zeigt aber auch, dass man mit Kohortenschwankungen zu rechnen hat. In der 6. Jahrgangsstufe ist die Schülerschaft an den Standorten mit englischer und

Tabelle 4.7: Schülerinnen und Schüler nach Schulstufe, kognitiven Grundfähigkeiten und Durchschnittsnote der Grundschulempfehlung sowie Partnersprache der Schule (Mittelwerte und Standardabweichungen, Standardfehler in Klammern)

Partnersprache	Schulstufe/Leistungsindikatoren							
	Grundschule: 4. Jahrgangsstufe[1]		Grundschule: 6. Jahrgangsstufe		Sekundarstufe: 15-Jährige und Neuntklässler			
	Kognitive Grundfähigkeiten (verbal und figural)		Kognitive Grundfähigkeiten (verbal und figural)		Durchschnittsnote in Grundschulempfehlung		Kognitive Grundfähigkeiten (verbal und figural)	
	M	SD	M	SD	M	SD	M	SD
Englisch	28.56 (0.68)	8.70	34.50 (1.21)	6.10	1.82 (0.02)	0.45	51.64 (0.18)	8.68
Französisch	28.68 (1.25)	8.72	33.48 (0.67)	7.14	2.26 (0.16)	0.62	47.22 (0.36)	10.56
Griechisch	26.80 (3.74)	9.85	28.77 (1.48)	8.60	2.07 (0.03)	0.62	44.01 (0.32)	10.54
Italienisch	26.33 (1.56)	9.82	31.22 (1.15)	7.77	2.23 (0.29)	0.62	46.06 (2.71)	10.33
Polnisch	18.62 (0.68)	9.17	27.34 (1.25)	7.76	2.82 (0.04)	0.62	44.06 (0.26)	10.48
Portugiesisch	26.15 (0.49)	9.61	25.98 (1.54)	9.43	2.51 (0.00)	0.65	43.86 (0.29)	11.67
Russisch	29.59 (0.95)	8.05	32.36 (0.99)	6.32	2.60 (0.40)	0.66	46.45 (0.56)	9.07
Spanisch	29.23 (0.46)	8.94	30.26 (1.10)	9.11	2.43 (0.01)	0.61	45.59 (0.27)	9.97
Türkisch	20.15 (0.62)	9.31	28.73 (1.34)	8.14	2.82 (0.03)	0.58	38.86 (0.20)	9.42
Insgesamt	27.12 (0.98)	9.57	31.09 (0.45)	8.16	2.35 (0.12)	0.67	45.45 (1.07)	10.53
Vergleichsgruppe 2014[a]	26.68 (1.15)	9.47					–	–
ELEMENT-Studie 2003[b]	26.01 (0.19)	10.05					–	–
BERLIN-Studie 2014	–	–			2.47 (0.07)	0.78	45.15 (0.82)	11.29

1 Vergleichsdaten nur für die 4. Jahrgangsstufe verfügbar.
a 4. Jahrgangsstufe.
b 4. Jahrgangsstufe; einschließlich Frühübergänger.

Tabelle 4.8: Schülerinnen und Schüler nach kognitiven Grundfähigkeiten (verbal und figural), Schulstufe, Schulform und Migrationshintergrund (Mittelwerte, Standardfehler in Klammern)

MGH	Kognitive Grundfähigkeiten (verbal und figural)			
	Grundschule: 4. Jahrgangsstufe[1]		Sekundarstufe: 15-Jährige und Neuntklässler	
	SESB	ELEMENT-Studie 2003[a]	SESB	BERLIN-Studie 2014
Kein MGH	28.79 (0.89)	27.78 (0.25)	48.53 (1.32)	48.08 (0.82)
Einseitiger MGH	28.78 (0.78)	25.66 (0.74)	47.62 (1.16)	45.01 (0.94)
Beidseitiger MGH	24.78 (0.54)	22.25 (0.37)	43.53 (1.05)	40.21 (0.93)
Insgesamt	27.12 (0.34)	26.01 (0.19)	45.45 (1.07)	45.15 (0.82)

1 Vergleichsdaten nur für die 4. Jahrgangsstufe verfügbar.
a Einschließlich Frühübergänger.

französischer Partnersprache etwas günstiger zusammengesetzt, während die polnisch- und türkischsprachigen Standorte weniger abfallen, die portugiesischen Standorte aber eine ungünstiger zusammengesetzte Schülerschaft aufweisen. Auf Sekundarschulniveau fällt allein das Sprachprogramm mit Türkisch als Partnersprache hinsichtlich der kognitiven Grundfähigkeiten der Schülerschaft ab. Gleichzeitig ist hier zu erkennen, dass die Schulen mit Englisch als Partnersprache eine kognitiv selektive Schülerschaft anziehen. Die Differenz zur Kontrollgruppe beträgt ungefähr eine halbe Standardabweichung. Die Leistungsselektivität des deutsch-englischen Sprachprogramms der Sekundarstufe bildet sich auch deutlich in den Noten der Grundschulempfehlung ab.

Die Datenlage erlaubt auch im Hinblick auf die kognitiven Grundfähigkeiten einen Vergleich von Kindern und Jugendlichen aus Zuwandererfamilien an der SESB und sonstigen Regelschulen. An den Grund- und Sekundarschulen zeigt sich gleichermaßen der bekannte Befund, dass sich Schülerinnen und Schüler mit beidseitigem MGH von den Altersgleichen ohne MGH bzw. mit einseitigem MGH in ihren kognitiven Leistungen systematisch mit mehr als einer halben Standardabweichung unterscheiden (Tab. 4.8). Dieses Muster tritt in gleicher Form an der SESB und den sonstigen Regelschulen auf. Die besondere soziale und bildungsmäßige Selektivität der Schülerschaft mit MGH an der SESB, über die wir im vorangegangenen Abschnitt berichtet haben, findet also keine Entsprechung in einer auch leistungsmäßigen Auslese.

Fasst man die Ergebnisse zusammen, muss man betonen, dass die SESB trotz sozialer Selektivität insgesamt eine Schülerschaft hat, die in ihren kognitiven Grundfähigkeiten den Altersgleichen an sonstigen Regelschulen Berlins vergleichbar ist. Eine Ausnahme machen am ehesten die Schulen mit türkischer Partnersprache, die gemessen an den kognitiven Grundfähigkeiten über die Kohorten hinweg eine weniger leistungsfähige Schülerschaft aufweisen. Hier dürften angesichts der Größe des Niveauunterschieds in erhöhtem Maße Förderanstrengungen notwendig sein. Eine in kognitiver Hinsicht positiv ausgelesene Schülerschaft haben die Sekundarschulen mit englischer Partnersprache. Nur hier werden die theoretischen Erwartungen einer hohen kognitiven Selektivität der SESB bestätigt.

4.7 Zusammenfassung: Zum sprachlichen, ethnischen, sozioökonomischen und kognitiven Hintergrund der Schülerinnen und Schüler der SESB

Versucht man die Standorte der unterschiedlichen Partnersprachen auf der Grundlage der in diesem Kapitel vorgelegten Informationen zu ordnen, so ist eine Dichotomie unmittelbar sichtbar. Auf der einen Seite gruppieren sich die Schulen, die die Weltsprachen Englisch, Französisch, Spanisch und Portugiesisch anbieten und im Rahmen der jeweilgen Partnersprache eine teils kosmopolitische Schülerschaft anziehen, und auf der anderen Seite gruppieren sich jene Schulen, die mit ihrer jeweiligen Partnersprache eine spezifische ethnische bzw. nationale Gruppe bedienen. Diese zweite Gruppe lässt sich noch einmal anhand des Migrationsstatus der Familien tentativ in zwei Untergruppen aufteilen, sodass man insgesamt drei Schulgruppen unterscheiden könnte.

Die erste Gruppe mit den Partnersprachen Englisch, Französisch, Italienisch, Portugiesisch und Spanisch sind faktisch internationale Schulen, die für bildungsbewusste Familien interessant sind, die ihre Kinder zweisprachig alphabetisieren wollen und kompetente Sprachbeherrschung auch in der L2 erwarten. An diesen Schulen sind zwischen 20 und 40 Prozent der Schülerschaft Kinder und Jugendliche, die *nur* Deutsch als L1 gelernt haben (aber auch aus ethnisch gemischten Familien stammen können). Zwischen 20 und 25 Prozent der Schülerschaft hat in Deutschland geborene Eltern, von denen ein kleinerer Teil wiederum zur 2. Zuwanderungsgeneration gehört – also selbst aus zugewanderten Familien stammt. Zwischen knapp 15 und 30 Prozent der Schülerinnen und Schüler dieser Schulen hat ausschließlich die jeweilige Partnersprache als L1 gelernt. Der Regelfall an diesen Standorten ist somit Bilingualität: Zwischen 40 und 50 Prozent der Schülerschaft ist von Anfang an mit Deutsch und der jeweiligen Partnersprache zweisprachig aufgewachsen. Dem entspricht die Verweildauer der zugewanderten Familien in Deutschland: 60 bis 80 Prozent der Schülerinnen und Schüler aus Familien mit Wanderungserfahrung wurden bereits in Deutschland geboren und gehören damit zur 2. Zuwanderungsgeneration. Die entsprechenden Standorte sind im Hinblick auf Sozialschicht und Bildungsniveau der Elternschaft alle selektiv, teilweise hoch selektiv. Dies gilt jedoch wider Erwarten nicht für die kognitiven Grundfähigkeiten der Schülerinnen und Schüler. Die erwarteten Selektionsvorteile zeigen sich in dieser Gruppe nur auf der Sekundarstufe an Schulen mit Englisch als Partnersprache. Die Differenz ist mit gut einer halben Standardabweichung beträchtlich.

Die SESB dieser ersten großen Gruppe haben eine relativ klare dreifache Indikation. Sie scheinen erstens attraktiv für sozial gut gestellte und bildungsbewusste zweisprachige Familien zu sein, die für ihre Kinder eine doppelte Alphabetisierung anstreben. Zweitens scheinen sie ein Angebot für bildungsbewusste Zuwandererfamilien darzustellen, die ausschließlich die jeweilige Partnersprache als Familiensprache sprechen und sich auch in einer prinzipiell deutschsprachigen Umwelt eine Alphabetisierung ihrer Kinder in der jeweiligen L1 wünschen. Dies gilt insbesondere dann, wenn der Zuwanderungszeitpunkt der Familie im Schulalter der Kinder liegt. Insofern sind diese Schulen auch Anlaufstellen für Quereinsteiger. Drittens sind die Standorte der ersten Gruppe – und nur diese Standorte – auch eine Option für monolingual deutschsprachige Akademikerfamilien, die ihre Kinder – vermutlich aufgrund instrumenteller Motive – von Anfang an zweisprachig alphabetisieren wollen. Diese Schulen haben faktisch eine kosmopolitische Schülerschaft.

Zur zweiten großen Gruppe können die Standorte mit den Partnersprachen Griechisch, Polnisch, Russisch und Türkisch gezählt werden. Sie sind in spezifischer Weise Schulen ethnischer und/oder nationaler Gruppen. Ihnen ist gemeinsam, dass 90 Prozent und mehr ihrer Schülerinnen und Schüler aus Familien stammen, in denen mindestens ein Elternteil die Partnersprache als L1 spricht. Innerhalb dieser großen Gruppe lassen sich tentativ noch einmal zwei Untergruppen bilden, die sich vor allem hinsichtlich des MGH und der Verweildauer der Familien in Deutschland unterscheiden.

Zur ersten Untergruppe gehören die Schulen mit den Partnersprachen Griechisch und Türkisch. Der Anteil der Schülerinnen und Schüler, die nur Deutsch als L1 gelernt haben, beträgt hier immer unter 15 Prozent. Diese Schülerinnen und Schüler stammen ganz überwiegend aus zweisprachigen Familien. Auf der Sekundarstufe ist Bilingualität mit 50 bis 70 Prozent der Schülerschaft der Regelfall. An Grundschulen gibt es gleich viele Kinder, die vor Schulbeginn zweisprachig aufgewachsen sind wie Kinder, die nur die Partnersprache als L1 gelernt haben. Die Standorte dieser Untergruppe sind Schulen zugewanderter Familien. Nur 10 bis 15 Prozent der Eltern haben keine eigene Wanderungserfahrung, von denen wiederum der größte Teil zur 2. Zuwanderungsgeneration gehört – also selbst aus zugewanderten Familien stammt. Der Anteil von Familien mit beidseitigem MGH schwankt je nach Schule und Sprache zwischen gut 40 und 70 Prozent. Die Familien leben in der Regel schon sehr lange in Deutschland: 70 bis 80 Prozent der Schülerinnen und Schüler mit MGH an Sekundarschulen und je nach Partnersprache zwischen 50 und 90 Prozent an Grundschulen wurden selbst in Deutschland geboren und gehören damit zur 2. Zuwanderungsgeneration. Sie stammen aus bildungsbewussten Familien, die – auch bei einer langfristigen oder dauerhaften Verbleibsperspektive in Deutschland – für ihre Kinder alle Mobilitätsoptionen offenhalten und gleichzeitig die Wertbindungen an ihre Herkunftskultur nicht aufgeben wollen. Die Schulen sind – mit Ausnahme der Einrichtungen mit türkischer Partnersprache, die ungünstiger rekrutieren – in den leistungsmäßigen Voraussetzungen ihrer Schülerschaft unauffällig.

Zur zweiten Untergruppe gehören die Standorte mit polnischer und russischer Partnersprache. Diese Schulen sind praktisch reine Zuwandererschulen. Der Anteil der Schülerinnen und Schüler, die ausschließlich Deutsch als L1 sprechen, liegt immer unter 20 Prozent und kann auch fast ganz ausfallen. Ausschließlich die Partnersprache als L1 haben etwa 50 Prozent der Schülerinnen und Schüler gelernt, und zwischen 20 und 40 Prozent sind bilingual aufgewachsen. An diesen Schulen gibt es praktisch keine Schülerinnen und Schüler, die aus Familien ohne MGH stammen. Ganz überwiegend – in 80 bis 90 Prozent der Fälle – sind beide Elternteile aus Polen oder Ländern der ehemaligen Sowjetunion nach Deutschland gekommen. Bei diesen Familien handelt es sich um eine relativ spät – erst in den 1990er-Jahren – zugewanderte Gruppe, die aber mittlerweile schon so lange in Deutschland lebt, dass zwischen 40 und 70 Prozent ihrer Kinder, die die SESB besuchen, zur 2. Zuwanderungsgeneration gehören. Auffällig ist hier die leistungsmäßig eher ungünstige Zusammensetzung der Schülerschaft an Schulen mit polnischer Partnersprache, die sich auch von den Schulen mit russischer Partnersprache unterscheidet. Die Indikation dieser Schulen ist jener der ersten Untergruppe vergleichbar: Sie sind vermutlich für bildungsbewusste Eltern polnisch- oder russischsprachiger Herkunft attraktiv, die gemeinsam mit einer langfristigen oder dauerhaften Aufenthaltsperspektive nach Deutschland gezogen sind. Die Vermutung liegt nahe, dass sie sich für ihre hier geborenen Kinder eine zweisprachige Alphabetisierung wünschen, um auch in einer deutschsprachigen Umgebung die Herkunftssprache in der Nachfolgegeneration zu bewahren. Bei ihrer Schulentscheidung dürften instrumentelle und wertrationale Motive zusammenspielen, wenn ihnen daran gelegen ist, alle Mobilitätsoptionen für ihre Kinder offenzuhalten und gleichzeitig Herkunftssprache und Herkunftskultur zu pflegen.

Die SESB wird besucht, um Schülerinnen und Schülern Bilingualität zu ermöglichen oder Bilingualität zu erhalten. Charakteristisch schwanken je nach Partnersprache die prozentualen Anteile derjenigen Schülerinnen und Schüler, die ausschließlich Deutsch als Erstsprache gelernt haben, die bereits bilingual aufgewachsen sind und die ausschließlich die Partnersprache als L1 sprechen. Alle drei Gruppen finden in der SESB ein Angebot, das ihren spezifischen Bedürfnissen zu entsprechen scheint. Für die einzelnen Schulen ergeben sich aus den unterschiedlichen Schülerschaften wiederum sehr unterschiedliche Anforderungen sowohl hinsichtlich der sprachlichen als auch der sozialen Funktion der SESB.

Literatur

Abgeordnetenhaus Berlin. (1993). *Erweiterung des Angebots der Staatlichen Europa-Schule Berlin (SESB) mit Beginn des Schuljahres 1993*. Drucksache 12/2731. Berlin.

Anders, Y. (2013). Stichwort: Auswirkungen frühkindlicher institutioneller Betreuung und Bildung. *Zeitschrift für Erziehungswissenschaft, 16*(2), 237–275. doi:10.1007/s11618-013-0357-5

Baumert, J., Köller, O., & Lehmann, R. H. (2012). Leseverständnis im Englischen und Deutschen und Mathematikleistungen bilingual unterrichteter Schülerinnen und Schüler am Ende der Grundschulzeit: Ergebnisse eines Zwei-Wege-Immersionsprogramms. *Unterrichtswissenschaft, 40*(4), 290–314. doi:09201204290

Becker, B., Klein, O., & Biedinger, N. (2013). The development of cognitive, language and cultural skills from age 3 to 6: A comparison between children of Turkish origin and children of native-born German parents and the role of immigrant parent's acculturation to the receiving society. *American Educational Research Journal, 50*(3), 616–649. doi:10.3102/0002831213480825

Boudon, R. (1974). *Education, opportunity and social inequality*. New York: Wiley.

Ebert, S., Lockl, K., Weinert, S., Anders, Y., Kluczniok, K., & Rossbach, H.-G. (2013). Internal and external influences on vocabulary development in preschool children.

School Effectiveness and School Improvement: An International Journal of Research, Policy and Practice, 24(2), 138–154. doi:10.1080/09243453.2012.749791

Genesee, F., Geva, E., Dressler, C., & Kamil, M. (2006). Synthesis: Cross-linguistic relationships. In D. August & T. Shanahan (Eds.), *Report of the National Literacy Panel on K-12 youth and adolescents* (pp. 147–168). Mahwah, NJ: Erlbaum.

Göhlich, M. (1998). *Europaschule – Das Berliner Modell*. Neuwied: Luchterhand.

Haug, S. (2010). *Interethnische Kontakte, Freundschaften, Partnerschaften und Ehen von Migranten in Deutschland* (Working Paper 33). Nürnberg: Bundesamt für Migration und Flüchtlinge.

Heller, K. A., & Perleth, C. (2000). *Kognitiver Fähigkeitstest für 4. bis 12. Klassen, Revision (KFT 4–12 + R)*. Göttingen: Hogrefe.

KMK – Ständige Konferenz der Kultusminister der Länder in der Bundesrepublik Deutschland. (2008). *Europabildung in der Schule: Empfehlung der Ständigen Konferenz der Kultusminister der Länder in der Bundesrepublik Deutschland*. Beschluss der Kultusministerkonferenz vom 08.06.1978 in der Fassung vom 05.05.2008. Berlin: KMK.

KMK – Ständige Konferenz der Kultusminister der Länder in der Bundesrepublik Deutschland. (2013). *Interkulturelle Bildung und Erziehung in der Schule*. Beschluss der Kultusministerkonferenz vom 25.10.1996 in der Fassung vom 05.12.2013. Berlin: KMK.

Maaz, K., & Nagy, G. (2009). Der Übergang von der Grundschule in die weiterführenden Schulen des Sekundarschulsystems: Definition, Spezifikation und Quantifizierung primärer und sekundärer Herkunftseffekte. In J. Baumert, K. Maaz & U. Trautwein (Hrsg.), *Bildungsentscheidungen* (Zeitschrift für Erziehungswissenschaft, Sonderheft 12) (S. 153–182). Wiesbaden: VS Verlag für Sozialwissenschaften. doi:10.1007/978-3-531-92216-4_7

Rasche, S. (2014). *Transnationales Humankapital und soziale Ungleichheit: Eine qualitative Studie über elterliche Motive für die Wahl bilingualer Grundschulen* (Berliner Studien zur Soziologie Europas, Arbeitspapier 31). Berlin: Freie Universität.

Senatsverwaltung für Bildung, Jugend und Wissenschaft. (2012). *Einrichtungsverfügung für die Staatliche Europa-Schule Berlin (SESB) als Schule besonderer pädagogischer Prägung (Rahmenvorgaben) vom 30.03.2012*. Berlin.

Worbs, S., Bund, E., Kohls, M., & Babka von Gostomski, C. (2013). *(Spät-)Aussiedler in Deutschland: Eine Analyse aktueller Daten und Forschungsergebnisse* (Forschungsbericht 20). Nürnberg: Bundesamt für Migration und Flüchtlinge.

Zaunbauer, A. C. M., & Möller, J. (2007). Schulleistungen monolingual und immersiv unterrichteter Kinder am Ende des ersten Schuljahres. *Zeitschrift für Entwicklungspsychologie und Pädagogische Psychologie, 39*, 141–153. doi:10.1026/0049-8637.39.3.141

Zydatiß, W. (2000). *Bilingualer Unterricht in der Grundschule: Entwurf eines Spracherwerbskonzepts für zweisprachige Immersionsprogramme*. Ismaning: Hueber.

Kapitel 5
Die schulischen Leistungen an der SESB – 4. Jahrgangsstufe

Jürgen Baumert, Friederike Hohenstein, Johanna Fleckenstein, Sandra Preusler, Isabell Paulick & Jens Möller

5.1 Evaluation der Leistungsergebnisse in der Grundschule: Allgemeine Zielsetzungen

Zentrales Ziel der Staatlichen Europa-Schule Berlin (SESB) ist es, Schülerinnen und Schüler zur kompetenten Doppelsprachigkeit im Deutschen und einer Partnersprache zu führen, ohne Nachteile im Leistungsniveau der Sachfächer in Kauf nehmen zu müssen. Beide Sprachen sind an der SESB das Medium kulturellen Austauschs und interkultureller Verständigung.

Bilingualität bedeutet in diesem Programm die Beherrschung zweier Sprachen – idealerweise jeweils auf oder zumindest annähernd auf einem Niveau, das L1-Sprecherinnen und -Sprecher gleichen Alters in einem Land erreichen, in dem die jeweilige Sprache die Verkehrssprache darstellt. Dies bedeutet für Kinder im höheren Grundschulalter nicht nur doppelsprachige Beweglichkeit in Nahumwelten wie der Familie, dem Freundeskreis und der Nachbarschaft, sondern auch Vertrautheit mit den Anforderungen der „akademischen" Umwelt der Schule, die im Falle der SESB als *partnersprachliches* Immersionsprogramm an zwei Sprachen und zwei Kulturen gebunden ist. Zur kompetenten Beherrschung der Schulsprache in der Primarschule gehören einmal Registersicherheit im Hinblick auf die allgemeinen Ausdrucks- und Kommunikationsformen der Schule und zum anderen hinreichende Vertrautheit mit den spezifischen Eigenheiten der Fachsprachen der Unterrichtsfächer, soweit sie in der Primarschule vermittelt werden. Diese Eigenheiten beziehen sich oberflächlich zunächst auf den Wortschatz, betreffen aber auch syntaktische und stilistische Strukturen.

Diese allgemeine Zielsetzung bedarf der modifizierenden Erläuterung. Es steht außer Frage, dass das Sprachniveau, das monolingual deutschsprachig aufgewachsene Schülerinnen und Schüler in der 4. Jahrgangsstufe an monolingual deutschsprachig unterrichtenden Regelschulen in Berlin im Deutschen erreichen, auch an der SESB für nur deutschsprachig bzw. bilingual aufgewachsene Schülerinnen und Schüler normative Referenz zu sein hat. Das Erreichen dieser Norm ist ein zentraler Prüfstein für die Leistungsfähigkeit des dual-immersiven Programms. Auch von monolingual nichtdeutschsprachig aufgewachsenen Schülerinnen und Schülern – vor allem, wenn sie bereits in Deutschland geboren wurden – werden im öffentlichen Schulwesen nach Abschluss des vierjährigen Alphabetisierungslehrgangs äquivalente oder annähernd äquivalente Sprachleistungen im

Deutschen erwartet. In den meisten Bundesländern steht zu diesem Zeitpunkt der selektive Übergang in die weiterführenden Schulen an. Mangelnde Sprachkompetenz im Deutschen führt zu langfristiger und schwerwiegender Benachteiligung. Dass diese Erwartung dennoch insbesondere in Berlin nicht erfüllt wird (vgl. Haag, Böhme & Stanat, 2012), ist Anlass zu andauernder Sorge, aber kein Grund, die Zielsetzung aufzugeben. Dies gilt auch für die SESB.

Etwas anders stellt sich die Sachlage im Hinblick auf den Erwerb und die Beherrschung der nichtdeutschen Partnersprache an der SESB dar. Im Folgenden sprechen wir, abweichend vom internen Sprachgebrauch der SESB, die mit der Rede von jeweils zwei Partnersprachen – der deutschen und der nichtdeutschen Partnersprache – die Gleichberechtigung beider Sprachen normativ betont, der Einfachheit halber von *der* jeweiligen Partnersprache, wenn die nichdeutsche Sprache gemeint ist. Für monolingual nichtdeutschsprachig oder bilingual aufgewachsene Schülerinnen und Schüler ersetzt die SESB im Idealfall den Alphabetisierungslehrgang im jeweiligen Herkunftsland. Im Hinblick auf das am Ende der 4. Jahrgangsstufe erreichbare Niveau der Sprachbeherrschung wird man jedoch im Vergleich zum kompetenten gleichaltrigen L1-Sprecher im jeweiligen Herkunftsland Abstriche vorzunehmen haben, da die das Alphabetisierungsprogramm tragende entsprechende Sprachumgebung in Deutschland fehlt. Trotz des normativen Anspruchs der SESB, Zweisprachigkeit gleichberechtigt zu leben, ist die deutsche Verkehrssprache schon im Rahmen der größeren Schuleinheiten, in die die dual-immersiven Züge der SESB in der Regel eingebettet sind, dominant. Verstärkte Abstriche hinsichtlich des innerhalb von vier Schuljahren in der Partnersprache Erreichbaren sind für monolingual deutschsprachig aufgewachsene Schülerinnen und Schüler an der SESB angemessen, die ja die Zweitsprache mit Beginn der Schulzeit überhaupt erst oder überhaupt erst richtig lernen. Eine möglicherweise bereits zu anspruchsvolle Orientierung für das in der Partnersprache erreichbare Sprachniveau könnten die Befunde von Modellversuchen zur Einwegimmersion geben. In Deutschland haben Zaunbauer und Möller (2007) zeigen können, dass Viertklässlerinnen und Viertklässler bei annähernd vollständiger Immersion ein Leseverständnis im Englischen erwarben, das dem durchschnittlichen Leseniveau von Drittklässlerinnen und Drittklässlern in Australien entsprach. Im Wortschatz wurden sogar die entsprechenden Altersnormen von L1-Sprechern erreicht (Gebauer, Zinnbauer & Möller, 2013). Abstriche in den Erwartungen sind jedoch kein Grund, auf die Klarheit schaffende Referenz des kompetenten L1-Sprechers gleichen Alters zu verzichten. Diese Überlegungen leiten auch die Evaluation der SESB.

Wir untersuchen die Sprachbeherrschung im Deutschen und den angebotenen Partnersprachen jeweils in Referenz zu kompetenten monolingualen, nicht zugewanderten Gleichaltrigen an Grundschulen in Berlin und in einem Land, in dem die jeweilige nichtdeutsche Partnersprache Verkehrssprache ist. Das an der SESB angestrebte Referenzniveau wird also kriterial durch die Sprachbeherrschung des kompetenten gleichaltrigen Native Speakers in Deutschland und den Referenzländern bestimmt.

Die Frage, ob bei doppelter Alphabetisierung möglicherweise mit Nachteilen in der Leistungsentwicklung in den Sachfächern zu rechnen ist, untersuchen wir anhand von Mathematik und Sachkunde (Naturwissenschaften) in mehrfacher Perspektive. Mathematik steht für den Fall, dass ein Sachfach monolingual in Deutsch unterrichtet wird.

Dementsprechend wird Mathematik in der Evaluation in deutscher Sprache getestet. Das an der SESB anzustrebende Referenzniveau und damit die Vergleichsnorm der Evaluation werden hier durch die durchschnittlichen Mathematikleistungen von monolingual deutschsprachig aufgewachsenen, nicht zugewanderten Gleichaltrigen, die an Berliner Grundschulen monolingual deutschsprachig unterrichtet wurden, definiert. Sachkunde bzw. die Naturwissenschaften als zentraler Teil des Sachkundeunterrichts repräsentieren den Fall, in dem ein Sachfach in der Partnersprache unterrichtet wird. In diesem Fall überprüfen wir die an der SESB erreichten Leistungen zweifach. Einmal wird in deutscher Sprache getestet. Die Ergebnisse werden mit den Leistungen Gleichaltriger an Grundschulen Berlins verglichen, die monolingual deutschsprachig aufgewachsen sind bzw. keinen Migrationshintergrund (MGH) haben und in deutscher Sprache unterrichtet wurden. Zum anderen werden die naturwissenschaftlichen Leistungen aber auch in der Partnersprache – also der Unterrichtssprache – erfasst, um die Ergebnisse mit den entsprechenden Leistungen, die in den jeweiligen Referenzländern erreicht werden, zu vergleichen.

Für die Untersuchung der Sprachbeherrschung beschränken wir uns auf das Leseverständnis im Deutschen und in der jeweiligen Partnersprache als einer für alle formalisierten Lernprozesse zentralen Sprachkompetenz. Da im Bereich der rezeptiven Sprachfähigkeiten Hör- und Leseverstehen hoch korreliert sind, ist diese Einschränkung zu rechtfertigen. Die aktive mündliche und schriftliche Sprachproduktion – beides wichtige Komponenten der Doppelsprachigkeit und des schulischen Erfolgs – wurden aus technischen Gründen (Erhebungs- und Codieraufwand sowie fehlende Informationen in den verfügbaren Kontrollgruppen) in unserer Untersuchung nicht berücksichtigt. Die Mathematikleistungen wurden mit einem für die 4. Jahrgangsstufe der Grundschule in Berlin curricular validen Mathematiktest in deutscher Sprache erfasst (vgl. Kap. 3). Für die Überprüfung des Leseverständnisses in den Partnersprachen schließen wir an die internationale Vergleichsstudie der IEA *Progress in International Reading Literacy Study* (PIRLS) an (vgl. Kap. 3). Die Untersuchung der naturwissenschaftlichen Leistungen basiert sowohl im deutsch- als auch im partnersprachigen Bereich auf der entsprechenden Studie der IEA *Trends in International Mathematics and Science Study* (TIMSS) (vgl. Kap. 3).

Die Evaluation der SESB bezieht in der Grundschule die 4., 5. und 6. Jahrgangsstufe ein. In dem vorliegenden Kapitel werden jedoch ausschließlich die Ergebnisse zu den schulischen Leistungen in der 4. Jahrgangsstufe dargestellt. Die 4. Jahrgangsstufe ist im Hinblick auf eine vergleichende Betrachtung der Sprachkompetenz von besonderer Bedeutung, da in diesem Schuljahr der Alphabetisierungslehrgang im Allgemeinen abgeschlossen ist. Dies gilt nicht nur für Deutschland, sondern auch für die meisten OECD-Staaten, auch wenn die Grundschulzeit länger als vier Schuljahre währt. Deshalb konzentrieren sich die internationalen Vergleichsstudien und der innerdeutsche Ländervergleich auch auf diese Jahrgangsstufe. Diesem Vorbild schließen wir uns im Rahmen dieses Bandes an.

Das folgende Kapitel umfasst sechs Abschnitte. Im ersten Abschnitt (5.2) werden unter Rückgriff auf Kapitel 3 dieses Bandes die Datengrundlage und das generelle methodische Vorgehen beschrieben. Daran schließen sich in vier Abschnitten die Ergebnisdarstellungen zum Leseverständnis und zu den Leistungen in den untersuchten Sachfächern an. Zunächst werden in Abschnitt 5.3 die Ergebnisse zum Leseverständnis in deutscher Sprache vorgestellt. In drei Unterabschnitten werden die spezifischen Fragestellungen entwickelt und die Ergebnisse deskriptiv und analytisch dargestellt. Darauf folgen in Abschnitt 5.4 die Ergebnisse zum Leseverständnis in der Partnersprache. In wiederum drei Unterabschnitten werden die Untersuchungshypothesen und die Ergebnisse in Form von Gesamt- und Sprachprogrammvergleichen vorgestellt. In den Abschnitten 5.5 und 5.6 behandeln wir die Ergebnisse zu den Leistungen in den Sachfächern. Dieser Teil des Kapitels beginnt in Abschnitt 5.5 mit den Befunden zur Mathematik. Dieser Abschnitt ist analog zur Darstellung der Leseergebnisse in deutscher Sprache aufgebaut (5.3). Darauf folgen in Abschnitt 5.6 die Ergebnisse für die naturwissenschaftlichen Leistungen – zunächst unter deutsch-, dann unter partnersprachigen Bedingungen. Der Schlussabschnitt (5.7) nimmt noch einmal unsere Ausgangsfrage auf, inwieweit es an der SESB gelingt, kompetente Doppelsprachigkeit im definierten Sinne zu erreichen, ohne Nachteile in den Sachfächern in Kauf nehmen zu müssen, und versucht sie zusammenfassend zu beantworten.

5.2 Methodisches Vorgehen

5.2.1 Realisierte Stichproben

Im Frühsommer 2014 wurden an allen Standorten der SESB in der 4. Jahrgangsstufe Vollerhebungen der definierten Untersuchungspopulation durchgeführt. Da nach § 9 SchulG (vom 26.01.2004) alle ausgewählten Schülerinnen und Schüler zur Teilnahme an der Evaluation verpflichtet waren, fielen die Ausschöpfungsquoten sehr hoch aus. Die realisierte Stichprobe betrug an der SESB in der 4. Jahrgangsstufe $N = 769$ (Ausschöpfungsquote: 97,5 %). Im Rahmen der Längsschnitterhebungen der EUROPA-Studie wurden im Jahr 2015 an den Standorten mit griechischer, polnischer, portugiesischer und türkischer Partnersprache erneut die 4. Jahrgangsstufen untersucht, um die Stichprobe zu erweitern. Die erweiterte Stichprobe umfasst $N = 952$ Fälle. Die erweiterte Stichprobe wird in diesem Kapitel ausschließlich für Auswertungen auf der Ebene der Sprachprogramme genutzt.

Zusammen mit der Erhebung an der SESB im Jahr 2014 wurden monolingual deutschsprachig unterrichtete Vergleichsklassen entweder am selben oder an einem hinsichtlich des Einzugsbereichs ähnlichen Standort als Kontrollgruppe (VGLK 2014) untersucht. In der Kontrollgruppe wurden bei einer Ausschöpfungsquote von 97,7 Prozent $N = 941$ Schülerinnen und Schüler erfasst.

Als zweite, für die 4. Jahrgangsstufe an Berliner Grundschulen repräsentative Kontrollgruppe (VGLK 2003) steht die entsprechende Stichprobe der ELEMENT-Studie (Lehmann & Lenkeit, 2008; Lehmann & Nikolova, 2005a, 2005b; Nikolova, 2011) aus dem Jahr 2003 mit $N = 3.323$ Fällen zur Verfügung.

Für den internationalen Vergleich der Leseleistungen in den jeweiligen Partnersprachen bzw. der in den Partnersprachen erhobenen naturwissenschaftlichen Leistungen werden als Referenz die entsprechenden Stichproben der internationalen Vergleichsstudien der IEA PIRLS des Jahres 2011 (für zwei Sprachprogramme – Griechisch und Türkisch – des Jahres 2001) bzw. TIMSS ebenfalls des Jahres 2011 (für das griechischsprachige Programm des

Jahres 2003) herangezogen. Eine detaillierte Beschreibung der Kontrollgruppenstruktur und der Stichproben findet sich in Kapitel 3 des vorliegenden Bandes.

5.2.2 Instrumentierung

Das Leseverständnis in deutscher Sprache wurde in der 4. Jahrgangsstufe mit der Darbietung eines altersgerechten, mehrseitigen Prosatextes erfasst, zu dem 15 Items (6 davon offen, 9 als Multiple-Choice-Items) zu beantworten waren. Die WLE-Reliabilität dieses Tests beträgt r_{WLE} = 0.73. Zur Erfassung des Leseverständnisses in der jeweiligen Partnersprache wurden zwei Prosatexte aus PIRLS 2011 dargeboten, zu denen 17 Items (6 offen, 11 Multiple-Choice-Items) bzw. 12 Items (7 offen, 5 Multiple-Choice-Items) zu bearbeiten waren. Je nach Partnersprache lagen die WLE-Reliabilitäten mit Werten zwischen r_{WLE} = 0.73 und r_{WLE} = 0.84 im zufriedenstellenden bis guten Bereich.

Die Mathematikleistungen wurden mit einem für die 4. Jahrgangsstufe der Grundschule in Berlin curricular validen Mathematiktest in deutscher Sprache erfasst, der in etwa ausgeglichener Anzahl algorithmische und Modellierungsaufgaben enthält. Der Test erreichte mit 23 Items eine Reliabilität von r_{WLE} = 0.79.

Die Untersuchung der naturwissenschaftlichen Leistungen basiert sowohl im deutsch- als auch im partnersprachigen Bereich auf Testaufgaben, die aus TIMSS übernommen wurden. Es wurden jeweils zwei vollständige Testhefte mit 25 Aufgaben eingesetzt. Die Reliabilitäten sind – ausgenommen die griechischsprachige Version – mit Werten zwischen r_{WLE} = 0.80 und r_{WLE} = 0.90 gut bis sehr gut. Eine detaillierte Darstellung der Leistungstests findet sich in Kapitel 3. Die kognitiven Grundfähigkeiten der Untersuchungsteilnehmerinnen und -teilnehmer wurden jeweils in der 4. Jahrgangsstufe mit zwei Untertests des *Kognitiven Fähigkeitstests* (KFT) erfasst, die verbales und figurales Schlussfolgern messen (Heller & Perleth, 2000). Die Reliabilitäten der beiden Testteile betragen r_{WLE} = 0.73 bzw. r_{WLE} = 0.87.

Der sprachliche Hintergrund der Schülerinnen und Schüler wurde mit der Frage „Welche Sprache hast Du als Kind in Deiner Familie von Anfang an gelernt?" erhoben. Für die Partnersprachen waren vorgegebene Antworten sowie ein zusätzliches offenes Feld vorgesehen. Mehrfachantworten waren erlaubt. Die analoge Frage wurde auch den Eltern bzw. Erziehungsberechtigten gestellt, um die Schülerangaben zu verifizieren. Im Folgenden verwenden wir neben der Zuordnung zu den Partnersprachen die Abgrenzung von drei Sprachgruppen. Zur Sprachgruppe 1 „monolingual deutschsprachig aufgewachsen" werden alle Schülerinnen und Schüler gezählt, die von Anfang an die deutsche Sprache und nicht zugleich die Partnersprache gelernt haben. Zur Sprachgruppe 2 „bilingual aufgewachsen" gehören die Schülerinnen und Schüler, die neben Deutsch noch eine andere Sprache von Anfang an gelernt und genutzt haben. In Sprachgruppe 3 „monolingual nichtdeutschsprachig aufgewachsen" fallen alle monolingual nichtdeutschsprachig aufgewachsenen Schülerinnen und Schüler.

Der MGH wird folgendermaßen definiert: Kinder ohne Migrationshintergrund („ohne MGH") haben Eltern, die beide in Deutschland geboren sind; ein einseitiger Migrationshintergrund („einseitiger MGH") liegt vor, wenn ein Elternteil nicht in Deutschland geboren wurde; von beidseitigem Migrationshintergrund („beidseitiger MGH") wird gesprochen, wenn beide Elternteile im Ausland geboren wurden und nach Deutschland zugewandert sind. Der familiale Hintergrund wird mit dem Sozialstatus und Bildungsniveau der Eltern beschrieben. Für die Indikatorisierung des sozioökonomischen Hintergrunds wird der *International Socio-Economic Index of Occupational Status* (ISEI; Ganzeboom, de Graaf, Treiman & de Leeuw, 1992) verwendet, wobei jeweils der höhere Wert der beiden Elternteile zugrunde gelegt wurde (HISEI). Das Bildungsniveau der Eltern wird mit der Dummyvariablen „Abitur ja/nein" operationalisiert. Das Geschlecht der Untersuchungsteilnehmer wurde mit 0 = männlich, 1 = weiblich codiert.

5.2.3 Analytisches Vorgehen

Die Überprüfung der spezifischen Untersuchungshypothesen, die in den Abschnitten 5.3 bis 5.6 vorgestellt werden, erfolgt regressionsanalytisch. Dabei gehen wir jeweils in zwei Schritten vor. Zuerst werden die Hypothesen überprüft, die sich auf die Leistungsergebnisse der SESB insgesamt beziehen. Anschließend werden Unterschiede zwischen den einzelnen Sprachprogrammen untersucht. Alle Analysen werden mit Mplus 7.4 (Muthén & Muthén, 2012) durchgeführt, sofern nichts anderes vermerkt ist.

In unseren Analysen werden die Lese- und Fachleistungen jeweils an den Mittelwerten einer Gesamtstichprobe zentriert, in die die Stichprobe der SESB und der jeweiligen Vergleichsgruppen gleichgewichtet eingehen. Die Leistungswerte werden dabei auf einen Mittelwert von 100 und eine Standardabweichung von 30 transformiert. Die metrischen Kovariaten werden z-standardisiert genutzt.

Fehlende Werte auf den für die Analysen genutzten Variablen wurden, wie in Kapitel 3 ausführlich dargestellt wird, multipel imputiert (Schafer & Graham, 2002). Die Ergebnisse werden nach den Regeln von Rubin (1987) integriert. Aufgrund des geschachtelten Designs der EUROPA-Studie werden robuste Standardfehler geschätzt (vgl. Kap. 3).

5.3 Leseverständnis in deutscher Sprache – 4. Jahrgangsstufe

Der Konzeption nach ist die SESB eine sprachbetonte Begegnungsschule mit einem insgesamt erhöhten Anteil an Sprachunterricht und einem in der Regel sprachintensiv gestalteten außercurricularen Angebot (vgl. Kap. 1). Das Programm verbindet in der Primarstufe duale Immersion mit expliziter Sprachinstruktion. Die Kinder werden zunächst in getrennten Sprachgruppen in der Regel sukzessiv zweisprachig alphabetisiert – beginnend mit der Erstsprache (L1) bzw. bei bilingual aufgewachsenen Kindern mit der dominanten L1. Spätestens mit dem Schriftspracherwerb in der Zweitsprache (L2) ist die Möglichkeit eines kontrastiven Sprachunterrichts gegeben.

Die SESB verfolgt ein partnersprachiges Immersionsprogramm, nach dem deutschsprachig aufgewachsene Kinder und Kinder mit der jeweiligen Partnersprache des Standorts als L1 im Deutschen und in der nichtdeutschen Partnersprache alphabetisiert und unterrichtet werden. Tatsächlich ist die SESB jedoch auch besonders für Familien interessant, die selbst zweisprachig sind und ihre Kinder bilingual erziehen. Über alle SESB-Primarschulstandorte hinweg beträgt der Anteil von Schülerinnen und Schülern, die von Anfang an bilingual aufgewachsen sind, rund 40 Prozent, während die monolingual deutsch- bzw. partnersprachig aufgewachsenen Kinder einen Anteil von 25 bzw. 35 Prozent ausmachen (vgl. Kap. 4).

Die Hälfte der Schülerinnen und Schüler wird nach Ausweis der Schülerakten zu Beginn der Grundschule an der SESB der deutschsprachigen Gruppe zugewiesen. Diese Schülerinnen und Schüler erhalten in vorgeschriebenem Umfang – die Stundentafel (siehe Kap. 1) gilt im Kern für alle öffentlichen Grundschulen – Deutschunterricht mit anfänglich sieben Wochenstunden, der von einer deutschsprachigen Lehrkraft üblicherweise in der Halbklasse erteilt wird. In zweizügigen Schulen werden die Halbklassen gemeinsam unterrichtet. Der partnersprachige Unterricht setzt ebenfalls in der 1. Jahrgangsstufe ein, allerdings mit verringertem Stundenumfang – in den ersten beiden Schuljahren von drei bis vier Wochenstunden – und konzentriert sich vor allem auf mündliche Kommunikation. Über den Beginn der Alphabetisierung in der nichtdeutschen Partnersprache können die Schulen flexibel entscheiden. Der partnersprachige Unterricht wird von Lehrkräften, die die Partnersprache als L1 sprechen, gegeben.

Umgekehrt werden die monolingual partnersprachig aufgewachsen Kinder der partnersprachigen Gruppe zugewiesen, die nach analogem Programm aber in umgekehrter Sprachenfolge alphabetisiert werden. Auch hier wird der Sprachunterricht in der Partnersprache bzw. Deutsch von Lehrkräften erteilt, die die Partnersprache bzw. Deutsch als L1 sprechen. Ab der 3. Jahrgangsstufe ist der zeitliche Umfang des Sprachunterrichts in der L1 und in der L2 gleich. Er beträgt in der 3. und 4. Jahrgangsstufe sechs und ab der 5. Jahrgangsstufe fünf Wochenstunden.

5.3.1 Entwicklung der Fragestellungen und Untersuchungshypothesen zum Leseverständnis in deutscher Sprache

Die folgenden Hypothesen zu den Leistungsergebnissen im Leseverständnis an der SESB werden auf der Grundlage der Zielsetzungen dieser Schulform (vgl. Kap. 1), der nationalen und internationalen Befundlage zum bilingualen Unterricht (vgl. Kap. 2), unter Berücksichtigung der spezifischen Klientel der SESB (vgl. Kap. 4) und in Kenntnis der organisatorischen Realisierung des Schulprogramms, das wir im vorangegangenen Abschnitt noch einmal knapp zusammengefasst haben, entwickelt.

Den vorliegenden Forschungsbefunden entsprechend sollte sich die duale Immersion positiv auf Sprachbewusstheit und die Entwicklung der Morphosyntax in beiden Sprachen auswirken (vgl. Kap. 2). Indirekt sollte dies auch zu einer Verbesserung des deutschsprachigen Leseverständnisses führen (Gebauer et al., 2013), obwohl man bei bilingualem Aufwachsen und möglicherweise auch bei bilingualer Beschulung mit einem etwas reduzierten Wortschatz – zumindest in Randbereichen des Weltwissens – rechnen muss. Wir erwarten deshalb an der SESB ein generell höheres Niveau der Lesekompetenz im Deutschen als an Regelschulen mit monolingualem Unterricht, auch wenn der Anteil deutschsprachiger

Instruktion gegenüber den monolingualen Regelschulen zunächst etwas reduziert ist. Der Unterschied sollte auch bei Kontrolle bedeutsamer Hintergrundmerkmale nachweisbar sein.

Hypothese 1 lautet daher, dass Schülerinnen und Schüler der SESB in den deutschsprachigen Lesetests der Grundschule bessere Leistungen erzielen als Schülerinnen und Schüler an Regelschulen mit monolingualem Unterricht.

Die vielfältigen sprachlichen Lerngelegenheiten innerhalb und außerhalb der SESB sollten dazu führen, dass sowohl die monolingual deutschsprachig als auch die bilingual aufgewachsenen Schülerinnen und Schüler der SESB im Mittel das spezifizierte Referenzniveau – die Leistungen von monolingual deutschsprachig aufgewachsenen Gleichaltrigen an Berliner Vergleichsschulen – erreichen. Dies gilt analog für die Kinder ohne bzw. mit einseitigem MGH. Für die monolingual nichtdeutschsprachig aufgewachsenen Kinder bzw. diejenigen mit beidseitigem MGH erwarten wir sowohl an der SESB als auch an den monolingual unterrichtenden Regelschulen in Jahrgangsstufe 4 einen Rückstand im deutschsprachigen Leseverständnis.

Hypothese 2 sagt für monolingual nichtdeutschsprachig aufgewachsene Schülerinnen und Schüler eine im Vergleich zu monolingual deutschsprachig und bilingual aufgewachsenen Schülerinnen und Schülern geringere Lesekompetenz im Deutschen vorher – und zwar sowohl an der SESB und als auch an monolingual unterrichtenden Regelschulen. Ähnliche Unterschiede sollten sich zwischen Schülerinnen und Schülern mit einseitigem und beidseitigem MGH ergeben.

Schülerinnen und Schüler, die als L1 eine andere als die deutsche Sprache erlernt haben und nicht von Anfang an bilingual aufgewachsen sind, stammen ganz überwiegend aus zugewanderten Familien. An der SESB werden diese Schülerinnen und Schüler der partnersprachigen Gruppe zugewiesen. Sie werden zunächst in der Partnersprache alphabetisiert und erhalten in der Schuleingangsphase einen im Umfang reduzierten Deutschunterricht, der sich vor allem auf mündliche Kommunikation konzentriert. Aber auch hier erfolgt die Alphabetisierung – zeitlich etwas versetzt – zweisprachig in einem potenziell kontrastiv angelegten expliziten Sprachunterricht. Damit kann der Deutschunterricht – in spezifischer Weise auf eine einzige Sprachgruppe zugeschnitten – unterschiedliche Lerntempi und individuelle Schwierigkeiten besser berücksichtigen. An den monolingual unterrichtenden Regelschulen ist dies nicht der Fall. Hier erfolgt die Alphabetisierung in der ethnisch und sprachlich vielfach gemischten Klasse unter „submersiven" Bedingungen (vgl. Kap. 2). Die sprachlichen Herausforderungen sind in dieser Umgebung wahrscheinlich höher und die Unterstützungsmöglichkeiten geringer.

Wir gehen davon aus, dass das bilinguale Arrangement an der SESB kognitiv herausfordernd ist, aber auch für Schülerinnen und Schüler mit einem Leistungsrückstand keine Überforderung darstellt, da in der beschriebenen Organisationsform Unterschiede in der Sprachentwicklung besser berücksichtigt und Schwächen früher erkannt und im Rahmen der verfügbaren Förderstunden auch leichter behoben werden können. Die

Konzentration auf den Spracherwerb, die explizite Instruktion in der Halbklasse, die kontrastive Alphabetisierung, der insgesamt im Umfang erhöhte Sprachunterricht und positive Transfereffekte zwischen den Sprachen sollten dazu beitragen, dass gerade auch Schülerinnen und Schüler mit anfänglichen Defiziten in der Beherrschung der deutschen Sprache an der SESB eine solide Grundlage im Schriftspracherwerb erhalten. Dies sollte sich für die monolingual partnersprachig aufgewachsenen Kinder in der Leseleistung bereits in Jahrgangsstufe 4 auszahlen. Wir erwarten also im Hinblick auf das Leseverständnis im Deutschen eine Interaktion zwischen Schulform (SESB vs. monolingual unterrichtende Regelschulen) und Sprachhintergrund sowie analog auch zwischen Schulform und MGH (einseitig vs. beidseitig).

Hypothese 3 zufolge sollte an der SESB der Rückstand im Leseverständnis in der deutschen Sprache bei monolingual nichtdeutschsprachig aufgewachsenen Kindern kleiner ausfallen als an den Regelschulen. Dieser Befund sollte auch für Schülerinnen und Schüler mit beidseitigem MGH nachweisbar sein.

Die bisher formulierten Hypothesen lassen die potenziellen Auswirkungen der in Kapitel 4 beschriebenen unterschiedlichen Indikation der Sprachprogramme und deren unterschiedliche soziale Selektivität unberücksichtigt. Die Standorte unterscheiden sich in der sozialen und bildungsmäßigen Zusammensetzung der Elternschaft und teilweise auch in der leistungsmäßigen Zusammensetzung ihrer Schülerschaft voneinander, sodass man mit der Entstehung unterschiedlicher kultureller und kognitiver Entwicklungsmilieus rechnen muss, die unabhängig von und zusätzlich zu den individuellen Eingangsvoraussetzungen lernwirksam sein können. Man spricht in diesem Fall von sogenannten Kompositionseffekten, die über das Verhalten der Schülerinnen und Schüler und den Unterricht der Lehrkräfte vermittelt werden und sich in den Schulleistungen abbilden (Baumert, Stanat & Watermann, 2006; Dumont, Neumann, Maaz & Trautwein, 2013).

Hypothese 4 besagt dementsprechend, dass die deutschsprachigen Leseleistungen an der SESB je nach Partnersprache, der spezifischen Indikation des Programms und der Selektivität des jeweiligen Sprachprogramms unterschiedlich ausfallen – und zwar auch dann, wenn für differenzielle Eingangsselektivität kontrolliert wird.

5.3.2   Ergebnisse zum Leseverständnis in deutscher Sprache

Im folgenden Abschnitt werden die Ergebnisse zum Leseverständnis in deutscher Sprache für die 4. Jahrgangsstufe vorgestellt. Zunächst wird ein deskriptiver Überblick über die Befundlage insgesamt und differenziert nach Sprachprogrammen gegeben. Darauf folgen die regressionsanalytischen Vergleiche zwischen SESB und Vergleichsgruppen und die Ergebnisse für die einzelnen Partnersprachen. Der Abschnitt schließt mit einer Zusammenfassung.

5.3.2.1 Deskriptive Befunde

Tabelle 5.1 gibt einen ersten Überblick über die am Ende der 4. Jahrgangsstufe im deutschsprachigen Lesetest erreichten Ergebnisse – aufgeschlüsselt nach Geschlecht, Sprach- und Migrationshintergrund und Schulform bzw. Vergleichsgruppe. Betrachtet man in Tabelle 5.1 zunächst die Unterschiede im Leseverständnis zwischen den Personengruppen, ohne den Schulstatus und die Zugehörigkeit zu einer Vergleichsgruppe zu berücksichtigen, zeigt sich deskriptiv ein bekanntes Bild: Mädchen haben ein höheres Leseverständnis als Jungen, und Kinder, die monolingual nichtdeutschsprachig aufgewachsen sind bzw. aus Familien stammen, in denen Vater und Mutter selbst nach Deutschland zugewandert sind, bleiben in ihren deutschsprachigen Leseleistungen weit hinter Altersgleichen zurück, die ausschließlich mit Deutsch als L1 großgeworden sind bzw. aus deutschstämmigen Familien kommen. Die Effektstärken betragen für den Geschlechtsunterschied $d = 0.20$ und für die Unterschiede zwischen den Migrations- bzw. Sprachgruppen $d = 0.60$ bzw. $d = 0.68$. Bilingual aufgewachsene Kinder bzw. Kinder mit einseitigem MGH scheinen an der SESB (fast) das Leseniveau von Schülerinnen und Schülern zu erreichen, die ausschließlich Deutsch als L1 sprechen bzw. aus deutschstämmigen Familien kommen. In den Vergleichsgruppen bleiben die Leistungen der Kinder, die bilingual aufgewachsen sind bzw. einen einseitigen MGH aufweisen, hinter denjenigen, die monolingual deutschsprachig aufgewachsen bzw. keinen MGH besitzen, zurück. Zusammenfassend ist festzuhalten, dass die Schülerinnen und Schüler an der SESB insgesamt ein Leseniveau zu erreichen scheinen, das dem der jeweils vergleichbaren Schülergruppe an sonstigen Regelschulen Berlins (VGLK 2014 und 2003) mindestens gleich kommt oder dieses leicht übertrifft.

Tabelle 5.2 weist die deskriptiven Befunde zum Leseverständnis an der SESB aufgegliedert nach den Partnersprachen aus. Auffälligstes Resultat ist die große Spannweite der Leistungsverteilung auf der Ebene der Sprachprogramme. Die Differenz zwischen den mittleren Leseleistungen im polnisch- und englisch- bzw. französischsprachigen Programm beträgt etwas mehr als eine Standardabweichung. Dies entspricht – legt man die mittlere Leseentwicklung in der 4. Jahrgangsstufe zugrunde – ungefähr zwei Schuljahren. Im Falle der türkischen Partnersprache ist der Unterschied mit gut einer halben Standardabweichung immer noch beträchtlich. Allerdings muss man ebenso herausstellen, dass die deutschsprachigen Leseleistungen in der Mehrheit der partnersprachigen Standorte nur wenig um den Gesamtmittelwert der SESB streuen, der etwas über den Werten der Vergleichsgruppen zu liegen scheint (vgl. Tab. 5.1). Es gibt unter den unterschiedlichen Sprachprogrammen also einen relativ homogenen Kern, der die Leistungsstandards an monolingual deutsch unterrichtenden Regelschulen offenbar ohne Weiteres erreicht oder übertrifft. Die mittleren Leistungsergebnisse an den Standorten mit englischer und französischer bzw. polnischer und türkischer Partnersprache sind deutliche Abweichungen nach oben bzw. nach unten.

5.3.2.2 Analytische Befunde

Die Analysen zum Leseverständnis in deutscher Sprache erfolgen in vier Schritten. Zuerst wird ein Basismodell angepasst, das den unkorrigierten Bruttoeffekt des Schulformbesuchs (SESB vs. monolingual unterrichtende Regelschule) für Jungen und Mädchen schätzt.

Tabelle 5.1: Leseverständnis in deutscher Sprache am Ende der 4. Jahrgangsstufe nach Geschlecht, Sprachhintergrund, Migrationsstatus und Schulform (SESB) bzw. Vergleichsgruppe (VGLK)[1] (Mittelwerte, Standardabweichungen, robuste Standardfehler in Klammern)

Personenmerkmale	Schulform/Vergleichsgruppe							
	SESB N = 769		VGLK 2014 N = 941		VGLK 2003 N = 3.323		Vergleichsgruppen insgesamt N = 4.264	
	M (SE)	SD	M (SE)	SD	M (SE)	SD	M (SE)	SD
Geschlecht								
Mädchen	106,04 (2,29)	25,13	102,36 (3,14)	29,39	102,64 (1,57)	30,33	102,58 (1,40)	30,12
Jungen	99,24 (3,28)	28,19	94,66 (4,29)	31,46	97,03 (1,57)	30,13	96,53 (1,51)	30,43
Sprachhintergrund								
Monolingual deutschsprachig	108,58 (2,33)	21,26	109,75 (2,67)	23,83	104,58 (1,35)	29,38	109,21 (0,94)	25,19
Bilingual	109,58 (1,59)	20,62	106,30 (5,12)	29,85	96,56 (1,48)	28,54	99,37 (2,63)	31,05
Monolingual nichtdeutschsprachig	92,38 (3,85)	31,80	82,34 (3,51)	33,08	86,79 (1,43)	31,10	85,78 (1,38)	31,61
Migrationsstatus								
Ohne MGH	110,40 (1,47)	20,86	108,44 (3,94)	29,46	106,56 (1,07)	29,18	106,74 (1,08)	27,38
MGH einseitig	108,90 (1,33)	21,07	98,49 (4,26)	28,33	99,14 (2,16)	29,64	98,94 (1,99)	29,21
MGH beidseitig	94,05 (3,54)	31,04	88,24 (3,17)	31,34	84,78 (1,85)	31,94	85,76 (1,62)	31,84
Insgesamt	102,92 (2,43)	26,79	98,61 (3,43)	30,66	99,78 (1,48)	30,36	99,52 (1,38)	30,43

1 VGLK 2014: Vergleichsklassen aus der Erhebung 2014 der EUROPA-Studie; VGLK 2003: Vergleichsklassen aus der ELEMENT-Studie 2003.

Tabelle 5.2: Leseverständnis in deutscher Sprache am Ende der 4. Jahrgangsstufe nach Sprachprogramm und Vergleichsgruppe (VGLK)[1] (Stichprobengröße, Mittelwerte und Standardabweichungen, robuste Standardfehler in Klammern)

Sprachprogramm/Vergleichsgruppe	N	M (SE)	SD
Sprachprogramm			
Englisch	107	110.56 (0.12)	23.39
Französisch	189	110.58 (1.48)	20.10
Griechisch	86	98.68 (2.56)	31.90
Italienisch	79	102.11 (5.25)	25.53
Polnisch	85	80.18 (0.02)	37.36
Portugiesisch	78	103.73 (0.01)	27.50
Russisch	79	100.09 (2.03)	24.32
Spanisch	127	105.34 (0.64)	25.28
Türkisch	122	92.26 (0.01)	33.53
Vergleichsgruppe			
VGLK 2014	941	98.61 (3.43)	30.66
VGLK 2003	3.323	99.78 (1.48)	30.36

1 VGLK 2014: Vergleichsklassen aus der Erhebung 2014 der EUROPA-Studie; VGLK 2003: Vergleichsklassen aus der ELEMENT-Studie 2003.

Referenz für den Vergleich ist in diesem Fall die durchschnittliche Leseleistung von Jungen an sonstigen Regelschulen Berlins.

Im zweiten Schritt werden der Einfluss des Sprach- und Migrationshintergrunds und ihre Wechselwirkungen mit der Schulform auf die Leseleistung geprüft. Kriteriale Referenz sind hier die durchschnittlichen Leseleistungen von *monolingual deutschsprachig* aufgewachsenen Schülerinnen und Schülern ohne MGH an monolingual unterrichtenden Regelschulen. Wir sprechen in diesem Fall von kriterialer Referenz, weil wir in diesen Modellen das mittlere Leseverständnis von Schülerinnen und Schülern ohne MGH bzw. mit Deutsch als L1 als absolutes Gütekriterium einführen, an dem der Erfolg der SESB ohne Berücksichtigung der potenziellen Selektivität des Programms gemessen wird. Dieses Referenzniveau liegt für die monolingual nichtdeutschsprachig Aufgewachsenen über der pädagogischen Zielsetzung der SESB, die für die Primarstufe (und auch noch für die Sekundarstufe) solche Rückstände einkalkuliert.

Im dritten Schritt schätzen wir sogenannte *Value-added*-Modelle, in denen die Leseleistungen an der SESB und sonstigen Regelschulen unter Berücksichtigung von Fähigkeits- und Herkunftsmerkmalen der untersuchten Personen verglichen werden. Bei diesen Vergleichen wird kein absoluter, sondern ein relativer Gütemaßstab angelegt, der für eine adäquate Beurteilung der Leistungen der SESB gerechtfertigt und notwendig ist. Der absolute Gütemaßstab ist unter dem Gesichtspunkt der individuellen Entwicklung im Hinblick auf Schulerfolg und gesellschaftliche Teilhabechancen von entscheidender Bedeutung. Insofern eröffnet dieser Maßstab eine für die Schülerinnen und Schüler advokatorische Perspektive. Der relative Gütemaßstab und die *Value-added*-Modelle stehen dagegen für eine institutionelle Perspektive des fairen Leistungsvergleichs von Schulen. Unsere Evaluation soll beide Perspektiven gleichberechtigt zur Geltung bringen.

Im vierten Schritt folgen die Analysen zu den differenziellen Ergebnissen der einzelnen Sprachprogramme zum Leseverständnis in deutscher Sprache. Sie werden untereinander verglichen, aber auch in Referenz zur Schülerschaft an monolingual unterrichtenden Regelschulen. Die Analysen erfolgen ebenfalls unter individueller und institutioneller Perspektive, indem sowohl nicht- als auch kovarianzanalytisch adjustierte Modelle spezifiziert werden.

Bei Vergleichen zwischen der SESB und den monolingual unterrichtenden Regelschulen insgesamt werden für den Sprach- und Migrationshintergrund immer getrennte Modelle geschätzt, da beide Merkmale stark konfundiert und darüber hinaus einzelne Merkmalskombinationen kaum besetzt sind (z. B. nichtdeutschsprachig in einer Familie ohne MGH aufgewachsen).

Für den Vergleich zwischen der SESB und monolingual unterrichtenden Regelschulen stehen für die 4. Jahrgangsstufe zwei Kontrollgruppen zur Verfügung. Wir nutzen diese Kontrollgruppenstruktur, um Ergebnisse des Vergleichs zwischen der SESB und den Schulen der zeitgleich untersuchten Stichprobe maximaler Ähnlichkeit (vgl. Kap. 3) an einer für Berliner Grundschulen repräsentativen, aber zeitlich etwas zurückliegenden Stichprobe zu validieren. Zu diesem Zweck werden Mehrgruppenvergleiche mit unterschiedlichen Restriktionen auf den zu schätzenden Parametern vorgenommen. Die Anpassungsgüte der Modelle wird inferenzstatistisch und anhand von Fit-Indices verglichen.

5.3.2.2.1 Basismodelle zum Leseverständnis in deutscher Sprache

Tabelle 5.3 weist die Ergebnisse der Regression von den Leseleistungen in deutscher Sprache auf Schulform und Geschlecht differenziert nach Vergleichsgruppen aus. Modell 1 zeigt, dass sich der in den deskriptiven Befunden andeutende Leistungsvorteil der SESB gegenüber monolingual deutsch unterrichtenden Regelschulen (vgl. Tab. 5.1) nicht zufallskritisch absichern lässt. Dies gilt für beide Vergleichsstichproben. Damit lässt sich die in Abschnitt 5.3.1 formulierte Hypothese 1 nicht bestätigen. Modell 2 bekräftigt noch einmal den vielfach belegten Befund, dass Mädchen schneller und besser lesen lernen als Jungen. Ihr Vorsprung beträgt am Ende der 4. Jahrgangsstufe etwa ein Fünftel einer Standardabweichung. Modell 3 besagt, dass keine Wechselwirkung zwischen Schulform und Geschlecht auftritt – Mädchen reüssieren also an der SESB und an monolingual unterrichtenden Regelschulen in Berlin gleichermaßen. Die Befunde sind über beide Vergleichsgruppen hinweg stabil. Dementsprechend ändert sich auch die Modellanpassung nicht signifikant, wenn die Regressionsparameter in beiden Stichproben auf Gleichheit restringiert werden. Wir nehmen diese Ergebnisse der Basismodelle zum Anlass, um in weiteren Analysen auf die Modellierung des Geschlechtsparameters zu verzichten. Dies vereinfacht die Analysen und Ergebnisdarstellungen erheblich.

Tabelle 5.3: Ergebnisse der Regression vom Leseverständnis in deutscher Sprache am Ende der 4. Jahrgangsstufe auf Schulform (SESB/VGLK)[1] und Geschlecht nach Vergleichsgruppen (VGLK)[1] (unstandardisierte Regressionskoeffizienten, robuste Standardfehler in Klammern, R^2 und Chi²-Differenztest)

Ordinatenabschnitt und Prädiktoren	Basismodelle								
	Modell 1			Modell 2			Modell 3		
	SESB und VGLK 2014	SESB und VGLK 2003	Parameter auf Gleichheit restringiert	SESB und VGLK 2014	SESB und VGLK 2003	Parameter auf Gleichheit restringiert	SESB und VGLK 2014	SESB und VGLK 2003	Parameter auf Gleichheit restringiert
Intercept	98.61 (3.42)**	99.78 (1.48)**	99.52 (1.38)**	96.65 (2.96)**	97.41 (1.42)**	97.20 (1.47)**	94.66 (4.21)**	97.03 (1.57**)	96.51 (1.52)**
Schulform *Referenz:* VGLK									
SESB	4.30 (4.13)	3.14 (2.84)	3.40 (2.76)	–	–	–	4.58 (4.79)	2.21 (3.57)	2.73 (3.40)
Geschlecht *Referenz:* Männlich (0)									
Weiblich	–	–	–	7.42 (1.85)**	5.92 (1.00)**	6.36 (1.01)**	7.71 (2.29)**	5.61 (1.09)**	6.07 (0.97)**
Interaktion									
Schulform × Geschlecht	–	–	–	–	–	–	-0.91 (2.92)	1.20 (2.69)	0.73 (2.53)
R^2	0.01 (0.011)	0.02 (0.003)	0.01 (0.005)	0.02 (0.007)*	0.01 (0.003)**	0.01 (0.003)**	0.02 (0.014)	0.01 (0.004)**	0.01 (0.007)*
Chi²-Differenz/Differenz der Freiheitsgrade/p	–	–	0.48/3/0.99	–	–	0.55/3/0.91	–	–	0.70/4/0.95

1 VGLK 2014: Vergleichsklassen aus der Erhebung 2014 der EUROPA-Studie; VGLK 2003: Vergleichsklassen aus der ELEMENT-Studie 2003.
* $p < 0.05$, ** $p < 0.01$.

5.3.2.2.2 Individuelle Perspektive

Im Folgenden sollen differenzielle Effekte des Sprach- und Migrationshintergrunds im Hinblick auf das Leseverständnis in deutscher Sprache betrachtet werden. Dabei wird das Leseniveau monolingual deutschsprachig aufgewachsener Schülerinnen und Schüler an monolingual unterrichtenden Regelschulen als Referenz spezifiziert (Ordinatenabschnitt in Tab. 5.4). Nach Hypothese 2 (Abschnitt 5.3.1) erwarten wir, dass monolingual nichtdeutschsprachig aufgewachsene Schülerinnen und Schüler und Schülerinnen und Schüler mit beidseitigem MGH – unabhängig von der besuchten Schulform – das kriteriale Referenzniveau nicht erreichen. Ergänzend nimmt Hypothese 3 (Abschnitt 5.3.1) an, dass dieser Rückstand an der SESB kleiner ausfällt, auch wenn er immer noch bedeutsam ist. Hypothese 3 postuliert also eine ordinale Interaktion zwischen Schulform und Sprach- bzw. Migrationshintergrund. Bilingual aufgewachsene Kinder und Kinder mit einseitigem MGH hingegen sollten in der Lesekompetenz mit monolingual deutschsprachig aufgewachsenen Kindern aufschließen oder fast aufschließen.

Tabelle 5.4 fasst die Ergebnisse der Regression vom Leseverständnis in deutscher Sprache am Ende der 4. Jahrgangsstufe auf Schulform und Sprach- bzw. Migrationshintergrund aufgeschlüsselt nach Vergleichsstichproben zusammen. Es wird für den Sprach- und Migrationshintergrund getrennt jeweils ein Zweigruppenmodell spezifiziert. Wir interpretieren jeweils das auf Gleichheit der Regressionsparameter restringierte Modell. Die starken Haupteffekte des Sprach- und Migrationshintergrunds bestätigen Hypothese 2 (Spalte 4 und 7). Der Rückstand der Leseleistung der monolingual nichtdeutschsprachig Aufgewachsenen gegenüber den monolingual deutschsprachig aufgewachsenen Kindern ist mit ungefähr $d = 0.70$ unabhängig von der Schulform – die Interaktion wird nicht signifikant – schwerwiegend. Analoge Ergebnisse finden sich für Schülerinnen und Schüler mit beidseitigem MGH, die in gleichem Ausmaß ($d = 0.71$) hinter den Leistungen der Kinder ohne MGH zurückbleiben. Diese Befunde stehen in Übereinstimmung mit den Ergebnissen des Ländervergleichs BISTA (Haag et al., 2012, S. 216). Die nach Hypothese 3 erwartete ordinale Interaktion zugunsten von monolingual nichtdeutschsprachig aufgewachsenen Kindern bzw. Kindern mit beidseitigem MGH an der SESB deutet sich an, lässt sich aber nicht zufallskritisch absichern. Darüber hinaus tritt in Modellen für den MGH ein kleiner, aber in der VGLK 2003 und im restringierten Modell signifikanter Haupteffekt der Schulform auf, der unter Berücksichtigung der Interaktion zwischen Schulform und beidseitigem MGH interpretiert werden muss (Spalte 7). Er besagt, dass Schülerinnen und Schüler ohne MGH an der SESB im Vergleich zur Kontrollgruppe einen leichten Leistungsvorsprung erreichen. Bilingual aufgewachsene Kinder erreichen sowohl an der SESB als auch an den Vergleichsschulen ohne Weiteres die Referenznorm. Schülerinnen und Schüler mit einseitigem MGH fallen an monolingual unterrichtenden Grundschulen hinter der Referenznorm zurück (signifikanter Haupteffekt), während sie an der SESB diese Zielmarke erreichen bzw. sogar leicht übertreffen (signifikante Interaktion im Vergleich mit den VGLK 2014 plus signifikanter Haupteffekt der Schulform). Die Befunde sind über die Vergleichsstichproben hinweg stabil.

Die Abbildungen 5.1 und 5.2 veranschaulichen die Befunde der Regressionsanalysen der Tabelle 5.4. Sie geben die Ergebnisse der Modelle mit auf Gleichheit restringierten Regressionsparametern wieder. Zusätzlich werden auch die Gesamtergebnisse verglichen

Tabelle 5.4: Ergebnisse der Regression vom Leseverständnis in deutscher Sprache am Ende der 4. Jahrgangsstufe auf Schulform (SESB/VGLK)[1] und Sprach- bzw. Migrationshintergrund nach Vergleichsgruppen (VGLK)[1] (unstandardisierte Regressionskoeffizienten, robuste Standardfehler in Klammern, R^2 und Chi²-Differenztest)

Ordinatenabschnitt und Prädiktoren	Modell 1: Sprachhintergrund			Modell 2: Migrationshintergrund		
	SESB und VGLK 2014	SESB und VGLK 2003	Parameter auf Gleichheit restringiert	SESB und VGLK 2014	SESB und VGLK 2003	Parameter auf Gleichheit restringiert
Intercept	107.43 (2.24)**	106.53 (1.25)**	106.57 (1.12)**	108.14 (3.78)**	106.56 (1.07)**	106.81 (1.10)**
Schulform *Referenz: VGLK*						
SESB	1.16 (2.89)	2.05 (2.60)	2.01 (2.43)	2.27 (3.72)	3.84 (1.79)*	3.60 (1.69)*
Sprachhintergrund *Referenz: Monolingual deutschsprachig*						
Bilingual	−0.20 (4.34)	−0.33 (1.29)	0.32 (1.43)	–	–	–
Monolingual nichtdeutschsprachig	−25.08 (3.16)**	−19.60 (1.23)**	−20.90 (1.35)**	–	–	–
Interaktionen						
Schulform × Bilingual	1.20 (4.94)	1.33 (2.25)	0.69 (2.30)	–	–	–
Schulform × Monolingual nichtdeutsch	8.87 (4.05)*	3.39 (3.92)	4.69 (3.70)	–	–	–
Migrationshintergrund *Referenz: Kein MGH*						
Einseitiger MGH	–	–	–	−9.14 (4.55)*	−7.43 (2.03)**	−7.73 (1.93)**
Beidseitiger MGH	–	–	–	−19.78 (4.36)**	−21.78 (1.92)**	−21.02 (1.75)**
Interaktionen						
Schulform × Einseitiger MGH	–	–	–	7.63 (4.77)	5.92 (2.36)**	6.22 (2.40)**
Schulform × Beidseitiger MGH	–	–	–	3.42 (5.49)	5.42 (3.98)	4.66 (3.93)
R^2	0.13 (0.03)**	0.10 (0.01)**	0.11 (0.02)**	0.09 (0.02)**	0.09 (0.01)**	0.09 (0.01)**
Chi²-Differenz/Differenz der Freiheitsgrade/p	–	–	4.72/7/0.69	–	–	3.94/7/0.79

1 VGLK 2014: Vergleichsklassen aus der Erhebung 2014 der EUROPA-Studie; VGLK 2003: Vergleichsklassen aus der ELEMENT-Studie 2003.
* $p < 0.05$, ** $p < 0.01$.

Abbildung 5.1: Mittlere Leseleistung in deutscher Sprache am Ende der 4. Jahrgangsstufe nach Sprachhintergrund und Schulform (VGLK/SESB)

VGLK / SESB / Referenzniveau — Kategorien: Monolingual deutschsprachig, Bilingual, Monolingual nichtdeutschsprachig, Insgesamt

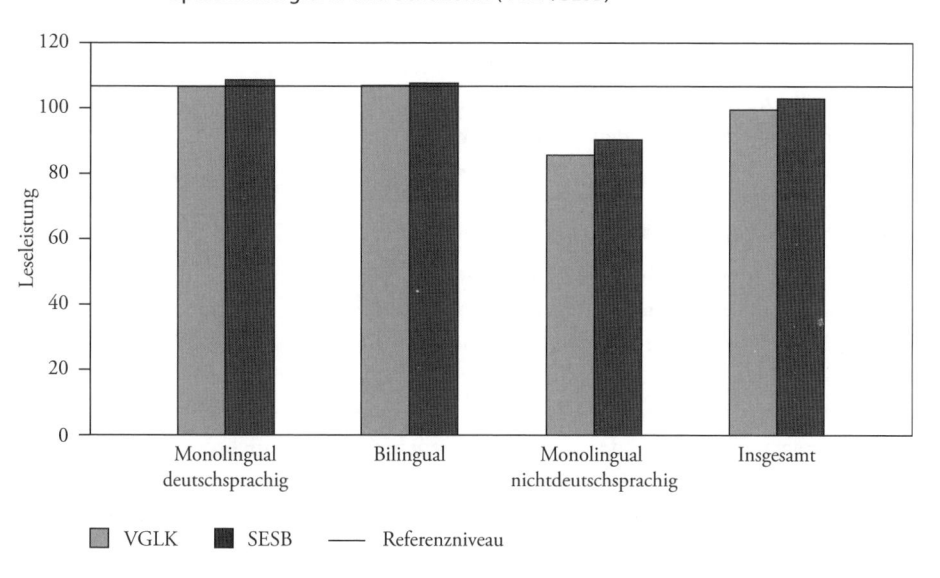

Abbildung 5.2: Mittlere Leseleistung in deutscher Sprache am Ende der 4. Jahrgangsstufe nach Migrationshintergrund und Schulform (VGLK/SESB)

VGLK / SESB / Referenzniveau — Kategorien: Ohne MGH, Einseitiger MGH, Beidseitiger MGH, Insgesamt

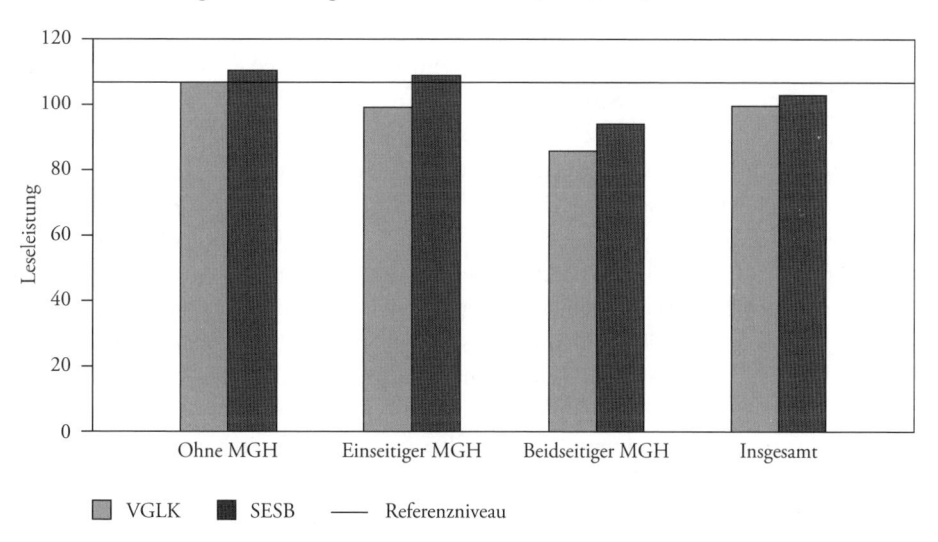

(vgl. Tab. 5.1). Abbildung 5.1 zeigt noch einmal den schwerwiegenden Leistungsrückstand von monolingual nichtdeutschsprachig aufgewachsenen Schülerinnen und Schülern am Ende der 4. Jahrgangsstufe sowohl an der SESB als auch an den Vergleichsschulen. Abbildung 5.2 veranschaulicht die tendenziell besseren Leistungsergebnisse an der SESB, die sicht- und nachweisbar werden, wenn man die Befunde differenziert nach MGH analysiert. Betrachtet man die in beiden Abbildungen wiedergegebenen Gesamtergebnisse und setzt sie zur Referenznorm kompetenter deutschsprachig aufgewachsener Kinder in Beziehung, sieht man, dass dieses Ziel weder an den monolingual deutsch unterrichtenden Regelschulen noch an der SESB vom Durchschnitt aller Schülerinnen und Schüler erreicht wird. Die sprachliche Förderung nichtdeutschsprachig aufgewachsener Kinder ist eine Herausforderung in beiden Schulformen.

5.3.2.2.3 Institutionelle Perspektive

Im vorangehenden Abschnitt haben wir gezeigt, dass an der SESB und an monolingual deutsch unterrichtenden Regelschulen am Ende der 4. Jahrgangsstufe im Mittel gleiche Leseleistungen erreicht werden. Dabei ist die Streuung der Leistungen an den Vergleichsschulen deutlich höher als an der SESB (vgl. Tab. 5.1). Das Leistungsspektrum an der SESB ist also homogener. Gleichzeitig haben wir aber auch gesehen, dass an beiden Schulformen auch am Ende der 4. Jahrgangsstufe monolingual nichtdeutschsprachig aufgewachsene Schülerinnen und Schüler bzw. Kinder aus Familien, in denen beide Eltern zugewandert sind, gravierende Rückstände im Leseverständnis in deutscher Sprache aufweisen. Leichte Leistungsvorteile für Schülerinnen und Schüler der SESB ließen sich bei einer differenzierten Analyse nach MGH nachweisen: Kinder ohne bzw. mit einseitigem MGH erzielten an der SESB etwas bessere Leseleistungen.

In Kapitel 4 hatten wir aber auch belegt, dass die SESB – bei erheblicher Variation zwischen den einzelnen Standorten – insgesamt eine Schulform ist, die insbesondere gut gebildete und sozial bessergestellte Eltern für ihre Kinder wählen. Die SESB ist also eine sozial- und bildungsmäßig selektive Schulform. Wir hatten aber auch klargestellt, dass sich damit – von wenigen Standorten abgesehen – keine besondere kognitive Selektivität verbindet.

Berücksichtigt man diese Rahmenbedingungen, drängt sich die Frage auf, ob die SESB die äquivalenten oder günstigeren Leistungsergebnisse auch mit einer sozial- und bildungsmäßig nichtselektiven Schülerschaft erreichen würde. Unter institutioneller Perspektive lautet die Frage dann, ob die SESB tatsächlich eine für den Schriftspracherwerb im Deutschen äquivalente Entwicklungsumwelt bietet oder nur von der individuellen Eingangsselektivität profitiert. Im Folgenden überprüfen wir diese Frage, indem wir sogenannte *Value-added*-Modelle schätzen, in denen die sozialen, bildungsmäßigen und kognitiven Unterschiede zwischen der Schülerschaft beider Schulformen kontrolliert werden. Als Kovariaten ziehen wir den Sozialstatus und das Bildungsniveau der Eltern sowie die kognitiven Grundfähigkeiten der Schülerinnen und Schüler heran.

Tabelle 5.5, die analog zu Tabelle 5.4 aufgebaut ist, fasst die Ergebnisse der Regressionsanalysen vom Leseverständnis in deutscher Sprache am Ende der 4. Jahrgangsstufe auf Sprachbzw. Migrationshintergrund und Schulform unter Kontrolle von Hintergrundmerkmalen zusammen. Es werden wiederum aufgrund der Kontrollgruppenstruktur Zweigruppenmodelle spezifiziert. Zunächst zeigt sich, dass die drei Kovariaten in hohem Maße leistungsrelevant sind. Der wichtigste Prädiktor sind die kognitiven Grundfähigkeiten, aber auch Sozialstatus und Bildungsniveau der Eltern sagen in spezifischer Weise über die kognitiven Grundfähigkeiten hinaus die Leseleistung der Viertklässler vorher. Zusätzliche,

Tabelle 5.5: Ergebnisse der Regression vom Leseverständnis in deutscher Sprache am Ende der 4. Jahrgangsstufe auf Schulform (SESB/VGLK)[1] und Sprach- bzw. Migrationshintergrund unter Kontrolle von Hintergrundmerkmalen nach Vergleichsgruppen (VGLK) (unstandardisierte Regressionskoeffizienten, robuste Standardfehler in Klammern, R^2 und Chi^2-Differenztest)

Ordinatenabschnitt und Prädiktoren	Modell 1: Sprachhintergrund			Modell 2: Migrationshintergrund		
	SESB und VGLK 2014	SESB und VGLK 2003	Parameter auf Gleichheit restringiert	SESB und VGLK 2014	SESB und VGLK 2003	Parameter auf Gleichheit restringiert
Intercept	101.39 (1.81)**	102.67 (0.90)**	102.40 (0.83)**	101.08 (2.57)**	102.79 (0.84)**	102.58 (0.82)**
Schulform						
Referenz: VGLK						
SESB	2.40 (2.29)	−2.27 (2.37)	−0.02 (2.19)	3.42 (3.70)	−1.94 (1.78)	0.06 (1.69)
Sprachhintergrund						
Referenz: Monolingual deutschsprachig						
Bilingual	1.76 (3.07)	0.66 (1.03)	1.45 (1.16)	–	–	–
Monolingual nichtdeutschsprachig	−15.38 (2.55)**	−10.92 (1.45)**	−12.17 (1.44)**	–	–	–
Interaktionen						
Schulform × Bilingual	−1.76 (3.81)	−0.71 (2.22)	−1.49 (2.27)	–	–	–
Schulform × Monolingual nichtdeutsch	3.01 (3.31)	−1.20 (3.67)	−0.09 (3.41)	–	–	–
Migrationshintergrund						
Referenz: Kein MGH						
Einseitiger MGH	–	–	–	−4.37 (3.70)	−4.70 (1.42)**	−4.93 (1.66)**
Beidseitiger MGH	–	–	–	−8.66 (2.77)**	−12.66 (1.47)**	−11.84 (1.41)**
Interaktionen						
Schulform × Einseitiger MGH	–	–	–	1.89 (3.86)	2.21 (1.85)	2.44 (2.05)
Schulform × Beidseitiger MGH	–	–	–	−0.98 (3.19)	2.93 (2.56)	2.07 (2.50)
Sozialstatus und Bildungsniveau der Eltern						
HISEI (z-standardisiert)	3.74 (0.95)**	3.82 (0.81)**	3.72 (0.68)**	3.79 (1.06)**	3.10 (0.86)**	3.20 (0.76)**
Abitur der Eltern (0/1)	4.40 (1.97)**	4.41 (1.26)**	4.09 (1.16)**	3.95 (2.23)*	5.16 (1.35)**	4.67 (1.31)**
Kognitive Grundfähigkeiten						
KFT (z-standardisiert)	11.17 (0.83)**	11.70 (0.71)**	11.56 (0.64)**	11.86 (0.97)**	11.88 (0.69)**	11.89 (0.68)**
R^2	0.34 (0.04)**	0.30 (0.02)**	0.31 (0.02)**	0.31 (0.03)**	0.30 (0.02)**	0.30 (0.02)**
Chi²-Differenz/Differenz der Freiheitsgrade/p	–	–	19.74/10/0.03	–	–	13.05/10/0.22

1 VGLK 2014: Vergleichsklassen aus der Erhebung 2014 der EUROPA-Studie; VGLK 2003: Vergleichsklassen aus der ELEMENT-Studie 2003.
** $p < 0.01$.

in Tabelle 5.5 aus Gründen der Sparsamkeit und Interpretierbarkeit nicht berichtete Prüfungen auf Interaktionen zwischen Kovariaten und Schulform (SESB/Kontrollgruppen) erbrachten keine signifikanten Ergebnisse. Der Zusammenhang zwischen Leseleistung und Hintergrundmerkmalen wird also nicht durch die Schulform moderiert. Damit gibt es offensichtlich auch keine spezifische Indikation der doppelten Alphabetisierung nach kognitiver Leistungsfähigkeit oder sozialer und bildungsmäßiger Herkunft der Schülerinnen und Schüler. Insgesamt steigt in den *Value-added*-Modellen die erklärte Varianz der Leseleistung im Vergleich zu den nichtadjustierten Modellen der Tabelle 5.4 um 20 Prozentpunkte auf 30 Prozent. Referenz der *Value-added*-Modelle ist das mittlere Leseverständnis deutschsprachig aufgewachsener Schülerinnen und Schüler bzw. von Schülerinnen und Schülern ohne MGH mit mittleren kognitiven Grundfähigkeiten, deren Eltern kein Abitur und einen mittleren Sozialstatus besitzen. Dementsprechend liegen die Ordinatenabschnitte in den beiden Modellen der Tabelle 5.5 auch etwas unter den entsprechenden Werten der Tabelle 5.4. Betrachtet man in Tabelle 5.5 die für unseren Argumentationsgang bedeutsamen Regressionsparameter und vergleicht sie mit den Ergebnissen der Tabelle 5.4, so wird unmittelbar sichtbar, dass sich an dem Grundmuster der Befunde durch die Berücksichtigung der Kovariaten nichts geändert hat. Auffällig sind nach wie vor die starken Haupteffekte nichtdeutschsprachiger Monolingualität und des beidseitigen MGH. Bei Kovariatenkontrolle gehen die Effektstärken in beiden Fällen zwar deutlich von $d \sim 0.70$ auf $d \sim 0.40$ zurück, sind aber gleichwohl praktisch bedeutsam. Auch unter Kontrolle von sozialer und bildungsmäßiger Herkunft und kognitiven Grundfähigkeiten bleibt die Lesekompetenz beider Gruppen am Ende der 4. Jahrgangsstufe immer noch um nahezu eine halbe Standardabweichung zurück – und zwar gleichermaßen an der SESB wie auch an monolingual unterrichtenden Regelschulen.

An den Befunden für bilingual aufgewachsene Schülerinnen und Schüler ändert sich durch die Kovariatenkontrolle wenig. Der negative Effekt des einseitigen MGH geht zwar von $d = 0.26$ auf $d = 0.17$, also von gut einem Viertel auf knapp ein Fünftel Standardabweichung zurück, bleibt aber weiterhin sichtbar. Der in den nichtadjustierten Modellen nachweisbare Vorteil im Leseverständnis von Schülerinnen und Schülern ohne bzw. mit einseitigem MGH an der SESB lässt sich in den adjustierten Modellen nicht mehr zufallskritisch absichern. Schülerinnen und Schüler ohne MGH bzw. mit einseitigem MGH und vergleichbaren sozialen, bildungsmäßigen und kognitiven Voraussetzungen erreichen an der SESB die gleichen Leseleistungen wie an monolingual unterrichtenden Regelschulen.

Unter institutioneller Perspektive lassen sich diese Befunde knapp folgendermaßen zusammenfassen: Die SESB bietet insgesamt für den *Schriftspracherwerb im Deutschen* eine pädagogische und lebensweltliche Entwicklungsumwelt, die der monolingual unterrichtender Grundschulen in Berlin äquivalent ist. Die institutionellen Bedingungen für die Entwicklung der Lesekompetenz in deutscher Sprache sind an der SESB insgesamt trotz doppelter Alphabetisierung nicht förderlicher, aber auch nicht ungünstiger. Dies gilt für alle Schülerinnen und Schüler unabhängig von ihrem Sprach- und Migrationshintergrund in ähnlicher Weise.

5.3.2.2.4 Vergleich der Sprachprogramme

In den vorhergehenden Abschnitten dieses Kapitels haben wir die SESB standort- und sprachprogrammübergreifend in den Blick genommen. Im Folgenden soll diese Sichtweise durch eine differenzierte Betrachtung der Sprachprogramme sowohl im Vergleich untereinander als auch in Relation zu den monolingual deutschsprachig unterrichtenden Regelschulen ergänzt werden. Die neun Sprachprogramme der SESB bedienen erstaunlich unterschiedliche Klientele. In Abhängigkeit von der Partnersprache können die Standorte der SESB sowohl weltweite Begegnungsstätten für Kinder aus bildungsbewussten und oft mehrsprachigen Familien ganz unterschiedlicher Herkunft als auch Schulen ethnischer und/oder nationaler Minderheiten sein, die für bildungs- und herkunftsbewusste Zuwandererfamilien besonders attraktiv sind.

In Kapitel 4 haben wir anhand von Familien- und Herkunftsmerkmalen der Schülerschaft an der SESB zwei große Gruppen unterschieden, die sehr unterschiedliche Indikationen haben. Zur ersten Gruppe gehören die Standorte mit den Partnersprachen Englisch, Französisch, Portugiesisch und Spanisch. Die SESB dieser großen Gruppe haben eine relativ klare dreifache Indikation. Sie scheinen erstens attraktiv für sozial gut gestellte und bildungsnahe zweisprachige Familien zu sein, die (auch) für ihre Kinder eine doppelte Alphabetisierung anstreben. Zweitens scheinen sie ein Angebot für bildungsbewusste Zuwandererfamilien darzustellen, die ausschließlich die jeweilige Partnersprache als Familiensprache sprechen und sich auch in einer prinzipiell deutschsprachigen Umwelt eine Alphabetisierung ihrer Kinder in der Herkunftssprache wünschen. Dies gilt insbesondere dann, wenn der Zuwanderungszeitpunkt der Familie im Schulalter der Kinder liegt. Drittens sind die Standorte der ersten Gruppe – und nur diese Standorte – auch eine Option für monolinguale deutschsprachige Akademikerfamilien, die ihre Kinder von Schulbeginn an zweisprachig aufwachsen lassen wollen. Diese Schulen sind faktisch internationale Einrichtungen mit einer kosmopolitischen Schülerschaft. Zur zweiten großen Gruppe können die Standorte mit den Partnersprachen Griechisch, Italienisch, Polnisch, Russisch und Türkisch gezählt werden. Sie sind jeweils in spezifischer Weise Schulen ethnischer und/oder nationaler Gruppen. Ihnen ist gemeinsam, dass 90 Prozent und mehr ihrer Schüler und Schülerinnen aus Familien stammen, in denen mindestens ein Elternteil die Partnersprache als L1 spricht. Die unterschiedlichen Sprachprogramme der SESB sind also in spezifischer Weise selektiv.

Die Standorte unterscheiden sich in der sozialen und bildungsmäßigen Zusammensetzung der Elternschaft und deren Schulwahlmotiven und teilweise auch in der leistungsmäßigen Zusammensetzung der Schülerschaft, sodass man mit der Entstehung unterschiedlicher kultureller und kognitiver Entwicklungsmilieus rechnen muss. Dies sollte nicht ohne Auswirkungen auf die Leistungsentwicklung und nicht zuletzt auch auf die Entwicklung der Lesekompetenz in deutscher Sprache bleiben. Wir haben deshalb in Abschnitt 5.3.1 mit der Hypothese 4 die Vermutung formuliert, dass die deutschsprachigen Leseleistungen an der SESB je nach Partnersprache, der spezifischen Indikation des Programms und der Selektivität des Standorts unterschiedlich ausfallen, und zwar auch dann, wenn für differenzielle Eingangsselektivität kontrolliert wird. Wir wollen diese Hypothese im Folgenden überprüfen. Dabei berücksichtigen wir mit nichtadjustierten

Vergleichen eine individuelle und mit der Kontrolle von Hintergrundmerkmalen auch eine institutionelle Perspektive.

Tabelle 5.6 weist die Ergebnisse von zwei Regressionsanalysen vom Leseverständnis in deutscher Sprache auf Sprachprogramm differenziert nach Kontrollgruppen aus. Im Modell 1 dienen *alle* Schülerinnen und Schüler der Vergleichsklassen aus den Jahr 2014 bzw. 2003 als Vergleichsgruppe für die einzelnen Sprachprogramme der SESB. Im Modell 2 werden dagegen die Leseleistungen ausschließlich der monolingual deutschsprachig aufgewachsenen Schülerinnen und Schüler beider Kontrollgruppen als kriteriale Referenz herangezogen. Beide Vergleiche lassen sich rechtfertigen. Modell 1 ist weniger streng, insofern der heterogene Sprachhintergrund an der SESB und den Kontrollgruppen nicht ignoriert wird. Modell 2 dagegen bringt die von uns gewählte kriteriale Norm zur Geltung.

Für beide Modelle werden entsprechend der Kontrollgruppenstruktur Zweigruppenvergleiche spezifiziert. Im Modell 1 sind die Parameterschätzungen über beide Vergleichsgruppen hinweg außerordentlich stabil. Dementsprechend wird auch der Chi^2-Differenztest nicht signifikant, wenn die Parameter auf Gleichheit gesetzt werden. Im Modell 2 wird der Chi^2-Differenztest signifikant. Dies weist auf Heterogenität der Parameterschätzungen in beiden Stichproben hin. Dennoch verbessert sich die Modellanpassung im restringierten Modell, wenn die Sparsamkeit der Modellierung in Rechnung gestellt wird (der BIC-Index sinkt von 40.827 auf 40.762). Wir interpretieren deshalb auch in diesem Fall das sparsamere Modell.

Betrachtet man die Parameterschätzungen der beiden restringierten Modelle gemeinsam, lassen sich an der SESB im Hinblick auf die erzielten Leseleistungen am Ende der 4. Jahrgangsstufe relativ deutlich drei Gruppen unterscheiden. Die erste Gruppe bilden wie erwartet die Standorte mit eher kosmopolitischer Schülerschaft. An den Standorten mit den Partnersprachen Englisch und Französisch erreichen die Schülerinnen und Schüler im Mittel deutlich bessere Leseleistungen im Deutschen (d = 0.37) als der Durchschnitt der Schülerinnen und Schüler der Kontrollgruppen. Aber auch im Vergleich zu monolingual deutschsprachig aufgewachsenen Altersgleichen an deutschsprachig unterrichtenden Grundschulen fallen die Leseleistungen noch geringfügig günstiger aus (d = 0.17). Auch an den Standorten mit den Partnersprachen Portugiesisch und Spanisch sind die deutschsprachigen Leseleistungen besser als die durchschnittlichen Werte aller Schülerinnen und Schüler in den beiden Kontrollgruppen (d = 0.14 bzw. d = 0.19). Sie liegen auf gleichem Niveau wie die Lesekompetenz der monolingual deutschsprachig aufgewachsenen Gleichaltrigen in den Vergleichsklassen.

Eine zweite Gruppe, zu denen die Standorte mit den Partnersprachen Griechisch, Italienisch und Russisch gehören, erzielt im Vergleich mit den Durchschnittsleistungen der Kontrollgruppen äquivalente Ergebnisse. Mit Ausnahme des italienischen Sprachprogramms erreichen die Schülerinnen und Schüler jedoch nicht die Referenznorm des kompetenten monolingual deutschsprachigen Altersgleichen. Der Rückstand beträgt ungefähr ein Viertel bzw. ein Fünftel einer Standardabweichung.

In der dritten Gruppe mit den Partnersprachen Polnisch und Türkisch sind jedoch – zumindest auf der Ebene nichtadjustierter Werte – deutliche Defizite im Leseverständnis im Deutschen festzustellen. Der Leistungsrückstand liegt im polnischen Programm im

Tabelle 5.6: Ergebnisse der Regression vom Leseverständnis in deutscher Sprache am Ende der 4. Jahrgangsstufe auf Schulform bzw. Sprachprogramm nach Vergleichsgruppen (VGLK)[1] (unstandardisierte Regressionskoeffizienten, robuste Standardfehler in Klammern, R^2 und Chi²-Differenztest)

Ordinatenabschnitt und Prädiktoren	Modell 1			Modell 2		
	Referenz: Alle Schülerinnen und Schüler an VGLK			*Referenz:* Monolingual deutschsprachige Schülerinnen und Schüler an VGLK		
	SESB und VGLK 2014	SESB und VGLK 2003	Parameter auf Gleichheit restringiert	SESB und VGLK 2014	SESB und VGLK 2003	Parameter auf Gleichheit restringiert
Intercept	98.62 (3.43)**	99.78 (1.48)**	99.52 (1.38)**	109.75 (2.62)**	104.58 (1.35)**	105.54 (1.25)**
Sprachprogramm						
Referenz: VGLK						
Englisch	11.95 (3.44)**	10.79 (1.48)**	11.04 (1.38)**	0.82 (2.62)	5.98 (1.35)**	5.02 (1.26)**
Französisch	11.97 (3.61)**	10.81 (2.07)**	11.06 (1.96)**	0.84 (2.89)	6.00 (1.98)**	5.04 (1.98)**
Griechisch	0.06 (4.81)	-1.10 (2.92)	-0.84 (3.05)	11.07 (3.90)**	-5.90 (2.85)*	-6.86 (2.90)*
Italienisch	3.49 (5.55)	2.33 (5.36)	2.58 (5.17)	-7.64 (5.28)	-2.48 (5.32)	-3.43 (5.20)
Polnisch	-8.43 (3.43)**	-19.59 (1.48)**	-19.34 (1.38)**	-29.56 (2.62)**	-24.40 (1.35)**	-25.36 (1.25)**
Portugiesisch	5.12 (3.43)	3.95 (1.48)**	4.21 (1.38)**	-6.02 (2.62)*	-0.85 (1.35)	-1.81 (1.25)
Russisch	1.47 (4.15)	0.31 (2.48)	0.57 (2.48)	-9.66 (3.18)**	-4.49 (2.40)	-5.45 (2.35)*
Spanisch	6.72 (3.41)*	5.56 (1.61)**	5.81 (1.48)**	-4.41 (2.69)	0.76 (1.49)	-0.20 (1.39)
Türkisch	-6.35 (3.43)	-7.52 (1.48)**	-7.26 (1.38)**	-17.49 (2.62)**	-12.32 (1.35)**	-13.28 (1.25)**
R^2	0.05 (0.01)**	0.05 (0.00)**	0.03 (0.02)*	0.09 (0.042)*	0.03 (0.020)	0.05 (0.020)*
Chi²-Differenz/Differenz der Freiheitsgrade/p	–	–	1.65/11/0.99	–	–	37.1/11/0.01[a]

1 VGLK 2014: Vergleichsklassen aus der Erhebung 2014 der EUROPA-Studie; VGLK 2003: Vergleichsklassen aus der ELEMENT-Studie 2003.
a BIC verbessert sich von 40.827 auf 40.762.
* $p < 0.05$, ** $p < 0.01$.

Vergleich zum Durchschnitt aller Schülerinnen und Schüler der Kontrollgruppen mit $d = 0.64$ bei fast zwei Dritteln einer Standardabweichung. Er vergrößert sich im Vergleich mit der kriterialen Referenznorm mit $d = 0.87$ auf nahezu eine Standardabweichung. Im Fall des türkischen Sprachprogramms ist der Leistungsabfall mit ungefähr einem Viertel bzw. fast einer halben Standardabweichung ($d = 0.45$) kleiner, aber im Hinblick auf die kriteriale Referenznorm ebenfalls substanziell.

Die in Tabelle 5.6 vorgestellten Analysen haben wir im Sinne eines „fairen" institutionellen Vergleichs unter Kontrolle zentraler Merkmale der Eingangsselektion wiederholt. Tabelle 5.7 fasst die Ergebnisse zusammen. Wir interpretieren wiederum die Ergebnisse beider Modelle mit gleichgesetzten Regressionsparametern. Der Vergleich unter institutioneller Perspektive zeigt insgesamt ein ähnliches, aber doch klar modifiziertes Bild. Erwartungsgemäß reduzieren sich die Leistungsunterschiede sowohl zwischen den Sprachprogrammen der SESB als auch zwischen den Programmen der SESB und den Kontrollgruppen deutlich. Die Standorte mit englischer und französischer Partnersprache behalten auch bei der Kontrolle von Hintergrundmerkmalen der Schülerinnen und Schüler ihre Spitzenstellung innerhalb der SESB. Der Vorsprung im Leseverständnis gegenüber den deutschsprachig unterrichtenden Regelschulen geht jedoch deutlich zurück. Im Vergleich zur gesamten Schülerschaft der Kontrollgruppen deutet sich noch ein Vorsprung ab, der im kriterialen Vergleich allerdings nicht mehr nachweisbar ist. Die Standorte mit portugiesischer und italienischer Partnersprache erzielen mit ihren adjustierten Leistungswerten im Vergleich zu beiden Referenzgruppen gleiche bzw. nicht signifikant schwächere Ergebnisse. Überraschenderweise erreichen auch die Schülerinnen im türkischsprachigen Programm bei Kovariatenkontrolle das mittlere Leseniveau der Schülerschaft der Kontrollgruppen insgesamt. Sie fallen jedoch im Vergleich zur kriterialen Referenzgruppe mit $d = 0.16$ etwas zurück. Eine zweite Gruppe bilden bei den adjustierten Vergleichen die Standorte mit polnischer und russischer Partnersprache, die in ihren Leistungsergebnissen im Vergleich zu beiden Referenzgruppen deutlich zurückbleiben. Im Fall der polnischen Partnersprache verringert sich bei Kovariatenkontrolle der Leistungsrückstand, während er im Fall der russischen Partnersprache infolge höherer sozialer Selektivität zunimmt. In beiden Fällen ist der Rückstand im Leseverständnis am Ende der 4. Jahrgangsstufe gegenüber der kriterialen Referenznorm mit $d = 0.61$ bzw. $d = 0.35$ erheblich. Einer dritten Gruppe lassen sich die Standorte mit griechischer und spanischer Partnersprache zuordnen, die im Vergleich mit der gesamten Schülerschaft der Kontrollgruppen etwas und im Vergleich mit der kriterialen Referenzgruppe deutlich ungünstigere Ergebnisse im deutschsprachigen Lesetest erzielen.

Insgesamt wird an den Standorten mit englischer, französischer und italienischer Partnersprache die kriteriale Referenznorm – das Leseverständnis kompetenter monolingual deutschsprachiger Schülerinnen und Schüler – im Mittel auch bei Kontrolle zentraler Selektionsmerkmale erreicht oder nicht signifikant unterschritten. Die Standorte mit griechischer, spanischer und türkischer Partnersprache fallen demgegenüber leicht ab. Deutliche Defizite zeigen sich im institutionellen Bereich im polnischen und abgeschwächt im russischen Sprachprogramm.

Tabelle 5.7: Ergebnisse der Regression vom Leseverständnis in deutscher Sprache am Ende der 4. Jahrgangsstufe auf Schulform bzw. Sprachprogramm unter Kontrolle von Hintergrundmerkmalen nach Vergleichsgruppen (VGLK)[1] (unstandardisierte Regressionskoeffizienten, robuste Standardfehler in Klammern, R^2 und Chi²-Differenztest)

Ordinatenabschnitt und Prädiktoren	Modell 1			Modell 2		
	Referenz: Alle Schülerinnen und Schüler an VGLK			*Referenz*: Monolingual deutschsprachige Schülerinnen und Schüler an VGLK		
	SESB und VGLK 2014	SESB und VGLK 2003	Parameter auf Gleichheit restringiert	SESB und VGLK 2014	SESB und VGLK 2003	Parameter auf Gleichheit restringiert
Intercept	95.75 (1.99)**	99.21 (0.91)**	98.57 (0.89)**	104.46 (2.19)**	103.17 (0.96)**	103.27 (0.96)**
Sprachprogramm						
Referenz: VGLK						
Englisch	7.24 (1.78)**	0.51 (1.16)	3.23 (1.04)**	1.71 (1.79)	–1.04 (1.22)	0.54 (1.08)
Französisch	7.13 (2.62)**	0.35 (2.10)	3.07 (2.16)	1.58 (2.61)	–1.14 (2.23)	0.44 (2.19)
Griechisch	0.07 (2.83)	–6.01 (1.93)**	–3.75 (2.05)	–6.60 (2.81)*	–8.17 (1.94)**	–7.08 (2.01)**
Italienisch	3.15 (2.82)	–3.60 (3.02)	–0.92 (2.89)	–2.87 (3.03)	–5.17 (3.04)**	–3.71 (2.95)
Polnisch	–10.13 (2.19)**	–16.15 (1.54)**	–13.83 (1.44)**	–17.31 (2.04)**	–18.61 (1.59)**	–17.62 (1.43)**
Portugiesisch	5.67 (1.70)**	–0.70 (1.19)	1.75 (1.03)	–0.78 (1.76)	–2.62 (1.26)*	–1.39 (1.07)
Russisch	–3.57 (1.79)*	–10.24 (1.11)**	–7.64 (1.05)**	–9.52 (1.82)**	–11.77 (1.11)**	–10.29 (1.02)**
Spanisch	1.28 (1.83)	–5.45 (1.63)**	–2.77 (1.38)**	–4.28 (1.89)*	–6.96 (1.49)**	–5.40 (1.27)**
Türkisch	2.64 (2.18)	–3.49 (1.62)*	–1.25 (1.58)	–4.92 (2.11)**	–5.72 (1.75)**	–4.83 (1.62)**
Sozialstatus und Bildungsniveau der Eltern						
HISEI (z-standardisiert)	4.03 (0.99)**	4.43 (0.83)**	4.20 (0.70)**	2.78 (1.00)**	3.39 (0.84)**	3.06 (0.76)**
Abitur der Eltern (0/1)	4.89 (1.91)**	4.52 (1.30)**	4.27 (1.17)**	3.43 (1.65)	5.14 (1.36)**	4.77 (1.21)**
Kognitive Grundfähigkeiten						
KFT (z-standardisiert)	12.63 (0.96)**	12.78 (0.67)**	12.75 (0.64)**	11.68 (1.05)**	12.61 (0.76)**	12.33 (0.72)**
R^2	0.30 (0.03)**	0.28 (0.01)**	0.29 (0.02)**	0.30 (0.04)**	0.28 (0.02)**	0.29 (0.03)**
Chi²-Differenz/Differenz der Freiheitsgrade/p	–	–	22.55/14/0.07	–	–	31.76/14/0.01[a]

1 VGLK 2014: Vergleichsklassen aus der Erhebung 2014 der EUROPA-Studie; VGLK 2003: Vergleichsklassen aus der ELEMENT-Studie 2003.
[a] BIC verbessert sich von 39.665 auf 39.566.
* $p < 0.05$, ** $p < 0.01$.

5.3.2.3 Zusammenfassung

Vielleicht wichtigstes Resultat der Analysen des am Ende der 4. Jahrgangsstufe erreichten Leseverständnisses in deutscher Sprache ist der Befund, dass eine zweifache Alphabetisierung in zwei Sprachen – jedenfalls in der Form, wie sie an der SESB praktiziert wird – mit keinerlei Nachteilen im Hinblick auf die Lesekompetenz in der Verkehrssprache verbunden ist. Diese Aussage gilt unabhängig vom Sprach- und Migrationshintergrund, der sozialen und bildungsmäßigen Herkunft und den kognitiven Grundfähigkeiten der Schülerinnen und Schüler. Dabei ist die Leistungsstreuung an der SESB insgesamt kleiner als an monolingual unterrichtenden Grundschulen in Berlin. Die SESB erreicht also ein homogeneres Leistungsbild. Eine Ausnahme machen allerdings Kinder mit beidseitigem MGH. Die Streuung ihrer Leseleistungen ist sowohl an der SESB als auch an den monolingual unterrichtenden Regelschulen besonders groß. An diesem Gesamtergebnis ändert sich auch nichts, wenn für differenzielle Eingangsselektivität der SESB kontrolliert wird. Auch unter der Perspektive eines „fairen" institutionellen Leistungsvergleichs bietet die SESB insgesamt für den Schriftspracherwerb im Deutschen eine Entwicklungsumwelt, die der monolingual unterrichtenden Grundschule in Berlin äquivalent ist.

Dies bedeutet aber auch, dass die SESB mit denselben typischen und bislang nicht befriedigend bewältigten pädagogischen Herausforderungen konfrontiert ist wie die monolingual unterrichtende Regelschule. Dies sind vor allem die großen Rückstände in der Lesekompetenz von monolingual nichtdeutschsprachig aufgewachsenen Schülerinnen und Schülern bzw. von Schülerinnen und Schülern mit beidseitigem MGH, die auch bei Kontrolle von kognitiven Grundfähigkeiten sowie sozialen und bildungsmäßigen Herkunftsmerkmalen substanziell sind (vgl. Kigel, McElvany & Becker, 2015). Diese Schülerinnen und Schüler schließen den Alphabetisierungslehrgang im Deutschen am Ende der 4. Jahrgangsstufe mit großen Startnachteilen für die weitere Schullaufbahn ab. In dieser Hinsicht verfehlen sowohl die SESB als auch die monolingual unterrichtenden Regelschulen ihr pädagogisches Ziel. Für die SESB heißt dies aber auch, dass die Möglichkeiten einer kontrastiven Alphabetisierung, die Vorteile der Sprachhomogenität der nichtdeutschsprachig aufgewachsenen Schüler und Schülerinnen sowie die zusätzlich verfügbaren Förderstunden (vgl. Kap. 1) nicht systematisch und/oder nicht hinreichend erfolgreich – wie wir es mit Hypothese 3 in Abschnitt 5.3.1 erwartet hatten – genutzt wurden.

Analysiert man die am Ende der 4. Jahrgangsstufe erreichte Lesekompetenz in deutscher Sprache differenziert nach Sprachprogrammen, sind zwei Befunde herauszustellen. Die Mehrzahl aller Sprachprogramme und Standorte führt ihre Schülerinnen und Schüler bis zum Ende der 4. Jahrgangsstufe zu einem Leseverständnis in der deutschen Sprache, das dem an monolingual unterrichtenden Grundschulen erreichten Niveau ohne Weiteres gleichkommt oder dieses übertrifft. Dennoch gibt es große Unterschiede zwischen den Sprachprogrammen. Die besten Leseleistungen in deutscher Sprache erreichen die Standorte mit eher kosmopolitischer Schülerschaft. An den Standorten mit englischer, französischer, portugiesischer und spanischer Partnersprache sind die deutschsprachigen Leseergebnisse besser als die durchschnittlichen Leseleistungen der Schülerinnen und Schüler an den sonstigen Regelschulen insgesamt. Sie liegen auf gleichem Niveau wie die Lesekompetenz der monolingual deutschsprachig aufgewachsenen Gleichaltrigen an monolingual unterrichtenden Grundschulen. Die Standorte mit den Partnersprachen Griechisch, Italienisch und Russisch erzielen im Vergleich mit den Durchschnittsleistungen der Vergleichsgruppen äquivalente Ergebnisse. Mit Ausnahme des italienischen Sprachprogramms erreichen ihre Schülerinnen und Schüler jedoch (noch) nicht die Referenznorm der kompetenten monolingual deutschsprachigen Gleichaltrigen. Allein an den Standorten mit polnischer und türkischer Partnersprache sind – jedenfalls auf der Ebene nichtadjustierter Werte – deutliche Defizite im deutschsprachigen Leseverständnis festzustellen.

Kontrolliert man im Sinn eines „fairen" institutionellen Leistungsvergleichs für die unterschiedliche Selektivität der einzelnen Sprachprogramme, wird an den Standorten mit englischer, französischer und italienischer Partnersprache die kriteriale Referenznorm – das Leseverständnis kompetenter monolingual deutschsprachiger Schülerinnen und Schüler – weiterhin im Mittel erreicht oder nicht signifikant unterschritten. Die Standorte mit griechischer, spanischer und türkischer Partnersprache fallen demgegenüber leicht ab. Institutionelle Defizite scheinen im polnischen und russischen Sprachprogramm vorzuliegen.

In einem Gesamtresümee wird man – trotz einzelner Einschränkungen – zu dem Schluss kommen, dass die simultane Alphabetisierung in zwei Sprachen, soweit die Lesekompetenz in der Verkehrssprache betroffen ist, an der SESB auch unter den realistischen Verhältnissen eines breiten Routineprogramms eine Erfolgsgeschichte darstellt.

5.4 Leseverständnis in der Partnersprache – 4. Jahrgangsstufe

Wenn man die Leitidee der SESB in einem Begriff zusammenfassen will, könnte man von gelebter Zweisprachigkeit sprechen. Deutsch und die jeweilige Partnersprache sollen gleichberechtigtes Verständigungsmedium im Unterricht, den außerunterrichtlichen Veranstaltungen und im täglichen Leben der Schule sein. Deutsch und die Partnersprache sind Schulsprachen. Sind aber auch die Kommunikationsanlässe für die vor allem informelle Nutzung beider Sprachen gleich verteilt? Vieles spricht dagegen und für ein Privileg des Deutschen als Verkehrssprache. Wenn man im Fall der SESB von Schulsprachen spricht, muss man bedenken, dass die SESB in der Regel als Schulzweig in größere Schuleinheiten integriert ist, in denen ausschließlich Deutsch offizielle Schulsprache und angesichts der multiethnischen Zusammensetzung der Schülerschaft auch überwiegend Lingua franca ist. Auch die nachbarschaftlichen Nahumwelten der Familien sind in Berlin überwiegend deutschsprachig. Dies trifft auch (noch) für stärker segregierte Wohnbezirke zu, in denen sich zugewanderte Familien bevorzugt niedergelassen haben. Insgesamt dürften die Anlässe für eine authentische Benutzung der Partnersprache im Vergleich zu deutschsprachigen Kommunikationsgelegenheiten auch für Kinder aus Zuwandererfamilien, die zu Hause ihre Herkunftssprache pflegen, systematisch reduziert sein. Das gilt a fortiori im Vergleich zum monolingualen Aufwachsen in einem Land, in dem die Partnersprache Verkehrssprache ist. Dies ist zu berücksichtigen, wenn man Erwartungen hinsichtlich des Niveaus der Beherrschung der jeweiligen Partnersprache am Ende der 4. Jahrgangsstufe formuliert.

5.4.1 Entwicklung der Fragestellungen und Untersuchungshypothesen

Die Forschungslage zu den Wirkungen immersiv-bilingualer Programme auf die Beherrschung der Sprache, die nicht als (dominante) Verkehrssprache gesprochen wird, ist unterschiedlich in Abhängigkeit davon, ob diese Sprache von den betroffenen Schülerinnen und Schülern als L2 erlernt wird oder bereits als L1 in die Schule mitgebracht wurde. Immersive Sprachprogramme sind dem herkömmlichen Fremdsprachenunterricht, in dem eine L2 lehrgangsmäßig vermittelt wird, eindeutig überlegen. Die Befunde sind robust und weisen erhebliche Effektstärken auf (Deventer, Machts, Gebauer & Möller, 2016; Lo & Lo, 2014; McField & McField, 2014; Slavin & Cheung, 2005). Immersiv unterrichtete Schülerinnen und Schüler erreichen auch häufiger in der L2 annähernd das Niveau von L1-Sprechern. Defizite hinsichtlich der Sprachrichtigkeit treten am ehesten dann auf, wenn sich der Unterricht ausschließlich oder weitgehend auf den kommunikativen Spracherwerb konzentriert und die Regelarbeit vernachlässigt (Genesee & Jared, 2008; Norris & Ortega, 2000; Swain, 2005). In Deutschland konnten Zaunbauer und Möller (2007) zeigen, dass Viertklässlerinnen und Viertklässler bei früher Immersion ein Leseverständnis im Englischen erreichten, das dem durchschnittlichen Leseniveau von Drittklässlerinnen und Drittklässlern in Australien entsprach. Im Wortschatz wurden sogar die entsprechenden Altersnormen der Vereinigten Staaten erreicht (Gebauer et al., 2013). Im Hinblick auf die Frage, welches Niveau und welche Sicherheit in der Beherrschung der Schriftsprache Minoritätsangehörige bei doppelter Alphabetisierung in immersiven Programmen in ihrer L1 erreichen, ist die Befundlage dagegen karg. Slavin, Madden, Calderón, Chamberlain und Hennessy (2011) berichten für bilinguale Programme für Englisch und Spanisch in den USA, dass spanischsprachig aufgewachsene Schülerinnen und Schüler im Grundschulalter die Altersnormen einer spanischsprachigen Parallelversion eines US-amerikanischen Lesetests *(Woodcock Reading Scales)* erreichten. Für bilinguale Grundschulklassen in Hamburg fand Duarte (2011), dass Schülerinnen und Schüler mit Portugiesisch als L1 nach sechsjährigem Schulbesuch eine narrative Sprachfähigkeit erworben hatten, die mit der monolingualer Gleichaltrigen in Portugal vergleichbar war. Ähnlich berichtet Gräfe-Bentzien (2001) für das italienischsprachige Programm der SESB, dass Zweitklässler mit Italienisch als L1 das Sprachniveau von Altersgleichen in Italien erreichten.

Bezugspunkt für die Beurteilung des an der SESB erreichten Leseverständnisses in der jeweiligen Partnersprache ist die durchschnittliche Lesekompetenz von Gleichaltrigen in den Vergleichsländern. Aufgrund der im Vergleich zu den Referenzländern reduzierten partnersprachigen Kommunikations- und Lerngelegenheiten gehen wir – trotz der vorliegenden positiven Einzelbefunde – davon aus, dass die Leseentwicklung in der Partnersprache an der SESB insgesamt langsamer als in den jeweiligen Partnerländern verläuft.

Hypothese 1 besagt dementsprechend, dass die am Ende der 4. Jahrgangsstufe an der SESB erreichte Lesekompetenz in der Partnersprache im Mittel (noch) nicht das durchschnittliche Niveau von Altersgleichen in den Vergleichsländern erreicht.

Schülerinnen und Schüler, die die jeweilige Partnersprache als L1 sprechen, stammen ganz überwiegend aus zugewanderten Familien und gehören an der SESB etwa hälftig zur ersten und hälftig zur zweiten Zuwanderungsgeneration. Sie werden zunächst in der Partnersprache in getrenntem Unterricht alphabetisiert. Neben dem expliziten Sprachunterricht bieten der immersive Sachfachunterricht und die informellen Kommunikationsanlässe in der SESB Gelegenheiten für die authentische Verwendung der Partnersprache im Schulkontext. Aber selbst wenn die Familie zu Hause ausschließlich die Herkunftssprache spricht, sind die Sprachgelegenheiten im Vergleich zum monolingualen Schulbetrieb in den jeweiligen Referenzländern und dem dortigen Familienleben, das ganz in die Herkunftskultur eingebettet ist, reduziert. Wir nehmen an, dass diese Differenz der Opportunitäten nur in Ausnahmefällen durch eine verstärkte Lesetätigkeit in der Herkunftssprache kompensiert werden kann (Zaunbauer & Möller, 2007; vgl. aber die Befunde von Gräfe-Bentzien, 2001, und Duarte, 2011).

Hypothese 2 lautet also, dass aufgrund der im Vergleich zu den Referenzländern insgesamt verringerten partnersprachigen Kommunikations- und Lerngelegenheiten die Leseentwicklung auch derjenigen Schülerinnen und Schüler, die die jeweilige Partnersprache als L1 sprechen, an der SESB während der Grundschulzeit etwas langsamer verläuft, sodass am Ende der 4. Jahrgangsstufe die mittlere Lesefähigkeit von Kindern gleichen Schulalters in den Vergleichsländern nur annähernd erreicht wird.

Kinder, die von Anfang an mit Deutsch und der jeweiligen Partnersprache bilingual aufgewachsen sind, werden an der SESB je nach dominanter L1 entweder zuerst in der deutschen oder in der Partnersprache alphabetisiert. Wir gehen davon aus, dass spätestens bis zum Ende der Grundschulzeit zwischen den unterschiedlich alphabetisierten bilingualen Schülerinnen und Schülern keine Unterschiede in der partnersprachigen Leseleistung (mehr) zu finden sind. Die Kommunikationsgelegenheiten in der Partnersprache unterscheiden sich an der SESB zwischen bilingualen Schülerinnen und Schülern und denen mit der jeweiligen Partnersprache als L1 strukturell kaum. Deshalb erwarten wir eine im Vergleich zu den jeweiligen Referenzländern ähnlich leicht verzögerte Entwicklung im partnersprachigen Leseverständnis wie bei Schülerinnen und Schülern mit der jeweiligen Partnersprache als L1.

Hypothese 3 sagt vorher, dass bilinguale und monolingual partnersprachig aufgewachsene Schülerinnen und Schüler am Ende der 4. Jahrgangsstufe im partnersprachigen Leseverständnis einen ähnlichen Rückstand gegenüber Gleichaltrigen in den jeweiligen Referenzländern aufweisen.

Schülerinnen und Schüler, die Deutsch als L1 gelernt haben und nicht von Anfang an bilingual aufgewachsen sind, werden an der SESB zunächst im Deutschen alphabetisiert und erhalten einen in der Schuleingangsphase zeitlich reduzierten partnersprachigen Unterricht. Haben die Kinder vor Schulbeginn noch keinen oder nur sporadischen Kontakt zur Partnersprache gehabt, ist diese Spracheinführung, die sich auf mündliche Kommunikation konzentriert, besonders wichtig. Die Alphabetisierung erfolgt dann in einem potenziell kontrastiv angelegten expliziten Sprachunterricht in der L2-Halbklasse. In der Kombination von explizitem, von einer partnersprachigen Lehrkraft erteilten Sprachunterricht, authentischen Kommunikationsgelegenheiten im immersiven Sachunterricht und einer zweisprachigen Schulumwelt sollte die Entwicklung in der Partnersprache sehr viel schneller und insgesamt erfolgreicher verlaufen als im herkömmlichen Fremdsprachenunterricht. Dennoch ist nicht damit zu rechnen, dass bereits am Ende der 4. Jahrgangsstufe ein Niveau der Sprachbeherrschung erreicht wird, das dem eines partnersprachigen oder bilingualen Altersgleichen an der SESB, geschweige denn dem eines Altersgleichen im jeweiligen Referenzland entspricht.

Hypothese 4 sagt für monolingual deutschsprachig aufgewachsene Schülerinnen und Schüler einen Leistungsrückstand sowohl im Vergleich zur kriterialen Referenznorm als auch im Vergleich mit bilingual und monolingual partnersprachig aufgewachsenen Schülerinnen und Schülern der SESB vorher.

Wie in Abschnitt 5.3.1 dargestellt, rechnen wir an den einzelnen Standorten der SESB mit unterschiedlichen kulturellen und kognitiven Entwicklungsmilieus, die sich auch auf die Leistungsergebnisse in der Partnersprache auswirken sollten.

Hypothese 5 besagt daher, dass auch die partnersprachigen Leseleistungen an der SESB je nach Partnersprache und Indikation des Programms unterschiedlich ausfallen – und zwar auch dann, wenn für die differenzielle Eingangsselektivität der Sprachprogramme kontrolliert wird.

5.4.2 Ergebnisse zum Leseverständnis in der Partnersprache

Im folgenden Abschnitt werden die Ergebnisse zum Leseverständnis in der jeweiligen Partnersprache für die 4. Jahrgangsstufe berichtet. Der Abschnitt beginnt wiederum mit einem knappen deskriptiven Überblick über die Befundlage. Darauf folgt der internationale Vergleich zwischen der SESB und den Referenzländern insgesamt. Daran schließen sich die differenziellen Analysen zu den einzelnen Sprachprogrammen der SESB an. Mit den Analysen zum Leseverständnis in den unterschiedlichen Partnersprachen werden unseres Wissens zum ersten Mal Ergebnisse von dual-immersiven Sprachprogrammen in einem internationalen Vergleich auf der Basis von repräsentativen Stichproben in den jeweiligen Referenzländern und unter Nutzung identischer und international validierter Erhebungsinstrumente berichtet. Der Abschnitt schließt mit einer Zusammenfassung.

5.4.2.1 Deskriptive Befunde

Tabelle 5.8 gibt einen Überblick über die an der SESB am Ende der 4. Jahrgangsstufe im partnersprachigen Lesetest erreichten Ergebnisse – differenziert nach Geschlecht sowie Sprach- und Migrationshintergrund. Zum Vergleich wird auch die in den neun Referenzländern

Tabelle 5.8: Leseverständnis in der Partnersprache am Ende der 4. Jahrgangsstufe an der SESB nach Geschlecht, Sprachhintergrund, Migrationsstatus und in den Referenzländern insgesamt[1] (Mittelwerte, Standardabweichungen, robuste Standardfehler in Klammern)

Vergleichsgruppe/Personenmerkmale	M (SE)	SD
SESB		
Geschlecht		
Mädchen	71.87 (2.90)	27.17
Jungen	68.41 (3.67)	28.58
Sprachhintergrund		
Monolingual deutschsprachig	62.46 (3.19)	25.62
Bilingual	70.62 (3.17)	26.29
Monolingual nichtdeutschsprachig	74.04 (4.06)	23.85
Migrationsstatus		
Ohne MGH	61.30 (4.37)	29.39
MGH einseitig	72.50 (2.91)	26.59
MGH beidseitig	71.81 (3.49)	27.71
Insgesamt	70.29 (3.01)	27.88
Referenzländer		
Insgesamt[1]	103.48 (0.40)	28.12
Insgesamt[1]	100.00 (1.03)	30.00

1 Länder gleich gewichtet.

durchschnittlich erreichte Lesekompetenz von Viertklässlern berichtet. In die Schätzung des internationalen Mittelwerts, der für die Lesekompetenz eines durchschnittlichen Native Speakers in den Vergleichsländern steht, gehen die Leistungswerte aller Referenzländer mit gleichem Gewicht ein. Die deskriptiven Befunde bieten nur wenige Überraschungen. Auch im partnersprachigen Lesetest erreichen Mädchen bessere Leistungen als Jungen, auch wenn der Unterschied im Vergleich zum deutschsprachigen Lesetest etwas kleiner auszufallen scheint (vgl. Tab. 5.1). Die nach Sprachhintergrund differenzierten Ergebnisse sind ebenfalls erwartungskonform. Monolingual nichtdeutschsprachig aufgewachsene Kinder, die die jeweilige Partnersprache als L1 erworben haben, erreichen am Ende der 4. Jahrgangsstufe an der SESB die höchste Lesekompetenz. Bilingual aufgewachsene Schülerinnen und Schüler folgen ihnen mit kleinem Abstand, während monolingual deutschsprachig aufgewachsene Gleichaltrige im partnersprachigen Leseverständnis einen Rückstand von fast einer halben Standardabweichung aufweisen. Dieses Bild wiederholt sich für die nach Migrationsstatus unterschiedenen Befunde. Durchaus überraschend ist allerdings im Vergleich zu den vorliegenden Forschungsergebnissen die große Differenz zwischen der Lesekompetenz eines durchschnittlichen gleichaltrigen L1-Sprechers in den Referenzländern und dem an der SESB erreichten Verständnisniveau. Der Unterschied scheint sich auf mehr als eine Standardabweichung zu belaufen. Es stellt sich die Frage, ob diese Eindrücke auch einer analytischen Prüfung standhalten.

5.4.2.2 Gesamtanalysen

Die Analysen zum Niveau des an der SESB insgesamt erreichten Leseverständnisses in der jeweiligen Partnersprache werden in zwei Schritten durchgeführt. Zuerst wird – wie auch bei den Analysen zum deutschsprachigen Leseverständnis im Abschnitt 5.3.2.2 – ein Basismodell angepasst, das den unkorrigierten Bruttoeffekt des Besuchs der SESB für Jungen und Mädchen im Vergleich zu den Leseleistungen von Viertklässlern in den Referenzländern schätzt. Kriterium des Vergleichs ist in diesem Fall die durchschnittliche Leseleistung von Viertklässlern bzw. von Jungen in dieser Jahrgangsstufe in den Vergleichsländern insgesamt. Diese Befunde werden unter Bezugnahme auf das internationale Kompetenzstufenmodell von PIRLS (Bos, Wendt, Köller & Selter, 2012) anhand von sogenannten *yield curves* eingehender interpretiert. Daran schließt sich im zweiten Schritt eine Analyse des Einflusses des Sprach- und Migrationshintergrunds auf das Leseverständnis von Schülerinnen und Schülern an der SESB an. Auch in diesem Fall sind die mittleren Schülerleistungen in den gleichgewichteten Referenzländern kriterialer Bezugspunkt.

Die Tabelle 5.9 enthält drei wichtige Informationen. Der Befund des Modells 1 besagt, dass Schülerinnen und Schüler der SESB am Ende der 4. Jahrgangsstufe um rund 33 Punkte – das sind 1.15 Standardabweichungen – hinter den Leseleistungen zurückbleiben, die ein durchschnittlicher L1-Sprecher gleichen Alters in den Referenzländern erreicht. Zum Vergleich sei daran erinnert, dass an der SESB im deutschsprachigen Lesetest im Mittel die *gleichen* Leistungen wie an den monolingual deutsch unterrichtenden Grundschulen erzielt wurden (vgl. Tab. 5.3). Modell 2 testet Geschlechtsunterschiede mit dem Ergebnis, dass Mädchen auch im partnersprachigen Lesetest Jungen überlegen sind. Die Differenz fällt allerdings mit $d = 0.16$ im Vergleich zu $d = 0.20$ im deutschsprachigen Test etwas kleiner aus. Dieser Geschlechtsunterschied tritt auch im Durchschnitt der Vergleichsländer auf, wie Modell 3 mit der nicht signifikanten Interaktion zeigt. Aus Gründen der Sparsamkeit und der Anschaulichkeit wird in den folgenden Analysen auf die Modellierung von Geschlechtsunterschieden verzichtet.

Was aber bedeutet der große Rückstand der Schülerinnen und Schüler an der SESB im partnersprachigen Leseverständnis von mehr als einer Standardabweichung genau? Wir wollen versuchen, unter Bezugnahme auf durchschnittliche jährliche Leistungsfortschritte an der Grundschule und das Kompetenzstufenmodell von PIRLS zwei erläuternde Antworten zu geben. Nach den Befunden von Hill, Bloom, Black und Lipsey (2008), die auf der Grundlage von Ergebnissen genormter Testuntersuchungen in den USA jahrgangsstufenabhängige Leistungsfortschritte in verschiedenen Fächern dokumentiert haben, entspricht eine Differenz von gut einer Standardabweichung am Ende der 4. Jahrgangsstufe einem Leistungsrückstand von ungefähr zwei Schuljahren. Generalisiert man dieses Ergebnis über den englischsprachigen Bereich hinaus, hätten die Schülerinnen und Schüler der SESB am Ende der 4. Jahrgangsstufe ein Leistungsniveau erreicht, das dem durchschnittlichen Leistungsstand von Schülerinnen und Schülern am Ende der 2. oder am Anfang der 3. Jahrgangsstufe in den Vergleichsländern entspricht. Dieser Befund bestätigt unsere erste Arbeitshypothese (vgl. 5.4.1) und relativiert gleichzeitig die positiveren, aber durchaus noch vergleichbaren Ergebnisse, die Zaunbauer und Möller (2007) in einem Modellversuch zur Einwegimmersion in englischer Sprache gefunden haben.

Tabelle 5.9: Ergebnisse der Regression vom Leseverständnis in der Partnersprache am Ende der 4. Jahrgangsstufe auf Schulform bzw. Vergleichsgruppe (SESB/Vergleichsländer insgesamt)[1] und Geschlecht (unstandardisierte Regressionskoeffizienten, robuste Standardfehler in Klammern, R^2)

Ordinatenabschnitt und Prädiktoren	Basismodelle		
	Modell 1	Modell 2	Modell 3
Intercept	103.48 (0.40)**	99.82 (0.55)**	101.08 (0.43)**
Schulform *Referenz:* Vergleichsländer insgesamt[1]			
SESB	−33.20 (3.04)**	−	−32.67 (3.59)**
Geschlecht *Referenz:* Männlich			
Weiblich	−	4.55 (0.33)**	4.89 (0.31)**
Interaktion			
Vergleichsgruppen × Geschlecht	−	−	−1.43 (1.86)
R^2	0.05 (0.015)**	0.006 (0.001)**	0.06 (0.015)**

1 Länder gleich gewichtet.
** $p < 0.01$.

Eine vergleichende Betrachtung der Leistungsverteilungen an der SESB und in den Vergleichsländern anhand des Kompetenzstufenmodells von PIRLS gibt zusätzliche Auskünfte über die praktische Bedeutung der Differenz. Mithilfe von Kompetenzstufenmodellen wird operativ beschrieben, welche domänenspezifischen Aufgaben Personen auf einem definierten Kompetenzniveau mit hinreichender Wahrscheinlichkeit richtig lösen können. Zum Zwecke der Veranschaulichung wird dabei die kontinuierliche Leistungsverteilung in Kompetenzabschnitte – sogenannte Kompetenzstufen – aufgeteilt. Im Rahmen der internationalen Grundschuluntersuchung PIRLS wird ein fünfstufiges Kompetenzmodell verwendet. Die Stufen werden anhand von Beispielaufgaben, die auf dem jeweiligen Kompetenzniveau mit hinreichender Sicherheit gelöst werden können, beschrieben. Auf der untersten Stufe I erreichen Schülerinnen und Schüler ein rudimentäres Leseverständnis, bei dem sie vorgegebene Formulierungen wiedererkennen und in einem Text auffinden können. Auf Stufe II sind sie in der Lage, explizit angegebene Einzelinformationen in einem Text zu identifizieren und benachbarte Informationen miteinander zu verknüpfen. Auf Stufe III gelingt es, auch weiter auseinanderliegende Informationen miteinander zu verbinden und in einen sachlichen Zusammenhang zu bringen. Auf Stufe IV können Kinder auf der Ebene von Textpassagen oder eines gesamten Textes inhaltliche Kohärenz herstellen und komplexe Schlüsse ziehen. Auf Stufe V schließlich sind Schülerinnen und Schüler in der Lage, Textpassagen oder ganze Texte selbstständig zu interpretieren und ihre Interpretationen zu kombinieren und zu begründen (vgl. Bos et al., 2012, S. 76–78). Eine direkte Übernahme dieses Kompetenzmodells setzt die Benutzung der PIRLS-Metrik voraus. Da wir jedoch die Lesetests neu skalieren mussten, ist dieser Weg versperrt. Es ist aber möglich, die Grenzwerte der Kompetenzstufen in der SESB-Leistungsverteilung approximativ zu bestimmen. Zu diesem Zweck werden die kumulierten Prozentwerte der Leistungsverteilung, die in den Referenzländern der EUROPA-Studie in PIRLS 2011 an den Übergangsschwellen der Kompetenzstufen gefunden wurden, über die Länder gemittelt in die Kurve der gemittelten relativen Häufigkeiten der neu skalierten Leseleistungen derselben Länder eingetragen. Mit dieser *yield curve* und den darin abgetragenen Grenzwerten der Kompetenzstufen lässt sich die entsprechende Leistungskurve der kumulierten Prozentwerte der SESB-Leistungen vergleichen. Dies geschieht in Abbildung 5.3.

Abbildung 5.3 erlaubt den Vergleich der durchschnittlichen *yield curve* der Referenzländer mit der entsprechenden kumulierten Leistungskurve der Schülerinnen und Schüler an der SESB. Vergleicht man anhand der *yield curves* die kumulierten Prozentwerte an den kritischen Übergangsschwellen der Kompetenzstufen, ergibt sich das in der Tabelle 5.10 zusammengefasste Ergebnis.

In den Vergleichsländern erreichen im Durchschnitt 96,2 Prozent der Viertklässler mindestens die Kompetenzstufe II. An der SESB beträgt dieser Anteil 69,5 Prozent. Dies bedeutet, dass an der SESB am Ende der 4. Jahrgangsstufe knapp ein Drittel der Schülerinnen und Schüler noch elementare Schwierigkeiten beim verständnisvollen Lesen altersgerechter Texte in der Partnersprache hat, aber auch, dass 70 Prozent der Schülerinnen und Schüler

Abbildung 5.3: *Yield curves* der partnersprachigen Leseleistungen für sieben Referenzländer der EUROPA-Studie, die an PIRLS 2011 teilgenommen haben, und für die Schülerinnen und Schüler der 4. Jahrgangsstufe an der SESB sowie Approximation der Kompetenzstufen von PIRLS 2011

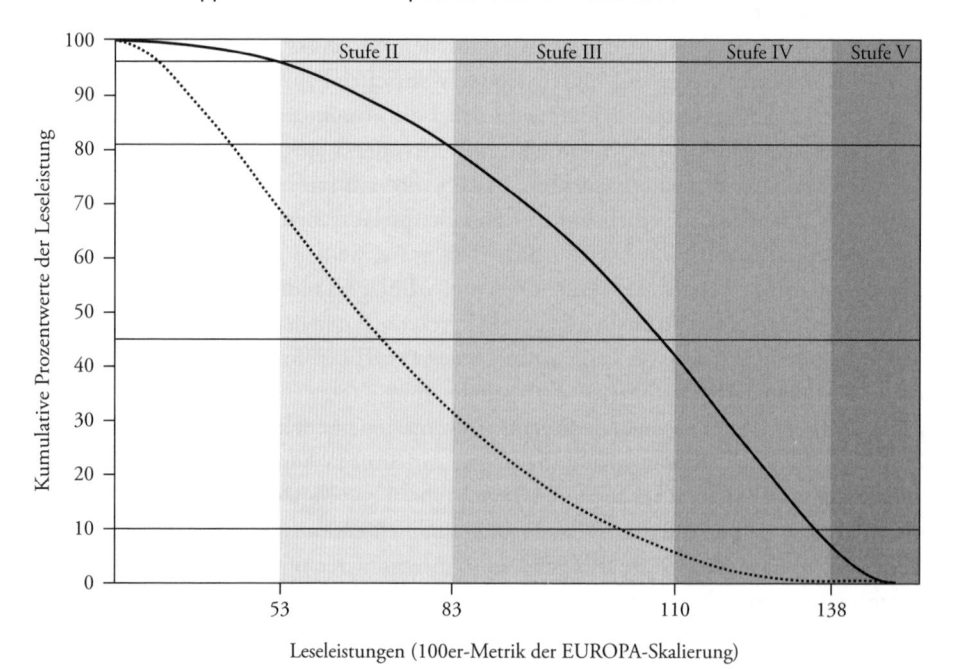

Tabelle 5.10: Schülerinnen und Schüler der 4. Jahrgangsstufe nach mindestens erreichter Kompetenzstufe[1] und Schulform bzw. Vergleichsgruppe (sieben Referenzländer insgesamt/SESB) (Angaben in kumulierten Prozentwerten)

Mindestens erreichte Kompetenzstufe[1]	Vergleichsgruppen	
	Referenzländer[2]	SESB
Kompetenzstufe II	96,2	69,5
Kompetenzstufe III	81,1	33,5
Kompetenzstufe IV	44,9	6,0
Kompetenzstufe V	10,4	0,2

1 Kompetenzstufen nach PIRLS 2011 (Bos et al., 2012, S. 75–78).
2 Sieben gleich gewichtete Länder, die 2011 an PIRLS teilgenommen hatten (vgl. Kap. 3).

einigermaßen verständig oder besser mit Textvorlagen in der Partnersprache umgehen können. Gut ein Drittel der Schülerinnen und Schüler an der SESB überschreitet die Grenze zu den „Regelstandards" der Kompetenzstufe III, die in den Referenzländern gut 80 Prozent der Altersgleichen erreichen oder übertreffen. Ein souveräner Umgang mit altersgerechten partnersprachigen Texten, der beim Erreichen der Kompetenzstufen IV und V möglich wird, ist an der SESB in der 4. Jahrgangsstufe noch selten anzutreffen. Wenn man die Befunde zusammenfassend interpretiert, wird man sagen können, dass an der SESB am Ende der 4. Jahrgangsstufe im partnersprachigen Leseverständnis in rund 70 Prozent der Fälle mindestens eine solide Basis für das Weiterlernen gelegt wird und in einem Drittel der Fälle Regelerwartungen, die auch in den Referenzländern üblich sind, erfüllt werden.

Im Folgenden sollen die Leseleistungen in der Partnersprache differenziert nach Sprach- und Migrationshintergrund vergleichend untersucht werden. Kriterien des Vergleichs sind die in den neun Referenzländern von Viertklässlern durchschnittlich erreichten Lesewerte. In die Schätzung des Mittelwerts gehen alle Länder mit gleichem Gewicht ein. Nach Hypothese 2 erwarten wir, dass monolingual nichtdeutschsprachig aufgewachsene Schülerinnen und Schüler sowie Schülerinnen und Schüler mit beidseitigem MGH, obwohl sie überwiegend die Partnersprache als L1 gelernt haben, im deutschsprachigen Kontext von Schule und Nachbarschaft die Vergleichsnorm noch nicht erreichen. Hypothese 3 postuliert für bilingual aufgewachsene Schülerinnen und Schüler der SESB ein ähnliches Ergebnis, während nach Hypothese 4 die partnersprachigen Leseleistungen von monolingual deutschsprachig aufgewachsenen Kindern deutlich abfallen sollten. Tabelle 5.11 weist die Ergebnisse der Regression vom Leseverständnis in der Partnersprache am Ende der 4. Jahrgangsstufe auf Vergleichsgruppe und Sprach- bzw. Migrationshintergrund aus, mit der diese Annahmen geprüft werden.

Die Ergebnisse der beiden Regressionsanalysen bestätigen im Wesentlichen die Annahmen der drei Arbeitshypothesen. Es zeigt sich die erwartete ordinale Abstufung der partnersprachigen Leseleistungen sowohl nach Sprach- als auch Migrationshintergrund. Der Abstand der Leseleistungen von Schülerinnen und Schülern an der SESB, die mit der Partnersprache als L1 aufgewachsen sind bzw. einen beidseitigen MGH haben, zu den durchschnittlichen Leseleistungen des altersgleichen L1-Sprechers in den Referenzländern

Tabelle 5.11: Ergebnisse der Regression vom Leseverständnis in der Partnersprache am Ende der 4. Jahrgangsstufe auf Vergleichsgruppe (Vergleichsländer insgesamt)[1] bzw. Sprach- und Migrationshintergrund von Schülerinnen und Schülern an der SESB (unstandardisierte Regressionskoeffizienten, R^2, robuste Standardfehler in Klammern)

Ordinatenabschnitt und Prädiktoren	Modell 1 Sprachhintergrund	Modell 2 Migrationshintergrund
Intercept	103.48 (0.40)**	103.48 (0.40)**
Referenz: Vergleichsländer insgesamt		
Sprachhintergrund an SESB		
Monolingual deutschsprachig	–41.02 (3.12)**	–
Bilingual	–32.86 (3.11)**	–
Monolingual nichtdeutschsprachig	–29.44 (3.96)**	–
Migrationshintergrund an SESB		
Kein MGH	–	–42.18 (4.26)**
Einseitiger MGH	–	–30.99 (2.86)**
Beidseitiger MGH	–	–31.67 (3.42)**
R^2	0.02 (0.007)**	0.06 (0.016)**

1 Referenzländer gleich gewichtet.
** $p < 0.01$.

ist mit gut einer Standardabweichung allerdings höher als erwartet. Bilingual aufgewachsene Kinder erreichen etwa das gleiche Kompetenzniveau. Demgegenüber fallen wie zu erwarten die Leseleistungen der monolingual deutschsprachig aufgewachsenen Kinder mit einem zusätzlichen Rückstand von gut einer Drittel Standardabweichung sichtbar ab. Die Ergebnisse für den Sprach- bzw. Migrationshintergrund weisen nur marginale Unterschiede auf. Insgesamt zeigen diese Befunde, dass die bis zum Ende der 4. Jahrgangsstufe verfügbare Zeit für den Alphabetisierungslehrgang und die damit verbundenen Lerngelegenheiten in der Regel weder für Kinder, die die Partnersprache als L1 sprechen, geschweige denn für Schülerinnen und Schüler, die diese als L2 erwerben, ausreichen, um zu einer Beherrschung der Schriftsprache zu gelangen, die der eines altersgleichen L1-Sprechers gleichkommt, der in einem Land aufwächst, in dem die Partnersprache die Verkehrssprache darstellt. Gleichzeitig steht aber außer Frage, dass für die große Mehrzahl der Schülerinnen und Schüler an der SESB bis zum Ende der 4. Jahrgangsstufe eine gute Grundlage für die Kultivierung der jeweiligen Partnersprache geschaffen wurde.

5.4.2.3 Differenzielle Analysen der Sprachprogramme

In den beiden vorangegangenen Abschnitten haben wir die SESB standort- und sprachprogrammübergreifend untersucht. Im Folgenden soll diese Perspektive durch eine Betrachtung der Sprachprogramme sowohl im Vergleich untereinander als auch im Vergleich zu den Referenzländern ergänzt werden. Im ersten Schritt werden wir die innerhalb der einzelnen Sprachprogramme erreichten partnersprachigen Leseleistungen

Tabelle 5.12: Ergebnisse der Regression vom Leseverständnis in der Partnersprache am Ende der 4. Jahrgangsstufe auf Vergleichsgruppe (Referenzländer insgesamt)[1] bzw. Sprachprogramm (unstandardisierte und y-standardisierte Regressionskoeffizienten, robuste Standardfehler in Klammern)

Vergleichsgruppe/Sprachprogramm	Unstandardisierte Koeffizienten	y-standardisierte Koeffizienten
Intercept	103.48 (0.40)**	–
Referenz: Vergleichsländer insgesamt[1]		
Sprachprogramm		
Englisch	–23.85 (4.90)**	–0.82
Französisch	–29.75 (5.08)**	–1.02
Griechisch	–34.31 (0.75)**	–1.18
Italienisch	–25.53 (7.30)**	–0.88
Polnisch	–25.77 (0.96)**	–0.88
Portugiesisch	–54.44 (0.48)**	–1.87
Russisch	–29.63 (2.10)**	–1.02
Spanisch	–36.59 (0.84)**	–1.25
Türkisch	–53.67 (1.17)**	–1.84

1 Referenzländer gleich gewichtet.
** $p < 0.01$.

mit der Lesekompetenz eines durchschnittlichen gleichaltrigen L1-Sprechers in den Referenzländern vergleichen. Daran schließt sich im zweiten Schritt der Vergleich zwischen den Leseleistungen an, die in den Sprachprogrammen der SESB und in dem jeweils zugeordneten Referenzland erzielt werden. Der Abschnitt schließt im dritten Schritt mit einem internen Vergleich der Sprachprogramme mit und ohne Berücksichtigung ihrer differenziellen Eingangsselektivität.

Tabelle 5.12 zeigt die mittleren Leistungsergebnisse der einzelnen Sprachprogramme der SESB als Abweichung vom durchschnittlichen Leseniveau eines gleichaltrigen L1-Sprechers in den Vergleichsländern. Die Spannweite der Abstände – und das heißt in diesem Fall die Spannweite der Rückstände – ist bemerkenswert. Sie reicht von $d = -0.82$ bis $d = -1.87$. Sie beträgt also mehr als eine Standardabweichung. Ein genauerer Blick auf die Tabelle zeigt, dass sich die Sprachprogramme zwei Gruppen zuordnen lassen, deren mittlere Leseleistung weniger bzw. mehr als eine Standardabweichung hinter der Referenznorm zurückbleibt. Zur ersten Gruppe gehören die Programme mit englischer, französischer, italienischer, polnischer und russischer Partnersprache, zur zweiten Gruppe die Programme mit griechischer, spanischer und vor allem portugiesischer und türkischer Partnersprache, die den größten Rückstand aufweisen.

An diesem Gesamtbild ändert sich nur wenig, wenn man das in der Partnersprache erreichte Leseverständnis mit dem mittleren Kompetenzniveau in dem jeweiligen Referenzland vergleicht. Die Schülerinnen und Schüler der SESB-Programme mit englischer, französischer, italienischer, polnischer und spanischer Partnersprache bleiben in ihren Leseleistungen um eine Standardabweichung oder etwas weniger hinter den entsprechenden Leistungen der Referenzländer zurück. Deutlich größer sind die Rückstände in den

Programmen mit griechischer, russischer und vor allem portugiesischer Partnersprache. Der Rückstand im Falle des türkischsprachigen Programms fällt mit $d = -1.18$ etwas geringer aus, da auch im Referenzland ausgesprochen niedrige Leseleistungen erzielt werden. Umgekehrt ist der Abstand im Falle des russischen Sprachprogramms besonders groß, da Russland im internationalen Grundschulvergleich herausragende Leseleistungen aufweist.

Die in Tabelle 5.13 präsentierten Befunde werden in der Abbildung 5.4 noch einmal anschaulich zusammengefasst. Dabei werden die Sprachprogramme bzw. Referenzländer nach dem Leistungsniveau der Vergleichsländer geordnet. Diese Abbildung verdeutlicht die relativen Abstände der Sprachprogramme von dem in den Referenzländern erreichten Kompetenzniveau und zeigt zugleich, dass die SESB-Programme mit portugiesischer und türkischer Partnersprache mit besonderen Problemen des Schriftspracherwerbs in den Partnersprachen konfrontiert sind. Beide Sprachprogramme bedienen eine ganz unterschiedliche Klientel – die Standorte mit portugiesischer Partnersprache haben eine internationale Schülerschaft, während das türkische Sprachprogramm überwiegend der türkischen Minderheit in Berlin entgegenkommt (vgl. Kap. 4) –, sind aber im gleichen Maße weniger erfolgreich.

Tabelle 5.14 präsentiert abschließend die Ergebnisse des Vergleichs zwischen den einzelnen Sprachprogrammen der SESB. Als Referenz wird in diesen Analysen das englischsprachige Programm gewählt, das innerhalb der SESB das höchste mittlere Leseverständnis in der Partnersprache aufweist. Modell 1 präsentiert noch einmal die bereits in Tabelle 5.13 ausgewiesenen Ergebnisse in einer anderen Darstellungsform. Nach diesen Ergebnissen werden in den Sprachprogrammen Englisch, Französisch, Italienisch, Polnisch und Russisch gleiche oder zumindest nicht signifikant unterschiedliche Leistungsergebnisse erzielt. Zu nachweisbar schwächeren Ergebnissen kommen die Schülerinnen und Schüler im griechischen, spanischen und vor allem aber im türkischen und portugiesischen

Tabelle 5.13: Leseverständnis in der Partnersprache am Ende der 4. Jahrgangsstufe nach Sprachprogramm und Vergleichsgruppe (Mittelwerte und Standardabweichungen, standardisierte Mittelwertdifferenzen, robuste Standardfehler in Klammern)

Sprachprogramm/Vergleichsland	SESB		Vergleichsländer		d [1]
	M (SE)	SD	M (SE)	SD	
Englisch/England	79.63 (5.03)	26.20	109.99 (1.22)	31.06	1.01
Französisch/Frankreich	73.73 (5.22)	28.47	98.05 (0.86)	26.06	0.81
Griechisch/Griechenland	69.35 (0.57)	24.22	108.40 (0.95)	24.70	1.30
Italienisch/Italien	77.95 (7.50)	27.90	106.10 (0.85)	25.83	0.94
Polnisch/Polen	77.71 (0.85)	23.31	101.99 (0.80)	27.63	0.81
Portugiesisch/Portugal	49.05 (0.63)	27.02	106.73 (0.84)	25.94	1.92
Russisch/Russland	73.35 (2.13)	23.68	117.16 (0.94)	25.93	1.44
Spanisch/Spanien	66.89 (0.73)	24.78	98.29 (0.67)	25.18	1.05
Türkisch/Türkei	49.20 (0.85)	25.73	84.61 (1.14)	27.67	1.18
Insgesamt[2]	70.29 (3.01)	27.88	103.48 (0.40)	28.12	1.11

1 An der Standardabweichung der gleich gewichteten Gesamtstichprobe (30) standardisiert.
2 Referenzländer gleich gewichtet.

Abbildung 5.4: Mittlere Leseleistung in der Partnersprache am Ende der 4. Jahrgangsstufe nach Sprachprogramm und Referenzland

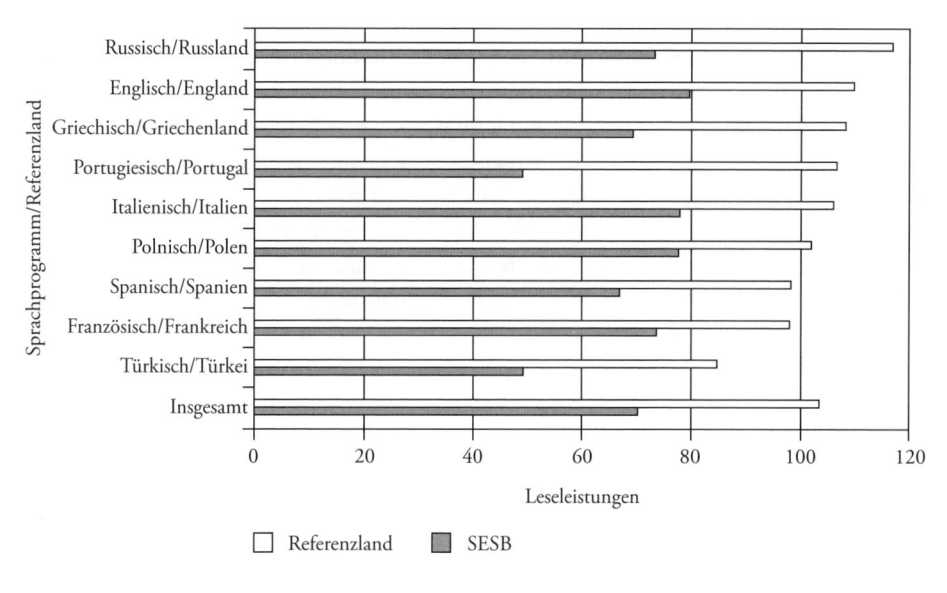

Tabelle 5.14: Ergebnisse der Regression vom Leseverständnis in der Partnersprache am Ende der 4. Jahrgangsstufe auf Sprachprogramm ohne und mit Kontrolle von Hintergrundmerkmalen (unstandardisierte Regressionskoeffizienten, robuste Standardfehler in Klammern)

Sprachprogramm	Modell 1 Ohne Kontrolle von Hintergrundmerkmalen	Modell 2 Mit Kontrolle von Hintergrundmerkmalen
Intercept	79.63 (5.03)**	75.70 (5.36)**
Sprachprogramm *Referenz:* Englisch		
Französisch	−5.91 (7.27)	−5.93 (7.25)
Griechisch	−10.46 (5.13)**	−8.09 (5.15)
Italienisch	−1.68 (9.12)	0.17 (8.18)
Polnisch	−1.93 (5.20)	−3.61 (4.99)
Portugiesisch	−30.59 (5.04)**	−28.15 (4.96)**
Russisch	−5.79 (5.44)	−5.70 (5.17)
Spanisch	−12.75 (5.13)**	−12.96 (5.00)**
Türkisch	−29.82 (5.29)**	−23.70 (5.31)**
Sozialstatus und Bildungsniveau der Eltern		
HISEI (z-standardisiert)	–	2.00 (1.17)
Abitur der Eltern (0/1)	–	2.93 (2.29)
Kognitive Grundfähigkeiten		
KFT (z-standardisiert)	–	4.93 (1.02)**

** $p < 0.01$.

Sprachprogramm. Das *Value-added*-Modell 2 weist die Ergebnisse des Vergleichs unter Kontrolle der unterschiedlichen Eingangsselektivität der Programme aus. Die Befunde sind bemerkenswert. Nach diesen Ergebnissen spielen für den Schriftspracherwerb in der Partnersprache weder der Sozialstatus noch das Bildungsniveau der Herkunftsfamilie eine nachweisbare Rolle. Auch die kognitiven Grundfähigkeiten üben einen deutlich geringeren Einfluss aus, als dies beim deutschsprachigen Leseverständnis der Fall war (vgl. Tab. 5.7). In der Folge ändern sich auch die Parameterschätzungen für die einzelnen Sprachprogramme – mit gewisser Ausnahme der griechisch- und türkischsprachigen Programme – nicht substanziell. Die großen Leistungsunterschiede bleiben auch bei Kontrolle der Eingangsselektivität erhalten. Dies lässt sich als Hinweis auf unterschiedliche Entwicklungsmilieus und differenzielle Qualität der pädagogischen Arbeit an den einzelnen Standorten interpretieren.

5.4.2.4 Zusammenfassung

Mit den Analysen zum Leseverständnis in den unterschiedlichen Partnersprachen werden unseres Wissens zum ersten Mal Erträge von dual-immersiven Sprachprogrammen in einem internationalen Vergleich auf der Grundlage von repräsentativen Stichproben und unter Nutzung identischer und international validierter Erhebungsinstrumente geprüft. Die Ergebnisse geben einen Eindruck, welcher Grad der Beherrschung der Schriftsprache in einer Sprache, die nicht Verkehrssprache ist, von Schülerinnen und Schülern am Ende der 4. Jahrgangsstufe unter realistischen Bedingungen des Regelbetriebs von bilingualen Schulen durchschnittlich erwartet werden kann. Die Ergebnisse können Befunde isolierter Modellversuche relativieren. Die große Spannweite der mittleren Leistungsergebnisse der einzelnen Sprachprogramme der SESB belegt aber auch die Bedeutung der Einzelschule und gibt Hinweise auf den Optimierungsbedarf einzelner Programme.

Die Ergebnisse der Analysen bestätigen unsere Basishypothese, dass am Ende des Alphabetisierungslehrgangs in dual-immersiven Programmen in der Partnersprache im Mittel noch nicht die Sprachbeherrschung eines L1-Sprechers erreicht wird, der in einem Land, in dem die Partnersprache Verkehrssprache ist, die Grundschule besucht. Der Leistungsrückstand fällt allerdings im Vergleich zu den vorliegenden Forschungsergebnissen für Einwegimmersionsprogramme mit über einer Standardabweichung ($d = 1.15$) größer als erwartet aus. Eine genauere Betrachtung der Leistungsverteilung anhand von *yield curves* und des PIRLS-Kompetenzstufenmodells zeigt jedoch, dass gut zwei Drittel der Schülerinnen und Schüler an der SESB mindestens eine solide Grundlage für die Weiterentwicklung ihrer Sprachkompetenz erwerben und darunter knapp die Hälfte mit der Kompetenzstufe III ein Sprachniveau erreicht, das auch in den Vergleichsländern üblich ist.

Erwartungsgemäß ist an der SESB am Ende der 4. Jahrgangsstufe eine klare Abstufung in der partnersprachigen Lesekompetenz zwischen Schülerinnen und Schülern, die die Partnersprache als L1 erworben haben oder bilingual aufgewachsen sind, und Gleichaltrigen, die die Partnersprache als L2 lernen, zu finden. Der Abstand ist allerdings mit $d = 0.40$ zwischen L1- und L2-Sprechern bzw. mit $d = 0.28$ zwischen bilingualen und L2-Kindern deutlich kleiner als der Unterschied, den wir für das deutschsprachige Leseverständnis an monolingual deutsch unterrichtenden Grundschulen in Berlin zwischen L1- und L2-Sprechenden gefunden haben. Dort betrug die Differenz je nach Vergleichsstichprobe zwischen $d = 0.60$ und $d = 0.80$ (vgl. Tab. 5.1 und 5.4).

Die im Mittel erreichten Leistungen in der Partnersprache unterscheiden sich zwischen den einzelnen Programmen der SESB. Die Rückstände gegenüber einem gleichaltrigen, durchschnittlich kompetenten L1-Sprechenden in den Vergleichsländern liegen zwischen knapp einer und fast zwei Standardabweichungen ($d = 0.82$ und $d = 1.87$). Die Spannweite der Leistungsdifferenzen zwischen den einzelnen Sprachprogrammen beträgt also rund eine Standardabweichung. Dies ist eine Größenordnung, die nicht allein durch unterschiedliche Eingangsselektivität oder Sprachfamilienzugehörigkeit erklärt werden kann. Mit erheblichen Herausforderungen sind insbesondere die portugiesisch- und türkischsprachigen Programme konfrontiert (vgl. Tab. 5.12). Der Leistungsrückstand in diesen beiden Sprachprogrammen ist besonders auffällig, da die Standorte beider Programme überwiegend von Schülerinnen und Schülern besucht werden, die bilingual oder mit der Partnersprache als L1 aufgewachsen sind.

Eine tatsächliche Überraschung ergaben die Analysen mit *Value-added*-Modellen, in denen für die unterschiedliche Eingangsselektivität der Sprachprogramme kontrolliert wurde. In diesen Analysen stellte sich heraus, dass der Sozialstatus und das Bildungsniveau der Herkunftsfamilie keinen nachweisbaren Einfluss auf die Beherrschung der Partnersprache hatten. Auch die kognitiven Grundfähigkeiten erwiesen sich für den Schriftspracherwerb in der Partnersprache deutlich weniger bedeutsam als für die Lesekompetenz in deutscher Sprache. Dementsprechend unterscheiden sich die für unterschiedliche Eingangsselektivität adjustierten Leistungswerte auch kaum von den Bruttoeffekten. Diese Befunde weisen einmal darauf hin, dass der Schriftspracherwerb in einer Sprache, die nicht Verkehrssprache ist, für alle Schülerinnen und Schüler eine neue Herausforderung, aber auch eine neue Chance darstellt, bei deren Bewältigung die kulturellen Ressourcen vor allem privilegierter deutschsprachiger Eltern offensichtlich eine geringere Rolle spielen (vgl. auch die Befunde von Klieme & Beck, 2006, zum Fremdsprachenunterricht in Englisch). Die Befunde zeigen zum anderen auf institutioneller Ebene, dass gerade im Regelbetrieb von Schulen die systematische Beobachtung und unterstützte Weiterentwicklung der pädagogischen Arbeit wichtige Aufgaben sind.

5.5 Mathematische Kompetenz – 4. Jahrgangsstufe

Mathematik und Sachkunde bilden in der Grundschule den Kern des Sachfachunterrichts. In Berlin wird der Unterricht in der 4. Jahrgangsstufe mit jeweils fünf Wochenstunden erteilt. Damit sind diese beiden Fächer gegenüber den Fächern Kunst, Musik und Sport, für die zusammen fünf Wochenstunden zur Verfügung stehen, deutlich privilegiert. An der SESB stehen Mathematik und Sachkunde prototypisch für einen deutsch- bzw. partnersprachig erteilten Sachfachunterricht. Über die Unterrichtssprache in den Fächern Kunst, Musik und Sport können die Schulen flexibel nach pädagogischen und/oder personellen Gesichtspunkten entscheiden.

Im Fach Mathematik ist der Unterricht an der SESB organisatorisch und curricular mit dem Mathematikunterricht an monolingual deutsch unterrichtenden Grundschulen vergleichbar. Der Unterricht wird in deutscher Sprache von einer deutschsprachigen Lehrkraft im selben Stundenumfang und nach demselben Lehrplan erteilt. Für monolingual nichtdeutschsprachig bzw. bilingual aufgewachsene Schülerinnen und Schüler bedeutet dies Unterricht unter Immersions- bzw. Submersionsbedingungen (vgl. Kap. 2). Die sprachliche Heterogenität der Schülerschaft ist an der SESB reduziert, und der Unterricht wird in der Regel durch Lehrkräfte erteilt, die über Kompetenzen in beiden Sprachen verfügen. Dies dürften günstigere Bedingungen sein, um insbesondere monolingual nichtdeutschsprachig und bilingual aufgewachsene Schülerinnen und Schüler bei sprachlichen Schwierigkeiten im Mathematikunterricht zu unterstützen.

Auch Mathematikunterricht ist sprachabhängig. Dies gilt einmal für die Unterrichtssprache generell, soweit Registersicherheit im Hinblick auf die allgemeinen Ausdrucks- und Kommunikationsformen der Schule gemeint ist. Darüber hinaus ist der Mathematikunterricht aber auch in spezifischer Weise sprachgebunden. Dazu tragen zum einen die im Vergleich zu alltäglichen Kommunikationssituationen exakte Verwendung von Begriffen und die besonderen syntaktischen Regeln zur eindeutigen Beschreibung von Problemstellungen bei. Zum anderen entstehen aber gerade im Mathematikunterricht der Grundschule durch das Bemühen, mit mathematischen Operationen und Modellen an Alltagserfahrungen von Schülerinnen und Schülern anzuknüpfen, neue sprachliche Herausforderungen. Anwendungsaufgaben verlangen zunächst die sprachbasierte Herstellung eines adäquaten Situationsmodells, das die Voraussetzung für eine erfolgversprechende Formulierung des zu bearbeitenden mathematischen Modells ist (vgl. Klieme, Neubrand & Lüdtke, 2001; Maaß, 2011). Daraus ergeben sich für Kinder, die die Verkehrs- und Unterrichtssprache nur mit Abstrichen beherrschen, zusätzliche Schwierigkeiten. Ein curricular valider Mathematiktest, der die Anforderungen grundschultypischer Modellierungsaufgaben berücksichtigt, wird diese Schwierigkeiten abbilden.

5.5.1 Entwicklung der Fragestellungen und Untersuchungshypothesen zur mathematischen Kompetenz

Die folgenden Hypothesen werden unter Berücksichtigung der Forschungslage zum bilingualen Unterricht, der spezifischen Anforderungen des Mathematikunterrichts und der besonderen Bedingungen an der SESB formuliert. Die vorliegenden empirischen Befunde zur Leistungsentwicklung im Mathematikunterricht unter immersiven und monolingualen Bedingungen sind uneindeutig (vgl. Kap. 2). Gezeigt wurden positive (Baumert, Maaz, Neumann, Becker & Dumont, 2013; Zaunbauer & Möller, 2007, 2010), neutrale (Johnstone, 2002), aber auch negative (Marsh, Hau & Kong, 2000) Effekte immersiver Unterrichtsprogramme. Negative Effekte traten vor allem dann auf, wenn der Mathematikunterricht für Schülerinnen und Schüler, die monolingual in der Verkehrssprache des jeweiligen Landes aufgewachsen waren, in einer L2 erteilt wurde. Dies trifft für die SESB nicht zu.

Unter Bezugnahme auf die positiven Befunde zum Mathematikunterricht im Rahmen von Immersionsprogrammen in Deutschland (Baumert et al., 2013; Zaunbauer & Möller, 2007, 2010) und unter der in Abschnitt 5.3.1 begründeten Annahme, dass der Schriftspracherwerb an der SESB generell etwas günstiger verläuft, erwarten wir an der SESB insgesamt ein etwas höheres Niveau der Mathematikleistungen als an monolingual deutsch unterrichtenden Regelschulen. Der Unterschied sollte auch bei Kontrolle bedeutsamer Hintergrundmerkmale nachweisbar sein.

Hypothese 1 lautet daher, dass Schülerinnen und Schüler der 4. Jahrgangsstufe der SESB im Mathematiktest bessere Leistungen erzielen als Schülerinnen und Schüler an Regelschulen mit monolingualem Unterricht.

Analog zur entsprechenden Hypothese für die Lesekompetenz in deutscher Sprache gehen wir davon aus, dass monolingual nichtdeutschsprachig aufgewachsene Schülerinnen und Schüler bzw. Schülerinnen und Schüler mit beidseitigem MGH auch im Mathematikunterricht sowohl an monolingual unterrichtenden Grundschulen als auch an der SESB das Leistungsniveau monolingual deutschsprachig aufgewachsener bzw. deutschstämmiger Schülerinnen und Schüler nicht erreichen. Wir erwarten also einen auch praktisch bedeutsamen Haupteffekt des Sprach- bzw. Migrationshintergrunds.

Hypothese 2 sagt für monolingual nichtdeutschsprachig aufgewachsene Schülerinnen und Schüler bzw. für Schülerinnen und Schüler mit beidseitigem MGH im Fach Mathematik zum Ende der 4. Jahrgangsstufe einen deutlichen Leistungsrückstand vorher.

Mit der folgenden Annahme modifizieren wir die beiden vorangehenden Hypothesen. Unter Berücksichtigung der Unterrichtsbedingungen an der SESB und der Annahme einer verbesserten Förderung von Schülerinnen und Schülern, die ihre Schullaufbahn mit Defiziten in der Beherrschung der Verkehrssprache beginnen, erwarten wir, dass der Leistungsrückstand von nichtdeutschsprachig aufgewachsenen Kindern bzw. von Schülerinnen und Schülern mit beidseitigem MGH an der SESB kleiner ausfällt als an Grundschulen mit monolingualem Unterricht.

Hypothese 3 sagt also eine ordinale Interaktion zwischen Sprach- bzw. Migrationshintergrund und Schulform vorher.

In Abschnitt 5.3.1 hatten wir für das Leseverständnis begründet, dass wir an der SESB je nach Standort und Sprachprogramm mit unterschiedlichen Entwicklungsmilieus rechnen. Dies sollte auch nicht ohne Auswirkungen auf die Mathematikleistungen bleiben.

Hypothese 4 besagt dementsprechend, dass die Mathematikleistungen an der SESB je nach Partnersprache, der spezifischen Indikation des Programms und der Selektivität des jeweiligen Standorts unterschiedlich ausfallen – und zwar auch dann, wenn für differenzielle Eingangsselektivität kontrolliert wird.

5.5.2 Ergebnisse zur mathematischen Kompetenz

Im folgenden Abschnitt werden die Leistungsergebnisse für Mathematik am Ende der 4. Jahrgangsstufe vorgestellt. Analog zur Darstellung der Ergebnisse zum Leseverständnis in deutscher Sprache wird zunächst ein deskriptiver Überblick über die Befundlage insgesamt und dann differenziert nach Sprachprogrammen gegeben. Darauf folgen die regressionsanalytischen Vergleiche zwischen SESB und Kontrollgruppen und die Ergebnisse für die einzelnen Partnersprachen. Der Abschnitt schließt wieder mit einer Zusammenfassung.

5.5.2.1 Deskriptive Befunde

Tabelle 5.15 gibt einen Überblick über die am Ende der 4. Jahrgangsstufe erreichten Mathematikleistungen – aufgeschlüsselt nach Geschlecht, Sprach- und Migrationshintergrund und Schulform bzw. Vergleichsgruppe. Betrachtet man in Tabelle 5.15 zunächst die Leistungsunterschiede zwischen den verschiedenen Personengruppen ohne Rücksicht auf Schulform und Zugehörigkeit zu einer Vergleichsgruppe, zeigt sich deskriptiv ein bekanntes Bild, das in gewisser Weise ein Pendant zu den Befunden zum Leseverständnis ist: Jungen erreichen bereits in der Grundschule bessere Mathematikleistungen als Mädchen, und Kinder, die monolingual nichtdeutschsprachig aufgewachsen sind bzw. aus Familien stammen, in denen Vater und Mutter selbst nach Deutschland zugewandert sind, bleiben in ihren Mathematikleistungen deutlich hinter Altersgleichen zurück, die ausschließlich mit Deutsch als L1 großgeworden sind bzw. aus deutschstämmigen Familien kommen (vgl. Stanat, Pant, Böhme & Richter, 2012). Die Effektstärken betragen für den Geschlechtsunterschied $d = 0.33$ (im Lesen $d = 0.22$) und für die Unterschiede zwischen den Migrations- bzw. Sprachgruppen $d = 0.57$ bzw. $d = 0.56$ (im Lesen $d = 0.60$ bzw. $d = 0.68$). Auch bilingual aufgewachsene Kinder bzw. Kinder mit einseitigem MGH fallen in ihren Mathematikleistungen im Unterschied zum Leseverständnis hinter Schülerinnen und Schülern, die ausschließlich Deutsch als L1 sprechen bzw. aus deutschstämmigen Familien kommen, noch erkennbar zurück. Diese Unterschiede treten sowohl an der SESB als auch an monolingual unterrichtenden Regelschulen auf, scheinen aber an der SESB für Kinder nichtdeutscher Herkunftssprache bzw. für Kinder mit beidseitigem MGH kleiner auszufallen. Insgesamt scheinen Schülerinnen und Schüler an der SESB am Ende der 4. Jahrgangsstufe ein Leistungsniveau in Mathematik zu erreichen, das dem der Schülerinnen und Schüler an monolingual deutschsprachig unterrichtenden Grundschulen in Berlin (VGLK 2014 und 2003) entspricht oder dieses leicht übertrifft. Damit deutet sich in der deskriptiven Tabelle 5.15 eine Bestätigung der Hypothesen 1, 2 und 3 an. Für Klarheit müssen die anschließenden inferenzstatistischen Analysen sorgen.

Tabelle 5.16 weist die deskriptiven Befunde zur Mathematikleistung an der SESB aufgegliedert nach Partnersprachen aus. Vergleichbar mit den Ergebnissen zum Leseverständnis fällt die große Spannweite der Leistungsverteilung auf der Ebene der Sprachprogramme auf. Die Differenz zwischen den mittleren Mathematikleistungen, die Schülerinnen und Schüler einerseits im türkischsprachigen und andererseits im englisch- bzw. französischsprachigen Programm erreichen, beträgt fast eine Standardabweichung der Schülerleistungen

Tabelle 5.15: Mathematikleistungen am Ende der 4. Jahrgangsstufe nach Geschlecht, Sprachhintergrund, Migrationsstatus (MGH) und Schulform (SESB) bzw. Vergleichsgruppe (VGLK)[1] (Mittelwerte, Standardabweichungen, robuste Standardfehler in Klammern)

Personenmerkmale	Schulform/Vergleichsgruppe							
	SESB N = 769		VGLK 2014 N = 941		VGLK 2003 N = 3.323		Vergleichsgruppen insgesamt N = 4.264	
	M (SE)	SD	M (SE)	SD	M (SE)	SD	M (SE)	SD
Geschlecht								
Mädchen	98.24 (2.94)	27.68	94.52 (3.64)	27.73	95.03 (1.54)	29.19	94.91 (1.44)	28.86
Jungen	109.27 (2.32)	27.87	104.74 (5.10)	33.65	104.21 (1.62)	30.02	104.32 (1.66)	30.83
Sprachhintergrund								
Monolingual deutschsprachig	110.49 (2.84)	29.16	110.86 (3.91)	31.60	102.98 (1.58)	30.71	107.65 (1.44)	29.64
Bilingual	103.02 (2.42)	27.09	101.82 (5.32)	29.71	96.70 (1.53)	27.88	98.97 (2.39)	29.51
Monolingual nichtdeutschsprachig	99.81 (2.87)	28.49	85.93 (3.78)	26.88	89.42 (1.16)	28.05	88.63 (1.28)	27.83
Migrationsstatus								
Ohne MGH	107.63 (1.99)	28.04	109.78 (3.67)	29.95	104.93 (1.41)	29.27	105.60 (1.36)	29.41
MGH einseitig	106.55 (2.00)	28.17	99.56 (5.35)	32.90	97.53 (2.10)	29.32	98.30 (2.20)	30.53
MGH beidseitig	98.38 (3.63)	27.80	88.27 (4.25)	28.46	88.99 (1.55)	28.54	88.79 (1.61)	28.52
Insgesamt	103.30 (2.38)	28.31	99.49 (4.20)	31.17	99.71 (1.45)	29.97	99.66 (1.46)	30.24

1 VGLK 2014: Vergleichsklassen aus der Erhebung 2014 der EUROPA-Studie; VGLK 2003: Vergleichsklassen aus der ELEMENT-Studie 2003.

Tabelle 5.16: Mathematikleistungen am Ende der 4. Jahrgangsstufe nach Sprachprogramm und Vergleichsgruppe (VGLK)[1] (Stichprobengröße, Mittelwerte und Standardabweichungen, robuste Standardfehler in Klammern)

Sprachprogramm/Vergleichsgruppe	N	M (SE)	SD
Sprachprogramm			
Englisch	107	108.64 (0.13)	32.49
Französisch	189	108.62 (2.73)	27.15
Griechisch	86	99.19 (0.90)	30.49
Italienisch	79	102.73 (8.27)	29.02
Polnisch	85	92.99 (0.00)	22.16
Portugiesisch	78	94.48 (0.00)	28.14
Russisch	79	105.66 (5.97)	26.81
Spanisch	127	103.74 (1.34)	25.45
Türkisch	122	84.95 (0.00)	26.65
Vergleichsgruppe			
VGLK 2014	941	99.49 (4.20)	31.17
VGLK 2003	3.323	99.71 (1.45)	29.97

1 VGLK 2014: Vergleichsklassen aus der Erhebung 2014 der EUROPA-Studie; VGLK 2003: Vergleichsklassen aus der ELEMENT-Studie 2003.

an der SESB. Allerdings muss man ebenso betonen, dass die Mathematikleistungen in der Mehrheit der partnersprachigen Standorte nur wenig um den Gesamtmittelwert der SESB streuen, der knapp über den Werten der Kontrollgruppen zu liegen scheint (vgl. Tab. 5.15). Es gibt unter den unterschiedlichen Sprachprogrammen also einen relativ homogenen Kern, der im Fach Mathematik die Leistungsstandards an monolingual deutschsprachig unterrichtenden Regelschulen offenbar ohne Weiteres erreicht. Die mittleren Leistungsergebnisse an den Standorten mit englischer und französischer bzw. türkischer Partnersprache sind deutliche Abweichungen nach oben bzw. nach unten.

5.5.2.2 Analytische Befunde

Die vergleichenden Analysen der Mathematikleistungen werden in vier Unterabschnitten berichtet. Zuerst wird – wie zuvor bei der Untersuchung des Leseverständnisses in deutscher Sprache – ein Basismodell angepasst, das den unkorrigierten Bruttoeffekt des Schulformbesuchs (SESB vs. monolingual unterrichtende Regelschule) für Jungen und Mädchen schätzt (5.5.2.2.1). Referenz für den Vergleich sind in diesem Fall die durchschnittlichen Mathematikleistungen von Jungen an monolingual deutschsprachig unterrichtenden Regelschulen Berlins.

Daran anschließend werden der Einfluss des Sprach- und Migrationshintergrunds und ihre Wechselwirkungen mit der Schulform auf die Mathematikleistung geprüft (5.5.2.2.2). Referenzniveau sind hier die durchschnittlichen Mathematikleistungen von monolingual deutschsprachig aufgewachsenen bzw. deutschstämmigen Schülerinnen und Schülern an monolingual unterrichtenden Regelschulen.

Im dritten Abschnitt schätzen wir *Value-added*-Modelle, in denen die Leseleistungen an der SESB und sonstigen Regelschulen unter Berücksichtigung von Fähigkeits- und Herkunftsmerkmalen der untersuchten Personen verglichen werden (5.5.2.2.3).

Im vierten Abschnitt folgen die Analysen zu den differenziellen Ergebnissen der einzelnen Sprachprogramme. Sie werden untereinander, aber auch in Referenz zur Schülerschaft an monolingual unterrichtenden Regelschulen verglichen. Die Analysen erfolgen ebenfalls unter individueller und institutioneller Perspektive, indem sowohl nicht- als auch kovarianzanalytisch adjustierte Modelle spezifiziert werden.

Für den Vergleich zwischen der SESB und monolingualen Regelschulen stehen für die 4. Jahrgangsstufe auch im Fach Mathematik zwei Kontrollgruppen zur Verfügung. Wir nutzen diese Kontrollgruppen, um Ergebnisse des Vergleichs zwischen der SESB und den Schulen der zeitgleich untersuchten Stichprobe maximaler Ähnlichkeit (vgl. Kap. 3) an einer für Berliner Grundschulen repräsentativen, aber zeitlich etwas zurückliegenden Stichprobe zu validieren. Zu diesem Zweck werden – wie bei den Analysen zum Leseverständnis – Mehrgruppenvergleiche mit unterschiedlichen Restriktionen auf den zu schätzenden Parametern vorgenommen. Die Anpassungsgüte der Modelle wird inferenzstatistisch und anhand von Fit-Indices verglichen.

5.5.2.2.1 Basismodelle

Tabelle 5.17 weist die Ergebnisse der Regression von den Mathematikleistungen auf Schulform und Geschlecht differenziert nach Vergleichsgruppen aus. Modell 1 zeigt, dass sich der in den deskriptiven Befunden andeutende schwache Leistungsvorteil der SESB gegenüber monolingual unterrichtenden Regelschulen (vgl. Tab. 5.15) nicht zufallskritisch absichern lässt. Dies gilt für beide Vergleichsstichproben. Damit lässt sich die in Abschnitt 5.5.1 formulierte Hypothese 1 analog zum Leseverständnis im Deutschen nicht bestätigen. Modell 2 bestätigt noch einmal den Befund, dass Jungen bereits in der Grundschule im Fach Mathematik bessere Leistungen erbringen als Mädchen. Ihr Vorsprung beträgt am Ende der 4. Jahrgangsstufe ein Drittel einer Standardabweichung. Modell 3 besagt, dass keine Wechselwirkung zwischen Schulform und Geschlecht auftritt – Jungen sind also an der SESB und an monolingual unterrichtenden Regelschulen gleichermaßen erfolgreicher. Die Befunde sind über beide Vergleichsgruppen hinweg stabil. Dementsprechend ändert sich auch die Modellanpassung nicht signifikant, wenn die Regressionsparameter in beiden Stichproben gleichgesetzt werden. Wir nehmen dieses Ergebnis der Basismodelle zum Anlass, um in weiteren Analysen – wie im Fall des Leseverständnisses – auf die Modellierung des Geschlechtsparameters zu verzichten.

Tabelle 5.17: Ergebnisse der Regression der Mathematikleistungen am Ende der 4. Jahrgangsstufe auf Schulform (SESB/VGLK)[1] und Geschlecht nach Vergleichsgruppen (VGLK)[1] (unstandardisierte Regressionskoeffizienten, robuste Standardfehler in Klammern, R^2 und Chi^2-Differenztest)

Ordinatenabschnitt und Prädiktoren	Basismodelle									
	Modell 1			Modell 2				Modell 3			
	SESB und VGLK 2014	SESB und VGLK 2003	Parameter auf Gleichheit restringiert	SESB und VGLK 2014	SESB und VGLK 2003	Parameter auf Gleichheit restringiert	SESB und VGLK 2014	SESB und VGLK 2003	Parameter auf Gleichheit restringiert
Intercept	99.49 (4.20)**	99.71 (1.45)**	99.66 (1.46)**	106.71 (3.04)**	105.09 (1.42)**	105.55 (1.43)**	104.74 (5.00)**	104.21 (1.62)**	104.32 (1.66)**
Schulform *Referenz:* VGLK									
SESB	3.81 (4.66)	3.59 (2.79)	3.64 (2.73)	–	–	–	4.54 (5.22)	5.06 (2.79)	4.95 (2.71)
Geschlecht *Referenz:* Männlich									
Weiblich	–	–	–	−10.47 (1.88)**	−9.40 (1.06)**	−9.70 (1.04)**	−10.22 (2.67)**	−9.19 (1.15)**	−9.41 (1.06)**
Interaktion									
Schulform × Geschlecht	–	–	–	–	–	–	−0.82 (3.46)	−1.85 (2.67)	−1.63 (2.59)
R^2	0.00 (0.01)	0.00 (0.00)	0.00 (0.00)	0.03 (0.01)**	0.03 (0.01)**	0.03 (0.01)**	0.04 (0.01)	0.03 (0.01)	0.03 (0.01)
Chi^2-Differenz/Differenz der Freiheitsgrade/p	–	–	0.04/3/1.00	–	–	0.50/3/0.92	–	–	0.05/4/1.00

1 VGLK 2014: Vergleichsklassen aus der Erhebung 2014 der EUROPA-Studie; VGLK 2003: Vergleichsklassen aus der ELEMENT-Studie 2003.
** $p < 0.01$.

5.5.2.2.2 Individuelle Perspektive

Im Folgenden sollen differenzielle Effekte des Sprach- und Migrationshintergrunds im Hinblick auf die Mathematikleistungen untersucht werden. Dabei wird das Leistungsniveau monolingual deutschsprachig aufgewachsener Schülerinnen und Schüler bzw. von Schülerinnen und Schülern ohne MGH an monolingual unterrichtenden Regelschulen als Referenz spezifiziert (Ordinatenabschnitte in Tab. 5.18). Nach Hypothese 2 (Abschnitt 5.5.1) erwarten wir, dass monolingual nichtdeutschsprachig aufgewachsene Schülerinnen und Schüler und Schülerinnen und Schüler mit beidseitigem MGH – unabhängig von der besuchten Schulform – das Referenzniveau verfehlen. Ergänzend nimmt Hypothese 3 (Abschnitt 5.5.1) an, dass dieser Rückstand an der SESB kleiner ausfällt. Hypothese 3 postuliert also eine ordinale Interaktion zwischen Schulform und Sprach- bzw. Migrationshintergrund. Bilingual aufgewachsene Kinder und Kinder mit einseitigem MGH dagegen sollten die Mathematikleistungen von monolingual deutschsprachig aufgewachsenen Kindern annähernd erreichen.

Tabelle 5.18 fasst die Ergebnisse der Regression von den am Ende der 4. Jahrgangsstufe erreichten Mathematikleistungen auf Schulform und Sprach- bzw. Migrationshintergrund aufgeschlüsselt nach Vergleichsstichproben zusammen. Es wird für den Sprach- und Migrationshintergrund getrennt ein Zweigruppenmodell angepasst. Wir interpretieren jeweils das auf Gleichheit der Regressionsparameter restringierte Modell.

Die starken Haupteffekte des Sprach- und Migrationshintergrunds bestätigen Hypothese 2. Der Abfall der Mathematikleistung von monolingual nichtdeutschsprachig aufgewachsenen gegenüber monolingual deutschsprachig aufgewachsenen Kindern ist in den Kontrollgruppen (Spalte 4) mit $d = 0.56$ Standardabweichungen groß. Analoge Ergebnisse finden sich für Schülerinnen und Schüler mit beidseitigem MGH, die in den Kontrollgruppen (Spalte 7) in gleichem Ausmaß ($d = 0.57$) hinter den Leistungen der Kinder ohne MGH zurückbleiben. Diese Befunde sind etwas günstiger als die Ergebnisse des Ländervergleichs BISTA (vgl. Haag et al., 2012, S. 220). Ebenso lässt sich die nach Hypothese 3 erwartete ordinale Interaktion zugunsten von monolingual nichtdeutschsprachig aufgewachsenen Kindern bzw. Kindern mit beidseitigem MGH an der SESB zufallskritisch absichern. Die Leistungsrückstände beider Gruppen verringern sich an der SESB auf $d = 0.36$ bzw. $d = 0.19$. Bilingual aufgewachsene Kinder zeigen an der SESB etwas schwächere Mathematikleistungen, während sie in den Kontrollgruppen unauffällig sind (Spalte 4: signifikante Interaktion, kein signifikanter Haupteffekt). Schülerinnen mit einseitigem MGH bleiben unter beiden institutionellen Bedingungen in ihren Mathematikleistungen um $d = 0.25$ hinter den Leistungen von Altersgleichen ohne MGH zurück, wobei sich allerdings eine Interaktion zugunsten der SESB andeutet (Spalte 7). Auch diese Ergebnisse sind etwas günstiger als die des Ländervergleichs BISTA.

Die Abbildungen 5.5 und 5.6 veranschaulichen die Befunde der Regressionsanalysen der Tabelle 5.18. Sie geben die Ergebnisse der beiden restringierten Modelle wieder. Zusätzlich werden auch die Gesamtergebnisse verglichen (vgl. Tab. 5.15). Abbildung 5.5 zeigt den deutlichen Leistungsrückstand von monolingual nichtdeutschsprachig aufgewachsenen Schülerinnen und Schülern in den Kontrollgruppen und den kleineren Rückstand an der SESB. Abbildung 5.6 präsentiert das tendenziell vergleichbare Ergebnismuster, wenn man nach MGH differenziert. Unterschiede treten bei bilingualem Sprach- bzw. einseitigem

Tabelle 5.18: Ergebnisse der Regression der Mathematikleistungen am Ende der 4. Jahrgangsstufe auf Schulform (SESB/VGLK)[1] und Sprach- bzw. Migrationshintergrund nach Vergleichsgruppen (VGLK)[1] (unstandardisierte Regressionskoeffizienten, robuste Standardfehler in Klammern, R^2 und Chi²-Differenztest)

Ordinatenabschnitt und Prädiktoren	Modell 1: Sprachhintergrund			Modell 2: Migrationshintergrund		
	SESB und VGLK 2014	SESB und VGLK 2003	Parameter auf Gleichheit restringiert	SESB und VGLK 2014	SESB und VGLK 2003	Parameter auf Gleichheit restringiert
Intercept	108.88 (3.77)**	105.23 (1.54)**	105.72 (1.50)**	109.48 (3.18)**	104.93 (1.41)**	105.67 (1.37)**
Schulform *Referenz*: VGLK						
SESB	1.61 (4.36)	5.26 (3.18)	4.78 (3.08)	−1.85 (4.01)	2.70 (2.40)	1.96 (2.28)
Sprachhintergrund *Referenz*: Monolingual deutschsprachig						
Bilingual	−6.21 (4.47)	−0.97 (1.49)	−1.25 (1.54)	–	–	–
Monolingual nichtdeutschsprachig	−22.80 (3.14)**	−15.38 (1.39)**	−16.64 (1.44)**	–	–	–
Interaktionen						
Schulform × Bilingual	−1.26 (4.83)	−6.50 (2.90)*	−6.22 (2.89)*	–	–	–
Schulform × Monolingual nichtdeutsch	12.11 (3.74)**	4.70 (2.69)	5.96 (2.76)*	–	–	–
Migrationshintergrund *Referenz*: Kein MGH						
Einseitiger MGH	–	–	–	−9.34 (4.61)*	−7.40 (1.74)**	−7.39 (1.84)**
Beidseitiger MGH	–	–	–	−21.09 (4.40)**	−15.94 (1.95)**	−16.85 (1.89)**
Interaktionen						
Schulform × Einseitiger MGH	–	–	–	8.26 (5.43)	6.32 (3.10)*	6.30 (3.23)
Schulform × Beidseitiger MGH	–	–	–	11.84 (5.40)*	6.68 (3.60)	7.60 (3.58)*
R^2	0.08 (0.02)**	0.06 (0.01)**	0.05 (0.01)**	0.07 (0.02)**	0.05 (0.01)**	0.05 (0.01)**
Chi²-Differenz/Differenz der Freiheitsgrade/p	–	–	4.42/7/0.73	–	–	4.73/7/0.69

1 VGLK 2014: Vergleichsklassen aus der Erhebung 2014 der EUROPA-Studie; VGLK 2003: Vergleichsklassen aus der ELEMENT-Studie 2003.
$p < 0.05$, ** $p < 0.01$.

Abbildung 5.5: Mittlere Mathematikleistungen am Ende der 4. Jahrgangsstufe nach Sprachhintergrund und Schulform (VGLK/SESB)

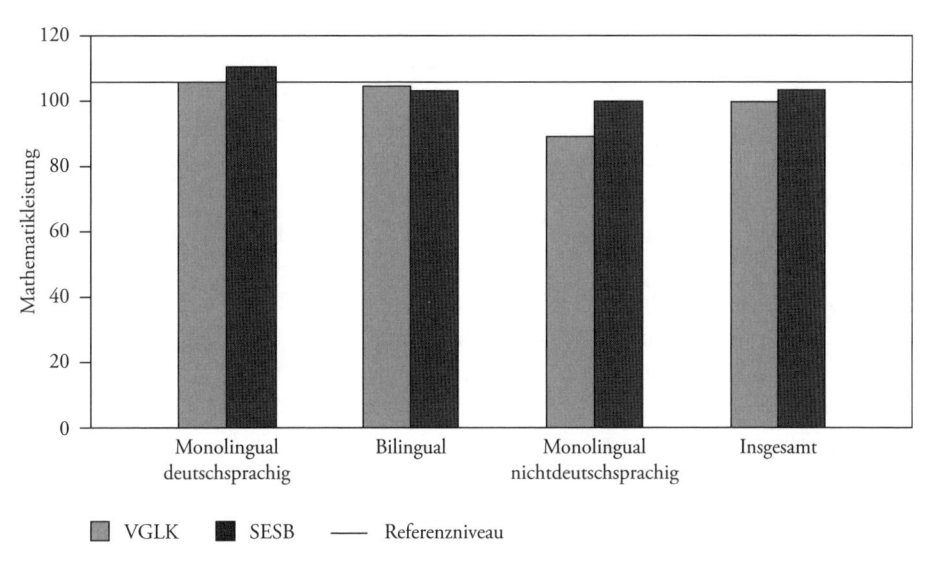

Abbildung 5.6: Mittlere Mathematikleistung am Ende der 4. Jahrgangsstufe nach Migrationshintergrund und Schulform (VGLK/SESB)

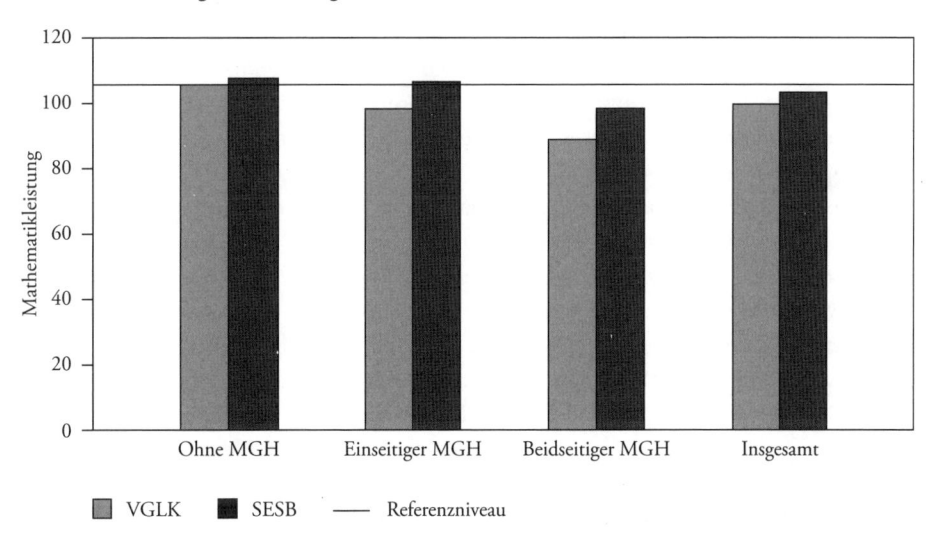

Migrationshintergrund auf. Betrachtet man die in beiden Abbildungen wiedergegebenen Gesamtergebnisse und setzt sie zur Referenznorm monolingual deutschsprachig aufgewachsener Kinder in Beziehung, sieht man, dass diese Marke weder an den monolingual deutschsprachig unterrichtenden Regelschulen noch an der SESB vom Durchschnitt aller Schülerinnen und Schüler zuverlässig erreicht wird.

5.5.2.2.3 Institutionelle Perspektive

In den vorangehenden Abschnitten haben wir gezeigt, dass an der SESB und an monolingual deutschsprachig unterrichtenden Regelschulen am Ende der 4. Jahrgangsstufe im Mittel gleiche Mathematikleistungen erreicht werden. Ein sich andeutender Vorteil für die SESB wurde nicht signifikant (vgl. Tab. 5.17). Gleichzeitig haben wir aber auch festgestellt, dass an deutschsprachig unterrichtenden Grundschulen am Ende der 4. Jahrgangsstufe monolingual nichtdeutschsprachig aufgewachsene Schülerinnen und Schüler bzw. Kinder aus Familien, in denen beide Eltern zugewandert sind, deutliche Rückstände in den Mathematikleistungen aufweisen. Diese Rückstände sind an der SESB statistisch signifikant kleiner. Der Unterschied ist auch praktisch bedeutsam (vgl. Tab. 5.18).

Angesichts der doch beträchtlichen Selektivität der SESB stellt sich – wie auch bei den Befunden zum deutschsprachigen Leseverständnis – die Frage, ob die äquivalenten oder im Fall der nichtdeutschsprachig aufgewachsenen bzw. der nichtdeutschstämmigen Schülerinnen und Schüler günstigeren Leistungsergebnisse auch mit einer sozial- und bildungsmäßig weniger selektiven Schülerschaft erreicht worden wären. Unter institutioneller Perspektive lautet die Frage, ob die SESB tatsächlich eine für die Leistungsentwicklung im Fach Mathematik äquivalente oder sogar förderlichere Umwelt bietet oder nur von der Eingangsselektivität profitiert. Im Folgenden überprüfen wir diese Frage, indem wir wiederum *Value-added*-Modelle schätzen, in denen die sozialen, bildungsmäßigen und kognitiven Unterschiede zwischen der Schülerschaft beider Schulformen kontrolliert werden.

Tabelle 5.19, die wie Tabelle 5.18 aufgebaut ist, fasst die Ergebnisse der Regressionsanalysen von den Mathematikleistungen am Ende der 4. Jahrgangsstufe auf Sprach- bzw. Migrationshintergrund und Schulform unter Kontrolle von Merkmalen der sozialen und bildungsmäßigen Herkunft und der kognitiven Grundfähigkeiten zusammen. Es werden wiederum Zweigruppenmodelle spezifiziert. Interpretiert werden die restringierten Modelle in den Spalten 4 und 7.

Zunächst zeigt sich, dass die drei Kovariaten auch im Fach Mathematik in hohem Maße leistungsrelevant sind. Der wichtigste Prädiktor sind wiederum die kognitiven Grundfähigkeiten. Aber auch Sozialstatus und Bildungsniveau der Eltern sagen in spezifischer Weise die Mathematikleistungen der Viertklässler vorher. Insgesamt steigt in den *Value-added*-Modellen die erklärte Leistungsvarianz im Vergleich zu den nichtadjustierten Modellen der Tabelle 5.18 um 26 Prozentpunkte auf 31 Prozent.

Referenz der *Value-added*-Modelle sind die mittleren Mathematikleistungen deutschsprachig aufgewachsener Schülerinnen und Schüler bzw. von Schülerinnen und Schülern ohne MGH mit mittleren kognitiven Grundfähigkeiten, deren Eltern kein Abitur und einen mittleren Sozialstatus haben. Dementsprechend liegen die Ordinatenabschnitte in den beiden Modellen der Tabelle 5.19 auch etwas unter den entsprechenden Werten der Tabelle 5.18. Betrachtet man in Tabelle 5.19 die für unseren Argumentationsgang bedeutsamen Regressionsparameter und vergleicht sie mit den Ergebnissen der Tabelle 5.18, so wird erkennbar, dass sich das Befundmuster unter Kontrolle der Kovariaten bei aller Ähnlichkeit doch ändert. Die Stärke der beiden Haupteffekte (nichtdeutschsprachige Monolingualität bzw. beidseitiger MGH) geht deutlich von über einer halben Standardabweichung auf knapp ein Viertel einer Standardabweichung zurück (Spalten 4 und 7). Gleichzeitig wird

Tabelle 5.19: Ergebnisse der Regression der Mathematikleistungen am Ende der 4. Jahrgangsstufe auf Schulform (SESB/VGLK)[1] und Sprach- bzw. Migrationshintergrund unter Kontrolle von Hintergrundmerkmalen nach Vergleichsgruppen (VGLK)[1] (unstandardisierte Regressionskoeffizienten, robuste Standardfehler in Klammern, R^2 und Chi^2-Differenztest)

Ordinatenabschnitt und Prädiktoren	Modell 1: Sprachhintergrund			Modell 2: Migrationshintergrund		
	SESB und VGLK 2014	SESB und VGLK 2003	Parameter auf Gleichheit restringiert	SESB und VGLK 2014	SESB und VGLK 2003	Parameter auf Gleichheit restringiert
Intercept	102.21 (2.94)**	99.97 (0.98)**	100.29 (0.97)**	101.66 (2.35)**	99.93 (0.91)**	100.32 (0.87)**
Schulform						
Referenz: VGLK						
SESB	3.01 (3.30)	0.42 (2.51)	2.32 (2.42)	−0.63 (2.63)	−4.01 (2.12)	−2.27 (2.05)
Sprachhintergrund						
Referenz: Monolingual deutschsprachig						
Bilingual	−3.96 (3.65)	−0.21 (1.13)	−0.15 (1.23)	–	–	–
Monolingual nichtdeutschsprachig	−11.91 (2.93)**	−5.86 (1.61)**	−6.99 (1.57)**	–	–	–
Interaktionen						
Schulform × Bilingual	−4.64 (4.06)	−8.37 (2.50)**	−8.44 (2.53)**	–	–	–
Schulform × Mono nichtdeutsch	5.54 (3.45)	−0.57 (2.95)	0.57 (2.86)	–	–	–
Migrationshintergrund						
Referenz: Kein MGH						
Einseitiger MGH	–	–	–	−4.09 (3.74)	−4.62 (1.31)**	−4.46 (1.61)**
Beidseitiger MGH	–	–	–	−8.94 (2.60)**	−6.14 (1.40)**	−6.91 (1.34)**
Interaktionen						
Schulform × Einseitiger MGH	–	–	–	1.95 (4.41)	2.36 (2.63)	2.23 (2.80)
Schulform × Beidseitiger MGH	–	–	–	7.02 (2.63)**	4.12 (1.93)*	4.90 (1.80)**
Sozialstatus und Bildungsniveau der Eltern						
HISEI (z-standardisiert)	4.30 (0.93)**	2.90 (0.51)**	3.29 (0.54)**	4.20 (1.00)**	2.59 (0.52)**	2.99 (0.53)**
Abitur der Eltern (0/1)	4.76 (1.19)**	7.58 (1.07)**	6.40 (0.95)**	4.50 (1.16)**	8.09 (1.11)**	6.88 (0.98)**
Kognitive Grundfähigkeiten						
KFT (z-standardisiert)	12.47 (0.88)**	13.27 (0.76)**	13.08 (0.64)**	12.79 (0.90)**	13.39 (0.74)**	13.25 (0.63)**
R^2	0.32 (0.03)**	0.31 (0.02)**	0.31 (0.02)**	0.31 (0.03)**	0.31 (0.02)**	0.31 (0.02)**
Chi^2-Differenz/Differenz der Freiheitsgrade/p			22.60/10/0.01			16.15/10/0.01

* $p < 0.05$, ** $p < 0.01$.

[1] VGLK 2014: Vergleichsklassen aus der Erhebung 2014 der EUROPA-Studie; VGLK 2003: Vergleichsklassen aus der ELEMENT-Studie 2003.

die Interaktion zwischen Sprachhintergrund und Schulform nicht mehr signifikant. Die günstigeren Mathematikleistungen von monolingual nichtdeutschsprachig aufgewachsenen Schülerinnen und Schülern an der SESB sind also offenbar selektionsbedingt. Nachweisbar bleibt die Wechselwirkung zwischen Schulform und beidseitigem MGH. Der relative Leistungsvorteil von Schülerinnen und Schülern mit beidseitigem MGH an der SESB dürfte auf institutionelle Förderung zurückzuführen sein. An den Befunden für bilingual aufgewachsene Schülerinnen und Schüler ändert sich durch die Kovariatenkontrolle nichts. Ihre Mathematikleistungen liegen an der SESB deutlich niedriger (d = 0.28) als in den Vergleichsklassen. Schülerinnen und Schüler mit einseitigem MGH erreichen im Fach Mathematik auch unter Kontrolle von Herkunftsmerkmalen und kognitiven Grundfähigkeiten an beiden Schulformen nicht die Referenznorm.

Unter institutioneller Perspektive lassen sich diese Befunde folgendermaßen zusammenfassen: Die SESB scheint im Fach Mathematik insgesamt eine Unterrichtsqualität zu bieten, die mit der an monolingual unterrichtenden Grundschulen in Berlin vergleichbar ist. Dabei werden an der SESB für Schülerinnen und Schüler mit beidseitigem MGH bessere und für bilinguale Schülerinnen und Schüler ungünstigere Fördererergebnisse erzielt.

5.5.2.2.4 Sprachprogramme

Die Standorte der SESB unterscheiden sich in der sozialen und bildungsmäßigen Zusammensetzung der Elternschaft und deren Schulwahlmotiven und teilweise auch in der leistungsmäßigen Zusammensetzung der Schülerschaft, sodass man mit der Entstehung unterschiedlicher kultureller und kognitiver Entwicklungsmilieus rechnen muss. Es ist zu erwarten, dass dies auch Auswirkungen auf die Leistungsentwicklung im Fach Mathematik hat. Wir haben deshalb in Abschnitt 5.5.1 mit Hypothese 4 die Vermutung formuliert, dass die Mathematikleistungen an der SESB je nach Partnersprache, der spezifischen Indikation des Programms und der Selektivität des Standorts unterschiedlich ausfallen, und zwar auch dann, wenn für differenzielle Eingangsselektivität kontrolliert wird. Im Folgenden soll diese Hypothese überprüft werden. Dabei berücksichtigen wir mit nichtadjustierten Vergleichen eine individuelle und mit der Kontrolle von Hintergrundmerkmalen auch eine institutionelle Perspektive.

Tabelle 5.20 weist die Ergebnisse von zwei Regressionsanalysen von den Mathematikleistungen am Ende der 4. Jahrgangsstufe auf Schulsprache bzw. Sprachprogramm differenziert nach Kontrollgruppen aus. Im Modell 1 dienen alle Schülerinnen und Schüler der Kontrollgruppen als Vergleichsgruppe für die einzelnen Sprachprogramme der SESB. Im Modell 2 bilden ausschließlich die monolingual deutschsprachig aufgewachsenen Schülerinnen und Schüler die Referenzgruppe. Modell 2 stellt den strengeren Vergleich dar. Für beide Modelle werden Zweigruppenvergleiche spezifiziert. Interpretiert wird jeweils das restriktive Modell, in dem alle Regressionsparameter über die Kontrollgruppen hinweg gleichgesetzt sind.

Die Parameterschätzungen der beiden restringierten Modelle lassen relativ deutlich drei SESB-Gruppen erkennen. Die erste Gruppe bilden die Standorte mit den Partnersprachen Englisch und (nur in Modell 1) Französisch. Hier erreichen die Schülerinnen und Schüler

Tabelle 5.20: Ergebnisse der Regression der Mathematikleistung am Ende der 4. Jahrgangsstufe auf Schulform bzw. Sprachprogramm nach Vergleichsgruppen (VGLK)[1] (unstandardisierte Regressionskoeffizienten, robuste Standardfehler in Klammern, R^2 und Chi²-Differenztest)

Ordinatenabschnitt und Prädiktoren	Modell 1 *Referenz*: Alle Schülerinnen und Schüler an VGLK			Modell 2 *Referenz*: Monolingual deutschsprachige Schülerinnen und Schüler an VGLK		
	SESB und VGLK 2014	SESB und VGLK 2003	Parameter auf Gleichheit restringiert	SESB und VGLK 2014	SESB und VGLK 2003	Parameter auf Gleichheit restringiert
Intercept	99.49 (4.20)**	99.71 (1.45)**	99.66 (1.46)**	110.86 (3.84)**	102.98 (1.58)**	104.44 (1.58)**
Sprachprogramm *Referenz*: VGLK						
Englisch	9.16 (4.21)*	8.93 (1.46)**	8.98 (1.47)**	−2.22 (3.84)	5.67 (1.59)**	4.20 (1.59)**
Französisch	9.13 (5.14)	8.90 (3.05)**	8.95 (3.11)**	−2.25 (4.74)	5.63 (3.11)**	4.18 (3.12)
Griechisch	−0.30 (4.45)	−0.52 (1.70)	−0.48 (1.79)	−11.67 (4.14)**	−3.79 (1.81)*	−5.25 (1.91)**
Italienisch	3.24 (8.96)	3.01 (8.24)	3.06 (8.20)	−8.14 (8.85)	−0.25 (8.26)	−1.72 (8.23)
Polnisch	−6.51 (4.20)	−6.73 (1.45)**	−6.68 (1.46)**	−17.88 (3.84)**	−9.99 (1.58)**	−11.45 (1.58)**
Portugiesisch	−5.01 (4.20)	−5.23 (1.45)**	−5.18 (1.46)**	−16.38 (3.84)**	−8.49 (1.58)**	−9.96 (1.58)**
Russisch	6.18 (7.46)	5.95 (6.03)	6.00 (6.10)	−5.20 (7.05)	2.69 (6.06)	1.22 (6.12)
Spanisch	4.25 (4.34)	4.02 (1.96)*	4.07 (1.94)*	−7.13 (3.84)**	0.76 (2.06)	−0.71 (1.91)
Türkisch	−14.54 (4.20)**	−14.76 (1.45)**	−14.71 (1.46)**	−25.91 (3.84)**	−18.03 (1.58)**	−19.49 (1.58)**
R^2	0.04 (0.02)*	0.02 (0.01)*	0.04 (0.02)*	0.07 (0.03)*	0.02 (0.013)	0.05 (0.02)*
Chi²-Differenz/Differenz der Freiheitsgrade/*p*	–	–	0.02/11/1.00	–	–	36.48/11/0.00a

1 VGLK 2014: Vergleichsklassen aus der Erhebung 2014 der EUROPA-Studie; VGLK 2003: Vergleichsklassen aus der ELEMENT-Studie 2003.
a BIC verbessert sich von 41.285 auf 41.220.
* $p < 0.05$, ** $p < 0.01$.

Tabelle 5.21: Ergebnisse der Regression der Mathematikleistungen am Ende der 4. Jahrgangsstufe auf Schulform bzw. Sprachprogramm unter Kontrolle von Hintergrundmerkmalen nach Vergleichsgruppen (VGLK)[1] (unstandardisierte Regressionskoeffizienten, robuste Standardfehler in Klammern, R^2 und Chi²-Differenztest)

Ordinatenabschnitt und Prädiktoren	Modell 1 *Referenz*: Alle Schülerinnen und Schüler an VGLK			Modell 2 *Referenz*: Monolingual deutschsprachige Schülerinnen und Schüler an VGLK		
	SESB und VGLK 2014	SESB und VGLK 2003	Parameter auf Gleichheit restringiert	SESB und VGLK 2014	SESB und VGLK 2003	Parameter auf Gleichheit restringiert
Intercept	96.86 (2.59)**	98.02 (0.85)**	97.90 (0.87)**	104.57 (3.14)**	100.83 (1.01)**	101.37 (1.05)**
Sprachprogramm *Referenz*: VGLK						
Englisch	4.20 (2.46)	−1.76 (1.22)	0.65 (1.16)	−1.38 (2.88)	−1.78 (1.43)	−0.87 (1.32)
Französisch	4.00 (4.27)	−1.83 (3.57)	0.53 (3.60)	−1.54 (4.51)	−1.89 (3.73)	−0.97 (3.70)
Griechisch	−0.22 (3.00)	−6.00 (1.78)**	−3.81 (1.90)*	−6.53 (3.28)*	−6.47 (1.95)**	−5.76 (1.92)**
Italienisch	2.70 (6.17)	−2.88 (5.67)	−0.60 (5.71)	−2.91 (6.34)	−2.78 (5.59)	−1.97 (5.61)
Polnisch	2.14 (2.54)	−3.98 (1.49)**	−1.57 (1.52)	−4.35 (3.30)	−3.91 (1.61)**	−3.30 (1.66)*
Portugiesisch	−4.47 (2.39)	−10.15 (1.12)**	−7.93 (1.09)**	−10.57 (2.94)**	−10.35 (1.31)**	−9.62 (1.26)**
Russisch	0.86 (5.05)	−4.74 (4.35)	−2.53 (4.38)	−4.86 (5.29)	−5.01 (4.34)	−4.15 (4.37)
Spanisch	−1.48 (2.55)	−7.28 (1.48)**	−4.95 (1.42)**	−7.08 (2.87)**	−7.43 (1.74)**	−6.51 (1.64)**
Türkisch	−5.30 (2.68)*	−10.59 (1.59)**	−8.55 (1.61)**	−11.80 (1.75)**	−10.70 (1.75)**	−10.18 (1.74)
Sozialstatus und Bildungsniveau der Eltern						
HISEI (z-standardisiert)	4.63 (1.04)**	3.28 (0.50)**	3.63 (0.56)**	3.14 (0.87)**	2.70 (0.63)**	2.73 (0.60)**
Abitur der Eltern (0/1)	4.61 (1.35)**	7.31 (1.19)**	6.10 (1.10)**	4.46 (1.52)**	8.80 (1.29)**	6.41 (1.18)**
Kognitive Grundfähigkeiten						
KFT (z-standardisiert)	12.81 (1.03)**	13.61 (0.83)**	13.41 (0.78)**	12.95 (1.20)**	14.35 (0.90)**	13.95 (0.91)**
R^2	0.30 (0.03)**	0.30 (0.03)**	–	0.29 (0.04)**	0.31 (0.03)**	–
Chi²-Differenz/Differenz der Freiheitsgrade/p	–	–	26.46/14/0.02	–	–	19.77/14/0.14

1 VGLK 2014: Vergleichsklassen aus der Erhebung 2014 der EUROPA-Studie; VGLK 2003: Vergleichsklassen aus der ELEMENT-Studie 2003.
* $p < 0.05$, ** $p < 0.01$.

im Mittel Mathematikleistungen, die über den durchschnittlichen Leistungen aller Schülerinnen und Schüler der Kontrollgruppen liegen ($d = 0.30$). Aber auch im Vergleich zu monolingual deutschsprachigen Altersgleichen an sonstigen Regelschulen fallen die Mathematikleistungen noch günstiger aus ($d = 0.14$).

Eine zweite Gruppe, zu denen die Standorte mit den Partnersprachen Griechisch, Italienisch, Russisch und Spanisch gehören, erzielt im Vergleich mit den Durchschnittsleistungen der Kontrollgruppen im Wesentlichen äquivalente Ergebnisse.

In der dritten Gruppe mit den Partnersprachen Polnisch, Portugiesisch und Türkisch sind jedoch – zumindest auf der Ebene nichtadjustierter Werte – konsistent Schwächen in den mathematischen Leistungen zu erkennen. Der Leistungsrückstand liegt im Vergleich zum Durchschnitt aller Schülerinnen und Schüler der Kontrollgruppen zwischen $d = 0.17$ und $d = 0.49$. Er vergrößert sich im Vergleich mit der kriterialen Referenznorm auf Werte, die zwischen $d = 0.33$ und $d = 0.64$ liegen.

Die in Tabelle 5.20 vorgestellten Analysen haben wir unter einer institutionellen Vergleichsperspektive wiederholt. Tabelle 5.21 fasst die Ergebnisse zusammen. Wir interpretieren wiederum die Befunde der Modelle mit restringierten Regressionsparametern. Der Vergleich zeigt ein klar modifiziertes Bild. Erwartungsgemäß reduzieren sich die Leistungsunterschiede sowohl zwischen den Sprachprogrammen der SESB als auch zwischen den Programmen der SESB und den Kontrollgruppen deutlich. Die Standorte mit englischer und französischer Partnersprache behalten auch bei der Kontrolle von Hintergrundmerkmalen der Schülerinnen und Schüler ihre Spitzenstellung innerhalb der SESB. Im Vergleich zu den beiden Referenzgruppen unterscheiden sich ihre Mathematikleistungen jedoch nicht mehr. Annähernd äquivalente adjustierte Mathematikleistungen erreichen sonst nur noch die Schülerinnen und Schüler an den Standorten mit italienischer und russischer und vielleicht auch noch polnischer Partnersprache. Die adjustierten Mathematikleistungen an den Standorten der übrigen Sprachprogramme – also den Programmen mit griechischer, portugiesischer, spanischer und vor allem türkischer Partnersprache – fallen dagegen sichtbar ab. Institutionelle Defizite sind vor allem im portugiesisch- und türkischsprachigen Programm zu erkennen.

5.5.3 Zusammenfassung

An der SESB steht Mathematik prototypisch für einen deutschsprachig erteilten Unterricht in den Sachfächern. Insofern ist Mathematik auch das geeignete Fach, um zu überprüfen, ob in dual-immersiven Schulprogrammen durch die doppelte Alphabetisierung Verzögerungen der Leistungsentwicklung in den in der Verkehrssprache unterrichteten Sachfächern entstehen. Die Ergebnisse unserer Analysen sind eindeutig. An der SESB werden am Ende der 4. Jahrgangsstufe insgesamt Mathematikleistungen erreicht, die den Leistungen, die monolingual unterrichtende Grundschulen in Berlin erzielen, äquivalent sind. Dies trifft auch unter Kontrolle der sozialen, bildungsmäßigen und kognitiven Selektivität der SESB zu. Von Entwicklungsnachteilen im deutschsprachigen Sachfachunterricht kann also auf der Basis der Vollerhebung des Routineprogramms der SESB nicht die Rede sein. Allerdings konnten auch die besonders positiven Ergebnisse von Einzelversuchen (Baumert, Köller & Lehmann, 2012; Zaunbauer & Möller, 2007, 2010) nicht repliziert werden. Dabei ist ebenfalls herauszustellen, dass bei einem äquivalenten Gesamtergebnis Schülerinnen und Schüler, die monolingual nichtdeutschsprachig aufgewachsen sind bzw. Schülerinnen und Schüler mit beidseitigem MGH an der SESB bessere Mathematikleistungen erzielen als die vergleichbare Gruppe an monolingual unterrichtenden Regelschulen. Dieser Befund ließ sich für den beidseitigen MGH auch unter Kontrolle der Eingangsselektivität der SESB bestätigen. In diesem Fall können wir von institutionellen Fördereffekten der SESB sprechen. Man darf jedoch auch nicht verschweigen, dass bilingual aufgewachsene Schülerinnen und Schüler an der SESB in ihren Mathematikleistungen im Vergleich zu sonstigen Grundschulen in Berlin etwas zurückfallen.

Ein differenzierteres Bild ergibt sich auf der Ebene der einzelnen Sprachprogramme. Hier ist zunächst zu betonen, dass am Ende der 4. Jahrgangsstufe in den meisten Sprachprogrammen – mit Ausnahme der Programme mit polnischer, portugiesischer und türkischer Partnersprache – im Mittel Mathematikleistungen erreicht werden, die mit den Leistungsergebnissen deutschsprachig unterrichtender Grundschulen in Berlin äquivalent sind oder diese sogar übertreffen. In fünf Sprachprogrammen der SESB erreichen die Schülerinnen und Schüler im Durchschnitt sogar die Referenznorm monolingual deutschsprachig aufgewachsener Gleichaltriger. Spitzenreiter innerhalb der SESB sind die Programme mit englischer und französischer Partnersprache.

Unter Kontrolle der sozialen, bildungsmäßigen und kognitiven Eingangsselektivität der SESB-Standorte relativiert sich dieses Bild etwas. Die Standorte mit englischer und französischer Partnersprache behalten auch nach Adjustierung ihre Spitzenstellung innerhalb der SESB. Im Vergleich zu den Referenzgruppen unterscheiden sich die Mathematikleistungen jedoch nicht mehr. Annähernd äquivalente adjustierte Mathematikleistungen erreichen die Schülerinnen und Schüler an den Standorten mit italienischer, russischer und – mit Abstrichen – auch polnischer Partnersprache. Die Mathematikleistungen an den Standorten der übrigen Sprachprogramme – also den Programmen mit griechischer, portugiesischer, spanischer und vor allem türkischer Partnersprache – fallen bei Kontrolle der Selektivität dagegen ab. Institutionelle Defizite sind vor allem im portugiesisch- und türkischsprachigen Programm zu erkennen. Das differenzierte Bild der Analysen unter Berücksichtigung der unterschiedlichen Eingangsselektivität der Standorte vermittelt im Kern zwei Botschaften: Eine doppelte Alphabetisierung in immersiven Programmen ist strukturell nicht mit Nachteilen in der Leistungsentwicklung der in der Verkehrssprache unterrichteten Sachfächer verbunden. An erfolgreich arbeitenden Standorten gelingt es, offensichtlich unabhängig von der linguistischen Familie der Partnersprache vergleichbare Mathematikleistungen wie an monolingual unterrichtenden Regelschulen zu erreichen oder sogar Schülerinnen und Schüler mit beidseitigem MGH besonders zu fördern. Wenn Standorte oder einzelne Sprachprogramme hinter diese Referenz zurückfallen, ist dies keine Folge der doppelten Alphabetisierung, sondern hat institutionelle Ursachen, zu denen wahrscheinlich Kompositionseffekte und Merkmale der pädagogischen Arbeit gemeinsam beitragen.

5.6 Naturwissenschaftliche Kompetenzen – 4. Jahrgangsstufe

Mathematik und Sachkunde bilden allein aufgrund ihres Stundenaufkommens, das in der 4. Jahrgangsstufe jeweils fünf Wochenstunden beträgt, den Kern des Sachfachunterrichts in der Grundschule. An der SESB wird Mathematik deutschsprachig und Sachkunde in der jeweiligen Partnersprache unterrichtet. Damit steht Sachkunde prototypisch für einen nicht in der Verkehrssprache erteilten Sachfachunterricht. Sachkunde wird an der SESB jeweils von Lehrkräften erteilt, die die Partnersprache als L1 sprechen. In der Regel sind die Lehrkräfte jedoch doppelsprachig. Der Sachunterricht wird an der SESB im selben Stundenumfang und nach demselben Lehrplan erteilt, der auch für monolingual deutschsprachig unterrichtende Regelschulen in Berlin gültig ist.

Der Sachkundeunterricht wird – und das gilt auch und besonders für seine naturwissenschaftlichen Teile – erfahrungsbasiert und nach Möglichkeit auch handlungsorientiert erteilt. Beobachtungen der natürlichen Umwelt und kleine naturwissenschaftliche Experimente gehen von Alltagserfahrungen der Schülerinnen und Schüler aus und werden primär deskriptiv verarbeitet. Lernprozesse sind damit in erheblichem Maße vom allgemeinen Weltwissen der Schülerinnen und Schüler und dessen sprachlicher Repräsentation abhängig. Damit ergeben sich – ähnlich wie im Mathematikunterricht, aber in umgekehrter Konstellation – für Schülerinnen und Schüler, die die Unterrichtssprache als L1 bzw. als L2 sprechen, sehr unterschiedliche Ausgangsbedingungen. Für Schülerinnen und Schüler, die die Unterrichtssprache als L2 gelernt haben, ist der partnersprachige Sachunterricht in sehr viel stärkerem Maße auch ein Sprachunterricht, als dies für L1-Sprecher der Fall ist. Die fachlichen Lernprozesse werden also durch den Grad der Beherrschung der Unterrichtssprache moderiert. Je strikter die Immersionsbedingungen eingehalten werden und je konsequenter auf Hilfestellungen in deutscher Sprache verzichtet wird, desto ausgeprägter dürfte dieser Moderatoreffekt ausfallen.

5.6.1 Entwicklung der Fragestellungen und Untersuchungshypothesen

Mit einem Sachfachunterricht, der nicht in der Verkehrssprache, sondern in der nichtdeutschen Partnersprache erteilt wird, ergeben sich zwei grundsätzlich unterschiedliche Fragestellungen. Die erste und weitergehende Frage richtet sich darauf, wie sicher und beweglich Schülerinnen und Schüler ihr Fachwissen, das sie in einem partnersprachigen Sachkundeunterricht erworben haben, bei deutschsprachigen Aufgabenstellungen aktivieren und einsetzen können. Erwerbs- und Anwendungskontext sind also nicht kongruent. Die zweite, enger eingegrenzte Frage bezieht sich darauf, welches Wissens- und Leistungsniveau in einem Sachfach erreicht wird, wenn Erwerbs- und Anwendungskontext kongruent sind und welche Rolle dabei der Umstand spielt, dass die nichtdeutsche Unterrichtssprache als L1 oder L2 gelernt wurde. In der Evaluation der SESB nehmen wir beide Fragen auf, indem wir das im Sachkundeunterricht erworbene naturwissenschaftliche Wissen sowohl mit einem deutschsprachigen als auch mit einem partnersprachigen Test erfassen. Beide Tests sind äquivalente Parallelversionen, die dasselbe theoretische Konstrukt, das sich als altersgerechtes und alltagsbezogenes naturwissenschaftliches Grundwissen bezeichnen lässt, erfassen. Die deutschsprachige Testung steht für den inkongruenten und die partnersprachige Testung für den kongruenten Anwendungsfall. Dieses Testarrangement wurde möglich, indem auf die Instrumente der internationalen TIMS-Studie der IEA zurückgegriffen wurde (vgl. Kap. 3). Vergleichsgruppen für die Viertklässlerinnen und Viertklässler der SESB sind einmal gleichaltrige Schülerinnen und Schüler der 2014 untersuchten Vergleichsklassen an Berliner Grundschulen und zum anderen Schülerinnen und Schüler, die in den Referenzländern (England, französischsprachiges Kanada, Zypern, Italien, Polen, Portugal, Russland, Spanien und die Türkei) im Jahre 2011 – im Falle von Zypern im Jahre 2003 – an TIMSS teilgenommen hatten. Die Leistungsdaten der Schülerinnen und Schüler der SESB und aller Vergleichsgruppen wurden gemeinsam Rasch-skaliert, sodass alle Leistungswerte auf derselben Metrik abgebildet werden und damit direkt vergleichbar sind (zu den Details der Stichprobe und der Skalierung vgl. Kap. 3).

Die Forschungslage zu den Auswirkungen dual-immersiver Programme auf die Leistungen im naturwissenschaftlichen Unterricht ist denkbar unbefriedigend. Die vorliegenden Untersuchungen und insbesondere auch die beiden einschlägigen Metaanalysen zur Einwegimmersion kommen zu widersprüchlichen Ergebnissen. Die Untersuchung von Marsh et al. (2000) und die Metaanalyse von Lo und Lo (2014) zu in Hongkong durchgeführtem immersivem Unterricht berichten negative Auswirkungen eines in englischer Sprache erteilten naturwissenschaftlichen Unterrichts im Vergleich zu Klassen an Regelschulen, die auf Chinesisch unterrichtet wurden. Dagegen fanden Deventer et al. (2016) in ihrer Metaanalyse, die Ergebnisse von vier Studien in den USA und Europa zusammenfasst, deutlich positive Effekte. Für dual-immersive Programme finden sich in der Metaanalyse von Matthießen (2016) 16 Effektstärken mit einem durchschnittlichen Effekt von $d = 0.33$.

Hypothesen zu den deutschsprachig getesteten naturwissenschaftlichen Kompetenzen – Leistungsergebnisse unter Bedingungen der Inkongruenz von Unterrichts- und Testsprache

Mit der Vorgabe eines deutschsprachigen naturwissenschaftlichen Leistungstests wird im Rahmen der EUROPA-Studie der Vergleich mit Schülerinnen und Schülern gesucht, die im Fach Sachkunde in einem monolingualen Unterricht in deutscher Sprache unterrichtet werden. Für die Schülerinnen und Schüler an der SESB bedeutet dies, dass Unterrichts- und Testsprache auseinanderfallen. Die sprachlichen Kontexte des Wissenserwerbs und der Wissensanwendung sind inkongruent. Damit werden an der SESB infolge des Sprachwechsels beim Wissensabruf und der Wissensanwendung Übersetzungsleistungen verlangt, die von der Vergleichsgruppe, bei der Unterrichts- und Testsprache identisch sind, nicht gefordert werden. Unter Bedingungen der Inkongruenz ist mit Übersetzungs- oder sogenannten Switchkosten zu rechnen. Die Höhe der Switchkosten ist von mehreren Umständen abhängig. Je spezifischer Fachwissen und Fachsprache sind, desto höher dürften die Übersetzungskosten sein. Bei der Erfassung des naturwissenschaftlichen Wissens auf Grundschulniveau und dessen vorwiegend alltagssprachlicher Verankerung dürfte dieser Faktor von nachgeordneter Bedeutung sein. Wichtiger ist vermutlich die Striktheit, mit der der partnersprachige Sachunterricht durchgehalten wird. Häufige deutschsprachige Hilfen einer bilingualen Lehrkraft dürften zu einer doppelsprachigen Codierung der naturwissenschaftlichen Sachverhalte beitragen, die Switchkosten reduzieren kann. In jedem Fall aber wird die Sicherheit der Beherrschung der Testsprache für die deutschsprachige Performanz von hoher Bedeutung sein. Insofern erwarten wir differenzielle Leistungsergebnisse im deutschsprachigen naturwissenschaftlichen Test vor allem in Abhängigkeit vom Leseverständnis in deutscher Sprache.

Bei monolingual deutschsprachig aufgewachsenen Schülerinnen und Schülern sollten die Switchkosten unter inkongruenten Testbedingungen bei der Alltagsnähe der Fachsprache und einer wahrscheinlich häufig doppelsprachigen Codierung der Sachverhalte gering ausfallen. Darüber hinaus sollten Verständnisprobleme beim Lesen der deutschsprachigen Texte nicht größer als in der monolingual deutschsprachig unterrichteten Vergleichsgruppe sein. Offen bleibt die Frage, wie gut für monolingual deutschsprachig aufgewachsene Schülerinnen und Schüler der Wissenserwerb in der L2 gelingt. Im Anschluss an die Ergebnisse der Metaanalyse von Deventer et al. (2016) gehen wir davon aus, dass auch bei der dualen Immersion, die sich von den immersiven Einwegprogrammen im Umfang der L2-Nutzung unterscheidet, zumindest annähernd gleiche naturwissenschaftliche Leistungen erbracht werden, wie sie monolingual deutschsprachig unterrichtete Schülerinnen und Schüler in sonstigen Regelschulen erreichen.

Hypothese 1 lautet also, dass monolingual deutschsprachig aufgewachsene Schülerinnen und Schüler an der SESB auch bei partnersprachigem Sachunterricht deutschsprachige Testleistungen erreichen, die dem Leistungsniveau der entsprechenden Schülerinnen und Schüler in den monolingual unterrichteten Vergleichsklassen entsprechen. Eine vergleichbare Annahme wird für Schülerinnen und Schüler ohne MGH getroffen.

Für bilingual aufgewachsene Schülerinnen und Schüler gilt die gleiche Konstellation. Die Switchkosten sollten bei tatsächlicher Bilingualität tendenziell noch geringer als bei monolingual deutschsprachig aufgewachsenen Kindern ausfallen.

Hypothese 2 besagt dementsprechend, dass die naturwissenschaftlichen Leistungen im deutschsprachigen Test von bilingual aufgewachsenen Schülerinnen und Schülern an der SESB das Niveau monolingual deutschsprachig aufgewachsener Schülerinnen und Schüler an den sonstigen Regelschulen annähernd und das bilingual aufgewachsener Schülerinnen und Schüler der Vergleichsklassen mit Sicherheit erreichen. Für Schülerinnen und Schüler der SESB mit einseitigem MGH gelten die entsprechenden Annahmen.

Bei monolingual partnersprachig aufgewachsenen Schülerinnen und Schülern ist unter inkongruenten Testbedingungen mit einer deutlichen Leistungsminderung durch erhöhte Verständnisprobleme beim Lesen und Bearbeiten der deutschsprachigen Testaufgaben und damit verbunden auch mit erhöhten Switchkosten zu rechnen.

Hypothese 3 besagt, dass bei monolingual partnersprachig aufgewachsenen Schülerinnen und Schülern der SESB im deutschsprachigen naturwissenschaftlichen Test mit schwä-

cheren Leistungen zu rechnen ist, und zwar sowohl im Vergleich zu monolingual deutschsprachig als auch im Vergleich zu monolingual nichtdeutschsprachig aufgewachsenen Schülerinnen und Schülern der Vergleichsklassen. Für Schülerinnen und Schüler mit beidseitigem MGH gelten die entsprechenden Annahmen.

Naturwissenschaftliche Leistungen unter kongruenten Testbedingungen

Die Schülerinnen und Schüler der SESB bearbeiteten im Rahmen der Evaluation eine Parallelversion des naturwissenschaftlichen Tests in der jeweiligen Partnersprache. In diesem Fall sind Unterrichtssprache und Testsprache identisch. Damit ist auch der sprachliche Kontext des Wissenserwerbs und der Wissensanwendung kongruent. Da die beiden Parallelversionen des Tests die naturwissenschaftlichen Leistungen auf der gleichen Metrik abbilden, ist sowohl ein Vergleich mit den monolingual unterrichteten Vergleichsklassen in Berlin als auch ein Vergleich mit repräsentativen Stichproben von Viertklässlern möglich, die in den jeweiligen Referenzländern monolingual in der Partnersprache unterrichtet wurden. Switchkosten fallen in dieser Konstellation nicht an. Wir gehen davon aus, dass sich monolingual partnersprachig aufgewachsene Schülerinnen und Schüler an der SESB aufgrund ihrer von Anfang an besseren Beherrschung der Unterrichtssprache gegenüber monolingual deutschsprachig aufgewachsenen Altersgleichen und gegenüber nichtdeutschsprachig Aufgewachsenen in den Vergleichsklassen in einer privilegierten Situation befinden.

Nach Hypothese 4 erzielen monolingual partnersprachig aufgewachsene Schülerinnen und Schüler an der SESB annähernd gleiche naturwissenschaftliche Leistungen wie Schülerinnen und Schüler in den jeweiligen Partnerländern und monolingual deutschsprachig aufgewachsene Schülerinnen und Schüler in den Vergleichsklassen in Berlin. Dies sollte annähernd auch für bilingual aufgewachsene Kinder zutreffen. Dies impliziert in Verbindung mit Hypothese 3, dass für diese Gruppen die partnersprachigen Testleistungen besser als die deutschsprachigen Testleistungen ausfallen. Für den MGH gelten die entsprechenden Annahmen.

Mit Hypothese 5 nehmen wir ergänzend an, dass monolingual partnersprachig aufgewachsene Schülerinnen und Schüler an der SESB die naturwissenschaftlichen Leistungen der monolingual nichtdeutschsprachig aufgewachsenen Schülerinnen und Schüler der Vergleichsklassen in Berlin deutlich übertreffen. Wir erwarten also eine Interaktion zwischen Sprachhintergrund und Schulform. Eine vergleichbare Annahme wird für den MGH getroffen.

Bei monolingual deutschsprachig aufgewachsenen Schülerinnen und Schülern der SESB rechnen wir mit Kosten im partnersprachigen Leistungstest, die weniger auf sprachbedingte Lerndefizite als vielmehr auf Sprachprobleme bei der Bearbeitung des Tests zurückzuführen sein sollten. Wir vermuten also, dass der partnersprachige Test die tatsächliche Leistungsfähigkeit der monolingual deutschsprachig aufgewachsenen Schülerinnen und Schüler in den Naturwissenschaften unterschätzt.

Hypothese 6 lautet dementsprechend, dass monolingual deutschsprachig aufgewachsene Schülerinnen und Schüler an der SESB im partnersprachigen Test schwächere Leistungen als im deutschsprachigen Test erzielen und damit auch deutlich schlechtere Leistungen als monolingual deutschsprachig aufgewachsene Schülerinnen und Schüler der Vergleichsklassen, die in deutscher Sprache getestet wurden. Für den MGH gelten auch hier die entsprechenden Annahmen.

Leistungsvergleiche der partnersprachigen Programme
Wie bereits in den vorangehenden Abschnitten begründet, erwarten wir, dass sich die Standorte der unterschiedlichen partnersprachigen Programme sowohl im deutschsprachigen als auch im partnersprachigen Naturwissenschaftstest untereinander und ebenso im Vergleich mit den Referenzgruppen in Berlin und den Vergleichsländern systematisch unterscheiden.

Hypothese 7 nimmt unterschiedliche naturwissenschaftliche Leistungsergebnisse in Abhängigkeit vom besuchten Sprachprogramm an.

5.6.2 Ergebnisse zu den naturwissenschaftlichen Kompetenzen

Wie dargestellt, zeichnet sich die EUROPA-Studie unter anderem dadurch aus, dass die naturwissenschaftlichen Leistungen im immersiven Sachkundeunterricht der Grundschule sowohl in der Unterrichts- als auch in der Verkehrssprache mit Parallelformen desselben international bewährten Tests erfasst wurden. Damit wurde es möglich, die Ergebnisse eines dual-immersiven Bildungsprogramms im Sachfachunterricht sowohl unter den Bedingungen der Kongruenz bzw. Inkongruenz von Verkehrs- und Unterrichtssprache als auch unter den Bedingungen der Kongruenz bzw. Inkongruenz von Erst- und Unterrichts-/Testsprache zu untersuchen und die Ergebnisse im innerstädtischen und internationalen Vergleich zu justieren. Infolge dieser Untersuchungsanlage werden die Analyse der Daten und die Darstellung der Ergebnisse notwendigerweise komplexer, zumal wir davon ausgehen, dass die Erträge und Kosten des immersiven Sachfachunterrichts in Abhängigkeit vom Sprach- und Migrationshintergrund unterschiedlich verteilt sein dürften. Um die Lektüre zu erleichtern, soll schrittweise durch das Programm geführt werden.

Der folgende Ergebnisbericht erfolgt in vier Schritten. Zunächst wird – wie auch schon in den Abschnitten zum Leseverständnis und zur mathematischen Kompetenz – ein deskriptiver Überblick über die Befundlage insgesamt gegeben. Daran schließt sich die Darstellung der Ergebnisse der sprachprogrammübergreifenden Analysen unter den Bedingungen der Inkongruenz von Unterrichts- und Testsprache an. Darauf folgen die Analysen unter Kongruenzbedingungen. Im vierten Unterabschnitt werden Untersuchungsergebnisse auf der Ebene von Sprachprogrammen der SESB berichtet. Der Abschnitt zu den naturwissenschaftlichen Kompetenzen schließt im fünften Schritt mit einer Zusammenfassung und Diskussion der Befunde.

Tabelle 5.22: Naturwissenschaftsleistungen am Ende der 4. Jahrgangsstufe nach Geschlecht, Sprachhintergrund, Migrationsstatus und Schulform bzw. Vergleichsgruppe (SESB/VGLK 2014/Vergleichsländer) und Testsprache (Mittelwerte, Standardabweichungen, robuste Standardfehler in Klammern)

Personenmerkmale	Schulform bzw. Vergleichsgruppe/Testsprache							
	SESB				VGLK 2014[1]		Vergleichsländer[2]	
	Partnersprachiger Test		Deutschsprachiger Test		Deutschsprachiger Test		Partnersprachiger Test	
	M (SE)	SD	M (SE)	SD	M (SE)	SD	M (SE)	SD
Geschlecht								
Mädchen	87.19 (3.68)	26.50	96.00 (2.92)	20.00	92.96 (4.99)	21.20	103.05 (0.40)	23.90
Jungen	88.44 (3.73)	28.90	97.93 (2.51)	22.10	93.37 (4.76)	23.70	104.22 (0.38)	25.40
Sprachhintergrund								
Monolingual deutschsprachig	81.34 (3.10)	25.90	102.95 (2.60)	20.50	99.71 (2.19)	21.60	–	–
Bilingual	88.00 (3.62)	27.50	99.72 (1.56)	18.60	95.47 (5.36)	22.20	–	–
Monolingual nichtdeutschsprachig	90.91 (4.27)	28.10	90.47 (5.78)	21.90	84.75 (8.84)	20.90	–	–
Migrationsstatus								
Ohne MGH	82.25 (3.88)	27.60	101.79 (2.43)	20.60	100.10 (2.92)	22.00	–	–
MGH einseitig	90.74 (2.79)	24.90	101.02 (1.58)	19.00	94.75 (4.79)	20.60	–	–
MGH beidseitig	87.12 (4.96)	29.80	90.87 (0.53)	21.35	84.48 (8.90)	20.50	–	–
Insgesamt	87.77 (3.43)	27.64	96.89 (2.53)	21.00	93.16 (4.79)	22.50	103.65 (0.36)	24.70

[1] VGLK 2014: Vergleichsklassen aus der Erhebung 2014 der EUROPA-Studie.
[2] Vergleichsländer gleich gewichtet.

5.6.2.1 Deskriptive Befunde

Tabelle 5.22 gibt einen Überblick über die an der SESB am Ende der 4. Jahrgangsstufe im immersiven Sachkundeunterricht erreichten naturwissenschaftlichen Leistungen – differenziert nach Geschlecht, Sprach- und Migrationshintergrund sowie Testsprache. Zum Vergleich werden auch die deutschsprachig erfassten Leistungsergebnisse der monolingual deutschsprachig unterrichteten Vergleichsklassen in Berlin (VGLK 2014) und die in der jeweiligen Verkehrssprache erhobenen durchschnittlichen Leistungen von Viertklässlern in den neun Referenzländern der EUROPA-Studie berichtet. In die Schätzung des internationalen Mittelwerts, der für die naturwissenschaftliche Kompetenz eines durchschnittlichen Viertklässlers in den Vergleichsländern steht, gehen die Leistungswerte aller Referenzländer mit gleichem Gewicht ein.

Bei einem genaueren Blick auf Tabelle 5.22 deuten sich vier Ergebnismuster an, die in den nachfolgenden Analysen vertieft untersucht werden. Überraschenderweise scheinen die in deutscher Sprache – also unter den Bedingungen der Inkongruenz von Unterrichts- und Testsprache – erfassten naturwissenschaftlichen Leistungen an der SESB insgesamt und in fast allen dargestellten Untergruppen besser auszufallen als die unter Kongruenzbedingungen in der Partnersprache erzielten Testergebnisse. Als zweiter wichtiger Befund deutet sich an, dass die Schülerinnen und Schüler an der SESB mit ihren deutschsprachig erfassten naturwissenschaftlichen Leistungen in allen Untergruppen das mittlere Leistungsniveau der entsprechenden Gruppen an monolingual deutschsprachig unterrichtenden Vergleichsschulen in Berlin zu erreichen oder zu übertreffen scheinen, aber das durchschnittliche Kompetenzniveau von Viertklässlern in den Referenzländern verfehlen. Dieses Ergebnis wird durch ein drittes Befundmuster modifiziert. Werden die naturwissenschaftlichen Leistungen von Schülerinnen und Schülern der SESB in der jeweiligen Partnersprache – also unter den Bedingungen der Kongruenz von Unterrichts- und Testsprache – überprüft, fallen die Leistungen in Abhängigkeit vom Sprach- und Migrationshintergrund teilweise erheblich hinter den Leistungsergebnissen der Berliner und internationalen Vergleichsgruppen zurück. Als vierter Ergebniskomplex ist zu erkennen, dass in Abhängigkeit von der Testsprache die Unterschiede zwischen den Gruppen mit unterschiedlichem Sprach- bzw. Migrationshintergrund systematisch variieren.

Diese sich teils andeutenden und teils klar erkennbaren Befundmuster sollen im Folgenden eingehender analysiert werden.

5.6.2.2 Analytische Befunde – Testleistungen unter den Bedingungen der Inkongruenz von Unterrichts- und Testsprache

Im folgenden Abschnitt soll die Frage beantwortet werden, wie sicher Schülerinnen und Schüler ihr Fachwissen, das sie in einem partnersprachigen Sachkundeunterricht erworben haben, bei deutschsprachigen Aufgabenstellungen aktivieren und einsetzen können. Erwerbs- und Anwendungskontext sind also *inkongruent*. Dies ist eine typische Anforderung, die in bilingualen Programmen entsteht, wenn Wissen, das im immersiven Unterricht erarbeitet wurde, im Kontext der Verkehrssprache angewendet werden soll. Die vergleichenden Analysen werden in drei Unterabschnitten dargestellt. Zunächst wird wiederum ein Basismodell angepasst, das den unkorrigierten Bruttoeffekt des Schulformbesuchs für Jungen und Mädchen schätzt. Referenz für den Vergleich sind in diesem Fall die durchschnittlichen naturwissenschaftlichen Leistungen von Jungen an monolingual deutschsprachig unterrichtenden Regelschulen Berlins. Im Unterschied zu den Schülerinnen und Schülern an der SESB wird die Vergleichsgruppe also unter den Bedingungen der *Kongruenz* von Unterrichts- und Testsprache untersucht. Daran anschließend werden der Einfluss des Sprach- und Migrationshintergrunds und die Wechselwirkung mit der Schulform auf die naturwissenschaftlichen Leistungen geprüft. Referenzniveau sind die durchschnittlichen Naturwissenschaftsleistungen von monolingual deutschsprachig aufgewachsenen bzw. deutschstämmigen Schülerinnen und Schülern an monolingual unterrichtenden Regelschulen. Im folgenden Unterabschnitt schätzen wir *Value-added-* Modelle, mit denen die naturwissenschaftlichen Leistungen an der SESB und den sonstigen monolingual unterrichtenden Regelschulen Berlins unter Kontrolle von Fähigkeits- und Herkunftsmerkmalen der untersuchten Schülerinnen und Schüler verglichen werden.

5.6.2.2.1 Basismodelle

Tabelle 5.23 weist die Ergebnisse der Regression von den naturwissenschaftlichen Leistungen in deutscher Sprache auf Schulform und Geschlecht aus. Modell 1 zeigt, dass sich der in den deskriptiven Befunden andeutende schwache Leistungsvorteil der Schülerinnen und Schüler an der SESB gegenüber Altersgleichen an monolingual unterrichtenden Regelschulen von $d = 0.19$ nicht zufallskritisch absichern lässt. Modell 2 zeigt, dass im Unterschied zu den

Tabelle 5.23: Ergebnisse der Regression von den Naturwissenschaftsleistungen in deutscher Sprache am Ende der 4. Jahrgangsstufe auf Schulform (SESB/VGLK 2014)[1] und Geschlecht (unstandardisierte Regressionskoeffizienten, robuste Standardfehler in Klammern, R^2)

Ordinatenabschnitt und Prädiktoren	Basismodelle		
	Modell 1	Modell 2	Modell 3
Intercept	93.16 (4.78)**	95.37 (3.25)**	93.37 (4.75)**
Schulform *Referenz:* VGLK			
SESB	3.72 (3.98)	–	4.56 (4.38)
Geschlecht *Referenz:* Männlich			
Weiblich	–	–0.99 (1.38)	–0.41 (1.81)
Interaktion			
Schulform × Geschlecht	–	–	–1.52 (2.64)
R^2	0.001 (0.01)	0.001 (0.001)	0.01 (0.01)

1 VGLK 2014: Vergleichsklassen aus der Erhebung 2014 der EUROPA-Studie.
** $p < 0.01$.

Mathematikleistungen (vgl. Tab. 5.15) Jungen und Mädchen im Sachkundeunterricht gleiche naturwissenschaftliche Leistungen erreichen. Dieses gilt, wie Modell 3 mit der nicht signifikanten Interaktion zwischen Schulform und Geschlecht belegt, sowohl für die SESB als auch für die monolingual deutschsprachig unterrichtenden Grundschulen. Wir nehmen dieses Ergebnis der Basismodelle zum Anlass, um in den weiteren Analysen wiederum auf die Modellierung des Geschlechtsparameters zu verzichten.

5.6.2.2.2 Individuelle Perspektive

Tabelle 5.24 fasst die Ergebnisse der Regression von den am Ende der 4. Jahrgangsstufe erreichten naturwissenschaftlichen Leistungen in deutscher Sprache auf Schulform und Sprach- bzw. Migrationshintergrund zusammen. Mit den Modellen 1 und 2 werden unter der individuellen Perspektive der einzelnen Schülerin und des einzelnen Schülers nichtadjustierte Bruttoeffekte des Sprach- und Migrationshintergrunds geschätzt. In den *Value-added*-Modellen 3 und 4 werden die Analysen unter Kontrolle von Herkunftsmerkmalen und kognitiven Grundfähigkeiten wiederholt. Mit diesen Modellen werden die Hypothesen 1 bis 3 überprüft.

Modell 1 bestätigt zunächst erwartungsgemäß, dass monolingual deutschsprachig aufgewachsene Schülerinnen und Schüler an der SESB trotz der Inkongruenz von Unterrichts- und Testsprache mindestens die gleichen naturwissenschaftlichen Leistungen erreichen, die in der Referenzgruppe unter Kongruenzbedingung erzielt werden. Es deutet sich sogar mit etwa vier Leistungspunkten oder $d = 0.22$ ein Vorteil der SESB an, der jedoch nicht zufallskritisch abzusichern ist. Der y-standardisierte Koeffizient verfehlt jedoch nur knapp die Signifikanzgrenze. Modell 2 weist einen analogen Befund für die Schülerinnen und Schüler ohne MGH aus. Mit diesen Ergebnissen wird Hypothese 1 bestätigt. Dieser Befund wiederholt sich für bilingual aufgewachsene Schülerinnen und Schüler bzw. Schülerinnen und Schüler mit einseitigem MGH. Auch sie erreichen an der SESB mit rund 100 bzw. 101 Punkten das Leistungsniveau von monolingual deutschsprachig aufgewachsenen bzw. deutschstämmigen Schülerinnen und Schülern an den sonstigen Regelschulen Berlins. Die Abbildungen 5.7 und 5.8 veranschaulichen die Ergebnisse der Tabelle 5.24 noch einmal grafisch.

Die Modelle 1 und 2 zeigen darüber hinaus Defizite für Schülerinnen und Schüler, die nichtdeutschsprachig aufgewachsen sind oder aus Familien stammen, in denen beide Elternteile zugewandert sind. Dieser Befund bestätigt den ersten Teil der Hypothese 3, ist allerdings nicht gegen den Zufall abgesichert. Die Leistungen dieser beiden Gruppen bleiben also an der SESB trotz der Inkongruenz von Unterrichts- und Testsprache nicht signifikant hinter den entsprechenden Leistungen in den Vergleichsklassen zurück. Die positiven Vorzeichen der (allerdings nicht signifikanten) Interaktionen widersprechen dem zweiten Teil der Hypothese 3. Der Abstand der naturwissenschaftlichen Leistungen zwischen monolingual nichtdeutschsprachig und monolingual deutschsprachig aufgewachsenen Kindern ist an der SESB und in den Vergleichsklassen mit rund 14 bzw. 13 Leistungspunkten oder $d = 0.69$ bzw. $d = 0.63$ groß. Dieses Bild wiederholt sich bei der Überprüfung des Effekts eines beidseitigen MGH. In der Kontrollgruppe fallen die Leistungen der Kinder mit beidseitigem MGH mit rund 15 Leistungspunkten oder $d = 0.77$ gegenüber den Leistungen der Schülerinnen und Schüler ohne MGH erheblich ab. An der SESB ist der Leistungsrückstand trotz der

Tabelle 5.24: Ergebnisse der Regression der Naturwissenschaftsleistungen in deutscher Sprache am Ende der 4. Jahrgangsstufe auf Schulform (SESB/VGLK 2014)[1] und Sprach- bzw. Migrationshintergrund ohne und mit Kontrolle von Hintergrundmerkmalen (unstandardisierte Regressionskoeffizienten, robuste Standardfehler in Klammern, R^2)

Ordinatenabschnitt und Prädiktoren	Nichtadjustierte Modelle		Adjustierte Modelle	
	Modell 1 Sprachhintergrund	Modell 2 Migrationshintergrund	Modell 3 Sprachhintergrund	Modell 4 Migrationshintergrund
Intercept	98.56 (2.22)**	99.80 (2.96)**	94.58 (3.21)**	95.39 (3.25)**
Schulform				
Referenz: VGLK				
SESB	4.39 (3.51)	1.99 (3.88)	5.25 (3.54)	2.73 (3.04)
Sprachhintergrund				
Referenz: Monolingual deutschsprachig				
Bilingual	−2.69 (4.42)	–	−1.36 (3.01)	–
Monolingual nichtdeutschsprachig	−13.76 (7.86)	–	−6.90 (4.00)	–
Interaktionen				
Schulstatus × Bilingual	−0.54 (4.15)	–	−2.58 (3.32)	–
Schulstatus × Monolingual nichtdeutsch	1.28 (2.81)	–	−2.87 (2.84)	–
Migrationshintergrund				
Referenz: Kein MGH				
Einseitiger MGH	–	−4.86 (4.91)	–	−1.76 (3.48)
Beidseitiger MGH	–	−15.29 (8.83)	–	−8.14 (4.69)
Interaktionen				
Schulstatus × Einseitiger MGH	–	4.09 (5.24)	–	0.37 (3.82)
Schulstatus × Beidseitiger MGH	–	4.37 (4.82)	–	1.52 (2.78)
Sozialstatus und Bildungsniveau der Eltern				
HISEI (z-standardisiert)	–	–	2.67 (1.63)	2.39 (1.51)
Abitur der Eltern (0/1)	–	–	2.75 (1.76)	2.40 (1.63)
Kognitive Grundfähigkeiten				
KFT (z-standardisiert)	–	–	7.67 (4.34)	7.69 (4.37)
R^2	0.09 (0.021)**	0.11 (0.026)**	0.30 (0.027)**	0.30 (0.026)**

[1] VGLK 2014: Vergleichsklassen aus der Erhebung 2014 der EUROPA-Studie.
** $p < 0.01$.

Abbildung 5.7: Mittlere naturwissenschaftliche Leistungen in deutscher Sprache am Ende der 4. Jahrgangsstufe nach Sprachhintergrund und Schulform (VGLK/SESB)

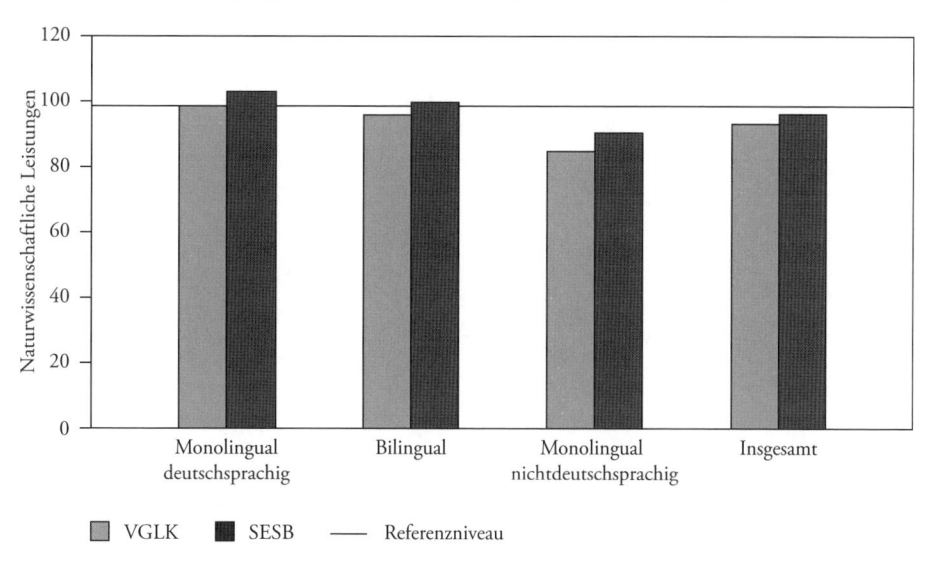

Abbildung 5.8: Mittlere naturwissenschaftliche Leistungen in deutscher Sprache am Ende der 4. Jahrgangsstufe nach Migrationshintergrund und Schulform (VGLK/SESB)

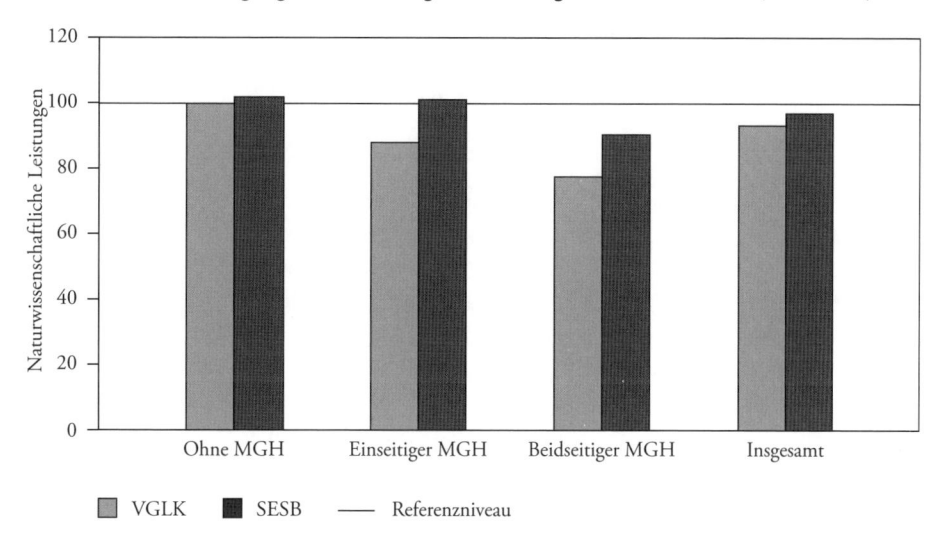

Inkongruenz von Unterrichts- und Testsprache wider Erwarten tendenziell kleiner (rund 11 Leistungspunkte oder $d = 0.57$). Der Unterschied lässt sich jedoch nicht zufallskritisch absichern, wie die nicht signifikante Interaktion zeigt. Ein Blick auf die Abbildungen 5.7 und 5.8 veranschaulicht die Befundlage.

5.6.2.2.3 Institutionelle Perspektive

Wechselt man von der individuellen zur institutionellen Perspektive und schätzt *Value-added*-Modelle, die für differenzielle Eingangsselektivität der SESB kontrollieren, wiederholt sich das Grundmuster der in den Modellen 1 und 2 festgestellten Befunde. Allerdings halbieren sich die Rückstände bei nichtdeutschsprachigem Aufwachsen bzw. beidseitigem MGH. Die Effekte werden in den *Value-added*-Modellen aufgrund der relativ kleinen Fallzahlen trotz einer Effektstärke von $d = 0.35$ bzw. $d = 0.41$ nicht signifikant. Ein Blick auf die Kovariaten, mit denen für die unterschiedliche Eingangsselektivität kontrolliert wird, zeigt einen interessanten Befund, der deutlich von den Ergebnissen für das Fach Mathematik abweicht. Die Effekte des Sozialstatus und des Bildungsniveaus der Eltern lassen sich für die naturwissenschaftlichen Leistungen auf Grundschulniveau statistisch nicht absichern, und der Einfluss der kognitiven Grundfähigkeit ist nicht signifikant, wie dies bei den Mathematikleistungen der Fall war (vgl. Tab. 5.18).

5.6.2.2.4 Zusammenfassung

Die Ergebnisse der Analysen zu den Naturwissenschaftsleistungen in deutscher Sprache lassen sich folgendermaßen zusammenfassen: Trotz der Inkongruenz von Unterrichtssprache und Testbedingungen werden an der SESB naturwissenschaftliche Leistungen erreicht, die denen der monolingual deutschsprachig unterrichtenden Primarschulen in keiner Weise nachstehen. Monolingual nichtdeutschsprachig aufgewachsene Schülerinnen und Schüler weisen sowohl an der SESB als auch an den monolingual unterrichtenden Regelschulen große Leistungsrückstände auf, die nicht allein durch Herkunft und kognitive Grundfähigkeiten erklärt werden. Diese Rückstände sind jedoch an der SESB trotz inkongruenter Testbedingungen nicht größer als in den Vergleichsschulen.

5.6.2.3 Analytische Befunde – Testleistungen unter den Bedingungen der Kongruenz von Unterrichts- und Testsprache

Die Analysen zum Niveau des an der SESB insgesamt erreichten naturwissenschaftlichen Verständnisses in den Partnersprachen erfolgen in zwei Schritten. Zuerst wird – wie auch bei den zuvor dargestellten Analysen zum naturwissenschaftlichen Verständnis in deutscher Sprache – ein Basismodell angepasst, das den nichtadjustierten Bruttoeffekt des Besuchs der SESB im Vergleich zu den naturwissenschaftlichen Leistungen von Viertklässlern in den neun Referenzländern schätzt. Kriterium des Vergleichs ist in diesem Fall die durchschnittliche naturwissenschaftliche Leistung von Viertklässlern bzw. von Jungen in dieser Jahrgangsstufe in den Vergleichsländern insgesamt. Diese Ergebnisse werden unter Bezugnahme auf das internationale Kompetenzstufenmodell von TIMSS (Kleickmann, Brehl, Saß, Prenzel & Köller, 2012) anhand von *yield curves* eingehender interpretiert. Dieses Vorgehen entspricht der Darstellung der Testergebnisse zur Lesekompetenz in den Partnersprachen. Daran schließt sich im zweiten Schritt eine Analyse des Einflusses des Sprach- und Migrationshintergrunds auf das naturwissenschaftliche Verständnis von Schülerinnen und Schülern an der SESB an. Auch in diesem Fall sind die mittleren Schulleistungen in den gleichgewichteten

Referenzländern kriterialer Bezugspunkt. Ergänzend werden auch die naturwissenschaftlichen Leistungen von Schülerinnen und Schülern in den monolingual deutschsprachig unterrichteten Vergleichsklassen als Referenz betrachtet.

Die Tabelle 5.25 weist die Ergebnisse der Regression von den Naturwissenschaftsleistungen in der Partnersprache am Ende der 4. Jahrgangsstufe auf Vergleichsgruppen (SESB vs. Vergleichsländer insgesamt) und Geschlecht aus. Modell 1a ist zu entnehmen, dass die naturwissenschaftlichen Leistungen an der SESB im Durchschnitt um rund 16 Punkte oder $d = 0.64$ hinter den durchschnittlichen Leistungen eines Viertklässlers in den Vergleichsländern zurückbleiben. Dieser Rückstand ist erheblich kleiner als die für die partnersprachige Leseleistung berichtete Differenz von $d = 1.15$ (vgl. Tab. 5.9). Modell 1b weist zum Vergleich die Regressionsergebnisse für die in deutscher Sprache erhobenen Naturwissenschaftsleistungen aus. Hier beträgt der Rückstand gegenüber den Vergleichsländern nur etwa 7 Punkte oder $d = 0.27$. Der partnersprachige Test unterschätzt also die tatsächliche naturwissenschaftliche Kompetenz der Schülerinnen und Schüler an der SESB in nennenswerter Weise um rund 10 Leistungspunkte oder $d = 0.37$. Die Modelle 2a und 2b zeigen, dass Mädchen am Ende der 4. Jahrgangsstufe in den naturwissenschaftlichen Leistungen unabhängig von der Testsprache gegenüber Jungen geringfügig zurückfallen. Die Differenz ist statistisch signifikant, aber nicht von praktischer Bedeutung. Den Modellen 3a und 3b ist ergänzend zu entnehmen, dass dieser Unterschied sowohl an der SESB als auch im Mittel der Vergleichsländer in ähnlichem Umfang zu finden ist, wie die nicht signifikante Interaktion zwischen Vergleichsgruppe und Geschlecht belegt.

Der Rückstand der naturwissenschaftlichen Kompetenz gegenüber den Vergleichsländern ist im Vergleich zum Leistungsdefizit im partnersprachigen Leseverständnis nur gut halb so groß, aber dennoch mit über einer halben Standardabweichung erheblich. Zum besseren Verständnis sollen deshalb die Leistungsverteilungen anhand des TIMSS-Kompetenzstufenmodells genauer verglichen werden. Mithilfe eines Kompetenzstufenmodells wird operativ beschrieben, welche bereichsspezifischen Aufgaben Personen auf einem definierten Kompetenzniveau mit hinreichender Wahrscheinlichkeit lösen können. Zum Zwecke der Veranschaulichung wird dabei die kontinuierliche Leistungsverteilung in diskrete Abschnitte – sogenannte Kompetenzstufen – aufgeteilt. Im Rahmen der internationalen Grundschuluntersuchungen der IEA wird ein fünfstufiges Kompetenzmodell verwendet. Die Stufen werden anhand von Beispielaufgaben, die auf dem jeweiligen Niveau mit ausreichender Sicherheit bearbeitet werden können, beschrieben. Auf der untersten Kompetenzstufe I verfügen Schülerinnen und Schüler über ein nur rudimentäres Anfangswissen, das sich unsystematisch auf isolierte Sachverhalte bezieht. Auf Kompetenzstufe II besitzen Schülerinnen und Schüler elementares Wissen über einfache Fakten zur menschlichen Gesundheit, dem Ökosystem, zu Verhalten und Anatomie von Tieren, haben erste Vorstellungen von Energie und kennen einige Eigenschaften von Materialien. Auf Kompetenzstufe III können sie ein Basiswissen in der Biologie, Physik und Chemie auf naturwissenschaftsbezogene Alltagssituationen anwenden. Mit der Kompetenzstufe IV überschreiten Kinder die Grenze zum Erklären von Alltagsphänomenen und können ihr Wissen über und ihr Verständnis von einfachen naturwissenschaftlichen Sachverhalten nutzen, um Erscheinungen und Prozesse in der natürlichen Umwelt ansatzweise zu erklären. Schülerinnen und Schüler, die die Kompetenzstufe V errei-

Tabelle 5.25: Ergebnisse der Regression von den am Ende der 4. Jahrgangsstufe auf Vergleichsgruppen (SESB vs. Vergleichsländer insgesamt)[1] und Geschlecht nach Testsprache (unstandardisierte Regressionskoeffizienten, robuste Standardfehler in Klammern, R^2)

Ordinatenabschnitt und Prädiktoren	Modell 1a Test in Partnersprache	Modell 1b SESB Test in Deutsch	Basismodelle Modell 2a Test in Partnersprache	Modell 2b SESB Test in Deutsch	Modell 3a Test in Partnersprache	Modell 3b SESB Test in Deutsch
Intercept	103.65 (0.36)**	103.65 (0.36)**	103.53 (0.42)**	103.95 (0.38)**	104.22 (0.38)**	104.22 (0.38)**
Vergleichsgruppen *Referenz*: Vergleichsländer insgesamt[1]/ Jungen insgesamt/Jungen in Vergleichsländern						
SESB	−16.14 (3.32)**	−6.76 (2.48)**	–	–	−16.21 (3.66)**	−6.28 (2.47)*
Geschlecht *Referenz*: Männlich						
Weiblich	–	–	−1.30 (0.29)**	−1.26 (0.30)**	−1.17 (0.29)**	−1.16 (0.29)**
Interaktion						
Vergleichsgruppen × Geschlecht	–	–	–	–	0.24 (2.79)	−0.78 (2.08)
R^2	0.017 (0.008)*	0.003 (0.002)	0.001 (0.000)*	0.001 (0.000)*	0.017 (0.008)	0.004 (0.002)

1 Länder gleich gewichtet.
* $p < 0.05$, ** $p < 0.01$.

chen, haben ein basales Verständnis von Prozessen des naturwissenschaftlichen Arbeitens und können ihr alltagsbezogenes naturwissenschaftliches Wissen relativ systematisch anwenden (vgl. Bos et al., 2012, S. 310–315; Kleickmann et al., 2012, S. 138).

Eine direkte Übernahme dieses Kompetenzmodells für unsere Analysen ist nicht möglich, da sie die Benutzung der TIMSS-Metrik voraussetzt. Durch die neue Skalierung ist dieses Vorgehen ausgeschlossen (vgl. Kap. 3). Um aber die Grenzwerte der Kompetenzstufen in der SESB-Leistungsverteilung approximativ bestimmen zu können, übernehmen wir das im Abschnitt 5.4.2.2 für das partnersprachige Leseverständnis beschriebene Vorgehen. Danach werden die kumulierten Prozentwerte der Leistungsverteilung, die in den Referenzländern der EUROPA-Studie in der TIMS-Studie 2011 an den Übergangsschwellen der Kompetenzstufen gefunden wurden, über die Vergleichsländer gemittelt und in die Kurve der gemittelten relativen Häufigkeiten der neu skalierten Leseleistung derselben Länder eingetragen. Mit dieser *yield curve* und den darin abgetragenen Grenzwerten der Kompetenzstufen lassen sich die Leistungskurven der kumulierten Prozentwerte der SESB-Testleistungen vergleichen. Dies geschieht in der Abbildung 5.9 für die an der SESB erreichten deutsch- und partnersprachigen Naturwissenschaftsleistungen.

Abbildung 5.9 erlaubt den Vergleich der durchschnittlichen *yield curve* der Referenzländer mit den entsprechenden kumulierten Leistungskurven der deutsch- und partnersprachig erhobenen naturwissenschaftlichen Testleistungen an der SESB. Vergleicht man die kumulierten Prozentwerte an den kritischen Übergangsschwellen der Kompetenzstufen, ergibt sich das in der Tabelle 5.26 zusammengefasste Ergebnis.

Der Tabelle 5.26 ist zu entnehmen, dass in den Vergleichsländern durchschnittlich rund 91 Prozent der Viertklässlerinnen und Viertklässler mindestens die Kompetenzstufe II, 70 Prozent mindestens die Kompetenzstufe III, 35 Prozent mindestens die Kompetenzstufe IV und etwa 8 Prozent die Kompetenzstufe V erreichen. Im deutschsprachigen Naturwissenschaftstest erzielen die Schülerinnen und Schüler der SESB im unteren Leistungsbereich mit rund 89 Prozent der Altersgruppe, die mindestens die Kompetenzstufe II erreicht, durchaus vergleichbare Ergebnisse. Die Leistungsschere öffnet sich im Vergleich mit den Referenzländern ab Kompetenzstufe III, die an der SESB nur von 58 Prozent der Schülerinnen und Schüler erreicht oder überschritten wird. Der Anteil der Viertklässlerinnen und Viertklässler, die mindestens auf Kompetenzstufe IV gelangen, liegt dann ebenfalls deutlich niedriger bei 23 Prozent. Die *yield curve* der Schülerinnen und Schüler in den monolingual deutschsprachig unterrichteten Vergleichsklassen in Berlin verläuft praktisch deckungsgleich (ohne Abb.). Anhand des Vergleichs der *yield curves* sieht man, dass der in Tabelle 5.25 für die SESB berichtete Rückstand im deutschsprachigen Test von ungefähr einer Viertel Standardabweichung gegenüber den Vergleichsländern nicht unbedeutend ist.

Weitaus gravierender ist der Leistungsabfall im partnersprachigen Naturwissenschaftstest. Hier verläuft die *yield curve* in weiten Bereichen der Leistungsverteilung flacher als die Vergleichskurven. 25 Prozent der Schülerinnen und Schüler an der SESB erreichen nicht die kritische Übergangsschwelle zur Kompetenzstufe II und gut die Hälfte der Schülerinnen und Schüler bleibt unter der Kompetenzstufe III. Im oberen Leistungsbereich wird die Differenz wieder etwas kleiner, wenn etwa 18 Prozent der Viertklässlerinnen und Viertklässler an der SESB mindestens die Kompetenzstufe IV erreichen. Insgesamt ver-

Abbildung 5.9: *Yield curves* der Leistungen in Naturwissenschaften für acht Referenzländer der EUROPA-Studie, die an TIMSS 2011 teilgenommen haben, und für die Schülerinnen und Schüler der 4. Jahrgangsstufe an der SESB (partnersprachige und deutschsprachige Leistungen) sowie Approximation der Kompetenzstufen von TIMSS 2011

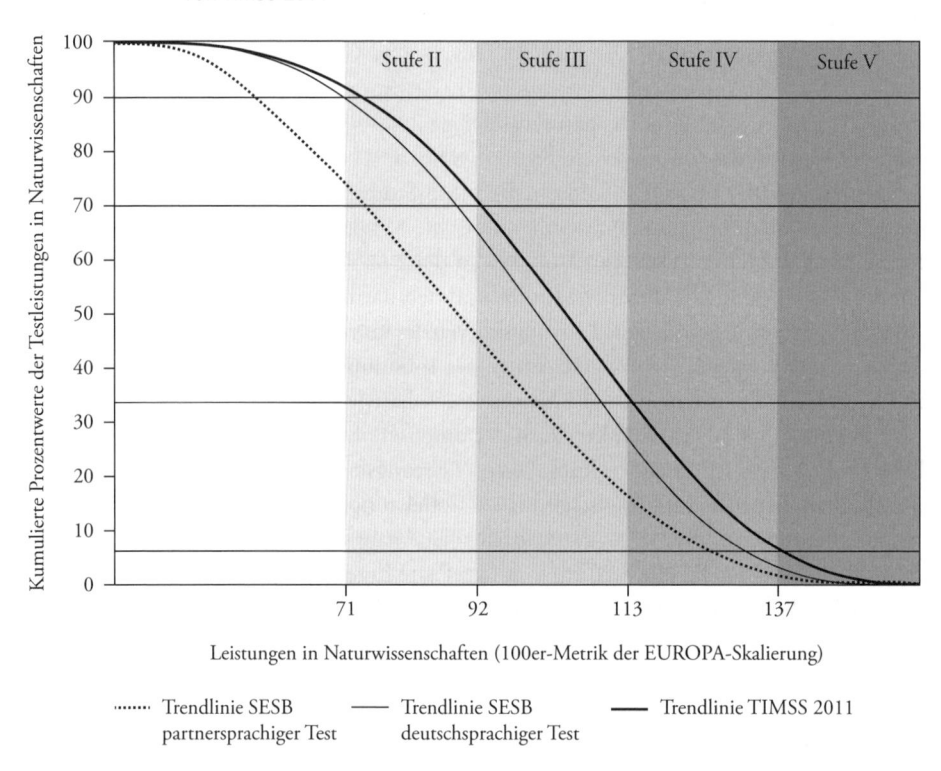

Tabelle 5.26: Schülerinnen und Schüler der 4. Jahrgangsstufe nach mindestens erreichter Kompetenzstufe in den Naturwissenschaften und Vergleichsgruppe (acht Referenzländer insgesamt und SESB deutsch- und partnersprachig getestet) (Angaben in kumulierten Prozentwerten)

Mindestens erreichte Kompetenzstufe[1]	Vergleichsgruppen		
	Referenzländer[2]	SESB Deutsch	SESB Partnersprache
Kompetenzstufe II	91,2	88,8	74,1
Kompetenzstufe III	70,2	58,1	45,1
Kompetenzstufe IV	34,5	23,1	17,6
Kompetenzstufe V	7,9	4,0	3,6

1 Kompetenzstufen nach TIMSS 2011 (Kleickmann et al., 2012, S. 137–153).
2 Acht gleich gewichtete Länder, die 2011 an TIMSS teilgenommen haben (vgl. Kap. 3).

deutlichen die für die deutsch- und partnersprachigen Testergebnisse unterschiedlich verlaufenden *yield curves* die Leistungseinbußen, die in einem partnersprachigen Test auftreten, obwohl die Partnersprache nominelle Unterrichtssprache ist.

Im Folgenden sollen die naturwissenschaftlichen Leistungen in der Partnersprache nach Sprach- und Migrationshintergrund differenziert untersucht werden. Kriterien des Vergleichs sind wiederum die Leistungen, die in den neun Referenzländern von Viertklässlerinnen und Viertklässlern durchschnittlich erreicht werden. Nach Hypothese 4 erwarten wir, dass monolingual nichtdeutschsprachig aufgewachsene Schülerinnen und Schüler sowie Schülerinnen und Schüler mit beidseitigem MGH an der SESB annähernd die gleichen naturwissenschaftlichen Leistungen wie Schülerinnen und Schüler in den jeweiligen Partnerländern und monolingual deutschsprachig aufgewachsene Schülerinnen und Schüler in den Vergleichsklassen in Berlin erbringen. In diesen Fällen ist in der Regel die Familiensprache oder eine der Familiensprachen auch Unterrichtssprache. Dies sollte auch mit gewissen Abstrichen für bilingual aufgewachsene Kinder und Kinder mit einseitigem MGH zutreffen. Mit den in Tabelle 5.27 zusammengefassten Analysen werden die Annahmen der Hypothese 4 geprüft.

Tabelle 5.27 weist die Ergebnisse der Regression von den Naturwissenschaftsleistungen am Ende der 4. Jahrgangsstufe auf Vergleichsgruppen und Sprach- bzw. Migrationshintergrund differenziert nach Testsprache aus. Modell 1a zeigt die Ergebnisse der Regression von den in der Partnersprache getesteten naturwissenschaftlichen Leistungen auf die Vergleichsländer bzw. den Sprachhintergrund von Schülerinnen und Schülern der SESB. Modell 2a wiederholt diese Analyse mit dem MGH als Prädiktor. Die Modelle 1b bzw. 2b schätzen die entsprechenden Effekte, wenn in den Referenzländern in der jeweiligen Verkehrssprache und an der SESB in deutscher Sprache getestet wurde. Die Modelle 1c und 2c beschränken sich auf eine Berliner Perspektive. Sie schätzen die Regression der naturwissenschaftlichen Leistungen auf die Vergleichsklassen innerhalb Berlins bzw. den Sprach- bzw. Migrationshintergrund der Schülerinnen und Schüler an der SESB, wobei der Naturwissenschaftstest in der Vergleichsgruppe (VGLK 2014) in deutscher und an der SESB in der jeweiligen Partnersprache administriert wurde.

Um die Hypothese 4 zu prüfen, sollen zunächst die Modelle 1a, 1b und 1c betrachtet werden. Die Koeffizienten belegen, dass die partnersprachig erfassten naturwissenschaftlichen Leistungen von monolingual nichtdeutschsprachig aufgewachsenen Schülerinnen und Schülern der SESB *erwartungswidrig* um etwa 13 Leistungspunkte oder $d = 0.50$ unter dem durchschnittlichen Leistungsniveau der Vergleichsländer liegen (Modell 1a). Der Leistungsrückstand gegenüber deutschsprachig aufgewachsenen Schülerinnen und Schülern an den deutschsprachig unterrichteten Vergleichsklassen in Berlin fällt mit 7.5 Leistungspunkten oder $d = 0.31$ etwas kleiner aus (Modell 1c unter Berücksichtigung der Interaktion), da die Grundschüler in Berlin insgesamt schwächere naturwissenschaftliche Leistungen als die durchschnittlichen Viertklässlerinnen und Viertklässler in den Vergleichsländern aufweisen. Für die bilingual aufgewachsenen Schülerinnen und Schüler der SESB fallen die Leistungsrückstände mit rund 16 Leistungspunkten ($d = 0.64$) im internationalen und 11 Leistungspunkten ($d = 0.45$) im Vergleich innerhalb Berlins noch größer aus (Modelle 1a und 1c). Hypothese 4 lässt sich demnach nicht bestätigen.

Tabelle 5.27: Ergebnisse der Regression von den Naturwissenschaftsleistungen am Ende der 4. Jahrgangsstufe auf Vergleichsgruppen (Vergleichsländer insgesamt[1] bzw. VGLK 2014[2]) und Sprach- bzw. Migrationshintergrund differenziert nach Testsprache (unstandardisierte Regressionskoeffizienten, robuste Standardfehler in Klammern, R^2)

Ordinatenabschnitt und Prädiktoren	Sprachhintergrund			Migrationshintergrund		
	Modell 1a Test in Partnersprache	Modell 1b SESB Test in Deutsch	Modell 1c VGLK 2014 Test in Deutsch, SESB Test in Partnersprache	Modell 2a Test in Partnersprache	Modell 2b SESB Test in Deutsch	Modell 2c VGLK 2014 Test in Deutsch, SESB Test in Partnersprache
Intercept						
Vergleichsländer ingesamt[1]/VGLK 2014	103.65 (0.36)**	103.65 (0.36)**	98.56 (2.22)**	103.65 (0.36)**	103.65 (0.36)**	99.80 (2.96)**
Sprachhintergrund an SESB						
Monolingual deutschsprachig	−22.97 (3.14)**	−0.69 (2.63)	Referenz	–	–	–
Bilingual	−16.10 (3.40)**	−3.93 (1.58)*	−2.69 (4.42)	–	–	–
Monolingual nichtdeutschsprachig	−12.56 (4.26)**	−13.18 (5.70)*	−13.76 (7.86)	–	–	–
Interaktionen						
Schulform × Bilingual	–	–	9.56 (4.67)*	–	–	–
Schulform × Monolingual nichtdeutsch	–	–	24.18 (8.05)*	–	–	–
Schulform						
Referenz: VGLK 2014						
SESB	–	–	−17.89 (3.52)**	–	–	−18.49 (4.60)**
Migrationsstatus an SESB						
Kein MGH	–	–	–	−22.34 (3.61)**	−1.86 (2.46)	Referenz
Einseitiger MGH	–	–	–	−13.22 (2.76)**	−2.63 (1.72)	−4.86 (4.91)
Beidseitiger MGH	–	–	–	−16.44 (4.88)**	−12.78 (5.46)*	−15.29 (8.83)
Interaktionen						
Schulform × Einseitiger MGH	–	–	–	–	–	13.98 (6.12)*
Schulform × Beidseitiger MGH	–	–	–	–	–	21.20 (9.78)*
R^2	0.02 (0.008)*	0.005 (0.004)	0.07 (0.026)*	0.02 (0.008)*	0.00 (0.004)	0.07 (0.032)*

1 Länder gleich gewichtet.
2 VGLK 2014: Vergleichsklassen aus der Erhebung 2014 der EUROPA-Studie.
* $p < 0.05$, ** $p < 0.01$.

Erstaunlicherweise trifft auch die mit Hypothese 4 verbundene Annahme nicht zu, dass monolingual nichtdeutschsprachig aufgewachsene Kinder bessere naturwissenschaftliche Leistungen erzielen, wenn ihre Kompetenzen mit einem Test geprüft werden, der sowohl ihrer L1 als auch der Unterrichtssprache entspricht. Die Koeffizienten fallen für die monolingual nichtdeutschsprachig aufgewachsenen Schülerinnen und Schüler unter den Bedingungen deutsch- und partnersprachiger Testung praktisch identisch aus (Modelle 1a und 1b). Für die bilingual aufgewachsenen Schülerinnen und Schüler der SESB ergeben sich in einem deutschsprachigen Test – Unterrichtssprache und Testsprache sind also *nicht* kongruent – sogar bessere, das heißt weniger ungünstige, Leistungsergebnisse (Modelle 1a und 1b). Diese Befunde werfen die Frage auf, ob im nominell partnersprachigen Sachunterricht der SESB der Immersionsansatz überhaupt durchgehalten wird. Abbildung 5.10 veranschaulicht die komplexen Ergebnisse der Regressionsanalysen grafisch.

Dieses Befundmuster tritt in ganz ähnlicher Form auf, wenn die Analysen mit einseitigem bzw. beidseitigem MGH als Prädiktoren wiederholt werden (Modelle 2a bis 2c). Die gegenüber den Vergleichsländern feststellbaren Rückstände in den partnersprachig erfassten Naturwissenschaftsleistungen betragen rund 16 Leistungspunkte ($d = 0.66$) bei beidseitigem und 13 Leistungspunkte ($d = 0.53$) bei einseitigem MGH (Modell 2a). Der Leistungsabfall im Vergleich zu deutschsprachig getesteten und monolingual deutschsprachig aufgewachsenen Schülerinnen und Schülern der Vergleichsklassen in Berlin beläuft sich auf rund 13 Leistungspunkte ($d = 0.52$) bei beidseitigem MGH und 9 Leistungspunkte ($d = 0.38$) bei einseitigem MGH (Modell 2c unter Berücksichtigung der Interaktion). Schülerinnen und Schüler mit beidseitigem MGH unterscheiden sich an der SESB in ihren naturwissenschaftlichen Leistungen im partner- und deutschsprachigen Test ebenfalls erwartungswidrig nicht nachweisbar (Modelle 2a und 2b). Dagegen erzielen Schülerinnen und Schüler mit einseitigem MGH entgegen Hypothese 4 im deutschsprachigen Test sogar deutlich höhere Leistungen als im partnersprachigen Test. Die Differenz beträgt mehr als drei Viertel einer Standardabweichung. Abbildung 5.11 veranschaulicht die Befundlage noch einmal grafisch. Auch diese Ergebnisse werfen die Frage nach der Implementation des Immersionsansatzes im Sachunterricht der SESB auf.

Ergänzend zu Hypothese 4 haben wir mit Hypothese 5 angenommen, dass monolingual partnersprachig aufgewachsene Schülerinnen und Schüler bzw. Schülerinnen und Schüler mit beidseitigem MGH an der SESB die naturwissenschaftlichen Leistungen der monolingual nichtdeutschsprachig aufgewachsenen Schülerinnen und Schüler der Vergleichsklassen in Berlin deutlich übertreffen. Technisch wird diese Hypothese anhand der Interaktion zwischen Sprach- bzw. Migrationshintergrund und Schulform überprüft. Die Ergebnisse der Prüfung sind in Tabelle 5.27 in den Modellen 1c und 2c ausgewiesen. Monolingual nichtdeutschsprachig aufgewachsene Schülerinnen und Schüler bzw. Schülerinnen und Schüler mit beidseitigem MGH weisen in den deutschsprachig unterrichteten Vergleichsklassen in Berlin im Vergleich zu monolingual deutschsprachig aufgewachsenen Kindern einen Leistungsrückstand von rund 14 ($d = 0.52$) bzw. 15 Leistungspunkten ($d = 0.58$) auf. Gleichzeitig treten signifikante Interaktionen zwischen Schulform und Sprach- bzw. Migrationshintergrund zugunsten der SESB auf. Der Leistungsrückstand der beiden betrachteten Gruppen verringert sich damit an der SESB auf knapp 8 ($d = 0.31$) bzw. knapp

172 Baumert, Hohenstein, Fleckenstein, Preusler, Paulick & Möller

Abbildung 5.10: Mittlere naturwissenschaftliche Leistungen am Ende der 4. Jahrgangsstufe nach Sprachhintergrund und Vergleichsgruppe (Vergleichsländer/VGLK 2014/SESB) bzw. Testsprache

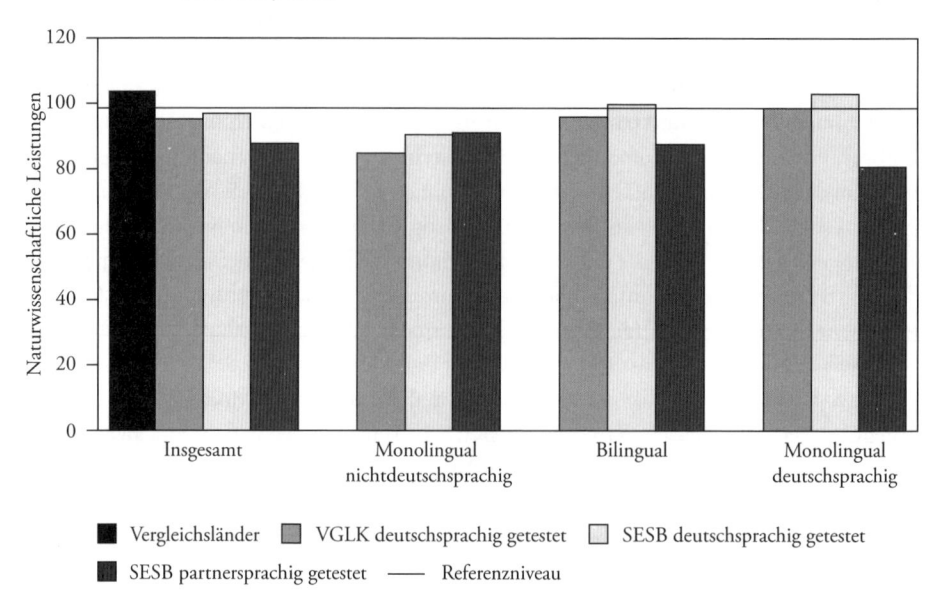

■ Vergleichsländer ■ VGLK deutschsprachig getestet □ SESB deutschsprachig getestet
■ SESB partnersprachig getestet — Referenzniveau

Abbildung 5.11: Mittlere naturwissenschaftliche Leistungen am Ende der 4. Jahrgangsstufe nach Migrationshintergrund und Vergleichsgruppe (Vergleichsländer/VGLK 2014/SESB) bzw. Testsprache

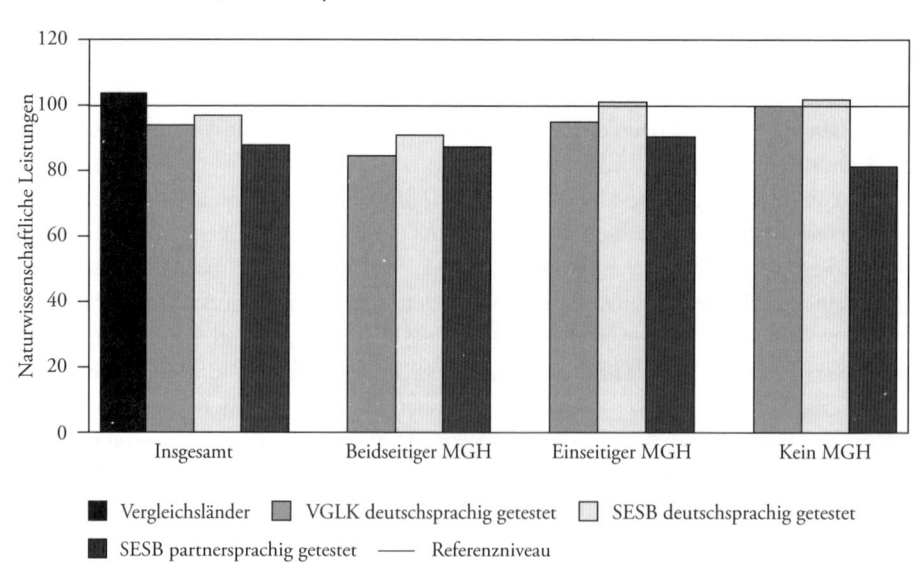

■ Vergleichsländer ■ VGLK deutschsprachig getestet □ SESB deutschsprachig getestet
■ SESB partnersprachig getestet — Referenzniveau

13 Leistungspunkte ($d = 0.52$). Die Administration des naturwissenschaftlichen Tests in der Partnersprache bringt also für diese beiden Schülergruppen im Vergleich zu den sonstigen Regelschulen einen relativen Leistungsvorteil, der allerdings geringer ausfällt, als mit Hypothese 5 erwartet wurde.

Bilingual aufgewachsene Schülerinnen und Schüler bzw. Schülerinnen und Schüler mit einseitigem MGH unterscheiden sich in ihren Naturwissenschaftsleistungen in den deutschsprachig unterrichteten Vergleichsklassen in Berlin nicht nachweisbar von den deutschsprachig aufgewachsenen bzw. von den Schülerinnen und Schülern ohne MGH. Werden die bilingual aufgewachsenen Kinder bzw. die Schülerinnen und Schüler mit einseitigem Migrationsgrund an der SESB in der Unterrichtssprache getestet, bleiben sie in ihren Leistungen deutlich hinter den Ergebnissen der monolingual deutschsprachig aufgewachsenen Schülerinnen und Schüler bzw. den Schülerinnen und Schülern ohne MGH an den sonstigen Regelschulen zurück. Die Differenzen belaufen sich auf 11 ($d = 0.45$) bzw. knapp 10 Leistungspunkte ($d = 0.38$). Die Befunde sind in den Abbildungen 5.10 und 5.11 grafisch dargestellt.

Nach Hypothese 6 rechnen wir damit, dass für deutschsprachig aufgewachsene Schülerinnen und Schüler an der SESB mit der Vorlage eines partnersprachigen Naturwissenschaftstests Leistungskosten entstehen, die weniger auf sprachbedingte Lerndefizite als vielmehr auf Sprachprobleme bei der Bearbeitung des Tests zurückzuführen sein sollten. Hypothese 6 besagt dementsprechend, dass monolingual deutschsprachig aufgewachsene Schülerinnen und Schüler an der SESB im partnersprachigen Test schwächere Leistungen als im deutschsprachigen Test erzielen und damit auch deutlich schlechtere Leistungen als monolingual deutschsprachig aufgewachsene Gleichaltrige in den Vergleichsklassen, die in deutscher Sprache getestet wurden. Für den MGH sollten entsprechende Annahmen gelten. Tabelle 5.27 gibt wiederum die Antwort. Die monolingual deutschsprachig aufgewachsenen Schülerinnen und Schüler bzw. die Schülerinnen und Schüler ohne MGH fallen, wenn sie an der SESB in der Partnersprache getestet wurden, in ihren naturwissenschaftlichen Leistungen stark gegenüber den Vergleichsgruppen ab. Der Abstand gegenüber der internationalen Vergleichsgruppe beträgt in dem einen Fall rund 23 ($d = 0.92$) und im anderen Fall 22 Leistungspunkte ($d = 0.88$). Der Rückstand gegenüber den entsprechenden Schülergruppen in den Vergleichsklassen in Berlin erreicht immer noch rund 18 ($d = 0.73$) bzw. 19 Leistungspunkte ($d = 0.75$) (Modell 1c bzw. 2c). Wird den Schülerinnen und Schülern ein deutschsprachiger Test vorgelegt, unterscheiden sich ihre Leistungen in den Naturwissenschaften weder von der internationalen noch von der deutschen Kontrollgruppe. Dies bedeutet, dass die tatsächliche naturwissenschaftliche Kompetenz der monolingual deutschsprachig aufgewachsenen Kinder bzw. der Kinder ohne Migrationsgrund systematisch unterschätzt wird, wenn ein Test in der Partnersprache, die gleichzeitig Unterrichtssprache ist oder zumindest sein sollte, vorgelegt wird. Die Abbildungen 5.10 und 5.11 verdeutlichen diese Befunde.

5.6.2.4 Differenzielle Analysen der Sprachprogramme

In den beiden vorangegangenen Abschnitten haben wir die naturwissenschaftlichen Leistungen an der SESB standort- und programmübergreifend untersucht. Im Folgenden soll dies durch einen Vergleich der Sprachprogramme sowohl untereinander als auch in Relation zu den Vergleichsklassen an den monolingual unterrichtenden Grundschulen Berlins und den Referenzländern ergänzt werden. Im ersten Schritt geben wir einen deskriptiven Überblick über die Befundlage. Daran schließt sich eine Überprüfung der deutschsprachigen und partnersprachigen Naturwissenschaftsleistungen im Berliner und im internationalen Vergleich an. Der Abschnitt schließt mit vergleichenden Analysen unter Berücksichtigung der differenziellen Eingangsselektivität der einzelnen Sprachprogramme.

Tabelle 5.28 gibt einen deskriptiven Überblick über die Befundlage auf Programmebene. Bei einem genaueren Blick auf die Ergebnisse sind drei wichtige Muster zu erkennen. In Übereinstimmung mit Hypothese 7 unterscheiden sich die mittleren naturwissenschaftlichen Leistungen der Sprachprogramme in beiden Testversionen in bemerkenswerter Weise. Bei deutschsprachiger Testung liegt die Spannweite der mittleren Leistungen zwischen rund 80 Leistungspunkten im polnischsprachigen und 102 Leistungspunkten im französischsprachigen Programm. Dies entspricht ungefähr einer Standardabweichung in der Leistungsverteilung der SESB insgesamt. Die Leistungsunterschiede im partnersprachigen Test sind noch größer. Die Spannweite der mittleren Leistungen liegt zwischen 59 Leistungspunkten im türkischsprachigen und 100 Leistungspunkten im russischsprachigen Programm. Die Differenz beläuft sich auf rund 40 Leistungspunkte oder fast 1.5 Standardabweichungen. Das zweite Muster belegt in Übereinstimmung mit den bereits berichteten Gesamtergebnissen, dass die Schülerinnen und Schüler der meisten Sprachprogramme im deutschsprachigen Test bessere naturwissenschaftliche Leistungen als im partnersprachigen Test zu erzielen scheinen. Davon ausgenommen sind offenbar nur das italienisch-, polnisch- und russischsprachige Programm, in denen die deutsch- und partnersprachigen Leistungen balanciert sind. Dabei liegen die mittleren Leistungen im italienisch- und russischsprachigen Programm auf sehr gutem Niveau. Als dritte Konfiguration ist zu erkennen, dass alle SESB-Programme unabhängig von der Testsprache in ihren mittleren Naturwissenschaftsleistungen mehr oder weniger ausgeprägt unter dem Niveau der jeweiligen Referenzländer bleiben. Die standardisierten Mittelwertdifferenzen liegen für den deutschsprachigen Test zwischen $d = 0.03$ im Falle des französischsprachigen – sind also unbedeutend – und $d = 0.70$ im Falle des polnischsprachigen Programms. Bei partnersprachiger Testung liegen die Leistungsrückstände zwischen $d = 0.21$ im Falle des italienischsprachigen und $d = 1.08$ im Falle des türkischsprachigen Programms. Abbildung 5.12 veranschaulicht die Befundlage noch einmal grafisch. Festzuhalten ist aber auch, dass die mittleren naturwissenschaftlichen Leistungen von Viertklässlerinnen und Viertklässlern in den Referenzländern mit Ausnahme der Türkei immer über den mittleren Leistungen zu liegen scheinen, die in den monolingual deutschsprachig unterrichteten Vergleichsklassen in Berlin erreicht werden. Die Leistungen an den zum Vergleich herangezogenen Berliner Grundschulen befinden sich im Mittel etwa auf dem Niveau von Viertklässlerinnen und Viertklässlern in der Türkei.

Tabelle 5.28: Naturwissenschaftsleistungen am Ende der 4. Jahrgangsstufe nach Sprachprogramm, Vergleichsländern und Testsprache (Mittelwerte und Standardabweichungen, standardisierte Mittelwertdifferenzen, robuste Standardfehler in Klammern)

Sprachprogramm bzw. Referenzland	SESB				Vergleichsländer				Standardisierte Mittelwertdifferenzen[1]	
	Deutschsprachiger Test		Partnersprachiger Test		Partnersprachiger Test				d (Sp. 6 – Sp. 2)	d (Sp. 6 – Sp. 4)
	M (SE)	SD	M (SE)	SD	M (SE)		SD			
Englisch/England	95.37 (3.58)	20.2	92.99 (3.20)	24.8	106.30 (1.21)		26.5		0.36	0.44
Französisch/Kanada (franz.)	101.68 (1.66)	19.3	91.53 (3.91)	22.9	102.46 (0.67)		21.0		0.03	0.36
Griechisch/Zypern	92.68 (4.85)	22.4	80.84 (3.75)	23.4	101.20 (0.73)		26.6		0.30	0.68
Italienisch/Italien	98.12 (5.62)	20.1	99.26 (9.71)	28.1	105.65 (0.80)		23.8		0.25	0.21
Polnisch/Polen	80.40 (11.00)	17.5	85.87 (0.64)	27.0	101.14 (0.70)		25.0		0.69	0.52
Portugiesisch/Portugal	97.94 (1.92)	20.2	64.54 (0.89)	29.8	105.61 (0.75)		22.8		0.26	0.71
Russisch/Russland	96.87 (2.36)	18.0	99.57 (3.61)	24.4	113.51 (0.86)		24.4		0.56	0.47
Spanisch/Spanien	100.12 (1.06)	22.1	86.15 (1.59)	25.1	103.21 (1.06)		23.4		0.10	0.57
Türkisch/Türkei	83.66 (3.65)	21.4	59.25 (0.67)	27.4	91.60 (0.87)		26.1		0.27	1.08
Insgesamt	96.89 (2.53)	21.0	87.77 (3.35)	27.6	103.65 (0.36)		24.7		0.23	0.53

1 An der SD (30) der gleich gewichteten Gesamtstichprobe standardisiert.

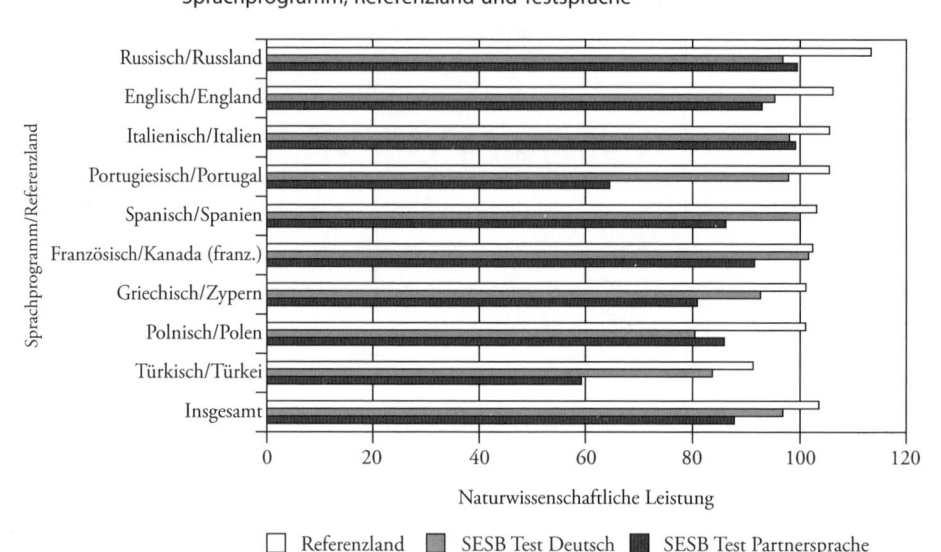

Abbildung 5.12: Mittlere naturwissenschaftliche Leistungen am Ende der 4. Jahrgangsstufe nach Sprachprogramm, Referenzland und Testsprache

☐ Referenzland ■ SESB Test Deutsch ■ SESB Test Partnersprache

Tabelle 5.29 setzt die mittleren Naturwissenschaftsleistungen, die in den einzelnen Sprachprogrammen der SESB im deutsch- und partnersprachigen Test erzielt werden, in Referenz zu den in den monolingual unterrichteten Vergleichsklassen Berlins und in den jeweiligen Vergleichsländern erreichten Ergebnissen. Drei Resultate der Regressionsanalysen sollen besonders herausgestellt werden. Im deutschsprachigen Naturwissenschaftstest erreichen fast alle Sprachprogramme der SESB – das polnischsprachige Programm ausgenommen – mindestens das mittlere Leistungsniveau der monolingual deutschsprachig unterrichteten Vergleichsklassen in Berlin (Modell 1). Die Naturwissenschaftsleistungen im polnischsprachigen Programm bleiben bei deutschsprachiger Testung mehr als eine halbe Standardabweichung ($d = 0.61$) hinter den Leistungen der Vergleichsgruppe zurück. Der zweite wichtige Befund (Modell 2) besagt, dass bei einer Überprüfung der naturwissenschaftlichen Leistungen in der nominellen Unterrichtssprache in fünf der neun Sprachprogramme der SESB das Leistungsniveau der monolingual deutschsprachig unterrichteten Vergleichsklassen nicht oder tendenziell nicht erreicht wird. Die Leistungsrückstände sind in ihrer Größenordnung von praktischer Bedeutung. Der dritte und vierte wichtige Befund beziehen sich auf den internationalen Vergleich. Werden die naturwissenschaftlichen Leistungen an der SESB deutschsprachig überprüft, erreichen die vier Programme mit den Partnersprachen Französisch, Italienisch, Portugiesisch und Spanisch annähernd das naturwissenschaftliche Leistungsniveau der jeweiligen Referenzländer. In allen anderen Sprachprogrammen wird dieses Niveau tendenziell und in den Programmen mit polnischer, griechischer und türkischer Partnersprache deutlich unterschritten (Modell 3). Bei Testung in der jeweiligen Unterrichtssprache, also der Partnersprache, verfehlen alle Sprachprogramme der SESB – mit Ausnahme des italienisch- und russischsprachigen

Tabelle 5.29: Ergebnisse der Regression von den Naturwissenschaftsleistungen am Ende der 4. Jahrgangsstufe auf Vergleichsgruppe (VGLK 2014)[1]/Referenzländer bzw. Sprachprogramm nach Testsprache (unstandardisierte Regressionskoeffizienten, robuste Standardfehler in Klammern)

Vergleichsgruppe/ Sprachprogramm	Modell 1 Deutschsprachiger Test, Vergleich VGLK 2014	Modell 2 SESB partnersprachiger Test, Vergleich VGLK deutschsprachiger Test	Modell 3 Deutschsprachiger Test, Vergleich Referenzländer	Modell 4 Partnersprachiger Test, Vergleich Referenzländer
Intercept Vergleichsgruppe insgesamt (VGLK 2014)/ Referenzländer insgesamt[2]	93.16 (4.78)**	93.16 (4.78)**	101.36 (1.31)**	103.65 (0.36)**
Sprachprogramm				
Englisch	1.86 (3.90)	0.18 (5.76)	−6.34 (4.12)	−10.30 (3.19)**
Französisch	8.36 (5.55)	−1.77 (6.20)	0.16 (0.85)	−12.25 (3.93)**
Griechisch	−1.18 (4.45)	−12.53 (7.29)	−9.38 (5.74)	−23.01 (4.87)**
Italienisch	5.25 (5.99)	4.47 (10.63)	−2.95 (4.79)	−6.01 (9.99)
Polnisch	−12.38 (7.56)	−9.08 (4.41)*	−20.58 (11.59)	−19.56 (1.07)**
Portugiesisch	4.93 (3.70)	−28.99 (5.15)**	−3.27 (2.24)	−39.47 (1.53)**
Russisch	3.19 (3.54)	6.39 (6.27)	−5.01 (3.09)	−3.59 (3.89)
Spanisch	6.84 (4.94)	−7.25 (5.07)	−1.36 (0.99)	−17.73 (1.62)**
Türkisch	0.06 (2.78)	−33.59 (5.00)**	−8.14 (4.45)	−44.07 (1.29)**

1 VGLK 2014: Vergleichsklassen aus der Erhebung 2014 der EUROPA-Studie.
2 Länder gleich gewichtet.
* $p < 0.05$, ** $p < 0.01$.

Programms – die Vergleichsnorm der Referenzländer statistisch signifikant und praktisch bedeutsam. Die Leistungsrückstände reichen von einer halben bis zu nahezu zwei Standardabweichungen. In diesen erwartungswidrigen Befunden werden möglicherweise Implementationsprobleme der immersiven Sprachprogramme sichtbar.

Zum Abschluss sollen die naturwissenschaftlichen Leistungen der einzelnen Sprachprogramme der SESB noch einmal unter einer institutionellen Perspektive in den Blick genommen werden. Zu diesem Zweck werden die Analysen, deren Ergebnisse in den Modellen 1 und 2 der Tabelle 5.29 ausgewiesen sind, unter Kontrolle der unterschiedlichen Eingangsselektivität der Sprachprogramme und der Vergleichsgruppe wiederholt. Wie in den vorangehenden Abschnitten 5.3, 5.4 und 5.5 wird dabei für den Sozialstatus und das Bildungsniveau der Eltern und die kognitiven Grundfähigkeiten der Schülerinnen und Schüler kontrolliert. Tabelle 5.30 weist die Ergebnisse der beiden Regressionsanalysen aus. Modell 1 besagt, dass alle Sprachprogramme der SESB auch bei Kontrolle der differenziellen Eingangsselektivität das mittlere naturwissenschaftliche Leistungsniveau von monolingual deutschsprachig unterrichteten Grundschülerinnen und Grundschülern erreichen oder zumindest nicht signifikant unterschreiten. Damit werden die Ergebnisse des nichtadjustierten Vergleichs der Tabelle 5.29 auch im *Value-added*-Modell bestätigt. Bei der Überprüfung

Tabelle 5.30: Ergebnisse der Regression von den Naturwissenschaftsleistungen am Ende der 4. Jahrgangsstufe auf Vergleichsgruppe (VGLK 2014)[1] bzw. Sprachprogramm mit Kontrolle von Hintergrundmerkmalen nach Testsprache (unstandardisierte Regressionskoeffizienten, robuste Standardfehler in Klammern)

Vergleichsgruppe/Sprachprogramm	Deutschsprachiger Test	SESB partnersprachiger Test; VGLK deutschsprachiger Test
Intercept	91.64 (4.80)**	91.32 (4.86)**
Vergleichsgruppe insgesamt (VGLK 2014)		
Sprachprogramm		
Englisch	–1.46 (2.65)	–3.46 (4.32)
Französisch	4.93 (3.65)	–5.49 (5.24)
Griechisch	–3.58 (2.67)	–14.83 (5.04)**
Italienisch	4.83 (4.25)	3.74 (9.16)
Polnisch	–4.03 (2.77)	–1.05 (6.42)
Portugiesisch	5.99 (3.46)	–28.01 (4.79)**
Russisch	–0.33 (1.47)	3.23 (4.30)
Spanisch	3.02 (1.97)	–11.30 (2.51)**
Türkisch	8.81 (5.15)	–24.85 (7.51)**
Sozialstatus und Bildungsniveau der Eltern		
HISEI (z-standardisiert)	3.02 (1.81)	3.39 (1.70)
Abitur der Eltern (0/1)	3.18 (1.97)	3.82 (2.14)
Kognitive Grundfähigkeiten		
KFT (z-standardisiert)	8.28 (4.66)	7.90 (2.78)**

1 VGLK 2014: Vergleichsklassen aus der Erhebung 2014 der EUROPA-Studie.
** $p < 0.01$.

der naturwissenschaftlichen Leistungen in der Partnersprache verfehlen vier Programme der SESB – die Programme mit griechischer, portugiesischer, spanischer und türkischer Partnersprache – statistisch signifikant und in beträchtlichem Ausmaß die Vergleichsnorm der Referenzklassen. Dieses Muster war auch bereits im nichtadjustierten Vergleich zu erkennen. Damit erweisen sich die Leistungsbefunde auf Programmebene als relativ robust.

5.6.3 Zusammenfassung

An der SESB steht der Sachkundeunterricht prototypisch für einen partnersprachigen Unterricht in den Sachfächern. Mit einem Sachfachunterricht, der nicht in der Verkehrssprache, sondern in der nichtdeutschen Partnersprache erteilt wird, ergeben sich für die Evaluation der SESB zwei unterschiedliche Fragestellungen. Die erste und weitergehende Frage richtet sich darauf, wie sicher und beweglich Schülerinnen und Schüler ihr Fachwissen, das sie in einem partnersprachigen Sachkundeunterricht erworben haben, bei deutschsprachigen Aufgabenstellungen aktivieren und einsetzen können. Erwerbs- und Anwendungskontext sind sprachlich nicht kongruent. Dies ist eine für bilinguale Programme typische Anforderung, die immer dann entsteht, wenn das im immersiven Unterricht erarbeitete Wissen im Kontext der Verkehrssprache genutzt werden soll. Die zweite und enger eingegrenzte Frage bezieht sich darauf, welches Leistungsniveau in einem nicht in der Verkehrssprache unterrichteten Sachfach erreicht wird, wenn die Sprache des Erwerbs- und Anwendungskontextes gleich ist, und welche Rolle dabei der Umstand spielt, dass die nichtdeutsche Unterrichtssprache als L1 oder L2 gelernt wurde. Im Rahmen der Evaluation der SESB haben wir beide Fragen aufgenommen, indem wir das im Sachkundeunterricht erworbene naturwissenschaftliche Wissen sowohl mit einem deutschsprachigen als auch mit einem partnersprachigen Test überprüft haben. Dabei sind beide Tests äquivalente Parallelversionen, die dasselbe theoretische Konstrukt, das sich als altersgerechtes und alltagsbezogenes naturwissenschaftliches Grundwissen bezeichnen lässt, erfassen und sich in internationalen Vergleichsstudien bewährt haben. Damit wurde es unseres Wissens zum ersten Mal möglich, die Ergebnisse eines dual-immersiven Bildungsprogramms im Sachfachunterricht sowohl unter den Bedingungen der Kongruenz bzw. Inkongruenz von Verkehrs- und Unterrichtssprache als auch unter den Bedingungen der Kongruenz bzw. Inkongruenz von Erst- und Unterrichts- bzw. Testsprache zu untersuchen.

Die Befundlage ist dem Sachverhalt entsprechend komplex. Gerade deshalb sollen zum Abschluss dieses Kapitels die wichtigsten Ergebnisse noch einmal möglichst prägnant herausgearbeitet werden. Dabei sollen zunächst die Ergebnisse zu den naturwissenschaftlichen Leistungen in deutscher Sprache und daran anschließend die Ergebnisse in der Partnersprache zusammengefasst werden.

Ein für die SESB besonders wichtiges Ergebnis soll gleich zu Beginn der Zusammenfassung herausgestellt werden: Die an der SESB am Ende der 4. Jahrgangsstufe bei *deutschsprachigen* Aufgaben – also unter Bedingungen der Inkongruenz von Unterrichts- und Testsprache – im Mittel erzielten naturwissenschaftlichen Leistungen liegen mindestens auf dem Niveau, das gleichaltrige Schülerinnen und Schüler in den monolingual deutschsprachig unterrichteten Vergleichsklassen in Berlin unter den Bedingungen der Kongruenz von Unterrichts- und Testsprache erreichen. Das gilt auch unter Kontrolle der unterschiedlichen Eingangsselektivität von SESB und den sonstigen Regelschulen. Dieser Befund ist ein starker Indikator dafür, dass die Schülerinnen und Schüler der SESB ihr in der Partnersprache erworbenes naturwissenschaftliches Wissen auch in einer deutschsprachigen Umgebung anwenden können.

Differenziert man die im *deutschsprachigen* Test erreichten Naturwissenschaftsleistungen nach Sprach- bzw. Migrationshintergrund, wiederholt sich im Wesentlichen das aus den Analysen zum Leseverständnis und zur mathematischen Kompetenz bekannte Bild. Monolingual deutschsprachig bzw. bilingual aufgewachsene Schülerinnen und Schüler unterscheiden sich in ihren naturwissenschaftlichen Kompetenzen weder innerhalb der SESB oder den monolingual deutschsprachig unterrichteten Vergleichsklassen noch zwischen den beiden Schulformen. Dies gilt analog auch für Schülerinnen und Schüler ohne bzw. mit einseitigem MGH. Große Leistungsrückstände gegenüber diesen beiden Gruppen weisen jedoch sowohl an der SESB als auch in den Vergleichsklassen Schülerinnen und Schüler auf, die monolingual nichtdeutschsprachig aufgewachsen sind bzw. aus Familien stammen, in denen beide Elternteile zur 1. Zuwanderungsgeneration gehören. Die Leistungsunterschiede betragen im Falle des Sprachhintergrunds an der SESB rund 13 und in den Vergleichsklassen 14 Leistungspunkte (dies entspricht $d = 0.63$ bzw. $d = 0.69$ innerhalb der Verteilung des deutschsprachigen Tests) und für den MGH 11 bzw. 15 Leistungspunkte ($d = 0.57$ bzw. $d = 0.77$). Wider Erwarten fallen die Leistungsrückstände an der SESB nicht größer, sondern tendenziell kleiner als in den Vergleichsklassen aus.

Die in der jeweiligen Partnersprache erfassten naturwissenschaftlichen Leistungen wurden mit dem in der 4. Jahrgangsstufe durchschnittlich erreichten Wissen in den Referenzländern und den monolingual deutschsprachig unterrichteten Vergleichsklassen in Berlin verglichen. Zwei Befunde sind besonders markant. Die naturwissenschaftlichen Leistungen an der SESB bleiben, wenn sie mit einem *partnersprachigen* Test erfasst werden, um rund 16 Leistungspunkte oder knapp zwei Drittel Standardabweichungen ($d = 0.64$) hinter den durchschnittlichen Leistungen eines Viertklässlers oder einer Viertklässlerin in den Vergleichsländern zurück. Dieser Leistungsrückstand ist groß, aber immer noch deutlich kleiner als der im partnersprachigen Lesetest gefundene Unterschied von mehr als einer Standardabweichung (vgl. Abschnitt 5.4.2). Wird das naturwissenschaftliche Wissen mit einem *deutschsprachigen* Test erhoben, beträgt der Leistungsrückstand erstaunlicherweise nur etwa 7 Leistungspunkte oder gut ein Viertel einer Standardabweichung ($d = 0.27$). Der partnersprachige Test unterschätzt also die naturwissenschaftliche Kompetenz von Schülerinnen und Schülern an der SESB insgesamt um mehr als ein Drittel einer Standardabweichung. Anhand von *yield curves* konnte ergänzend gezeigt werden, dass die Leistungsrückstände im Falle einer deutschsprachigen Überprüfung vor allem im mittleren Leistungsbereich auftreten, während sie im Falle der partnersprachigen Testung auf allen Leistungsstufen festzustellen sind.

Die nach Sprach- und Migrationshintergrund differenzierten Analysen ergaben folgendes Bild: Wider Erwarten liegen die in der Partnersprache erfassten naturwissenschaftlichen Leistungen von *monolingual nichtdeutschsprachig* aufgewachsenen Schülerinnen und Schülern an der SESB um etwa 13 Leistungspunkte (dies entspricht $d = 0.50$ in Bezug auf die Standardabweichung des Naturwissenschaftstests in der Gesamtstichprobe) unter dem durchschnittlichen Leistungsniveau der Vergleichsländer. Der Rückstand gegenüber den monolingual deutschsprachig aufgewachsenen und deutschsprachig getesteten Schülerinnen und Schülern in den Berliner Vergleichsklassen beträgt nur 7.5 Leistungspunkte ($d = 0.31$), da die Leistungen der Berliner Primarschüler bemerkenswert deutlich unter dem mittleren Kompetenzniveau von Viertklässlerinnen und Viertklässlern in den Vergleichsländern liegen. Das in der Partner- und damit Unterrichtssprache erfasste naturwissenschaftliche Wissen von monolingual nichtdeutschsprachig aufgewachsenen Schülerinnen und Schülern an der SESB liegt mit rund 91 Leistungspunkten auf praktisch demselben Niveau wie die deutschsprachig erfassten naturwissenschaftlichen Leistungen (vgl. Tab. 5.22). Gleichzeitig tritt eine signifikante Interaktion zwischen Schulform und Sprachhintergrund auf. Der Leistungsrückstand von monolingual nichtdeutschsprachig aufgewachsenen Schülerinnen und Schülern fällt an der SESB mit 7.5 Leistungspunkten ($d = 0.31$) gegenüber der Referenzleistung von monolingual deutschsprachig aufgewachsenen und deutschsprachig getesteten Schülerinnen und Schülern in den Vergleichsklassen erheblich kleiner aus als der Leistungsrückstand von 14 Punkten ($d = 0.52$), den monolingual nichtdeutschsprachig aufgewachsene, aber deutschsprachig getestete Schülerinnen und Schüler in der Berliner Vergleichsgruppe aufweisen. Die Administration des naturwissenschaftlichen Tests in der Partnersprache bringt also für diese Schülergruppe einen relativen Leistungsvorteil, der jedoch kleiner ausfällt als ursprünglich angenommen. Dieses komplexe Befundmuster wiederholt sich bei einer nach MGH differenzierten Analyse.

Bei *monolingual deutschsprachig* aufgewachsenen Schülerinnen und Schülern an der SESB sind wir von der Annahme ausgegangen, dass mit der Vorlage eines partnersprachigen Naturwissenschaftstests Kosten in der Performanz entstünden, die weniger auf sprachbedingte Lerndefizite als vielmehr auf Sprachprobleme bei der Bearbeitung des Tests zurückzuführen sein sollten. Dementsprechend sollten monolingual deutschsprachig aufgewachsene Schülerinnen und Schüler an der SESB im partnersprachigen Test schwächere Leistungen als im deutschsprachigen Test erzielen und damit auch sichtbar schlechtere Leistungen als monolingual deutschsprachig aufgewachsene Gleichaltrige in den Vergleichsklassen, die in deutscher Sprache getestet wurden. Für den MGH sollten entsprechende Annahmen gelten. Die monolingual deutschsprachig aufgewachsenen Schülerinnen und Schüler bzw. die Schülerinnen und Schüler ohne MGH fallen, wenn sie an der SESB in der Partnersprache getestet werden, in ihren naturwissenschaftlichen Leistungen in der Tat stark gegenüber den Vergleichsgruppen ab. Der Abstand gegenüber der internationalen Vergleichsgruppe beträgt im Falle des Sprachhintergrunds rund 23 ($d = 0.92$) und im Falle des MGH 22 Leistungspunkte ($d = 0.88$). Der Rückstand gegenüber den entsprechenden Schülergruppen in den Berliner Vergleichsklassen macht immer noch rund 18 ($d = 0.73$) bzw. 19 Leistungspunkte ($d = 0.75$) aus. Wird diesen Schülerinnen und Schülern ein deutschsprachiger Test vorgelegt, unterscheiden sich ihre Leistungen in den Naturwissenschaften weder von der internationalen noch von der deutschen Referenzgruppe. Dies bedeutet, dass die tatsächliche naturwissenschaftliche Kompetenz der *monolingual deutschsprachig* herangewachsenen Kinder bzw. der Kinder ohne MGH massiv unterschätzt wird, wenn ein Test in der Partnersprache vorgelegt wird, obwohl die Partnersprache Unterrichtssprache ist oder doch zumindest sein sollte.

Die nach Sprachprogramm differenzierten Analysen lassen sich folgendermaßen zusammenfassen: Die mittleren naturwissenschaftlichen Leistungen der einzelnen Sprachprogramme der SESB unterscheiden sich in beiden Testversionen unter einander in bemerkenswerter Weise. Bei deutschsprachiger Testung liegt die Spannweite der durchschnittlichen Leistungen bei rund einer und bei partnersprachiger Testung bei 1.5 Standardabweichungen. In der Regel werden bei deutschsprachiger Testung bessere Leistungen als bei partnersprachiger Kompetenzmessung erreicht. Nur im italienisch-, polnisch- und russischsprachigen Programm sind die naturwissenschaftlichen Leistungen in beiden Testversionen balanciert. Dabei liegen die mittleren Leistungen im italienisch- und russischsprachigen Programm auf vergleichsweise hohem Niveau. Die partnersprachig erfassten Naturwissenschaftsleistungen bleiben immer unter dem mittleren Niveau, das Viertklässlerinnen und Viertklässler im jeweiligen Referenzland erreichen.

Im deutschsprachigen Naturwissenschaftstest erreichen fast alle Sprachprogramme der SESB – das polnischsprachige Programm ausgenommen – mindestens das mittlere Leistungsniveau der monolingual deutschsprachig unterrichteten Vergleichsklassen in

Berlin. Bei einer Überprüfung der naturwissenschaftlichen Leistungen in der nominellen Unterrichtssprache dagegen wird in fünf der neun Sprachprogramme das Leistungsniveau der Vergleichsklassen nicht oder tendenziell nicht erreicht. Diese Befunde werden in Modellen, die für die differenzielle Eingangsselektivität der einzelnen Sprachprogramme kontrollieren, im Grundmuster repliziert.

Versucht man, eine Quintessenz dieser Befunde zu formulieren, könnte man drei Ergebnisse nennen. (1) Bei einer deutschsprachigen Erfassung der naturwissenschaftlichen Kompetenzen ist das an der SESB am Ende der 4. Jahrgangsstufe erreichte mittlere Leistungsniveau dem Leistungsstand der Berliner Vergleichsklassen mindestens äquivalent. (2) Bei einer Erfassung der naturwissenschaftlichen Kompetenzen in der jeweiligen Partner- und Unterrichtssprache fallen die Leistungen aller Sprachprogramme der SESB gegenüber dem in dem jeweiligen Referenzland am Ende der 4. Jahrgangsstufe erreichten Leistungsstand in unterschiedlichem Ausmaß ab. In drei Sprachprogrammen wird auch nicht das im internationalen Vergleich erheblich niedrigere Leistungsniveau der deutschsprachig getesteten Berliner Vergleichsklassen erreicht. (3) Der partnersprachige Test unterschätzt die tatsächlichen naturwissenschaftlichen Kompetenzen der monolingual deutschsprachig oder bilingual aufgewachsenen Schülerinnen und Schüler an der SESB erheblich. Damit stellt sich die Frage, ob im Sachkundeunterricht der SESB der Einsatz der Partnersprache und damit der immersive Programmansatz überhaupt durchgehend und erfolgreich implementiert werden.

5.7 Zusammenfassung der schulischen Leistungen an der SESB – 4. Jahrgangsstufe

Ziel der Evaluation der SESB für Kohorte 1 ist die Beantwortung der Frage, in welchem Maße sich an der SESB bis zum Ende der Primarstufe die beiden in der Schule gesprochenen Sprachen entwickeln und welche Kompetenzen in den anderen Unterrichtsfächern resultieren. Zur Beantwortung dieser Fragen wurden die schulischen Kompetenzen der $N = 769$ (bzw. erweitert $N = 952$) Schülerinnen und Schüler der SESB mit den $N = 941$ Schülerinnen und Schülern der Vergleichsklassen (erweiterte Sichprobe) und den $N = 3.323$ Schülerinnen und Schülern der ELEMENT-Studie verglichen. Zusammengefasst werden hier zunächst die sprachlichen Leistungen der 4. Jahrgangsstufe, dann die Leistungen in den Sachfächern, dabei arrondieren knappe Vergleiche der SESB-Sprachprogramme das Leistungskapitel.

5.7.1 Die sprachlichen Leistungen

Der Erwerb sprachlicher Kompetenzen in beiden Partnersprachen ist Kernziel der SESB. Dabei sind beide Sprachen gleich wichtig. Obwohl man die Befürchtung haben könnte, dass in dualen Immersionsprogrammen *beide* Sprachen nicht adäquat entwickelt werden, zeigt sich in unseren Analysen schon für die 4. Jahrgangsstufe, dass das Leseverständnis im Deutschen dem der monolingual unterrichteten Vergleichsgruppen entspricht, die

Bilingualität hier also nicht zu spürbaren Nachteilen in der Verkehrssprache Deutsch führt, sondern im Gegensatz erhebliche Kompetenzen in einer zusätzlichen Sprache erworben werden. Dies gilt für Schülerinnen und Schüler mit und ohne MGH, unterschiedlicher sprachlicher und familiärer Herkunft und unterschiedlicher kognitiver Voraussetzungen. Allerdings sind auch die Defizite der monolingual nichtdeutschsprachig aufgewachsenen Kinder bzw. der Kinder mit MGH an der SESB und in den Vergleichsklassen ähnlich. Spezifische Fördereffekte der SESB zeigen sich nur in der Partnersprache, sind aber im Deutschen vielleicht auch nicht zu erwarten angesichts der quantitativen Reduktion des deutschsprachigen Unterrichts an der SESB.

Bei identischer Konzeption bezüglich der dualen Immersion sind die Unterschiede im deutschsprachigen Leseverständnis zwischen den Sprachprogrammen beachtlich: Den Sprachprogrammen mit deutlichen Rückständen im Niveau (Partnersprachen: Polnisch und Türkisch) oder Rückständen auch bei Kontrolle der Eingangsselektivität (Partnersprachen: Griechisch, Polnisch, Russisch und Spanisch) ist anzuraten, gegebenenfalls im Austausch mit erfolgreicheren Sprachprogrammen (Partnersprachen: Englisch, mit Einschränkungen Französisch und Portugiesisch) den Erwerb des deutschsprachigen Leseverständnisses zu optimieren. In allen Sprachprogrammen erwerben die Kinder an der SESB zugleich im Leseverständnis in der Partnersprache Kompetenzen, die für die Mehrzahl auf Kompetenzstufe II eingeordnet werden können.

Wie schon angedeutet, liegt bereits in der 4. Jahrgangsstufe bei insgesamt adäquatem Leseverständnis im Deutschen eine substanzielle partnersprachige Lesekompetenz vor, sodass die meisten Kinder eine solide Basis für die Weiterentwicklung ihrer partnersprachigen Kompetenz besitzen. Dabei ist der Vorsprung im partnersprachigen Leseverständnis für die Kinder mit Partnersprache als L1 geringer, als es der Vorsprung der Kinder mit Deutsch als L1 im deutschsprachigen Leseverständnis war. Insgesamt bleiben also die Stärken der Kinder je nach Sprachhintergrund erhalten. Die bilingualen Kinder erreichen am ehesten den Status des *balanced bilingualism*. Erkennbar wurde auch, dass die partnersprachigen Leistungen sehr deutlich hinter denen der Kinder in den Referenzländern zurückbleiben. Dies gilt insbesondere für das portugiesisch- und türkischsprachige Programm, die beide auch im Vergleich der Sprachprogramme untereinander, vor allem gegenüber den Programmen mit englischer, französischer, italienischer und polnischer Partnersprache, zurückfallen.

5.7.2 Kompetenzen in Mathematik und Sachkunde/Naturwissenschaften

In der deutschsprachig unterrichteten Mathematik ergaben sich wie bei der deutschsprachig getesteten, aber partnersprachig unterrichteten Sachkunde Kompetenzen, die denen der Vergleichsklassen entsprechen. Besonders hervorzuheben ist der spezifische Fördereffekt der SESB für Kinder mit beidseitigem MGH in der Mathematik. Niedrigere mathematische Kompetenzen sowohl im Gesamtniveau als auch bei Kontrolle der Eingangsselektivität ergaben sich für die Programme mit den Partnersprachen Portugiesisch und Türkisch. Trotz der Inkongruenz von Unterrichtssprache und Testsprache werden an der SESB bessere sachkundliche Leistungen erzielt, wenn die Kinder deutschsprachig statt partnersprachig getestet werden. Deutschsprachig getestet erreichen sie die sachkundlichen Leistungen der Vergleichsklassen, partnersprachig getestet oft nicht. Kinder, die monolingual nichtdeutschsprachig aufgewachsen sind bzw. einen beidseitigen MGH haben, weisen auch an der SESB deutlich geringere Kompetenzen auf, sind aber relativ erfolgreicher, wenn sie sich in der Partnersprache bewähren können. Die Sprachprogramme unterscheiden sich im Vergleich zu den anderen Domänen in der Sachkunde in eher geringem Ausmaß und liegen wie im partnersprachigen Leseverständnis weit unter den Leistungen, die Viertklässlerinnen und Viertklässler in den Referenzländern durchschnittlich erreichen. Hervorzuheben ist das balancierte und zugleich recht hohe Niveau naturwissenschaftlicher Kompetenz in den deutsch-italienischen und deutsch-russischen Sprachprogrammen.

Literatur

Baumert, J., Köller, O., & Lehmann, R. H. (2012). Leseverständnis im Englischen und Deutschen und Mathematikleistungen bilingual unterrichteter Schülerinnen und Schüler am Ende der Grundschulzeit: Ergebnisse eines Zwei-Wege-Immersionsprogramms. *Unterrichtswissenschaft, 40*(4), 290–314. doi:09201204290

Baumert, J., Maaz, K., Neumann, M., Becker, M., & Dumont, H. (2013). Die Berliner Strukturreform: Hintergründe, Zielstellungen und theoretischer Rahmen. In K. Maaz, J. Baumert, M. Neumann, M. Becker & H. Dumont (Hrsg.), *Die Berliner Schulstrukturreform: Bewertung durch die beteiligten Akteure und Konsequenzen des neuen Übergangsverfahrens von der Grundschule in die weiterführenden Schulen* (S. 9–34). Münster: Waxmann.

Baumert, J., Stanat, P., & Watermann, R. (Hrsg.). (2006). *Herkunftsbedingte Disparitäten im Bildungswesen: Differenzielle Bildungsprozesse und Probleme der Verteilungsgerechtigkeit. Vertiefende Analysen im Rahmen von PISA 2000.* Wiesbaden: VS Verlag für Sozialwissenschaften.

Bos, W., Wendt, H., Köller, O., & Selter, C. (Hrsg.). (2012). *TIMSS 2011: Mathematische und naturwissenschaftliche Kompetenzen von Grundschulkindern in Deutschland im internationalen Vergleich.* Münster: Waxmann.

Deventer, J., Machts, N., Gebauer, S. K., & Möller, J. (2016, under review). *Immersion education and school achievement: A three-level meta-analysis.* Kiel: CAU.

Duarte, J. (2011). *Bilingual language proficiency: A comparative study.* Münster: Waxmann.

Dumont, H., Neumann, M., Maaz, K., & Trautwein, U. (2013). Die Zusammensetzung der Schülerschaft als Einflussfaktor für Schulleistungen: Internationale und nationale Befunde. *Psychologie in Erziehung und Unterricht, 60,* 163–183. doi:10.2378/peu2013.art14d

Ganzeboom, H. B., de Graaf, P. M., Treiman, D. J., & de Leeuw, J. (1992). A standard international socio-economic index of occupational status. *Social Science Research, 21*(1), 1–56. doi:10.1016/0049-089X(92)90017-B

Gebauer, S. K., Zaunbauer, A. C. M., & Möller, J. (2013). Cross-language transfer in English immersion programs in Germany: Reading comprehension and reading fluency. *Contemporary Educational Psychology, 38*(1), 64–74. doi:10.1016/j.cedpsych.2012.09.002

Genesee, F., & Jared, D. (2008). Literacy development in early French immersion programs. *Canadian Psychology, 49*(2), 140–147. doi:10.1037/0708-5591.49.2.140

Gräfe-Bentzien, S. (2001). *Evaluierung bilingualer Sprachkompetenz: Eine Pilotstudie zur Entwicklung der deutschen und italienischen Sprachfähigkeiten in der Primarstufe beim Schulversuch der Staatlichen Europa-Schule Berlin (SESB)*. Dissertation, Freie Universität Berlin. <http://www.diss.fu-berlin.de/diss/receive/FUDISS_thesis_000000000370>

Haag, N., Böhme, K., & Stanat, P. (2012). Zuwanderungsbezogene Disparitäten. In P. Stanat, H. A. Pant, K. Böhme & D. Richter (Hrsg.), *Kompetenzen von Schülerinnen und Schülern am Ende der vierten Jahrgangsstufe in den Fächern Deutsch und Mathematik: Ergebnisse des IQB-Ländervergleichs 2011* (S. 209–235). Münster: Waxmann.

Heller, K. A., & Perleth, C. (2000). *Kognitiver Fähigkeitstest für 4. bis 12. Klassen, Revision (KFT 4–12 + R)*. Göttingen: Hogrefe.

Hill, C. J., Bloom, H. S., Black, A. R., & Lipsey, M. W. (2008). Empirical benchmarks for interpreting effect sizes in research. *Child Development Perspectives, 2*(3), 172–177. doi:10.1111/j.1750-8606.2008.00061.x

Johnstone, R. (2002). *Immersion in a second or additional language at school: A review of the international research*. Stirling, UK: University of Stirling, Institute of Education, Scottish CILT.

Kigel, R. M., McElvany, N., & Becker, M. (2015). Effects of immigrant background on text comprehension, vocabulary, and reading motivation: A longitudinal study. *Learning and Instruction, 35,* 73–84. doi:10.1016/j.learninstruc.2014.10.001

Kleickmann, T., Brehl, T., Saß, S., Prenzel, M., & Köller, O. (2012). Naturwissenschaftliche Kompetenzen im internationalen Vergleich: Testkonzeption und Ergebnisse. In W. Bos, H. Wendt, O. Köller & C. Selter (Hrsg.), *TIMSS 2011: Mathematische und naturwissenschaftliche Kompetenzen von Grundschulkindern in Deutschland im internationalen Vergleich* (S. 123–169). Münster: Waxmann.

Klieme, E., & Beck, B. (2006). *Unterricht und Kompetenzerwerb in Deutsch und Englisch: Zentrale Befunde der Studie Deutsch-Englisch-Schülerleistungen-International (DESI)*. Frankfurt a. M.: DIPF.

Klieme, E., Neubrand, M., & Lüdtke, O. (2001). Mathematische Grundbildung: Testkonzeption und Ergebnisse. In J. Baumert, E. Klieme, M. Neubrand, M. Prenzel, U. Schiefele, W. Schneider, P. Stanat, K.-J. Tillmann & M. Weiß (Hrsg.), *PISA 2000: Basiskompetenzen von Schülerinnen und Schülern im internationalen Vergleich* (S. 139–190). Opladen: Leske + Budrich.

Lehmann, R. H., & Lenkeit, J. (2008). *ELEMENT – Erhebung zum Lese- und Mathematikverständnis: Entwicklungen in den Jahrgangsstufen 4 bis 6 in Berlin. Abschlussbericht über die Untersuchungen 2003, 2004 und 2005 an Berliner Grundschulen und grundständigen Gymnasien*. Berlin: Humboldt-Universität zu Berlin.

Lehmann, R. H., & Nikolova, R. (2005a). *Erhebung zum Lese- und Mathematikverständnis: Entwicklungen in den Jahrgangsstufen 4 bis 6 in Berlin. Bericht über die Untersuchung 2003 an Berliner Grundschulen und grundständigen Gymnasien*. Berlin: Senatsverwaltung für Bildung, Jugend und Sport.

Lehmann, R. H., & Nikolova, R. (2005b). *Lese- und Mathematikverständnis von Grundschülerinnen und Grundschülern am Ende der Klassenstufe 5: Befunde aus dem zweiten Erhebungszeitpunkt der ELEMENT-Untersuchung Schuljahr 2003/2004*. Berlin: Senatsverwaltung für Bildung, Jugend und Sport.

Lo, Y. Y., & Lo, E. S. C. (2014). A meta-analysis of the effectiveness of Englishmedium education in Hong Kong. *Review of Educational Research, 84*(1), 47–73. doi:10.3102/0034654313499615

Maaß, K. (2011). *Mathematisches Modellieren in der Grundschule*. Kiel: Leibniz-Institut für die Pädagogik der Naturwissenschaften und der Mathematik an der Universität Kiel (IPN).

Marsh, H. W., Hau, K.-T., & Kong, C.-K. (2000). Late immersion and language of instruction in Hong Kong high schools: Achievement growth in language and non-language subjects. *Harvard Educational Review, 70*(3), 302–346. doi:10.17763/haer.70.3.gm047588386655k5

Matthießen, R. (2016). *Dualer Immersionsunterricht und schulische Leistungsmerkmale – Eine Metaanalyse*. Unveröffentlichte Diplomarbeit, Universität Kiel.

McField, G. P., & McField, D. R. (2014). The consistent outcome of bilingual education programs: A meta-analysis of meta-analyses. In G. P. McField (Ed.), *The miseducation of the English learners: A tale of three states and lessons to be learned* (pp. 267–299). Charlotte, NC: Information Age Publishing.

Muthén, L. K., & Muthén, B. O. (1998–2012). *Mplus User's Guide. Seventh Edition*. Los Angeles, CA: Muthén & Muthén.

Nikolova, R. (2011). *Grundschulen als differenzielle Entwicklungsmilieus* (Pädagogische Psychologie und Entwicklungspsychologie No. 81). Münster: Waxmann.

Norris, J. M., & Ortega, L. (2000). Effectiveness of L2 instruction: A research synthesis and quantitative meta-analysis. *Language Learning, 50*(3), 417–528. doi:10.1111/0023-8333.00136

Rubin, D. B. (1987). *Multiple imputation for nonresponse in surveys*. New York: Wiley. doi:10.1002/9780470316696

Schafer, J. L., & Graham, J. W. (2002). Missing data: Our view of the state of the art. *Psychological Methods, 7*, 147–177. doi:10.1037/1082-989x.7.2.147

Slavin, R., & Cheung, A. (2005). A synthesis of research on language of reading instruction for English language learners. *Review of Educational Research, 75*(2), 247–284. doi:10.3102/00346543075002247

Slavin, R. E., Madden, N. A., Calderón, M. E., Chamberlain, A., & Hennessy, M. (2011). Reading and language outcomes of a multiyear randomized evaluation of transitional bilingual education. *Educational Evaluation and Policy Analysis, 33*(1), 47–58. doi:10.3102/0162373711398127

Stanat, P., Pant, H. A., Böhme, K., & Richter, D. (Hrsg.). (2012). *Kompetenzen von Schülerinnen und Schülern am Ende der vierten Jahrgangsstufe in den Fächern Deutsch und Mathematik: Ergebnisse des IQB-Ländervergleichs 2011*. Münster: Waxmann.

Swain, M. (2005). The output hypothesis: Theory and research. In E. Hinkel (Ed.), *Handbook of research in second language teaching and learning* (pp. 471–484). Mahwah, NJ: Erlbaum.

Zaunbauer, A. C. M., & Möller, J. (2007). Schulleistungen monolingual und immersiv unterrichteter Kinder am Ende des ersten Schuljahres. *Zeitschrift für Entwicklungspsychologie und Pädagogische Psychologie, 39,* 141–153. doi:10.1026/0049-8637.39.3.141

Zaunbauer, A. C. M., & Möller, J. (2010). Schulleistungsentwicklung immersiv unterrichteter Grundschüler in den ersten zwei Schuljahren. *Psychologie in Erziehung und Unterricht, 57,* 30–45. doi:10.2378/peu2010.art03d

Kapitel 6
Die schulischen Leistungen an der SESB – 9. Jahrgangsstufe und 15-Jährige

Johanna Fleckenstein, Jens Möller, Friederike Hohenstein, Susanne Radmann, Michael Becker & Jürgen Baumert

6.1 Evaluation der schulischen Leistungen in der Sekundarstufe: Allgemeine Zielsetzungen

Das Konzept der dualen Immersion wird an der SESB in der Sekundarstufe I fortgeführt, die nach der 9. oder 10. Jahrgangsstufe mit der Berufsbildungsreife oder dem Mittleren Schulabschluss endet. Die erreichten Kompetenzen von Schülerinnen und Schülern am Ende der Sekundarstufe I sind von besonderer Relevanz, da dieser Zeitpunkt das Ende der Vollzeitschulpflicht und damit für viele Schülerinnen und Schüler den Übergang in eine berufliche Ausbildung markiert. Eine kompetente Beherrschung der jeweiligen Verkehrssprache sowie die Fähigkeit zur Aneignung komplexer Fachinhalte in dieser Verkehrssprache sind Voraussetzungen für die erfolgreiche Teilhabe an der Gesellschaft und für die gelingende Integration in den Arbeitsmarkt.

Das zentrale Element des sprachlichen Konzepts der SESB – die kompetente Sprachbeherrschung im Deutschen und einer Partnersprache – eröffnet den Schülerinnen und Schülern die Möglichkeit, ihre Ziele international in diversen akademischen und beruflichen Umwelten zu verfolgen und zu verwirklichen; vorausgesetzt, die Absolventinnen und Absolventen der SESB beherrschen die jeweilige Verkehrssprache auf einem konkurrenzfähigen Niveau, nämlich dem Niveau von L1-Sprecherinnen und -Sprechern. Auch die SESB selbst erwartet, dass sich „das sprachliche Kompetenzniveau eines Schülers ab der Jahrgangsstufe neun dem eines Muttersprachlers annähert und bis zum Abitur weiterentwickeln wird" (Abgeordnetenhaus Berlin, 2010, S. 25). Ob dieses ambitionierte Ziel am Ende der Sekundarstufe I an der SESB erreicht wird, soll im Folgenden überprüft werden.

Die Sekundarstufe ist im Vergleich zur Primastufe durch eine fortschreitende Ausdifferenzierung der Sachfächer und die steigende Komplexität und Spezifität fachlicher Inhalte gekennzeichnet. Inwiefern es der SESB gelingt, diesen Anforderungen mit einer dual-immersiven Beschulung gerecht zu werden, ist ein entscheidendes Kriterium für den Erfolg des Gesamtkonzepts. Als weitere Herausforderung der Sekundarstufe stellt sich der Erwerb einer weiteren Sprache (L3) dar: Ab der 5. Jahrgangsstufe erlernen die Schülerinnen und Schüler an der SESB nach der Partnersprache eine L3, wobei es sich an fast allen Schulen um die englische Sprache handelt (die einzige Ausnahme bilden die Standorte mit Englisch als Partnersprache, hier wird als L3 Französisch unterrichtet). Bis zum Ende der Sekundarstufe I sollte dabei ein Niveau erreicht werden, das mit dem an monolingual unterrichtenden Regelschulen, an denen der Englischunterricht in der Regel bereits in der 3. Jahrgangsstufe einsetzt, mindestens vergleichbar ist. In kürzerer Zeit gleiche oder bessere Leistungen zu erreichen, kann zum einen wegen der Sprachenorientierung der SESB gelingen. Zum anderen lassen sich die erwarteten Vorteile aus der Annahme zwischensprachlicher Transfereffekte herleiten, die sich nach dem Überschreiten einer bestimmten Schwelle in den ersten beiden Sprachen positiv auf den Erwerb einer weiteren Sprache auswirken dürften (Gebauer, Zaunbauer & Möller, 2013).

Mit dem Ende der Sekundarstufe I sollen die Schülerinnen und Schüler an der SESB in beiden Sprachen Kompetenzen auf näherungsweise erstsprachlichem Niveau erreichen. Dieses im Konzept der SESB festgelegte Referenzniveau soll hier überprüft werden, indem die schulischen Kompetenzen der Schülerinnen und Schüler der SESB an einer Gruppe gemessen werden, deren schulische Kompetenzen als Maßstab betrachtet werden können. Diesen ambitionierten Maßstab bilden für die deutschsprachig und die partnersprachig getesteten Leistungen die Kompetenzen der monolingual beschulten Gleichaltrigen mit der entsprechenden Testsprache (Deutsch oder Partnersprache) als Erstsprache. Dies bedeutet für die deutschsprachigen Tests, dass das Referenzniveau durch die Kompetenzen der monolingual deutschsprachig aufgewachsenen Jugendlichen in den Vergleichsklassen bestimmt wird. Für die partnersprachigen Tests werden analog monolingual nichtdeutschsprachig aufgewachsene Jugendliche in einem Land mit der entsprechenden Verkehrssprache als Referenz genutzt.

Bei der Analyse der Testleistungen sind der sprachliche Hintergrund und der Migrationshintergrund (MGH) der Jugendlichen zu berücksichtigen: Beide sind konfundiert, aber nicht deckungsgleich. Zu unterscheiden sind jeweils drei Gruppen: Die Jugendlichen sind entweder monolingual deutschsprachig, monolingual nichtdeutschsprachig (was an der SESB monolingual partnersprachig entspricht) oder bilingual aufgewachsen. Bezüglich des MGH unterscheiden wir auch in der Sekundarstufe Schülerinnen und Schüler ohne MGH, mit einseitigem MGH (ein Elternteil mit MGH) und mit beidseitigem MGH (beide Elternteile mit MGH). Sowohl den sprachlichen Hintergrund als auch den MGH zugleich in einer Analyse zu berücksichtigen und damit Interaktionen der beiden Variablen zu berechnen, lässt die Stichprobengröße bzw. die Größe bestimmter Gruppen (z. B. monolingual deutschsprachig aufgewachsene Jugendliche mit beidseitigem MGH) nicht zu. Deshalb werden die Analysen für beide Variablen separat durchgeführt.

Für die Sekundarstufe I werden sowohl sprachliche als auch fachliche Kompetenzen von Schülerinnen und Schülern der 9. Jahrgangsstufe und von 15-Jährigen an der SESB sowie an monolingual unterrichtenden Regelschulen in Berlin präsentiert. Das folgende Kapitel gliedert sich in sechs Abschnitte: Im folgenden Abschnitt (6.2) werden unter Rückgriff auf Kapitel 3 dieses Bandes die Datengrundlage und das generelle methodische Vorgehen für die Evaluation der SESB in der 9. Jahrgangsstufe und bei den 15-Jährigen beschrieben. Danach folgen die Darstellungen der Hypothesen und Befunde zunächst für die sprachlichen Leistungen: das deutschsprachige Leseverständnis (Abschnitt 6.3), das partnersprachige Leseverständnis (Abschnitt 6.4) und das englischsprachige Leseverständnis (Englisch als erste Fremdsprache; Abschnitt 6.5). Die darauf folgenden Abschnitte beschäftigen sich mit den erreichten Kompetenzen in den Sachfächern: Abschnitt 6.6 berichtet vergleichend über die Leistungen in Mathematik. Schließlich werden in Abschnitt 6.7 die Befunde für die mit dem deutschsprachigen Test gemessene naturwissenschaftliche Kompetenz präsentiert, bevor im Abschnitt 6.8 mit dem partnersprachigen Test der naturwissenschaftlichen Kompetenzen die Darstellung der Ergebnisse endet. Im Abschnitt 6.9 werden die Ergebnisse unter Bezugnahme auf unsere Ausgangsfrage zusammenfassend diskutiert: Inwiefern gelingt es der SESB, am Ende der Sekundarstufe I sowohl kompetente Doppelsprachigkeit als auch angemessene Kompetenzen in den Sachfächern zu erreichen, die den Schülerinnen und Schülern einen gelingenden Berufseinstieg bzw. eine erfolgreiche Fortführung ihrer (akademischen) Ausbildung in sprachlich diversen Kontexten versprechen?

6.2 Methodisches Vorgehen

Im Folgenden werden kurz die wichtigsten Informationen zum Untersuchungsdesign in der Sekundarstufe I zusammengefasst. Diese beschränken sich an dieser Stelle auf diejenigen Bereiche, die domänenunabhängig für alle im Folgenden berichteten Ergebnisse die Grundlage darstellen: die realisierte Stichprobe an der SESB und die Instrumente zur Erfassung der Kompetenzen und der Hintergrundmerkmale.

6.2.1 Realisierte Stichproben

Die Untersuchungspopulation der EUROPA-Studie in der Sekundarstufe besteht aus Schülerinnen und Schülern der 9. Jahrgangsstufe und 15-Jährigen an der SESB. Im Frühsommer 2014 wurden an allen Standorten der SESB in der Sekundarstufe I Vollerhebungen der definierten Untersuchungspopulation durchgeführt. Da nach § 9 SchulG (vom 26.01.2004) alle ausgewählten Schülerinnen und Schüler zur Teilnahme an der Evaluation verpflichtet waren, fielen die Ausschöpfungsquoten sehr hoch aus. Die realisierte Stichprobe an der SESB betrug bei den Schülerinnen und Schülern der 9. Jahrgangsstufe und 15-Jährigen $N = 617$ (Ausschöpfungsquote: 98,2 %). Für eine detaillierte Aufschlüsselung der Teilnahmequoten nach Subgruppen siehe Tabelle 3.7 in Kapitel 3 des vorliegenden Bandes.

Als Vergleichsgruppe steht als für die 9. Jahrgangsstufe und die 15-jährigen Berliner Schülerinnen und Schüler repräsentative Kontrollgruppe die Stichprobe der BERLIN-Studie (Maaz, Baumert, Neumann, Becker, & Dumont, 2013) zur Verfügung. Die Studie basiert auf der Befragung von $N = 2.119$ 15-Jährigen und $N = 1.925$ Schülerinnen und Schülern der 9. Jahrgangsstufe. Da sich die beiden Substichproben der Erhebung in 2014 überlappen, beläuft sich die Gesamtstichprobe auf $N = 3.289$.

Für den internationalen Vergleich des partnersprachigen Leseverständnisses und der partnersprachig getesteten naturwissenschaftlichen Kompetenzen wird auf die Ergebnisse der PISA-Studie von 2012 zugegriffen. Für alle Sprachprogramme der SESB konnten die mittleren erreichten Leistungen aus Ländern genutzt werden, in denen die jeweilige Partnersprache die Verkehrssprache ist. Die Stichprobengröße schwankt zwischen den Ländern erheblich (vgl. Kap. 3).

6.2.2 Instrumentierung

Die deutschsprachigen Tests zum Leseverständnis, zur Mathematik und zu den Naturwissenschaften wurden im Rahmen der BERLIN-Studie administriert. Eingesetzt wurden Aufgaben aus den in PISA 2006 verwendeten vier Booklets (7, 11, 12, 13), die in einem Multi-Matrix-Design variiert wurden. Der Test zum Leseverständnis bestand aus 28 Items und erreichte eine gute Reliabilität von $r_{EAP/PV} = 0.88$. Der Test zur mathematischen Kompetenz bestand aus 48 Items und erreichte eine gute Reliabilität von $r_{EAP/PV} = 0.90$. Der deutschsprachige Test zur naturwissenschaftlichen Kompetenz bestand aus 57 Items und erreichte eine gute Reliabilität von $r_{EAP/PV} = 0.91$. Die partnersprachigen Leseverständnistests wurden aus veröffentlichten PISA-Aufgaben in der jeweiligen Sprache zusammengestellt. Der Test wurde für alle neun Partnersprachen gemeinsam unter Nutzung der originalen PISA-Itemparameter Rasch-skaliert. Die WLE-Reliabilität des partnersprachigen Tests zum Leseverständnis liegt mit $r_{WLE} = 0.87$ in einem guten Bereich. Die Aufgaben des Englischtests wurden dem Ländervergleich 2009 entnommen (Köller, Knigge & Tesch, 2010). Der Englischtest umfasste 82 Items und erreicht eine sehr hohe Reliabilität von $r_{EAP/PV} = 0.93$ (vgl. Kap. 3). Der partnersprachige Test für Naturwissenschaften bestand aus insgesamt 28 veröffentlichten Aufgaben aus PISA 2000 (10 Items) und PISA 2006 (18 Items). Vier der Aufgaben lagen in italienischer Sprache nicht vor. Die italienische Testversion umfasste deshalb nur 24 Aufgaben. Auch für diesen Test erwies sich die WLE-Reliabilität mit $r_{WLE} = 0.83$ als gut.

Der familiale Hintergrund wird wie in Jahrgangsstufe 4 mit dem Sozialstatus und Bildungsniveau der Eltern beschrieben. Als Indikator des sozioökonomischen Hintergrunds wird der *International Socio-Economic Index of Occupational Status* (ISEI; Ganzeboom, de Graaf, Treiman & de Leeuw, 1992) verwendet, wobei jeweils der höhere Wert der beiden Elternteile zugrunde gelegt wurde (HISEI). Das Bildungsniveau der Eltern wird mit der Dummyvariablen „Hochschulreife ja/nein" operationalisiert. Das Geschlecht der Untersuchungsteilnehmerinnen und -teilnehmer wurde mit 0 = männlich, 1 = weiblich codiert.

Die kognitiven Grundfähigkeiten der Jugendlichen wurden auch in der 9. Jahrgangsstufe mit den Untertests „Verbales und figurales Schlussfolgern" des KFT erfasst (Heller & Perleth, 2000). Die Reliabilitäten der beiden Testteile betragen $r_{WLE} = 0.73$ bzw. $r_{WLE} = 0.87$. Als weiterer Indikator des kognitiven Hintergrunds dient die Durchschnittsnote aus dem Übergangszeugnis nach Jahrgangsstufe 6.

Der sprachliche Hintergrund der Schülerinnen und Schüler wurde mit der Frage „Welche Sprache(n) hat Ihr Kind, für das Sie den Fragebogen ausfüllen, in der Familie zuerst gelernt?" über die Angaben der Eltern bzw. Erziehungsberechtigten erhoben. Für die Partnersprachen waren vorgegebene Antworten sowie ein zusätzliches offenes Feld vorgesehen. Mehrfachantworten waren erlaubt. Im Folgenden verwenden wir neben der Zuordnung zu den Partnersprachen die Abgrenzung von drei Sprachgruppen. Zur Sprachgruppe „monolingual deutschsprachig" werden alle Schülerinnen und Schüler gezählt, die von Geburt an monolingual deutschsprachig aufgewachsen sind. Zur Sprachgruppe „bilingual" gehören die Schülerinnen und Schüler, die neben Deutsch noch eine andere Sprache (an der SESB die Partnersprache) von Geburt an gelernt haben. In die Sprachgruppe „monolingual nichtdeutschsprachig" fallen alle monolingual aufgewachsenen Schülerinnen und Schüler, deren L1 nicht die deutsche Sprache ist.

Der MGH wird im Anschluss an den Mikrozensus (Statistisches Bundesamt, 2011) folgendermaßen definiert: Schülerinnen und Schüler „ohne MGH" haben Eltern, die beide in Deutschland geboren sind; ein „einseitiger MGH" liegt vor, wenn ein Elternteil nicht in Deutschland geboren wurde; von „beidseitigem MGH" wird gesprochen, wenn beide Elternteile im Ausland geboren wurden und nach Deutschland zugewandert sind.

6.2.3 Analytisches Vorgehen

Zusätzlich zu einer deskriptiven Auswertung wurde ein regressionsanalytisches Vorgehen zur Analyse der Daten gewählt. Dieses erfolgt in drei Schritten: Zunächst wird ein Gesamtvergleich der tatsächlichen Kompetenzen der Schülerinnen und Schüler an der SESB und monolingual unterrichtenden Regelschulen vorgenommen. Anschließend wird in einem zweiten Schritt die individuelle Perspektive der Schülerinnen und Schüler eingenommen, indem deren Leistungen unter Berücksichtigung des Sprach- bzw. Migrationshintergrunds untersucht werden. Normatives Referenzniveau ist hier die durchschnittliche Leistung von *monolingual deutschsprachig* aufgewachsenen bzw. *deutschstämmigen* (ohne MGH) Schülerinnen und Schülern an monolingual unterrichtenden Regelschulen. In diesen Modellen stellt die mittlere Leistung von Schülerinnen und Schülern mit Deutsch als L1 bzw. ohne MGH das Referenzniveau dar, an dem der Erfolg der SESB ohne Berücksichtigung der potenziellen Selektivität des Programms gemessen wird. Dieser Vergleich der tatsächlich erreichten Kompetenzen mit einem absoluten Gütemaßstab ist notwendig, um die Chancen der Schülerinnen und Schüler auf Erfolg im weiteren Lebensverlauf und die gesellschaftliche Teilhabe realistisch einordnen zu können.

Im dritten Schritt betrachten wir die Leistungen anhand von sogenannten *Value-added-*Modellen, in denen relevante Fähigkeits- und Herkunftsmerkmale der Schülerinnen und Schüler in Rechnung gestellt werden. Bei diesen Vergleichen wird kein absoluter, sondern ein relativer Gütemaßstab angelegt, der die unterschiedlichen Eingangsvoraussetzungen von Schülerinnen und Schülern berücksichtigt. In den Analysen wird somit eine institutionelle Perspektive eingenommen, die einen fairen Leistungsvergleich zwischen Schulen ermöglicht. Es wird damit der Nettoeffekt der Beschulung an der SESB untersucht, der Rückschlüsse auf den Erfolg des Schultyps bei durchschnittlichem kognitivem und sozioökonomischem Hintergrund der Schülerinnen und Schüler zulässt.

Die Überprüfung der spezifischen Untersuchungshypothesen erfolgt regressionsanalytisch. Dabei gehen wir jeweils in zwei Schritten vor. Zuerst werden die Hypothesen überprüft, die sich auf die Leistungsergebnisse der SESB insgesamt beziehen. Anschließend werden Unterschiede zwischen den einzelnen Sprachprogrammen untersucht. Alle Analysen werden mit Mplus 7 (Muthén & Muthén, 1998–2012) durchgeführt.

Da es sich um ein geschachteltes Studiendesign handelt (vgl. Kap. 3), erfolgte die Ziehung der Individuen nicht unabhängig voneinander. Deshalb werden im Folgenden zur korrekten Schätzung sogenannte robuste Standardfehler (r_{SE}) verwendet (Huber-White-Schätzer oder Sandwich-Standardschätzer; White, 1980), die in der Regel eine größere Varianz aufweisen als die konventionellen Standardfehler. Sie gelten bei heteroskedastischen Störtermen als konsistentere Schätzer für die wahren Standardfehler.

In unseren Analysen werden die Leistungen jeweils an den Mittelwerten einer Gesamtstichprobe zentriert, in die die Stichprobe der SESB und der Vergleichsgruppe gleichgewichtet eingehen. Die Leistungswerte werden dabei auf einen Mittelwert von 100 und eine Standardabweichung von 30 transformiert. Die metrischen Kovariaten werden z-standardisiert genutzt. Fehlende Werte auf den für die Analysen genutzten Variablen wurden, wie in Kapitel 3 ausführlich dargestellt wird, multipel imputiert (Schafer & Graham, 2002). Die Ergebnisse werden nach den Regeln von Rubin (1987) integriert.

Zur Überprüfung der praktischen Bedeutsamkeit statistisch signifikanter Differenzen zwischen den Gruppen werden Effektstärken in Einheiten der Standardabweichung (Cohens d) berichtet. Die Standardisierung erfolgt anhand der gepoolten Standardabweichungen der jeweils verglichenen Gruppen. Nach Hill, Bloom, Black und Lipsey (2007) bewegt sich der erwartete Leistungszuwachs innerhalb eines Schuljahres von der 9. bis zur 10. Jahrgangsstufe beispielsweise im erstsprachigen Leseverständnis bei einer Effektstärke von d = 0.19 bis d = 0.25.

6.3 Leseverständnis in deutscher Sprache – 9. Jahrgangsstufe und 15-Jährige

Das grundlegende Konzept der Primarstufe an der SESB bleibt im Großen und Ganzen in der weiterführenden Schule erhalten: Auch in der Sekundarstufe I ist die SESB eine sprachbetonte Begegnungsschule mit einem insgesamt erhöhten Anteil an Sprachunterricht und einem in der Regel sprachintensiv gestalteten außercurricularen Angebot (vgl. Kap. 1). Der dual-immersive Unterricht wird mit derselben Intensität wie in der Grundschule fortgeführt, sodass die Hälfte des Unterrichts auf Deutsch und die andere Hälfte in der jeweiligen Partnersprache stattfindet. Die Jugendlichen werden allerdings von Beginn der 9. Jahrgangsstufe an im Sprachunterricht nicht mehr in separaten Halbklassen, sondern unabhängig von ihrer L1 gemeinsam im Klassenverband unterrichtet.

Wie aus den nationalen und internationalen Schulleistungsstudien (z. B. Ländervergleich, PISA) bekannt ist, ergeben sich für verschiedene schulische Domänen auch am Ende der Sekundarstufe I noch Kompetenzrückstände von Jugendlichen mit MGH bzw. von Jugendlichen, die nicht mit Deutsch als L1 aufgewachsen sind. Diese Rückstände sind meist dann besonders stark ausgeprägt, wenn die Familien in der 1. Generation in Deutschland leben und dementsprechend die deutsche Sprache nur unzureichend beherrschen.

Auch wenn zu erwarten ist, dass der sprachliche Hintergrund und der MGH aufgrund der bereits über Jahre erfolgten bilingualen Erziehung an der SESB von geringerer Bedeutung sind als in der Primarstufe, wird damit gerechnet, dass diese Unterteilungen prädiktiven Wert für die deutschsprachigen Leseleistungen haben, da die deutschsprachigen kommunikativen Anlässe unterschiedlich häufig sein dürften. Dennoch gilt das Ziel des erstsprachigen Niveaus in beiden Sprachen für alle Schülerinnen und Schüler an der SESB gleichermaßen – unabhängig vom sprachlichen Hintergrund oder MGH. Als zu erreichendes Referenzniveau für das deutschsprachige Leseverständnis an der SESB wurden demnach für alle Gruppen und alle Standorte die Kompetenzen der monolingual deutschsprachig aufgewachsenen Schülerinnen und Schüler in den Berliner Vergleichsklassen spezifiziert.

6.3.1 Entwicklung der Fragestellungen und Hypothesen zum Leseverständnis in deutscher Sprache

Die duale Immersion sollte sich insgesamt positiv auf sprachliche Kompetenzen auswirken und damit auch auf das deutschsprachige Leseverständnis (vgl. Kap. 4). Wir erwarten deshalb an der SESB am Ende der Sekundarstufe I ein generell höheres Niveau der Lesekompetenz im Deutschen als an Regelschulen mit monolingualem Unterricht, obwohl der Anteil deutschsprachiger Instruktion an der SESB gegenüber den monolingual unterrichtenden Regelschulen über die Jahre deutlich reduziert ist. Die Unterschiede sollten auch bei Kontrolle bedeutsamer Hintergrundmerkmale nachweisbar sein.

> *Hypothese 1 lautet daher, dass die Schülerinnen und Schüler der SESB in den deutschsprachigen Lesetests bessere Leistungen erzielen als die Schülerinnen und Schüler an Regelschulen mit monolingualem Unterricht.*

Die vielfältigen Lerngelegenheiten innerhalb und außerhalb der Schulen sollten dazu führen, dass sowohl die monolingual deutschsprachig als auch die bilingual aufgewachsenen Schülerinnen und Schüler das spezifizierte Referenzniveau – die Leistungen von monolingual deutschsprachig aufgewachsenen Gleichaltrigen an Berliner Vergleichsschulen – erreichen. Dies gilt analog für die Jugendlichen ohne oder mit einseitigem MGH. Für die monolingual nichtdeutschsprachig aufgewachsenen Jugendlichen bzw. diejenigen mit beidseitigem MGH erwarten wir sowohl an der SESB als auch an den monolingual unterrichtenden Regelschulen auch am Ende der Sekundarstufe I einen Rückstand im deutschsprachigen Leseverständnis.

> *Hypothese 2 sagt eine geringere Lesekompetenz für monolingual nichtdeutschsprachig aufgewachsene Schülerinnen und Schüler im Vergleich zu monolingual deutschsprachig aufgewachsenen Schülerinnen und Schülern vorher. Ähnliche Unterschiede sollten sich je nach MGH der Schülerinnen und Schüler ergeben.*

Insgesamt gehen wir davon aus, dass die Leseverständnisdefizite der monolingual nichtdeutschsprachig aufgewachsenen Jugendlichen bzw. derjenigen mit beidseitigem MGH an der SESB geringer sind als an den Vergleichsschulen; wir nehmen damit spezifische Effekte der SESB an. Erwartet wird also, dass diese Jugendlichen, die bis zur 9. Jahrgangsstufe separat von den Jugendlichen mit Deutsch als dominanter L1 unterrichtet wurden, von dieser separaten Beschulung in den Halbklassen profitiert haben, sodass gerade auch leistungsschwächere Schülerinnen und Schüler eine solide Grundlage im Schriftspracherwerb erhalten haben sollten, der sich auch in der Leseleistung zeigt.

Hypothese 3 zufolge sollte an der SESB der Rückstand für monolingual nichtdeutschsprachig aufgewachsene Jugendliche im deutschsprachigen Leseverständnis kleiner ausfallen als an den monolingual unterrichtenden Regelschulen. Dieser differenzielle Effekt an der SESB wird ebenfalls für die Jugendlichen mit beidseitigem MGH erwartet.

In Kapitel 4 wurde bereits gezeigt, dass auch in der 9. Jahrgangsstufe und bei 15-Jährigen mit unterschiedlichen Lernvoraussetzungen zwischen den einzelnen Sprachprogrammen innerhalb der SESB zu rechnen ist. Erwartet wird, dass sich diese unterschiedliche soziale und kognitive Selektivität nicht nur deskriptiv in den Leistungsergebnissen – und damit auch im Leseverständnis – abbildet, sondern dass ihre Auswirkungen auf die Leistungen auch bei Kontrolle der Eingangsvoraussetzungen nachweisbar sind.

Hypothese 4 lautet daher, dass die deutschsprachigen Leseleistungen je nach Sprachprogramm der SESB unterschiedlich ausfallen.

6.3.2 Ergebnisse zum Leseverständnis in deutscher Sprache

Im Folgenden werden die Ergebnisse zum deutschsprachigen Leseverständnis am Ende der Sekundarstufe I präsentiert. Zunächst werden die deskriptiven Befunde insgesamt und für die einzelnen Sprachprogramme betrachtet. Darauf folgen die regressionsanalytischen Vergleiche zwischen SESB und Vergleichsklassen (VGLK) sowie die Ergebnisse für die einzelnen Sprachprogramme. Die Darstellung der Befunde schließt mit einer Zusammenfassung.

6.3.2.1 Deskriptive Befunde
Zunächst sollen die erreichten Leistungen insgesamt betrachtet werden, ohne dabei schon auf Hintergrundvariablen einzugehen. Tabelle 6.1 gibt einen Überblick über die Leistungen, die am Ende der Sekundarstufe I im deutschsprachigen Leseverständnistest an der SESB und in den VGLK erreicht werden – aufgeschlüsselt nach Geschlecht, Sprach- und Migrationshintergrund.

Insgesamt zeigt sich in Einklang mit der bisherigen Forschung zur Lesekompetenz, dass Mädchen ein höheres Leseverständnis haben als Jungen. Das Ergebnis gilt für die SESB ebenso wie für die VGLK. Jugendliche, die monolingual nichtdeutschsprachig aufgewachsen sind, bleiben im deutschsprachigen Leseverständnis weit hinter Altersgleichen zurück, die monolingual deutschsprachig aufgewachsen sind. Bilingual aufgewachsene Jugendliche scheinen dem Leseniveau monolingual deutschsprachig aufgewachsener Schülerinnen und Schülern (vor allem an der SESB) näher zu kommen. Ähnliches gilt für den MGH: Schülerinnen und Schüler, deren Eltern beide nach Deutschland zugewandert sind, liegen deutlich zurück, während Jugendliche mit einseitigem MGH weniger starke Defizite zeigen.

Tabelle 6.1: Zentrierte Mittelwerte, Standardabweichungen, Standardfehler und Effektstärken für das Leseverständnis in deutscher Sprache an SESB und in VGLK in der 9. Jahrgangsstufe/bei 15-Jährigen

	SESB				VGLK				d
	N	M	SD	SE	N	M	SD	SE	
Insgesamt	617	104.97	26.17	1.10	3.289	99.07	30.58	0.54	0.20
Mädchen	320	108.73	24.82	1.43	1.626	103.43	29.43	0.74	0.19
Jungen	297	100.92	27.01	1.61	1.664	94.81	31.09	0.77	0.20
Monolingual deutschsprachig	126	111.16	25.62	2.77	1.770	106.70	28.81	0.79	0.16
Bilingual	310	108.48	24.98	1.52	901	93.74	29.48	1.06	0.52
Monolingual nichtdeutschsprachig	182	94.43	25.53	1.97	620	84.96	30.42	1.94	0.32
Ohne MGH	101	116.47	24.40	2.80	1.667	108.97	26.55	0.67	0.28
Einseitiger MGH	222	111.60	24.36	1.76	656	97.26	29.78	1.47	0.50
Beidseitiger MGH	295	96.06	25.08	1.54	967	83.21	30.70	1.06	0.44

Tabelle 6.2: Zentrierte Mittelwerte, Standardabweichungen und Standardfehler für das Leseverständnis in deutscher Sprache getrennt nach Partnersprachen in der 9. Jahrgangsstufe/bei 15-Jährigen

Sprachprogramm	M	SD	SE
Englisch	125.29	20.37	2.41
Französisch	112.95	20.35	2.02
Griechisch	102.31	26.52	4.05
Italienisch	103.86	27.42	3.09
Polnisch	88.61	24.65	3.31
Portugiesisch	101.97	30.29	5.01
Russisch	109.11	18.02	3.09
Spanisch	101.33	23.95	2.51
Türkisch	90.00	24.62	3.61
SESB insgesamt	104.97	26.17	1.10
VGLK insgesamt	99.07	30.58	0.54

Insgesamt zeigt sich, dass die Jugendlichen an der SESB über alle Gruppen hinweg ein deutschsprachiges Leseverständnis erreichen, das jenes der Jugendlichen an monolingual unterrichtenden Regelschulen in Berlin zu übertreffen scheint. Ob sich dieser Vorsprung auch zufallskritisch absichern lässt, soll im Folgenden geprüft werden.

In Hinblick auf die einzelnen Sprachprogramme ergeben sich in der deskriptiven Darstellung der erreichten Leseleistungen erhebliche Unterschiede (siehe Tab. 6.2). An der Spitze stehen die Standorte mit Englisch als Partnersprache, mit einigem Abstand folgen die französischsprachigen und die russischsprachigen Standorte. Die niedrigsten

Leseleistungen zeigen sich an den Standorten mit Polnisch und Türkisch als Partnersprache. Der Leistungsunterschied zwischen der stärksten und der schwächsten Gruppe beträgt etwa eine Standardabweichung. Diese enorme Diskrepanz berücksichtigt allerdings weder die sozioökonomischen und kognitiven Eingangsvoraussetzungen noch den Sprach- und Migrationshintergrund der Schülerinnen und Schüler. Auch deren Einfluss gilt es im nächsten Abschnitt zu prüfen.

6.3.2.2 Analytische Befunde

Im Folgenden werden die regressionsanalytischen Befunde zum Leseverständnis für die 9. Jahrgangsstufe bzw. für die 15-Jährigen vorgestellt. Die Ergebnispräsentation erfolgt in drei Schritten: (1) Gesamtvergleich der tatsächlichen Leseleistung an der SESB und an monolingual unterrichtenden Regelschulen, (2) Vergleich zum Referenzniveau in Abhängigkeit von Sprach- bzw. Migrationshintergrund (individuelle Perspektive) und (3) Vergleich mit den VGLK unter Berücksichtigung unterschiedlicher Eingangsvoraussetzungen (institutionelle Perspektive).

In unserer Evaluation sollen die individuelle und die institutionelle Perspektive gleichberechtigt zur Geltung kommen. So berücksichtigen auch die Analysen zu den differenziellen Ergebnissen der einzelnen Sprachprogramme beide Perspektiven, indem sowohl nichtadjustierte als auch kovarianzanalytisch adjustierte Modelle spezifiziert werden. Die Abschnitte zur individuellen und institutionellen Perspektive werden jeweils anhand der aufgestellten Hypothesen strukturiert.

6.3.2.2.1 Basismodelle zum Leseverständnis in deutscher Sprache

Zur Überprüfung der Frage, ob die Jugendlichen an der SESB in den deutschsprachigen Lesetests insgesamt bessere Leistungen erreichen als die Schülerinnen und Schüler an Regelschulen mit monolingualem Unterricht (Hypothese 1), werden in einem ersten Schritt die tatsächlich erreichten durchschnittlichen Leistungen an der SESB und in den VGLK gegenübergestellt. Dafür werden vorhandene Gruppenunterschiede regressionsanalytisch getestet, indem nur der Schulstatus (SESB vs. VGLK) als Prädiktor für das Leseverständnis in das Modell eingeführt wird (siehe Tab. 6.3, Modell 1). Der leichte Vorsprung der SESB, der sich bei der deskriptiven Betrachtung der Ergebnisse zeigt, wird dabei nicht statistisch signifikant. Mögliche Vorteile der Schülerinnen und Schüler an der SESB lassen sich also nicht gegen den Zufall absichern. Insgesamt haben die Schülerinnen und Schüler der SESB am Ende der Sekundarstufe I zwar entgegen Hypothese 1 keinen bedeutsamen Vorteil im deutschsprachigen Leseverständnis gegenüber monolingual deutschsprachig beschulten Altersgleichen. Allerdings muss man dabei bedenken, dass ähnliche Leseleistungen trotz seltenerer Lerngelegenheiten in der deutschen Sprache erreicht werden.

Wie bereits in den deskriptiven Ergebnissen im vorangehenden Abschnitt angedeutet, erzielten Mädchen statistisch signifikant bessere Testergebnisse als Jungen (Modell 2). Der Interaktionseffekt zwischen Schulstatus und Geschlecht (Modell 3) wird hingegen nicht statistisch bedeutsam. Mädchen sind den Jungen an der SESB ähnlich überlegen wie in den

Tabelle 6.3: Ergebnisse der Regression vom Leseverständnis in deutscher Sprache auf Schulstatus und Geschlecht (unstandardisierte Regressionskoeffizienten, robuste Standardfehler in Klammern)

Ordinatenabschnitt und Prädiktoren	Modell 1	Modell 2	Modell 3
Intercept	99.11 (2.25)**	95.95 (2.09)**	95.07 (2.33)**
Schulstatus			
Referenz: VGLK (0)			
SESB (1)	5.60 (4.19)	–	5.80 (4.52)
Geschlecht			
Referenz: Männlich (0)			
Weiblich (1)	–	8.13 (1.08)**	8.18 (1.15)**
Interaktion			
Schulstatus × Geschlecht	–	–	–0.77 (2.67)
R^2	0.02 (0.01)**	0.01 (0.01)	0.03 (0.01)

** $p < 0.01$.

VGLK. Diese vorangestellte Analyse ermöglicht es, das Geschlecht als Prädiktor in den folgenden Vergleichen auszuschließen, was die Ergebnisinterpretation erleichtert.[1]

6.3.2.2.2 Individuelle Perspektive

Im Folgenden sollen differenzielle Effekte des Sprach- und Migrationshintergrunds auf das Leseverständnis in Deutsch betrachtet werden. Dabei wird das Niveau monolingual deutschsprachig aufgewachsener Schülerinnen und Schüler an den monolingual unterrichtenden Regelschulen als Referenz spezifiziert.

> *Hypothese 2 nimmt Nachteile der monolingual nichtdeutschsprachig aufgewachsenen Schülerinnen und Schüler sowie derjenigen mit beidseitigem MGH an, die unabhängig vom besuchten Schultyp bestehen sollten. Bilingual aufgewachsene Jugendliche hingegen sollten das Referenzniveau am Ende der Sekundarstufe I bereits erreicht haben.*

Die Haupteffekte des Sprach- und Migrationshintergrunds, die in Tabelle 6.4 in getrennten Modellen (Modelle 1 und 3 für Sprachhintergrund, Modelle 2 und 4 für MGH) spezifiziert werden, bestätigen diese Erwartung. Analoge Ergebnisse finden sich für Schülerinnen und Schüler mit beidseitigem MGH, die ebenfalls deutlich hinter den Leistungen der Jugendlichen ohne MGH zurückbleiben (Tab. 6.4, Modell 2).

---

1 Die Variable Geschlecht ist dummycodiert (männlich = 0, weiblich = 1), der Intercept entspricht unter Berücksichtigung des Geschlechts als Prädiktor demnach immer nur der Leistung von Jungen. Um einen Gesamtvergleich auf Grundlage durchschnittlicher Eingangsvoraussetzungen zu gewährleisten, sollen stattdessen nur z-standardisierte Variablen ($M = 0$, $SD = 1$) als Prädiktoren berücksichtigt werden, da hier der Intercept die Leistung bei durchschnittlicher Ausprägung aller Einflussvariablen darstellt.

Tabelle 6.4: Regressionsmodelle für das Leseverständnis in deutscher Sprache in der 9. Jahrgangsstufe/bei 15-Jährigen, Gesamtvergleich SESB versus VGLK (mit und ohne Kontrolle relevanter Hintergrundmerkmale) sowie unter Berücksichtigung des Sprach- bzw. Migrationshintergrunds und theoretisch postulierter Interaktionseffekte (unstandardisierte Regressionskoeffizienten, robuste Standardfehler in Klammern)

Ordinatenabschnitt und Prädiktoren	Modell 1	Modell 2	Modell 3	Modell 4
Intercept	106.35 (2.16)**	108.51 (1.99)**	102.28 (0.70)**	103.42 (0.69)**
Schulstatus				
Referenz: VGLK (0)				
SESB (1)	4.43 (4.86)	7.12 (4.09)	2.17 (2.13)	1.83 (1.88)
Sprachhintergrund				
Referenz: Monolingual deutschsprachig (0)				
Bilingual (1)	−12.29 (1.79)**		−4.55 (0.88)**	
Monolingual nichtdeutschsprachig (1)	−20.63 (2.36)**		−6.72 (1.39)**	
Migrationshintergrund				
Referenz: Kein MGH (0)				
Einseitiger MGH (1)		−11.12 (2.00)**		−4.78 (1.05)**
Beidseitiger MGH (1)		−24.44 (2.82)**		−9.16 (1.28)**
Sozioökonomischer Hintergrund				
HISEI (z-standardisiert)			1.49 (0.71)*	1.05 (0.74)
Abitur der Eltern (z-standardisiert)			1.46 (0.57)**	1.40 (0.58)**
Kognitiver Hintergrund				
KFT (z-standardisiert)			9.75 (0.61)**	9.64 (0.59)**
Note (z-standardisiert)			−12.90 (0.56)**	−12.67 (0.52)**
Interaktionen				
SESB × Bilingual	9.37 (3.08)**		1.93 (1.73)	
SESB × Monolingual nichtdeutschsprachig	4.38 (3.69)		−0.75 (2.67)	
SESB × Einseitiger MGH		6.49 (2.94)*		2.87 (2.10)
SESB × Beidseitiger MGH		5.07 (4.24)		2.22 (2.07)
R^2	0.09 (0.02)**	0.14 (0.02)**	0.59 (0.02)**	0.60 (0.02)**

* $p < 0.05$, ** $p < 0.01$.

Diese Befunde zeigen, dass am Ende der Sekundarstufe I bei Schülerinnen und Schülern mit monolingual nichtdeutschsprachigem Hintergrund bzw. mit beidseitigem MGH deutliche Defizite im Lesen deutschsprachiger Texte bestehen. Die Leistungsrückstände sind für die bilingual aufgewachsenen Jugendlichen ebenfalls statistisch bedeutsam, die Effekte sind allerdings deutlich geringer.

Die Frage ist nun, ob diese Befunde für beide Schultypen gleichermaßen gelten oder ob es der SESB gelingt, die vorhandenen Defizite durch eine sprachintensive Beschulung zu reduzieren. In Hypothese 3 werden entsprechende differenzielle Effekte der SESB für die Gruppe der monolingual nichtdeutschsprachig aufgewachsenen Jugendlichen bzw. derjenigen mit beidseitigem MGH angenommen. Diese Effekte lassen sich überprüfen, indem man Interaktionseffekte für den Sprach- bzw. den Migrationshintergrund und den Schulstatus (SESB vs. VGLK) spezifiziert.

Wie aus Tabelle 6.4 zu entnehmen, wird die Interaktion zwischen Schulstatus und monolingual nichtdeutschsprachigem Hintergrund nicht signifikant. Das deutschsprachige Leseverständnis der monolingual nichtdeutschsprachig Aufgewachsenen liegt an beiden Schultypen unterhalb des erstsprachlichen Referenzniveaus. Dabei zeigt sich kein gruppenspezifischer Vorteil an der SESB. Gleiches gilt für den beidseitigen MGH, auch hier lassen sich keine differenziellen Effekte der SESB nachweisen. Etwas anders verhält es sich bei den bilingual aufgewachsenen Schülerinnen und Schülern sowie bei den Jugendlichen mit einseitigem MGH. Hier sind die Interaktionseffekte statistisch bedeutsam. Die jeweilige Gruppe zeigt an der SESB bessere Leistungen im Leseverständnistest als an den monolingual unterrichtenden Regelschulen (Tab. 6.4, Modelle 1 und 2).

Die Abbildungen 6.1 und 6.2 dienen der Veranschaulichung der aus den Regressionsmodellen zu entnehmenden Gruppendifferenzen. Abbildung 6.1 zeigt, dass das Referenzniveau, also das Leseverständnis monolingual deutschsprachig aufgewachsener Schülerinnen und Schüler in den VGLK von den monolingual deutschsprachig und den bilingual aufgewachsenen Jugendlichen an der SESB tatsächlich erreicht wird. Abbildung 6.2 zeigt die analogen Befunde für den MGH: Das Referenzniveau, also das Leseverständnis von Schülerinnen und Schülern ohne MGH in den VGLK, wird von den Schülerinnen und Schülern ohne und mit einseitigem MGH an der SESB erreicht.

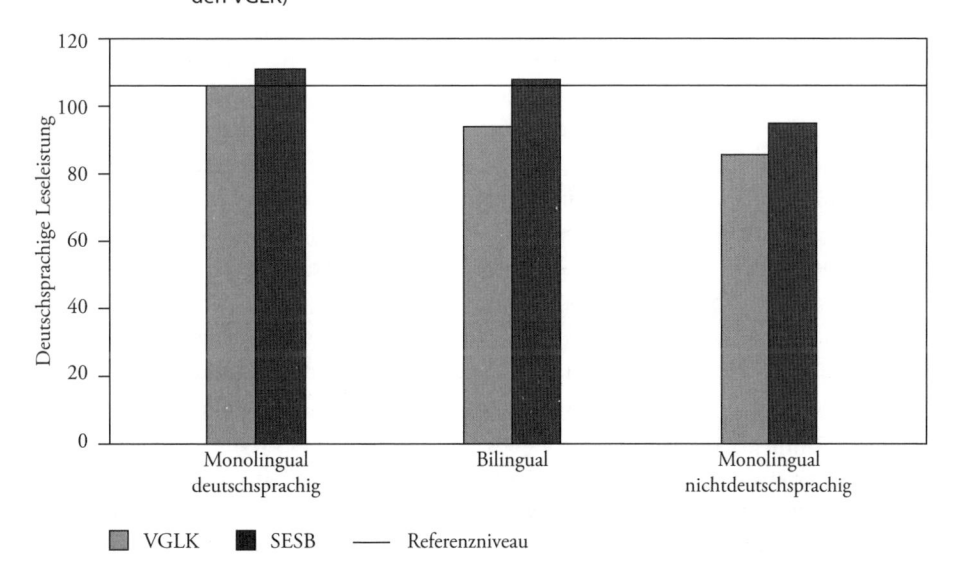

Abbildung 6.1: Nichtadjustierte Mittelwerte aufgebrochen nach Schulstatus und sprachlichem Hintergrund (Referenzniveau: deutschsprachige Leseleistungen der monolingual deutschsprachig aufgewachsenen Schülerinnen und Schüler in den VGLK)

Abbildung 6.2: Nichtadjustierte Mittelwerte aufgebrochen nach Schulstatus und Migrationshintergrund (Referenzniveau: deutschsprachige Leseleistungen der Schülerinnen und Schüler ohne Migrationshintergrund in den VGLK)

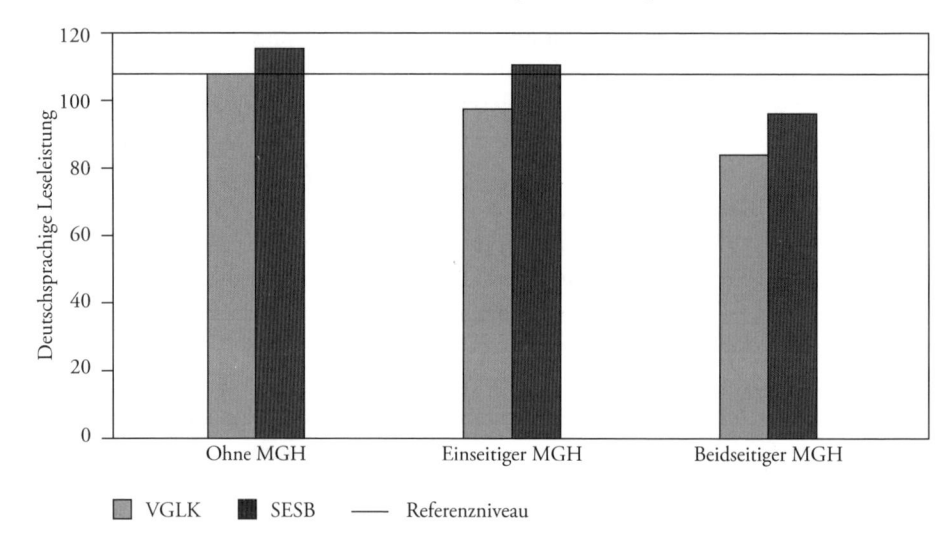

6.3.2.2.3 Institutionelle Perspektive

Im nächsten Schritt werden die Leistungen an der SESB und in den VGLK unter Berücksichtigung der Eingangsvoraussetzungen der Schülerinnen und Schüler verglichen. Für diese Analysen werden vorhandene Gruppenunterschiede regressionsanalytisch getestet, indem zusätzliche Prädiktoren in das Modell eingeführt werden. Wenn man im Gesamtvergleich von SESB und VGLK die erreichten Leistungen unter gleichen Voraussetzungen betrachtet – in Modell 3 in Tabelle 6.4 werden neben dem Sprachhintergrund der sozioökonomische Hintergrund, der höchste Bildungsabschluss der Eltern, die kognitiven Grundfertigkeiten und die Durchschnittsnoten der Grundschule am Ende der 6. Jahrgangsstufe einbezogen –, finden sich für die SESB und die VGLK vergleichbare Leistungen. Für den MGH in Kombination mit den zusätzlichen Hintergrundmerkmalen ergibt sich derselbe Befund, nachdem das deutschsprachige Leseverständnis von Jugendlichen an der SESB mit dem der Schülerinnen und Schüler in den VGLK bei durchschnittlichen Eingangsvoraussetzungen mindestens vergleichbar ist (Tab. 6.4, Modell 4).

Der Rückstand der Leseleistung der monolingual nichtdeutschsprachig aufgewachsenen Jugendlichen gegenüber den monolingual deutschsprachig aufgewachsenen Jugendlichen ist bei Kontrolle der Eingangsvoraussetzungen, also dem Vergleich von Schülerinnen und Schülern mit durchschnittlichen sozioökonomischen und kognitiven Merkmalen, deutlich kleiner als zuvor, aber noch immer statistisch signifikant (Tab. 6.4, Modell 3). Analoge Ergebnisse finden sich für Schülerinnen und Schüler mit beidseitigem MGH, die ebenfalls deutlich hinter den Leistungen der Jugendlichen ohne MGH zurückbleiben (Tab. 6.4, Modell 4). Diese Befunde zeigen, dass am Ende der Sekundarstufe I bei Schülerinnen und Schülern mit monolingual nichtdeutschsprachigem Hintergrund bzw. mit beidseitigem MGH auch bei Berücksichtigung der unterschiedlichen Eingangsvoraussetzungen Nachteile im Lesen deutschsprachiger Texte bestehen.

Die Frage ist nun wiederum, ob es der SESB gelingt, die vorhandenen Defizite durch eine sprachintensive Beschulung zu reduzieren und somit differenzielle Fördereffekte insbesondere für die Gruppe der monolingual nichtdeutschsprachig aufgewachsenen Jugendlichen bzw. derjenigen mit beidseitigem MGH zu erzielen. Diese Effekte lassen sich überprüfen, indem man Interaktionseffekte für den Sprach- bzw. den Migrationshintergrund und den Schulstatus (SESB vs. VGLK) unter Berücksichtigung kognitiver und sozioökonomischer Merkmale spezifiziert. Wie aus Tabelle 6.4, Modell 3 zu entnehmen, wird die Interaktion zwischen Schulstatus und monolingual nichtdeutschsprachigem Hintergrund nach wie vor nicht signifikant; es zeigt sich somit kein gruppenspezifischer Vorteil an der SESB. Gleiches gilt für den beidseitigen MGH, auch hier lassen sich unter Berücksichtigung der Eingangsvoraussetzungen keine differenziellen Fördereffekte der SESB nachweisen (Tab. 6.4, Modell 4).

Auch bei den bilingualen Schülerinnen und Schülern sowie bei den Jugendlichen mit einseitigem MGH zeigt sich kein signifikanter Effekt für den Schulstatus mehr, wenn die Leistungen um die sozioökonomischen und kognitiven Eingangsvoraussetzungen der betreffenden Schülerinnen und Schüler bereinigt werden (Tab. 6.4, Modelle 3 und 4). Dieser Effekt war bei Betrachtung aus der individuellen Perspektive vorhanden, was folgende Interpretation zulässt: Die bilingual aufgewachsenen Jugendlichen an der SESB können zwar absolut gesehen besser lesen als die bilingual aufgewachsenen Altersgleichen in den VGLK, dieser Vorsprung ist jedoch eher auf vorteilhaftere Eingangsvoraussetzungen zurückzuführen als auf die Beschulung an der SESB.

6.3.2.2.4 Vergleich der Sprachprogramme

Für die Untersuchung von Hypothese 4 werden die Leistungen an der SESB getrennt nach Sprachprogrammen betrachtet (Tab. 6.5, Modell 1). Es wird angenommen, dass *die deutschsprachigen Leseleistungen je nach Sprachprogramm der SESB unterschiedlich ausfallen*. Auch hier dient als Maßstab wieder die Leistung monolingual deutschsprachig aufgewachsener Jugendlicher in den VGLK.

Dabei zeigt sich, dass der Großteil der Standorte das spezifizierte Referenzniveau erreicht, es also nicht signifikant unterschreitet. Die Standorte mit Englisch bzw. Französisch als Partnersprache liegen signifikant oberhalb des Niveaus der Referenzgruppe. Allein an den Standorten mit Polnisch, Türkisch und Spanisch als Partnersprachen wird das Referenzniveau nicht erreicht. Besonders deutlich zeigt sich der Rückstand an den Standorten mit polnischer und türkischer Partnersprache jeweils in der Höhe von etwa einer halben Standardabweichung.

Nimmt man die institutionelle Perspektive ein und betrachtet die Mittelwerte der neun Sprachprogramme bei gleichen Eingangsvoraussetzungen, werden in fünf von neun Sprachprogrammen die Leistungen der Referenzgruppe mindestens erreicht (Tab. 6.5, Modell 2), am Standort mit den Partnersprachen Englisch und Russisch werden sie sogar übertroffen. Die Standorte mit den Partnersprachen Griechisch, Italienisch, Polnisch und

Tabelle 6.5: Regressionsanalyse für Leseverständnis in deutscher Sprache in der 9. Jahrgangsstufe/bei 15-Jährigen aufgebrochen nach Schulsprachen im Vergleich mit der Referenzgruppe monolingual deutschsprachig/kein MGH in den VGLK (unstandardisierte Regressionskoeffizienten, robuste Standardfehler in Klammern)

Ordinatenabschnitt und Prädiktoren	Modell 1	Modell 2
Intercept	106.35 (2.16)**	102.29 (0.70)**
Schulsprache		
Referenz: Monolingual deutschsprachig VGLK (0)		
Englisch (1)	17.64 (2.24)**	3.59 (1.08)**
Französisch (1)	5.94 (2.86)*	3.03 (1.79)
Griechisch (1)	–4.16 (2.46)	–8.28 (1.32)**
Italienisch (1)	–2.69 (8.39)	–4.27 (1.94)*
Polnisch (1)	–17.16 (2.49)**	–5.28 (1.77)**
Portugiesisch (1)	–4.49 (2.86)	–0.48 (1.70)
Russisch (1)	2.29 (2.38)	5.03 (1.34)**
Spanisch (1)	–5.09 (2.21)*	–4.12 (0.78)**
Türkisch (1)	–15.85 (2.46)**	–0.41 (1.24)
Sozioökonomischer Hintergrund		
HISEI (*z*-standardisiert)		1.39 (0.72)*
Abitur der Eltern (*z*-standardisiert)		1.47 (0.57)**
Kognitiver Hintergrund		
KFT (*z*-standardisiert)		9.67 (0.60)**
Note (*z*-standardisiert)		–13.01 (0.55)**
R^2	0.10 (0.02)**	0.60 (0.02)**

* $p < 0.05$, ** $p < 0.01$.

Spanisch liegen signifikant unterhalb des angestrebten Niveaus. Wiederum zeigen sich also in Übereinstimmung mit Hypothese 4 große Unterschiede zwischen den Sprachprogrammen, die zum Teil in der Größenordnung von über einer halben Standardabweichung liegen. Dies spricht dafür, dass sich die Beschulung an den einzelnen Standorten am Ende der Sekundarstufe I sehr unterschiedlich auf die deutschsprachige Leseleistung auswirkt.

6.3.3 Zusammenfassung

An der SESB zeigt sich insgesamt ein mindestens ähnliches Leseverständnis in Deutsch wie in den VGLK. Monolingual nichtdeutschsprachig aufgewachsene Jugendliche bleiben an beiden Schultypen deutlich hinter den Leseleistungen des gewählten Maßstabs – den monolingual deutschsprachig aufgewachsenen Gleichaltrigen in den VGLK – zurück. Für diese benachteiligte Gruppe finden sich an der SESB keine spezifischen Fördereffekte. Die bilingual aufgewachsenen Schülerinnen und Schüler schneiden dagegen an der SESB etwas besser ab als in den VGLK. Dieser Befund ist allerdings eher auf günstigere Eingangsvoraussetzungen als auf differenzielle Fördereffekte zurückzuführen.

Nach Sprachprogrammen aufgebrochen zeigt sich, dass die tatsächlichen Leistungen im deutschsprachigen Lesen an den meisten Standorten der SESB das Niveau der Referenzgruppe erreichen. An fünf von neun Standorten wird das angestrebte Leistungsniveau auch nach Kontrolle der Eingangsvoraussetzungen am Ende der Sekundarstufe I erreicht oder sogar übertroffen.

In der Gesamtschau sind die Befunde zum Leseverständnis in Deutsch an der SESB als zufriedenstellend zu bewerten. Insgesamt erreichen die Jugendlichen an der SESB ein Niveau, das dem an monolingual unterrichtenden Regelschulen entspricht. Je nach Sprach- bzw. Migrationshintergrund zeigen die Schülerinnen und Schüler Leistungen, die denen von Schülerinnen und Schülern in den VGLK mit einem vergleichbaren Sprachhintergrund mindestens entsprechen. Auch wenn insbesondere die monolingual nichtdeutschsprachig Aufgewachsenen das Referenzniveau verfehlen, zeigen sie die gleichen Leistungen wie dieselbe Gruppe in den VGLK. Der dual-immersive Unterricht hat demnach auch für diese Gruppe keine negativen Konsequenzen für das Leseverständnis in Deutsch: Die Schülerinnen und Schüler beherrschen die deutsche Sprache auf einem Niveau, das für monolingual nichtdeutschsprachig aufgewachsene Jugendliche an Berliner Schulen am Ende der Sekundarstufe I zu erwarten ist. Zusätzlich erwerben sie dabei an der SESB Kompetenzen in ihrer Erstsprache. Ebenso wird das Leseverständnis in Deutsch der monolingual deutschsprachig Aufgewachsenen nicht von dem Erwerb einer Zweitsprache beeinträchtigt. Die Beherrschung der deutschen Sprache leidet folglich nicht unter der Doppelsprachigkeit – profitiert allerdings auch nicht davon, wie es durch Transfereffekte und einen sprachfokussierten Unterricht zu erwarten gewesen wäre.

6.4 Leseverständnis in der Partnersprache – 9. Jahrgangsstufe und 15-Jährige

Bei den Leistungen in der Partnersprache gilt es zu bedenken, dass die soziale Umwelt der Jugendlichen in Deutschland nicht primär partnersprachig bestimmt ist – viele Interaktionen innerhalb und außerhalb von Schule und Familie sind durch die deutsche Sprache als Verkehrssprache geprägt. In der dualen Immersion der SESB hatten aber die Schülerinnen und Schüler der 9. Jahrgangsstufe über Jahre hinweg die Möglichkeit, innerhalb und außerhalb der Schule mit Mitschülerinnen und Mitschülern in der Partnersprache zu kommunizieren.

Die Jugendlichen werden im partnersprachigen Unterricht bis zur 9. Jahrgangsstufe in Halbklassen unterrichtet, getrennt danach, ob die Partnersprache für die Schülerinnen und Schüler als L1 oder L2 angesehen wird. Von Beginn der 9. Jahrgangsstufe an werden Deutsch und die Partnersprache im Klassenverband unterrichtet, gemeinsam für Schülerinnen und Schüler mit der Partnersprache als L1 oder L2.

Auch für die Kompetenzen in der Partnersprache sollten als Moderatoren das Geschlecht, der sozioökonomische Status und die kognitiven Grundfähigkeiten der Schülerinnen und Schüler einen Einfluss haben. Zudem werden wieder die drei Gruppen mit unterschiedlichem sprachlichem Hintergrund und MGH berücksichtigt: Die Jugendlichen sind entweder monolingual mit der L1 Deutsch, monolingual mit der L1 Partnersprache oder bilingual aufgewachsen. Bezüglich des MGH unterscheiden wir Schülerinnen und Schüler ohne MGH, mit einseitigem MGH und mit beidseitigem MGH. Die Unterteilungen der Stichprobe in den sprachlichen Hintergrund und MGH überschneiden sich, sind aber nicht identisch. Beide Variablen zugleich in den Analysen zu berücksichtigen, lässt die Stichprobengröße nicht zu.

Auch wenn zu erwarten ist, dass der sprachliche Hintergrund und der MGH aufgrund der bereits über Jahre erfolgten bilingualen Erziehung von geringerer Bedeutung sind als in Jahrgangsstufe 4 der Primarstufe, wird damit gerechnet, dass diese Unterteilungen prädiktiven Wert für die partnersprachigen Leseleistungen haben, da die partnersprachigen kommunikativen Anlässe unterschiedlich häufig sein dürften.

6.4.1 Entwicklung der Fragestellungen und Untersuchungshypothesen zum Leseverständnis in der Partnersprache

Für den Vergleich der Leseleistungen in der jeweiligen Partnersprache stehen keine Vergleichsgruppen im monolingualen Regelschulwesen Berlins zur Verfügung. Da aber in der EUROPA-Studie für die Sekundarstufe Aufgaben aus den PISA-Tests der OECD eingesetzt wurden, ist es möglich, die partnersprachigen Leseleistungen von 15-Jährigen bzw. Schülerinnen und Schülern der 9. Jahrgangsstufe an der SESB mit Altersgleichen in jenen Ländern zu vergleichen, die an PISA teilgenommen haben und die jeweilige Partnersprache als Verkehrssprache nutzen. Für die Sekundarstufe konnten für die verwendeten PISA-Aufgaben die OECD-Itemparameter übernommen werden, sodass die Testergebnisse der SESB direkt denen der Partnerländer als Referenz gegenübergestellt werden können. Damit ist ein Vergleich der SESB-Befunde mit veröffentlichten PISA-Daten auch unter Nutzung der von der OECD definierten Kompetenzstufen möglich. Die Vergleiche des partnersprachigen Leseverständnisses mit den Daten aus den Referenzländern sind allerdings nur deskriptiv möglich. Statistische Hypothesen werden diesbezüglich nicht geprüft – wohl aber können Annahmen zum Ausmaß des partnersprachigen Leseverständnisses im Vergleich zu Schülerinnen und Schülern zwischen SESB und Referenzländern diskutiert werden.

Neben dem expliziten Sprachunterricht bieten der immersive Sachfachunterricht und die informellen Kommunikationsanlässe Gelegenheiten für die authentische Verwendung beider Sprachen. Im Vergleich zum monolingualen Schulbetrieb in den jeweiligen Referenzländern sind dennoch die Gelegenheiten für die Nutzung der Partnersprache reduziert. Partnersprachige Kommunikationsanlässe bietet die SESB im expliziten Sprachunterricht, im immersiven Unterricht der ausgewählten Sachfächer und in der außerunterrichtlichen sozialen Interaktion, die allein aufgrund der Präsenz der beiden Sprachgruppen immer auch zweisprachig stattfinden kann. Allerdings muss man berücksichtigen, dass die SESB an den meisten Standorten organisatorisch in eine Regelschule mit monolingualem Unterricht in deutscher Sprache eingegliedert ist. Dies bedeutet, dass die soziale Nahumwelt der Schule – trotz ethnischer Vielfalt und Mehrsprachigkeit – primär deutschsprachig sein dürfte.

Aufgrund der im Vergleich zu den Referenzländern reduzierten partnersprachigen Kommunikations- und Lerngelegenheiten lautet Annahme 1, dass das partnersprachige Leseverständnis an der SESB insgesamt geringer ist als in den Partnerländern.

Neben dem Vergleich mit einer sozialen Bezugsnorm – den Leseleistungen altersgleicher Schülerinnen und Schüler in den Referenzländern – ermöglicht das Studiendesign der EUROPA-Studie für die Sekundarstufe auch eine kriterielle Einschätzung der Leistungen an der SESB. Die Verankerung der Leistungen auf der PISA-Metrik erlaubt eine Verortung der Schülerinnen und Schüler an der SESB auf den von PISA definierten Kompetenzstufen. Kompetenzstufe II gilt bei PISA als *baseline proficiency*, also als Mindestniveau, das im Idealfall alle Schülerinnen und Schüler erreichen sollten, um eine erfolgreiche Teilhabe an der Gesellschaft (die hier die Gesellschaft des partnersprachigen Referenzlandes ist) zu gewährleisten (Knighton, Brochu & Gluszynski, 2010; OECD, 2012). Kompetenzstufe III hat sich in PISA-*Follow-up*-Studien als besonders prädiktiv für den Übergang in den tertiären Bildungsbereich erwiesen (Bussière & Knighton, 2006; Scharenberg, Rudin, Müller, Meyer & Hupka-Brunner, 2014). Daher können beide Niveaus als relevant für die beruflichen Chancen von Schülerinnen und Schülern in Ländern mit der jeweiligen Partnersprache als Verkehrssprache bewertet werden.

Das Ziel der funktionalen Zweisprachigkeit ist nur dann erreicht, wenn beide Sprachen auf einem Niveau beherrscht werden, das die erfolgreiche gesellschaftliche und berufliche Teilhabe in der jeweiligen Verkehrssprache ermöglicht. Die an der SESB vorhandenen Lerngelegenheiten in der Partnersprache sollten ausreichen, um allen Schülerinnen und Schülern ein solches Mindestniveau im partnersprachigen Leseverständnis zu vermitteln. Es ist also zu erwarten, dass die Mehrheit der Schülerinnen und Schüler an der SESB die Kompetenzstufe II und ein Teil der Jugendlichen Kompetenzstufe III erreicht.

Mit Annahme 2 wird davon ausgegangen, dass ein Großteil der Schülerinnen und Schüler an der SESB hinsichtlich des partnersprachigen Leseverständnisses auf der PISA-Kompetenzstufe II zu verorten ist. Ferner wird erwartet, dass ein kleinerer, aber bedeutsamer Anteil die Kompetenzstufe III erreicht.

Auch für das partnersprachige Leseverständnis werden die Zusammenhänge mit dem sprachlichen Hintergrund, dem MGH und den sozioökonomischen und kognitiven Kontrollvariablen überprüft. Von besonderem Interesse sind auch hier die Ergebnisse zum partnersprachigen Leseverständnis für die Kinder in Abhängigkeit von ihrem sprachlichen Hintergrund. Bei dualer Immersion in der SESB wird Sprachunterricht mit authentischen Kommunikationsgelegenheiten von einer Lehrkraft, deren L1 die Partnersprache ist, in einer insgesamt zweisprachigen Schulumwelt erteilt. Dabei sollte die Entwicklung in der Partnersprache sehr viel schneller und insgesamt erfolgreicher verlaufen als im herkömmlichen Fremdsprachenunterricht (vgl. Baumert, Köller & Lehmann, 2012; Deventer, Machts, Gebauer & Möller, 2016; Genesee, 2004; Lo & Lo, 2014; Zaunbauer, Gebauer & Möller, 2012; Zaunbauer & Möller, 2007). Dennoch ist nicht damit zu rechnen, dass ein Niveau der Sprachbeherrschung erreicht wird, das dem eines monolingual partnersprachig oder bilingual aufgewachsenen Altersgleichen entspricht (vgl. Gräfe-Bentzien, 2001; Zaunbauer et al., 2012).

Die partnersprachigen Kommunikationsanlässe der Schülerinnen und Schüler finden auch außerhalb der Schule in den Familien und im weiteren sozialen Umfeld statt. Somit sind die Lerngelegenheiten und die explizite Förderung der Partnersprache durch das Elternhaus unterschiedlich ausgeprägt. Die monolingual deutschsprachig aufgewachsenen Jugendlichen an der SESB nutzen die Partnersprache vorwiegend bis ausschließlich in schulischen Kontexten. Daher ist zu erwarten, dass die mittlere Lesefertigkeit von monolingual partnersprachig oder bilingual aufgewachsenen Jugendlichen, die auch im häuslichen Umfeld von der Sprache umgeben sind, nicht erreicht wird.

Hypothese 1 lautet demnach, dass die monolingual partnersprachig und bilingual aufgewachsenen Schülerinnen und Schüler (bzw. diejenigen mit ein- und beidseitigem MGH) ein höheres partnersprachiges Leseverständnis aufweisen als monolingual deutschsprachig aufgewachsene Jugendliche (bzw. Jugendliche ohne MGH).

Da sich die Standorte in der sozialen und bildungsmäßigen Zusammensetzung der Elternschaft bzw. der leistungsmäßigen Zusammensetzung ihrer Schülerschaft teilweise erheblich voneinander unterscheiden (vgl. Kap. 4), ist zu erwarten, dass auch in den partnersprachigen Leseleistungen Unterschiede zwischen den Sprachprogrammen nachweisbar sind. Ferner ist zu erwarten, dass die unterschiedliche Zusammensetzung der Schülerschaft in Hinblick auf den sprachlichen Hintergrund einen großen Einfluss auf das Niveau der am jeweiligen Standort (insbesondere in der außerunterrichtlichen Kommunikation) primär verwendeten Verkehrssprache hat. Die dadurch entstehenden Kommunikationsgelegenheiten sowie der durch die Schülerinnen und Schüler wahrgenommene Status der Partnersprache gegenüber der deutschen Sprache dürften zu Unterschieden zwischen den einzelnen Sprachprogrammen hinsichtlich der partnersprachigen Leseleistung führen, die auch nach Berücksichtigung der Eingangsvoraussetzungen bestehen bleiben.

Hypothese 2 lautet daher, dass die partnersprachigen Leseleistungen je nach Partnersprache der SESB unterschiedlich ausfallen und dass Unterschiede auch nach Kontrolle der Hintergrundvariablen erhalten bleiben.

6.4.2 Ergebnisse zum Leseverständnis in der Partnersprache

6.4.2.1 Deskriptive Befunde

Tabelle 6.6 schlüsselt die partnersprachigen Leseleistungen am Ende der Sekundarstufe I an der SESB nach Geschlecht, Sprach- und Migrationshintergrund auf. Wie bei den deutschsprachigen Lesetests zeigen Mädchen ein höheres partnersprachiges Leseverständnis als Jungen. Anders als beim deutschsprachigen Leseverständnis aber erzielen die monolingual deutschsprachig aufgewachsenen Jugendlichen wie erwartet geringere Testleistungen. Auf den ersten Blick überraschend ist dagegen, dass auch Jugendliche mit beidseitigem

Tabelle 6.6: Zentrierte Mittelwerte, Standardabweichungen, Standardfehler für das Leseverständnis in der Partnersprache an der SESB in der 9. Jahrgangsstufe/ bei 15-Jährigen aufgeschlüsselt nach Geschlecht, sprachlichem Hintergrund und Migrationshintergrund

	SESB			
	N	M	SD	SE
Insgesamt	617	100.00	30.00	1.21
Mädchen	320	105.77	28.47	1.60
Jungen	297	93.78	30.45	1.78
Monolingual deutschsprachig	126	96.31	30.64	3.08
Bilingual	309	101.98	30.44	1.76
Monolingual nichtdeutschsprachig	182	99.21	28.69	2.36
Ohne MGH	101	103.64	31.12	3.54
Einseitiger MGH	222	103.05	30.26	2.09
Beidseitiger MGH	295	96.46	29.12	1.76

MGH schlechter abschneiden als die Vergleichsgruppen. Ob diese Befunde statistisch und praktisch bedeutsam sind zeigen die Regressionsanalysen. Deutlich wird vor allem, dass die Unterschiede in den Leistungen zwischen den Gruppen deutlich kleiner sind, als es beim Leseverständnis in deutscher Sprache der Fall war.

Abbildung 6.3 verortet die partnersprachige Lesekompetenz auf den Kompetenzstufen der PISA-Studie. Man sieht, dass entsprechend Annahme 2 ungefähr 70 Prozent der Jugendlichen mindestens die Kompetenzstufe II erreichen. Bedenkt man, dass in den Referenzländern im Durchschnitt in PISA 2012 auch 19 Prozent nicht diese Kompetenzstufe erreichen, kann man davon ausgehen, dass die Partnersprache in einem Maß beherrscht wird, das es erlauben würde, in einem Land mit der Partnersprache als Verkehrssprache angemessen kommunizieren zu können. Beachtlich ist auch, dass über 65 Prozent der monolingual deutschsprachig aufgewachsenen Jugendlichen diese Kompetenzstufe erreichen. Kompetenzstufe III erreichen je nach sprachlichem Hintergrund zwischen 30 Prozent (monolingual deutschsprachig Aufgewachsene) und 40 Prozent (monolingual partnersprachig Aufgewachsene). Zwischen den einzelnen Standorten dürften diese Prozentsätze deutlich schwanken. Daher muss geprüft werden, wie unterschiedlich das partnersprachige Leseverständnis an den einzelnen Standorten ist und wie sich die Leseleistungen im Vergleich zu Jugendlichen in Ländern darstellen, in denen die Partnersprache als Verkehrssprache fungiert. Darauf nehmen die Tabelle 6.7 und die Abbildung 6.3 Bezug.

Tabelle 6.7 zeigt die Ergebnisse im partnersprachigen Leseverständnis für die einzelnen Sprachprogramme. Dabei zeigen sich für das deutsch-englische Sprachprogramm deutlich herausragende Leistungen, die bei einer Standardabweichung über dem Mittelwert liegen. Ein deutlicher Leistungsrückstand zeigt sich für das türkische Leseverständnis, relativ niedrige Leistungen ergeben sich auch für das Leseverständnis in Portugiesisch.

Vergleicht man diese Testergebnisse mit den Testergebnissen, die Gleichaltrige in PISA in Ländern erzielen, in denen die jeweilige Partnersprache die Verkehrssprache ist, zeigt sich, ob die

Abbildung 6.3: An der SESB im Leseverständnis in der Partnersprache erreichte Kompetenzstufen (in %) aufgeschlüsselt nach sprachlichem Hintergrund (prozentualer Anteil der durchschnittlich in den Referenzländern erreichten Kompetenzstufen dunkel hinterlegt)

—— Monolingual Deutsch   —— Monolingual Partnersprache   ······· Bilingual

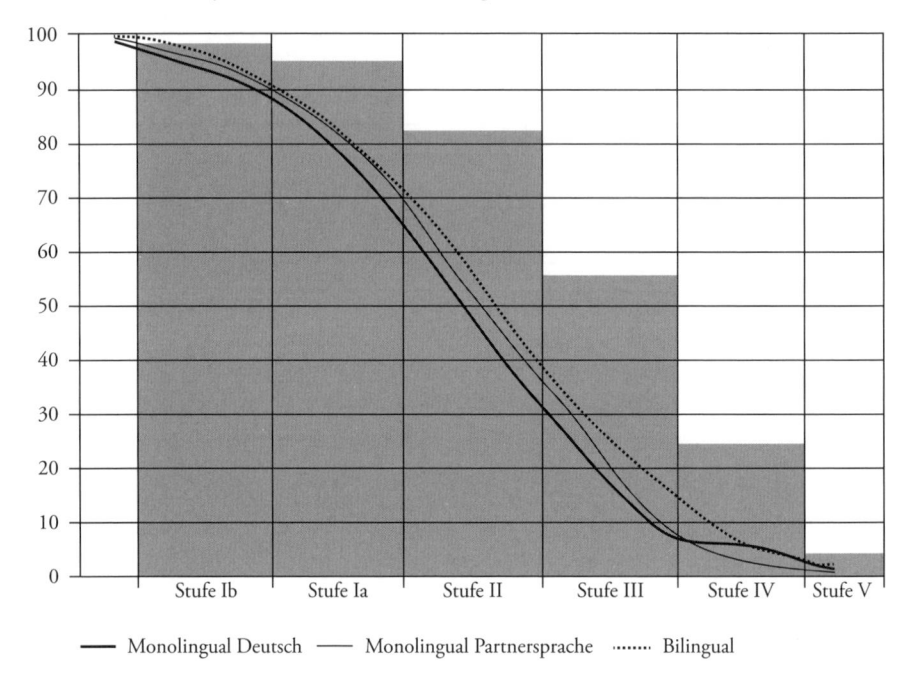

Tabelle 6.7: Zentrierte Mittelwerte, Standardabweichungen und Standardfehler für das Leseverständnis in der Partnersprache

Sprachprogramm	M	SD	SE
Englisch	127.93	27.57	3.22
Französisch	103.95	26.47	2.58
Griechisch	103.31	28.51	4.28
Italienisch	101.86	29.35	3.35
Polnisch	104.57	24.37	3.14
Portugiesisch	82.41	25.41	4.03
Russisch	97.71	19.84	3.27
Spanisch	92.19	24.07	2.48
Türkisch	68.56	27.84	4.09

Annahme 1 zutrifft, dass an der SESB geringere Leseleistungen als in den Herkunftsländern zu erwarten sind. Man sieht in Abbildung 6.4, dass diese Annahme für alle Länder mit Ausnahme des Vereinigten Königreichs zutrifft. Das englische Leseverständnis der Schülerinnen und Schüler der SESB am deutsch-englischsprachigen Standort ist höher als bei den Jugendlichen, die in Großbritannien leben. Für alle anderen Sprachen gilt das nicht – es ergeben sich teilweise beachtliche Rückstände, vor allem für die türkische und die portugiesische Sprache.

Abbildung 6.4: An der SESB in der 9. Jahrgangsstufe/bei 15-Jährigen im Vergleich zu den Referenzländern im Leseverständnis in der Partnersprache erreichte Leistungen aufgeschlüsselt nach Partnersprachen

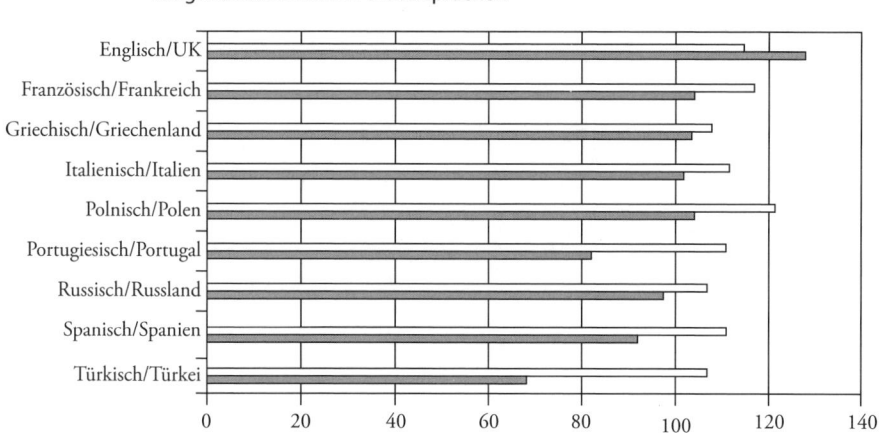

□ PISA 2012   ■ SESB

6.4.2.2 Analytische Befunde

Im Folgenden werden die regressionsanalytischen Befunde zum Leseverständnis für die 9. Jahrgangsstufe und die 15-Jährigen vorgestellt. Die Ergebnispräsentation erfolgt hier in gegenüber dem Leseverständnis in Deutsch leicht geänderter Form, da keine VGLK existieren und daher nur innerhalb der SESB Vergleiche angestellt werden können. Es bleibt aber bei drei Schritten: (1) Vergleich der partnersprachigen Leseleistung von Jungen und Mädchen an der SESB, (2) Vergleich mit dem Referenzniveau in Abhängigkeit von Sprach- und Migrationshintergrund (individuelle Perspektive) und (3) Vergleich unter Berücksichtigung unterschiedlicher Eingangsvoraussetzungen (institutionelle Perspektive). Anschließend werden die partnersprachigen Leseleistungen zwischen den Standorten verglichen. Dabei werden die Leseleistungen in Italienisch als Referenz gewählt, da diese nahe am Mittelwert liegen. Die Analysen zu den differenziellen Ergebnissen der einzelnen Sprachprogramme berücksichtigen sowohl nichtadjustierte als auch kovarianzanalytisch adjustierte Modelle.

6.4.2.2.1 Basismodell

In Tabelle 6.8 wird zunächst analysiert, ob auch die partnersprachigen Leseleistungen der Mädchen höher sind als die der Jungen. Dieser stereotypkonforme Unterschied zeigt sich für die adjustierten und die nichtadjustierten Mittelwerte in allen vier Modellen.

6.4.2.2.2 Individuelle Perspektive

Im Folgenden sollen differenzielle Effekte des Sprach- und Migrationshintergrunds auf das Leseverständnis in der Partnersprache betrachtet werden. Dabei wird das mittlere Niveau

Tabelle 6.8: Regressionsmodelle für das Leseverständnis in der Partnersprache in der 9. Jahrgangsstufe/bei 15-Jährigen, unter Berücksichtigung des Geschlechts und des Sprach- bzw. Migrationshintergrunds (mit und ohne Kontrolle relevanter Hintergrundmerkmale, unstandardisierte Regressionskoeffizienten, robuste Standardfehler in Klammern)

Ordinatenabschnitt und Prädiktoren	Basismodell	Modell 1	Modell 2	Modell 3	Modell 4
Intercept	93.78 (5.43)**	93.77 (5.45)**	90.58 (5.29)**	99.03 (4.79)**	95.59 (4.10)**
Geschlecht					
Referenz: Männlich (0)					
Weiblich (1)	11.99 (2.97)**	11.72 (2.91)**	11.77 (2.90)**	7.17 (2.22)**	7.33 (2.21)**
Sprachhintergrund					
Referenz: Monolingual nichtdeutschsprachig (0)					
Bilingual (1)		1.55 (4.33)		−6.34 (3.40)	
Monolingual deutschsprachig (1)		−3.00 (4.78)		−11.64 (4.04)**	
Migrationshintergrund					
Referenz: Beidseitiger MGH (0)					
Einseitiger MGH (1)			6.35 (3.46)		−3.55 (2.47)
Kein MGH (1)			6.36 (5.18)		−5.81 (3.37)
Sozioökonomischer Hintergrund					
HISEI (z-standardisiert)				0.93 (2.16)	1.08 (2.24)
Abitur der Eltern (z-standardisiert)				3.02 (2.30)	2.92 (2.33)
Kognitiver Hintergrund					
KFT (z-standardisiert)				8.59 (1.57)**	8.74 (1.65)**
Note (z-standardisiert)				−12.94 (1.49)**	−12.61 (1.54)**
R^2	0.04 (0.02)**		0.05 (0.02)*	0.38 (0.05)**	0.37 (0.06)**

* $p < 0.05$, ** $p < 0.01$.

aller Schülerinnen und Schüler der SESB als Referenz gewählt. Hypothese 1 geht von Nachteilen der monolingual deutschsprachig aufgewachsenen Schülerinnen und Schüler und der Jugendlichen ohne MGH aus. Die Effekte des Sprach- und Migrationshintergrunds werden in Tabelle 6.8 in getrennten Modellen (Modelle 1 und 3 für Sprachhintergrund, Modelle 2 und 4 für MGH) spezifiziert. Die Modelle 1 und 2 zeigen, dass es weder für den sprachlichen Hintergrund noch für den MGH signifikante Unterschiede gibt.

6.4.2.2.3 Institutionelle Perspektive

Im nächsten Schritt werden die partnersprachigen Lesekompetenzen an der SESB unter Berücksichtigung der Eingangsvoraussetzungen der Schülerinnen und Schüler verglichen. Wenn, wie in Modell 3 die Hintergrundvariablen einbezogen werden, zeigt sich der in Hypothese 1 erwartete Rückstand der monolingual deutschsprachig aufgewachsenen Jugendlichen sowohl gegenüber den bilingual als auch den monolingual partnersprachig aufgewachsenen Jugendlichen. Der MGH spielt dagegen auch bei Kontrolle dieser Variablen keine Rolle (Modell 4).

6.4.2.2.4 Vergleich der Sprachprogramme

Der regressionsanalytische Vergleich der einzelnen Sprachprogramme mit der Referenznorm der italienischen Lesekompetenz zeigt in Modell 1 in Tabelle 6.9 ohne Hintergrundvariablen, dass die herausragenden Leistungen im deutsch-englischen Sprachprogramm und die niedrigen Leistungen in Türkisch und Portugiesisch auch statistisch bedeutsam von den mittleren Leistungen (hier durch die Referenzkategorie deutsch-italienisches Sprachprogramm operationalisiert) abweichen. Werden die partnersprachigen Lesekompetenzen der Sprachprogramme bei gleichen Eingangsvoraussetzungen verglichen, weichen Englisch und Polnisch nach oben und Portugiesisch, Spanisch und Türkisch nach unten ab. Wiederum zeigen sich also in Übereinstimmung mit Hypothese 2 bedeutsame Unterschiede zwischen den Sprachprogrammen, wie beim Leseverständnis in Deutsch in der Größenordnung von einer halben Standardabweichung. Die Beschulung an den einzelnen Standorten führt somit zu sehr unterschiedlichen Kompetenzen im partnersprachigen Lesen.

6.4.3 Zusammenfassung

Zentral für die Evaluation der SESB ist die Frage, ob am Ende der Sekundarschulzeit ein Leseverständnis in der Partnersprache vorliegt, das eine erfolgreiche Teilhabe an der Gesellschaft des partnersprachigen Referenzlandes ermöglicht. Diese Frage kann zugunsten der SESB beantwortet werden: Für die klare Mehrzahl der Schülerinnen und Schüler wird die entsprechende Kompetenzstufe II erreicht, die verbleibenden etwa 30 Prozent zeigen einen Nachholbedarf auf.

Erwartungsgemäß kann an fast allen Standorten der SESB das partnersprachige Leseverständnis nicht so entwickelt werden, wie es in Ländern der Fall ist, in denen die

Tabelle 6.9: Regressionsanalyse für das Leseverständnis in der Partnersprache in der 9. Jahrgangsstufe/bei 15-Jährigen aufgebrochen nach Partnersprachen im Vergleich mit dem Sprachprogramm Italienisch als Referenz (mit und ohne Kontrolle relevanter Hintergrundmerkmale, robuste Standardfehler in Klammern, $M \approx 100$)

Ordinatenabschnitt und Prädiktoren	Modell 1	Modell 2
Intercept	101.85 (8.35)**	94.72 (2.97)**
Schulsprache		
Referenz: Italienisch (0)		
Englisch (1)	26.08 (8.38)**	15.61 (2.53)**
Französisch (1)	2.10 (10.54)	1.36 (4.42)
Griechisch (1)	1.46 (8.33)	−1.53 (3.14)
Polnisch (1)	2.72 (8.54)	14.16 (4.62)**
Portugiesisch (1)	−19.45 (8.55)*	−14.29 (3.27)**
Russisch (1)	−4.15 (8.39)	0.07 (3.59)
Spanisch (1)	−9.67 (8.38)	−7.20 (2.86)**
Türkisch (1)	−33.30 (8.49)**	−18.89 (3.60)**
Sozioökonomischer Hintergrund		
HISEI (*z*-standardisiert)		0.00 (1.87)
Abitur der Eltern (*z*-standardisiert)		4.49 (4.35)
Kognitiver Hintergrund		
KFT (*z*-standardisiert)		6.99 (1.46)**
Note (*z*-standardisiert)		−12.33 (1.03)**
R^2	0.24 (0.09)**	0.46 (0.07)**

Standardfehler in Klammern; * $p < 0.05$; ** $p < 0.01$.

Partnersprache auch die Verkehrssprache ist. In der Regel ist der partnersprachige Input in der Schule und im außerschulischen Umfeld zu gering, um die Leistungen in den Referenzländern zu erreichen. Dass dies keine Zwangsläufigkeit ist, zeigen die deutsch-englischsprachigen Standorte. Im Englischen werden Spitzenleistungen erzielt. Das besonders niedrige Niveau im Türkischen lässt sich durch die Hintergrundvariablen erklären, im Portugiesischen und Spanischen besteht deutlicher Nachbesserungsbedarf.

Der sprachliche Hintergrund und der MGH sind für die Vorhersage der partnersprachigen Lesekompetenz weniger bedeutsam als beim Leseverständnis in Deutsch. Monolingual deutschsprachig aufgewachsene Jugendliche bzw. Jugendliche ohne MGH haben ähnliche Lesekompetenzen in der Partnersprache wie ihre Mitschülerinnen und Mitschüler, die monolingual partnersprachig aufgewachsen sind bzw. einen MGH haben. Insgesamt sind die Befunde auch zum Leseverständnis in den Partnersprachen an der SESB als zufriedenstellend zu bewerten. Die meisten Jugendlichen an der SESB erreichen ein Niveau, mit dem sie in den Ländern, in dem die Partnersprache die Verkehrssprache ist, angemessen kommunizieren können sollten. Der dual-immersive Unterricht hat demnach die erhofften positiven Konsequenzen: Die Schülerinnen und Schüler erwerben an der SESB Kompetenzen in der nichtdeutschen Partnersprache, ohne, wie im vorherigen Kapitel gezeigt, Einbußen im deutschen Leseverständnis aufzuzeigen. Insgesamt haben die Jugendlichen damit ein Niveau erreicht, dass als bilingual bezeichnet werden kann.

6.5 Leseverständnis in englischer Sprache – 9. Jahrgangsstufe und 15-Jährige

Die Evaluation der SESB nimmt sich der Frage an, inwiefern neben den deutsch- und partnersprachigen auch die fremdsprachigen Lesekompetenzen an einer sprachorientierten Schule wie der SESB profitieren. Neben den Kompetenzen in ihrer L1 und der jeweiligen Partnersprache lernen die Jugendlichen an der SESB Englisch als zweite Fremdsprache (außer an den englischsprachigen Standorten, an denen Französisch die zweite Fremdsprache ist). Das Lernen der englischen Sprache geschieht wie in den Vergleichsklassen in konventionellem Fachunterricht – Englisch ist für niemanden (einschließlich der Lehrkraft) aus der Klasse die L1, und der Gebrauch der englischen Sprache ist an der SESB auf den entsprechenden Unterricht beschränkt. An den Standorten mit Partnersprache Englisch ist Englisch nicht Fremd-, sondern Partnersprache, die Standorte sind aus den Analysen ausgeschlossen und nur zur Veranschaulichung erwähnt.

6.5.1 Entwicklung der Fragestellungen und Untersuchungshypothesen zum englischsprachigen Leseverständnis

In der Bilingualismusforschung wird nach der Interdependenzhypothese von Cummins (1979; vgl. Kap. 2) davon ausgegangen, dass jedes Lernen einer Sprache beim Lernen weiterer Sprachen einen Vorteil bietet, dass also Transfereffekte zwischen Sprachen vorliegen. Entsprechend werden auch die relativ positiven Leistungsergebnisse von Jugendlichen mit MGH in der DESI-Studie (Nold, Hartig, Hinz & Rossa, 2008) interpretiert. Somit wird an der SESB ein höheres Niveau der englischsprachigen Lesekompetenzen als in Regelklassen mit monolingualem Unterricht erwartet. Der Unterschied sollte auch bei Kontrolle bedeutsamer Hintergrundmerkmale nachweisbar sein.

Hypothese 1 lautet daher, dass Schülerinnen und Schüler der 9. Jahrgangsstufe und 15-Jährige an der SESB in den englischsprachigen Lesetests bessere Leistungen erzielen als Schülerinnen und Schüler aus Regelschulen mit monolingualem Unterricht.

Da der Englischunterricht sowohl an der SESB als auch in den Vergleichsklassen (VGLK) von Lehrkräften mit Deutsch als L1 durchgeführt wird und die Instruktionssprache im Englischunterricht teilweise Deutsch sein dürfte, sind Defizite bei monolingual nichtdeutschsprachig aufgewachsenen Jugendlichen zu erwarten. Monolingual deutschsprachig und bilingual aufgewachsene Jugendliche sollten das Referenzniveau – die englischsprachigen Leseleistungen von monolingual deutschsprachig aufgewachsenen Gleichaltrigen in den VGLK – mindestens erreichen. Dies gilt analog für die Jugendlichen ohne oder mit einseitigem MGH. Für die monolingual nichtdeutschsprachig aufgewachsenen Jugendlichen bzw. diejenigen mit beidseitigem MGH erwarten wir, ähnlich wie bei den deutschsprachigen Lesetests, sowohl an der SESB als auch an den monolingual unterrichtenden Regelschulen einen Rückstand in den englischsprachigen Leseleistungen.

Hypothese 2 nimmt daher eine geringere englischsprachige Lesekompetenz für monolingual nichtdeutschsprachig aufgewachsene Schülerinnen und Schüler im Vergleich zu monolingual deutschsprachig und bilingual aufgewachsenen Schülerinnen und Schülern an. Ähnliche Unterschiede sollten sich je nach MGH ergeben.

Durch die ausgeprägte Sprachorientierung an der SESB sollte Leistungsdefiziten auch in der Fremdsprache Englisch in besonderer Weise begegnet werden können, wovon insbesondere die monolingual nichtdeutschsprachig aufgewachsenen Jugendlichen profitieren sollten. Wir erwarten also bezüglich der englischsprachigen Kompetenzen einen Interaktionseffekt zwischen Schulstatus und Sprachhintergrund bzw. Migrationsstatus.

Hypothese 3 besagt, dass an der SESB der Rückstand der monolingual nichtdeutschsprachig aufgewachsenen Jugendlichen in den englischsprachigen Kompetenzen geringer ausfallen sollte als an den sonstigen Regelschulen. Dieser Befund sollte auch für Schülerinnen und Schüler mit beidseitigem MGH nachweisbar sein.

Wie für das deutsch- und das partnersprachige Leseverständnis wird auch für die englischsprachigen Kompetenzen eine breite Streuung der Leistungen zwischen den Standorten erwartet, da die Standorte sich in Bezug auf Hintergrundmerkmale und sprachliche Kompetenzen der Schülerinnen und Schüler unterscheiden.

Hypothese 4 nimmt daher an, dass die Leseleistungen in Englisch an der SESB je nach Standort unterschiedlich ausfallen – und zwar auch dann, wenn die differenzielle Eingangsselektivität kontrolliert wird.

6.5.2 Ergebnisse zum Leseverständnis in englischer Sprache

Im Folgenden werden die Ergebnisse zur englischsprachigen Kompetenz der Schülerinnen und Schüler der 9. Jahrgangsstufe und der 15-Jährigen dargestellt. Zunächst werden die deskriptiven Befunde insgesamt und für die einzelnen Sprachprogramme betrachtet. Darauf folgen die regressionsanalytischen Vergleiche zwischen SESB und VGLK sowie die Ergebnisse für die einzelnen Sprachprogramme.

6.5.2.1 Deskriptive Befunde
Tabelle 6.10 gibt einen Überblick über die englischsprachigen Leseleistungen am Ende der Sekundarstufe I, aufgeschlüsselt für beide Vergleichsgruppen nach Geschlecht, Sprach-

Tabelle 6.10: Zentrierte Mittelwerte, Standardabweichungen, Standardfehler und Effektstärken für das Leseverständnis in englischer Sprache an SESB und in VGLK in der 9. Jahrgangsstufe/bei 15-Jährigen

	SESB				VGLK				d
	N	M	SD	SE	N	M	SD	SE	
Insgesamt	541	108.03	24.26	1.05	3.289	97.66	30.03	0.53	0.38
Mädchen	277	111.05	24.42	1.48	1.626	102.01	29.01	0.73	0.34
Jungen	264	104.86	23.73	1.47	1.664	93.40	30.40	0.75	0.42
Monolingual deutschsprachig	106	110.20	24.15	2.67	1.769	102.39	29.23	0.82	0.29
Bilingual	266	111.08	23.80	1.51	901	95.94	29.99	1.05	0.56
Monolingual nichtdeutschsprachig	169	101.84	24.03	1.91	620	86.63	29.71	1.53	0.57
Ohne MGH	81	114.52	23.05	2.66	1.667	103.58	27.81	0.73	0.43
Einseitiger MGH	188	113.75	23.50	1.90	656	98.52	30.67	1.39	0.56
Beidseitiger MGH	272	102.15	23.76	1.60	967	86.86	30.34	1.06	0.56

und Migrationshintergrund. Die Leistungen sind an der SESB höher als in den VGLK. Der Vorsprung beträgt mehr als ein Drittel einer Standardabweichung und ist damit substanziell. Zudem schneiden Mädchen in beiden Vergleichsgruppen besser ab als Jungen. Jugendliche, die monolingual nichtdeutschsprachig aufgewachsen sind, zeigen in Englisch deutlich schwächere Leistungen. Dies gilt für beide Vergleichsgruppen, allerdings auf sehr unterschiedlichen Niveaus: Die monolingual nichtdeutschsprachig aufgewachsenen Jugendlichen an der SESB erreichen ähnliche Leistungen wie die monolingual deutschsprachig aufgewachsenen Jugendlichen in den VGLK. Zudem fällt auf, dass die bilingual aufgewachsenen Jugendlichen an der SESB mindestens so gut abschneiden wie die monolingual deutschsprachig Aufgewachsenen. Die Ergebnisse für den MGH sind weitgehend deckungsgleich: Jugendliche mit beidseitigem MGH liegen deutlich zurück, erreichen allerdings an der SESB fast das Niveau der Referenzgruppe, der monolingual deutschsprachig aufgewachsenen Schülerinnen und Schüler in den VGLK.

Beim englischsprachigen Leseverständnis zeigt sich für fast alle Sprachprogramme ein deutlicher Vorsprung an der SESB mit besonders ausgeprägten Lesekompetenzen an den Standorten mit französischer, griechischer, italienischer, portugiesischer und spanischer Partnersprache (siehe Tab. 6.11). Wie beim deutschsprachigen Leseverständnis zeigen die Standorte mit Polnisch und Türkisch als Partnersprache auch die niedrigsten Kompetenzen in der englischen Sprache.

6.5.2.2 Analytische Befunde

Die Präsentation der regressionsanalytischen Befunde zu den englischsprachigen Leistungen erfolgt wiederum in drei Schritten: (1) Gesamtvergleich der tatsächlichen Leseleistung

Tabelle 6.11: Zentrierte Mittelwerte, Standardabweichungen und Standardfehler für das Leseverständnis in englischer Sprache getrennt nach Partnersprachen in der 9. Jahrgangsstufe/bei 15-Jährigen

Sprachprogramm	M	SD	SE
Englisch	144.23	20.18	2.39
Französisch	116.81	21.60	2.11
Griechisch	115.12	20.48	3.07
Italienisch	111.97	24.49	2.58
Polnisch	99.07	23.24	2.87
Portugiesisch	108.32	30.30	4.65
Russisch	102.79	18.26	2.95
Spanisch	108.87	22.57	2.31
Türkisch	89.69	21.91	3.11

An den Standorten mit Partnersprache Englisch ist Englisch nicht Fremd-, sondern Partnersprache.

an der SESB und an monolingual unterrichtenden Regelschulen, (2) Vergleich zum Referenzniveau in Abhängigkeit von Sprach- bzw. Migrationshintergrund (individuelle Perspektive) und (3) Vergleich mit den VGLK unter Berücksichtigung unterschiedlicher Eingangsvoraussetzungen (institutionelle Perspektive). Anschließend werden die Leistungen an den Standorten mit verschiedenen Sprachprogrammen verglichen.

6.5.2.2.1 Basismodelle

Die Jugendlichen an der SESB zeigen entsprechend Hypothese 1 statistisch signifikant bessere englischsprachige Leistungen als die Schülerinnen und Schüler an Regelschulen mit monolingualem Unterricht (siehe Tab. 6.12, Modell 1), die Effektstärke beträgt ungefähr ein Drittel einer Standardabweichung. Tabelle 6.12 zeigt zudem, dass die englischsprachigen Leseleistungen der Mädchen signifikant besser sind als die der Jungen (Modell 2) und dass diese Unterschiede sich an der SESB und in den VGLK ähneln (Modell 3), sodass die folgenden Analysen ohne Berücksichtigung des Geschlechts präsentiert werden können.

6.5.2.2.2 Individuelle Perspektive

Entsprechend Hypothese 2 zeigen sich Haupteffekte des Sprach- und Migrationshintergrunds (Tab. 6.13, Modelle 1 und 3) mit den erwarteten Nachteilen für monolingual nichtdeutschsprachig aufgewachsene Schülerinnen und Schüler und Jugendliche mit beidseitigem MGH. Auch die bilingual aufgewachsenen Jugendlichen zeigen (geringere) Rückstände, allerdings gilt dies nur für die monolingual unterrichtenden Regelschulen, an der SESB erzielen die bilingual aufgewachsenen Jugendlichen bessere Leistungen. Weitere Interaktionseffekte zwischen Schulstatus und MGH werden nicht signifikant, damit ergeben sich nur für die bilingual, aber weder für die monolingual nichtdeutschsprachig Aufgewachsenen noch für die Jugendlichen mit ein- oder beidseitigem MGH gruppenspezifische Vorteile an der SESB.

Tabelle 6.12: Ergebnisse der Regression vom Leseverständnis in englischer Sprache auf Schulstatus und Geschlecht (unstandardisierte Regressionskoeffizienten, robuste Standardfehler in Klammern)

Ordinatenabschnitt und Prädiktoren	Modell 1	Modell 2	Modell 3
Intercept	97.72 (2.34)**	95.11 (2.12)**	93.59 (2.36)**
Schulstatus	10.08 (3.61)**	–	11.14 (4.04)**
Referenz: VGLK (0)			
SESB (1)			
Geschlecht			
Referenz: Männlich (0)			
Weiblich (1)	–	8.12 (1.12)**	8.37 (1.16)**
Interaktion			
Schulstatus × Geschlecht	–	–	–2.36 (3.18)
R^2	0.02 (0.01)	0.02 (0.01)	0.04 (0.01)**

* $p < 0.05$, ** $p < 0.01$.

Die Abbildungen 6.5 (Sprachhintergrund) und 6.6 (MGH) dienen der Veranschaulichung der Gruppendifferenzen. Abbildung 6.5 zeigt, dass das angestrebte Niveau der monolingual deutschsprachig aufgewachsenen Schülerinnen und Schüler in den VGLK von den monolingual deutschsprachig und den bilingual aufgewachsenen Jugendlichen an der SESB erreicht bzw. übertroffen wird und sogar die monolingual nichtdeutschsprachig aufgewachsenen Jugendlichen das Referenzniveau erreichen. Abbildung 6.6 zeigt den analogen Befund für den MGH. Allerdings gibt es hier keine signifikanten Interaktionseffekte mit dem Schulstatus, sodass die Vorteile eher tendenzieller Natur sind.

6.5.2.2.3 Institutionelle Perspektive

Im nächsten Analyseschritt werden die englischsprachigen Leseleistungen unter Berücksichtigung der Eingangsvoraussetzungen der Schülerinnen und Schüler miteinander verglichen (siehe Tab. 6.13, Modelle 3 und 4). Der Vorsprung der SESB bleibt bei der Adjustierung der Werte erhalten. Die bilingual aufgewachsenen Jugendlichen beider Vergleichsgruppen zeigen bessere Leistungen als die monolingual deutschsprachig Aufgewachsenen. Zudem ist der Rückstand der monolingual nichtdeutschsprachig Aufgewachsenen nicht mehr gegen den Zufall abzusichern. Auch der einseitige und beidseitige MGH sind an der SESB und in den VGLK keine Risikofaktoren mehr.

6.5.2.2.4 Vergleich der Sprachprogramme

Für die Untersuchung von Hypothese 4 werden die Leistungen an der SESB getrennt nach Sprachprogrammen betrachtet (Tab. 6.14, Modell 1). Es wird angenommen, dass die englischsprachigen Leseleistungen je nach Sprachprogramm der SESB unterschiedlich ausfal-

Tabelle 6.13: Regressionsmodelle für das Leseverständnis in englischer Sprache in der 9. Jahrgangsstufe/bei 15-Jährigen, Gesamtvergleich SESB versus VGLK (mit und ohne Kontrolle relevanter Hintergrundmerkmale) sowie unter Berücksichtigung des Sprach- bzw. Migrationshintergrunds und theoretisch postulierter Interaktionseffekte (unstandardisierte Regressionskoeffizienten, robuste Standardfehler in Klammern)

Ordinatenabschnitt und Prädiktoren	Modell 1	Modell 2	Modell 3	Modell 4
Intercept	102.32 (2.36)**	103.48 (2.34)**	98.06 (0.69)**	97.97 (0.75)**
Schulstatus				
Referenz: VGLK (0)				
SESB (1)	7.59 (3.96)	10.63 (3.65)**	7.38 (1.54)**	7.00 (1.76)**
Sprachhintergrund				
Referenz: Monolingual deutschsprachig (0)				
Bilingual (1)	−6.27 (2.00)**		1.88 (0.93)*	
Monolingual nichtdeutschsprachig (1)	−15.31 (2.30)**		−0.83 (1.16)	
Migrationshintergrund				
Referenz: Kein MGH (0)				
Einseitiger MGH (1)		−4.92 (2.13)*		1.92 (1.17)
Beidseitiger MGH (1)		−16.25 (2.92)**		0.23 (1.17)
Sozioökonomischer Hintergrund				
HISEI (z-standardisiert)			1.17 (0.59)*	1.15 (0.61)
Abitur der Eltern (z-standardisiert)			1.64 (0.48)**	1.59 (0.47)**
Kognitiver Hintergrund				
KFT (z-standardisiert)			13.30 (0.61)**	10.17 (0.52)**
Note (z-standardisiert)			−11.21 (0.55)**	−13.76 (0.53)**
Interaktionen				
SESB × Bilingual	7.13 (3.35)*		−0.68 (1.76)	
SESB × Monolingual nichtdeutschsprachig	7.20 (4.36)		0.99 (2.91)	
SESB × Einseitiger MGH		4.16 (3.48)		0.28 (2.33)
SESB × Beidseitiger MGH		4.22 (4.10)		0.52 (2.16)
R^2	0.05 (0.02)**	0.07 (0.02)**	0.60 (0.02)**	0.60 (0.02)**

* $p < 0.05$, ** $p < 0.01$.

len. Auch hier dient als Maßstab wieder die Leistung monolingual deutschsprachig aufgewachsener Jugendlicher in den VGLK.

An drei Standorten (Französisch, Griechisch, Spanisch) wird das Referenzniveau übertroffen, an einem (Türkisch) unterschritten (Tab. 6.14, Modell 1). Wenn, wie in Modell 2, die Hintergrundvariablen kontrolliert werden, liegen die englischsprachigen Leseleistungen sämtlicher Sprachprogramme über dem Referenzniveau (beim Standort mit deutsch-russischem Sprachprogramm handelt es sich um einen tendenziellen Effekt). Der Fremdsprachenunterricht an der SESB führt also fast durchweg zu höheren Lesekompetenzen.

Abbildung 6.5: Nichtadjustierte Mittelwerte des Leseverständnisses in englischer Sprache aufgebrochen nach Schulstatus und sprachlichem Hintergrund (Referenzniveau: englischsprachige Leseleistungen der monolingual deutschsprachig aufgewachsenen Schülerinnen und Schüler in den VGLK)

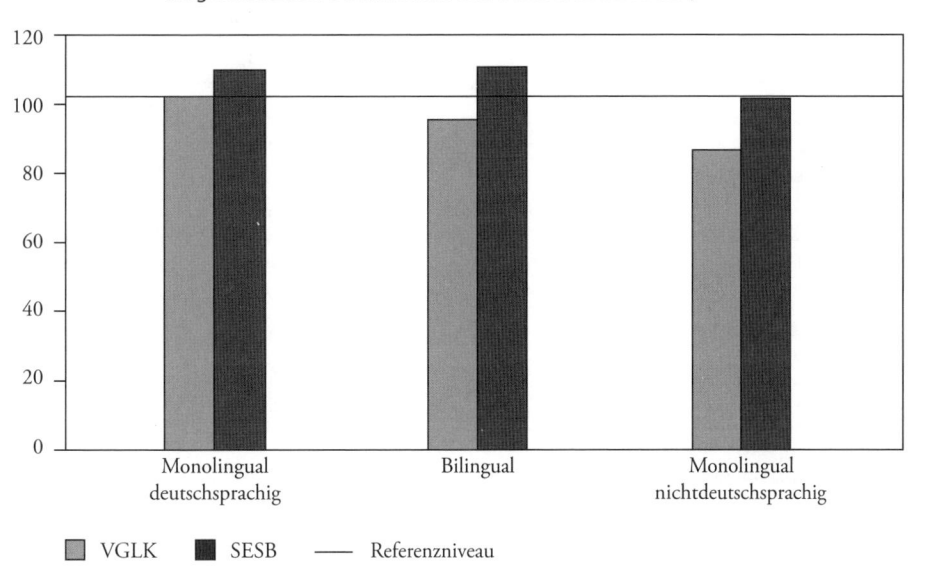

Abbildung 6.6: Nichtadjustierte Mittelwerte des Leseverständnisses in englischer Sprache aufgebrochen nach Schulstatus und Migrationshintergrund (Referenzniveau: englischsprachige Leseleistungen der Schülerinnen und Schüler ohne MGH in den VGLK)

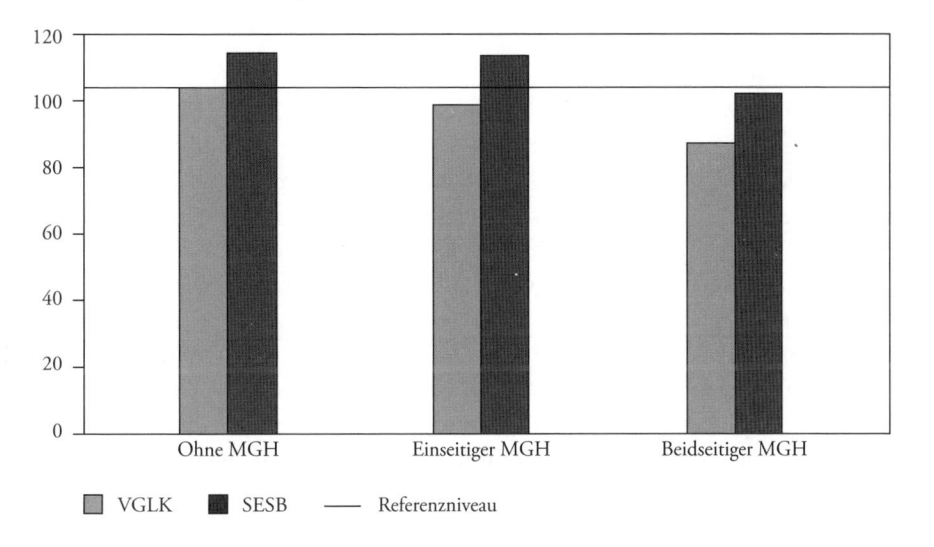

Tabelle 6.14: Regressionsanalyse für das Leseverständnis in englischer Sprache in der 9. Jahrgangsstufe/bei 15-Jährigen aufgebrochen nach Schulsprachen im Vergleich mit der Referenzgruppe monolingual deutschsprachig in den VGLK (unstandardisierte Regressionskoeffizienten, robuste Standardfehler in Klammern)

Ordinatenabschnitt und Prädiktoren	Modell 1	Modell 2
Intercept	102.32 (2.36)**	97.88 (0.74)**
Schulsprache		
Referenz: Monolingual deutschsprachige VGLK (0)		
Französisch (1)	14.01 (3.49)**	10.70 (1.34)**
Griechisch (1)	12.37 (2.41)**	7.72 (1.20)**
Italienisch (1)	9.30 (6.70)	7.34 (1.74)**
Polnisch (1)	–3.23 (2.38)	9.27 (1.44)**
Portugiesisch (1)	5.76 (2.46)*	9.69 (1.27)**
Russisch (1)	0.39 (2.39)	3.43 (1.64)
Spanisch (1)	6.29 (2.34)**	7.15 (1.08)**
Türkisch (1)	–12.34 (2.41)**	3.65 (1.21)**
Sozioökonomischer Hintergrund		
HISEI (*z*-standardisiert)		1.07 (0.63)
Abitur der Eltern (*z*-standardisiert)		1.61 (0.48)**
Kognitiver Hintergrund		
KFT (*z*-standardisiert)		10.14 (0.51)**
Note (*z*-standardisiert)		–13.71 (0.54)**
R^2	0.06 (0.02)**	0.61 (0.02)**

* $p < 0.05$, ** $p < 0.01$.

6.5.3 Zusammenfassung

Am Ende der Sekundarstufe I zeigen die Schülerinnen und Schüler der SESB in den englischsprachigen Lesetests bessere Leistungen als die Schülerinnen und Schüler in den VGLK. Die monolingual deutschsprachig und die bilingual Aufgewachsenen an der SESB verstehen englische Texte besser als die monolingual deutschsprachig aufgewachsenen Schülerinnen und Schüler in den VGLK, die unser Referenzniveau markieren. Besonders erfreulich ist, dass auch die monolingual nichtdeutschsprachig Aufgewachsenen in dieser Domäne das Referenzniveau erreichen. Deutliche Unterschiede zwischen den einzelnen Sprachprogrammen zeigen sich auch im englischen Leseverständnisniveau. Das Referenzniveau wird aber in allen Sprachprogrammen erreicht oder übertroffen, wenn die Eingangsselektivität kontrolliert wird. Insgesamt können diese Befunde als Beleg dafür gelten, dass an einer sprachorientierten Schule wie der SESB überdurchschnittliche fremdsprachige Kompetenzen erreicht werden können.

6.6 Mathematische Kompetenz – 9. Jahrgangsstufe und 15-Jährige

Der Mathematikunterricht wird an der SESB in der Sekundarstufe wie in der Primarstufe in deutscher Sprache erteilt. Da die Beherrschung der deutschen Sprache zu diesem Zeitpunkt auch bei monolingual nichtdeutschsprachig aufgewachsenen Schülerinnen und Schülern ein angemessenes Niveau erreicht hat (vgl. Abschnitt 6.3), sind negative Effekte der deutschsprachigen Instruktion nicht zu erwarten (Marsh et al., 2000). Vielmehr dürften die Jugendlichen von den generellen kognitiven Anforderungen der Zweisprachigkeit beim Lösen mathematischer Probleme profitieren.

6.6.1 Entwicklung der Fragestellungen und Untersuchungshypothesen zur mathematischen Kompetenz

Zieht man den aktuellen Forschungsstand zur Einwegimmersion (Deventer et al., 2016; Zaunbauer & Möller, 2007, 2010) sowie die bisherigen Befunde zur Evaluation der SESB (Baumert et al., 2012) heran, zeigen sich für die mathematischen Leistungen bilingual beschulter Kinder und Jugendlicher insgesamt tendenziell Vorteile gegenüber monolingual beschulten Kindern und Jugendlichen. Diese lassen sich teilweise durch die soziale und kognitive Selektivität von Immersionsprogrammen erklären, es gibt allerdings auch Hinweise darauf, dass Bilingualität Vorteile in den sogenannten Exekutivfunktionen (vgl. Kap. 2) mit sich bringt, die sich wiederum in den mathematischen Kompetenzen niederschlagen können (Bialystok, 2001; Kempert, Saalbach & Hardy, 2011). Folglich wird an der SESB ein generell höheres Niveau der mathematischen Kompetenz als an Regelschulen mit monolingualem Unterricht erwartet. Der Unterschied sollte auch bei Kontrolle bedeutsamer Hintergrundmerkmale nachweisbar sein.

Hypothese 1 lautet daher, dass Schülerinnen und Schüler der 9. Jahrgangsstufe bzw. 15-Jährige an der SESB in den Mathematiktests bessere Leistungen erzielen als Schülerinnen und Schüler an Regelschulen mit monolingualem Unterricht.

Sprachliche Fähigkeiten spielen auch für die Mathematikleistung eine entscheidende Rolle (Kempert et al., 2011). Da der Mathematikunterricht sowohl an der SESB als auch in den VGLK mit Deutsch als Instruktionssprache durchgeführt wird und darüber hinaus der Mathematiktest in deutscher Sprache administriert wurde, sind Defizite bei monolingual nichtdeutschsprachig aufgewachsenen Jugendlichen zu erwarten. Monolingual deutschsprachig und bilingual aufgewachsene Jugendliche sollten auch in der Sekundarstufe das Referenzniveau – die mathematischen Leistungen von monolingual deutschsprachig aufgewachsenen Gleichaltrigen in den VGLK – mindestens erreichen. Dies gilt analog für die Jugendlichen ohne oder mit einseitigem MGH. Für die monolingual nichtdeutschsprachig aufgewachsenen Jugendlichen bzw. diejenigen mit beidseitigem MGH erwarten wir, ähnlich wie bei den deutschsprachigen Lesetests, sowohl an der SESB als auch an den monolingual unterrichtenden Regelschulen einen Rückstand in den mathematischen Leistungen.

Hypothese 2 nimmt daher eine geringere mathematische Kompetenz für monolingual nichtdeutschsprachig aufgewachsene Schülerinnen und Schüler im Vergleich zu monolingual deutschsprachig und bilingual aufgewachsenen Schülerinnen und Schülern an. Ähnliche Unterschiede sollten sich je nach MGH ergeben.

Der bilinguale Unterricht an der SESB ist kognitiv herausfordernd, weshalb kontinuierlich sichergestellt werden muss, dass er auch für leistungsschwächere Schülerinnen und Schüler keine Überforderung darstellt. Im Rahmen der verfügbaren Förderstunden sollten daher mögliche Leistungsschwächen früh erkannt und behoben werden können. Dies sollte sich auch für die monolingual nichtdeutschsprachig aufgewachsenen Jugendlichen in der mathematischen Leistung auszahlen. Wir erwarten also im Hinblick auf die mathematische Kompetenz eine Interaktion zwischen Schulstatus und Sprachhintergrund bzw. Migrationsstatus.

Hypothese 3 zufolge sollte an der SESB der Rückstand der monolingual nichtdeutschsprachig aufgewachsenen Jugendlichen in den mathematischen Kompetenzen geringer ausfallen als an den sonstigen Regelschulen. Dieser Befund sollte auch für Schülerinnen und Schüler mit beidseitigem MGH nachweisbar sein.

Die bisher formulierten Hypothesen lassen die unterschiedliche Indikation der Sprachprogramme und die unterschiedliche soziale Selektivität unberücksichtigt. Wie bereits die Analysen zum deutschsprachigen Leseverständnis zeigen, unterscheiden sich die Standorte nicht nur in Bezug auf bestimmte Hintergrundmerkmale der Schülerinnen und Schüler, sondern auch in deren sprachlichen Kompetenzen. Ähnliche Unterschiede sind auch für die mathematischen Kompetenzen zu erwarten.

Hypothese 4 nimmt daher an, dass die Leistungen in Mathematik an der SESB je nach Standort unterschiedlich ausfallen – und zwar auch dann, wenn die differenzielle Eingangsselektivität kontrolliert wird.

6.6.2 Ergebnisse zur mathematischen Kompetenz

Im Folgenden werden die Ergebnisse zur mathematischen Kompetenz am Ende der Sekundarstufe I präsentiert. Zunächst werden die deskriptiven Befunde insgesamt und für die einzelnen Sprachprogramme betrachtet. Darauf folgen die regressionsanalytischen Vergleiche zwischen SESB und VGLK sowie die Ergebnisse für die einzelnen Sprachprogramme.

6.6.2.1 Deskriptive Befunde

Zunächst sollen die erreichten Leistungen insgesamt betrachtet werden, ohne dabei schon auf Hintergrundvariablen einzugehen. Tabelle 6.15 gibt einen Überblick über die mathemati-

Tabelle 6.15: Zentrierte Mittelwerte, Standardabweichungen, Standardfehler und Effektstärken für die mathematische Kompetenz an SESB und in VGLK in der 9. Jahrgangsstufe/ bei 15-Jährigen

	SESB				VGLK				d
	N	M	SD	SE	N	M	SD	SE	
Insgesamt	617	104.97	26.38	1.07	3.289	99.25	30.58	0.54	0.17
Mädchen	320	102.53	25.66	1.50	1.626	98.35	30.02	0.76	0.15
Jungen	297	105.63	27.09	1.60	1.664	100.12	31.10	0.78	0.19
Monolingual deutschsprachig	126	108.84	28.56	2.90	1.769	107.35	29.28	0.81	0.05
Bilingual	309	106.99	25.52	1.53	901	92.73	28.68	1.05	0.53
Monolingual nichtdeutschsprachig	182	95.62	24.37	1.93	620	85.65	29.81	1.94	0.37
Ohne MGH	101	115.40	26.11	2.90	1.667	109.18	27.63	0.71	0.23
Einseitiger MGH	222	109.39	25.86	1.89	656	97.97	29.71	1.51	0.41
Beidseitiger MGH	295	96.10	24.63	1.50	967	82.98	28.84	1.05	0.49

schen Leistungen am Ende der Sekundarstufe I, aufgeschlüsselt für beide Vergleichsgruppen nach Geschlecht, Sprach- und Migrationshintergrund. Jungen schneiden an der SESB und in den VGLK etwas besser ab als Mädchen. Jugendliche, die monolingual nichtdeutschsprachig aufgewachsen sind, bleiben in Mathematik weit hinter Altersgleichen zurück, die monolingual deutschsprachig aufgewachsen sind. Dies zeigt sich sowohl für die SESB als auch für die VGLK, allerdings besteht in den VGLK ein größerer Rückstand. Bilingual aufgewachsene Jugendliche scheinen den mathematischen Kompetenzen von Schülerinnen und Schülern mit ausschließlich Deutsch als L1 näher zu kommen, wobei in den VGLK noch ein deutlicher Unterschied zu erkennen ist. An der SESB erreichen die bilingual aufgewachsenen Jugendlichen hingegen nahezu das Niveau derjenigen, die mit Deutsch als L1 aufgewachsen sind. Ähnliches gilt für den MGH: Schülerinnen und Schüler, deren Eltern beide nach Deutschland zugewandert sind, liegen deutlich zurück, während Jugendliche mit einseitigem MGH – insbesondere an der SESB – weniger starke Defizite zeigen.

Über alle Gruppen hinweg zeigt sich, dass die Jugendlichen an der SESB ein leicht höheres mathematisches Kompetenzniveau erreichen. Noch deutlicher als beim deutschsprachigen Leseverständnis erzielen Standorte mit Englisch als Partnersprache die besten Leistungen, es folgen die Standorte mit französischer und russischer Partnersprache (siehe Tab. 6.16). Die niedrigsten Mathematikleistungen zeigen sich wie beim deutschsprachigen Leseverständnis an den Standorten mit Polnisch und Türkisch als Partnersprache. Der Leistungsunterschied zwischen der stärksten und der schwächsten Gruppe ist erheblich.

6.6.2.2 Analytische Befunde

Die Präsentation der regressionsanalytischen Befunde zu den Leistungen in Mathematik erfolgt wie bei den anderen Domänen in drei Schritten: (1) Gesamtvergleich der tatsächlichen

Tabelle 6.16: Zentrierte Mittelwerte, Standardabweichungen und Standardfehler für die mathematische Kompetenz getrennt nach Partnersprachen in der 9. Jahrgangsstufe/bei 15-Jährigen

Sprachprogramm	M	SD	SE
Englisch	126.40	20.85	2.48
Französisch	107.71	26.08	2.67
Griechisch	105.09	25.36	3.79
Italienisch	104.80	25.95	2.72
Polnisch	90.81	25.08	3.06
Portugiesisch	97.79	26.93	4.24
Russisch	106.47	18.74	3.09
Spanisch	100.39	24.02	2.51
Türkisch	88.05	22.63	3.39

Mathematikleistung an der SESB und an monolingual unterrichtenden Regelschulen, (2) Vergleich zum Referenzniveau in Abhängigkeit von Sprach- bzw. Migrationshintergrund (individuelle Perspektive) und (3) Vergleich mit den VGLK unter Berücksichtigung unterschiedlicher Eingangsvoraussetzungen (institutionelle Perspektive).

6.6.2.2.1 Basismodelle

Zunächst wird wieder geprüft, ob die Jugendlichen an der SESB in Mathematik insgesamt bessere Leistungen erreichen als die Schülerinnen und Schüler an Regelschulen mit monolingualem Unterricht (Hypothese 1). Der leichte Vorsprung der SESB, der sich bei der deskriptiven Betrachtung der Ergebnisse zeigt, wird dabei nicht statistisch signifikant (vgl. Tab. 6.17, Modell 1). Es gibt also weder einen bedeutsamen Vorteil noch einen Nachteil in Mathematik gegenüber monolingual deutschsprachig beschulten Altersgleichen.

Tabelle 6.17 zeigt zudem in Modell 2, dass sich die Leistungen in Mathematik zwischen Jungen und Mädchen weder an der SESB noch in den VGLK signifikant unterscheiden und auch keine Unterschiede zwischen den Geschlechtern je nach Schulstatus (Modell 3) bestehen. Damit muss das Geschlecht als Prädiktor in den folgenden Vergleichen nicht berücksichtigt werden (vgl. Abschnitt 6.3).

6.6.2.2.2 Individuelle Perspektive

Hypothese 2 postuliert Nachteile der monolingual nichtdeutschsprachig aufgewachsenen Schülerinnen und Schüler sowie derjenigen mit beidseitigem MGH, die auch in Mathematik unabhängig vom besuchten Schultyp bestehen sollten. Bilingual aufgewachsene Jugendliche hingegen sollten das Referenzniveau (das Niveau monolingual deutschsprachig aufgewachsener Schülerinnen und Schüler an den monolingual unterrichtenden Regelschulen) am Ende der Sekundarstufe I erreichen. Wie bei den deutschsprachigen Leseleistungen zeigen sich erneut Haupteffekte des Sprach- und Migrationshintergrunds (vgl. Tab. 6.18, Modelle 1 und 3 für Sprachhintergrund, Modelle 2 und 4 für MGH). Monolingual nichtdeutsch-

Tabelle 6.17: Ergebnisse der Regression von mathematischer Kompetenz auf Geschlecht und Schulstatus (unstandardisierte Regressionskoeffizienten, robuste Standardfehler in Klammern)

Ordinatenabschnitt und Prädiktoren	Modell 1	Modell 2	Modell 3
Intercept	99.27 (2.33)**	100.91 (2.19)**	100.12 (2.44)**
Schulstatus			
Referenz: VGLK (0)			
SESB (1)	4.58 (4.23)	–	5.29 (4.74)
Geschlecht			
Referenz: Männlich (0)			
Weiblich (1)	–	–1.85 (1.14)	–1.70 (1.21)
Interaktion			
Schulstatus × Geschlecht	–	–	–1.28 (2.91)
R^2	0.001 (0.001)	0.003 (0.01)	0.01 (0.01)

** $p < 0.01$.

sprachig aufgewachsene Jugendliche haben gegenüber den monolingual deutschsprachig aufgewachsenen Schülerinnen und Schülern an monolingual unterrichtenden Regelschulen sowohl an der SESB als auch in den VGLK (vgl. Modell 1) deutliche Rückstände. Ähnliches gilt für Schülerinnen und Schüler mit beidseitigem MGH (Modell 2). Bei den bilingual aufgewachsenen Schülerinnen und Schülern und denen mit einseitigem MGH sind die Rückstände ebenfalls vorhanden, aber geringer. Zudem wird hier ein Interaktionseffekt statistisch bedeutsam: Die bilingual Aufgewachsenen zeigen an der SESB bessere Leistungen in Mathematik als an den monolingual unterrichtenden Regelschulen (Tab. 6.18, Modelle 1 und 3). Dieser Effekt deutet sich bei den Jugendlichen mit einseitigem MGH an, wird aber – anders als sich für das deutschsprachige Leseverständnis zeigt – nicht signifikant.

Die Abbildungen 6.7 und 6.8 dienen der Veranschaulichung der aus den Regressionsmodellen zu entnehmenden Gruppendifferenzen. Abbildung 6.7 zeigt, dass das Referenzniveau, also die mathematische Kompetenz monolingual deutschsprachig aufgewachsener Schülerinnen und Schüler in den VGLK von den monolingual deutschsprachig und den bilingual aufgewachsenen Jugendlichen an der SESB erreicht wird. Abbildung 6.8 zeigt den analogen Befund für den MGH: Das Referenzniveau, also die Mathematikleistung von Schülerinnen und Schülern ohne MGH in den VGLK, wird von den Schülerinnen und Schülern ohne und mit einseitigem MGH an der SESB tatsächlich erreicht. Zu bedenken ist dabei, dass die Interaktionseffekte des Migrationsstatus mit dem Schulstatus allerdings nicht signifikant werden.

6.6.2.2.3 Institutionelle Perspektive

Werden die Mathematikleistungen an der SESB und in den VGLK unter Berücksichtigung der Eingangsvoraussetzungen der Schülerinnen und Schüler verglichen (Modelle 2 und 4 in Tab. 6.18), finden sich für die SESB und die VGLK ebenfalls vergleichbare Leistungen.

Tabelle 6.18: Regressionsmodelle für mathematische Kompetenz in der 9. Jahrgangsstufe/ bei 15-Jährigen, Gesamtvergleich SESB versus VGLK (mit und ohne Kontrolle relevanter Hintergrundmerkmale) sowie unter Berücksichtigung des Sprach- bzw. Migrationshintergrunds und theoretisch postulierter Interaktionseffekte (unstandardisierte Regressionskoeffizienten, robuste Standardfehler in Klammern)

Ordinatenabschnitt und Prädiktoren	Modell 1	Modell 2	Modell 3	Modell 4
Intercept	107.01 (2.31)**	108.80 (2.19)**	102.50 (0.64)**	103.18 (0.65)**
Schulstatus				
Referenz: VGLK (0)				
SESB (1)	1.47 (5.15)	5.98 (4.56)	–0.95 (2.09)	0.54 (1.74)
Sprachhintergrund				
Referenz: Monolingual deutschsprachig (0)				
Bilingual (1)	–13.98 (1.79)**		–5.27 (0.97)**	
Monolingual nichtdeutschsprachig (1)	–20.77 (2.17)**		–5.44 (1.05)**	
Migrationshintergrund				
Referenz: Kein MGH (0)				
Einseitiger MGH (1)		–10.75 (2.11)**		–3.88 (1.29)**
Beidseitiger MGH (1)		–25.11 (2.76)**		–8.19 (1.10)**
Sozioökonomischer Hintergrund				
HISEI (z-standardisiert)			2.45 (0.78)**	2.09 (0.79)**
Abitur der Eltern (z-standardisiert)			1.34 (0.61)*	1.31 (0.61)*
Kognitiver Hintergrund				
KFT (z-standardisiert)			14.23 (0.45)**	14.12 (0.44)**
Note (z-standardisiert)			–10.34 (0.52)**	–10.12 (0.50)**
Interaktionen				
SESB × Bilingual	12.21 (3.48)**		4.15 (1.97)*	
SESB × Monolingual nichtdeutschsprachig	8.10 (4.27)		1.55 (3.04)	
SESB × Einseitiger MGH		4.98 (4.05)		0.93 (2.16)
SESB × Beidseitiger MGH		6.60 (4.33)		2.73 (1.91)
R^2	0.09 (0.02)**	0.13 (0.02)**	0.69 (0.01)**	0.69 (0.01)**

* $p < 0.05$, ** $p < 0.01$.

Der Rückstand der mathematischen Kompetenz der monolingual nichtdeutschsprachig aufgewachsenen Jugendlichen gegenüber der Referenzgruppe ist bei Kontrolle der Eingangsvoraussetzungen deutlich kleiner als zuvor, aber noch immer statistisch signifikant (Tab. 6.18, Modell 3). Analoge Ergebnisse finden sich für bilingual aufgewachsene Schülerinnen und Schüler und für Jugendliche mit ein- oder beidseitigem MGH, die alle signifikant hinter den Leistungen der Jugendlichen ohne MGH zurückbleiben (Modell 4). Die Interaktion zwischen Schulstatus und monolingual nichtdeutschsprachigem Hintergrund (Tab. 6.18, Modell 3) wird nicht signifikant; es zeigt sich somit kein gruppenspezifischer Vorteil an der SESB. Dies gilt auch für den ein- und beidseitigen MGH (Tab. 6.18, Modell 4).

Die schulischen Leistungen an der SESB – 9. Jahrgangsstufe und 15-Jährige   229

Abbildung 6.7:   Nichtadjustierte Mittelwerte der mathematischen Kompetenz aufgebrochen nach Schulstatus und sprachlichem Hintergrund (Referenzniveau: Mathematikleistung der monolingual deutschsprachig aufgewachsenen Schülerinnen und Schüler in den VGLK)

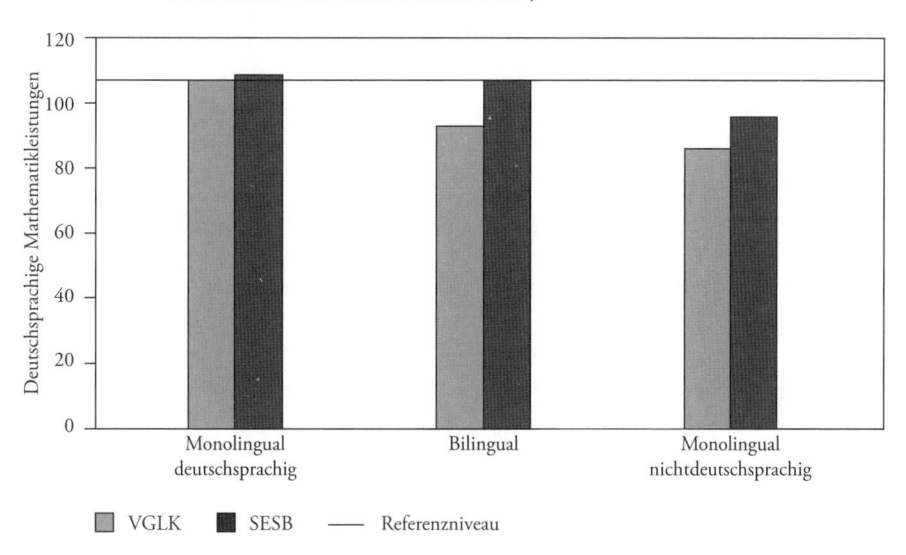

Abbildung 6.8:   Nichtadjustierte Mittelwerte der mathematischen Kompetenz aufgebrochen nach Schulstatus und Migrationshintergrund (Referenzniveau: Mathematikleistungen der Schülerinnen und Schüler ohne MGH in den VGLK)

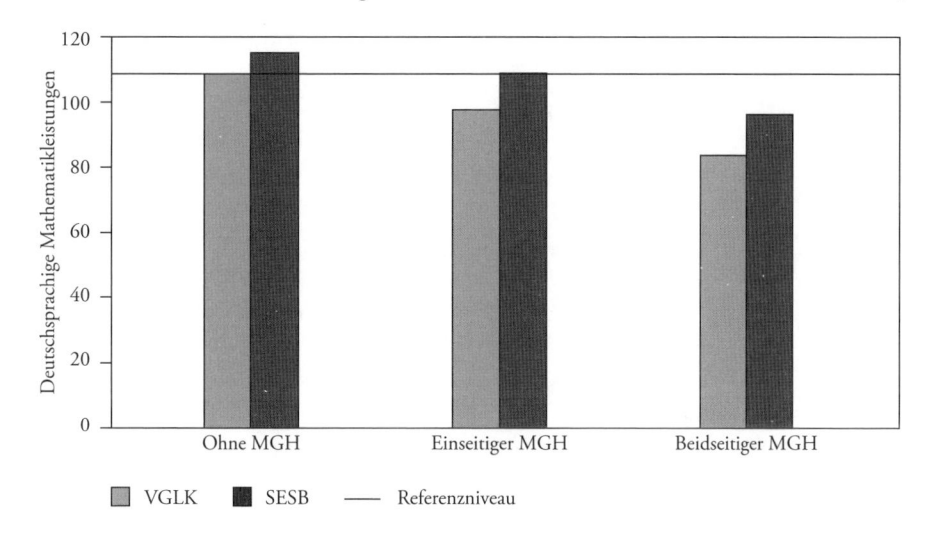

Bei den bilingual aufgewachsenen Schülerinnen und Schülern hingegen zeigt sich ein signifikanter Fördereffekt für die SESB (Tab. 6.18, Modell 3). Die bilingual aufgewachsenen Jugendlichen an der SESB sind – auch unabhängig von ihren vorteilhaften Eingangsvoraussetzungen – besser in Mathematik als die bilingual aufgewachsenen Altersgleichen in den VGLK. Dieser Vorsprung ist demnach auf Lerngelegenheiten im Rahmen ihrer Beschulung an der SESB zurückzuführen.

6.6.2.2.4 Sprachprogramme

In Hypothese 4 wird angenommen, dass die mathematischen Kompetenzen je nach Sprachprogramm der SESB unterschiedlich ausfallen. In Tabelle 6.19 (Modell 1) werden die Leistungen an der SESB getrennt nach Sprachprogrammen betrachtet. Auch hier dient als Maßstab wieder die Mathematikleistung monolingual deutschsprachig aufgewachsener Jugendlicher aus den VGLK. Die Standorte mit Englisch als Partnersprache liegen signifikant oberhalb des Niveaus der Referenzgruppe. An vier Standorten (Polnisch, Portugiesisch, Spanisch und Türkisch) wird das Referenzniveau nicht erreicht.

Tabelle 6.19: Regressionsanalyse für mathematische Kompetenz in der 9. Jahrgangsstufe/ bei 15-Jährigen aufgebrochen nach Schulsprachen im Vergleich mit der Referenzgruppe monolingual deutschsprachig/kein MGH in den VGLK (unstandardisierte Regressionskoeffizienten, robuste Standardfehler in Klammern)

Ordinatenabschnitt und Prädiktoren	Modell 1	Modell 2
Intercept	107.01 (2.31)**	103.63 (0.65)**
Schulsprache		
Referenz: Monolingual deutschsprachige VGLK (0)		
Englisch (1)	18.29 (2.37)**	6.65 (1.15)**
Französisch (1)	0.38 (3.21)	–0.53 (1.78)
Griechisch (1)	–2.13 (2.30)	–0.61 (1.10)
Italienisch (1)	–2.41 (8.91)	–0.11 (1.83)
Polnisch (1)	–15.81 (2.31)**	0.92 (1.00)
Portugiesisch (1)	–9.13 (2.60)**	–1.90 (1.58)
Russisch (1)	–0.81 (2.43)	5.72 (1.57)**
Spanisch (1)	–6.64 (2.44)**	–2.89 (1.36)*
Türkisch (1)	–18.47 (2.71)**	3.03 (1.73)
Sozioökonomischer Hintergrund		
HISEI (z-standardisiert)		2.06 (0.79)*
Abitur der Eltern (z-standardisiert)		1.31 (0.61)*
Kognitiver Hintergrund		
KFT (z-standardisiert)		14.04 (0.45)**
Note (z-standardisiert)		–10.05 (0.51)**
R^2	0.10 (0.02)**	0.69 (0.01)**

* $p < 0.05$, ** $p < 0.01$.

Fast alle Sprachprogramme erreichen die Leistungen der Referenzgruppe, wenn die Hintergrundvariablen kontrolliert werden (Tab. 6.19, Modell 2). Allein die Standorte mit Spanisch als Partnersprache liegen nach wie vor signifikant unterhalb des angestrebten Niveaus. Dagegen liegen die Leistungen an den Standorten mit Englisch bzw. Russisch als Partnersprache über denen der Referenzgruppe. Wiederum zeigen sich also in Übereinstimmung mit Hypothese 4 Unterschiede zwischen den Sprachprogrammen, die allerdings geringer ausfallen als beim Leseverständnis. Wenn man also die unterschiedlichen Eingangsvoraussetzungen der Schülerinnen und Schüler in Rechnung stellt, führt der Mathematikunterricht an den Standorten der SESB zu vergleichsweise ähnlichen Leistungen.

6.6.3 Zusammenfassung

Die Schülerinnen und Schüler zeigen am Ende der Sekundarstufe I an der SESB insgesamt ähnliche mathematische Kompetenzen wie in den VGLK. Schwächer als die Referenzgruppe sind die monolingual nichtdeutschsprachig und die bilingual aufgewachsenen Jugendlichen sowie die Jugendlichen mit ein- oder beidseitigem MGH, auch wenn die Hintergrundvariablen kontrolliert werden. Nur für die bilingual aufgewachsenen Schülerinnen und Schüler finden sich an der SESB für Mathematik spezifische Fördereffekte. Erfreulich ist sicher, dass das angestrebte Leistungsniveau nach Kontrolle der Eingangsvoraussetzungen am Ende der Sekundarstufe I von fast allen Standorten erreicht oder sogar übertroffen wird.

Zusammenfassend sind die Befunde zur mathematischen Kompetenz an der SESB zufriedenstellend zu nennen. Die Jugendlichen an der SESB erbringen auch in einem nichtsprachlichen Fach ähnliche Leistungen wie Schülerinnen und Schüler an monolingual unterrichtenden Regelschulen. Ein nichtdeutscher Sprachhintergrund und ein MGH bilden aber Risikofaktoren, dies gilt (außer für die bilingual aufgewachsenen Jugendlichen) an der SESB und in den VGLK insgesamt. Wie bei den deutschsprachigen Leseleistungen ist zu konstatieren, dass die sehr sprachorientierte duale Immersion nach dem Modell der SESB keine Nachteile für die Leistungen in Mathematik hat.

6.7 Naturwissenschaftliche Kompetenz in deutscher Sprache – 9. Jahrgangsstufe und 15-Jährige

Chemie und Physik werden zwar in Deutsch unterrichtet, Naturwissenschaften als integriertes Fach und Biologie aber in der Partnersprache. Zudem kann die Wahl der Sprache im Fach Naturwissenschaften vom thematischen Schwerpunkt abhängig gemacht, und beide Sprachen können abwechselnd verwendet werden. Diese Doppelsprachigkeit im Unterricht des Sachfachs macht es möglich und sinnvoll, die naturwissenschaftlichen Kompetenzen in beiden Sprachen zu testen. Die Hypothesen werden aufgrund der Komplexität des Sachverhalts mit unterschiedlichen Anteilen deutsch- und partnersprachigen Unterrichts in den einzelnen Klassen offen formuliert. Die Struktur der Hypothesen entspricht dabei der aus den anderen Domänen – nach Hypothesen zu Unterschieden je nach Schulstatus folgen Annahmen zum Sprach- und Migrationshintergrund und zu spezifischen Fördereffekten sowie abschließend zu den Unterschieden zwischen den Sprachprogrammen.

6.7.1 Hypothesen zur naturwissenschaftlichen Kompetenz in deutscher Sprache

Insgesamt kann davon ausgegangen werden, dass auch naturwissenschaftliche Lernprozesse durch Bilingualität gefördert werden. Allerdings könnten Schülerinnen und Schüler der SESB bei einem deutschsprachigen naturwissenschaftlichen Test benachteiligt sein, da sich Unterrichtssprache und Testsprache nicht entsprechen und folglich Schwierigkeiten bestehen, mit den in der Partnersprache eingeführten Konzepten im deutschsprachigen Test adäquat umzugehen.

> *Hypothese 1 prüft, ob an der SESB ein generell höheres Niveau der naturwissenschaftlichen Kompetenzen vorliegt als an Regelschulen mit monolingualem Unterricht oder ob gerade in den deutschsprachigen Tests der naturwissenschaftlichen Kompetenzen Nachteile für die Schülerinnen und Schüler der SESB resultieren, weil die Unterrichtssprache nicht der deutschen Testsprache entspricht.*

Offen ist, wie sich der sprachliche Hintergrund für die Schülerinnen und Schüler der SESB auf die naturwissenschaftlichen Leistungen auswirkt, wenn diese mit deutschsprachigen Tests gemessen werden. Für bessere Testergebnisse der monolingual deutschsprachig aufgewachsenen Schülerinnen und Schüler und der Jugendlichen mit MGH sollte die Verwendung der deutschen Testsprache sprechen. Für bessere Testergebnisse der monolingual partnersprachig aufgewachsenen Schülerinnen und Schüler und der Jugendlichen mit MGH sollte hingegen die Verwendung der Partnersprache als vorherrschendes Instruktionsmedium sprechen.

> *Hypothese 2 prüft die Unterschiede in den deutschsprachig getesteten naturwissenschaftlichen Kompetenzen in Zusammenhang mit dem Sprach- und Migrationshintergrund.*

Fraglich ist auch bei den naturwissenschaftlichen Kompetenztests, ob an der SESB spezifische Fördereffekte für Schülerinnen und Schüler mit bestimmtem sprachlichem Hintergrund oder MGH vorliegen. Gefragt wird beispielsweise, ob höhere naturwissenschaftliche Kompetenzen im deutschsprachigen Test für die monolingual nichtdeutschsprachig aufgewachsenen Schülerinnen und Schüler an der SESB als in den VGLK auftreten.

> *Hypothese 3 untersucht Interaktionen zwischen dem Sprach- und Migrationshintergrund einerseits und dem Schulstatus andererseits.*

Schließlich werden wie in den anderen Domänen Unterschiede zwischen den Sprachprogrammen erwartet.

Hypothese 4 geht von Unterschieden in den Ergebnissen in den deutschsprachigen Tests der naturwissenschaftlichen Kompetenzen je nach Sprachprogramm aus.

6.7.2 Ergebnisse zur naturwissenschaftlichen Kompetenz in deutscher Sprache

Im Folgenden werden die Ergebnisse des deutschsprachigen Tests zur Erfassung der naturwissenschaftlichen Kompetenzen von Schülerinnen und Schülern der 9. Jahrgangsstufe und 15-Jährigen dargestellt. Begonnen wird mit den deskriptiven Befunden insgesamt und für die einzelnen Sprachprogramme. Darauf folgen die regressionsanalytischen Vergleiche zwischen SESB und VGLK sowie die Ergebnisse für die einzelnen Sprachprogramme.

6.7.2.1 Deskriptive Befunde

Tabelle 6.20 gibt einen Überblick über die Ergebnisse des deutschsprachigen Tests der naturwissenschaftlichen Kompetenzen am Ende der Sekundarstufe I, aufgeschlüsselt für beide Vergleichsgruppen nach Geschlecht, Sprach- und Migrationshintergrund.

Die Leistungen an der SESB und in den VGLK sind auf einem sehr ähnlichen Niveau. Dies gilt auch für die Leistungen der Mädchen und Jungen. Jugendliche, die monolingual nichtdeutschsprachig aufgewachsen sind, zeigen im deutschsprachigen Test deutlich schwächere naturwissenschaftliche Kompetenzen, was für beide Vergleichsgruppen gilt, in stärkerem Maße aber für die VGLK. Die bilingual aufgewachsenen Jugendlichen an der SESB erreichen bessere Leistungen an der SESB als in den VGLK und nähern sich dort den Ergebnissen der monolingual deutschsprachig aufgewachsenen Schülerinnen und Schüler.

Tabelle 6.20: Zentrierte Mittelwerte, Standardabweichungen, Standardfehler und Effektstärken für die deutschsprachig getestete Kompetenz in den Naturwissenschaften an SESB und in VGLK in der 9. Jahrgangsstufe/bei 15-Jährigen

	SESB				VGLK				d
	N	M	SD	SE	N	M	SD	SE	
Insgesamt	617	101.93	26.36	1.08	3.289	99.64	30.63	0.54	0.08
Mädchen	320	101.61	25.57	1.45	1.626	100.15	30.27	0.76	0.05
Jungen	297	102.28	27.23	1.59	1.664	99.14	30.97	0.77	0.11
Monolingual deutschsprachig	126	107.72	26.74	2.58	1.769	107.94	28.89	0.80	−0.02
Bilingual	309	105.70	25.84	1.57	901	93.16	29.28	1.02	0.45
Monolingual nichtdeutschsprachig	182	91.74	24.17	1.88	620	85.32	29.76	1.56	0.24
Ohne MGH	101	114.16	25.02	2.74	1.667	110.19	26.89	0.70	0.15
Einseitiger MGH	222	109.27	24.94	1.85	656	98.23	29.63	1.27	0.40
Beidseitiger MGH	295	92.25	24.30	1.45	967	82.40	29.23	1.16	0.37

Tabelle 6.21: Zentrierte Mittelwerte, Standardabweichungen und Standardfehler für die deutschsprachig getestete Kompetenz in den Naturwissenschaften getrennt nach Partnersprachen in der 9. Jahrgangsstufe/bei 15-Jährigen

Sprachprogramm	M	SD	SE
Englisch	126.75	20.77	2.52
Französisch	108.87	23.05	2.28
Griechisch	102.22	24.69	3.70
Italienisch	103.35	25.58	2.75
Polnisch	83.91	23.73	2.97
Portugiesisch	95.63	28.35	4.54
Russisch	98.76	17.04	2.84
Spanisch	99.59	24.38	2.52
Türkisch	83.20	19.40	2.89

Die Ergebnisse für den MGH sind stärker profiliert: Jugendliche mit ein- und beidseitigem MGH liegen in den VGLK deutlicher hinter denen an der SESB zurück.

Bei den deutschsprachig getesteten naturwissenschaftlichen Kompetenzen zeigen sich sehr deutliche Unterschiede zwischen den Sprachprogrammen. Besonders hohe Kompetenzen ergeben sich an den englischsprachigen Standorten, besonders geringe Kompetenzen an den polnisch- und türkischsprachigen Standorten (siehe Tab. 6.21).

6.7.2.2 Analytische Befunde

Die Präsentation der regressionsanalytischen Befunde zu den deutschsprachig getesteten naturwissenschaftlichen Leistungen erfolgt wiederum in drei Schritten: (1) Gesamtvergleich der tatsächlichen naturwissenschaftlichen Leistung an der SESB und an monolingual unterrichtenden Regelschulen, (2) Vergleich zum Referenzniveau in Abhängigkeit von Sprach- bzw. Migrationshintergrund (individuelle Perspektive) und (3) Vergleich mit den VGLK unter Berücksichtigung unterschiedlicher Eingangsvoraussetzungen (institutionelle Perspektive). Anschließend werden die Leistungen an den Standorten mit verschiedenen Sprachprogrammen verglichen.

6.7.2.2.1 Basismodelle

Im Zusammenhang mit Hypothese 1 ergeben sich keine besseren deutschsprachig getesteten naturwissenschaftlichen Leistungen an der SESB als an Regelschulen mit monolingualem Unterricht (siehe Tab. 6.22, Modell 1). Tabelle 6.22 zeigt ebenfalls recht ähnliche Leistungen von Jungen und Mädchen (Modell 2) und keine diesbezüglichen Unterschiede zwischen SESB und VGLK (Modell 3), sodass die folgenden Analysen ohne Berücksichtigung des Geschlechts gerechnet werden können.

Tabelle 6.22: Ergebnisse der Regression von deutschsprachig getesteter Kompetenz in den Naturwissenschaften auf Schulstatus und Geschlecht (unstandardisierte Regressionskoeffizienten, robuste Standardfehler in Klammern)

Ordinatenabschnitt und Prädiktoren	Modell 1	Modell 2	Modell 3
Intercept	99.65 (2.41)**	99.63 (2.24)**	99.17 (2.48)**
Schulstatus			
Referenz: VGLK (0)			
SESB (1)	2.21 (4.76)	–	3.02 (5.19)
Geschlecht			
Referenz: Männlich (0)			
Weiblich (1)	–	0.74 (1.19)	0.97 (1.25)
Interaktion			
Schulstatus × Geschlecht			–1.61 (3.02)
R^2	0.000 (0.001)	0.001 (0.003)	0.001 (0.003)

** $p < .01$.

6.7.2.2.2 Individuelle Perspektive

Hypothese 2 fragt nach den Unterschieden zwischen Jugendlichen mit unterschiedlichem Sprach- und Migrationshintergrund. Wie bei den anderen deutschsprachig getesteten Leistungen zeigen sich erneut Haupteffekte des Sprach- und Migrationshintergrunds (Tab. 6.23, Modelle 1 und 3 für Sprachhintergrund, Modelle 2 und 4 für MGH) mit Nachteilen für monolingual nichtdeutschsprachig aufgewachsene Schülerinnen und Schüler sowie Jugendliche mit beidseitigem MGH. Auch die bilingual aufgewachsenen Jugendlichen zeigen (geringere) Rückstände, allerdings gilt dies nur in den monolingual unterrichtenden VGLK; an der SESB erzielen die bilingual aufgewachsenen Jugendlichen deutlich bessere Leistungen als in den VGLK. Weitere Interaktionseffekte zwischen Schulstatus und MGH werden nicht signifikant, damit ergeben sich weder für monolingual nichtdeutschsprachig Aufgewachsene noch für Jugendliche mit ein- oder beidseitigem MGH gruppenspezifische Vorteile an der SESB, wie sie sich für bilingual Aufgewachsene durchaus zeigen.

Die Abbildungen 6.9 und 6.10 veranschaulichen diese Gruppendifferenzen. Abbildung 6.9 zeigt, dass das angestrebte Referenzniveau der monolingual deutschsprachig aufgewachsenen Schülerinnen und Schüler in den VGLK von den monolingual deutschsprachig und den bilingual aufgewachsenen Jugendlichen an der SESB erreicht wird, während die monolingual nichtdeutschsprachig aufgewachsenen Jugendlichen das Referenzniveau nicht erreichen. Abbildung 6.10 zeigt den analogen Befund für den MGH.

6.7.2.2.3 Institutionelle Perspektive

Im nächsten Analyseschritt werden entsprechend Hypothese 3 die deutschsprachig getesteten naturwissenschaftlichen Kompetenzen unter Berücksichtigung der Eingangsvorausset-

Tabelle 6.23: Regressionsmodelle für deutschsprachig getestete Kompetenz in den Naturwissenschaften in der 9. Jahrgangsstufe/bei 15-Jährigen, Gesamtvergleich SESB versus VGLK (mit und ohne Kontrolle relevanter Hintergrundmerkmale) sowie unter Berücksichtigung des Sprach- bzw. Migrationshintergrunds und theoretisch postulierter Interaktionseffekte (unstandardisierte Regressionskoeffizienten, robuste Standardfehler in Klammern)

Ordinatenabschnitt und Prädiktoren	Modell 1	Modell 2	Modell 3	Modell 4
Intercept	107.64 (2.30)**	109.81 (2.16)**	103.15 (0.65)**	104.26 (0.57)**
Schulstatus				
Referenz: VGLK (0)				
SESB (1)	−0.50 (4.91)	3.83 (4.26)	−3.09 (1.88)	−1.66 (1.59)
Sprachhintergrund				
Referenz: Monolingual deutschsprachig (0)				
Bilingual (1)	−14.23 (1.83)**		−5.50 (0.83)**	
Monolingual nichtdeutschsprachig (1)	−21.79 (2.16)**		−6.48 (1.02)**	
Migrationshintergrund				
Referenz: Kein MGH (0)				
Einseitiger MGH (1)		−11.51 (1.92)**		−4.68 (0.93)**
Beidseitiger MGH (1)		−26.76 (2.91)**		−10.03 (1.04)**
Sozioökonomischer Hintergrund				
HISEI (z-standardisiert)			2.12 (0.46)**	1.60 (0.47)**
Abitur der Eltern (z-standardisiert)			1.77 (0.56)**	1.72 (0.55)**
Kognitiver Hintergrund				
KFT (z-standardisiert)			13.30 (0.61)**	13.16 (0.60)**
Note (z-standardisiert)			−11.21 (0.55)**	−10.93 (0.51)**
Interaktionen				
SESB × Bilingual	12.57 (2.84)**		4.48 (1.53)**	
SESB × Monolingual nichtdeutschsprachig	6.69 (3.58)		0.36 (2.00)	
SESB × Einseitiger MGH		6.80 (3.55)		0.93 (2.16)
SESB × Beidseitiger MGH		5.65 (4.32)		2.73 (1.91)
R^2	0.09 (0.01)**	0.15 (0.03)**	0.68 (0.01)**	0.69 (0.01)**

** $p < 0.01$.

zungen der Schülerinnen und Schüler miteinander verglichen (vgl. Tab. 6.23, Modelle 3 und 4). Das Bild bestätigt sich insgesamt: Die monolingual nichtdeutschsprachig aufgewachsenen Jugendlichen und die Jugendlichen mit ein- oder beidseitigem MGH erzielen in beiden Vergleichsgruppen schwächere Leistungen, die bilingual Aufgewachsenen nur in den VGLK. Hier zeigt sich somit ein spezifischer Fördereffekt der SESB für bilingual aufgewachsene Schülerinnen und Schüler.

Die schulischen Leistungen an der SESB – 9. Jahrgangsstufe und 15-Jährige   237

Abbildung 6.9: Nichtadjustierte Mittelwerte der deutschsprachig getesteten Kompetenz in den Naturwissenschaften aufgebrochen nach Schulstatus und sprachlichem Hintergrund (Referenzniveau: deutschsprachige Leseleistungen der monolingual deutschsprachig aufgewachsenen Schülerinnen und Schüler in den VGLK)

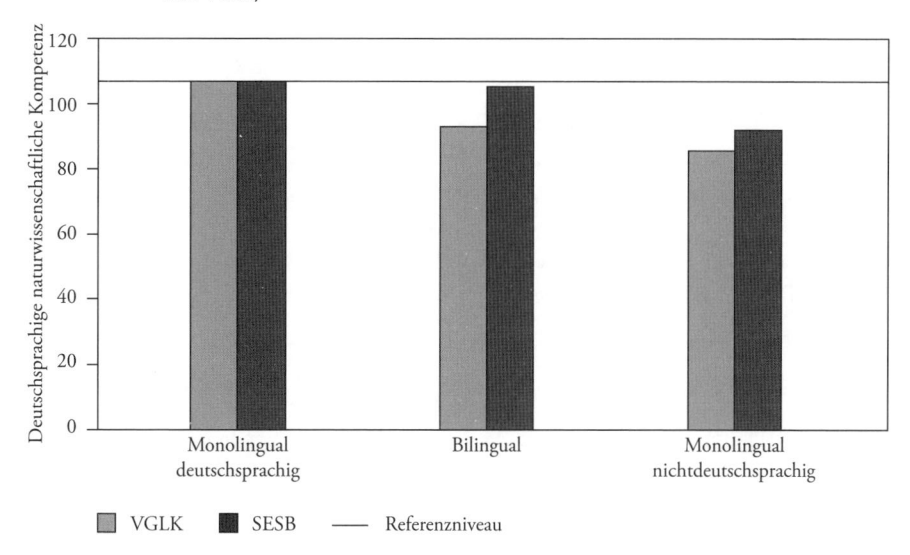

Abbildung 6.10: Nichtadjustierte Mittelwerte der deutschsprachig getesteten Kompetenz in den Naturwissenschaften aufgebrochen nach Schulstatus und Migrationshintergrund (Referenzniveau: deutschsprachige Leseleistungen der Schülerinnen und Schüler ohne MGH in den VGLK)

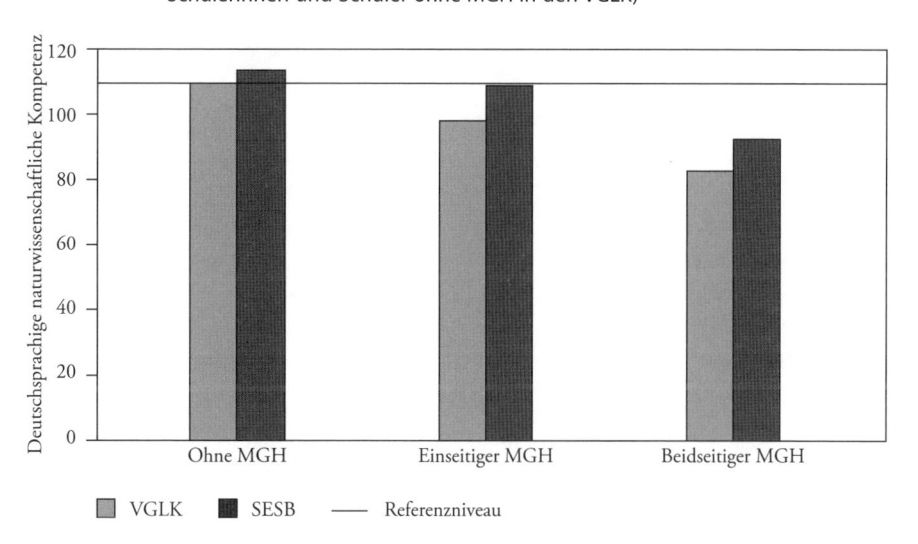

6.7.2.2.4 Sprachprogramme

Zur Überprüfung der Hypothese 4, die von Unterschieden in den Ergebnissen in den deutschsprachigen Tests der naturwissenschaftlichen Kompetenzen je nach Sprachprogramm ausgeht, werden die Leistungen der Schülerinnen und Schüler der SESB getrennt nach Sprachprogramm betrachtet (vgl. Tab. 6.24). Als Referenzgruppe werden erneut die monolingual deutschsprachig Aufgewachsenen in den VGLK herangezogen.

Nur am englischsprachigen Standort wird das Referenzniveau übertroffen, an gleich sechs Standorten aber unterschritten (Griechisch, Polnisch, Portugiesisch, Russisch, Spanisch, Türkisch; Tab. 6.24, Modell 1). Werden in Modell 2 die Hintergrundvariablen kontrolliert, liegen die naturwissenschaftlichen Kompetenzen, die auf Deutsch getestet wurden, an den englischsprachigen Standorten immer noch über den Erwartungen, dagegen schneiden noch vier Standorte (Griechisch, Polnisch, Portugiesisch, Spanisch) schlechter ab als vom Referenzniveau vorgegeben.

Tabelle 6.24: Regressionsanalyse für deutschsprachig getestete Kompetenz in den Naturwissenschaften in der 9. Jahrgangsstufe/bei 15-Jährigen aufgebrochen nach Schulsprachen im Vergleich mit der Referenzgruppe monolingual deutschsprachig in den VGLK (unstandardisierte Regressionskoeffizienten, robuste Standardfehler in Klammern)

Ordinatenabschnitt und Prädiktoren	Modell 1	Modell 2
Intercept	107.64 (2.30)**	104.61 (0.60)**
Schulsprache		
Referenz: Monolingual deutschsprachige VGLK (0)		
Englisch (1)	18.12 (2.43)**	7.17 (1.23)**
Französisch (1)	0.91 (3.12)	0.72 (1.56)
Griechisch (1)	−5.50 (2.37)*	−3.45 (1.31)**
Italienisch (1)	−4.42 (9.13)	−1.44 (1.71)
Polnisch (1)	−23.13 (2.40)**	−4.89 (1.22)**
Portugiesisch (1)	−11.86 (2.72)**	−3.90 (1.60)*
Russisch (1)	−8.84 (2.32)**	−0.43 (1.21)
Spanisch (1)	−8.05 (2.37)**	−3.47 (1.05)**
Türkisch (1)	−23.82 (2.42)**	−1.45 (1.16)
Sozioökonomischer Hintergrund		
HISEI (z-standardisiert)		1.47 (0.48)**
Abitur der Eltern (z-standardisiert)		1.74 (0.55)**
Kognitiver Hintergrund		
KFT (z-standardisiert)		13.08 (0.62)**
Note (z-standardisiert)		−10.78 (0.54)**
R^2	0.11 (0.02)**	0.69 (0.01)**

* $p < 0.05$, ** $p < 0.01$.

6.7.3 Zusammenfassung

Am Ende der Sekundarstufe I zeigen die Schülerinnen und Schüler der SESB in den naturwissenschaftlichen Tests relativ ähnliche Kompetenzen wie in den VGLK, auch wenn diese Kompetenzen in deutscher Sprache getestet werden. Vor allem die monolingual nichtdeutschsprachig Aufgewachsenen und die Jugendlichen mit beidseitigem MGH schneiden auch an der SESB relativ schwach ab, obwohl der Unterricht zumindest der Konzeption nach großenteils in der Partnersprache stattfindet. Allerdings könnte gerade dieser Gruppe die Inkongruenz zwischen Unterrichts- und Testsprache besonders zu schaffen machen. Etwas beunruhigend wirkt das Ergebnis, dass an sehr vielen Standorten das Referenzniveau im Mittel nicht erreicht wird – ob dies an der deutschen Testsprache liegt und damit an der Nichtkongruenz zwischen Unterrichts- und Testsprache, werden die Befunde zu den partnersprachig getesteten naturwissenschaftlichen Kompetenzen verdeutlichen.

6.8 Naturwissenschaftliche Kompetenzen in der Partnersprache – 9. Jahrgangsstufe und 15-Jährige

Die Naturwissenschaften als integriertes Fach und die Biologie werden in der Regel in der Partnersprache unterrichtet, Chemie und Physik in Deutsch. Ähnlich wie beim deutschsprachigen Test der naturwissenschaftlichen Kompetenzen werden die Hypothesen offen formuliert. Zunächst werden Hypothesen zu Unterschieden je nach Schulstatus formuliert, es folgen Annahmen zum Sprach- und Migrationshintergrund und zu spezifischen Fördereffekten sowie abschließend zu den Unterschieden zwischen den Sprachprogrammen.

Auch für die in der Partnersprache getesteten naturwissenschaftlichen Kompetenzen werden als Moderatoren das Geschlecht, der sozioökonomische Status und die kognitiven Grundfähigkeiten der Schülerinnen und Schüler berücksichtigt. Die Unterteilungen der Stichprobe in den sprachlichen und ethnischen Hintergrund erfolgen wie in den vorangegangenen Abschnitten.

6.8.1 Entwicklung der Fragestellungen und Untersuchungshypothesen zur naturwissenschaftlichen Kompetenz in der Partnersprache

Für den Vergleich der naturwissenschaftlichen Kompetenzen in der jeweiligen Partnersprache gibt es keine Vergleichsgruppen im monolingualen Regelschulwesen Berlins, aber die Vergleichsmöglichkeiten, die sich aus der Verwendung der PISA-Tests (vgl. Kap. 3) ergeben. Daher werden die Leistungen der Jugendlichen an der SESB mit Altersgleichen aus jenen Ländern verglichen, die an PISA teilgenommen haben und die jeweilige Partnersprache als Verkehrssprache nutzen. Es können auch hier wieder die von der OECD definierten Kompetenzstufen genutzt werden. Die Vergleiche der partnersprachigen naturwissenschaftlichen Kompetenzen mit den Daten aus den Referenzländern sind allerdings nur deskriptiv möglich. Statistische Hypothesen werden nicht geprüft – wohl aber können Annahmen zum Ausmaß der partnersprachig getesteten naturwissenschaftlichen Kompetenzen im Vergleich zu Schülerinnen und Schülern aus Referenzländern formuliert werden. Bei der Formulierung der Annahmen ist zu bedenken, dass im Vergleich zu den Jugendlichen in den jeweiligen Referenzländern die Gelegenheiten für die Nutzung der Partnersprache reduziert sind.

Aufgrund der im Vergleich zu den Referenzländern reduzierten partnersprachigen Kommunikations- und Lerngelegenheiten lautet Annahme 1, dass die partnersprachigen Tests der naturwissenschaftlichen Kompetenzen zu niedrigeren Leistungen führen als in den Partnerländern.

Auch für die partnersprachig getesteten naturwissenschaftlichen Kompetenzen können Kompetenzstufen ermittelt werden. Ähnlich wie für das partnersprachige Leseverständnis wird erwartet, dass die Mehrheit der Schülerinnen und Schüler an der SESB die Kompetenzstufe II und ein Teil der Jugendlichen Kompetenzstufe III erreicht.

Mit Annahme 2 wird davon ausgegangen, dass ein Großteil der Schülerinnen und Schüler an der SESB hinsichtlich der partnersprachig getesteten naturwissenschaftlichen Kompetenzen auf der PISA-Kompetenzstufe II zu verorten ist. Ferner wird erwartet, dass ein kleinerer, aber bedeutsamer Anteil die Kompetenzstufe III erreicht.

Insgesamt sind die partnersprachigen Lerngelegenheiten gerade für die monolingual deutschsprachig aufgewachsenen Jugendlichen seltener als für die Jugendlichen, die bilingual oder monolingual nicht deutschsprachig aufgewachsen sind.

Hypothese 1 lautet demnach, dass die monolingual nicht deutschsprachig und bilingual aufgewachsenen Schülerinnen und Schüler (bzw. diejenigen mit ein- und beidseitigem MGH) höhere partnersprachig getestete naturwissenschaftliche Kompetenzen aufweisen als monolingual deutschsprachig aufgewachsene Jugendliche (bzw. Jugendliche ohne MGH).

Die unterschiedliche Indikation der Sprachprogramme führt in allen Domänen zu einer gewissen Heterogenität der Leistungen zwischen den Standorten. Dies gilt auch für die naturwissenschaftlichen Kompetenzen, wenn sie in der Partnersprache getestet werden.

Hypothese 2 lautet daher, dass die partnersprachig getesteten naturwissenschaftlichen Kompetenzen je nach Partnersprache der SESB unterschiedlich ausfallen und dass die Unterschiede auch nach Kontrolle der Hintergrundvariablen erhalten bleiben.

6.8.2 Ergebnisse zu naturwissenschaftlichen Kompetenzen in der Partnersprache

6.8.2.1 Deskriptive Befunde

Tabelle 6.25 schlüsselt die partnersprachig getesteten naturwissenschaftlichen Leistungen am Ende der Sekundarstufe I an der SESB nach Geschlecht, Sprach- und Migrationshintergrund auf. Zwischen den Geschlechtern zeigen sich eher geringe Unterschiede. Auch der Sprachhintergrund und der MGH führen zu deutlich geringeren Differenzen, als es beim deutschsprachigen Naturwissenschaftstest der Fall war. Dennoch sind eher leichte Rückstände für die monolingual partnersprachig Aufgewachsenen und die Jugendlichen mit beidseitigem MGH zu verzeichnen. Die Regressionsanalysen werden zeigen, ob diese Befunde statistisch und praktisch bedeutsam sind.

Abbildung 6.11 verortet die partnersprachig getestete naturwissenschaftliche Kompetenz auf den Kompetenzstufen der PISA-Studie. Entsprechend Annahme 2 erreichen mehr als 80 Prozent der Jugendlichen mindestens die Kompetenzstufe II und etwa 50 Prozent die Kompetenzstufe III. Dies entspricht nahezu den durchschnittlichen Anteilen auf den Kompetenzstufen in den Referenzländern in PISA 2012 (82 % auf Kompetenzstufe II und 54 % auf Kompetenzstufe III). Diese Werte gelten weitgehend unabhängig vom Sprachhintergrund.

Tabelle 6.26 zeigt die Ergebnisse für die einzelnen Sprachprogramme. Dabei ergeben sich für das deutsch-englische Sprachprogramm erneut klar bessere Leistungen. Ähnlich wie beim partnersprachigen Lesetest ergeben sich die niedrigsten Werte für Jugendliche im deutsch-türkischen und im deutsch-portugiesischen Sprachprogramm.

Vergleicht man die Testergebnisse mit den Testergebnissen, die in PISA Gleichaltrige in Ländern erzielen, in denen die jeweilige Partnersprache die Verkehrssprache ist, zeigt sich entsprechend Annahme 1, dass an der SESB geringere Leistungen als in den Herkunftsländern

Tabelle 6.25: Zentrierte Mittelwerte, Standardabweichungen und Standardfehler für die partnersprachig getestete Kompetenz in den Naturwissenschaften in der 9. Jahrgangsstufe/bei 15-Jährigen aufgeschlüsselt nach Geschlecht, sprachlichem Hintergrund und Migrationshintergrund

	SESB			
	N	M	SD	SE
Insgesamt	617	100.00	30.00	1.21
Mädchen	320	99.87	32.95	1.81
Jungen	297	100.14	28.09	1.67
Monolingual deutschsprachig	126	99.51	30.83	3.68
Bilingual	309	102.16	30.41	1.77
Monolingual nichtdeutschsprachig	182	96.71	29.30	2.95
Ohne MGH	101	103.43	31.59	4.03
Einseitiger MGH	222	103.19	33.57	2.50
Beidseitiger MGH	295	96.44	26.00	1.59

Abbildung 6.11: An der SESB im partnersprachigen Test der naturwissenschaftlichen Leistungen erreichte Kompetenzstufen (in %) aufgeschlüsselt nach sprachlichem Hintergrund (prozentualer Anteil der durchschnittlich in den Referenzländern erreichten Kompetenzstufen dunkel hinterlegt)

—— Monolingual Deutsch   —— Monolingual Partnersprache   ······· Bilingual

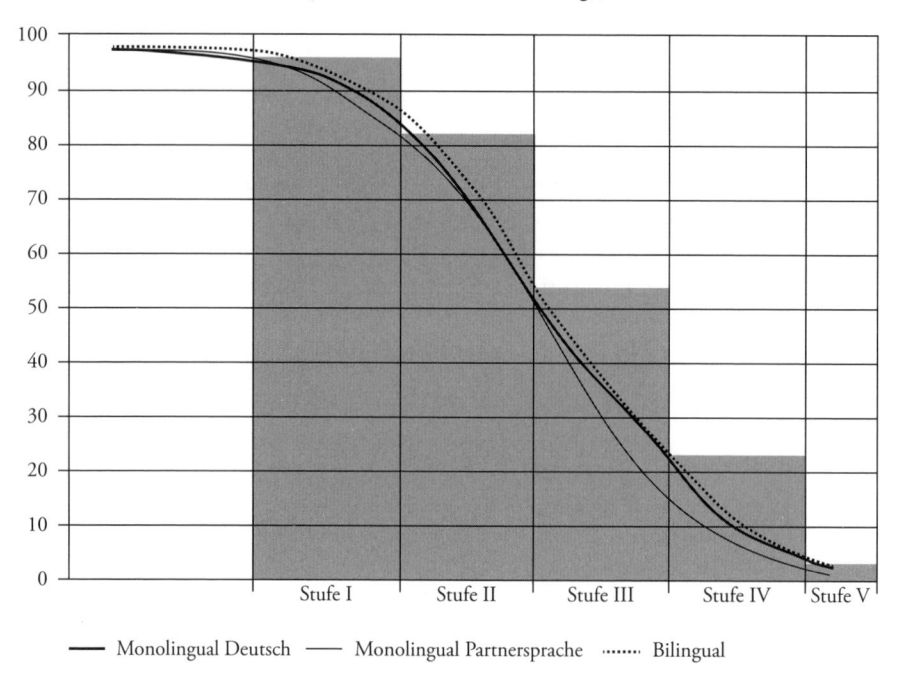

Tabelle 6.26: Zentrierte Mittelwerte, Standardabweichungen und Standardfehler für partnersprachig getestete naturwissenschaftliche Kompetenz getrennt nach Partnersprachen in der 9. Jahrgangsstufe/bei 15-Jährigen

Sprachprogramm	M	SD	SE
Englisch	127.52	25.99	3.29
Französisch	97.37	35.82	3.47
Griechisch	103.21	25.75	3.96
Italienisch	96.41	30.13	3.31
Polnisch	96.10	22.35	2.86
Portugiesisch	88.33	37.00	5.68
Russisch	101.80	18.57	3.18
Spanisch	100.18	22.47	2.43
Türkisch	80.99	18.38	2.80

gemessen werden. Man sieht in Abbildung 6.12, dass diese Annahme für alle Länder mit Ausnahme Großbritanniens und Griechenlands zutrifft. Allerdings sind die Rückstände großenteils deutlich geringer als beim partnersprachigen Leseverständnis. Beachtliche Rückstände ergeben sich vor allem für die türkische und die portugiesische Sprache.

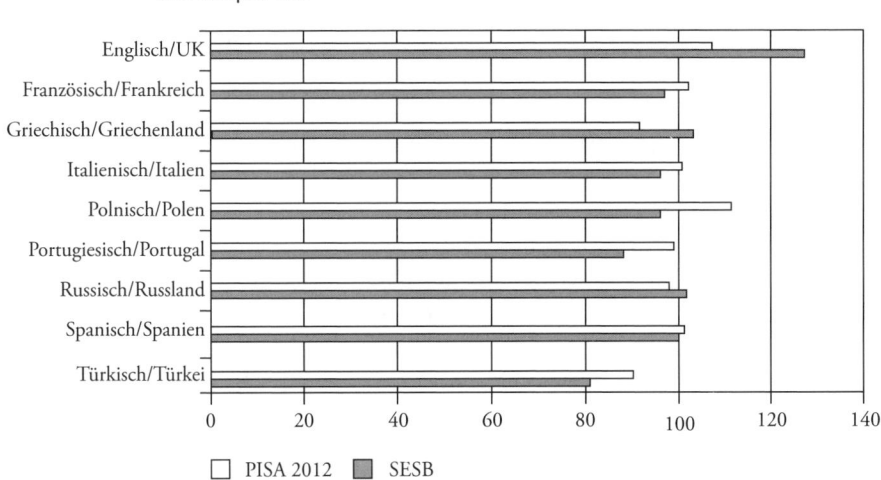

Abbildung 6.12: An der SESB im Vergleich zu den Referenzländern erreichte Kompetenz im partnersprachigen Naturwissenschaftstest aufgeschlüsselt nach Partnersprachen

☐ PISA 2012   ■ SESB

6.8.2.2 Analytische Befunde

Die Analyse erfolgt in drei Schritten, auch wenn keine Vergleichsklassen aus Berlin vorliegen: (1) Vergleich der partnersprachig getesteten naturwissenschaftlichen Kompetenz von Jungen und Mädchen an der SESB, (2) Vergleich mit dem Referenzniveau in Abhängigkeit von Sprach- bzw. Migrationshintergrund (individuelle Perspektive) und (3) Vergleich unter Berücksichtigung unterschiedlicher Eingangsvoraussetzungen (institutionelle Perspektive). Anschließend werden die Leistungen zwischen den Standorten verglichen. Dabei werden die Leistungen in Spanisch als Referenz gewählt, da diese nahe am Mittelwert liegen. Die Analysen zu den differenziellen Ergebnissen der einzelnen Sprachprogramme berücksichtigen nichtadjustierte als auch kovarianzanalytisch adjustierte Modelle.

6.8.2.2.1 Basismodell

In Tabelle 6.27 wird zunächst im Basismodell analysiert, ob es Unterschiede in den Leistungen zwischen Mädchen und Jungen gibt. Solche Unterschiede zeigen sich nicht.

6.8.2.2.2 Individuelle Perspektive

Differenzielle Effekte des Sprach- und Migrationshintergrunds auf die partnersprachig getestete naturwissenschaftliche Kompetenz beschreiben die individuelle Perspektive. Als Referenz wird das mittlere Niveau aller Schülerinnen und Schüler der SESB gewählt. In den Modellen 1 und 2 von Tabelle 6.27 zeigen sich entgegen Hypothese 1 weder für den sprachlichen Hintergrund noch für den MGH signifikante Unterschiede.

6.4.2.2.3 Institutionelle Perspektive

Auch wenn die Analysen unter Kontrolle der Eingangsvoraussetzungen durchgeführt werden, zeigt sich kein Rückstand der monolingual deutschsprachig aufgewachsenen Jugendlichen (Tab. 6.27, Modell 3) oder der Jugendlichen mit beidseitigem MGH (Modell 4). Hypothese 1 trifft demnach nicht zu. Allerdings tritt in den entsprechenden Modellen ein Unterschied zwischen den Geschlechtern auf: Jungen erzielen bessere Leistungen als Mädchen, wenn die Hintergrundvariablen kontrolliert werden.

6.8.2.2.4 Vergleich der Sprachprogramme

Der regressionsanalytische Vergleich nutzt als Referenznorm die Testergebnisse in der Partnersprache Spanisch, da diese nahe am Durchschnitt aller Sprachprogramme liegen. Die Tabelle 6.28 zeigt daher, inwiefern die Leistungen in den partnersprachigen Naturwissenschaftstests von dieser mittleren Leistung abweichen. In Modell 1 ohne Kontrolle von Hintergrundvariablen weichen die Ergebnisse an den Standorten mit den Partnersprachen Englisch und Griechisch positiv von den mittleren Leistungen ab, während die Standorte mit den Partnersprachen Französisch, Polnisch, Portugiesisch und Türkisch statistisch bedeutsam nach unten abweichen. Werden die partnersprachig getesteten naturwissenschaftlichen Kompetenzen bei gleichen Eingangsvoraussetzungen verglichen, bleiben die Vorteile der Standorte mit der Partnersprache Englisch erhalten. Statistisch bedeutsame Rückstände haben die Standorte mit den Partnersprachen Französisch, Italienisch, Portugiesisch und Türkisch. Damit bestätigt sich Hypothese 2, nach welcher sich bedeutsame Unterschiede zwischen den Sprachprogrammen ähnlich wie bei den partnersprachigen Lesekompetenzen in beträchtlicher Größe zeigen.

6.8.3 Zusammenfassung

Insgesamt lässt sich für die partnersprachigen Tests der naturwissenschaftlichen Kompetenzen ein positives Fazit ziehen. Die Kompetenzstufen II und III werden von sehr vielen Schülerinnen und Schülern der SESB erreicht. Damit sollten sie in dieser Domäne sowohl für Ausbildungsberufe als auch für höhere Schulabschlüsse gerüstet sein. Während das partnersprachige Leseverständnis in fast allen Ländern recht deutlich unter dem der Jugendlichen lag, die in den Referenzländern aufgewachsen sind, in denen die Partnersprache auch die Verkehrssprache ist, zeigen sich für das partnersprachig getestete naturwissenschaftliche Verständnis geringere Rückstände. Wie auch bei den deutschsprachigen Tests der naturwissenschaftlichen Kompetenzen zeigen sich an den deutsch-englischsprachigen Standorten Spitzenleistungen und niedrige Testergebnisse sich an den Standorten mit Polnisch, Portugiesisch und Türkisch als Partnersprache. Diese Defizite sind deutlich geringer als die entsprechenden Rückstände in den partnersprachigen Lesetests.

Die Effekte des sprachlichen Hintergrunds und des MGH sind für die Vorhersage der partnersprachig getesteten naturwissenschaftlichen Kompetenzen statistisch nicht bedeutsam, die Leistungen der jeweiligen Gruppen liegen relativ dicht beisammen.

Tabelle 6.27: Regressionsmodelle für die partnersprachig getestete naturwissenschaftliche Kompetenz in der 9. Jahrgangsstufe/bei 15-Jährigen (mit und ohne Kontrolle relevanter Hintergrundmerkmale, unstandardisierte Regressionskoeffizienten, robuste Standardfehler in Klammern)

Ordinatenabschnitt und Prädiktoren	Basismodell	Modell 1	Modell 2	Modell 3	Modell 4
Intercept	100.10 (4.25)**	97.04 (4.13)**	96.69 (3.61)**	101.49 (3.34)**	101.16 (2.31)**
Geschlecht					
Referenz: Männlich (0)					
Weiblich (1)	−0.19 (2.51)	−0.71 (2.55)	−0.51 (2.50)	−4.45 (2.05)*	−4.34 (2.13)*
Sprachhintergrund					
Referenz: Monolingual nichtdeutschsprachig (0)					
Bilingual (1)		5.53 (4.40)		−1.68 (3.11)	
Monolingual deutschsprachig (1)		−2.80 (5.83)		−5.20 (4.11)	
Migrationshintergrund					
Referenz: Beidseitiger MGH (0)					
Einseitiger MGH (1)			6.77 (3.50)		−2.72 (2.47)
Kein MGH (1)			7.02 (4.65)		−4.77 (3.47)
Sozioökonomischer Hintergrund					
HISEI (z-standardisiert)				1.19 (2.02)	1.42 (2.11)
Abitur der Eltern (z-standardisiert)				2.40 (1.11)	2.40 (1.60)
Kognitiver Hintergrund					
KFT (z-standardisiert)				9.32 (1.11)**	9.40 (1.11)**
Note (z-standardisiert)				−11.20 (1.60)**	−11.37 (1.59)**
R^2	0.01 (0.01)		0.01 (0.01)	0.32 (0.07)**	0.32 (0.07)**

* $p < 0.05$, ** $p < 0.01$.

Tabelle 6.28: Regressionsanalyse für die partnersprachig getestete naturwissenschaftliche Kompetenz in der 9. Jahrgangsstufe/bei 15-Jährigen aufgebrochen nach Schulsprachen im Vergleich mit dem Sprachprogramm Spanisch als Referenz (mit und ohne Kontrolle relevanter Hintergrundmerkmale, unstandardisierte Regressionskoeffizienten, robuste Standardfehler in Klammern)

Ordinatenabschnitt und Prädiktoren	Modell 1	Modell 2
Intercept	100.18 (0.82)**	95.63 (1.84)**
Schulsprache		
Referenz: Spanisch (0)		
Englisch (1)	27.33 (0.65)**	15.69 (1.21)**
Französisch (1)	−2.81 (0.94)**	−5.86 (2.44)*
Griechisch (1)	3.02 (1.33)*	−0.41 (1.65)
Italienisch (1)	−3.78 (5.96)	−5.37 (1.59)**
Polnisch (1)	−4.08 (1.55)**	4.07 (2.54)
Portugiesisch (1)	−11.86 (1.64)**	−9.26 (1.84)**
Russisch (1)	1.62 (1.51)	2.32 (1.58)
Türkisch (1)	−19.19 (1.43)**	−7.13 (2.00)**
Sozioökonomischer Hintergrund		
HISEI (*z*-standardisiert)		0.78 (1.84)
Abitur der Eltern (*z*-standardisiert)		3.86 (3.11)
Kognitiver Hintergrund		
KFT (*z*-standardisiert)		9.20 (1.11)**
Note (*z*-standardisiert)		−9.01 (1.32)**
R^2	0.15 (0.09)	0.36 (0.08)**

* $p < 0.05$, ** $p < 0.01$.

Insgesamt sind die Leistungen in den Naturwissenschaften als zufriedenstellend zu bezeichnen, auch und gerade wenn sie partnersprachig getestet werden. Die meisten Jugendlichen an der SESB erreichen ein Verständnisniveau, mit dem sie über naturwissenschaftliche Inhalte in der Partnersprache kommunizieren können. Die SESB schafft es offenbar, in einem partnersprachig unterrichteten Sachfach in beiden Sprachen Kompetenzen aufzubauen und so dem Ziel, Bilingualität ohne Einbußen im Sachfach zu erreichen, entsprechen zu können.

6.9 Zusammenfassung der schulischen Leistungen an der SESB – 9. Jahrgangsstufe und 15-Jährige

Ziel der Evaluation der SESB für die 9. Jahrgangsstufe/15-Jährigen ist die Beantwortung der Frage, ob an der SESB bis zum Ende der Sekundarstufe I eine kompetente Beherrschung der beiden in der Schule gesprochenen Sprachen bei gleichzeitig adäquaten Kompetenzen in den anderen Unterrichtsfächern entsteht. Zur Beantwortung dieser Frage wurden die schulischen Kompetenzen der $N = 617$ Schülerinnen und Schüler der SESB mit den

N = 3.289 Schülerinnen und Schülern der BERLIN-Studie verglichen. Bei der Analyse der Testleistungen werden bei den sprachlichen und den sachfachlichen Kompetenzen jeweils der sprachliche Hintergrund und der MGH der Jugendlichen berücksichtigt. Zudem werden die einzelnen Sprachprogramme verglichen.

6.9.1 Die sprachlichen Leistungen

Von gleich hoher Bedeutung sind dem Konzept der SESB zufolge die Kompetenzen in den an den jeweiligen Sprachprogrammen beteiligten Sprachen. Sie sollen hier bei den Jugendlichen gemeinsam mit den Leistungen in der zweiten Fremdsprache Englisch dargestellt werden.

Für das Leseverständnis in Deutsch ergibt sich an der SESB ein ähnliches Niveau wie in den VGLK, die durchgängig auf Deutsch unterrichtet werden. Defizite zeigen in beiden Schulformen insbesondere die monolingual nichtdeutschsprachig aufgewachsenen Jugendlichen. Spezifische Fördereffekte der SESB lassen sich nicht nachweisen. An den meisten Standorten der SESB wird allerdings das Niveau der Referenzgruppe erreicht.

Zugleich erwerben die Jugendlichen an der SESB im Leseverständnis in der Partnersprache Kompetenzen, die für die Mehrzahl auf Kompetenzstufe II eingeordnet werden können. Damit kann in Deutsch und in der Partnersprache insgesamt davon ausgegangen werden, dass eine erfolgreiche Teilhabe an einer deutsch- und einer partnersprachigen Gesellschaft möglich ist, auch wenn das Leseverständnis in der Partnersprache nicht das Niveau der Referenzländer erreicht, in denen die Partnersprache die Verkehrssprache ist.

Der dual-immersive Unterricht hat insgesamt also positive sprachliche Konsequenzen. Am Ende der Sekundarschulzeit können die Jugendlichen als bilingual bezeichnet werden. Zudem ergeben sich an der sprachorientierten SESB in den englischsprachigen Lesetests bessere Leistungen, als sie die Schülerinnen und Schüler in den VGLK zeigen. Hier ergeben sich offenbar Vorteile der dualen Immersion für das weitere Sprachenlernen, sodass die Schülerinnen und Schüler am Ende der Sekundarstufe I drei Sprachen auf einem angemessenen Niveau beherrschen. Dabei geht es laut Aktionsplan für das Sprachenlernen und die Sprachenvielfalt der Europäischen Kommission (2003) nicht darum, die Kompetenzen von Erstsprachlerinnen und Erstsprachlern in den verkehrssprachigen Referenzländern zu erreichen, sondern ein jeweils angemessenes Grundniveau sprachlicher Fertigkeiten – gemeinsam mit interkulturellen Kompetenzen und der Fähigkeit, diese im weiteren Lebenslauf selbstständig weiter zu entwickeln (Europäische Kommission, 2003, S. 9). Die Verortung der partnersprachigen Leistungen auf den relevanten internationalen Kompetenzstufen sowie die überdurchschnittlichen Leistungen in der globalen Verkehrssprache Englisch zeigen, dass die SESB dieser gesamteuropäischen Zielvorstellung sogar eher übertrifft.

Von besonderer Bedeutung ist das Abschneiden der Jugendlichen, die eine andere Sprache als Deutsch als L1 gelernt bzw. einen MGH haben. Insgesamt kann man sagen, dass die Jugendlichen Texte in den Sprachen besser verstehen, mit denen sie aufgewachsen sind. Folglich gilt (bei Kontrolle der Eingangsvoraussetzungen) für die bilingual und die monolingual nichtdeutschsprachig Aufgewachsenen, dass sie ein höheres Leseverständnis in der Partnersprache zeigen als die Jugendlichen, die monolingual mit Deutsch als L1 aufgewachsen sind. Diejenigen dagegen, die mit Deutsch als L1 aufgewachsen sind, haben im deutschen Leseverständnis Vorteile.

6.9.2 Kompetenzen in Mathematik und den Naturwissenschaften

Die Schülerinnen und Schüler der SESB zeigen am Ende der Sekundarstufe I insgesamt ähnliche mathematische und (deutschsprachig getestete) naturwissenschaftliche Kompetenzen wie Altersgleiche in den VGLK. Sprachliche und ethnische Faktoren bilden insgesamt aber einen Risikofaktor. Rückstände zeigen die monolingual nichtdeutschsprachig aufgewachsenen Jugendlichen sowie die Jugendlichen mit ein- oder beidseitigem MGH, auch wenn die Hintergrundvariablen kontrolliert werden. Dies gilt für beide Schulformen. Allerdings findet sich für die bilingual aufgewachsenen Schülerinnen und Schüler für Mathematik an der SESB ein Fördereffekt.

Die sprachorientierte duale Immersion nach dem Modell der SESB erbringt also keine Nachteile für die Leistungen in Mathematik. In den Naturwissenschaften haben gerade die monolingual nichtdeutschsprachig Aufgewachsenen und die Jugendlichen mit beidseitigem MGH offensichtlich Probleme, wenn sich Unterrichts- und Testsprache nicht entsprechen.

Wird die naturwissenschaftliche Kompetenz dagegen in der Partnersprache getestet, erreichen die allermeisten Jugendlichen die Kompetenzstufen II und III, relativ unabhängig vom sprachlichen Hintergrund und vom MGH.

6.9.3 Vergleich der Sprachprogramme

In den vorangegangenen Abschnitten wurde wiederholt darauf verwiesen, dass die Sprachprogramme unterschiedliche kulturelle und kognitive Entwicklungsmilieus darstellen. In diesem Kapitel zeigt sich entsprechend, dass auch leistungsbezogene Unterschiede zu verzeichnen sind. Durchgängig in allen Domänen bestätigte sich unsere Annahme, dass die Leistungen in den Sprachprogrammen heterogen sind. Hier soll abschließend untersucht werden, welche leistungsbezogene Spezifika die Sprachprogramme aufweisen.

Das Sprachprogramm mit englischer Partnersprache nimmt innerhalb der SESB eine Sonderstellung ein. Es werden durchgängig bessere Leistungen als in den VGLK erzielt, diese Vorteile bleiben auch erhalten, wenn die Hintergrundvariablen berücksichtigt werden. Hier entstehen also auf der Grundlage günstiger Voraussetzungen und eines besonders leistungsförderlichen Schulklimas wirkliche Spitzenleistungen. Interessanterweise gilt dies nicht nur für die deutschsprachig getesteten Leistungen in allen Domänen, sondern auch für das partnersprachige Leseverständnis und die partnersprachig getesteten naturwissenschaftlichen Kompetenzen.

Das Sprachprogramm mit der Partnersprache Türkisch weist in allen Domänen im Niveau Leistungsdefizite auf, die nur teilweise auf die ungünstigen Eingangsbedingungen zurückzuführen sind. Die anderen Sprachprogramme zeigen vereinzelt Stärken und Schwächen in den deutschsprachigen Tests und im Englischtest: Wenn die Hintergrundvariablen kontrolliert wurden, schnitten fast alle Sprachprogramme im Leseverständnis in Englisch besser ab als die Referenzgruppe. Beachtliches leistet auch das Sprachprogramm mit der Partnersprache Russisch, da es neben dem deutsch-englischsprachigen Programm als einziges Programm bei Kontrolle der Eingangsvoraussetzungen im Leseverständnis in Deutsch und in Mathematik Leistungsvorteile zeigt, ohne in anderen Domänen Schwächen aufzuweisen. Hier zeigt sich, dass auch unter relativ ungünstigen Eingangsvoraussetzungen hohe Leistungsniveaus erreicht werden können.

In gleich drei *deutschsprachig getesteten Domänen* (Leseverständnis in Deutsch, Mathematik, Naturwissenschaften) ergaben sich Leistungsdefizite für die Sprachprogramme mit den Partnersprachen Polnisch und Spanisch. Im deutsch-spanischsprachigen Programm bleiben die Defizite im Wesentlichen bestehen, wenn die Eingangsselektivität kontrolliert wird, während sie für das deutsch-polnische Programm in Mathematik neutralisiert werden. Auch im deutsch-portugiesischen Sprachprogramm (Mathematik, Naturwissenschaften) und im deutsch-griechischen Programm (Naturwissenschaften) ergeben sich Defizite in den deutschsprachigen Tests. Wird für die Eingangsselektivität kontrolliert, können Defizite in den deutschsprachigen Tests stärker mit dem Sprachprogramm in Verbindung gebracht werden. Solche Defizite ergeben sich für die Sprachprogramme mit den Partnersprachen Griechisch (im Leseverständnis und in den Naturwissenschaften) und Portugiesisch (Naturwissenschaften). Die deutschsprachig getesteten Leistungen vor allem im Lesen weisen somit an einigen Sprachprogrammen auf unterrichtliche Optimierungsmöglichkeiten hin, um die verkehrssprachlichen Kompetenzen so gut wie möglich zu entwickeln.

Betrachtet man die *partnersprachigen Leistungstests,* zeigt ohne Kontrolle der Hintergrundvariablen neben dem Sprachprogramm mit englischer Partnersprache nur das Sprachprogramm mit der Partnersprache Griechisch besonders gute Leistungen (und zwar im naturwissenschaftlichen Bereich). Wenn die Hintergrundvariablen kontrolliert wurden, ergibt sich nur für das Sprachprogramm mit der Partnersprache Polnisch (Leseverständnis in Polnisch) ein positiv vom Durchschnitt abweichender Befund.

Dagegen sind einige Leistungsdefizite zu verzeichnen. Nachteile in den Naturwissenschaften ergeben sich ohne Kontrolle der Hintergrundvariablen für die Sprachprogramme mit den Partnersprachen Französisch, Polnisch (trotz recht hohem Leseverständnis in polnischer Sprache), Portugiesisch und Türkisch. Die beiden Letzteren zeigen auch Defizite im Leseverständnis in der Partnersprache. Wenn die Hintergrundvariablen kontrolliert wurden, bleiben diese Defizite fast alle bestehen, nur die Defizite im Sprachprogramm mit der Partnersprache Polnisch werden unbedeutend. Zusätzlich ergibt sich ein geringeres Leseverständnis in der Partnersprache Spanisch. An den Standorten mit geringem partnersprachigem Niveau besteht Optimierungsbedarf, da hier das Erreichen des zentralen Ziels der SESB, die Bilingualität, gefährdet sein könnte.

In Kapitel 4 werden die Sprachprogramme in Gruppen zusammengefasst. Zur ersten Gruppe zählen die Sprachprogramme mit den Partnersprachen Englisch, Französisch, Italienisch, Portugiesisch und Spanisch als internationale Schulen für bildungsbewusste Familien, die ihre Kinder zweisprachig erziehen wollen. Zur zweiten Gruppe zählen die Sprachprogramme mit den Partnersprachen Griechisch, Polnisch, Russisch und Türkisch, die Schulen mit starken ethnischen und/oder nationalen Gruppen darstellen.

Die Übersicht über die Testleistungen der Jugendlichen zeigt, dass in allen Gruppen sowohl besonders gute als auch defizitäre Leistungen zustande kommen. Die Aufteilung der Sprachprogramme in Gruppen und – damit verbunden – Schulwahlmotivationen und Zuwanderungshintergründe erlauben somit kein eindeutiges Urteil über die Leistungsentwicklungen. Dennoch lassen sich Tendenzen erkennen. Generell leistungsstark ist danach das Schulprogramm mit Englisch als Partnersprache, relativ stark schneidet das Schulprogramm mit Russisch als Partnersprache in den deutschsprachigen Tests ab, wenn die Rekrutierung berücksichtigt wird. In den partnersprachigen Tests ist dagegen das Schulprogramm mit Polnisch als Partnersprache relativ leistungsstark. Auch im partnersprachigen Leseverständnis relativ leistungsschwache Sprachprogramme (mit den Partnersprachen Portugiesisch, Spanisch und Türkisch) finden sich am Ende der Sekundarstufe I in beiden Gruppen. Möglicherweise kann in diesem Zusammenhang eine stärkere Orientierung einzelner Programme in Richtung der deutschen Sprache oder in Richtung der Partnersprache als ursächlich gesehen werden.

Insgesamt kann man trotz der beschriebenen Defizite in manchen Programmen für die Entwicklung der schulischen Leistungen an der SESB ein positives Fazit ziehen: Das Leseverständnis in Deutsch entspricht weitgehend dem in den VGLK, obwohl Deutsch an der SESB nur in der Hälfte der Fächer Unterrichtssprache ist. Zudem erarbeiten sich die Schülerinnen und Schüler Kompetenzen in der Partnersprache, die sie zu adäquater gesellschaftlicher Teilhabe auch in Ländern mit der Partnersprache als Verkehrssprache befähigen. In den Sachfächern werden Leistungen erreicht, die denen in den VGLK entsprechen, im Englischen ist das Leseverständnis an der SESB sogar deutlich höher. Die SESB schafft es offenbar, in einem jeweils hälftig in Deutsch oder einer Partnersprache gegebenen Unterricht das Ziel des *balanced bilingualism* zu erreichen, ohne dass dies zu Lasten der Sachfächer ginge.

Literatur

Abgeordnetenhaus Berlin. (2010). *Staatliche Europa-Schule Berlin – bewährten Schulversuch abschließen und Europaschulzentren schaffen!* Drucksache 16/3575. Berlin.

Baumert, J., Köller, O., & Lehmann, R. H. (2012). Leseverständnis im Englischen und Deutschen und Mathematikleistungen bilingual unterrichteter Schülerinnen und Schüler am Ende der Grundschulzeit: Ergebnisse eines Zwei-Wege-Immersionsprogramms. *Unterrichtswissenschaft, 40*(4), 290–314. doi:09201204290

Bialystok, E. (2001). *Bilingualism in development: Language, literacy, and cognition.* Cambridge, UK: Cambridge University Press.

Bussière, P., & Knighton, T. (2006). *Educational outcomes at age 19 associated with reading ability at age 15.* Ottawa: Statistics Canada.

Cummins, J. (1979). Linguistic interdependence and the educational development of bilingual children. *Review of Educational Research, 49*(2), 222–251. doi:10.3102/00346543049002222

Deventer, J., Machts, N., Gebauer, S. K., & Möller, J. (2016, under review). *Immersion education and school achievement: A three-level meta-analysis.* Kiel: CAU.

Europäische Kommission. (2003). *Aktionsplan zur Förderung des Sprachenlernens und der Sprachenvielfalt. Mitteilung der Kommission an den Rat, das Europäische Parlament, den Europäischen Wirtschafts- und Sozialausschuss und den Ausschuss der Regionen.* KOM (2003) 449 endgültig. Brüssel.

Ganzeboom, H. B. G., de Graaf, P. M., Treiman, D. J., & de Leeuw, J. (1992). A standard international socio-economic index of occupational status. *Social Science Research, 21,* 1–56. doi:10.1016/0049-089X(92)90017-B

Gebauer, S. K., Zaunbauer, A. C. M., & Möller, J. (2013). Cross-language transfer in English immersion programs in Germany: Reading comprehension and reading fluency. *Contemporary Educational Psychology, 38*(1), 64–74. doi:10.1016/j.cedpsych.2012.09.002

Genesee, F. (2004). What do we know about bilingual education for majority-language students? In T. K. Bhatia & W. C. Ritchie (Eds.), *Handbook of bilingualism and multiculturalism* (pp. 547–576). Malden, MA: Blackwell.

Gräfe-Bentzien, S. (2001). *Evaluierung bilingualer Sprachkompetenz: Eine Pilotstudie zur Entwicklung der deutschen und italienischen Sprachfähigkeiten in der Primarstufe beim Schulversuch der Staatlichen Europa-Schule Berlin (SESB).* Dissertation, Freie Universität Berlin.

Heller, K. A., & Perleth, C. (2000). *Kognitiver Fähigkeitstest für 4. bis 12. Klassen, Revision KFT 4–12 + R).* Göttingen: Hogrefe.

Hill, C. J, Bloom, H. S., Black, A. R., & Lipsey, M. W. (2007). Empirical benchmarks for interpreting effect sizes in research. *Child Development Perspectives, 2*(3), 172–177. doi: 10.1111/j.1750-8606.2008.00061.x

Kempert, S., Saalbach, H., & Hardy, I. (2011). Cognitive benefits and costs of bilingualism in elementary school students: The case of mathematical word problems. *Journal of Educational Psychology, 103*(3), 547–561. doi:10.1037/a0023619

Knighton, T., Brochu, P., & Gluszynski, T. (2010). *Measuring up: Canadian results of the OECD PISA study: The performance of Canada's youth in reading, mathematics and science: 2009 first results for Canadians aged 15.* Ottawa: Statistics Canada.

Köller, O., Knigge, M., & Tesch, B. (2010). *Sprachliche Kompetenzen im Ländervergleich.* Münster: Waxmann.

Lo, Y. Y., & Lo, E. S. C. (2014). A meta-analysis of the effectiveness of Englishmedium education in Hong Kong. *Review of Educational Research, 84*(1), 47–73. doi:10.3102/0034654313499615

Maaz, K., Baumert, J., Neumann, M., Becker, M., & Dumont, H. (Hrsg.). (2013). *Die Berliner Schulstrukturreform: Bewertung durch die beteiligten Akteure und Konsequenzen des neuen Übergangsverfahrens von der Grundschule in die weiterführenden Schulen.* Münster: Waxmann.

Muthén, L. K., & Muthén, B. O. (1998–2012). *Mplus User's Guide. Seventh Edition.* Los Angeles, CA: Muthén & Muthén.

Nold, G., Hartig, J., Hinz, S., & Rossa, H. (2008). Klassen mit bilingualem Sachfachunterricht: Englisch als Arbeitssprache. In DESI-Konsortium (Hrsg.), *Unterricht und Kompetenzerwerb in Deutsch und Englisch: Ergebnisse der DESI-Studie* (S. 451–457). Weinheim: Beltz.

OECD – Organisation for Economic Co-operation and Development. (2012). *Learning beyond fifteen: Ten years after PISA.* Paris: OECD Publishing.

Rubin, D. B. (1987). *Multiple imputation for nonresponse in surveys.* New York, NY: Wiley. doi:10.1002/9780470316696

Schafer, J. L., & Graham, J. W. (2002). Missing data: Our view of the state of the art. *Psychological Methods, 7,* 147–177. doi:10.1037//1082-989X.7.2.147

Scharenberg, K., Rudin, M., Müller, B., Meyer, T., & Hupka-Brunner, S. (2014). *Education pathways from compulsory school to young adulthood: The first ten years. Results of the Swiss panel survey TREE, part I.* Basel: TREE.

Statistisches Bundesamt. (2011). *Bevölkerung und Erwerbstätigkeit. Bevölkerung mit Migrationshintergrund: Ergebnisse des Mikrozensus 2011* (Fachserie 1, Reihe 2.2). Wiesbaden: Statistisches Bundesamt.

White, H. (1980). A heteroskedasticity-consistent covariance matrix estimator and a direct test for heteroskedasticity. *Econometrica, 48,* 817–838. doi:10.2307/1912934

Zaunbauer, A. C. M., Gebauer, S. K., & Möller, J. (2012). Englischleistungen immersiv unterrichteter Schülerinnen und Schüler. *Unterrichtswissenschaft, 40,* 315–333.

Zaunbauer, A. C. M., & Möller, J. (2007). Schulleistungen monolingual und immersiv unterrichteter Kinder am Ende des ersten Schuljahres. *Zeitschrift für Entwicklungspsychologie und Pädagogische Psychologie, 39,* 141–153. doi:10.1026/0049-8637.39.3.141

Zaunbauer, A. C. M., & Möller, J. (2010). Schulleistungsentwicklung immersiv unterrichteter Grundschüler in den ersten zwei Schuljahren. *Psychologie in Erziehung und Unterricht, 57,* 30–45. doi:10.2378/peu2010.art03d

Kapitel 7
Interkulturelle Verständigung und kulturelle Integration

Jürgen Baumert, Olaf Köller, Jens Möller & Friederike Hohenstein

7.1   Auftrag der SESB zur interkulturellen Erziehung und Integration

Ihrer Konzeption nach ist die Staatliche Europa-Schule Berlin (SESB) eine kulturübergreifende und sprachintensive Begegnungsschule. Im Medium der Zweisprachigkeit soll sie zur interkulturellen Erziehung und zur Förderung eines europäischen und internationalen Bewusstseins beitragen (Abgeordnetenhaus Berlin, 1993; Göhlich, 1998; John, 1997; Senatsverwaltung, 2012). Angesichts einer Schülerschaft, die überwiegend aus Zuwandererfamilien stammt, heißt dies auch, einen generationsübergreifenden Beitrag zur Integration zugewanderter Menschen zu leisten. Die SESB bedient mit ihren neun Sprachkombinationen die wichtigsten Zuwanderergruppen in Berlin. Der Auftrag, zu Interkulturalität zu erziehen, ist kein Alleinstellungsmerkmal der SESB; er gilt für *alle* Schulen in Berlin (Senatsverwaltung, 2001) und nicht nur in Berlin (KMK, 2013a, 2013b). Die Besonderheit der SESB liegt jedoch darin – und das unterscheidet sie auch von anderen Europa-Schulen –, Interkulturalität in gelebter Zweisprachigkeit in einer Ganztagsschule verwirklichen zu wollen (siehe Kap. 1). Inwieweit dies gelingt, ist nicht von vornherein klar.

Die Zusammenführung von Schülerinnen und Schülern mit Deutsch als Erstsprache (L1) und Schülerinnen und Schülern mit einer Partnersprache als L1 ist zunächst eine separierende und homogenisierende Maßnahme sowohl in kultureller als auch in sozialer Hinsicht. Dies gilt insbesondere für die Sprachkombinationen, bei denen der Anteil von Schülerinnen und Schülern ohne Migrationshintergrund (MGH) bzw. mit Deutsch als L1 sehr gering ist. Hier stellt sich die Frage, inwieweit dies durch den sozialen und kulturellen Rahmen der größeren Schuleinheiten, in die SESB-Züge in der Regel integriert sind (vgl. Kap. 1), kompensiert wird.

Im Folgenden soll der Beitrag der SESB zur interkulturellen Orientierung der Schülerinnen und Schüler und zur generationsübergreifenden Integration von Zuwandererfamilien systematischer untersucht werden, soweit dies auf der Grundlage von Querschnittsdaten möglich ist. In den Abschnitten 7.2 und 7.3 werden zunächst der theoretische Rahmen und die Fragestellungen des Kapitels entwickelt. Daran schließt in Abschnitt 7.4 die Darstellung der Datengrundlage und der verwendeten Instrumente an. Der Ergebnisbericht folgt im Abschnitt 7.5. Dort werden unter dem Gesichtspunkt der kulturellen Integration normative Akkulturationsvorstellungen und kulturelle Bindungen von Jugendlichen beschrieben und analysiert. Der Beitrag schließt in Abschnitt 7.6 mit der Zusammenfassung und Diskussion der Befunde.

7.2 Konzeptueller Rahmen der Analysen

Wenn Menschen unterschiedlicher kultureller Herkunft dauerhaft – allein schon durch die Nutzung gemeinsamer institutioneller Infrastruktur – miteinander in Kontakt treten, wie dies in modernen multiethnischen Gesellschaften typischerweise der Fall ist, vollziehen sich kollektive und individuelle Anpassungsprozesse, die seit Redfield, Linton und Herskovits (1936) als Akkulturation bezeichnet werden (vgl. Rudmin & Ahmadzadeh, 2001). Auf gesellschaftlicher Ebene gehen damit nach Nee (2003) und Alba (2008) eine abnehmende Salienz der zwischenethnischen Grenzziehungen und eine verringerte Bedeutung der kategorialen Zugehörigkeit zu einer Gruppe einher. Unterschiede zwischen Zuwanderergruppen und Aufnahmegesellschaft bzw. Segmenten der Aufnahmegesellschaft verringern sich oder verlieren zumindest in der sozialen Wahrnehmung der Mehrheitsgesellschaft und der Minderheitsgruppen an Bedeutung. Die Angleichungsprozesse können – vor allem, wenn die Zuwanderergruppen groß genug sind – durchaus wechselseitig sein (Alba, 2005). Auf individueller Ebene finden psychologische Angleichungsprozesse statt, in deren Verlauf sich soziale Wahrnehmung, Überzeugungen, Einstellungen und Verhalten ändern (Berry, Phinney, Sam & Vedder, 2006; Phinney, 2003). Den individuellen Umgang mit den Herausforderungen der Akkulturation an einen neuen kulturellen und sozialen Kontext beschreibt Berry (1997, 2003; Berry & Sam, 1997) mit vier idealtypischen Akkulturationsstrategien oder – wie wir vorsichtiger im Anschluss an Esser (2006) formulieren wollen – Akkulturationsausgängen: Integration oder genauer Mehrfachintegration, Assimilation, Separation und Marginalisierung. Diese vier Dimensionen können nach der Wertschätzung der Herkunftskultur und der Mehrheitskultur differenziert werden, sodass das Vierfelderschema in Tabelle 7.1 entsteht.

Im Falle der Mehrfachintegration werden zentrale Elemente der Herkunftskultur bewahrt und grundlegende Merkmale der Aufnahmekultur erlernt und akzeptiert. Im Falle der Assimilation wird die Herkunftskultur zugunsten der Übernahme der Kultur- und Sozialformen der Mehrheitsgesellschaft weitgehend aufgegeben. Im Falle der Separierung werden die Pflege der Herkunftskultur beibehalten, soziale Kontakte in der ethnischen Gemeinde oder – soweit dies möglich ist – im Heimatland gesucht und Beziehungen zur Mehrheitsbevölkerung tendenziell vermieden. Und im Falle der Marginalisierung führt der Akkulturationsprozess zu doppelter Fremdheit: Die Herkunftskultur geht verloren, ohne dass die Zuwanderer in der Kultur und im sozialen Leben der Mehrheitsgesellschaft heimisch werden.

Tabelle 7.1: Vierfelderschema idealtypischer Akkulturationsausgänge[1]

Inklusion im ethnischen Kontext	Inklusion im Aufnahmekontext	
	Ja	Nein
Ja	Mehrfachintegration	Segmentierung/Separierung
Nein	Assimilation	Marginalisierung

1 Nach Esser (2009) im Anschluss an Berry (1997).

Das Vierfelderschema von Berry ist verschiedentlich mit theoretischen und empirischen Argumenten kritisiert worden (Nauck, 2008; Rudmin, 2003; Rudmin & Ahmadzadeh, 2001). Rudmin und Ahmadzadeh (2001) haben mit Recht die Frage gestellt, ob man die idealtypischen Akkulturationsausgänge mit Akkulturationsstrategien, die zielgerichtetes Verhalten implizieren, identifizieren kann. Wir sprechen deshalb vorsichtiger von Verhaltenspräferenzen, die den idealtypischen Ausgängen zugrunde liegen. Insbesondere lässt das Konzept der Mehrfachintegration konzeptuelle Fragen offen. Denn es gibt durchaus Bereiche, wo Mehrfachintegration schwer vorstellbar ist – sei es bei Fragen des religiösen Bekenntnisses oder bei der Beachtung von Heiratsvorschriften. Ebenso kann man bei schwachen Bindungen an die Herkunfts- und Mehrheitskultur nicht ohne Weiteres auf Marginalisierung schließen. Es gibt auch andere Orientierungen für Identitätsbildung. Schließlich wurde das von Berry, Kim, Power, Young und Bujaki (1989) entwickelte Erhebungsinstrument aus psychometrischen Gründen kritisiert. Trotz der offenen Fragen ist das Schema dennoch ein brauchbares Ordnungsinstrument, da es neben der Assimilation weitere (möglicherweise) stabile Ausgänge von Akkulturationsprozessen präsent hält. In der normativ aufgeladenen Diskussion über Multikulturalität als gesellschaftliche und persönliche Ressource (Gogolin, Neumann & Roth, 2003; Koopmans, 2013; Portes & Rumbaut, 2001; Vertovec & Wessendorf, 2010) gilt gerade Mehrfachintegration als Prototyp gelingender Sozialintegration (kritisch dazu Esser, 2008, 2009; Koopmans, 2013). Das von Berry vorgelegte Integrationsmodell hat Nauck (2008) theoretisch erweitert, indem er die Auftretenswahrscheinlichkeit der typischen Akkulturationsausgänge systematisch mit der Verfügbarkeit individueller Ressourcen und gesellschaftlichen und institutionellen Opportunitäten verknüpfte.

Im Folgenden soll der skizzierte theoretische Rahmen genutzt werden, um Perspektiven der interkulturellen Orientierung von Schülerinnen und Schülern an der SESB im Vergleich zu Altersgleichen an sonstigen Berliner Sekundarschulen zu untersuchen. Die Analysen konzentrieren sich auf das Jugendalter am Ende der Pflichtschulzeit. Dabei werden wir uns auf Aspekte der *kulturellen* Integration beschränken, da sie den Kern des pädagogischen Auftrags der SESB berührt. Denn ihrer Konzeption nach soll die SESB im Medium der Doppelsprachigkeit einen Beitrag zur wechselseitigen Verständigung junger Menschen (unabhängig von ihrer kulturellen und sprachlichen Herkunft) und zu einem gedeihlichen Zusammenwirken und Zusammenleben in einer gemeinsamen Institution leisten. Damit – so die Erwartung – könnte sie exemplarische Bedeutung für die gesellschaftliche Integration von Menschen unterschiedlicher kultureller Herkunft in Deutschland und Europa haben. Die Analysen erfolgen unter der prinzipiellen Annahme, dass es sich bei Akkulturation um interaktive Prozesse handeln kann und in der Regel auch handelt. Damit soll auch für die Behandlung der Fragen der kulturellen Orientierung eine Doppelperspektive konstitutiv sein, bei der die Sichtweisen der Zuwanderergruppen und der Angehörigen der Aufnahmegesellschaft gleichzeitig berücksichtigt werden.

7.3 Entwicklung der Fragestellungen: Akkulturationsnormen und kulturelle Bindungen

Wenn von kultureller Integration die Rede ist, ist darunter zuallererst der verständnisvolle Umgang mit zentralen Symbolsystemen einer Regionalgesellschaft zu verstehen. Dazu gehören vor allem die kompetente Beherrschung der Verkehrssprache und ein ausreichendes Maß an sozialem Weltwissen, das eine anschlussfähige und damit erfolgreiche Kommunikation in der jeweiligen Gesellschaft erlaubt. Dieser Aspekt wird in den Kapiteln 5 und 6 dieses Bandes behandelt. Kulturelle Integration meint im Anschluss an Stanat (2009) aber auch die Vertrautheit mit den zentralen Orientierungssystemen einer Gesellschaft, die ein Netzwerk von geteilten Bedeutungen, Werten, Normen und Präferenzen umfassen, die wiederum die Wahrnehmung, das Denken, das Lernen, die Kommunikation und das Handeln der Gesellschaftsmitglieder beeinflussen und über Generationen tradiert werden. Dieser Aspekt soll im Folgenden im Mittelpunkt stehen, wenn unter der Perspektive kultureller Integration normative Vorstellungen zu Akkulturationsprozessen und die subjektiv wahrgenommenen Bindungen an die Kultur der Aufnahme- und jeweiligen Herkunftsgesellschaft untersucht werden. Dabei interessieren sowohl die Prävalenz normativer Orientierungen und kultureller Bindungen als auch systematische Unterschiede zwischen Migrationsgruppen, Zuwanderungsgenerationen und vor allem zwischen Jugendlichen an der SESB und ihren Altersgleichen an sonstigen Regelschulen Berlins.

Akkulturationsnormen

Unter Akkulturationsnormen sollen grundlegende regulative Vorstellungen über die Bedingungen eines wünschenswerten Zusammenlebens von Menschen in modernen Gesellschaften, die durch nationale, ethnische und kulturelle Diversität gekennzeichnet sind, verstanden werden. Für die Konzeptualisierung von Akkulturationsnormen haben wir einen Vorschlag von Hahn, Judd und Park (2010) aufgenommen. Sie unterscheiden in Bezug auf das Verhältnis von Mehrheitsgesellschaft und Zuwanderergruppen vier normative Orientierungen, die sich in den Dimensionen der Wahrnehmung von Gruppenunterschieden und in der Wertschätzung von Zuwanderergruppe und Mehrheitsgesellschaft unterscheiden: Egalitarismus, Multikulturalismus, Assimilation und Separation (vgl. Tab. 7.2).

Egalitarismus ignoriert die Bedeutung von Unterschieden bei gleicher Wertschätzung der Gruppen. Im Multikulturalismus verbinden sich die Wahrnehmung und die Akzeptanz von Gruppenunterschieden mit der Wertschätzung der Gruppe der jeweilig Anderen.

Tabelle 7.2: Normative Akkulturationsvorstellungen[1]

Wertschätzung von *In*- und *Outgroup*	Behandlung von Unterschieden	
	Wahrnehmung/Anerkennung	Ignorierung/Devaluierung
Gleichwertigkeit der Gruppen	Multikulturalismus	Egalitarismus/Colorblindness
Präferenz der *Ingroup*	Separation	Assimilation

1 Nach Hahn, Judd und Park (2010).

Assimilation zielt auf die Überwindung von Unterschieden bei einer Präferenz für die Kultur der Mehrheitsgesellschaft. Separation schließlich betont die Salienz von Grenzziehungen bei Präferenz für die jeweilig eigene Gruppe, sei es die der Mehrheits- oder Herkunftsgesellschaft (vgl. auch Levin et al., 2012; Sasaki & Vorauer, 2013).

Wir gehen mit Wolsko, Park und Judd (2006), Hahn et al. (2010) und Sasaki und Vorauer (2013) davon aus, dass diese normativen Vorstellungen eine regulative Funktion für interethnische Einstellungen und interethnisches Verhalten, insbesondere für die wechselseitige Wertschätzung und das interethnische Kontaktverhalten, haben. Weiterhin beeinflussten sie – unter den gegebenen Bedingungen einer multiethnischen Schule – in spezifischer Weise das subjektive Wohlbefinden, das schulische Engagement und vor allem die Bereitschaft, in die Entwicklung des eigenen Humankapitals zu investieren. Normative Orientierungen, die die gegebene ethnische Vielfalt akzeptieren und wertschätzen, sollten zur Stressminderung und zu höherer Schulzufriedenheit sowohl bei Zuwanderern als auch bei Jugendlichen der Mehrheitskultur beitragen. Bei Zuwanderern ist auch mit einer erhöhten Bereitschaft zu Doppelinvestitionen vor allem im Sprachenlernen zu rechnen. Dagegen sollten Separationsvorstellungen mit erhöhter Belastung und Unzufriedenheit insbesondere für Angehörige von Zuwanderungsgruppen, aber auch bei deutschstämmigen Schülerinnen und Schülern verbunden sein und innerethnische Kontaktpräferenzen begünstigen. Normative Assimilationsvorstellungen könnten für Zuwanderer – vor allem bei kurzer Verweildauer – mit psychischen Kosten verbunden sein, aber auch die Entwicklung von im Aufnahmeland nachgefragten Fähigkeiten begünstigen.

In der Literatur sind die Befunde insbesondere zu den differenziellen Auswirkungen von Egalitäts- und Multikuturalitätsvorstellungen in Abhängigkeit vom jeweiligen Kontext gemischt (Plaut, Thomas & Goren, 2009; Sasaki & Vorauer, 2013). Wir gehen davon aus, dass die regulativen Funktionen von Akkulturationsnormen über die hier interessierenden institutionellen Kontexte – also die SESB und sonstige Regelschulen in Berlin – hinweg weitgehend homogen sind. Sie werden deshalb an dieser Stelle auch nicht weiter verfolgt. Sie sind aber maßgebliche Begründung, weshalb wir an der Prävalenz der vier Akkulturationsnormen und an systematischen Unterschieden ihrer Auftretenswahrscheinlichkeit in Abhängigkeit von individuellen und institutionellen Bedingungen interessiert sind.

Empirisch ist über die Prävalenz von Akkulturationsnormen in Deutschland wenig bekannt, sodass schon deskriptive Befunde von hohem Interesse sind. Hahn et al. (2010) vermuten, dass die Prävalenz von multikulturellen bzw. separierenden Vorstellungen auch davon abhänge, inwieweit der nationale Identitätsentwurf der Mehrheitsgesellschaft Affinitäten zu beiden Akkulturationsnormen aufweise. Sie nehmen an, dass in Ländern wie Deutschland, in denen die nationale Identität primär an ethnische und kulturelle Ähnlichkeitsvorstellungen gebunden sei – wie sich dies auch im Staatsbürgerschaftsrecht der Bundesrepublik widerspiegle –, separierende Vorstellungen vorherrschen und auch stärker ausgeprägt seien als in Ländern, für die ethnische und kulturelle Diversität konstitutiv seien und die ihre nationale Identität primär politisch definierten (wie z. B. Frankreich oder die USA) (Brubaker, 1992; Hochman, 2010). Im Sinne des Inklusionsmodells von Nauck (2008) binden Hahn et al. (2010) normative Integrationsvorstellungen damit auch an kontextuelle Bedingungen auf *gesellschaftlicher* Ebene.

In unseren Analysen lehnen wir uns an Nauck (2008) mit unserer Annahme an, dass normative Akkulturationsvorstellungen auf individueller Ebene in unterschiedlicher Weise von familialen und persönlichen Ressourcen abhängen, aber auch für unterschiedliche *institutionelle* Kontexte, wie sie die SESB und die sonstigen Regelschulen in Berlin darstellen, sensitiv sind. Auf individueller Ebene – so unsere Annahme – setzen Gleichheits- und Gleichwertigkeitsvorstellungen gerade im deutschen nationalen Kontext größere kognitive und soziale Flexibilität voraus. Ihr Auftreten sollte deshalb durch entsprechende persönliche und familiale Ressourcen begünstigt werden. Assimilationsnormen verlangen nur von Zuwanderern Anpassungsleistungen und sind nur für sie mit psychischen Kosten und Konsequenzen auf der Verhaltensebene verbunden. Dies sollte Folgen im Hinblick auf die Minderung der Prävalenzraten haben. Wenn die Anpassung allerdings erbracht wird, etwa wenn Deutsch zur Familiensprache wird, erwarten wir wiederum eine verstärkte Vertretung von Assimilationsnormen. Separationsvorstellungen sind vermutlich eine naheliegende Antwort auf Fremdheit, wenn kognitive und kulturelle Ressourcen fehlen oder in einem Missverhältnis zu den Anforderungen stehen. Sie sollten mit zunehmender Vertrautheit – bei Zuwanderern mit zunehmender Verweildauer im Aufnahmeland – zurückgehen. Dies dürfte insbesondere bei interethnischen Partnerschaften der Fall sein.

Im Hinblick auf die hier interessierenden unterschiedlichen institutionellen Kontexte vermuten wir, dass an der SESB allein aufgrund ihres Bildungsprogramms multikulturelle und egalitäre Akkulturationsvorstellungen besonders ausgeprägt sind, und zwar deutlich stärker als an den sonstigen Regelschulen Berlins. Dies sollte vor allem für die SESB gelten, die wir der Gruppe der Schulen mit tendenziell kosmopolitischer Schülerschaft zugeordnet haben (vgl. Kap. 4). Im Hinblick auf Assimilationsnormen erwarten wir aus den gerade genannten Gründen zunächst einen deutlichen Effekt des Migrationsstatus: Assimilationsvorstellungen sollten unter Jugendlichen aus Zuwandererfamilien – sowohl an der SESB als auch an sonstigen Regelschulen – seltener anzutreffen sein als bei deutschstämmigen Jugendlichen. An der SESB dürften aber, da sie ja wechselseitige Wertschätzung gerade zum Programm machen, Assimilationsvorstellungen generell geringer als an sonstigen Regelschulen ausgeprägt sein – und zwar insbesondere bei Jugendlichen, die zunächst deutschsprachig aufgewachsen sind. Die SESB steht – bei Akzeptanz von kulturellen Unterschieden – aber auch programmatisch für gemeinsames Lernen und Zusammenleben in *einer* Institution. Wir vermuten deshalb, dass Separationsvorstellungen an der SESB seltener zu finden sind als an sonstigen Regelschulen. Es ist eine offene Frage, ob in dieser Hinsicht Unterschiede zwischen der SESB mit eher kosmopolitischer und eher ethnisch homogener Schülerschaft auftreten.

Kulturelle Bindungen
Wertbindungen an die Kultur der Gesellschaft, in der man lebt oder in der man aufgewachsen ist, beeinflussen nicht nur Wahrnehmung und Interpretation sozialer Situationen, sondern auch Präferenzen, Motivation und Verhalten (Nguyen & Benet-Martínez, 2013). Kulturelle Bindungen haben eine kognitive und eine emotionale Komponente. Man versucht zu verstehen, woran man gefühlsmäßig gebunden ist (vgl. Phinney & Ong, 2007). Bei hinreichender Salienz beider Komponenten werden kulturelle Wertbindungen zu Teilen so-

zialer Identitäten (Tajfel, 1978), die auf der Internalisierung von Gruppenzugehörigkeit und der kognitiven und emotionalen Überzeugung geteilter Merkmale beruhen. Bei monokulturell sozialisierten Personen verläuft dieser Prozess während der Enkulturationsphase weitgehend unbewusst. Im Jugendalter kann die kulturelle und nationale/ethnische Identität jedoch auch bei diesen Personen zu einem Problem werden (Fend, 2011). Bei Zuwanderung oder bikulturellem Aufwachsen ergeben sich allerdings in Regelmäßigkeit intraindividuelle, situationsabhängige Differenzerfahrungen, die langfristig in unterschiedlicher Form „gelöst" werden können. Die in Abschnitt 7.2 vorgestellten Akkulturationsmodelle sind Versuche, diese Lösungen theoretisch zu ordnen und eventuell auch vorherzusagen.

Es ist bemerkenswert, dass der Bindung an die Kultur der Aufnahmegesellschaft außerhalb der soziologischen Neo-Assimilationstheorie (Alba & Nee, 2003; Esser 2003) nur geringe Aufmerksamkeit geschenkt wird. Dabei ist unstrittig, dass die Integration in die Mehrheitskultur auch im Rahmen multikultureller Akkulturationstheorien eine persönliche Ressource von jungen Menschen aus Zuwandererfamilien im Hinblick auf eine erfolgreiche psychologische und soziokulturelle Adaption im Aufnahmeland darstellt. Inwieweit die gleichzeitige Bindung an die Herkunftskultur und damit eine kulturelle Mehrfachintegration oder bikulturelle Identität eine, wie Berry (1997) und alle Vertreter des Multikulturalismus annehmen, zusätzliche Ressource darstellt, ist eine bis heute nicht abschließend geklärte Frage. Ebenso ist unklar, inwieweit die gleichzeitige Distanz zur Kultur des Aufnahme- und des Herkunftslandes – nach Berry ein Indikator für Marginalisierung – ein doppeltes Handicap bildet. Die Befundlage ist gemischt. Eine größere Anzahl von Studien, die Nguyen und Benet-Martínez (2013) in einer Metaanalyse zusammengefasst haben, sprechen für die positiven Auswirkungen einer Doppelintegration vor allem im Hinblick auf eine erfolgreiche psychologische Adaption – also zum Beispiel Selbstwirksamkeit oder Aspekte der Lebenszufriedenheit. Aber gerade im Hinblick auf die soziokulturelle Adaption im Leistungsbereich (z. B. Ausbildungs- und Berufsaspirationen und Schulleistungen) gibt es widersprüchliche Befunde (Edele, Stanat, Radmann & Segeritz, 2013; Esser, 2009; Hannover et al., 2013; Horenczyk, 2010; Knigge, Klinger, Schnoor & Gogolin, 2015; Trickett & Birman, 2005). Nach ihren Ergebnissen ist bei gegebener Akzeptanz der Kultur der Mehrheitsgesellschaft von einer gleichzeitigen Bindung an die Herkunftskultur kein zusätzlicher positiver Effekt zu erwarten. Konvergenz der Befunde zeigt sich am ehesten insofern, als bei einer separierenden und ethnisch zentrierten Lösung des Akkulturationsproblems im Vergleich zur Doppelintegration mit systematischen Nachteilen zu rechnen ist (Altschul, Oyserman & Bybee, 2008; Berry et al., 2006; Edele et al., 2013; Esser, 2009; Hannover et al., 2013; Oyserman, Kemmelmeier, Fryberg, Brosh & Hart-Johnson, 2003). Diese Befundlage spricht in jedem Fall dafür, den Vorschlägen von Phinney, Horenczyk, Liebkind und Vedder (2001) und Nguyen und Benet-Martínez (2007) zu folgen und die Bindung an die Herkunfts- bzw. Aufnahmekultur wie Edele et al. (2013) getrennt zu erfassen. Dies erlaubt auch, Referenzwerte für Personen der Mehrheitsgesellschaft zu erheben.

Wir gehen davon aus, dass bei deutschstämmigen Jugendlichen ein Bekenntnis der Verbundenheit zur deutschen Kultur – auch vor dem Hintergrund der Diskussion über eine deutsche Einheitskultur – nicht selbstverständlich ist, sondern dass die Meinungen in diesem Punkt eher auseinander gehen. Man kann unseres Erachtens aber auch annehmen, dass eine dezidierte Ablehnung der Verbundenheit mit der deutschen Kultur relativ selten ist. Bei Jugendlichen mit MGH erwarten wir in Übereinstimmung mit Befunden, nach denen Zuwanderergruppen im Aufnahmeland häufig eine stärkere Bindung an die Herkunftskultur entwickeln als im Herkunftsland selbst (Tienda & Mitchell, 2006), eine engere Bindung an die eigene Kultur als bei deutschstämmigen Jugendlichen. Die Aufgabe aller Bindungen an die Herkunftskultur sollte sehr selten sein. Bindungen an die deutsche Kultur sollten bei Jugendlichen aus Zuwandererfamilien weniger ausgeprägt sein – sowohl im Vergleich zur Bindung an die Herkunftskultur als auch im Vergleich zur Bindung von deutschstämmigen Jugendlichen an die eigene Kultur. Allerdings sollte auch die Ablehnung jeglicher Verbundenheit mit der deutschen Kultur unter Zuwanderern nur bei einer Minderheit anzutreffen sein. Schließlich vermuten wir, dass bei Jugendlichen aus Familien mit Zuwanderungsgeschichte kulturelle Bindungen generationsabhängig sind: Bindungen an die Kultur der Aufnahmegesellschaft sollten mit der Verweildauer der Familie in Deutschland zunehmen, während kulturelle Bindungen an die Herkunftsgesellschaft eher schwächer werden.

Im Hinblick auf einen Vergleich der SESB mit sonstigen Regelschulen in Berlin erwarten wir, dass bei Schülerinnen und Schülern mit MGH an der SESB als Folge des intensiven Austausches die Bindung an die deutsche Kultur stärker und bei Schülerinnen und Schülern ohne MGH aufgrund der internationalen Orientierung der SESB schwächer ausgeprägt ist. Gleichzeitig dürfte aber auch die Bindung an die Herkunftskultur bei Jugendlichen mit MGH an der SESB tendenziell stärker sein, da bereits die Entscheidung für eine doppelte Alphabetisierung für kulturelle Bindung spricht. Diese sollte sich im Laufe des Schulbesuchs und mit verbesserter Beherrschung der jeweiligen Partnersprache verstärken.

Kombiniert man die Informationen zu beiden Bindungsmöglichkeiten für Jugendliche aus Zuwandererfamilien in dichotomisierter Form, kann man die typischen Akkulturationsausgänge nach Berry (1997) empirisch rekonstruieren. Der multikulturellen Idee der SESB entsprechend nehmen wir an, dass die Auftretenswahrscheinlichkeit der Mehrfachintegration bzw. der bikulturellen Identität an der SESB im Vergleich zu den sonstigen Regelschulen Berlins markant erhöht ist und die Doppelbindung den Modalfall darstellt, während die eindeutige Assimilation – auch noch bei Angehörigen der 2. Zuwanderungsgeneration – die Ausnahme bildet. Ebenso sollten separative Lösungen der Bindungsoptionen in geringerem Umfang zu beobachten sein.

7.4 Datengrundlage und Instrumentierung

Datengrundlage
Datengrundlage dieses Kapitels ist der um die SESB erweiterte Datensatz der BERLIN-Studie, in der mit der 1. Erhebungswelle des Moduls 2 15-Jährige und Schülerinnen und Schüler der 9. Jahrgangsstufe nach der Umstellung des Berliner Schulwesens auf Zweigliedrigkeit untersucht wurden (vgl. Kap. 3; Maaz, Baumert, Neumann, Becker & Dumont, 2013). Die Felduntersuchungen fanden am Ende des Schuljahres 2013/14 statt.

An der Untersuchung nahmen N = 617 Schülerinnen und Schüler aus der SESB und N = 3.289 Schülerinnen und Schüler an sonstigen Regelschulen Berlins teil. An der SESB wurden alle 15-Jährigen und alle Schülerinnen und Schüler der 9. Jahrgangsstufe in die Untersuchung einbezogen. An den sonstigen Regelschulen Berlins wurde eine mehrfach geschichtete Zufallsstichprobe von 15-Jährigen und Neuntklässlern gezogen, die für die Berliner Schülerschaft dieser Altersgruppe und Jahrgangsstufe repräsentativ ist.

Fehlende Werte wurden multipel imputiert. Für die Analysen werden fünf imputierte Datensätze verwendet. Die Ergebnisse werden nach den Regeln von Rubin (1987) integriert. Die geschachtelte Struktur der Daten – Schülerinnen und Schüler in Schulen – wird bei der Schätzung der Standardfehler berücksichtigt, indem robuste Sandwichschätzer verwendet werden. Die Analysen werden in SPSS 22.0.0.1 und (überwiegend) in Mplus 7.11 durchgeführt.

Instrumentierung

Im Schülerfragebogen wurden systematisch Aspekte der interkulturellen Orientierung und der Sozialintegration von Jugendlichen erhoben. Die Daten erlauben einen Vergleich von Schülerinnen und Schülern an SESB und sonstigen öffentlichen Berliner Sekundarschulen unter Berücksichtigung des MGH, der Zuwanderungsgeneration, zentraler Familienmerkmale – wie Sozialschicht und Bildungsniveau der Eltern – sowie kognitiver und sozialer Ressourcen der Schülerinnen und Schüler.

Im Anschluss an Hahn et al. (2010) unterscheiden wir vier normative Orientierungen, die sich in den Dimensionen der Wahrnehmung von Gruppenunterschieden und der Gruppenpräferenz unterscheiden: Multikulturalismus, Egalitarismus – in der Literatur in der Regel als *Colorblindness* bezeichnet (Plaut, Thomas & Goren, 2009; Sasaki & Vorauer, 2013; Wolsko, Park & Judd, 2006) –, Assimilation und Separation. Zur Erfassung dieser Dimensionen haben Hachfeld und Hahn (2011) ein von Hahn entwickeltes englischsprachiges Instrument an deutsche Schulverhältnisse angepasst und eine deutschsprachige Kurzfassung hergestellt (vgl. auch Hachfeld et al., 2011). Das Instrument umfasst vier Skalen mit jeweils drei Items. Die Skala *Multikulturalismus* verbindet die Wahrnehmung und Akzeptanz von Gruppenunterschieden mit der Wertschätzung der jeweilig Anderen und der Vorstellung eines integrativen Zusammenlebens der Gruppen (Beispielitems: „Es ist wichtig zu lernen, dass andere Kulturen andere Wertvorstellungen haben können" oder „Ich finde, dass alle etwas davon haben, wenn in der Schule viele unterschiedliche Kulturen vertreten sind"). *Egalitarismus* verknüpft die Devaluierung der Bedeutung von Gruppenunterschieden mit der gleichen Wertschätzung aller (Beispielitem: „Ich finde, dass alle Menschen gleich sind, egal woher sie kommen oder welchen kulturellen Hintergrund sie haben"). *Assimilation* zielt auf die Überwindung von Unterschieden bei einer Präferenz der Mehrheitskultur (Beispielitem: „Menschen, die in Deutschland leben, sollten sich auch der deutschen Kultur anpassen"). *Separation* schließlich ist eine normative Orientierung, die Unterschiede zwischen Gruppen bewusst wahrnimmt und die Salienz von Grenzziehungen betont bei gleichzeitiger Präferenz für die Kultur der jeweilig eigenen Gruppe, sei es die der Mehrheitsgesellschaft oder der Minderheit (Beispielitems: „Ich kann mir nur schwer vorstellen, jemanden zu heiraten, der einen anderen kulturellen Hintergrund hat als ich" oder „Ich fände es gut, wenn verschiedene kulturelle Gruppen in Deutschland ihre eigenen Schulen haben könnten"). Wir haben die faktorielle Struktur des Instruments mit einer *Confirmatory Factor Analysis* (CFA) überprüft. Die theoretisch postulierte Struktur mit vier korrelierten Faktoren ließ sich gut an die empirischen Daten anpassen (CFI = 0.93; RMSEA = 0.049). In der endgültigen Skalenbildung wurde ein auf dem Faktor „*Egalitarismus*" schwächer ladendes Item ausgeschlossen. Die interne Konsistenz der Skalen liegt bei $\alpha = 0.84$ für Multikulturalismus, $\alpha = 0.71$ für Egalitarismus (bei Verzicht auf ein Item), $\alpha = 0.75$ für Assimilation und $\alpha = 0.73$ für Separation.

Die *kulturelle Bindung* an die Herkunfts- bzw. Aufnahmegesellschaft wurde mit zwei Skalen erfasst, die vom nationalen Bildungspanel (Blossfeld, Roßbach & von Maurice, 2011) übernommen wurden. Die Konstrukte werden durch jeweils vier parallel formulierte Items indikatorisiert (Beispielitems: „Ich fühle mich eng verbunden mit der deutschen Kultur/meiner Herkunftskultur" oder „Ich fühle mich sehr wohl in der deutschen Kultur/meiner Herkunftskultur"). Die interne Konsistenz der Skalen liegt bei $\alpha = 0.89$ für die Bindung an die Mehrheitskultur bzw. $\alpha = 0.92$ für die Bindung an die Herkunftskultur. Die Fragen zur Bindung an die Kultur der Aufnahmegesellschaft wurde *allen* Befragten vorgelegt, die Frage zur Bindung an die Kultur der Herkunftsgesellschaft nur den Jugendlichen, die zuvor angegeben hatten, dass ihre Familien – unabhängig vom Zuwanderungszeitpunkt – aus einem anderen Land als Deutschland stammten. Damit konnten auch Angehörige der dritten Zuwanderungsgeneration diese Fragen beantworten. Das Merkmal „Bindung an die deutsche Kultur" ist normal-, das Merkmal „Bindung an die Herkunftskultur" deutlich linksschief (mit vielen Werten, die hohe Bindung signalisieren) verteilt.

Beide Skalen erfassen kulturelle Wertbindungen in allgemeiner Weise und damit die beiden Basisdimensionen, die dem Akkulturationsschema von Berry (1997) zugrunde liegen. So ist es möglich, die von Berry postulierten idealtypischen Akkulturationsausgänge für Zuwanderer unter dem Aspekt der *kulturellen* Integration zu rekonstruieren. Zur Rekonstruktion des Vierfelderschemas wurden die beiden Skalen bei Zustimmung zu allen Items dichotomisiert (Zustimmung: ja/nein) und dann gekreuzt. Wir bezeichnen die Akkulturationsausgänge im Folgenden als „Mehrfachintegration", „Assimilation", „Separierung" und „Schwache Bindungen". Zu Kontrollzwecken wurde die Distanz zur Herkunfts- bzw. Aufnahmegesellschaft analog abgebildet, indem die Skalen bei Ablehnung jeweils aller vier Items dichotomisiert wurden.

Um die empirisch gefundene Zuordnung zu den Akkulturationstypen mit Selbstkategorisierungen vergleichen zu können, wurden die befragten Schülerinnen und Schüler aus Zuwanderungsfamilien über Präferenzwahlen um eine entsprechende Zuordnung gebeten. Die Items lauteten: „Ich fühle mich gleichzeitig zu meiner Herkunftskultur und zu Deutschland zugehörig", „Durch mein Aufwachsen fühle ich mich mehr zu Deutschland zugehörig als zu meiner Herkunftskultur", „Ich bleibe immer Teil meiner Herkunftskultur und werde niemals deutsch sein" und „Ich bin durch meine Herkunft und mein Aufwachsen weder wirklich Teil meiner Herkunftskultur noch wirklich deutsch".

In den folgenden Analysen wird eine Reihe von individuellen Basisinformationen verwendet, die bereits in Kapitel 3 beschrieben wurden. Dies sind der Migrationsstatus, bei Personen mit MGH die Zugehörigkeit zu einer Zuwanderungsgeneration – Generationsstatus –,

Sozialschicht und Bildungsniveau der Eltern, in der Familie vornehmlich gesprochene Sprache und kognitive Grundfähigkeiten der Schülerinnen und Schüler. Auf institutioneller Ebene wird nach Zugehörigkeit zur SESB bzw. zu einer sonstigen öffentlichen Regelschule in Berlin – Schulform – und innerhalb der SESB nach Partnersprachen oder Partnersprachengruppen (kosmopolitisch vs. ethnisch) unterschieden (vgl. Kap. 3).

7.5 Ergebnisse

Der folgende Bericht der Ergebnisse wird in zwei Abschnitte unterteilt. Im ersten Abschnitt werden normative Akkulturationsvorstellungen und im zweiten Abschnitt Bindungen an die Kultur der Herkunfts- und Aufnahmegesellschaft behandelt. Beide Abschnitte sind parallel aufgebaut. Zunächst werden die Interkorrelationen und Verteilungen der normativen Vorstellungen bzw. Wertbindungen an der SESB und an sonstigen Regelschulen deskriptiv dargestellt. Es folgt darauf eine ebenfalls deskriptive Betrachtung der Prävalenzraten nach Zuwanderungsgeneration und Schulform. Aus Gründen der Anschaulichkeit und Verständlichkeit haben wir die Akkulturations- und Bindungsskalen für die deskriptiven Analysen dichotomisiert, sodass wir auch Zustimmungsraten zu den jeweiligen Konzepten angeben können. Der Korrektheit halber berichten wir aber auch immer Skalenmittelwerte und deren Standardfehler. Daran anschließend wird der Zusammenhang von Akkulturationsvorstellungen bzw. Wertbindungen mit Schulform, Migrationsstatus, Zuwanderungsgeneration sowie familialen und individuellen Ressourcen multivariat ausschließlich anhand der metrischen Variablen untersucht. Im Abschnitt zu kulturellen Bindungen schließt die Rekonstruktion der idealtypischen Akkulturationsausgänge nach Berry (1997) die Ergebnisdarstellung ab.

7.5.1 Normative Akkulturationsvorstellungen – Verteilungen und Bedingungen

Akkulturationsnormen verstehen wir theoretisch als regulative Vorstellungen über das wünschenswerte Zusammenleben von Zuwanderergruppen und Mehrheitsgesellschaft. Im Anschluss an Hahn et al. (2010) unterscheiden wir vier normative Orientierungen, die sich hinsichtlich der Wahrnehmung von Gruppenunterschieden und der Wertschätzung von Zuwanderergruppe und Mehrheitsgesellschaft unterscheiden.

Die vier normativen Akkulturationsvorstellungen (Egalitarismus, Multikulturalismus, Assimilation und Separierung; vgl. Abschnitt 7.3) sind weder theoretisch noch empirisch voneinander unabhängig. Tabelle 7.3 weist die latenten Korrelationen der Vorstellungsdimensionen aus.

Die Korrelationsmatrix zeigt, dass die befragten Jugendlichen – und das gilt gleichermaßen für Personen mit und ohne MGH – nur begrenzt zwischen Egalitarismus/Colorblindness und Multikulturalismus unterscheiden (können) ($r = 0.73$). Sie nehmen in beiden Dimensionen offenbar vornehmlich den Aspekt der Wertschätzung und des positiven Zusammenlebens wahr, der diese Vorstellungen verbindet. Dementsprechend sind

Tabelle 7.3: Matrix der latenten Korrelationen zwischen Akkulturationsvorstellungen

Akkulturationsnormen	Egalitarismus	Multikulturalismus	Assimilation	Separierung
Egalitarismus	1.00	0.73	−0.21	−0.53
Multikulturalismus		1.00	−0.26	−0.32
Assimilation			1.00	0.47
Separation				1.00

auch die Korrelationen mit Separations- und Assimilationsvorstellungen, die beide eine Abstufung in der Wertschätzung implizieren, negativ. Interessant ist, dass Assimilations- und Separationsnormen – die Korrelation ist über Migrations- und Schulform hinweg invariant – mit $r = 0.47$ deutlich positiv korreliert sind: Man kann offensichtlich unabhängig vom MGH der Meinung sein, dass Assimilation erforderlich ist, aber Separation dennoch eine erstrebenswerte Lösung darstellt.

Tabelle 7.4 gibt einen deskriptiven Überblick über Mittelwerte und Zustimmungsraten zu den vier unterschiedlichen Akkulturationsnormen – aufgeschlüsselt nach Schulstatus, Migrationsstatus und Partnersprache der SESB. Ein erster Blick auf die Ergebnisse zeigt sowohl für die SESB als auch für die sonstigen Regelschulen Berlins, dass Multikulturalismus und Egalitarismus die beiden *modalen* Akkulturationsvorstellungen von Jugendlichen sind. Dies gilt für zugewanderte und nichtzugewanderte junge Menschen gleichermaßen. Die Zustimmung zu beiden Konzepten liegt regelmäßig über 80 Prozent. Eine Ausnahme machen nur die Jugendlichen, die eine Schule mit griechischer Partnersprache besuchen. Hier sinkt die Zustimmung zu multikulturellen Normen zugunsten separativer Vorstellungen auf etwa 50 Prozent. Festzuhalten ist jedoch, dass unter Jugendlichen in Berlin insgesamt normative Gleichwertigkeitsvorstellungen, nach denen Unterschiede zwischen ethnischen Gruppen als bereichernd akzeptiert oder für gering gehalten werden, klar dominant sind. Dies widerspricht der von Hahn et al. (2010) entwickelten Argumentationslinie zur Bedeutung nationaler Identitätsentwürfe, nach der in Deutschland Abgrenzung vorherrschend sein sollte.

Dies wird besonders deutlich, wenn man gleichzeitig die relativ geringe Zustimmung zu Separationsnormen betrachtet, die gerade bei Personen *ohne* MGH bei etwa 20 Prozent oder weniger liegt. Abgrenzungsvorstellungen werden von Jugendlichen, deren Eltern beide nach Deutschland zugewandert sind, mit etwa 40 Prozent Zustimmung dagegen doppelt so häufig vertreten. Überraschenderweise scheinen sich die Verhältnisse an der SESB und den sonstigen Regelschulen in dieser Hinsicht kaum zu unterscheiden. In erwarteter Richtung deuten sich allerdings innerhalb der SESB Unterschiede zwischen Schulen mit eher kosmopolitischer und eher ethnisch homogener Schülerschaft an (vgl. Kap. 3). Dies bedarf jedoch der inferenzstatistischen Absicherung, die später erfolgen wird.

Ein sehr unterschiedliches Bild bietet sich für Assimilationsnormen. Im Regelschulwesen scheinen Assimilationsvorstellungen unter Jugendlichen ausgesprochen strittig zu sein: Die Zustimmungs- und Ablehnungsraten halten sich mit etwa jeweils 50 Prozent die Waage. Gleichzeitig sind in dieser Dimension mit nur 25 Prozent Zustimmung an der

Tabelle 7.4: 15-Jährige und Neuntklässler nach Zustimmung zu Akkulturationsnormen, Partnersprache der Schule, Schulform und Migrationshintergrund (Mittelwerte, Standardabweichungen und Zustimmung in %, Standardfehler in Klammern)

Partnersprache der Schule/ Schulform/MGH	N	Akkulturationsnormen							
		Egalitarismus/Colorblindness		Multikulturalismus		Assimilation		Separierung	
		Mittelwert/SD	Zustimmung in %[1]	Mittelwert/SD	Zustimmung in %[1]	Mittelwert/SD	Zustimmung in %[1]	Mittelwert/SD	Zustimmung in %[1]
SESB									
Englisch	77	3.45 (.05)	88,6 (1.9)	3.31 (.02)	88.6 (0.6)	1.89 (.04)	13,0 (3.0)	1.63 (.07)	10,4 (3.0)
Französisch	109	3.63 (.05)	92,8 (3.3)	3.51 (.06)	93,2 (2.5)	1.84 (.06)	15,9 (2.8)	1.55 (.05)	11,2 (3.1)
Griechisch	45	3.43 (.03)	89,9 (3.3)	3.43 (.02)	50,2 (1.5)	1.86 (.05)	20,0 (1.7)	2.32 (.03)	44,9 (2.0)
Italienisch	93	3.44 (.09)	84,9 (2.8)	3.26 (.12)	84,5 (4.6)	2.04 (.07)	25,4 (2.7)	2.01 (.24)	29,0 (1.7)
Polnisch	67	3.22 (.01)	78,8 (0.7)	3.04 (.03)	80,6 (2.0)	2.00 (.01)	27,5 (1.9)	2.43 (.05)	41,5 (1.4)
Portugiesisch	41	3.46 (.04)	82,0 (3.0)	3.50 (.02)	87,8 (2.7)	1.94 (.04)	22,4 (2.9)	1.72 (.08)	16,1 (3.0)
Russisch	36	3.40 (.02)	86,1 (2.2)	3.32 (.14)	90,6 (1.7)	1.83 (.04)	20,0 (2.5)	2.21 (.05)	37,2 (3.5)
Spanisch	99	3.50 (.02)	92,7 (0.9)	3.36 (.03)	88,3 (1.0)	2.14 (.03)	28,5 (2.5)	2.00 (.03)	26,9 (1.3)
Türkisch	50	3.22 (.04)	82,1 (6.1)	3.17 (.04)	84,0 (2.2)	2.25 (.06)	37,2 (3.7)	2.46 (.06)	51,6 (5.2)
Insgesamt	617	3.44 (.04)/.69	80,4 (3.2)	3.32 (.05)/.71	87,8 (1.4)	1.98 (.05)/.78	22,8 (2.6)	1.98 (.11)/.82	27,2 (4.9)
Darunter:									
Ohne MGH	99	3.39 (.07)	84,4 (4.4)	3.34 (.09)	85,1 (4.6)	1.99 (.10)	20,7 (6.0)	1.71 (.09)	14,4 (5.0)
Einseitiger MGH	224	3.41 (.05)	91,2 (2.6)	3.57 (.05)	91,4 (2.3)	1.91 (.07)	20,6 (3.7)	1.75 (.11)	19,7 (5.0)
Beidseitiger MGH	294	3.25 (.06)	86,3 (2.4)	3.37 (.03)	85,0 (2.7)	2.03 (.06)	25,2 (3.2)	2.23 (.11)	37,1 (5.2)
Sonstige Regelschulen									
Insgesamt	3.289	3.32 (.03)/.69	82,5 (1.3)	3.10 (.03)/.71	80,2 (1.2)	2.55 (.02)/.78	53,1 (1.4)	2.02 (.04)/.82	28,7 (2.0)
Darunter:									
Ohne MGH	1.667	3.37 (.03)	84,0 (1.7)	3.07 (.04)	78,6 (1.7)	2.61 (.03)	56,0 (1.7)	1.89 (.04)	21,7 (1.7)
Einseitiger MGH	656	3.31 (.05)	81,9 (2.0)	3.07 (.04)	78,3 (1.9)	2.53 (.05)	51,6 (3.0)	1.99 (.06)	29,5 (2.9)
Beidseitiger MGH	967	3.25 (.04)	80,2 (1.7)	3.16 (.03)	84,3 (1.5)	2.46 (.04)	49,2 (2.2)	2.27 (.07)	40,2 (3.1)

1 Skala am theoretischen Mittelwert dichotomisiert.

SESB große Differenzen zwischen der SESB und sonstigen Regelschulen erkennbar. Die große Mehrheit an der SESB teilt Assimilationsvorstellungen nicht. Dementsprechend groß sind die Mittelwertunterschiede, die fast drei Viertel einer Standardabweichung betragen. Überraschenderweise und im Widerspruch zu unseren theoretischen Annahmen scheinen Jugendliche aus Zuwandererfamilien Assimilationsnormen kaum seltener zu vertreten als deutschstämmige Altersgleiche. Hier stellt sich die Frage, welche Rolle die Verweildauer in Deutschland, die Familiensprache und vor allem die Verträglichkeit von Assimilations- und Separationsvorstellungen (siehe oben Abschnitt 7.5.1) spielen.

Die Abbildungen 7.1 und 7.2 brechen die Zustimmungsraten zu egalitären und multikulturellen Akkulturationsvorstellungen nach Schulform und Generationszugehörigkeit gemäß der Definition von Stanat et al. (2010) auf (vgl. Abschnitt 7.3). Beide Abbildungen zeigen zunächst noch einmal anschaulich die hohe Zustimmung zu normativen Akkulturationskonzepten, die die Vorstellung der Gleichwertigkeit und des gemeinsamen Zusammenlebens von Gruppen teilen. Sodann lassen sie eine bemerkenswerte Stabilität beider Vorstellungen über Zuwanderungsgenerationen hinweg erkennen. Und schließlich deutet sich über alle Untergruppen hinweg erwartungsgemäß eine etwas höhere Prävalenz beider Akkulturationsnormen an der SESB an, die einer statistischen Überprüfung bedarf.

In verschiedener Hinsicht bieten die Abbildungen 7.3. und 7.4 unterschiedliche Bilder. Abbildung 7.3 zeigt erwartungsgemäß große Differenzen in den Prävalenzraten von Assimilationsvorstellungen zwischen der SESB und sonstigen Regelschulen – und zwar mit hoher Stabilität über alle Zuwanderungsgenerationen hinweg. Ob es sich bei diesen Unterschieden um einen Selektionseffekt handelt oder ob man (auch) von einem unterschiedlichen kulturellen Milieu an der SESB sprechen darf, wird anschließend überprüft. Die in Abschnitt 7.3 vermutete Wechselwirkung zwischen Migrations- und Schulform zeichnet sich nicht ab. Abbildung 7.4 dagegen gibt eine bemerkenswerte und durchaus erwartungskonforme Dynamik normativer Separationsvorstellungen zu erkennen: Die Prävalenz von Abgrenzungsnormen nimmt mit der Verweildauer zugewanderter Familien in Deutschland offensichtlich ab. Dabei deutet sich ein kleiner erwartungsgemäßer Unterschied zwischen der SESB und sonstigen Regelschulen an, der in Tabelle 7.2 nicht zu sehen war. Auch hier ist eine weitere Prüfung nötig, die im folgenden Schritt vorgenommen wird.

Eine genauere Überprüfung unserer Annahmen soll regressionsanalytisch erfolgen. Tabelle 7.5 fasst die Ergebnisse einer Serie von Regressionsanalysen zusammen, in denen die Ausprägung der unterschiedlichen Akkulturationsnormen in Abhängigkeit von Migrations- und Generationsstatus, familialen und persönlichen Ressourcen sowie der Schulform untersucht wird. In den Analysen sind die abhängigen Variablen und die metrischen Prädiktoren z-standardisiert, sodass die Koeffizienten in Einheiten der Standardabweichung zu interpretieren sind. Für die Akkulturationsnorm „Egalitarismus" zeigt Modell 1, dass diese Gleichheitsnorm an der SESB unabhängig vom Migrations- und Generationsstatus der Befragten häufiger als an sonstigen Regelschulen vertreten wird (β = 0.21). Dieser Befund deutete sich bereits in Tabelle 7.2 und Abbildung 7.2 an. Im Modell 2 werden zusätzlich familiale und persönliche Ressourcen in die Regressionsgleichung eingeführt. Die Befunde zeigen, dass individuelle Ressourcen in der Tat egalitäre Akkulturationsvorstellungen be-

Abbildung 7.1: Zustimmung zur Akkulturationsnorm „Egalitarismus" nach Zuwanderungsgeneration und Schulform (Angaben in %)

	1. Generation	1,5. Generation	2. Generation	3. Generation	Einseitiger MGH	Ohne MGH
Sonstige Regelschulen	75,8	85,5	80,1	84,2	81,9	84,0
SESB	80,5	87,3	86,3	89,1	91,4	83,0

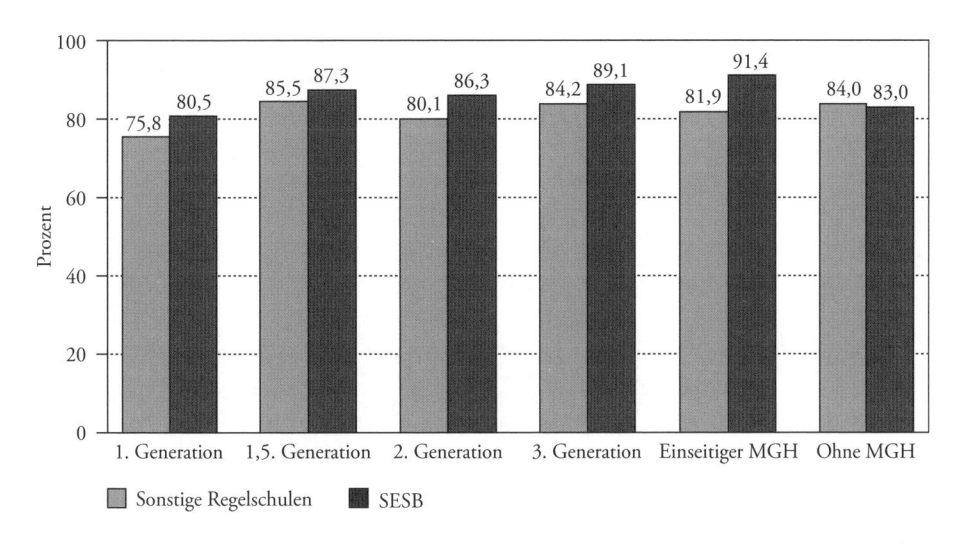

Abbildung 7.2: Zustimmung zur Akkulturationsnorm „Multikulturalismus" nach Zuwanderungsgeneration und Schulform (Angaben in %)

	1. Generation	1,5. Generation	2. Generation	3. Generation	Einseitiger MGH	Ohne MGH
Sonstige Regelschulen	79,6	84,4	84,8	78,7	78,3	78,7
SESB	78,9	86,9	89,4	87,8	91,2	84,3

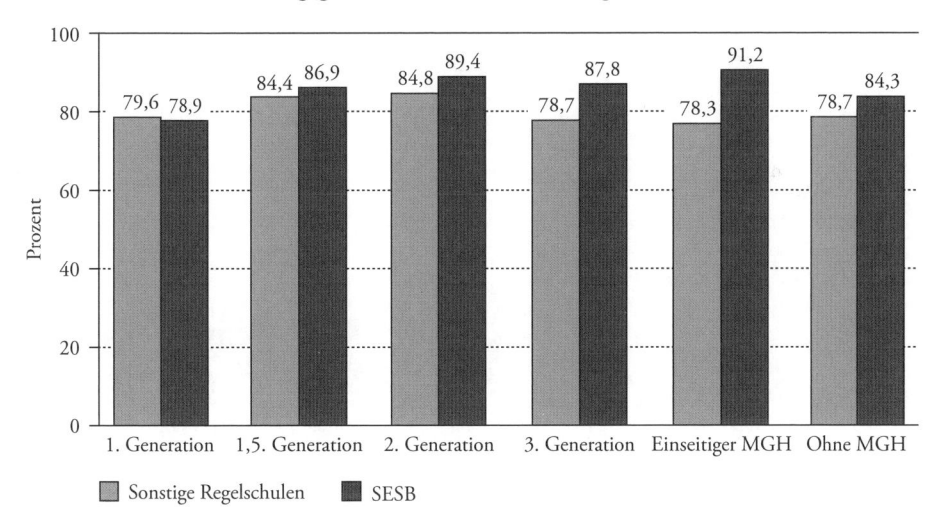

günstigen. Insbesondere ist die kognitive Flexibilität ein guter Prädiktor für Egalitätsnormen ($\beta = 0.21$). Gleichzeitig geht der Effekt der Schulform deutlich zurück und erreicht mit $\beta = 0.10$ nur noch marginale Signifikanz. Die höheren Prävalenzraten dieser Akkulturationsnorm an der SESB sind also in erheblichem Maße auf die positive Selektion der Schülerschaft zurückzuführen. Im letzten Schritt wird innerhalb der SESB zwischen

Abbildung 7.3: Zustimmung zur Akkulturationsnorm „Assimilation" nach Zuwanderungsgeneration und Schulform (Angaben in %)

Generation	Sonstige Regelschulen	SESB
1. Generation	55,6	32,7
1,5. Generation	39,6	20,4
2. Generation	49,7	23,2
3. Generation	51,6	29,5
Einseitiger MGH	51,6	20,6
Ohne MGH	56,6	17,3

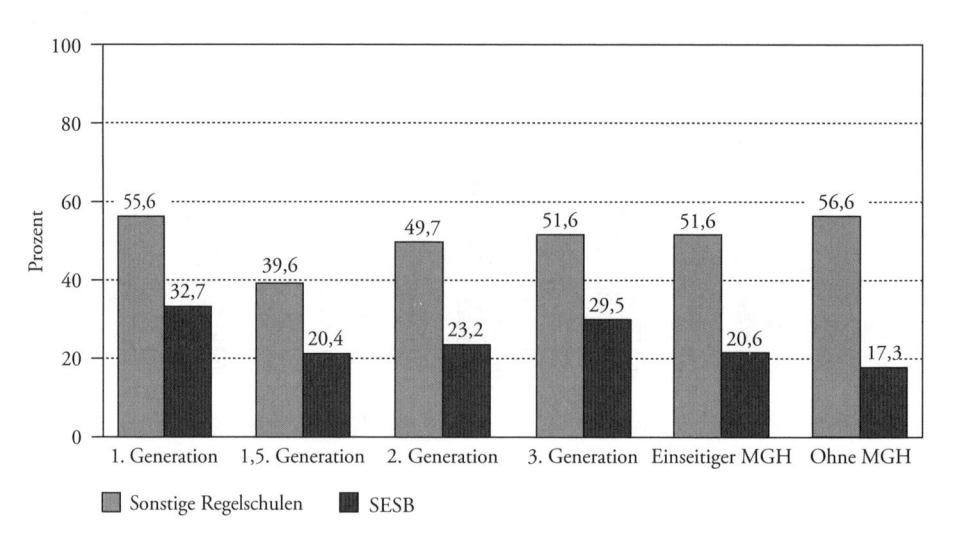

Abbildung 7.4: Zustimmung zur Akkulturationsnorm „Separierung" nach Zuwanderungsgeneration und Schulform (Angaben in %)

Generation	Sonstige Regelschulen	SESB
1. Generation	56,2	45,2
1,5. Generation	32,7	42,4
2. Generation	39,2	31,9
3. Generation	28,2	21,8
Einseitiger MGH	29,5	19,7
Ohne MGH	20,9	12,0

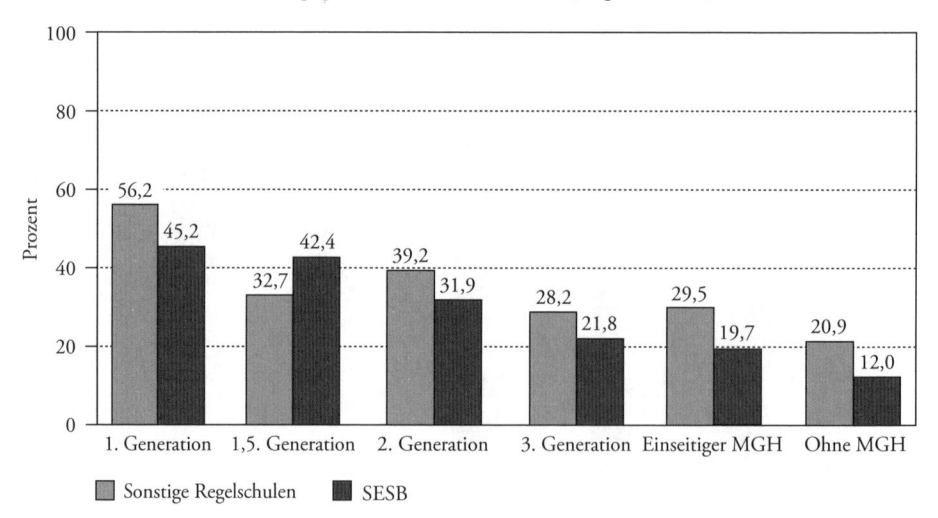

Schulen mit eher kosmopolitischer und ethnisch eher homogener Schülerschaft unterschieden. Jetzt wird sichtbar, dass allein die kosmopolitischen Schulen für die höheren Prävalenzraten an der SESB verantwortlich sind ($\beta = 0.16$ vs. $\beta = 0.03$).

Im Hinblick auf die Akkulturationsnorm „Multikulturalismus" zeigt sich ein ähnliches, aber prägnanteres Bild. Modell 1 belegt, dass multikulturelle Akkulturationsvorstellungen an der SESB auch unter Kontrolle von Migrations- und Generations-

Tabelle 7.5: Ergebnisse der Regression von Akkulturationsnormen auf Generationsstatus, Schulform sowie familiale und persönliche Ressourcen (abhängige Variablen z-standardisiert)

Prädiktoren	Akkulturationsnormen											
	Egalitarismus			Multikulturalismus			Assimilation			Separierung		
	Modell 1	Modell 2	Modell 3	Modell 1	Modell 2	Modell 3	Modell 1	Modell 2	Modell 3	Modell 1	Modell 2	Modell 3
Generationsstatus												
Kein MGH	**Referenz**	**Referenz**	**Referenz**	**Referenz**	**Referenz**	**Referenz**	**Referenz**	**Referenz**	**Referenz**	**Referenz**	**Referenz**	**Referenz**
Einseitiger MGH	-.04 (.07)	.03 (.06)	.03 (.06)	-.03 (.06)	.09 (.06)	.09 (.06)	**-.13** (.06)	**-.16** (.06)	**-.16** (.06)	.10 (.06)	.03 (.08)	.04 (.08)
Beidseitiger MGH												
1. Generation	**-.27** (.10)	-.06 (.09)	-.05 (.09)	-.13 (.11)	.04 (.10)	.05 (.10)	-.07 (.11)	-.14 (.12)	-.15 (.12)	**.66** (.12)	**.54** (.14)	**.51** (.14)
1,5. Generation	-.04 (.10)	.13 (.09)	.13 (.09)	.04 (.09)	**.18** (.09)	**.19** (.09)	**-.28** (.11)	**-.34** (.10)	**-.34** (.10)	**.38** (.10)	**.25** (.12)	**.24** (.12)
2. Generation	**-.18** (.07)	.01 (.07)	.01 (.07)	**-.16** (.06)	**.27** (.06)	**.28** (.06)	**-.16** (.06)	**-.23** (.06)	**-.23** (.06)	**.40** (.07)	**.23** (.08)	**.22** (.08)
3. Generation	-.12 (.13)	-.04 (.13)	-.04 (.13)	-.04 (.11)	.02 (.11)	.02 (.11)	-.07 (.16)	-.10 (.16)	-.10 (.16)	.18 (.10)	.12 (.12)	.11 (.12)
Schulform												
SESB (nein/ja)	**.21** (.03)	.10 (.06)		**.31** (.07)	**.21** (.07)		**-.66** (.06)	**-.62** (.06)		-.15 (.09)	-.03 (.08)	
Kosmopolitisch			**.16** (.07)			**.30** (.09)			**-.66** (.09)			**-.21** (.10)
Ethnisch			.03 (.07)			.10 (.09)			**-.58** (.07)			.17 (.09)
Ressourcen												
HISEI[1] (z-standardisiert)	–	**.08** (.03)	**.08** (.03)	–	.06 (.04)	.06 (.04)	–	.002 (.03)	.004 (.03)	–	**-.08** (.02)	**-.07** (.02)
Bildung Familie	–	.09 (.06)	.09 (.06)	–	**.16** (.06)	**.16** (.06)	–	-.09 (.06)	-.09 (.06)	–	**-.20** (.05)	**-.20** (.05)
KFT_figural (z-standardisiert)	–	**.21** (.02)	**.21** (.02)	–	**.15** (.02)	**.15** (.02)	–	**-.09** (.02)	**-.09** (.02)	–	**-.26** (.02)	**-.26** (.02)
R^2	**.01** (.005)	**.07** (.01)	**.07** (.01)	**.02** (.007)	**.06** (.01)	**.06** (.01)	**.07** (.02)	**.08** (.02)	**.08** (.02)	**.05** (.01)	**.15** (.02)	**.15** (.02)

Fett gedruckt sind statistisch signifikante Werte ($p < 0.05$).

status häufiger vertreten werden als an sonstigen Regelschulen ($\beta = 0.31$). Die Effektstärke beträgt fast ein Drittel einer Standardabweichung. Modell 2 zeigt, dass individuelle Ressourcen auch für die Ausprägung multikultureller Normvorstellungen eine Rolle spielen. Insbesondere sind das Bildungsniveau der Familie und die kognitiven Fähigkeiten der Befragten gute Prädiktoren für Multikulturalismus. Erwartungsgemäß sinkt in diesem erweiterten Modell der Effekt der Schulform ($\beta = 0.21$), bleibt aber weiterhin statistisch signifikant und auch praktisch bedeutsam. Modell 3 bringt weitere Aufklärung: Für die erhöhten Multikulturalismusraten an der SESB sind wiederum ausschließlich die eher kosmopolitischen Sprachprogramme verantwortlich ($\beta = 0.30$). Man darf vermuten, dass an diesen Schulen ein offeneres kulturelles Milieu anzutreffen ist. Modell 2 und 3 machen aber auch sichtbar, dass bei Kontrolle individueller Merkmale und der Schulform Jugendliche mit MGH, die in Deutschland geboren sind oder vor der Grundschulzeit nach Deutschland gekommen sind, verstärkt zu multikulturellen Vorstellungen neigen ($\beta = 0.28$ bzw. $\beta = 0.19$).

Ein sehr eindrucksvolles Bild bietet sich im Hinblick auf assimilative Akkulturationsnormen. Die deskriptiven Befunde zu den differenziellen Prävalenzraten an der SESB und sonstigen Regelschulen werden hier nachdrücklich bestätigt: Assimilation ist an der SESB kein ernsthaft vertretbares Konzept. Die Effektstärke der Schulform beträgt rund zwei Drittel einer Standardabweichung ($\beta = -0.66$). Hieran ändert sich auch praktisch nichts, wenn für individuelle Ressourcen kontrolliert wird (Modell 2). An der SESB herrscht in dieser Hinsicht vermutlich eine andere normative Kultur – und zwar, wie Modell 3 zeigt, in kosmopolitischen und ethnisch eher homogenen Sprachprogrammen in ganz ähnlicher Weise. Unabhängig von individuellen Ressourcen und Schulform wird ferner belegt, dass Jugendliche mit MGH in geringerem Umfang assimilative Vorstellungen vertreten als ihre deutschstämmigen Altersgleichen.

Hochinteressante, aber auch beunruhigende Befunde liefern die Analysen zur Separationsnorm. Erwartungswidrig unterscheiden sich Schülerinnen und Schüler an der SESB insgesamt hinsichtlich Separationsvorstellungen *nicht* nachweisbar von den altersgleichen Schülerinnen und Schülern an sonstigen Regelschulen (Modell 1 und 2). Die kleinen Unterschiede, die man in Abbildung 7.5 sehen konnte, sind also nicht interpretierbar. Dieses Ergebnis differenziert Modell 3: In eher kosmopolitischen Sprachprogrammen der SESB sind Separationsvorstellungen – so wie wir es erwartet haben – seltener, in ethnisch eher homogenen Sprachprogrammen der SESB aber tendenziell häufiger als an sonstigen Regelschulen anzutreffen ($\beta = -0.21$ vs. $\beta = 0.17$). Die negativen Vorzeichen der individuellen Prädiktoren weisen darauf hin, dass Separationsvorstellungen offenbar systematisch mit einem Mangel an individuellen Ressourcen sozialer und kognitiver Art verbunden sind. Besonders beachtenswert und möglicherweise auch nachdenklich stimmend ist schließlich der Befund, dass eine normative Abgrenzungshaltung auch unter Kontrolle von individuellen Voraussetzungen und der Schulform weniger bei deutschstämmigen Jugendlichen als vielmehr bei Jugendlichen aus Zuwandererfamilien festzustellen ist. Die Effektstärke beträgt in der 1. Zuwanderungsgeneration – und das mag durchaus verständlich sein – noch eine halbe Standardabweichung, beläuft sich aber in der 2. Generation immer noch auf fast ein Viertel einer Standardabweichung. Erst in der 3. Generation wird dieser Effekt nicht mehr signifikant.

Wir haben die in Tabelle 7.5 dargestellten Regressionsanalysen in identischer Form nur mit Jugendlichen aus Familien mit Zuwanderungsgeschichte wiederholt, um die Stabilität der Befunde zu prüfen und um in einem zweiten Schritt die individuellen Prädiktoren um das Merkmal der Familiensprache zu ergänzen. Referenz für den Generationsstatus ist in diesen Analysen die Zugehörigkeit zur 2. Generation. Die Befunde sind im Hinblick auf die Bedeutung der Zugehörigkeit zur SESB völlig konsistent. Unter den individuellen Merkmalen erweisen sich in diesen Analysen insbesondere die kognitiven Fähigkeiten als entscheidender Prädiktor. Ob in der Familie deutsch oder überwiegend nicht deutsch gesprochen wird, spielt für egalitäre und separative Akkulturationsnormen keine Rolle. Erklärungsbeiträge liefert diese Variable nur im Hinblick auf Multikulturalismus und Assimilation. Wie vermutet, vertreten Jugendliche aus Zuwanderungsfamilien, in denen überwiegend deutsch gesprochen wird, stärker assimilative und weniger multikulturelle Akkulturationsnormen (β = 0.13 bzw. β = −0.18).

7.5.2 Bindungen an die Kultur des Herkunfts- und des Aufnahmelandes – Verteilungen und Bedingungen

Bindungen an die Kultur der Herkunfts- bzw. Aufnahmegesellschaft wurden in der EUROPA- und BERLIN-Studie mit zwei Skalen erfasst, die vom nationalen Bildungspanel (Blossfeld et al., 2011) übernommen wurden (zu Konstruktion und Gütemerkmalen der Skalen vgl. Abschnitt 7.3). Die Konstrukte werden durch parallel formulierte Items indikatorisiert, die sich auf die *emotionale* Bindung konzentrieren. Beide Skalen erfassen kulturelle Wertbindungen in allgemeiner Weise und damit die beiden Basisdimensionen, die dem Akkulturationsschema von Berry (1997) zugrunde liegen. Die Skalen wurden, um die idealtypischen Akkulturationsausgänge zu rekonstruieren, bei Zustimmung zu *allen* Items dichotomisiert. Die Items zur Bindung an die deutsche Kultur wurden allen Befragten, die zur Bindung an die Herkunftskultur nur denen vorgelegt, die zuvor angegeben hatten, dass ihre Familien aus einem anderen Land als Deutschland stammten. In der Gruppe der Personen mit MGH sind alle Kombinationen möglich.

Tabelle 7.6 liefert Grundinformationen zu kulturellen Bindungen. Ein Blick auf den unteren Teil der Tabelle zeigt zunächst, dass im Jahr 2014 *deutschstämmige* 15-Jährige und Neuntklässler an den sonstigen Regelschulen in Berlin hinsichtlich ihrer Bindung an die eigene Kultur divergieren. Etwas mehr als die Hälfte (56,8 %) fühlt sich in dieser Kultur zu Hause und an sie gebunden. Kulturelle Bindung ist offensichtlich ein Thema, das in Deutschland auch in der nachwachsenden Generation polarisiert. Allerdings ist der Anteil derer, die in wirkliche Distanz zur Mehrheitskultur gehen, mit 15 Prozent relativ klein. Die subjektiv wahrgenommene Bindung an die Herkunftskultur bei Jugendlichen mit MGH ist mit rund 67 Prozent Zustimmung erwartungsgemäß etwas, aber auch nicht dramatisch enger als bei den deutschstämmigen Altersgleichen. Allerdings verdeckt dieser Durchschnittswert große Unterschiede zwischen Jugendlichen mit einseitigem und beidseitigem MGH, bei denen die Zustimmungsraten bei 47 bzw. 71 Prozent liegen. Dementsprechend ist in der Gruppe der Jugendlichen mit beidseitigem MGH der Anteil

Tabelle 7.6: 15-Jährige und Neuntklässler nach kulturellen Bindungen, Partnersprache der Schule, Schulform und Migrationshintergrund (Mittelwerte und Zustimmung bzw. Ablehnung in %, Standardfehler in Klammern)

Partnersprache der Schule/ Schulform/MGH	N	Kulturelle Bindung					
		Bindung an deutsche Kultur[1]			Bindung an Herkunftskultur[2]		
		Mittelwert (SE)	Eindeutige Zustimmung[3] in % (SE)	Eindeutige Ablehnung[3] in % (SE)	Mittelwert (SE)	Eindeutige Zustimmung[3] in % (SE)	Eindeutige Ablehnung[3] in % (SE)
SESB							
Englisch	77	2,63 (.06)	39,0 (5,0)	22,1 (2,7)	2,94 (.06)	60,6 (4,2)	16,1 (2,3)
Französisch	109	2,69 (.04)	38,2 (4,2)	21,5 (2,0)	3,09 (.11)	67,1 (4,9)	14,0 (4,6)
Griechisch	45	2,39 (.03)	30,7 (1,1)	39,6 (2,0)	3,72 (.05)	92,5 (2,7)	1,5 (1,5)
Italienisch	93	2,56 (.10)	41,1 (5,7)	29,2 (5,1)	3,11 (.15)	69,5 (6,1)	18,2 (6,4)
Polnisch	67	2,54 (.03)	29,6 (0,7)	33,1 (2,9)	3,31 (.06)	80,7 (3,8)	7,8 (2,9)
Portugiesisch	41	2,48 (.04)	36,1 (2,2)	25,9 (3,0)	3,15 (.09)	71,6 (4,5)	9,6 (2,7)
Russisch	36	2,52 (.05)	28,9 (2,7)	28,9 (1,7)	3,25 (.09)	74,4 (6,9)	9,4 (2,7)
Spanisch	99	2,63 (.01)	40,8 (1,3)	24,0 (1,6)	3,10 (.02)	68,4 (0,6)	15,3 (1,6)
Türkisch	50	2,53 (.02)	48,0 (2,2)	35,6 (1,0)	3,34 (.07)	77,1 (5,7)	8,9 (3,0)
Insgesamt	617	2,58 (.03)	37,8 (2,2)	27,6 (2,1)	3,19 (.07)	72,3 (3,0)	12,3 (2,0)
Darunter:							
Ohne MGH	99	2,85 (.07)	52,4 (5,1)	15,1 (4,9)	–	–	–
Einseitiger MGH	224	2,66 (.05)	41,8 (3,6)	23,4 (2,5)	3,08 (.08)	67,3 (3,7)	12,5 (3,0)
Beidseitiger MGH	294	2,43 (.05)	29,8 (3,3)	35,0 (2,4)	3,34 (.06)	78,5 (2,8)	9,2 (1,8)
Sonstige Regelschulen							
Insgesamt	3.289	2,80 (.02)	50,5 (1,1)	18,8 (1,0)	2,85 (.05)	57,5 (2,1)	25,2 (1,9)
Darunter:							
Ohne MGH	1.667	2,90 (.03)	56,5 (1,7)	15,4 (1,3)	–	–	–
Einseitiger MGH	656	2,81 (.04)	50,5 (2,4)	17,3 (1,8)	2,66 (.06)	47,0 (2,7)	30,4 (2,8)
Beidseitiger MGH	967	2,62 (.03)	40,1 (2,1)	25,6 (1,9)	3,18 (.05)	71,3 (2,4)	12,9 (1,5)

1 Alle Befragten.
2 Nur Befragte aus Familien mit Zuwanderungsgeschichte.
3 Bei Zustimmung zu allen Items der Skala bzw. Ablehnung aller Items.

derjenigen, die sich von ihrer Herkunftskultur entfernt haben, mit rund 12 Prozent sehr klein. Bemerkenswert ist jedoch auch, dass sich ein relativ hoher Anteil von Jugendlichen aus Zuwandererfamilien – die Zustimmungsraten liegen bei 50 Prozent bei einseitigem und 40 Prozent bei beidseitigem MGH – auch mit der deutschen Kultur verbunden fühlt. Allerdings ist bei einem nennenswerten Anteil von 26 Prozent der Jugendlichen mit *beidseitigem* MGH eine klare Distanz zur Kultur der Aufnahmegesellschaft sichtbar.

Betrachtet man im Vergleich dazu die Verhältnisse an der SESB, so zeigen sich einige erwartungswidrige Befunde. Die Bindung von Jugendlichen *ohne* MGH an die Mehrheitskultur unterscheidet sich offensichtlich kaum von den Befunden an den sonstigen Regelschulen Berlins (52 % zu 56 % Zustimmung), obwohl man eine schwächere Bindung bei Familien mit internationaler Orientierung hätte erwarten können. Überraschend – und in gewisser Weise auch nicht konsistent mit dem Auftrag der SESB – ist die geringere Verbundenheit von Schülerinnen und Schülern mit MGH mit der deutschen Kultur. Im Vergleich zu den sonstigen Regelschulen beträgt die Differenz der Zustimmungsraten bei Jugendlichen mit einseitigem und beidseitigem MGH gleichermaßen 10 Prozentpunkte. Im Gegensatz dazu ist die Bindung der Schülerinnen und Schüler mit MGH an ihre jeweilige Herkunftskultur vorhersagegemäß mit fast 80 Prozent Zustimmung sehr hoch. Mit der Pflege der nichtdeutschen Partnersprache geht offensichtlich auch eine stärkere Identifikation mit der Herkunftskultur einher. Unterschiede zwischen den Schulen mit unterschiedlicher Partnersprache sind im Hinblick auf die Bindung an die deutsche Kultur, wenn man einmal von der besonders hohen Zustimmung an Schulen mit türkischer Partnersprache absieht, eher trivial. Im Hinblick auf die Bindung an die Herkunftskultur zeichnen sich stärkere Bindungen an Schulen mit ethnisch eher homogener Schülerschaft ab, die jedoch weiterer Prüfung bedürfen.

Die Abbildungen 7.5 und 7.6 geben einen anschaulichen Eindruck, mit welcher Generationsdynamik bei kulturellen Bindungen zu rechnen ist. Abbildung 7.5 zeigt, dass die Bindung von Jugendlichen mit MGH an die deutsche Kultur mit der Verweildauer zugewanderter Familien in Deutschland scheinbar linear ansteigt – und zwar gleichermaßen an der SESB wie auch an sonstigen Regelschulen Berlins. Die Zustimmungsquoten steigen von 34 auf 52 Prozent im Regelschulwesen und von 23 auf 49 Prozent an der SESB. Dabei ist die Zustimmung an der SESB immer niedriger. Dieser Haupteffekt der Schulform scheint über Zuwanderungsgeneration und Migrationsstatus hinweg stabil zu sein. Eine erwartete Wechselwirkung zwischen Migrations- und Schulform deutet sich nicht an.

Ein ganz anderes Bild entwirft die parallele Abbildung 7.6, in der die Zustimmung zur Bindung an die jeweilige Herkunftskultur dargestellt ist. Hier zeigen sich bei Jugendlichen mit beidseitigem MGH stabil hohe Zustimmungsraten von der 1. bis zur 2. Zuwanderungsgeneration. Erst in der 3. Generation ist ein abrupter Verlust der Bindung an die Herkunftskultur zu beobachten, der an sonstigen Regelschulen Berlins besonders ausgeprägt zu sein scheint. Jugendliche aus ethnisch gemischten Zuwandererfamilien scheinen eine mittlere Position einzunehmen. Die emotionale Bindung an die Herkunft ist bei Schülerinnen und Schülern aus Zuwanderungsfamilien an der SESB offensichtlich immer stärker als an den sonstigen Regelschulen.

Eine genauere Prüfung der Befunde erfolgt wiederum regressionsanalytisch. Tabelle 7.7 fasst die Ergebnisse mehrerer Regressionsanalysen zusammen, in denen die Bindung an die

Abbildung 7.5: Bindung an deutsche Kultur nach Zuwanderungsgeneration und Schulform (Angaben in %)

Generation	Sonstige Regelschulen	SESB
1. Generation	34,2	23,2
1,5. Generation	40,7	20,8
2. Generation	40,8	35,3
3. Generation	52,1	49,0
Einseitiger MGH	50,5	41,8
Ohne MGH	57,0	53,6

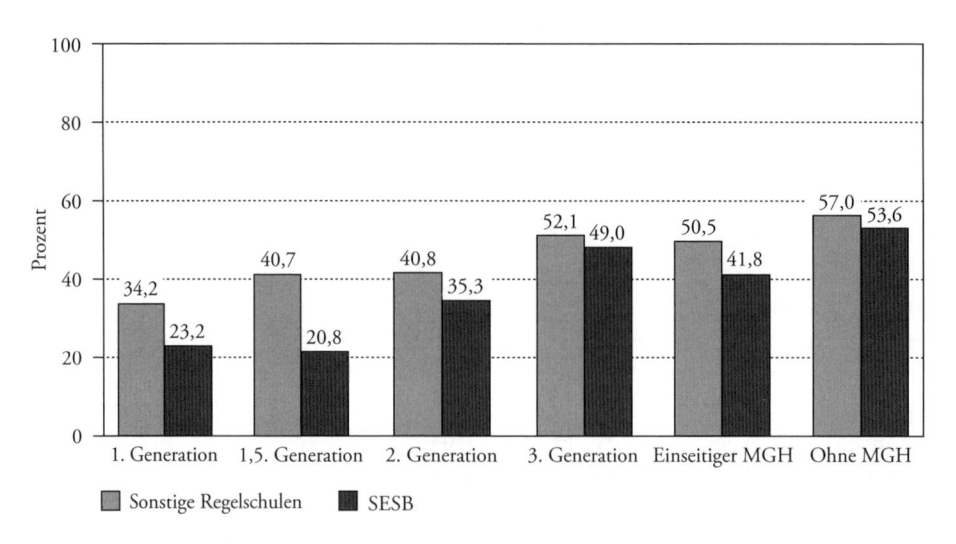

Abbildung 7.6: Bindung an Herkunftskultur nach Zuwanderungsgeneration und Schulform (Angaben in %)

Generation	Sonstige Regelschulen	SESB
1. Generation	67,8	76,3
1,5. Generation	72,7	84,5
2. Generation	71,5	77,8
3. Generation	13,8	41,2
Einseitiger MGH	47,0	67,3

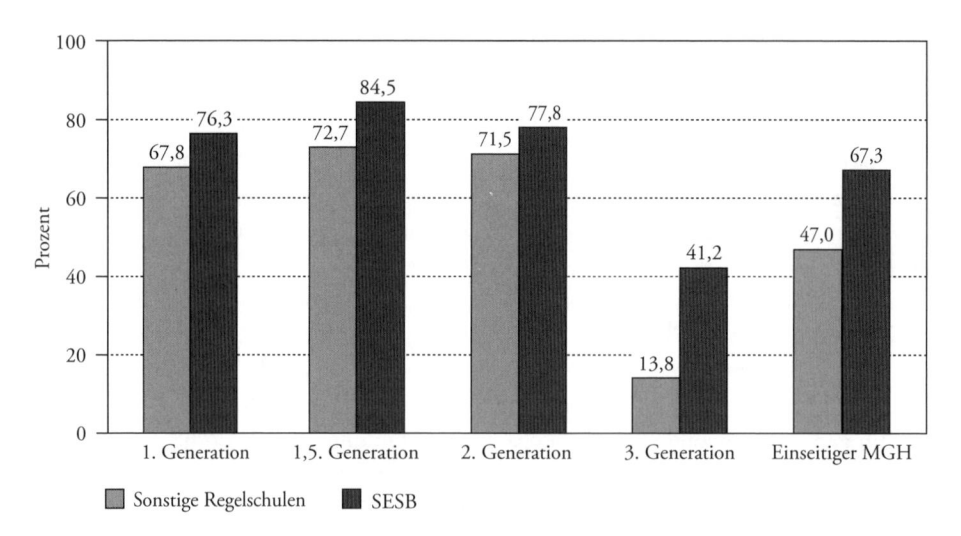

Kultur der Herkunfts- bzw. Aufnahmegesellschaft in Abhängigkeit von Migrations- und Generationsstatus, familialen und persönlichen Ressourcen sowie der Schulform untersucht wird. In den Analysen sind die abhängigen Variablen und die metrischen Prädiktoren wiederum z-standardisiert, sodass die Koeffizienten in Einheiten der Standardabweichung zu interpretieren sind.

Die regressionsanalytischen Ergebnisse zur Bindung an die deutsche Kultur präzisieren die Abbildung 7.5 in mehrfacher Hinsicht. Die emotionale Bindung an die deutsche Kultur

Tabelle 7.7: Ergebnisse der Regression von kulturellen Bindungen auf Generationsstatus, Schulform sowie familiale und persönliche Ressourcen (abhängige Variablen z-standardisiert)

Prädiktoren	Kulturelle Bindung					
	Bindung an deutsche Kultur[1]			Bindung an Herkunftskultur[2]		
	Modell 1	Modell 2	Modell 3	Modell 1	Modell 2	Modell 3
Generationsstatus						
Kein MGH	**Referenz**	**Referenz**	**Referenz**	–	–	–
Einseitiger MGH	**–.14** (.05)	**–.12** (.06)	**–.12** (.06)	**–.46** (.08)	**–.48** (.07)	**–.47** (.07)
Beidseitiger MGH						
1. Generation	**–.67** (.11)	**–.59** (.12)	**–.59** (.12)	–.09 (.10)	–.09 (.10)	–.09 (.10)
1,5. Generation	**–.42** (.12)	**–.36** (.12)	**–.36** (.12)	.01 (.08)	.01 (.08)	.01 (.08)
2. Generation	**–.35** (.05)	**–.28** (.05)	**–.28** (.05)	**Referenz**	**Referenz**	**Referenz**
3. Generation	–.14 (.11)	–.11 (.11)	–.11 (.11)	**–1.57** (.13)	**–1.57** (.07)	**–1.57** (.07)
Schulform						
SESB (nein/ja)	**–.16** (.04)	**–.20** (.05)		**.31** (.07)	**.32** (.07)	
Kosmopolitisch			**–.20** (.06)			**.26** (.09)
Ethnisch			**–.20** (.06)			**.37** (.10)
Ressourcen						
HISEI (z-standardisiert)	–	.02 (.03)	.03 (.03)	–	.01 (.03)	.01 (.03)
Bildung Familie	–	.02 (.07)	.02 (.07)	–	–.05 (.07)	–.04 (.07)
KFT_figural (z-standardisiert)	–	**.08** (.02)	**.08** (.02)	–	–.03 (.04)	–.03 (.04)
R^2	.04 (.009)	.05 (.007)	.05 (.007)	.15 (.02)	.15 (.02)	.15 (.02)

Fett gedruckt sind statistisch signifikante Werte ($p < 0.05$).
1 Alle Befragten.
2 Nur Befragte aus Familien mit Zuwanderungsgeschichte.

ist bei Jugendlichen aus Zuwandererfamilien immer geringer ausgeprägt als bei deutschstämmigen Altersgleichen. Gleichzeitig ist ein linearer Trend der Bindungszunahme von der 1. bis zur 3. Zuwanderungsgeneration zu erkennen, der sich in einer gesonderten Analyse auch statistisch absichern lässt. Während die Unterschiede in den Zustimmungsraten zwischen Personen mit und ohne MGH in der 1. Generation noch 0.67 Standardabweichung betragen, sinken sie in der 3. Generation auf 0.14 Standardabweichung. Unabhängig vom Migrations- und Generationsstatus ist die Bindung der Schülerinnen und Schüler an die deutsche Kultur an der SESB nachweisbar niedriger als an den sonstigen Regelschulen Berlins (β = –0.16). Dieses Muster wiederholt sich im Modell 2 unter Kontrolle der sozialen und individuellen kognitiven Ressourcen. Der Effekt der Schulform wird sogar noch deutlicher sichtbar (β = –0.20). Modell 3 belegt, dass dieser Effekt an SESB-Standorten mit eher kosmopolitischer und ethnisch eher homogener Schülerschaft in gleicher Weise auftritt. Bemerkenswerterweise spielen individuelle Ressourcen im Hinblick auf kulturelle Bindungen nur eine geringe oder wie im Fall der Bindung an die Herkunftskultur keine Rolle.

In ähnlicher Weise präzisieren die regressionsanalytischen Befunde zur Bindung an die Herkunftskultur die Abbildung 7.6. Sie belegen die Stabilität der Bindung an die Herkunftskultur bei Jugendlichen mit beidseitigem MGH von der 1. bis zur 2. Zuwanderungsgeneration und den abrupten Bindungsverlust in der 3. Generation ($\beta = -1.57$). Jugendliche mit einseitigem MGH fühlen sich naheliegenderweise emotional deutlich weniger an die Kultur des Herkunftslandes des zugewanderten Elternteils gebunden als ihre Altersgleichen mit beidseitigem MGH ($\beta = -0.48$). Familiale und individuelle Ressourcen sind für die Bindung an die Herkunftskultur irrelevant. Bindungen an die Herkunftskultur sind an der SESB auch unter Kontrolle von Migrations- und Generationsstatus und individuellen Ressourcen mit einer Effektstärke von 0.32 Standardabweichung erheblich stärker ausgeprägt als an den sonstigen Regelschulen (Modell 2). Dabei deutet sich in Modell 3 an, dass dies insbesondere für SESB-Sprachprogramme mit ethnisch eher homogener Schülerschaft gilt ($\beta = 0.37$ vs. $\beta = 0.26$). Die Differenz ist jedoch nicht zufallskritisch abzusichern.

Kombiniert man die beiden dichotomisierten Skalen zur Bindung an die Kultur des Herkunfts- bzw. Aufnahmelandes in einer Kreuztabelle, erhält man ein Vierfelderschema, das einen Vergleich der Prävalenz der Akkulturationstypen nach Berry (1997) erlaubt. Tabelle 7.8 zeigt die Ergebnisse getrennt für Jugendliche mit MGH an SESB und sonstigen Berliner Regelschulen. Das Befundmuster stimmt in den Größenordnungen mit den Ergebnissen überein, die Edele et al. (2013) bei der Rekonstruktion der Akkulturationstypen auf der Basis von Angaben zur sozialen Bindung für ganz Deutschland gefunden haben. Unter der Bedingung der gewählten strengen Dichotomisierung der Skalen bei Zustimmung zu *allen* Items kann man ein Viertel der Schülerinnen und Schüler – 25,7 Prozent an der SESB und 24,6 Prozent an sonstigen Regelschulen als kulturell mehrfach integriert bezeichnen. Der Modalfall ist jedoch mit 33 Prozent die primäre Bindung an die Herkunfts- bei relativer Distanz zur Mehrheitskultur. Dieses Separationsmuster ist an der SESB mit einer Besetzung von 47 Prozent besonders ausgeprägt. Kulturelle Assimilation – also primäre

Tabelle 7.8: 15-Jährige und Neuntklässler aus Familien mit Zuwanderungsgeschichte nach Akkulturationstyp, Schulform, Migrationsstatus und Zuwanderungsgeneration (Angaben in %, Standardfehler in Klammern)

Schulform/ Migrationsstatus/ Zuwanderungsgeneration	Akkulturationstyp			
	Mehrfach-integration	Assimilation	Separierung	Schwache Bindungen
Schulform				
Sonstige Regelschulen	24,6 (1.7)	20,1 (1.3)	32,9 (1.6)	22,4 (1.6)
SESB	25,7 (1.9)	9,5 (1.7)	46,6 (2.8)	18,2 (1.7)
Migrationsstatus				
Ohne MGH	–	–	–	–
Einseitiger MGH	25,5 (1.9)	22,7 (2.0)	27,4 (2.1)	24,5 (1.8)
Beidseitiger MGH	27,2 (1.7)	10,3 (1.5)	45,8 (2.1)	16,7 (1.6)
Generationsstatus				
1. Generation	21,8 (3.5)	8,1 (2.8)	50,6 (4.1)	19,5 (3.8)
1,5. Generation	27,0 (3.4)	9,8 (2.8)	44,9 (4.7)	18,2 (3.4)
2. Generation	27,1 (1.5)	16,5 (1.3)	36,5 (1.7)	19,8 (1.6)

Bindung an die deutsche Kultur bei relativer Distanz zur Herkunftskultur – ist an den sonstigen Regelschulen mit 20 Prozent etwas weniger anzutreffen und – konsistent mit den zuvor berichteten Befunden – mit knapp 10 Prozent deutlich weniger an der SESB. Die Anteile von Jugendlichen mit doppelter schwacher kultureller Bindung liegen bei 22 Prozent an sonstigen Regelschulen und 18 Prozent an der SESB – also in ähnlicher Größenordnung. Ein Blick auf die Generationenfolge zeigt wenig Bewegung im Hinblick auf Mehrfachintegration und schwache Bindungen. Dagegen steigt in der 2. Generation die Prävalenz des Akkulturationstyps „Assimilation" an, während die des Typs „Separierung" zurückgeht.

Dieses Muster der empirischen Rekonstruktion der Akkulturationstypen auf der Grundlage einer voneinander unabhängigen Erfassung der kulturellen Bindungen unterscheidet sich deutlich von Selbstkategorisierungen. Zwingt man die befragten Jugendlichen, sich für diejenige der vier Bindungsalternativen zu entscheiden, die sie selbst am besten beschreibt, so ist die kulturelle Doppelbindung mit etwa 50 Prozent Selbstzuordnungen der Modalfall – sowohl an der SESB (52,9 %) als auch an sonstigen Regelschulen (47,9 %). Es folgt im sonstigen Regelschulwesen der Assimilationstyp mit einer Prävalenzrate von 26,5 Prozent (an der SESB 12,0 %) und an der SESB der Separationstyp mit einer Rate von 23,5 Prozent (an sonstigen Regelschulen 16,4 %). Der Anteil doppelt schwach Gebundener beträgt rund 10 Prozent.

7.6 Zusammenfassung und Diskussion

Das Kapitel 7 befasst sich unter dem Gesichtspunkt der kulturellen Integration der nachwachsenden Generation und insbesondere der Integration von Zuwanderergruppen mit normativen Akkulturationsvorstellungen und kulturellen Bindungen.

Fasst man die Ergebnisse unserer Analysen zusammen, so ist festzuhalten, dass an den Schulen Berlins – gleichgültig, ob es sich um die SESB oder sonstige Regelschulen handelt – ausgeprägte Gleichwertigkeitsvorstellungen bei selbstverständlichem institutionellem Inklusionsanspruch dominant sind, und zwar unabhängig davon, ob Unterschiede zwischen Zuwanderern und der Mehrheitsgesellschaft etwas stärker betont oder in ihrer Bedeutung heruntergespielt werden. Die ethnische Herkunft spielt in dieser Hinsicht so gut wie keine Rolle. Egalitäre und multikulturelle Vorstellungen sind an der SESB etwas stärker ausgeprägt. Bei Kontrolle von familialen Ressourcen und individuellen kognitiven Fähigkeiten wird aber sichtbar, dass dies ausschließlich auf den Beitrag von SESB-Standorten mit einer eher kosmopolitischen Schülerschaft zurückzuführen ist. Im Hinblick auf Assimilationsnormen scheiden sich unter Jugendlichen an sonstigen Regelschulen Berlins bei etwa gleichen Zustimmungs- und Ablehnungsraten die Geister, auch wenn sich bei Jugendlichen, die aus Zuwanderungsfamilien stammen, aber in Deutschland aufgewachsen sind, eine etwas geringere Bereitschaft abzeichnet, Assimilationsnormen zuzustimmen. An der SESB findet diese Akkulturationsnorm dagegen mit nur 23 Prozent Zustimmung wenig Unterstützung. Separierende Akkulturationsvorstellungen, die insgesamt doch von knapp einem Drittel der Jugendlichen vertreten werden, sind häufiger bei Jugendlichen mit beidseitigem MGH sowohl an sonstigen Regelschulen als auch an der SESB anzutreffen.

Etwa 40 Prozent dieser Schülerinnen und Schüler halten eine stärkere ethnische Trennung für die wünschenswerte Form des Zusammenlebens in einer multikulturellen Gesellschaft. Diese Separationswünsche gehen allerdings mit zunehmender Verweildauer der Familien in Deutschland zurück. In der 3. Generation sind keine Unterschiede zu deutschstämmigen Altersgleichen nachweisbar.

Kulturelle Bindungen können bei hinreichender Salienz zu Kernelementen des individuellen Identitätsentwurfs werden. Wir haben die *emotionale* Bindung an die jeweilige Kultur der Herkunfts- und Aufnahmegesellschaft analysiert. Fasst man diese Befunde zusammen, so ist Folgendes herauszustellen: Die gefühlsmäßige Bindung an die deutsche Kultur scheint unter deutschstämmigen Jugendlichen eine zwiespältige Vorstellung zu sein. Gut die Hälfte der Jugendlichen fühlt sich positiv gebunden, während die übrigen Jugendlichen Zurückhaltung zeigen. Deutliche Distanz zur eigenen Kultur ist aber relativ selten anzutreffen. Die emotionale Bindung an die deutsche Kultur ist bei Jugendlichen aus Zuwandererfamilien naheliegenderweise geringer ausgeprägt als bei deutschstämmigen Altersgleichen. Allerdings ist ein linearer Trend der Bindungszunahme von der 1. bis zur 3. Zuwanderungsgeneration nachweisbar. In der 3. Generation sind Unterschiede nicht mehr zufallskritisch abzusichern. Unabhängig vom Migrationsstatus und der Zuwanderungsgeneration ist die Bindung der Schülerinnen und Schüler an die deutsche Kultur an der SESB niedriger als an den sonstigen Berliner Regelschulen. Die subjektiv wahrgenommene Bindung von Jugendlichen mit MGH an die jeweilige Herkunftskultur ist erwartungsgemäß etwas enger als die Bindung deutschstämmiger Altersgleicher an die deutsche Kultur. Allerdings sind die Unterschiede zwischen Jugendlichen mit einseitigem und beidseitigem MGH groß: Jugendliche, deren Eltern beide zugewandert sind, sind stark an die Herkunft gebunden. Allerdings zeichnet sich auch hier eine Generationsdynamik ab. Bis zur 2. Generation ist die Bindung an die Herkunftskultur stabil eng. In der 3. Generation tritt dann ein markanter und abrupter Bindungsverlust auf. Bindungen an die Herkunftskultur sind an der SESB auch unter Kontrolle von Migrations- und Generationsstatus und individuellen Ressourcen erheblich stärker ausgeprägt als an den sonstigen Regelschulen. Dabei deutet sich an, dass dies insbesondere für SESB-Standorte mit ethnisch eher homogener Schülerschaft gilt.

Die Rekonstruktion der Akkulturationstypen nach Berry (1997) liefert für die sonstigen Regelschulen in Berlin eine ähnliche Verteilung, wie sie Edele et al. (2013) in einer für Deutschland insgesamt repräsentativen Stichprobe von 15-Jährigen fanden. Die typischen Akkulturationsausgänge – Mehrfachintegration, Assimilation und Schwache Bindungen – haben mit Besetzungsraten zwischen 20 und 25 Prozent etwa vergleichbare Auftretenswahrscheinlichkeiten. Überraschenderweise tritt Separierung etwas häufiger auf: Etwa ein Drittel der Jugendlichen aus Zuwandererfamilien fühlt sich an ihre Herkunftskultur gebunden und geht gleichzeitig zur deutschen Kultur auf Distanz. Völlig erwartungswidrig ist der Befund, dass diese Lösung des Akkulturationsproblems mit fast 50 Prozent besonders häufig an der SESB zu finden ist. Sie stellt den Modalfall dar und nicht, wie erwartet, die Mehrfachintegration.

Was bedeuten diese Befunde für die Integration der nachwachsenden Generation und ein gutes Zusammenleben in einer multikulturellen Gesellschaft? Damit kehren wir zu unserer Ausgangsfrage zurück. Drei Antworten bieten sich an, die jeweils unterschiedliche Aspekte beleuchten. Dabei sind die Grenzen der Aussagefähigkeit einer einmaligen Querschnittuntersuchung zu beachten. Auf der Ebene normativer Vorstellungen, in die Entwürfe einer wünschenswerten Zukunft eingehen, sind die Befunde ein überaus positiver Integrationsindikator. Gleichwertigkeitsvorstellungen bei selbstverständlicher institutioneller Inklusion sind dominant, und dezidierte Abgrenzungswünsche treten bei deutschstämmigen Jugendlichen nur bei einer Minderheit auf und verlieren bei Jugendlichen aus Zuwanderungsfamilien in der Generationsfolge systematisch an Bedeutung. Assimilationsnormen sind umstritten, und zwar gleichermaßen bei Jugendlichen mit und ohne MGH. Dahinter steht vermutlich die Ansicht, dass ein gewisses Maß an Angleichung für ein gutes Zusammenleben in individueller und kollektiver Hinsicht nötig ist, aber eben auch nur ein gewisses Maß, das auch Raum für die Pflege einer eigenen kulturellen und sozialen Identität lässt. Je nachdem wie in diesem Balanceakt die Akzente gesetzt werden, fällt die Entscheidung bei einer Befragung entweder gegen oder für Assimilation aus. Schülerinnen und Schüler an der SESB teilen das beschriebene Muster normativer Vorstellungen bei einer deutlich höheren Wertschätzung des Spielraums für eine eigene kulturelle Identitätsbildung.

Etwas differenzierter fällt die zweite Antwort auf der Ebene des emotionalen Erlebens aus. Welche emotionalen Bindungen an die Herkunfts- und Aufnahmegesellschaft bestehen tatsächlich? Unter Integrationsgesichtspunkten bezieht sich der kritische Teil dieser Frage auf die kulturelle Identifikation von Jugendlichen aus Zuwandererfamilien mit der Aufnahmegesellschaft. In diesem Punkt gibt es keine absoluten Richtigkeitsnormen; Referenz kann wohl nur die kulturelle Bindung von deutschstämmigen Jugendlichen sein. Der Befund, dass die emotionale Bindung an die deutsche Kultur bei Jugendlichen aus Zuwandererfamilien geringer ausgeprägt ist als bei deutschstämmigen Altersgleichen, ist einigermaßen trivial. Um sich Fremdes zu eigen zu machen, bedarf es Zeit. Deshalb ist es von großer Bedeutung, dass sich für Jugendliche mit beidseitigem MGH ein linearer Trend der Bindungszunahme von der 1. bis zur 3. Zuwanderungsgeneration nachweisen lässt und in der 3. Generation Unterschiede nicht mehr zufallskritisch abzusichern sind. Diese Dynamik ist für das langfristige Integrationsgeschehen auf individueller und kollektiver Ebene ein positiver Indikator. Der zweite wichtige Gesichtspunkt ist die Tatsache, dass sich die übergroße Mehrheit der Jugendlichen aus Zuwandererfamilien mit der emotionalen Bindung an ihre Herkunftskultur eine ethnische Identitätsbildung offen hält und sich damit möglicherweise eine weitere Ressource für eine zufriedenstellende Lebensgestaltung erwirbt. In diesem Zusammenspiel von kulturellen Bindungen ist die Rolle der SESB zwiespältig, wenn die Bindung an die deutsche Kultur bei einer starken Zunahme ethnischer Bindungen zurückgeht.

Die dritte Antwort beruht auf einer Momentaufnahme der individuellen Auflösung von kulturellen Differenzerfahrungen. Vier idealtypische Auflösungen des potenziellen Kulturkonflikts sind möglich. Zwei Lösungen tragen nach dem bisherigen Wissensstand zu einer langfristigen Optimierung persönlicher Ressourcen bei. Dies sind Mehrfachintegration und Assimilation. Unsere Momentaufnahme zeigt, dass diese beiden Konstellationen bei insgesamt 45 Prozent der Jugendlichen mit MGH im Regelschulwesen, aber nur bei 35 Prozent der Vergleichsgruppe an der SESB anzutreffen sind. Die Lösung mit den möglicherweise höchsten oder mit zumindest beträchtlichen Kosten, nämlich Separierung (Edele et al., 2013; Esser, 2009; Hannover et al., 2013), stellt den aktuellen Modalfall an den sonstigen Berliner Regelschulen und in besonderer Ausprägung an der SESB dar. Das Problem der identifikatorischen Schließung von Zuwanderergruppen ist also bei allen positiven Entwicklungsperspektiven auch in der nachwachsenden Generation präsent.

Literatur

Abgeordnetenhaus Berlin. (1993). *Erweiterung des Angebots der Staatlichen Europa-Schule Berlin (SESB) mit Beginn des Schuljahres 1993.* Drucksache 12/2731. Berlin.

Alba, R. D. (2005). Bright vs. blurred boundaries: Second generation assimilation and exclusion in France, Germany, and the United States. *Ethnic and Racial Studies, 42,* 20–49. doi:10.1080/0141987042000280003

Alba, R. D. (2008). Why we still need a theory of mainstream assimilation. In F. Kalter (Eds.), *Migration und integration* (pp. 37–56). Wiesbaden: VS Verlag für Sozialwissenschaften.

Alba, R. D., & Nee, V. (2003). *Remaking the mainstream: Assimilation and contemporary immigration.* Cambridge, MA: Harvard University Press.

Altschul, I., Oyserman, D., & Bybee, D. (2008). Racial-ethnic self-schemas and segmented assimilation: Identity and the academic achievement of Hispanic youth. *Social Psychology Quarterly, 71*(3), 302–320. doi:10.1016/j.jrp.2008.03.003

Berry, J. W. (1997). Immigration, acculturation, and adaptation. *Applied Psychology, 46*(1), 5–34. doi:10.1111/j.1464-0597.1997.tb01087.x

Berry, J. W. (2003). Conceptual approaches to acculturation. In K. Chun, P. Balls-Organista & G. Marin (Eds.), *Acculturation: Advances in theory, measurement and applied research* (pp. 17–37). Washington, DC: APA Press.

Berry, J. W., Kim, U., Power, S., Young, M., & Bujaki, M. (1989). Acculturation attitudes in plural societies. *Applied Psychology: An International Review, 38,* 185–206. doi:10.1111/j.1464-0597.1989.tb01208.x

Berry, J. W., Phinney, J. S., Sam, D. L., & Vedder, P. (2006). Immigrant youth: Acculturation, identity, and adaptation. *Applied Psychology, 55*(3), 303–332. doi:10.1111/j.1464-0597.2006.00256.x

Berry, J. W., & Sam, D. L. (1997). Acculturation and adaptation. In J. W. Berry, M. H. Segall & C. Kagitcibasi (Eds.), *Handbook of cross-cultural psychology: Vol. 3. Social behaviour and applications* (2nd ed., pp. 291–326). Boston, MA: Allyn & Bacon.

Blossfeld, H.-P., Roßbach, H.-G., & von Maurice, J. (Eds.). (2011). *Education as a lifelong process: The German National Educational Panel Study (NEPS)* (Zeitschrift für Erziehungswissenschaft, Special issue 14). Wiesbaden: Springer VS.

Brubaker, R. (1992). *Citizenship and nationhood in France and Germany* (Vol. 21). Cambridge, UK: Cambridge University Press.

Edele, A., Stanat, P., Radmann, S., & Segeritz, M. (2013). Kulturelle Identität und Lesekompetenz von Jugendlichen aus zugewanderten Familien. In N. Jude & E. Klieme

(Hrsg.), *PISA 2009 – Impulse für die Schul- und Unterrichtsforschung* (Zeitschrift für Pädagogik, Beiheft 59) (S. 84–110). Weinheim: Beltz.

Esser, H. (2006). *Sprache und Integration: Die sozialen Bedingungen und Folgen des Spracherwerbs von Migranten.* Frankfurt a. M.: Campus.

Esser, H. (2008). Assimilation, ethnische Schichtung oder selektive Akkulturation? Neuere Theorien der Eingliederung von Migranten und das Modell der intergenerationalen Integration. In F. Kalter (Hrsg.), *Migration und Integration* (S. 81–107). Wiesbaden: VS Verlag für Sozialwissenschaften.

Esser, H. (2009). Pluralisierung oder Assimilation? Effekte der multiplen Inklusion auf die Integration von Migranten/Pluralization or assimilation? Effects of multiple inclusion on the integration of immigrants. *Zeitschrift für Soziologie, 38*(5), 358–378.

Fend, H. (2011). Die sozialen und individuellen Funktionen von Bildungssystemen: Enkulturation, Qualifikation, Allokation und Integration. In S. Hellekamps, W. Plöger & W. Wittenbruch, *Schule* (S. 41–53). Paderborn: Schöningh.

Göhlich, M. (Hrsg.). (1998). *Europaschule – Das Berliner Modell.* Neuwied: Luchterhand.

Hachfeld, A., & Hahn, A. (2011). *Skalen/Items zur Erfassung von Akkulturationseinstellungen bei 16-Jährigen.* Arbeitspapier, Berlin: Max-Planck-Institut für Bildungsforschung.

Hachfeld, A., Hahn, A., Schroeder, S., Anders, Y., Stanat, P., & Kunter, M. (2011). Assessing teachers' multicultural and egalitarian beliefs: The teacher cultural beliefs scale. *Teaching and Teacher Education, 27*(6), 986–996. doi:10.1016/j.tate.2011.04.006

Hahn, A., Judd, C. M., & Park, B. (2010). Thinking about group differences: Ideologies and national identities. *Psychological Inquiry, 21*(2), 120–126. doi:10.1080/1047840X.2010.483997

Hannover, B., Morf, C. C., Neuhaus, J., Rau, M., Wolfgramm, C., & Zander-Musić, L. (2013). How immigrant adolescents' self-views in school and family context relate to academic success in Germany. *Journal of Applied Social Psychology, 43*(1), 175–189. doi: 10.1111/j.1559-1816.2012.00991.x

Hochman, O. (2010). *Ethnic identification preferences among Germany's immigrants and their descendents: A comprehensive perspective.* Dissertation, Universität Mannheim.

Horenczyk, G. (2010). Language and identity in the school adjustment of immigrant students in Israel. In C. Allemann-Ghionda, P. Stanat, K. Göbel & C. Röhner (Hrsg.), *Migration, Identität, Sprache und Bildungserfolg* (Zeitschrift für Pädagogik, Beiheft 55) (S. 44–58). Weinheim: Beltz.

John, B. (1997). Die Berliner Europaschulen: Ein Plädoyer für mehrsprachige Schulbildung. *Bildung und Erziehung, 50,* 73–78.

Knigge, M., Klinger, T., Schnoor, B., & Gogolin, I. (2015). Sprachperformanz im Deutschen unter Berücksichtigung der Performanz in der Herkunftssprache und Akkulturationseinstellungen. *Zeitschrift für Erziehungswissenschaft, 18*(1), 143–167. doi:10.1007/s11618-014-0606-2

Koopmans, R. (2013). Multiculturalism and immigration: A contested field in cross-national comparison. *Annual Review of Sociology, 39*(1), 147–169. doi:10.1146/annurev-soc-071312-145630

KMK – Ständige Konferenz der Kultusminister der Länder in der Bundesrepublik Deutschland. (2013a). *Interkulturelle Bildung und Erziehung in der Schule* (Beschluss der Kultusministerkonferenz vom 25.10.1996 in der Fassung vom 5.12.2013). Berlin: KMK.

KMK – Ständige Konferenz der Kultusminister der Länder in der Bundesrepublik Deutschland. (2013b). *Gemeinsame Erklärung der Kultusministerkonferenz und der Organisation von Menschen mit Migrationshintergrund zur Bildungs- und Erziehungspartnerschaft von Schule und Eltern* (Beschluss der Kultusministerkonferenz vom 10.10.2013). Berlin: KMK.

Levin, S., Matthews, M., Guimond, S., Sidanius, J., Pratto, F., Kteily, N., … Dover, T. (2012). Assimilation, multiculturalism, and colorblindness: Mediated and moderated relationships between social dominance orientation and prejudice. *Journal of Experimental Social Psychology, 48*(1), 207–212.

Maaz, K., Baumert, J., Neumann, M., Becker, M., & Dumont, H. (Hrsg.). (2013). *Die Berliner Schulstrukturreform: Bewertung durch die beteiligten Akteure und Konsequenzen des neuen Übergangsverfahrens von der Grundschule in die weiterführenden Schulen.* Münster: Waxmann.

Nauck, B. (2008). Akkulturation: Theoretische Ansätze und Perspektiven in Psychologie und Soziologie. Migration und Integration. *Kölner Zeitschrift für Soziologie und Sozialpsychologie. Sonderheft, 48*, 108–133.

Nee, V. (2003). The story of the immigrant second generation. *American Journal of Sociology, 108*(5), 1135–1137.

Nguyen, A. M. D., & Benet-Martínez, V. (2007). Biculturalism unpacked: Components, measurement, individual differences, and outcomes. *Social and Personality Psychology Compass, 1*(1), 101–114. doi:10.1111/j.1751-9004.2007.00029.x

Nguyen, A. M. D., & Benet-Martínez, V. (2013). Biculturalism and adjustment: A meta-analysis. *Journal of Cross-Cultural Psychology, 44*, 122–159. doi:10.1177/0022022111435097

Oyserman, D., Kemmelmeier, M., Fryberg, S., Brosh, H., & Hart-Johnson, T. (2003). Racial-ethnic self-schemas. *Social Psychology Quarterly, 66*(4), 333–347.

Phinney, J. (2003). Ethnic identity and acculturation. In K. Chun, P. Organista & G. Marin (Eds.), *Acculturation: Advances in theory, measurement, and applied research* (pp. 63–81). Washington, DC: APA Press.

Phinney, J. S., Horenczyk, G., Liebkind, K., & Vedder, P. (2001). Ethnic identity, immigration, and well-being: An interactional perspective. *Journal of Social Issues, 57*(3), 493–510.

Phinney, J. S., & Ong, A. D. (2007). Conceptualization and measurement of ethnic identity: Current status and future directions. *Journal of Counseling Psychology, 54*(3), 271. doi: 10.1037/0022-0167.54.3.271

Plaut, V. C., Thomas, K. M., & Goren, M. J. (2009). Is multiculturalism or color blindness better for minorities? *Psychological Science, 20*(4), 444–446.

Portes, A., & Rumbaut, R. G. (2001). *Legacies. The story of the immigrant second generation.* Berkeley, CA: University of California Press.

Portes, A., & Rumbaut, R. G. (2006). *Immigrant America: A portrait*. Berkeley, CA: University of California Press.

Redfield, R., Linton, R., & Herskovits, M. J. (1936). Memorandum for the study of acculturation. *American Anthropologist, 38*(1), 149–152.

Rubin, B. D. (1987). *Multiple imputation for nonresponse in surveys*. New York: Wiley.

Rudmin, F. W. (2003). Critical history of the acculturation psychology of assimilation, separation, integration, and marginalization. *Review of General Psychology, 7*(1), 3. doi: 10.1037/1089-2680.7.1.3

Rudmin, F. W., & Ahmadzadeh, V. (2001). Psychometric critique of acculturation psychology: The case of Iranian migrants in Norway. *Scandinavian Journal of Psychology, 42*(1), 41–56. doi:10.1111/1467-9450.00213

Sasaki, S. J., & Vorauer, J. D. (2013). Ignoring versus exploring differences between groups: Effects of salient color-blindness and multiculturalism on intergroup attitudes and behavior. *Social and Personality Psychology Compass, 7*(4), 246–259. doi: 10.1111/spc3.12021

Senatsverwaltung für Bildung, Jugend und Wissenschaft. (2012). *Einrichtungsverfügung für die Staatliche Europa-Schule Berlin (SESB) als Schule besonderer pädagogischer Prägung* (Rahmenvorgaben) vom 30.3.2012. Berlin.

Senatsverwaltung für Schule, Jugend und Sport. (2001). *Interkulturelle Bildung und Erziehung. Handreichung für Lehrkräfte an Berliner Schulen*. Berlin: Verwaltungsdruckerei.

Stanat, P. (2009). Kultureller Hintergrund und Schulleistungen – ein nicht zu bestimmender Zusammenhang? In W. Melzer & R. Tippelt (Hrsg.), *Kulturen der Bildung: Beiträge zum 21. Kongress der Deutschen Gesellschaft für Erziehungswissenschaft* (S. 53–70). Opladen: Barbara Budrich.

Stanat, P., & Christensen, G. (2006). *Where immigrant students succeed: A comparative review of performance and engagement in PISA 2003*. Paris: OECD.

Stanat, P., Rauch, D., & Segeritz, M. (2010). Schülerinnen und Schüler mit Migrationshintergrund. In E. Klieme, C. Artelt, J. Hartig, N. Jude, O. Köller, M. Prenzel, W. Schneider & P. Stanat (Hrsg.), *PISA 2009: Bilanz nach einem Jahrzehnt* (S. 200–230). Münster: Waxmann.

Tienda, M., & Mitchell, F. (Eds.). (2006). Multiple origins, uncertain destinies: Hispanics and the American future. Washington, D.C.: National Academies Press.

Tajfel, H. E. (1978). *Differentiation between social groups: Studies in the social psychology of intergroup relations*. Oxford, UK: Academic Press.

Vertovec, S., & Wessendorf, S. (Eds.). (2010). *Multiculturalism backlash: European discourses, policies and practices*. Abingdon, UK: Routledge.

Wolsko, C., Park, B., & Judd, C. M. (2006). Considering the tower of Babel: Correlates of assimilation and multiculturalism among ethnic minority and majority groups in the United States. *Social Justice Research, 19*(3), 277–306. doi:10.1007/s11211-006-0014-8

Zander, L., & Hannover, B. (2013). Die Bedeutung der Identifikation mit der Herkunftskultur und mit der Aufnahmekultur Deutschlands für die soziale Integration Jugendlicher mit Migrationshintergrund in ihrer Schulklasse. *Zeitschrift für Entwicklungspsychologie und Pädagogische Psychologie, 45,* 142–160. doi:10.1026/0049-8637/a000092

Kapitel 8
Soziale Eingebundenheit in immersiven und monolingualen Klassenzimmern. Ein Index zur Messung sprachbezogener Inklusion

Lysann Zander, Bettina Hannover, Christian Steglich &
Jürgen Baumert

Ihrem Selbstverständnis nach möchte die Staatliche Europa-Schule Berlin (SESB) nicht nur die Bilingualität der Schülerinnen und Schüler, sondern auch ihre soziale und kulturelle Integration, mit besonderem Bezug auf europäische Verständigung, fördern (vgl. Kap. 1). Mit der dualen Immersion als einer starken bilingualen Lernform wird einerseits das Ziel verfolgt, den Schülerinnen und Schülern zu einer hohen Sprachbeherrschung in Erstsprache (L1) und Zweitsprache (L2) zu verhelfen, und andererseits den sozialen Zusammenhalt zu stärken sowie kulturelle Bereicherungen für beide Sprachgruppen zu bieten (vgl. Kap. 2). Auf diese Weise sollen die interkulturellen und sozialen Kompetenzen der Schülerinnen und Schüler gefördert werden. Dazu geeignete Lerngelegenheiten bieten nicht nur die curriculare Auseinandersetzung mit kulturellen Besonderheiten der beiden Partnerländer (z. B. in Form von Projekten oder Auslandsreisen), sondern vor allem auch die besondere Klassenzusammensetzung, in der die Kinder und Jugendlichen (idealerweise etwa hälftig; vgl. Kap. 4) Mitschülerinnen und Mitschüler haben, die in einer gemeinsamen anderen Sprache und mit dieser Sprache verbundenen kulturellen Praktiken sozialisiert worden sind.

In diesem Kapitel untersuchen wir die soziale Eingebundenheit von Schülerinnen und Schülern in die Peer-Netzwerke ihrer Klassenzimmer vergleichend in dual immersiven Klassen (SESB) und Klassen, in denen Deutsch die einzige Unterrichtssprache darstellt (monolinguale Vergleichsklassen). Dabei stellen wir gegenüber, in welchem Maße Freundschaften zwischen Schülerinnen und Schülern mit derselben oder unterschiedlicher sprachlicher Sozialisation bestehen.

Das Kapitel ist wie folgt strukturiert: Nach einer Einführung in die für dieses Kapitel relevanten psychologischen Grundbegriffe der Intergruppenbeziehungen stellen wir einen neu entwickelten Index zur Bestimmung der sprachbezogenen Inklusion vor. Mit ihm sollen auf der Grundlage deskriptiver Analysen des Datensatzes der 4. Jahrgangsstufe (für eine genauere Beschreibung siehe Kap. 3) erste Antworten auf die Frage gegeben werden, inwiefern mit dem dual immersiven Unterricht an der SESB das Ziel der sozialen und kulturellen Integration erreicht wird, sichtbar in Freundschaftsbeziehungen zwischen Schülerinnen und Schülern unterschiedlicher sprachlicher Herkunftsgruppen.

Wir unterscheiden zwischen Schülerinnen und Schülern dreier Sprachgruppen: (1) Kinder, die in ihrem Elternhaus monolingual nur mit deutscher Sprache aufgewachsen sind, (2) Kinder, die in ihrem Elternhaus monolingual mit einer anderen als der deutschen Sprache aufgewachsen sind, und (3) Kinder, die in ihrem Elternhaus bilingual mit der deutschen und einer anderen Sprache aufgewachsen sind.

Wir erachten die soziale Inklusion der Schülerinnen und Schüler über diese verschiedenen Sprachgruppen hinweg als ein bedeutsames Kriterium für die Evaluation der Arbeit der SESB: Gelingt es an der SESB möglicherweise eher als in den monolingualen Vergleichsklassen, soziale Integration über Sprachgruppen hinweg zu erzeugen und damit zu gewährleisten, dass jedes Kind – unabhängig von seiner sprachlichen Sozialisation im Elternhaus – gleichermaßen von den durch Mitschülerinnen und Mitschülern im Klassenzimmer bereitgestellten Ressourcen (z. B. akademische Hilfe, Zuneigung, emotionale Unterstützung) profitiert? Damit würde Tendenzen entgegengewirkt, die sich in der Peer-Forschung empirisch immer wieder gezeigt haben, nämlich, dass Menschen bevorzugt mit anderen interagieren, die ihnen bezüglich relevanter Merkmale, wie beispielsweise Geschlecht, Alter, kultureller Herkunft und sprachlicher Zugehörigkeit ähnlich sind, ein Phänomen, das als Homophilie bezeichnet wird (für einen Überblick siehe z. B. Smith, McPherson & Smith-Lovin, 2014; Wilson, Rodkin & Ryan, 2014) und in segregierten, also nach diesen Gruppenzugehörigkeiten strukturierten, sozialen Interaktionen zum Ausdruck kommt.

8.1 Soziale Eingebundenheit im Klassenzimmer

Soziale Eingebundenheit in eine gegebene Schulklasse ist eine bedeutsame psychologische Ressource. Kinder, die in ihrer Schulklasse gut sozial eingebunden sind, gehen lieber zur Schule (z. B. Perdue, Manzeske & Estell, 2009), zeigen stärker schulangepasstes Sozialverhalten (Wentzel, Russell & Baker, 2015), sind eher bereit, die für die Bewältigung der schulischen Anforderungen erforderliche Anstrengung aufzubringen (Skinner, Kindermann & Furrer, 2009) und sind auch akademisch in der Schule erfolgreicher (zusammenfassend Wentzel et al., 2015). Diese positiven Effekte sind einerseits darauf zurückzuführen, dass sozial gut eingebundene Kinder stärker auf emotionale Unterstützung, die Freundschaften bieten, und auf akademische Hilfe zurückgreifen können, die in mit Peers etablierten Lernbeziehungen im Klassenzimmer gewährt wird. Andererseits sind die positiven Effekte darauf zurückzuführen, dass eine gute soziale Eingebundenheit auch mit einem starken Zugehörigkeitsgefühl einhergeht, das sich ebenfalls für die sozioemotionale Anpassung und die akademische Entwicklung als förderlich erwiesen hat (Allen & Bowles, 2012; Martin & Dowson, 2009; McCormick, Cappella, Hughes & Gallagher, 2015; Walton & Cohen, 2011).

8.2 Die Erfassung sozialer Eingebundenheit in die Schulklasse in sozialen Netzwerkanalysen

Im Folgenden möchten wir die Methode der Sozialen Netzwerkanalyse charakterisieren und die von uns verwendeten soziometrischen Maße der sozialen Eingebundenheit zunächst exemplarisch anhand von immersiven und monolingualen Schulklassennetzwerken beschreiben.

Soziometrische Maße wurden in allen immersiven und monolingualen Schulklassen der 4. Jahrgangsstufe erhoben. Das *Soziogramm,* bis heute eines der zentralen Elemente der qualitativen Sozialen Netzwerkanalyse (SNA), wurde von Jacob Moreno popularisiert (vgl. Dollase, 2000). Hierbei werden die Schülerinnen und Schüler gebeten, auf einer anonymisierten Liste diejenigen Klassenkameradinnen und -kameraden anzugeben, mit denen sie in einer oder in verschiedenen spezifizierten Arten von Beziehung stehen. Aus den Angaben können, über sogenannte Adjazenzmatrizen, die sozialen Netzwerke der Schülerinnen und Schüler ermittelt und in Form von Soziogrammen abgebildet werden. Wesentlich ist, dass dabei die Angaben *aller* Schülerinnen und Schüler kombiniert werden. So entsteht ein grafisch darstellbares Netzwerk, das sich in seinen Eigenschaften über verschiedene Maße quantifizieren lässt und, dies ist hier besonders relevant, über verschiedene Klassen hinweg vergleichbar ist. Die folgenden Abbildungen zeigen solche Soziogramme, wie sie von immersiven und monolingualen Schulklassen auf Grundlage der Angaben aller Schülerinnen und Schüler von uns erstellt worden sind.

Eine Besonderheit der SNA ist, dass die Eingebundenheit jedes Kindes in das Peer-Netzwerk der Klasse unbeeinflusst von möglichen Selbstdarstellungsmotiven beschrieben werden kann, nämlich über die Auswertung der Wahlen, die *andere* Kinder getroffen haben: Wie viele Kinder haben das betreffende Kind als Freund/-in angegeben? Weiter kann in einseitige und gegenseitige (reziproke) Wahlen unterschieden werden, wobei reziproke Wahlen charakteristisch für enge Freundschaftsbeziehungen sind (Laursen & Hartup, 2002).

Ein weiterer Mehrwert der SNA besteht darin, dass sie Informationen über die Sozialstruktur einer Schulklasse liefert, zum Beispiel, ob einzelne Kinder sozial isoliert sind oder ob Subgruppen von Kindern bestehen, die sich untereinander wählen, aber mit anderen Kindern der Klasse unverbunden sind. Die Identifikation solcher Netzwerkstrukturen auf Klassenebene mithilfe der SNA ist insofern besonders bedeutsam, als aktuelle Studien zeigen, dass Lehrkräfte – entgegen ihrer Selbsteinschätzung – nur bedingt in der Lage sind, diese innerhalb der von ihnen betreuten Schulklassen zu diagnostizieren (Gest, Madill, Zadzora, Miller & Rodkin, 2014; Steglich & Knecht, 2014). Abbildung 8.1 zeigt bedeutsame Maße, die in der SNA zur Erfassung der sozialen Eingebundenheit (sog. Degree-Zentralität) in ein bestimmtes soziales Netzwerk verwendet werden. In unseren Analysen werden *Indegrees* und *Reziproke Beziehungen* untersucht.

Indegree

Schülerinnen und Schüler mit einem hohen Indegree werden von vielen Mitschülerinnen und Mitschülern in einem Netzwerk nominiert, was in Freundschaftsnetzwerken als hohe soziale Beliebtheit interpretiert werden kann (vgl. Zander, 2013). Abbildung 8.2 zeigt das Beispiel eines Freundschaftsnetzwerkes in einer monolingualen Schulklasse, in der mehrere Kinder, die in ihrem Elternhaus bilingual mit deutsch und einer anderen Sprache aufgewachsen sind, einen vergleichsweise hohen Indegree besitzen; darüber hinaus sind an den Rändern des Soziogramms mehrere Kinder zu identifizieren, die vergleichsweise weniger beliebt sind.

Abbildung 8.1: Indikatoren sozialer Eingebundenheit (z. B. Borgatti, Everett & Johnson, 2013)

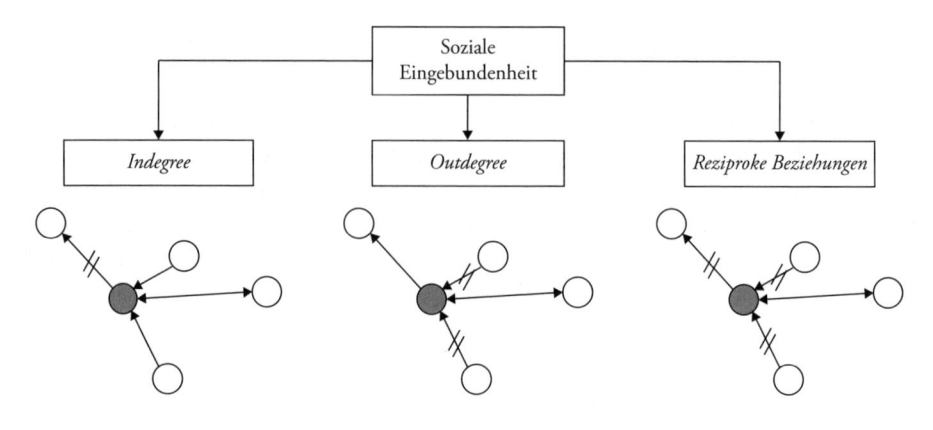

Abbildung 8.2: Beispiel eines Freundschaftsnetzwerkes in einer monolingualen Schulklasse

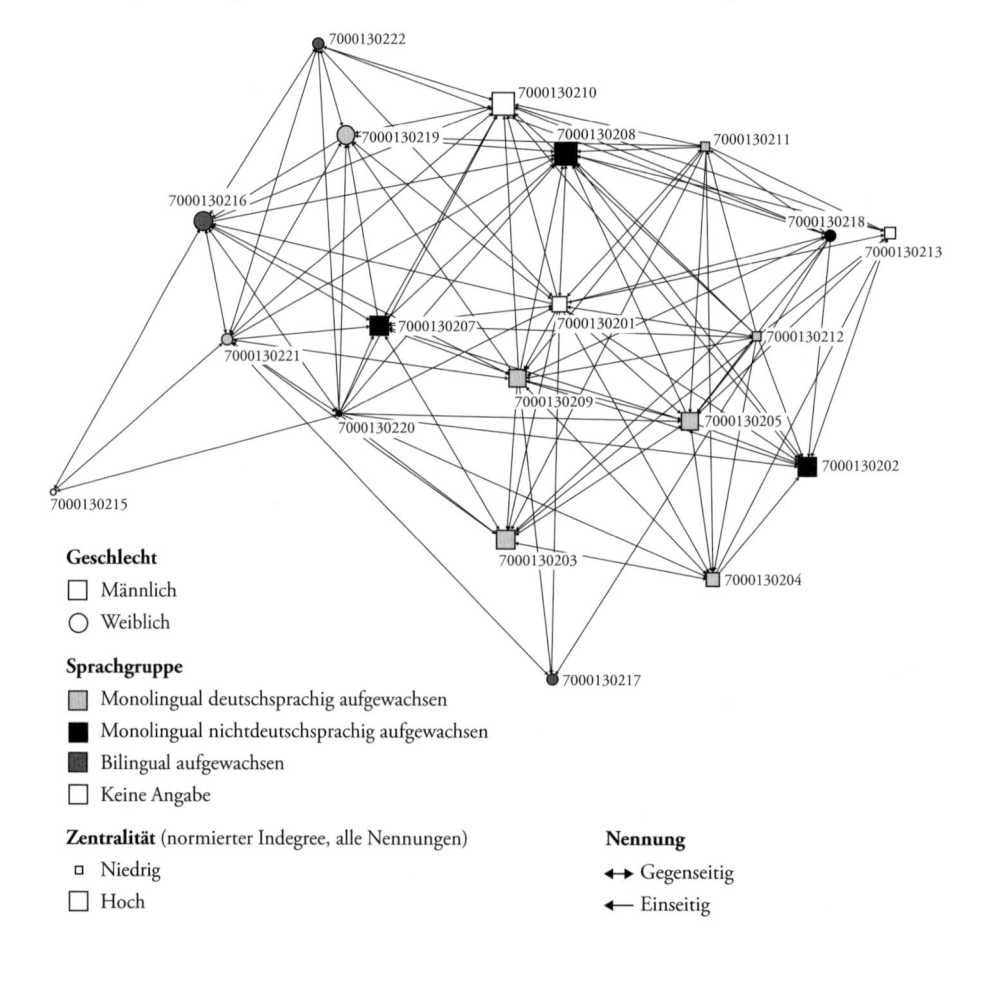

Geschlecht
- ☐ Männlich
- ○ Weiblich

Sprachgruppe
- ▨ Monolingual deutschsprachig aufgewachsen
- ■ Monolingual nichtdeutschsprachig aufgewachsen
- ● Bilingual aufgewachsen
- ☐ Keine Angabe

Zentralität (normierter Indegree, alle Nennungen)
- ▫ Niedrig
- ☐ Hoch

Nennung
- ↔ Gegenseitig
- ← Einseitig

Soziale Eingebundenheit in immersiven und monolingualen Klassenzimmern   289

Abbildung 8.3: Beispiel eines Vergleichs sämtlicher Freundschaftsnominierungen (oben) und ausschließlich reziproker Freundschaftsnominierungen (unten) in einer immersiven Schulklasse

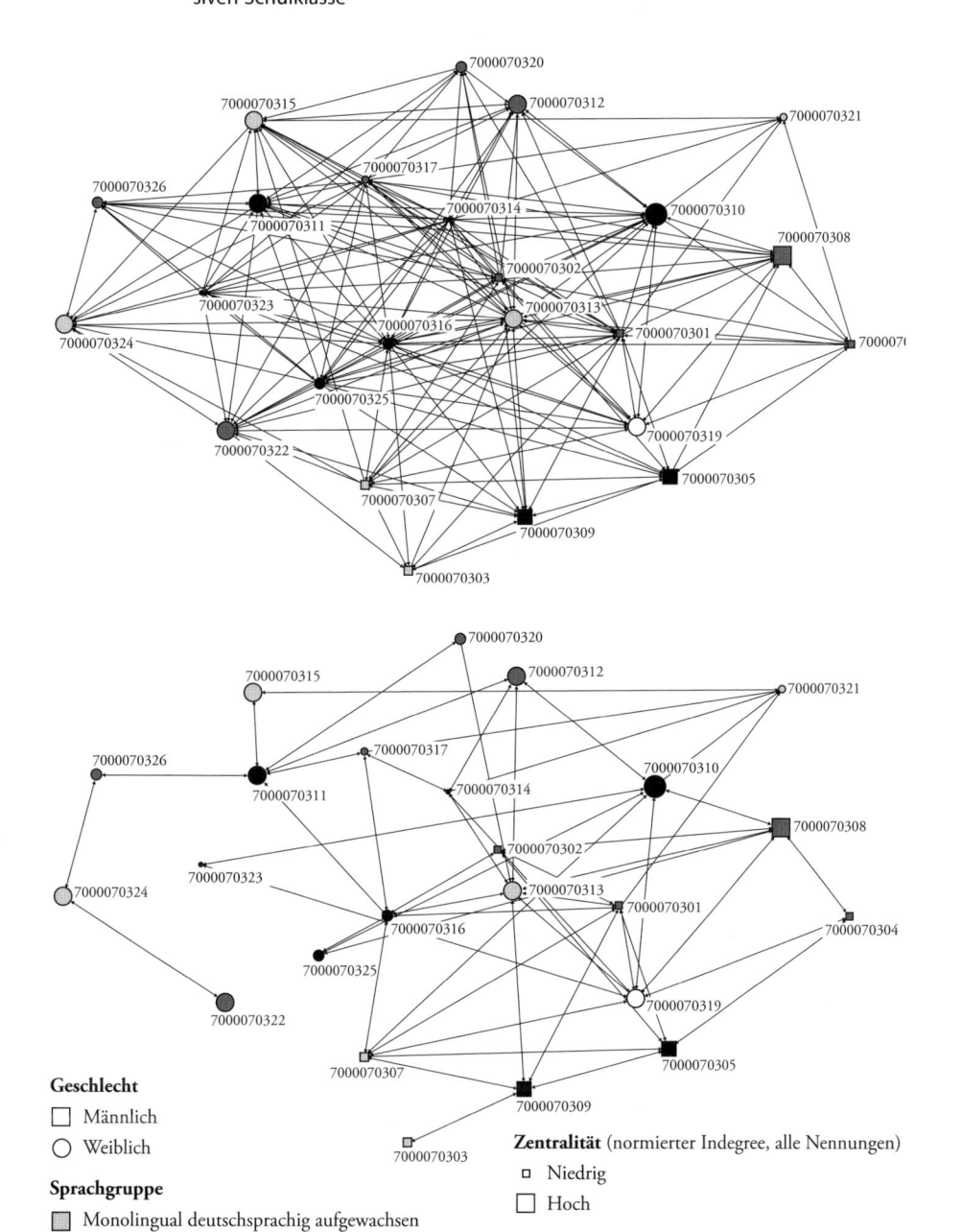

Geschlecht
☐ Männlich
◯ Weiblich

Sprachgruppe
▨ Monolingual deutschsprachig aufgewachsen
■ Monolingual nichtdeutschsprachig aufgewachsen
▨ Bilingual aufgewachsen
☐ Keine Angabe

Zentralität (normierter Indegree, alle Nennungen)
▫ Niedrig
☐ Hoch

Nennung
↔ Gegenseitig
← Einseitig

Outdegree
Er entspricht der Anzahl der von einem Kind genannten anderen Klassenkameradinnen und -kameraden, standardisiert an der Anzahl der in der jeweiligen Klasse möglichen Nennungen. In einem Freundschaftsnetzwerk („Nenne deine besten Freunde in dieser Klasse!") beschreibt der Outdegree das Ausmaß, in dem sich ein Kind mit anderen Mitschülerinnen und Mitschülern affiliieren möchte, also eine motivationale Tendenz, mit bestimmten Kindern befreundet zu sein und mit diesen zu interagieren. Der Outdegree unterscheidet sich qualitativ nicht von klassischen Selbstberichtsmaßen über die eigene Eingebundenheit, die durch mögliche Selbstdarstellungsmotive beeinflusst sein können; er soll deshalb in unseren Analysen vorerst unberücksichtigt bleiben.

Reziproke Nominierungen (Bidirektionale Zentralität)
Dieses Maß sozialer Eingebundenheit entspricht der Anzahl reziproker Nominierungen, in die ein Kind einbezogen ist. Bidirektionale Zentralität ist also ein stärker exklusives Maß sozialer Eingebundenheit als Indegree oder Outdegree. Dies veranschaulicht Abbildung 8.3 am Beispiel eines Freundschaftsnetzwerkes in einer immersiven Schulklasse; dabei wird deutlich, dass reziproke Netzwerke deutlich weniger dicht sind als Netzwerke, in denen auch einseitige Nennungen berücksichtigt werden.

Indegrees und Reziproke Nominierungen (und zahlreiche andere) Indikatoren können durch SNA zur Charakterisierung sozialer Eingebundenheit im Klassenzimmer genutzt werden. Wir möchten diese klassischen Maße in einer adaptierten Form zum Einsatz bringen, um Aussagen darüber zu treffen, inwiefern Kinder in monolingualen und immersiven Schulklassen vor allem in ihre eigene Sprachgruppe oder auch andere Sprachgruppen eingebunden sind.

Eine weitere bedeutsame Dimension der sozialen Einbindung in Schulklassen eröffnet die zusätzliche Betrachtung der Merkmale derjenigen Schülerinnen und Schüler, die in einem Netzwerk miteinander verbunden sind. Von verschiedenen Merkmalen, die im Kontext der Schulklasse für Beziehungsentstehung und -erhalt relevant sein können, ist in einer gegenüberstellenden Betrachtung von SESB und monolingualen Vergleichsklassen insbesondere die Sprachgruppe des jeweiligen Kindes von Bedeutung. Durch soziale Netzwerkanalyse wird es möglich zu bestimmen, ob Freundschaftsbeziehungen eher zwischen Kindern der gleichen Sprachgruppe (Segregation) oder auch zwischen Kindern verschiedener Sprachgruppen (Integration) bestehen.

8.3 Intergruppenbeziehungen: Die Unterscheidung zwischen In- und Outgroup und die Bedeutung von Statusgleichheit und psychologischer Salienz

Im Folgenden möchten wir zunächst zwei psychologische Mechanismen beschreiben, die der Herausbildung inklusiver (Freundschaften bestehen zwischen Mitgliedern verschiedener Sprachgruppen) bzw. nichtinklusiver sozialer Netzwerke (Freundschaften bestehen vorwiegend innerhalb der verschiedenen Sprachgruppen) im Klassenzimmer zugrunde liegen.

Die soziale Identitätstheorie (SIT; Tajfel & Turner, 1979) beschreibt, dass Menschen neben ihrer personalen Identität verschiedene soziale Identitäten besitzen, die sich auf ihre Mitgliedschaften in verschiedenen sozialen Gruppen beziehen. Diejenige Gruppe, der die Person selbst angehört, wird als *Ingroup* bezeichnet, die auf der jeweiligen Dimension andere(n) Gruppe(n) als *Outgroup(s)*. Menschen streben nach positiven personalen und sozialen Identitäten. Den Wert ihrer verschiedenen sozialen Identitäten leitet die Person aus dem Wissen ab, wie die jeweilige Ingroup im sozialen Wettbewerb mit relevanten Outgroups abschneidet, wir sprechen im Folgenden vom sozialen Status der jeweiligen Ingroup. Wird die Ingroup als positiv distinkt von den Outgroups erlebt, hat sie also einen relativ hohen Status, empfindet die Person eine positive soziale Identität als Mitglied der jeweiligen Ingroup.

Wir nehmen an, dass in monolingual unterrichteten Klassen der Regelschulen Statusunterschiede dahingehend bestehen, dass die sprachliche und kulturelle Majoritätsgruppe, in diesem Fall die Gruppe der Kinder, die in ihrem Elternhaus nur mit der deutschen Sprache aufgewachsen sind, einen höheren sozialen Status genießt als andere Sprachgruppen: Sie repräsentiert die sprachliche und kulturelle Norm, an deren Erreichung sprachliche und kulturelle Minoritätsgruppen gemessen werden. Dies könnte mit sich bringen, dass, während Kinder der statushohen monolingual deutschsprachigen Gruppe vorzugsweise andere Kinder aus ihrer Ingroup wählen (sog. Ingroup-Favorisierung), Kinder der statusunterlegenen Sprachgruppen eher danach streben, mit Kindern der statushohen Outgroup befreundet zu sein (sog. Outgroup-Favorisierung; vgl. Ashburn-Nardo & Johnson, 2008).

Diese Situation könnte sich in den Klassen der SESB anders darstellen: Hier sind zwei Sprachen und Kulturen normativ für das schulische Programm und gleichermaßen gegenwärtig in der alltäglichen Unterrichtspraxis. Entsprechend könnten die Kinder, die von Haus aus bilingual aufgewachsen sind und möglicherweise auch Kinder, die – in der deutschsprachigen Majoritätskultur – in einer anderen als der deutschen Sprache aufgewachsen sind, gegenüber nur mit der deutschen Sprache aufgewachsenen Kindern einen Statusvorteil genießen (vgl. Van Der Wildt, Van Avermaet & Van Houtte, 2015).

Ein zweiter durch die soziale Identitätstheorie (Tajfel & Turner, 1979) beschriebener Mechanismus, der gruppenbasierte Integration versus Separation (vgl. Kap. 7) hervorbringt, ist die kontextabhängige Salienz verschiedener Identitäten einer Person. In dem Maße, wie eine bestimmte Gruppe situational perzeptuell oder sozial hervorgehoben, das heißt salient, ist, wird für Mitglieder dieser Gruppe die entsprechende soziale Identität psychologisch bedeutsam – die personale Identität oder andere soziale Identitäten der Person treten psychologisch in den Hintergrund. Ein maßgeblicher Kontextfaktor, durch den eine Gruppe psychologisch salient wird, ist ihre numerische Unterrepräsentation im jeweiligen Kontext: Menschen definieren sich selbst umso wahrscheinlicher in ihrer betreffenden sozialen Identität, je seltener oder ungewöhnlicher die jeweilige Gruppenzugehörigkeit in der gegebenen Situation ist (McGuire, McGuire & Winton, 1979). Die Aktivierung einer bestimmten sozialen Identität zeigt sich unter anderem darin, dass Personen vorzugsweise mit anderen Ingroup-Mitgliedern interagieren (vgl. z. B. Bigler & Liben, 2006; Zander & Hannover, 2013).

Dieser Argumentation folgend ist die eigene Sprachgruppenzugehörigkeit an den beiden Schulformen für unterschiedliche Gruppen von Kindern psychologisch salient: Während in den SESB-Klassen die meisten Kinder bilingual aufgewachsen sind (42,2 % gegenüber 20,5 % monolingual deutschsprachig und 37,3 % monolingual nichtdeutschsprachig aufgewachsenen Kindern; vgl. Kap. 4, Tab. 4.2), sind 51,8 Prozent der Kinder aus den Vergleichsklassen monolingual deutschsprachig aufgewachsen (gegenüber 32,9 % monolingual nichtdeutschsprachig und 15,3 % bilingual aufgewachsenen Kindern; siehe Kap. 4, Tab. 4.2). Numerisch unterrepräsentiert sind an der SESB also Kinder, die im Elternhaus monolingual deutschsprachig aufgewachsen sind; in den Vergleichsklassen sind es Kinder, die monolingual nichtdeutschsprachig oder aber bilingual mit nur einem deutschen Elternteil aufgewachsen sind. Entsprechend ist denkbar, dass in diesen Gruppen Nominierungen stärker von den Sprachgruppenzugehörigkeiten der beteiligten Kinder beeinflusst sind, also Übereinstimmung auf diesem Merkmal entscheidend für eine Freundschaftsnominierung ist (Homophilie). Dabei muss jedoch beachtet werden, dass die Freundschaftsbildung zwischen Kindern der gleichen Sprachgruppe insbesondere in diesen numerisch kleineren Gruppen durch die schlicht geringere Verfügbarkeit weniger wahrscheinlich ist (sog. *meeting bias,* siehe Currarini, Jackson & Pin, 2009, oder *baseline homophily,* McPherson, Smith-Lovin & Cook, 2001, nach der Opportunitätsstrukturtheorie von Blau, 1977).

8.4 Index zur Bestimmung sprachbezogener Inklusion

In der Netzwerkforschung hat die Entwicklung verschiedener Indizes zur Berechnung von Homophilie (z. B. Coleman, 1958; McCormick et al., 2015) sowie zur Beschreibung von Wahlen zwischen Gruppen (z. B. sog. E-I-Index; Krackhardt & Stern, 1988; für eine gegenüberstellende Darstellung der Eigenschaften und Inhalte verschiedener Indizes siehe Steglich, Zander, Hannover & Baumert, in Vorb.) eine lange Tradition. Wir möchten hier einen Index vorschlagen, der im Vergleich zu bisher verwendeten besonders günstige Verteilungseigenschaften aufweist. Der Index bildet ab, wie viele der von der jeweiligen sprachlichen Ingroup gesendeten Nominierungen ein Kind der jeweiligen Sprachgruppe erreichen. Es handelt sich also um ein Indegree-Maß, das ausschließlich die aus der Eigengruppe stammenden Nominierungen eines Kindes berücksichtigt. Dieser Index wird einem zweiten gegenübergestellt, der den auf das jeweilige Kind entfallenden Anteil der von den Outgroup-Mitgliedern ausgehenden Nominierungen anzeigt. Auf diese Weise werden auf Individualebene Aussagen darüber möglich, inwiefern ein Kind in seinen Freundschaften jeweils vornehmlich in seine sprachliche Ingroup (Index für Ingroup-Inklusion) oder in die sprachlichen Outgroups (Index für Outgroup-Inklusion) eingebunden ist. Neben den eingehenden Nominierungen betrachten wir reziproke Nominierungen (vgl. Abb. 8.2), da diese über engere und beidseitige Freundschaften innerhalb und zwischen Sprachgruppen informieren.

Die Indizes für Ingroup- und Outgroup-Inklusion eines Kindes i aus Sprachgruppe j in Schulklasse k werden in unidirektionalen bzw. reziproken Netzwerken, basierend auf eingehenden Nennungen, wie folgt berechnet. Man bestimmt zunächst einen Index der relativen Verbundenheit von Kind i mit der eigenen Sprachgruppe $j,$ indem man die jeweiligen

Verbindungen des Kindes zur eigenen Sprachgruppe zählt und diese Anzahl teilt durch die gemittelte Anzahl der entsprechenden Art von Verbindungen zu dieser Sprachgruppe in der gesamten Klasse. Dieses Anzahlverhältnis wird schließlich noch logarithmiert, um bessere Verteilungseigenschaften des Index zu gewährleisten. Ein Index höher (bzw. niedriger) als null bedeutet dann, dass Kind i stärker (bzw. schwächer) in die eigene Sprachgruppe eingebettet ist als ein „gemitteltes" Kind derselben Klasse. In einer mathematischen Formel ausgedrückt definieren wir Verbundenheit mit der eigenen Gruppe (Ingroup-Inklusion) als wobei W_{ijk} die Anzahl der Verbindungen von Schülerin und Schüler i mit anderen Kindern aus

$$E_{ijk} = \ln \frac{W_{ijk}}{\frac{1}{n_k}\Sigma_h\, W_{hjk}},$$

Sprachgruppe j in Klasse k ist und n_k die Anzahl der Schülerinnen und Schüler in der Klasse.

Ein zweiter Index wird genutzt, um auf dieselbe Art die relative Verbundenheit von Kind i mit den jeweils anderen Sprachgruppen zu bestimmen. Analog definieren wir Verbundenheit mit allen anderen Sprachgruppen (Outgroup-Inklusion) zusammenfassend als
Durch die Berücksichtigung beider Indizes kann die alternative Erklärung ausgeschlossen

$$A_{ijk} = \ln \frac{\Sigma_{l\neq j} W_{ilk}}{\frac{1}{n_k}\Sigma_h \Sigma_{l\neq j} W_{hlk}}.$$

werden, dass eine stärkere (schwächere) Eingebundenheit in die eigene Sprachgruppe, relativ zum gemittelten Kind, darauf zurückgeht, dass speziell Kind i generell stark (schwach) in seinen Klassenverband eingebunden ist und viele (wenige) Kinder mit ihm befreundet sein möchten – auch (aber nicht ausschließlich) innerhalb seiner eigenen Sprachgruppe. Denn für allgemein beliebte (bzw. unbeliebte) Kinder sind beide Indizes hoch (bzw. niedrig), sodass dieser Einflussfaktor bei gleichzeitiger Berücksichtigung beider Indizes kontrolliert werden kann. In der Praxis kommt es häufig vor, dass ein Kind ausschließlich mit der eigenen (oder gerade nicht mit der eigenen) Sprachgruppe verbunden ist. In diesen Fällen nimmt einer der logarithmierten Indizes den Wert Unendlich an und ist damit für weitere Analysen nicht verwendbar. Die Daten dieser Kinder sind jedoch in Bezug auf die Abbildung integrativer und separativer Tendenzen in Schulklassen bedeutsam. Daher korrigieren wir den Index, indem wir pro Kind eine Verbindung als Konstante hinzufügen. Inhaltlich lässt sich diese Operation interpretieren als Hinzufügen von einem Kind pro Sprachgruppe in jeder Klasse, das mit allen Klassenkameraden verbunden ist, selbst aber nicht Teil der Stichprobe ist und in weiteren Analysen nicht vorkommt. Dies bedeutet auch, dass eine Gruppe, die viele intern bzw. extern unverbundene Mitglieder hat, durch einen besonders negativen gemittelten Ingroup- bzw. Outgroup-Inklusionsindex gekennzeichnet ist.

8.5 Deskriptive Analysen zur Ingroup- und Outgroup-Inklusion in Abhängigkeit von Schulform und sprachlichen Hintergründen

Um zu verdeutlichen, wie die Kinder in ihre sprachliche Ingroup und die sprachlichen Outgroups in SESB-Klassen und Vergleichsklassen sozial eingebunden sind, werden in den folgenden deskriptiven Analysen stets beide Indizes, das heißt der soziale Ingroup- und Outgroup-Inklusionsindex, genutzt.

Zunächst zeigen Korrelationsanalysen, dass Ingroup- und Outgroup-Inklusionsindex über beide Schultypen und die Sprachgruppen hinweg leicht positiv miteinander korreliert sind, $r(1290) = 0.198$, $p < 0.001$. Das bedeutet, dass die Beliebtheit einzelner Kinder in der Ingroup und in der Outgroup schwach zusammenhängen. Schülerinnen und Schüler, die in der Ingroup sehr beliebt sind, können in der Outgroup eher unbeliebt oder ebenfalls sehr beliebt sein und umgekehrt.

Tabelle 8.1 zeigt die Mittelwerte und Standardabweichungen der deskriptiven Analysen.[1] Die Ergebnisse dieser Analysen sind in Abbildung 8.4 und 8.5 dargestellt.

Betrachten wir zunächst die eingehenden Wahlen (Abb. 8.4, obere Grafik), so zeigen sich in den monolingualen Klassen der Vergleichsschulen für Kinder, die der Sprachgruppe mit hohem Status angehören, nämlich für Kinder, die in ihrem Elternhaus monolingual deutschsprachig aufgewachsen sind, höhere Werte, das heißt eine stärkere Tendenz zur Ingroup-Inklusion als in den beiden anderen, numerisch unterrepräsentierten Sprachgruppen. Von den Nominierungen der Kinder, die monolingual nichtdeutschsprachig oder bilingual aufgewachsen sind, stammt ein vergleichsweise kleiner Teil aus ihrer sprachlichen Ingroup. Die darin sichtbar werdende relativ starke Outgroup-Orientierung dieser Kinder ist konsistent mit unserer Argumentation, dass in dieser Schulform eine Statushierarchie zwischen den Sprachen besteht, mit der Folge, dass die Kinder, die der statushohen Sprachgruppe angehören, sozial besonders beliebt sind, also Kinder der statusniedrigeren Sprache besonders gern mit ihnen befreundet sein möchten. Positiv hervorzuheben ist also, dass in den beiden numerisch unterrepräsentierten Sprachgruppen keine Ingroup-Inklusion, also kein Rückzug auf die eigene Ingroup, stattzufinden scheint. Ihr auf die Sprachgruppe mit hohem Status gerichtetes Affiliationsbestreben zahlt sich für diese Kinder allerdings nur dann aus, wenn es von den Kindern aus der statushohen Gruppe auch erwidert wird. Inwiefern dies geschieht, verdeutlicht die untere Grafik in Abbildung 8.4. Es zeigt sich hier, dass die Nominierungen der bilingual aufgewachsenen Kinder von den Kindern der statushohen Sprachgruppe erwidert werden, nicht jedoch die der monolingual nichtdeutschsprachig aufgewachsenen Kinder. Eine plausible Erklärung hierfür ist, dass monolingual nichtdeutschsprachig aufgewachsene Kinder gegenüber bilingual aufgewachsenen Kindern geringere Kompetenzen in der Schulsprache Deutsch haben, was sich in den Befunden in den Kapiteln 5 und 6 zeigt (siehe auch Prenzel,

---

1 Auffällig ist, dass die gemittelten Indizes in allen Schultyp-Sprachgruppe-Kombinationen negativ sind. Dies ist mit der logarithmischen Konstruktion der Indizes zu erklären. Es gilt aufgrund der Konstruktion innerhalb jeder Schulklasse k Folgendes: $M(\exp[E_{jik}] + \exp[A_{jik}]) = 1$. Durch Subadditivität der Logarithmusfunktion ergibt sich daraus $M(E_{jik}) + M(A_{jik}) \leq 0$. Theoretisch ist es möglich, dass einer der Indizes gemittelt positiv (und der andere entsprechend negativer) ist, diese Situation liegt in den Daten jedoch offenbar nicht vor, vielmehr sind beide Indizes gemittelt negativ.

Tabelle 8.1: Mittelwerte und Standardabweichung für Ingroup- und Outgroup-Inklusionsindex bezüglich eingehender und reziproker Nennungen sowie Gruppengrößen der Schülerinnen und Schüler verschiedener Sprachgruppen vergleichend für SESB und monolinguale Vergleichsklassen

Verbindungen	Index	Vergleichsklassen (monolingual)														
		Monolingual deutschsprachig aufgewachsen (N = 361)			Bilingual aufgewachsen (N = 86)			Monolingual nichtdeutschsprachig aufgewachsen (N = 235)			Vergleichsklassen gesamt (N = 616)		
		M	SD	RSE	M	SD	RSE	M	SD	RSE	M	SD	RSE
Eingehend	Ingroup-Inklusion	−0.144	0.536	0.022	−0.196	0.447	0.057	−0.203	0.439	0.034	−0.167	0.499	0.021
	Outgroup-Inklusion	−0.120	0.416	0.021	−0.206	0.609	0.096	−0.191	0.462	0.043	−0.152	0.460	0.023
Reziprok	Ingroup-Inklusion	−0.144	0.520	0.023	−0.189	0.466	0.060	−0.220	0.444	0.036	−0.172	0.493	0.024
	Outgroup-Inklusion	−0.110	0.402	0.022	−0.164	0.596	0.083	−0.215	0.508	0.044	−0.146	0.465	0.022
		SESB											
		Monolingual deutschsprachig aufgewachsen (N = 144)			Bilingual aufgewachsen (N = 295)			Monolingual nichtdeutschsprachig aufgewachsen (N = 235)			SESB gesamt (N = 675)		
		M	SD	RSE	M	SD	RSE	M	SD	RSE	M	SD	RSE
Eingehend	Ingroup-Inklusion	−0.170	0.446	0.039	−0.164	0.495	0.022	−0.127	0.465	0.022	−0.152	0.474	0.014
	Outgroup-Inklusion	−0.114	0.498	0.047	−0.099	0.453	0.038	−0.088	0.489	0.031	−0.099	0.475	0.019
Reziprok	Ingroup-Inklusion	−0.164	0.391	0.040	−0.186	0.492	0.022	−0.135	0.507	0.024	−0.163	0.477	0.018
	Outgroup-Inklusion	−0.109	0.542	0.041	−0.165	0.508	0.039	−0.079	0.533	0.034	−0.123	0.525	0.016

Mittelwerte, Standardabweichung und robuste Standardfehler (kontrolliert für Heteroskedastizität zwischen Schulklassen) für Ingroup- und Outgroup-Inklusionsindex bezüglich eingehender und reziproker Nennungen sowie Gruppengrößen der Schülerinnen und Schüler verschiedener Sprachgruppen vergleichend für die SESB und monolinguale Vergleichsklassen.

Abbildung 8.4: Vergleich der Ingroup-Inklusion (obere Abb.) und Outgroup-Inklusion (untere Abb.) in Bezug auf eingehende Nominierungen von Kindern verschiedener sprachlicher Hintergründe, gruppiert nach Schulform

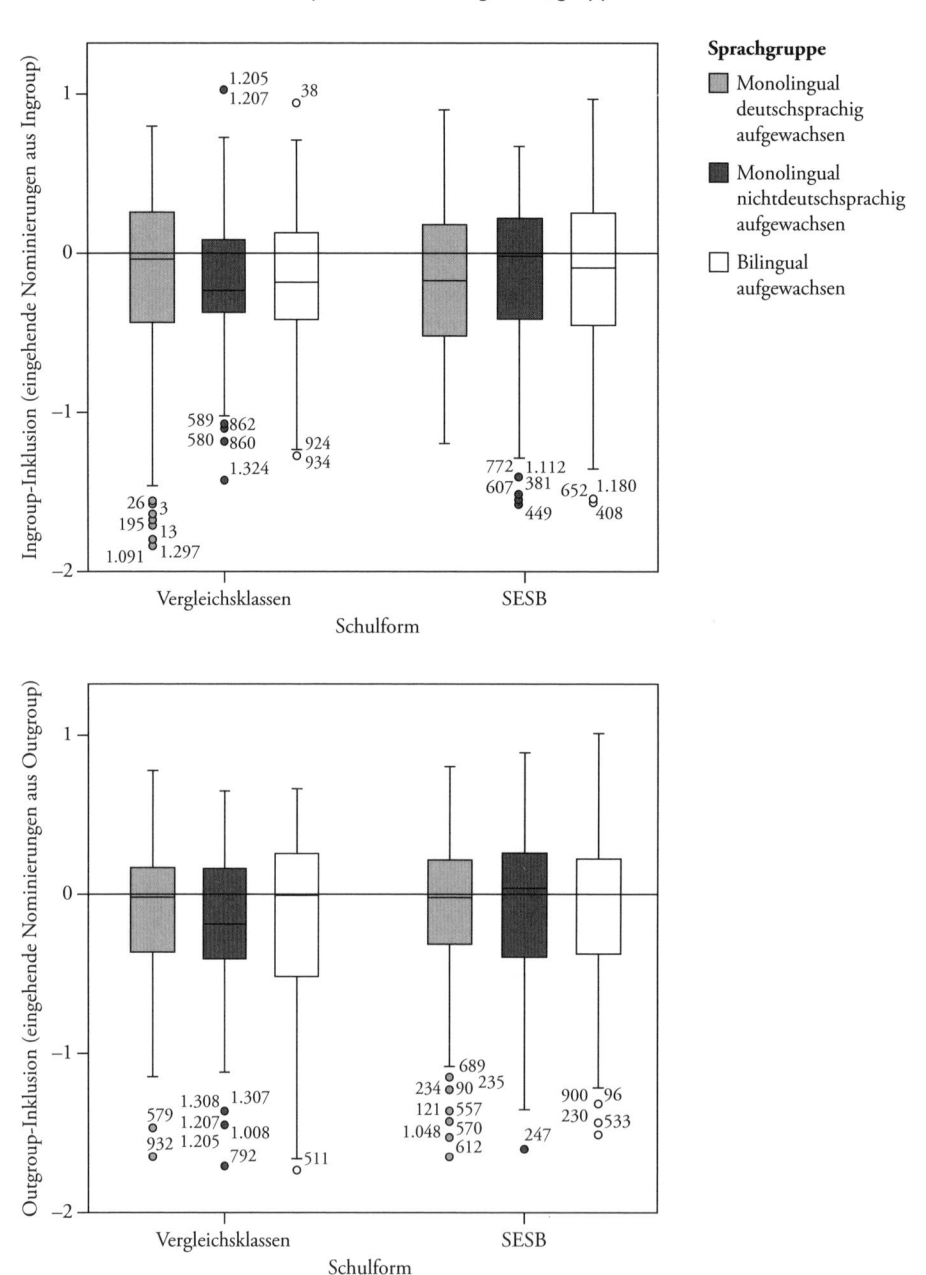

Werte höher als 0 bedeuten, dass Kind i stärker in die Ingroup (obere Abb.) bzw. Outgroup (untere Abb.) eingebettet ist als ein gemitteltes Kind derselben Klasse. Werte niedriger als 0 bedeuten, dass Kind i schwächer in die Ingroup (obere Abb.) bzw. Outgroup (untere Abb.) eingebettet ist als ein gemitteltes Kind derselben Klasse.

Abbildung 8.5: Vergleich der Ingroup-Inklusion (obere Abb.) und Outgroup-Inklusion (untere Abb.) in Bezug auf reziproke Freundschaften von Kindern verschiedener sprachlicher Hintergründe, gruppiert nach Schulform

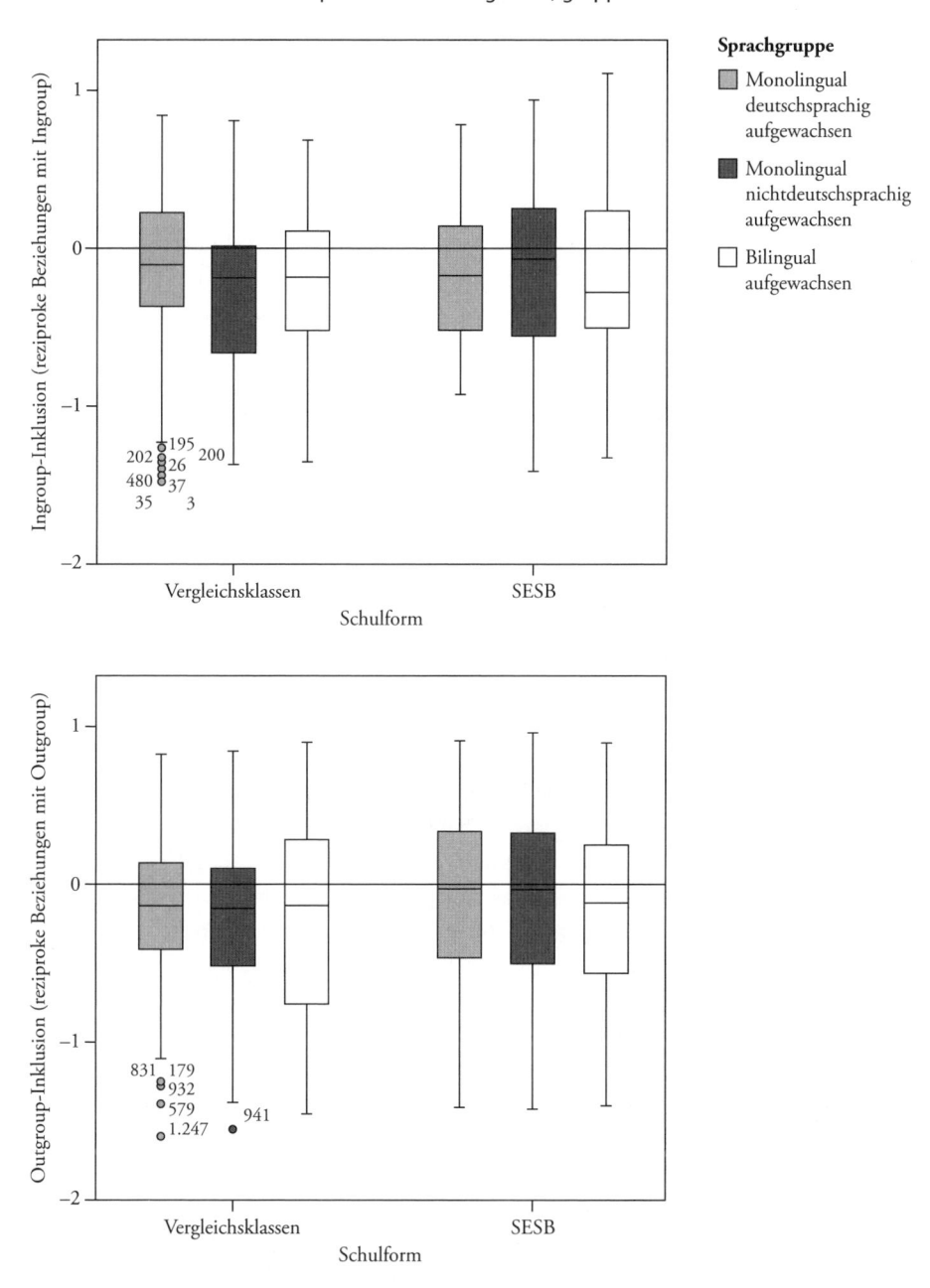

Werte höher als 0 bedeuten, dass Kind i stärker in mehr reziproke Freundschaften innerhalb der Ingroup (obere Abb.) bzw. zur Outgroup (untere Abb.) eingebettet ist als ein gemitteltes Kind derselben Klasse. Werte niedriger als 0 bedeuten, dass Kind i in weniger reziproke Freundschaften innerhalb der Ingroup (obere Abb.) bzw. zur Outgroup (untere Abb.) eingebettet ist als ein gemitteltes Kind derselben Klasse.

Sälzer, Klieme & Köller, 2013). Eine Auswirkung auf die Freundschaftsnominierungen ist deshalb zu erwarten, weil die Schulsprache auch in informellen Gesprächen mit den Kindern der statushohen Sprachgruppe genutzt wird. Schülerinnen und Schüler mit geringen Sprachkompetenzen werden also möglicherweise von Kindern gemieden, die mit der betreffenden Sprache aufgewachsen sind, da gute Sprachkompetenzen entscheidend für einen befriedigenden Austausch über die vielfältigen und komplexen Themen sind, die in Freundschaften Gegenstand sind (vgl. Van Der Wildt et al., 2015).

Ein anderes Bild als in den monolingualen Vergleichsklassen zeigt sich in den Klassen der SESB. Numerisch unterrepräsentiert und damit besonders interessant ist hier die Gruppe der monolingual deutschsprachig aufgewachsenen Kinder. Die Ergebnisse zum Ingroup-Inklusionsindex zeigen, dass – analog zu dem, was für bilingual und monolingual nichtdeutschsprachig aufgewachsene Kinder in den Vergleichsklassen zu beobachten war – hier die monolingual deutschsprachig aufgewachsenen Kinder stark an den beiden sprachlichen Outgroups orientiert sind und besonders gern mit diesen befreundet sein möchten. Dieses Ergebnis ist konsistent mit unserer Überlegung, dass die sprachlich-kulturelle Norm in der SESB stärker durch die Kinder repräsentiert wird, die entweder bilingual oder aber – innerhalb der deutschen Majoritätskultur – monolingual nichtdeutschsprachig aufgewachsen sind, also diese beiden Sprachgruppen einen höheren Status haben als die Gruppe der monolingual deutschsprachig aufgewachsenen Kinder. Entsprechend wollen die monolingual deutschsprachig aufgewachsenen Kinder besonders gern mit den Kindern der beiden statushöheren Sprachgruppen befreundet sein. Eine andere Erklärung ist, dass insbesondere die monolingual deutschsprachig aufgewachsenen Kinder von ihren Eltern darin unterstützt werden, Kontakte mit anderssprachigen Peers aufzubauen, um deren Sprache zu lernen, denn diese Eltern haben ganz bewusst nicht die Möglichkeit gewählt, ihre Kinder auch an einer monolingual unterrichtenden Regelschule anzumelden, in der ihre Erstsprache einzige Unterrichtssprache ist.

Betrachtet man nun zusätzlich die Nominierungen der monolingual deutschsprachig aufgewachsenen Kinder durch die Kinder der beiden sprachlichen Outgroups, so wird deutlich, dass sich auch hier das Muster wiederholt, das wir in den Vergleichsklassen für die bilingual aufgewachsenen Kinder beobachtet haben: Das starke, auf die Outgroup bezogene Affiliationsstreben wird von den Kindern dieser Outgroup auch erwidert.

Für den alternativen Mechanismus, dass Kinder der numerisch kleineren Gruppen ihre Nominierungen stärker innerhalb der eigenen Gruppe verteilen, weil für sie die soziale Identität als Mitglied der sprachlichen Ingroup besonders betont ist, findet sich in unseren Daten zunächst kein Beleg. Im Gegenteil ist die Ingroup-Inklusion der kleinen Gruppen (monolingual nichtdeutschsprachig und bilingual aufgewachsene Kinder in Vergleichsklassen sowie monolingual deutschsprachig aufgewachsene Kinder an der SESB) besonders niedrig.

Im Folgenden werden nun die reziproken Wahlen betrachtet (Abb. 8.5). Für diese Verbindungen fällt auf, dass in den Klassen der monolingualen Vergleichsklassen Statusunterschiede zwischen den Sprachgruppen weniger zum Tragen kommen, als dies für die eingehenden Nominierungen (Abb. 8.4) der Fall war. Dieses Ergebnis ist möglicherweise damit zu erklären, dass reziproke Beziehungen stärker auf personalen als auf sozialen Identitäten beruhen (Tajfel & Turner, 1979) und entsprechend die gegenseitige

Wahrnehmung der Beteiligten weniger von Gruppenzugehörigkeiten beeinflusst ist (Brewer & Harasty, 1999). Die in Vergleichsklassen und an der SESB zu beobachtende Tendenz, Kinder aus der eigenen Ingroup zu wählen, findet ihre Entsprechung auch in den reziproken Nominierungen, mit der Ausnahme von Freundschaftsnominierungen bilingual aufgewachsener Kinder aus ihrer eigenen Sprachgruppe an der SESB, die häufiger nicht gegenseitig zu sein scheinen. Für monolingual nichtdeutschsprachig aufgewachsene Kinder in Vergleichsklassen zeigt sich, dass, obwohl sie insgesamt weniger Nominierungen von Kindern der beiden sprachlichen Outgroups erhalten, sie nicht weniger als andere Kinder in reziproke Beziehungen mit einem Kind aus einer sprachlichen Outgroup eingebunden sind – ein Befund, der ebenfalls auf die geringere Bedeutsamkeit sozialer Identitäten in reziproken Freundschaftsbeziehungen verweist. Auch an der SESB zeigen sich in den reziproken Beziehungen keine deutlichen Unterschiede zwischen den Sprachgruppen in den Outgroup-Inklusionsindizes (d. h. den gegenseitigen Freundschaften zwischen Kindern verschiedener Sprachgruppen). Lediglich für bilingual aufgewachsene Kinder werden tendenziell weniger reziproke Beziehungen zu den beiden sprachlichen Outgroups sichtbar – relativ zu den Nennungen, die sie aus der Outgroup erhalten –, was insgesamt den Eindruck stärkt, dass bilingual aufgewachsene Kinder an beiden Schultypen über eher weniger enge, da seltener reziproke Freundschaftsnetzwerke verfügen.

8.6 Perspektivische Überlegungen: Soziale Eingebundenheit als sprachlich vermittelter kultureller Integrationsprozess

Soziale Eingebundenheit gewährt einem Kind Zugriff auf affektive Ressourcen (Freundschaft: Zuneigung, emotionale Unterstützung) und instrumentelle Ressourcen (Lernpartnerschaft: Information, fachliche Ratschläge, akademische Hilfe), die durch die Peers im Klassenzimmer bereitgestellt werden (vgl. Zander, Kreutzmann, West, Mettke & Hannover, 2014). Vermittelt darüber hat sie positive Auswirkungen auf die soziale und akademische Entwicklung. Die hier vorgestellten deskriptiven Analysen liefern erste tendenzielle Ergebnisse dahingehend, dass es der SESB gelingt, Kinder aus sprachlichen Minoritätsgruppen stärker in das soziale Gefüge der Schulklasse einzubinden, als dies in monolingual unterrichteten Regelklassen der Fall ist. Genauer scheinen – gemäß der Bestrebung der SESB, die Kompetenzen der Kinder in zwei gleichberechtigten Unterrichtssprachen zu fördern – soziale Statusnachteile, die Kinder sprachlicher Minoritätsgruppen in den Vergleichsklassen in Bezug auf ihre Beliebtheit in den jeweiligen sprachlichen In- und Outgroups haben, in den Klassen der SESB aufgehoben zu sein. So waren insbesondere monolingual nichtdeutschsprachig aufgewachsene Kinder in den Vergleichsklassen innerhalb ihrer eigenen Sprachgruppe und bei Kindern der anderen Sprachgruppen wenig beliebt – ein Nachteil, der sich für diese Gruppe an der SESB nicht zeigte. Es scheint, diese Kinder favorisieren Mitglieder der statushöheren sprachlichen Majoritätsgruppe sogar gegenüber Kindern ihrer sprachlichen Ingroup, ein Ausdruck dafür, dass sie den geringeren sozialen Status ihrer Ingroup erleben und zur Grundlage ihres Nominierungsverhaltens machen (Outgroup-Favorisierung). Auch scheint ihre soziale Identität als Mitglied einer sprachlich-kulturellen

Minorität in den Vergleichsklassen nicht nur für sie selbst, sondern auch für andere Kinder stark salient zu sein; mit der Folge, dass sie von Kindern anderer Sprachgruppen seltener nominiert werden. Besonders zu denken gibt, dass das starke Interesse der monolingual nichtdeutschsprachig aufgewachsenen Kinder an der Bildung von Intergruppen-Freundschaften in den Vergleichsklassen nicht erwidert zu werden scheint. Eine mögliche Ursache kann darin gesehen werden, dass Personen, die eine Sprache nicht auf Erstsprachenniveau beherrschen, von Personen, die diese Sprache als Erstsprache haben, im Allgemeinen in ihren Kompetenzen abgewertet und als weniger glaubwürdig wahrgenommen werden (z. B. Lev-Ari & Keysar, 2010). Die Verstärkung homophiler Interaktionstendenzen nach gemeinsamer Erstsprache kann die Folge sein. Denkbar wäre entsprechend, dass die beschriebenen Nachteile in dem Maße abgeschwächt werden, wie die Sprachkompetenzen der Kinder, die monolingual nichtdeutschsprachig aufgewachsen sind, ansteigen.

Die kulturell-sprachliche Integration von Kindern aus sprachlich-kulturellen Minoritätsgruppen gelingt in der SESB augenscheinlich besser, wo sich insgesamt ein ausgeglichenes Bild der Inklusion sprachlicher Ingroup- und Outgroup-Mitglieder zeigt – unabhängig vom sprachlichen Hintergrund der Kinder. Dieser Befund ist von hoher Bedeutung, da soziale Eingebundenheit den Spracherwerb begünstigt und hohe sprachliche Kompetenzen ihrerseits wiederum die Wahl von Peers erleichtert, die die jeweilige Sprache als Erstsprache sicher beherrschen (siehe auch Titzmann & Silbereisen, 2009). Insbesondere monolingual deutschsprachig aufgewachsene Kinder öffnen sich in der SESB, in der sie eine Minorität darstellen, stärker für Kinder anderer Sprachgruppen. Diese stärkere Öffnung monolingual deutschsprachig aufgewachsener Kinder an der SESB ist gepaart mit einer Anerkennung durch Kinder anderer Sprachgruppen, sichtbar in starken Nominierungen monolingual deutschsprachig aufgewachsener Kinder durch die Kinder der anderen beiden Sprachgruppen. Die höhere soziale Wertschätzung, die monolingual nichtdeutschsprachig oder bilingual aufgewachsene Kinder an der SESB erfahren, geht also nicht mit einem relativ ungünstigeren sozialen Status der monolingual nichtdeutschsprachig aufgewachsenen Kinder einher.

Der in der SESB gewährleistete regelmäßige Kontakt zwischen Gleichaltrigen, die mit unterschiedlichen Sprachen aufgewachsen sind, scheint homophilen Interaktionstendenzen entgegenzuwirken. Mit ihm wird die Voraussetzung dafür geschaffen, dass duale Immersion nicht nur fachgebunden und in Bezug auf akademische Inhalte, sondern auch in informellen Kontexten erfolgt, in denen interpersonaler Austausch und der Erwerb alltagssprachlicher Kompetenzen im Vordergrund stehen.

Die hier dargestellten Ergebnisse reflektieren erste deskriptive Analysen. Zukünftige längsschnittliche Erhebungen werden zeigen, wie sich die unterschiedlichen Facetten der sozialen Integration über die Zeit entwickeln, wobei insbesondere auch sprachliche und kognitive Kompetenzen sowie der sozioökonomische Hintergrund der Kinder berücksichtigt werden. Sollte sich in unseren zukünftigen Analysen erweisen, dass die soziale Eingebundenheit von bilingual und monolingual nichtdeutschsprachig aufgewachsenen Kindern in den immersiven Schulklassen dauerhaft gefördert wird, ohne dass Einbußen für monolingual deutschsprachig aufgewachsene Kinder entstehen, so kann die SESB als ein wichtiges Modell für eine Schulform gelten, die die erfolgreiche Integration von Zuwandernden nach Deutschland nachhaltig unterstützt.

Literatur

Allen, K. A., & Bowles, T. (2012). Belonging as a guiding principle in the education of adolescents. *Australian Journal of Educational & Developmental Psychology, 12,* 108–119. <http://files.eric.ed.gov/fulltext/EJ1002251.pdf> (05.04.2016)

Ashburn-Nardo, L., & Johnson, N. J. (2008). Implicit outgroup favoritism and intergroup judgment: The moderating role of stereotypic context. *Social Justice Research, 21,* 490–508. doi:10.1007/s11211-008-0078-8

Bigler, R. S., & Liben, L. S. (2006). A developmental intergroup theory of social stereotypes and prejudice. In R. V. Kail (Ed.), *Advances in child development and behavior* (Vol. 34, pp. 39–89). San Diego, CA: Elsevier.

Blau, P. M. (1977). *Inequality and heterogeneity: A primitive theory of social structure* (Vol. 7). New York: Free Press.

Borgatti, S. P., Everett, M. G., & Johnson, J. C. (2013). *Analyzing social networks.* London: SAGE.

Brewer, M. B., & Harasty, A. F. (1999). Dual processes in the cognitive representation of persons and social categories. In S. Chaiken & Y. Trope (Eds.), *Dual-process theories in social psychology* (pp. 255–270). New York, NY: Guilford Press.

Coleman, J. (1958). Relational analysis: The study of social organizations with survey methods. *Human Organization, 17,* 28–36. doi:10.17730/humo.17.4.q5604m676260q8n7

Currarini, S., Jackson, M. O., & Pin, P. (2009). An economic model of friendship: Homophily, minorities, and segregation. *Econometrica, 77,* 1003–1045. doi:10.3982/ECTA7528

Dollase, R. (2000). Jacob Levy Moreno: Who shall survive? (1934). In H. E. Lück, R. Miller, G. Sewz-Vosshenrich (Hrsg.), *Klassiker der Psychologie* (S. 151–155). Stuttgart: Kohlhammer.

Gest, S. D., Madill, R. A., Zadzora, K. M., Miller, A. M., & Rodkin, P. C. (2014). Teacher management of elementary classroom social dynamics associations with changes in student adjustment. *Journal of Emotional and Behavioral Disorders, 22,* 107–118. doi:10.1177/1063426613512677

Krackhardt, D., & Stern, R. (1988). Informal networks and organizational crises: An experimental simulation. *Social Psychology Quarterly, 51,* 123–140. doi:10.2307/2786835

Laursen, B., & Hartup, W. W. (2002). The origins of reciprocity and social exchange in friendships. In B. Laursen & W. G. Graziano (Eds.), *New directions for child and adolescent development: Social exchange in development* (Vol. 95, pp. 27–40). San Francisco, CA: Jossey-Bass.

Lev-Ari, S., & Keysar, B. (2010). Why don't we believe non-native speakers? The influence of accent on credibility. *Journal of Experimental Social Psychology, 46,* 1093–1096. doi:10.1016/j.jesp.2010.05.025

Martin, A. J., & Dowson, M. (2009). Interpersonal relationships, motivation, engagement, and achievement: Yields for theory, current issues, and educational practice. *Review of Educational Research, 79,* 327–365. doi:10.3102/0034654308325583

McCormick, M. P., Cappella, E., Hughes, D. L., & Gallagher, E. K. (2015). Feasible, rigorous, and relevant: validation of a measure of friendship homophily for diverse classrooms. *The Journal of Early Adolescence, 35,* 817–851. doi:10.1177/0272431614547051

McGuire, W. J., McGuire, C. V., & Winton, W. (1979). Effects of household sex composition on the salience of one's gender in the spontaneous self-concept. *Journal of Experimental Social Psychology, 15,* 77–90. doi:10.1016/0022-1031(79)90020-9

McPherson, M., Smith-Lovin, L., & Cook, J. M. (2001). Birds of a feather: Homophily in social networks. *Annual Review of Sociology,* 415–444. doi:10.1146/annurev.soc.27.1.415

Perdue, N. H., Manzeske, D. P., & Estell, D. B. (2009). Early predictors of school engagement: Exploring the role of peer relationships. *Psychology in the Schools, 46,* 1084–1097. doi:10.1002/pits.20446

Prenzel, M., Sälzer, C., Klieme, E., & Köller, O. (2013). *PISA 2012: Fortschritte und Herausforderungen in Deutschland.* Münster: Waxmann.

Skinner, E. A., Kindermann, T. A., & Furrer, C. J. (2009). A motivational perspective on engagement and disaffection: Conceptualization and assessment of children's behavioral and emotional participation in academic activities in the classroom. *Educational and Psychological Measurement, 69,* 493–525. doi:10.1177/0013164408323233

Smith, J. A., McPherson, M., & Smith-Lovin, L. (2014). Social distance in the United States: Sex, race, religion, age, and education. Homophily among confidants, 1985 to 2004. *American Sociological Review, 79,* 432–456. doi:10.1177/0003122414531776

Steglich, C., & Knecht, A. (2014). Studious by association? Effects of teacher's attunement to students' peer relations. *Zeitschrift für Erziehungswissenschaft, 17*(Beiheft 26), 153–170. doi:10.1007/s11618-014-0556-8

Tajfel, H., & Turner, J. C. (1979). An integrative theory of intergroup conflict. In W. G. Austin & S. Worchel (Eds.), *The social psychology of intergroup relations* (pp. 33–47). Monterey, CA: Brooks Cole.

Titzmann, P. F., & Silbereisen, R. K. (2009). Friendship homophily among ethnic German immigrants: A longitudinal comparison between recent and more experienced immigrant adolescents. *Journal of Family Psychology, 23,* 301–310. doi:10.1037/a0015493

Van Der Wildt, A., Van Avermaet, P., & Van Houtte, M. (2015). Do birds singing the same song flock together? A mixed-method study on language as a tool for changing social homophily in primary schools in Flanders (Belgium). *International Journal of Intercultural Relations, 49,* 168–182. doi:10.1016/j.ijintrel.2015.10.002

Walton, G. M., & Cohen, G. L. (2011). A brief social-belonging intervention improves academic and health outcomes of minority students. *Science, 331,* 1447–1451. doi:10.1126/science.1198364

Wentzel, K. R., Russell, S., & Baker, S. (2015). Emotional support and expectations from parents, teachers, and peers predict adolescent competence at school. *Journal of Educational Psychology.* Advance online publication. doi:10.1037/edu0000049

Wilson, T. M., Rodkin, P. C., & Ryan, A. M. (2014). The company they keep and avoid: Social goal orientation as a predictor of children's ethnic segregation. *Developmental Psychology, 50,* 1116–1124. doi:10.1037/a0035040

Zander, L. (2013). Warum wir auch „natürliche" soziale Netzwerke in Lehr- und Lernkontexten nicht länger ignorieren sollten: Ein Beitrag aus der Perspektive der Pädagogischen Psychologie. In T. Junge (Hrsg.), *Soziale Netzwerke im Diskurs* (S.102–125). <http://ifbm.fernuni-hagen.de/lehrgebiete/bildmed/medien-im-diskurs>

Zander, L., & Hannover, B. (2013). Die Bedeutung der Identifikation mit der Herkunftskultur und mit der Aufnahmekultur Deutschland für die soziale Integration Jugendlicher mit Migrationshintergrund in ihrer Schulklasse. *Zeitschrift für Entwicklungspsychologie und Pädagogische Psychologie, 45,* 142–160. doi:10.1026/0049-8637/a000092

Zander, L., Kreutzmann, M., West, S. G., Mettke, E., & Hannover, B. (2014). How dancing classes change affective and collaborative networks of adolescents. *Psychology of Sports & Exercise, 15,* 418–428. doi:10.1016/j.psychsport.2014.04.004

Kapitel 9
Gesamtüberblick über die Ergebnisse der ersten Phase der EUROPA-Studie

Jens Möller, Johanna Fleckenstein, Friederike Hohenstein & Jürgen Baumert

Mit der Evaluation der Staatlichen Europa-Schule Berlin (SESB) wird der Versuch unternommen, eine weltweit einzigartige dual-immersive Schulform empirisch zu untersuchen. Was die Konzeption einzigartig macht, ist die Kombination aus neun Sprachprogrammen an der SESB, Gleichberechtigung der zwei jeweils beteiligten Unterrichtssprachen, die (angestrebte) paritätische Besetzung der Klassen mit deutsch- und partnersprachigen Schülerinnen und Schülern und die unterschiedliche sprachliche Herkunft der Lehrkräfte. Ein Schwerpunkt der Evaluation liegt auf der Untersuchung schulisch erworbener Kompetenzen, daneben werden die Zusammensetzung der Schülerschaft und die soziale und kulturelle Integration an der SESB analysiert. In der ersten Phase der Evaluation geschieht dies querschnittlich für die Primarstufe in der 4. Jahrgangsstufe und für die Sekundarstufe in der 9. Jahrgangsstufe bzw. für 15-Jährige. Gerade für die fachbezogenen Kompetenzen sind dabei Vergleiche der SESB-Schülerschaft mit monolingual unterrichteten Schülerinnen und Schülern aus Berlin und mit repräsentativen internationalen Stichproben aus den jeweiligen Referenzländern möglich. Zudem können die Leistungen in den neun Sprachprogrammen mit den Partnersprachen Englisch, Französisch, Griechisch, Italienisch, Polnisch, Portugiesisch, Russisch, Spanisch und Türkisch miteinander verglichen werden. Dabei konzentrieren sich die Analysen auch auf verschiedene Gruppen von Schülerinnen und Schülern mit unterschiedlichem Sprach- und Migrationshintergrund.

Die querschnittliche Befragung innerhalb der EUROPA-Studie wurde als Vollerhebung im Schuljahr 2014/15 durchgeführt, an der SESB wurden an 17 Grundschulstandorten 769 Schülerinnen und Schüler und an den 11 weiterführenden Standorten insgesamt 617 Schülerinnen und Schüler untersucht. Die einzigartige Kombination mit Leistungsergebnissen aus großen Berliner Vergleichsstichproben und internationalen Kontrollgruppen ermöglicht die Einordnung der Befunde anhand vielfältiger Vergleichsmöglichkeiten.

Bevor die Befunde hier zusammenfassend dargestellt werden, soll sehr knapp der Forschungsstand umrissen werden, vor dessen Hintergrund die eigenen Befunde stehen. Insgesamt zeigte der Literaturüberblick in Kapitel 2 Vorteile immersiv unterrichteter Schülerinnen und Schüler in der jeweiligen L2, die weit über die Selektionsvorteile hinausgehen. Anfänglich auftretende Verzögerungen in den L1-Kompetenzen können ausgeglichen werden, sodass sich auch aufgrund von sprachlichen Transfereffekten teilweise auch leichte Vorteile in der L1 entwickeln. Ähnlich wie beim bilingualen Sachfachunterricht bestätigen sich Befürchtungen bezüglich erheblicher Leistungseinbußen in den Sachfächern nicht. Allerdings ist bei sehr vielen Studien zu bedenken, dass die Prüfung der Vorteile von Immersionsprogrammen sehr oft ohne Kontrolle von Hintergrundvariablen geschieht und gefundene Vorteile teilweise Wirkungen unkontrollierter Eingangsselektivität sind. In der Evaluation der SESB können solche Effekte kontrolliert werden. Wie die Metaanalyse von Deventer, Machts, Gebauer und Möller (2016) argumentiert, sind Leistungsvorteile bilingualer Programme insbesondere dann interpretierbar, wenn sie über die Selektionseffekte hinausgehen. Die Autoren zeigen dann auch, dass bei der Einwegimmersion Effekte vor allem bei der L2 zu finden sind. Dagegen zeigt die aktuelle Metaanalyse von Matthießen (2016) zur dualen Immersion zwar schwächere Effekte, diese gelten aber für beide Partnersprachen.

Um die Befunde der eigenen Studie hier zusammenfassend präsentieren zu können, werden die zentralen Fragestellungen der Evaluation, die in Kapitel 1 eingeführt wurden, als Kapitelüberschriften aufgegriffen.

(1) Wer besucht die Staatliche Europa-Schule Berlin (SESB)? Welchen sprachlichen, ethnischen und sozioökonomischen Hintergrund haben die SESB-Schülerinnen und -Schüler? (vgl. dazu Kap. 4)

An der SESB haben fünf von sechs Schülerinnen und Schülern einen Migrationshintergrund (MGH). Dieser Anteil ist gegenüber den monolingual unterrichtenden Regelschulen deutlich erhöht und macht bereits die spezifische Indikation der SESB und die an sie gestellten besonderen Herausforderungen deutlich. Die größte Gruppe von Schülerinnen und Schülern an der SESB ist bilingual aufgewachsen. Dieser Umstand macht klar, dass die Konzeption der SESB, nach der jeweils hälftig Schülerinnen und Schüler mit der L1 Deutsch und Schülerinnen und Schüler mit der jeweiligen Partnersprache als L1 eine Klasse bilden sollten, an die Realität angepasst werden sollte. Am ehesten wird eine Drittelung der Schülerschaft in monolingual deutschsprachig, bilingual und monolingual partnersprachig Aufgewachsene in den Sprachprogrammen mit Englisch, Französisch, Italienisch, Portugiesisch und Spanisch als Partnersprache erreicht. Entscheidend ist dabei, dass an diesen Schulen mindestens etwa 20 Prozent Schülerinnen und Schüler ausschließlich mit der L1 Deutsch aufgewachsen sind. Die Mehrzahl der Schülerinnen und Schüler in diesen Sprachprogrammen ist selbst bereits in Deutschland geboren, auch wenn sie multiethnischer Herkunft sind. Entsprechend sind Bildungsniveau und sozioökonomischer Hintergrund hoch, die Schülerschaft diesbezüglich positiv selektiv.

Dagegen sind in den Sprachprogrammen mit den Partnersprachen Griechisch, Polnisch, Russisch und Türkisch nur wenige Schülerinnen und Schüler ausschließlich mit Deutsch als L1 aufgewachsen, insbesondere die Sprachprogramme mit den Partnersprachen Russisch und Polnisch rekrutieren fast ausschließlich Schülerinnen und Schüler mit MGH.

Je nach Sprachprogramm schwanken die prozentualen Anteile der monolingual deutschsprachig, der bilingual Aufgewachsenen und der Schülerinnen und Schüler, die ausschließlich die Partnersprache als L1 lernten, stark, und je nach Sprachprogramm bieten sich den Familien durch die SESB Gelegenheiten, ihren spezifischen Bedürfnissen nach Bilingualität und/oder nach der Bindung an eine Herkunftskultur nachzukommen.

Insgesamt ist der sozioökonomische Hintergrund der Schülerinnen und Schüler an der SESB erhöht, eine positive Selektion nach kognitiven Kriterien ist nur schwach und viel schwächer ausgeprägt als bei Programmen der Einwegimmersion. Für die einzelnen Sprachprogramme gilt das Beschriebene in sehr unterschiedlichem Ausmaß und definiert unterschiedliche Anforderungen an die einzelnen Sprachprogramme. Ein weiteres interessantes Ergebnis ist, dass an mehreren Sprachprogrammen (Englisch, Französisch, Portugiesisch und Spanisch) viele der Schülerinnen und Schüler nicht aus europäischen Referenzländern, sondern aus ehemaligen Kolonien stammen. Auch für diese Gruppe bietet die SESB die Möglichkeit, sowohl Deutsch als auch die Partnersprache zu lernen und dabei eine Bindung an die Kultur und die Verkehrssprache des jeweiligen Landes zu erhalten.

(2) Welche Kompetenzen erreichen die SESB-Schülerinnen und -Schüler in verschiedenen Leistungsdomänen (Lesen, Mathematik, Naturwissenschaften und Englisch) im Vergleich zu herkömmlich unterrichteten Schülerinnen und Schülern? (siehe dazu Kap. 5 und 6)

Ein zentrales Ziel der Evaluation der SESB ist die Beantwortung der Frage, ob an der SESB ein angemessenes Niveau im deutschen Leseverständnis bei zugleich adäquaten Kompetenzen in den anderen Unterrichtsfächern Mathematik, Naturwissenschaften und Englisch entsteht. Zur Beantwortung dieser Frage wurden in der 4. sowie in der 9. Jahrgangsstufe und bei den 15-Jährigen Vergleichsstichproben aus monolingual unterrichtenden Regelschulen herangezogen.

Von Entwicklungsnachteilen kann im deutschsprachigen Schulunterricht an der SESB nicht die Rede sein. Insgesamt ergibt sich weder für die Grundschule noch für die Sekundarstufe I eine Überlegenheit oder eine Unterlegenheit der SESB gegenüber den Berliner Vergleichsgruppen im deutschsprachigen Leseverständnis, in der Mathematik oder den Naturwissenschaften. Dies trifft auch unter Kontrolle der sozialen, bildungsmäßigen und kognitiven Selektivität der SESB zu. Bezüglich des deutschsprachigen Leseverständnisses kann die SESB den Nachteil des geringeren Umfangs deutschsprachiger Instruktion voll ausgleichen. Erwartungen an ein besonderes Förderpotenzial der SESB wird allerdings auch nicht entsprochen (sieht man von den zusätzlichen Kompetenzen in der nichtdeutschen Partnersprache ab).

Aus den insgesamt vergleichbaren Ergebnissen ragen die besseren Englischleistungen an der SESB heraus, die auch bei Kontrolle der Eingangsvoraussetzungen in den meisten Sprachprogrammen entstehen. Offenbar ist die duale Immersion ein fruchtbarer Nährboden für das Erlernen einer weiteren Fremdsprache.

(3) Welche Kompetenzen erreichen die SESB-Schülerinnen und -Schüler in den partnersprachigen Leistungstests? (siehe dazu Kap. 5 und 6)

Im Rahmen der Evaluation der SESB wurden in den Jahrgangsstufen 4 und 9 Leistungstests zum Leseverständnis und zu den naturwissenschaftlichen Kompetenzen in der nichtdeutschen Partnersprache eingesetzt. Diese Leistungstests aus großen internationalen *Large-Scale*-Studien (PISA, PIRLS, TIMSS) ermöglichen den Vergleich der Leistungen der SESB-

Schülerinnen und -Schüler mit den Leistungen von Schülerinnen und Schülern, die in Ländern leben, in denen die Partnersprache die Verkehrssprache ist.

Die Ergebnisse der Analysen bestätigen zunächst die Vermutung, dass in Jahrgangsstufe 4 nicht das partnersprachige Leseverständnis eines L1-Sprechers in einem Land, in dem die Partnersprache Verkehrssprache ist, erreicht wird. Gut zwei Drittel der Schülerinnen und Schüler an der SESB kann mit dem Erreichen der Kompetenzstufe II eine solide Grundlage attestiert werden, knapp die Hälfte erreichte sogar mit der Kompetenzstufe III ein in den Vergleichsländern übliches Sprachniveau.

Für das Ende der Sekundarstufe fällt die Bilanz ähnlich aus – etwa zwei Drittel erreichen Kompetenzstufe II, zwischen 30 und 40 Prozent erreichen Kompetenzstufe III. Damit kann in der Partnersprache insgesamt davon ausgegangen werden, dass eine erfolgreiche Teilhabe in einer partnersprachigen Gesellschaft möglich ist, auch wenn das Leseverständnis in der Partnersprache bei weitem nicht das Niveau der Jugendlichen in den Referenzländern erreicht, in denen die Partnersprache die Verkehrssprache ist. Auch die Effekte der Einwegimmersion werden nicht erreicht, was den Befunden der jeweiligen Metaanalysen und somit dem internationalen Forschungsstand entspricht. Die naturwissenschaftlichen Kompetenzen, die in der Partnersprache getestet wurden, liegen zwar auf insgesamt akzeptablem Niveau, bleiben aber hinter den internationalen Vergleichswerten und auch hinter den deutschsprachig ermittelten Kompetenzen zurück. Die Gleichberechtigung der Sprachen findet insofern nur begrenzt eine Entsprechung in Leistungen, die mit dem Begriff *balanced bilingualism* bezeichnet werden können – insgesamt sind die deutschsprachigen Kompetenzen höher ausgeprägt als die partnersprachigen Kompetenzen. Dies ist allerdings in einem Land mit Deutsch als Verkehrssprache nicht überraschend, sollte aber zu verstärkten Anstrengungen an der SESB motivieren.

(4) Trägt die SESB zum Ausgleich von Bildungsnachteilen von Zuwandererkindern bei? Unterscheiden sich die Erträge der SESB in Abhängigkeit vom sprachlichen Hintergrund und vom Migrationshintergrund? (siehe dazu Kap. 5 und 6)

Von besonderer Bedeutung bei der dualen Immersion ist das leistungsmäßige Abschneiden der Kinder und Jugendlichen, die eine andere Sprache als Deutsch als L1 gelernt bzw. einen MGH haben. Insgesamt kann man sagen, dass diese Schülerinnen und Schüler im Vergleich zu den anderen Gruppen höhere Kompetenzen in partnersprachigen als in deutschsprachigen Tests erzielt haben. Auch bei Kontrolle der Eingangsvoraussetzungen gilt für die monolingual nichtdeutschsprachig Aufgewachsenen, dass sie ein höheres Leseverständnis in der Partnersprache zeigen als die Schülerinnen und Schüler, die monolingual mit Deutsch als L1 aufgewachsen sind. Diesen Vorteil zeigen auch die bilingual Aufgewachsenen.

Leider zeigt sich für die SESB weder in der 4. noch in der 9. Jahrgangsstufe und bei den 15-Jährigen durchgängig eine besondere Förderung der monolingual nichtdeutschsprachig aufgewachsenen Schülerinnen und Schüler oder der Schülerinnen und Schüler mit beidseitigem MGH. Schülerinnen und Schüler mit beidseitigem MGH erzielen in der 4. Jahrgangsstufe an der SESB aber bessere Mathematikleistungen als die vergleichbare Gruppe an monolingual unterrichtenden Regelschulen. In diesem Fall und für die bilingual aufgewachsenen Jugendlichen in der 9. Jahrgangsstufe können wir von institutionellen Fördereffekten der SESB sprechen. Letzterer ist besonders interessant, weil für diese Gruppe noch in der 4. Jahrgangsstufe ein Nachteil an der SESB gefunden wurde. Die längsschnittlichen Analysen werden zeigen, ob sich in der 4. Jahrgangsstufe aufgetretene Befunde bis hin zur 6. Jahrgangsstufe verändern.

Insgesamt sind der sprachliche und der Migrationshintergrund bei den partnersprachigen Tests weniger bedeutsam als bei den deutschsprachigen Tests: Die Rückstände der Kinder und Jugendlichen mit nichtdeutschem Sprachhintergrund oder mit MGH im deutschen Leseverständnis, in der Mathematik, in Englisch und den deutschsprachigen Naturwissenschaftstests sind größer als ihr Vorsprung im partnersprachigen Lese- und Naturwissenschaftstest. Was die deutschsprachigen Tests angeht, unterscheiden sich die Ergebnisse für diese Gruppen von Schülerinnen und Schülern an der SESB wenig von den entsprechenden Gruppen an monolingual unterrichtenden Regelschulen. Bezüglich der partnersprachig getesteten Kompetenzen kann resümiert werden, dass die Kinder und Jugendlichen wie erwartet nicht die Leistungen in den Referenzländern erreichen, aber in der nichtdeutschen Partnersprache adäquat ausgebildet sind. So kann insgesamt das Fazit gezogen werden, dass sich auch an der SESB die Erträge nach dem sprachlichen Hintergrund und dem MGH unterscheiden. Die SESB trägt insofern zum Ausgleich von leistungsbezogenen Bildungsnachteilen bei, als sie dazu befähigt, in zwei Sprachen und damit in mehreren Ländern mit Deutsch oder der jeweiligen Partnersprache als Verkehrssprache anschlussfähig zu sein.

(5) Unterscheiden sich die Erträge der SESB in Abhängigkeit vom Sprachprogramm, also der mit Deutsch kombinierten Partnersprache? (siehe dazu Kap. 5 und 6)

Die SESB verfolgt für alle Sprachprogramme ein einheitliches Konzept mit den tragenden Säulen der Zweisprachigkeit und der paritätischen Besetzung der Klassen mit Schülerinnen und Schülern mit Deutsch oder einer nichtdeutschen Partnersprache als L1. Auf der Basis der einzelnen Sprachprogramme zeigen sich aber bereits deutliche Unterschiede in der Rekrutierungspraxis und den sprachlichen und sozioökonomischen Voraussetzungen der Schülerinnen und Schüler. In den Sprachprogrammen mit den Partnersprachen Englisch, Französisch, Italienisch, Portugiesisch und Spanisch werden in nennenswerter Anzahl auch Schülerinnen und Schüler unterrichtet, die monolingual deutschsprachig aufgewachsen sind. Der Anteil derjenigen, die ausschließlich die jeweilige nichtdeutsche Partnersprache als L1 gelernt haben, ist eher klein, und Bilingualität ist der Regelfall. Zudem sind diese Sprachprogramme im Hinblick auf Sozialschicht und Bildungsniveau der Elternschaft selektiv. In den Sprachprogrammen mit den Partnersprachen Griechisch, Polnisch, Russisch und Türkisch ist der Anteil von Schülerinnen und Schülern mit der Partnersprache als L1 höher, derjenigen mit Deutsch als L1 deutlich geringer. Besonders ungünstig rekrutieren die deutsch-türkischen und deutsch-polnischen Sprachprogramme.

Für die einzelnen Sprachprogramme ergeben sich aus den unterschiedlichen Voraussetzungen der Schülerschaften wiederum sehr unterschiedliche Anforderungen sowohl hinsichtlich der sprachlichen als auch der sozialen Funktion der SESB. Beim deutsch-englischen Sprachprogramm handelt es sich um das Leistungsstärkste der Programme. Sowohl in der 4. als auch in der 9. Jahrgangsstufe werden die vergleichsweise besten Leistungen aller Sprachprogramme erzielt, zudem werden die monolingual unterrichteten Vergleichsklassen übertroffen. Im deutsch-türkischen Sprachprogramm scheinen die deutlichen Rückstände teilweise durch die ungünstige Rekrutierung bedingt – allerdings treten sie sowohl in deutsch- als auch in türkischsprachig getesteten Domänen auf. Auch an den Standorten mit Polnisch als Partnersprache besteht Handlungsbedarf – hier sind insbesondere die deutschsprachig getesteten Domänen wie die deutschsprachigen Leseleistungen zu optimieren. Dass auch unter ungünstigen Eingangsvoraussetzungen gute Leistungsniveaus erzielt werden können, zeigt sich im Sprachprogramm mit der Partnersprache Russisch in einzelnen Domänen. Deutliches Steigerungspotenzial gibt es in den Sprachprogrammen mit den Partnersprachen Portugiesisch und Spanisch.

Die Ergebnisse der einzelnen Sprachprogramme sind somit weitgehend unabhängig von der linguistischen Einordnung der Partnersprache (z. B. sprachliche Nähe vs. sprachliche Distanz), stärker wirken institutionelle Ursachen, Kompositionseffekte und Merkmale der pädagogischen Arbeit.

(6) Trägt das Programm zum Erwerb interkultureller Kompetenzen und zur interkulturellen Verständigung bei? (siehe dazu Kap. 7 und 8)

Egalitäre und multikulturelle Vorstellungen dominieren gegenüber Assimilations- und Separationsnormen in der 9. Jahrgangsstufe bzw. bei 15-Jährigen sowohl an der SESB als auch an anderen Regelschulen. An der SESB sind sie stärker ausgeprägt, dagegen sind Assimilationsnormen seltener. Allerdings sind auch die Separationsnormen stärker vertreten. Diese Befunde decken sich mit dem Ergebnis stärkerer Bindungen an der SESB an die Herkunftskultur insbesondere in Sprachprogrammen mit ethnisch eher homogener Schülerschaft.

Insgesamt sind die Befunde zu den verschiedenen Akkulturationsnormen ein überaus positiver Integrationsindikator. Gleichwertigkeitsvorstellungen bei selbstverständlicher institutioneller Inklusion sind dominant. Abgrenzungswünsche treten bei deutschstämmigen Jugendlichen nur bei einer Minderheit auf und verlieren bei Schülerinnen und Schülern aus Zuwandererfamilien in der Generationsfolge systematisch an Bedeutung. Die sozialen Interaktionsanalysen in der 4. Jahrgangsstufe zeigen darüber hinaus, dass an der SESB anders als an den sonstigen Regelschulen die Integration von Kindern aus sprachlich-kulturellen Minoritätsgruppen besser gelingt. Genauer scheinen die Nachteile in der Beliebtheit, die Kinder sprachlicher Minoritätsgruppen in den Vergleichsklassen aufweisen, in der SESB aufgehoben zu sein. Insbesondere monolingual nichtdeutschsprachig aufgewachsene Kinder sind in den Vergleichsklassen innerhalb ihrer eigenen Sprachgruppe und bei Kindern der anderen Sprachgruppen wenig beliebt – ein Nachteil, der sich für diese Gruppe an der SESB nicht zeigt. Hingegen öffnen sich monolingual deutschsprachig aufgewachsene Kinder in der SESB, in der sie eine Minorität darstellen, stärker für Kinder anderer Sprachgruppen.

(7) Gibt es spezifische Indikationen für den erfolgreichen Besuch der SESB?

Fasst man all diese Ergebnisse zusammen, so kann gesagt werden, dass das Angebot, welches die Stadt Berlin für ihre Bürgerinnen und Bürger und Familien bereithält, einzigartig ist. Bei der Vielfalt der Sprachprogramme finden sich sowohl für international ausgerichtete Berliner Familien als auch für Familien mit ganz unterschiedlicher Migrationsgeschichte hervorragende Möglichkeiten, das Erlernen der deutschen Sprache und deutschsprachig vermittelter Lerninhalte mit dem Erwerb der nichtdeutschen Partnersprache zu verbinden, die für viele Zuwandererfamilien die Bindung an die Herkunftskultur aufrechtzuerhalten verspricht. Die adäquate Beherrschung zweier Sprachen und gute Leistungen im Englischen sind Bildungsvorteile, die die SESB liefert – bei angemessenem Kompetenzerwerb in den Sachfächern und einer spezifischen Art der Integration, die die doppelte Bindung vieler Schülerinnen und Schüler an zwei Kulturen ausdrückt. Damit erreicht die SESB ein wichtiges Ziel der europäischen Integration: den Erwerb plurilingualer Kompetenz als Grundvoraussetzung für lebenslanges Lernen in multilingualen Gesellschaften.

Mit der vorliegenden Evaluation ist der erste Schritt der Auswertung dokumentiert – die querschnittliche Analyse der in 2014 erhobenen Daten. Zu leisten ist noch die Beschreibung der querschnittlichen Ergebnisse in Jahrgangsstufe 6 und vor allem die Analyse der längsschnittlichen Daten, die in den Folgejahren erfasst wurden und die Entwicklung der SESB-Schülerinnen und -Schüler von der 4. bis zur 6. Jahrgangsstufe abbilden.

Literatur

Deventer, J., Machts, N., Gebauer, S. K., & Möller, J. (2016, under review). *Immersion education and school achievement: A three-level meta-analysis.* Kiel: CAU.

Matthießen, R. (2016). *Dualer Immersionsunterricht und schulische Leistungsmerkmale – Eine Metaanalyse.* Unveröffentlichte Diplomarbeit, Universität Kiel.

Kapitel 10
Schulporträts

Charles-Dickens-Grundschule   Deutsch/Englisch

Die Charles-Dickens-Grundschule liegt zwischen dem Olympiastadion und dem Grunewald im Charlottenburger Stadtteil Westend. Etwa 450 Schülerinnen und Schüler besuchen die Schule und werden von 41 Lehrerinnen und Lehrern unterrichtet und von 19 Erzieherinnen betreut.

Im Jahr 1971 als normale dreizügige Grundschule gegründet, wurde die Schule 1992 zu einer Staatlichen Europa-Schule Berlin (SESB) mit der Partnersprache Englisch. Damals grenzte an das Schulgelände eine Siedlung für die Familien der in Berlin stationierten englischen Soldaten. Dies sprach für eine SESB in diesem Umfeld.

Die SESB-Klassen sind zwei- und die Regelklassen einzügig organisiert. Daher kann die Schule auf vergleichsweise viele sogenannte muttersprachliche Lehrkräfte (zwölf) zurückgreifen. Diese kommen aus allen Teilen der Welt, was die Arbeit des pädagogischen Teams an der Schule bemerkenswert bereichert.

Das englische Sprachprogramm wird durch einen starken Förderverein unterstützt, der unter anderem zahlreiche Aktivitäten im Freizeitbereich finanziert, die durch sogenannte Native Speaker angeboten werden. Diese gehen auch als Assistenten teilweise mit in den Unterricht.

Die Schülerschaft des SESB-Zweiges kommt nicht nur aus dem englisch-amerikanischen Raum, sondern aus der gesamten englischsprachigen Welt. Dadurch entstand eine multikulturelle Schule, die ihre Vielfältigkeit auf Schulfesten und außerunterrichtlichen Veranstaltungen zeigt. Das International Picnic, die Christmas Show und der Christmas Basar, das Teacher Appreciation Dinner, der Charlie's Run, die Dicken's Mile, die Book-Week und das Sommerfest sind die Veranstaltungen, die das Schuljahr prägen und einen besonderen Reiz durch das multikulturelle Publikum und Programm haben.

Der starke Europa-Zweig beeinflusst auch in vielfältiger Weise den kleineren deutschen Regelzweig der Schule, was durchaus ein gewünschter Effekt ist. Die Schüler des Regelzweiges nehmen ebenfalls an den „englischen" Freizeitaktivitäten teil und werden im Englischunterricht durch muttersprachliche Lehrer unterrichtet und durch die Native Speaker des Fördervereines unterstützt. Monatliche „Assemblies" (Vollversammlungen), auf denen sowohl Englisch als auch Deutsch gesprochen wird, gemeinsame Sportveranstaltungen und die Aktivitäten des Fördervereins helfen, dass die Schule sich immer mehr als eine Schule begreift.

Durch anstehende Baumaßnahmen im nahen Umfeld der Schule werden wir langfristig mehr Schüler im deutschen Regelzweig aufnehmen und dort wahrscheinlich auch zweizügig werden. Dadurch notwendige Baumaßnahmen müssen durchgesetzt werden. Zwei gleich starke Zweige an der Schule zusammenzuführen wird eine Herausforderung in den nächsten Jahren sein. Die in den letzten Jahren begonnene Zusammenarbeit mit den SESB-Oberschulen gilt es noch zu intensivieren.

Quentin-Blake-Grundschule   Deutsch/Englisch

Die Quentin-Blake-Grundschule gehört zur Familie der SESB-Schulen (Staatliche Europa-Schulen Berlin), die Unterrichtssprachen sind Deutsch und Englisch. Sie liegt im grünen Bezirk Steglitz-Zehlendorf im Südwesten der Stadt und ist verkehrsmäßig mit U-Bahn und Bussen gut zu erreichen.

Die Schule, im Jahre 1992 gegründet, arbeitete unter verschiedenen Namen, bis sie im Jahr 2004 nach dem großen britischen Kinderbuchautor und Illustrator benannt wurde. Die Quentin-Blake-Grundschule Berlin ist stolz darauf, den Namen eines lebenden Künstlers zu tragen, der sich als Sprecher der Kinder versteht. Quentin Blake lebt und arbeitet in London und Frankreich. Er hat die Schule schon mehrfach besucht. Die Schülerzahlen sind über die Jahre kontinuierlich gewachsen, mittlerweile besuchen 370 Europa-Schüler die 1. bis 6. Klassen der QBES. Alle Klassen sind idealerweise zu 50 Prozent aus muttersprachlichen Kindern Englisch und 50 Prozent Deutsch zusammengesetzt. Seit 2015 wird in die SESB integriert ein deutscher Regelschulzweig monolingual aufgebaut. Dieser umfasst momentan die Klassenstufen 1 und 2 und ist für die Zuzüge in der direkten Schulumgebung ausgewiesen.

Berlin als Hauptstadt Deutschlands benötigt zunehmend mehrsprachige Schulangebote, da die Internationalität durch den Mauerfall und die Wiedervereinigung rasant gewachsen ist. Die Globalisierung erfordert besonders im Bildungsbereich vielfältige Sprachangebote, welche die internationalen Familien unterstützt. Die Schüler werden während der ersten zwei Schuljahre in ihrer Muttersprache alphabetisiert. In der Partnersprache wird mündlich gearbeitet. Voraussetzung für das Erlernen des Lesens und Schreibens in der Partnersprache sind sichere Grundkenntnisse in der Muttersprache. Mathematik und Sport werden auf Deutsch unterrichtet. Sachkunde, Kunst und Musik werden auf Englisch vermittelt. Die englischen Muttersprachler sind für den Unterricht in englischer Sprache angestellt und benutzen auch in der täglichen Kommunikation immer ihre Muttersprache. Dasselbe gilt für die deutschen Lehrkräfte – so erleben die Schüler immer ein authentisches Sprachvorbild im Schulalltag. Die QBES ist eine gebundene Ganztagsschule, die von 8 bis 16 Uhr Unterricht und pädagogische Anleitung in selbstständigen Zeiten anbietet.

In diesem Schuljahr wird die Rhythmisierung des Ganztages durch veränderte Zeitstrukturen den Bedürfnissen der Kinder angepasst und evaluiert. Die Erzieher begleiten die Schüler während außerunterrichtlicher Aktivitäten, beim Essen, im Mittagsband und bieten vielfältige Spiel- und Lernmöglichkeiten für alle an. In der hellen und gastfreundlichen Mensa werden täglich wahlweise vegetarische und andere warme Gerichte angeboten. Die Quentin-Blake-Grundschule bietet eine lebendige, offene und vielfältige Atmosphäre, in der die Gestaltung des Schultages als Lern- und Lebenswelt im Vordergrund steht.

Viele Projekte, regelmäßige Schulversammlungen, Feiern, außerschulische Lernorte und Erziehung zur Selbstständigkeit prägen das Profil unserer Schule. Wir pflegen das aktive Schulleben mit Eltern und Kindern vieler Nationen und sehr unterschiedlichem Hintergrund, die sich gegenseitig bereichern. Die Staatliche Europa-Schule Berlin ist sehr erfolgreich und eine große Bereicherung der Schullandschaft.

Wir begrüßen das Wachstum der Europa-Schulen und hoffen, dass in Zukunft mehr Kinder von einer zweisprachigen Erziehung profitieren dürfen.

Schiller-Gymasium

Deutsch/Englisch

Das Schiller-Gymnasium ist ein großes, traditionsreiches und leistungsorientiertes Gymnasium mitten in Berlin – im Bezirk Charlottenburg-Wilmersdorf. Im Jahr 2015 besuchen über 880 Schülerinnen und Schüler (SuS) das Schiller-Gymnasium, wobei die SESB-SuS etwa 40 Prozent der Schülerschaft ausmachen. Sie erzielen regelmäßig exzellente Ergebnisse im Abitur. Das Gymnasium hat eine lange Tradition des interkulturellen Dialogs, ein Profil im neu- und altsprachlichen, aber auch in den Naturwissenschaften und im künstlerischen Bereich.

1999 wurde nach Beschluss der Gesamt- und Schulkonferenz die erste 7. Klasse von 13 Schülern und Schülerinnen eröffnet, die das neue Projekt Staatliche Europa-Schule Berlin als Schule besonderer Prägung am Schiller-Gymnasium besuchen wollten. Das Leitbild unserer Schule beinhaltet die gegenseitige Wertschätzung, frühzeitige Verantwortungsübernahme und Bereitschaft zum kulturellen Austausch kombiniert mit einer kritischen Auseinandersetzung mit dem kulturellen Erbe der Menschheit. Diese Prämissen sind im europäischen Wertekanon verankert.

Ein wichtiger Aspekt unseres Konzeptes ist die enge Kooperation zwischen dem SESB- und dem Regelzweig. Die SESB-SuS bleiben im Klassenverband, und ihre Klassenleitungen sind sowohl muttersprachliche als auch deutschsprachige Lehrkräfte. Die folgenden Fächer werden auf Englisch von Lehrkräften aus Irland, Großbritannien und den Vereinigten Staaten unterrichtet: Englisch, Biologie, Erdkunde, Geschichte und Musik. In diesen Fächern sind schulinterne Curricula erstellt worden, in die Aspekte aus englischsprachigen Ländern einfließen.

In Zusammenarbeit mit dem Fachbereich Deutsch und dem SESB-Englisch-Fachbereich ist ein individualisiertes Förderkonzept für die SuS in Klasse 7 und 8 entwickelt worden, um die sprachlichen Kompetenzen sowohl in Deutsch als auch in Englisch individuell zu fördern. Hierbei werden die Stärken *und* Schwächen der SuS berücksichtigt, damit sie Deutsch und Englisch als gleichberechtigte Arbeitssprachen benutzen können.

Um einen optimalen Übergang für die SuS von der Grundschule zum Gymnasium zu gewährleisten, gibt es eine enge Kommunikation und Kooperation mit den SESB-Grundschulen (Charles-Dickens-GS und Quentin-Blake-GS) und der SESB-ISS (Peter-Ustinov-Schule).

In der Oberstufe werden die beiden Arbeitssprachen konsequent auf propädeutischem Niveau unterrichtet. Wir sind die einzige staatliche Schule in Deutschland, die einen Leistungskurs in Biologie auf Englisch anbieten kann. Danach gibt es eine große Nachfrage seitens der SuS. Die SESB-SuS haben sowohl Zugang zu allen Kursen des deutschsprachigen Gymnasiums als auch zu englischsprachigen Grundkursen, wie zum Beispiel Geschichte, Geografie, Politische Wissenschaften und ein Grundkurs in Model United Nations. Es war ein großer Erfolg für das SESB-Konzept, dass angemessene englischsprachige Abiturprüfungen sowohl in den zentralen als auch in den dezentralen Abiturfächern entwickelt worden sind.

Genau wie bei den anderen SuS am Schiller-Gymnasium gibt es ein breites Spektrum an Herkunftsländern der SESB-SuS. Bei unserem gemeinsamen Sommerfest stellten wir fest, dass über 50 Nationen an unserer Schule vertreten sind. Dies fördert den interkulturellen Dialog und die Toleranz enorm.

Die SESB-Eltern sind häufig bildungsnah und sehr engagiert innerhalb der Schulgemeinde. Dies fördert eine leistungsorientierte Atmosphäre an der Schule, die sich auch in den Ergebnissen der SuS widerspiegelt. Auch hier gibt es eine starke Zusammenarbeit zwischen den Eltern des SESB-Zweigs und den des Regelzweigs. So unterstützen zum Beispiel die Eltern die Cafeteria und die Bibliothek und schaffen dabei einen Raum der Begegnung der SuS aus allen Zweigen. Ein Pilotprojekt an der Schule ist die Einstellung einer englischsprachigen Bibliotheksaushilfe, die das Interesse an fremdsprachlicher Literatur fördern wird.

Wir sind dabei, weiterhin die schulinternen Curricula im Hinblick auf die Sprachbildung zu überarbeiten. Wir wollen dabei die Zusammenarbeit mit dem Regelzweig durch verschiedene Projekte über die Rolle von Europa in der Welt vertiefen. In Kooperation mit dem Regelzweig werden wir das Alumni-Netzwerk fördern, um eine vielfältige Berufs- und Studienberatung im In- und Ausland zu gewährleisten.

Peter-Ustinov-Schule (ISS) Deutsch/Englisch

Die Peter-Ustinov-Schule ist eine von mehreren Integrierten Sekundarschulen im Bezirk. Durch ihre günstige Lage am Lietzensee ist die Schule verkehrstechnisch gut zu erreichen. Vor Kurzem hat die Schule das zehnjährige Jubiläum der Namensgebung gefeiert und tritt zunehmend für die Werte des Namensgebers, Toleranz und Weltoffenheit, ein.

Die ersten Schülerinnen und Schüler des staatlichen Europa-Schulstandorts mit Partnersprache Englisch wurden im Schuljahr 2012/13 aufgenommen. Inzwischen besuchen 50 Schülerinnen und Schüler aus 25 Nationen die Klassenstufen 7 bis 10 des Standorts. Im Regelschulteil lernen 340 Schülerinnen und Schüler aus über 50 Nationen. Alle Schülerinnen und Schüler besuchen einen teilgebundenen Ganztagsbetrieb.

Die Peter-Ustinov-Schule wurde SESB-Standort, um den Bedarf einer integrierten Sekundarschule mit der Partnersprache Englisch abzudecken. In der Umgebung bestehen seit vielen Jahren zwei Grundschulen, die Quentin-Blake-Grundschule und die Charles-Dickens-Grundschule und ein Gymnasium, das Schiller-Gymnasium, mit dieser Partnersprache. Die Zusammenarbeit der vier SESB-Standorte wird kontinuierlich ausgebaut und intensiviert.

Am Anfang war die Bereitschaft der Eltern, ihre Kinder zu der Peter-Ustinov-Schule als weiterführende SESB-Einrichtung zu schicken, sehr gering, da die Schule keine eigene gymnasiale Oberstufe anbieten konnte. Erst durch die Kooperation mit der Hans-Litten-Schule (OSZ Recht) bietet der SESB-Standort Peter-Ustinov-Schule eine attraktive Alternative zur zwölfjährigen gymnasialen Laufbahn. Jetzt können Schülerinnen und Schüler nach dem Mittleren Schulabschluss ihre schulische Bildung an diesem neuen SESB-Standort bis zum Abitur weiterführen. Die Hans-Litten-Schule ermöglicht mit der dreijährigen gymnasialen Oberstufe in der SESB das Erreichen des Allgemeinen Abiturs.

Obwohl die Schulformen – Regelschule und SESB – Besonderheiten und Unterschiede aufweisen, wird immer darauf geachtet, dass die Schule als Einheit von den Beteiligten gesehen wird. Der Chor, die Band, Arbeitsgemeinschaften, Sportveranstaltungen, gemeinsame Projekte mit außerschulischen Partnern und gemeinsame Feste unterstreichen die Zusammengehörigkeit. Lehrkräfte und Erzieher sind so weit wie möglich in beiden Schulformen tätig.

Die Interkulturalität bleibt aber die größte Herausforderung und gleichzeitig die größte Chance für Verständigung nicht nur in der europäischen Dimension, sondern auch in einer globalen Betrachtung des Zusammenlebens und der Wertesysteme.

Grundschule am Arkonaplatz

Deutsch/Französisch

Die Grundschule am Arkonaplatz befindet sich im Sanierungsgebiet „Rosenthaler Vorstadt" in der Ruppiner Str. 47–48 direkt am Arkonaplatz. In näherer Umgebung befinden sich die Bezirksgrenzen zu Prenzlauer Berg und Wedding. Unsere Schule liegt in einem ruhigen, teils modernisierten, kinderfreundlichen und sehr verkehrsgünstigen Gebiet, das mit der Tram, U-Bahn und dem Bus gut zu erreichen ist. Kinder von fünfeinhalb bis zwölf Jahren besuchen unsere Schule. Dabei gehören in diesem Schuljahr 147 Schülerinnen und Schüler zum SESB-Bereich und 300 zum Regelbereich.

Seit dem Schuljahr 2004/05 wurde der deutsch-französische Zweig im Rahmen der Staatlichen Europa-Schule Berlin (SESB) aufgebaut, und mit Beginn des Schuljahres 2010/11 haben wir in jedem Jahrgang eine bilinguale Klasse.

Wir verstehen die SESB nicht nur als eine Zukunftsvision, bildungspolitisch adäquat mit dem zusammenwachsenden Europa und einer globalisierten Welt umzugehen. Für uns ist sie Ausdruck einer Gegenwart, in der Familien die deutsch-französische Zweisprachigkeit schon längst in ihrem Alltag leben – sei es, weil die Eltern ein bilinguales Paar sind, sei es, weil die Familie eine Weile in einem französischsprachigen Land wohnte oder auf andere Weise die deutsch-französische Zweisprachigkeit praktizierte.

Im Laufe der Zeit hat sich eine Tradition herausgebildet, bei der die Schüler des SESB-Zweiges den Schülern des Regelbereiches durch vielfältige Aktivitäten die französische Lebensweise und die Sprache näherbringen. Bei gemeinsamen Klassenprojekten, den Schulsportmannschaften, den alle zwei Jahre stattfindenden Schulfahrten, Theateraufführungen, Musikveranstaltungen usw. ist ein selbstverständliches Miteinander der Ausdruck einer harmonischen Schulgemeinschaft.

Märkische Grundschule — Deutsch/Französisch

Die Märkische Grundschule liegt im grünen Bezirk Reinickendorf von Berlin. Reinickendorf befand sich zur Zeit der Teilung der Stadt im ehemaligen französischen Sektor. Als die Idee der Europa-Schulen mit ihrem völkerverständigenden Konzept entstand, hatte die damalige Rektorin Frau G. Magiera maßgeblich daran mitgewirkt, dass aus der Kiezschule im Märkischen Viertel 1992 eine deutsch-französische Europa-Schule wurde – startend mit der Vorschule. Schon seit Jahren ist unsere Schule vom französischen Bildungsministerium als Schule mit besonderem Schwerpunkt anerkannt, da die frankophonen und germanophonen Kulturen an diesem Ort gleichberechtigt vertreten werden. Die Menschen, die Sprachen und die kulturellen Besonderheiten der verschiedenen Nationalitäten werden zu einer Einheit und entsprechen den Anforderungen an eine Gesellschaft, die durch Werte wie Offenheit, Toleranz und Vielfalt charakterisiert werden soll. Im Jahre 2013 erhielt die Märkische Grundschule das „LabelFrancÉducation".

Anzahl der Klassen	Population (Mehrsprachigkeit, Kinder mit SPF[1])	Personal am Standort
16 Klassen im SESB-Zug, seit August 2014: eine Regelklasse, jährlich kommt eine Regelklasse dazu	– 345 Schülerinnen und Schüler (167 Jungen, 178 Mädchen) – 140 frankophone Schüler 181 germanophone Schüler im SESB-Zug 24 rein germanophone Schüler	18 deutsche Lehrer 13 frankophone Lehrer 15 Erzieher

[1] Sonderpädagogischer Förderbedarf.

Pädagogische Schwerpunkte

Die Klassen setzen sich aus muttersprachlich germanophonen und frankophonen Schülern zusammen. Bei der Aufnahme erfolgt ein Sprachtest zur Festlegung der Alphabetisierung. Die jeweils andere Sprache wird nicht als Fremd-, sondern als Partnersprache unterrichtet. Mathematik wird in deutscher, Sachunterricht in französischer Sprache erteilt. Bildende Kunst, Musik und Sport werden je nach Personalsituation in Deutsch oder Französisch vermittelt. Ab der 5. Jahrgangsstufe werden die Fächer Naturwissenschaften, Geschichte und Geografie in Französisch unterrichtet. Außerdem beginnen die Schüler mit dem Fach Englisch als Fremdsprache. Um die überwiegend deutschsprachigen Erzieher bei ihrer Arbeit zu unterstützen, hat das Erzieherteam gemeinsam mit dem Förderverein der Schule ein Konzept für frankophone Animateure entwickelt, die die Schüler in der französischen Sprache unterstützen sollen.

An unserer Schule gibt es Projekte innerhalb der Jahrgangsstufe und jahrgangsübergreifende Projekte. Das jahrgangsübergreifende Projekt *journée ateliers* findet jeden Donnerstag statt. Die dort erstellten Arbeiten präsentieren die Kinder regelmäßig zur Vernissage. Unsere Schule nimmt jährlich am Grand Prix und der Fußballmeisterschaft der Europa-Schulen teil, ebenso an den Lese- und Schreibwettbewerben zwischen den Schulen. Zu den regelmäßig wiederkehrenden Veranstaltungen zählen Lesenächte, Weihnachtsbasar, Hoffest zum Europatag und die Teilnahme am Känguru-Wettbewerb der Mathematik ebenso wie Halloween und Faschingsfeier, Ferienfahrten, Dschungelturnen und Völkerballturnier. Unsere Tanz-AG führt Tanzprojekte in Zusammenarbeit mit der Philharmonie und dem Staatsballett der Deutschen Oper durch.

Unsere Schule kooperiert intensiv mit der Kita „Kinderinsel – L'île aux enfants" auf allen Ebenen. Regelmäßige Kooperationen gibt es ebenso mit allen SESB-Grundschulen und weiterführenden Schulen. Wir stehen in engem Kontakt mit französischen Institutionen wie dem französischen Kulturzentrum, der Agentur für Französischunterricht im Ausland (AEFE), dem deutsch-französischen Jugendwerk OFAJ und dem EU-Projekt COMENIUS. Die Märkische Grundschule ist außerdem Mitglied im Bundes-Netzwerk Europaschule e. V.

Aktuelle Entwicklungsvorhaben/Herausforderungen
– Engagement für ein Pendant zum Delf-Prim-Test,
– Schule als Ort der Entspannung,
– neue Raumstrukturierung wegen wachsender Schülerzahl.

Regenbogen-Schule (Grundschule)   Deutsch/Französisch

Die Regenbogen-Schule wurde 1989 gegründet und ist die erste kunstbetonte Grundschule Berlins. Sie liegt im Norden des Stadtbezirks Neukölln im Rollbergviertel, in dem Menschen aus vielen verschiedenen Nationen und Kulturen leben. Der Regenbogen im Namen der Schule steht dabei vor allem als Symbol für die Kunst und das Spektrum der Farben und die Vielfarbigkeit der Schülerinnen und Schüler (SuS), die aus etwa 30 Nationen stammen. Es ist eine große Schule, die aus einem Altbau von 1899, einem angrenzenden Neubau von 1996 mit einem großen Eingangsbereich, einem Lichthof, drei Turnhallen, einer Aula und zahlreichen großen hellen Klassenräumen besteht. Hier lernen mehr als 600 SuS.

2004 wurde der SESB-Zweig mit einer Vorklasse in der Sprachkombination Deutsch/Französisch eingerichtet, woran eine starke Initiative interessierter Eltern großen Anteil hatte. Seit 2005 gibt es in der Regenbogen-Schule den dreizügigen Regelbereich und den einzügigen SESB-Bereich, mit der einmaligen Ausnahme, dass 2013 zwei 1. Klassen eingeschult wurden. Im SESB-Zweig lernen aktuell etwa 150 SuS. Sie nehmen gemeinsam mit den Regelschülern am Schwimm- und Wahlpflichtunterricht, an Projekten in der Projektwoche, an Unterrichtsprojekten und Fremdsprachenaufführungen teil. Seit dem Schuljahr 2014/15 gibt es einige Partnerschaften zwischen Regel- und SESB-Klassen. Gemeinsame Unterrichtsprojekte, Ausflüge und Klassenfahrten dienen dazu, mehr voneinander zu erfahren und Vorurteile abzubauen, die durch die unterschiedlichen sprachlichen und kulturellen Hintergründe, aber auch die sehr verschiedenen Schulabläufe entstehen können, im Regelbereich die Halbtagsgrundschule, im SESB-Bereich die Ganztagsschule mit Mittagspause und -essen in der Kantine, aber auch einer erweiterten Stundentafel. Aus diesem Grund erscheint die Möglichkeit, durch einen Schulanbau die räumlichen Voraussetzungen zu schaffen für den Ganztagsbetrieb auch im Regelbereich sowie für die Zweizügigkeit der SESB als eine gute Perspektive.

Durch die hervorragende personelle Ausstattung im Lehrer- und im Erzieherbereich kann das Konzept der SESB sehr gut umgesetzt werden. Für jede Klasse ist ein Team verantwortlich, das aus einer deutschen und einer französischen Lehrkraft sowie einer Erzieherin/einem Erzieher besteht und sich regelmäßig in Arbeitssitzungen trifft. Sowohl in den Unterrichtsfächern als auch im Freizeitbereich ist die muttersprachliche Bildung und Erziehung durch qualifizierte Lehrer und Erzieher abgesichert, die darüber hinaus durch Austauschlehrer des Deutsch-Französischen Jugendwerks, französischsprachige Sprachassistenten im Rahmen des Erasmus-Programms und Praktikanten unterstützt werden. Die französische Schulbibliothek als Teil der deutschen Schulbibliothek der Regenbogen-Schule verfügt über einen Basisbestand an Büchern und ist weiter im Aufbau begriffen. Deutsch- und französischsprachige Lesepaten unterstützen teilweise die SuS bei der Entwicklung und Verbesserung ihrer Lesekompetenz.

Das Kunstprofil der Schule zeigt sich in fächerverbindenden, -übergreifenden Unterrichtsinhalten und außerunterrichtlichen künstlerischen Projekten, wobei möglichst französischsprachige Künstler oder Eltern einbezogen werden. Die Schüler nehmen an verschiedenen standortübergreifenden Aktivitäten der SESB teil, wie zum Beispiel der Fußball-EM, Schreib- und Vorlesewettbewerben oder dem Grand Prix de la petite chanson. Es wird angestrebt, dass jeder Schüler in seiner Grundschulzeit mindestens einmal an einer Klassen- oder Austauschfahrt in ein französischsprachiges Land teilnimmt. Um reibungslose Übergänge zu ermöglichen, gibt es eine enge Kooperation mit den deutsch-französischen Kitas und dem Kollegium der weiterführenden Oberschulen.

Zwischen Schule und SESB-Elternschaft bestehen im Allgemeinen gute Kontakte. Vor allem die Elternvertreter gestalten interessiert und aktiv das Schulleben mit, gemeinsam mit den Elternvertretern des Regelbereiches. In den letzten Jahren haben sich innerhalb der Gesamtelternvertretung, des Fördervereins und im „Elternanker" gute Beziehungen unter den Eltern beider Schulzweige für eine gemeinsame Elternarbeit entwickelt.

Durch die Einrichtung des SESB-Standortes an der Regenbogen-Schule ist das Schulleben bereichert und die Außenwirksamkeit gesteigert worden. Schulfeste, Ausstellungen und Schüleraufführungen ziehen nicht nur Eltern, sondern auch andere interessierte Besucher an.

Judith-Kerr-Grundschule Deutsch/Französisch

Die Judith-Kerr-Grundschule liegt im bürgerlichen Schmargendorf, inmitten eines ruhigen Wohngebietes. Die Judith-Kerr-Grundschule ist aufgrund der besonderen Prägung nicht auf ein Einzugsgebiet beschränkt. Die Kinder kommen aus der ganzen Stadt und auch aus Brandenburg. Die meisten Kinder sind durch bilinguale Elternhäuser geprägt. Unsere Schule ist eine reine SESB-Schule, also ohne Regelklassen.

Den Unterricht übernimmt ein Team aus deutschsprachigen und französischsprachigen Pädagogen. Der Unterricht in der Muttersprache erfolgt immer in einsprachigen Gruppen.

Die Schüler müssen sich mit einer erweiterten Stundentafel arrangieren. Auch am Nachmittag finden französisch geprägte Ateliers statt. Eigentlich kann man eher von einer frankophon geprägten Schule sprechen, denn ein Drittel unserer Schüler entstammt frankophonen Kontinenten oder Ländern wie Afrika, Kanada und anderen.

Die Judith-Kerr-Grundschule hat im Jahr 2014 das „LabelFrancÉducation" erhalten. Es ist ein Gütesiegel für zweisprachige Schulen außerhalb Frankreichs. Es gibt in Deutschland nur zwei Schulen, die dieses Siegel erhalten haben – beide in Berlin. In allen Tests, zum Beispiel DELF oder VERA, schneiden die Schüler der Judith-Kerr-Grundschule sehr gut ab.

- Die Judith-Kerr-Grundschule ging vor 20 Jahren aus der Grundschule Alt-Schmargendorf hervor.
- Die Judith-Kerr-Grundschule ist eine reine SESB-Schule für Deutsch/Französisch.
- Lehrer/-innen und Erzieher/-innen sind jeweils hälftig im Einsatz.
- Durch den schulischen Förderverein werden weitere muttersprachliche französische Erzieher und Erzieherinnen für den Ganztag beschäftigt, sodass auch am Nachmittag und in der freien Zeit die französische Sprache gesprochen wird.
- Unsere Schule ist geprägt durch ein interkulturelles Miteinander in einer weltoffenen Schulatmosphäre.
- Die gesamte Schulgemeinschaft trägt und prägt die bilinguale Ausrichtung der Schule in Unterricht und Freizeit.
- Grundsätzlich ist die Leistungsbereitschaft der Schülerinnen und Schüler sehr groß.

Georg-von-Giesche-Schule (ISS)　　　　　　　　　　Deutsch/Französisch

Die Georg-von-Giesche-Schule befindet sich in zentraler Lage im Stadtteil Schöneberg. Seit 2010 ist die ehemalige Realschule in eine Integrierte Sekundarschule umgewandelt worden und wurde im Jahre 2012 um eine zweizügige Europa-Schule für Französisch erweitert. Die Schülerstruktur ist gemischt (deutsch/arabisch/türkisch/französisch).

Im aktuellen Schuljahr 2015/16 besuchen etwa 500 Schülerinnen und Schüler die Klassen 7 bis 10. Die Organisation der Jahrgänge ist folgende: zwei Sekundarschulklassen mit freier Profilwahl, eine Sekundarschulklasse mit Französisch als erste Fremdsprache, zwei Klassen der Staatlichen Europa-Schule Berlin (Französisch). Die maximale Schülerfrequenz liegt bei 25 Schülern. Die Schule ist im teilgebundenen Ganztagsbetrieb organisiert, und für die Europa-Schüler gilt der gebundene Ganztagsbetrieb. Der Ganztagsbetrieb wird vom Nachbarschaftsverein Schöneberg betreut und durch eine Vielzahl von Projekten lebendig gehalten. Das Verhältnis Deutsch/Partnersprache ist mit 50 Prozent eine logische Fortführung der Schulgeschichte. Schon damals bot die Georg-von-Giesche Schule als einzige Realschule Französisch als erste Fremdsprache an.

Im Jahr 2005 entstanden in Berlin im Grundschulbereich zwei neue Europa-Schulzweige für Französisch, an der Grundsschule am Arkonaplatz und an der Regenbogen-Schule. Um auf die nun angewachsene Schülerzahl zu reagieren, nutzte man die Schulstrukturreform (2010) und eröffnete im Jahr 2011 zwei neue Europa-Schulklassen im Sekundarbereich an der Georg-von-Giesche-Schule. Dies entstand in enger Kooperation mit der Sophie-Scholl-Schule. So wurde gewährleistet, dass die lange Erfahrung der Sophie-Scholl-Schule für die Erweiterung des Projekts uneingeschränkt genutzt werden konnte und gleichzeitig den Schülern und ihren Eltern ein breiteres Angebot gemacht wurde. Die fachliche Verbundenheit wurde durch gemeinsame Fachkonferenzen der SESB, enge Kooperationen der Lehrerinnen und Lehrer, gemeinsame schulinterne Curricula und eine gemeinsame Oberstufe an der Sophie-Scholl-Schule hergestellt.

Die Georg-von-Giesche-Schule verfolgt die allgemeinen Ziele der Staatlichen Europa-Schulen Berlin (SESB). Es findet eine integrierte Erziehung bilingualer Lerngruppen in einem durchgehend zweisprachigen Unterricht statt. Partnersprache und Muttersprache werden gleichrangig behandelt. Die Fächer Biologie und Gesellschaftswissenschaften (Gewi) finden durchgängig in der Partnersprache statt. Das besondere Angebot der Georg-von-Giesche-Schule ermöglicht es darüber hinaus, auch die Fächer Ethik, Musik und Kunst epochal oder ganzjährig auf Französisch anzubieten. So bekommen die Schüler einen sehr umfassenden Einblick in die Kultur der jeweiligen Partnersprache. Somit kann ein Übergang in die gymnasiale Oberstufe und das Erlangen eines „Abibac" ermöglicht werden.

Die Georg-von-Giesche-Schule strebt eine enge Verbundenheit des Regelzweiges (ISS) und der Europa-Schule an. Es wurden bereits viele Erfolge verzeichnet: Die Europa-Schüler bereichern regelmäßig die kulturellen Veranstaltungen der Schule (Kulturabend, Hoffest) durch künstlerische Darbietungen. Darüber hinaus findet bei gemeinsamen Veranstaltungen ein sozialer und kultureller Austausch jenseits der unterschiedlichen sozialen Herkunft der Schüler statt. Der Europatag der SESB-Schulen Berlin, welcher jährlich gefeiert wird, ist ein besonders verbindendes Projekt. Im letzten Jahr fand eine schulweite Ausstellung zum Gedenken an den Ersten Weltkrieg statt. In diesem Jahr nehmen eine SESB-Klasse und eine Regelklasse der ISS gemeinsam an einem Selfies-Projekt zur kulturellen Identität *(Wer bin ich und wie viele?)* in Kooperation mit dem Haus der Kulturen der Welt teil. Jahrgangsübergreifende Patenschaften zwischen zwei Schulklassen, eine Projektwoche zum Thema „Globales Lernen", eine Anwartschaft, um eine UNESCO-Schule zu werden, sind weitere spannende Projekte, welche die Europa-Schule und die ISS an der Georg-von-Giesche-Schule gemeinsam betreiben.

Sophie-Scholl-Schule (ISS) — Deutsch/Französisch

Die Sophie-Scholl-Schule in Berlin-Schöneberg ist eine Integrierte Sekundarschule mit gymnasialer Stufe und führt ihre Schülerinnen und Schüler zu allen Abschlüssen der allgemeinbildenden Berliner Schule. Sie versteht sich als ein „Haus des Lernens", in dem ganz bewusst Schülerinnen und Schüler sehr verschiedener Neigungen, Begabungen, unterschiedlicher Herkunft und Bildungsziele miteinander und voneinander lernen. In der Sophie-Scholl-Schule werden in den Jahrgängen 7 bis 13 etwa 1.150 Schülerinnen und Schüler unterrichtet. Es werden Schülerinnen und Schüler mit beiden Förderprognosen (Gymnasium/Sekundarschule bzw. Sekundarschule) sowie in begrenztem Umfang auch Kinder mit sonderpädagogischem Förderbedarf aufgenommen.

Die Sophie-Scholl-Schule ist eine Ganztagsschule in gebundener Form, das heißt, der Unterricht verteilt sich auf den gesamten Schultag. Im Sozialpädagogischen Bereich (SPB) gibt es offene Angebote, für die eigene Räumlichkeiten zur Verfügung stehen. Der SPB ist ein integraler Bestandteil des Ganztagskonzepts, die Angebote erstrecken sich daher über den gesamten Schultag, die außerschulischen Zeiten wechseln sich mit verpflichtendem Unterricht ab.

Die Sophie-Scholl-Schule ist sechszügig. Zwei Klassen gehören dem Europa-Schulzweig an, die anderen vier sind neigungsorientierte Profilklassen (Musik/Kunst/Wirtschaft, Arbeit, Technik/Naturwissenschaften). Die maximale Schülerfrequenz liegt bei 25.

1992 hat die Staatliche Europa-Schulen Berlin (SESB) mit 160 Schülerinnen und Schüler in sechs Grundschulen mit drei verschiedenen Sprachkombinationen begonnen. Zu den Gründersprachkombinationen zählte auch Deutsch/Französisch. 1998 wurde die erste SESB-Pilotklasse an der Sophie-Scholl-Schule eingerichtet, um die Weiterführung des zweisprachigen Unterrichts und die bikulturelle Erziehung zu ermöglichen. 2005 absolvierten die ersten Schülerinnen und Schüler die kombinierte Abitur/Baccalauréat-Prüfung (Abibac). Im Jahr 2001 wurden zwei neue Europa-Schulklassen im Sekundarbereich an der Georg-von-Giesche-Schule eingerichtet und eine enge Kooperation mit der Sophie-Scholl-Schule begonnen. So wurde gewährleistet, dass die lange Erfahrung der Sophie-Scholl-Schule für die Erweiterung des Projekts uneingeschränkt genutzt werden konnte und gleichzeitig den Schülerinnen und Schüler ein gesicherter Platz in der Oberschule angeboten werden kann. Die Oberstufe wird an der Sophie-Scholl-Schule unterrichtet.

Die Sophie-Scholl-Schule verfolgt die allgemeinen Ziele der SESB. Der Unterricht der bilingualen Lerngruppen erfolgt zweisprachig. Partnersprache und Muttersprache werden gleichrangig behandelt und auf muttersprachlichem Niveau unterrichtet. Die Fächer Ethik, Biologie, Erdkunde, Geschichte, Sozialkunde, Musik und/oder Kunst werden auf Französisch von Lehrern unterrichtet, deren Muttersprache in der Regel Französisch ist, alle anderen Fächer finden auf Deutsch statt.

Die Sophie-Scholl-Schule bietet als eine von fünf Berliner Schulen das kombinierte Abibac an. Die Sophie-Scholl-Schule praktiziert eine enge Zusammenarbeit des Regelzweigs (ISS) und der Europa-Schule. Die Kooperation ist Ausdruck der gegenseitigen Bereicherung. Hierbei können eine Reihe von Erfolgen verzeichnet werden. Die Europa-Schüler besuchen gemeinsam mit den Regelschülern regelmäßig die kulturellen Veranstaltungen der Schule. Darüber hinaus findet bei gemeinsamen Veranstaltungen ein sozialer und kultureller Austausch der Schlülerinnen und Schüler statt.

Athene-Grundschule Deutsch/Griechisch

Im Süden Berlins befindet sich, nur wenige Gehminuten von der S-Bahn-Station Lichterfelde-West entfernt, die Athene-Grundschule.

Sie wurde zum Schuljahr 1999/2000 mit zunächst drei Klassen eröffnet. In dem großen modernen Schulgebäude lernen in der Zwischenzeit 415 Schülerinnen und Schüler in 19 Klassen. Benannt wurde die Schule nach der griechischen Göttin Athene, der Göttin unter anderem der Weisheit und der Kunst. Die Namensgebung erfolgte am 16. Juni 2003.

Nach der Homer-Grundschule in Pankow wurde die Athene-Grundschule der zweite Grundschulstandort in der Stadt, an dem das Konzept der Staatlichen Europa-Schule Berlin (SESB) in der Sprachenkombination Deutsch/Griechisch umgesetzt wird. Es war in den 1990er-Jahren eine sehr engagierte Elterninitiative gewesen, die sich für einen zweiten deutsch-griechischen Europa-Schulstandort im Süden Berlins stark gemacht hatte, da hier schon seit Langem gerne viele griechische und binationale Familien leben, und zwar nicht zuletzt deshalb, weil in Steglitz die griechisch-orthodoxe Kirche, die Hellenische Gemeinde zu Berlin e. V. und zwei von insgesamt drei bilingualen Kindertagesstätten ihren Sitz haben.

Seit der Gründung der Schule wird eine von drei Klassen pro Jahrgangsstufe bilingual unterrichtet. Zunächst hatten der SESB- und der Regelbereich, bedingt durch die unterschiedlichen Konzepte bzw. Organisationsformen (gebundener bzw. offener Ganztagsbetrieb), nur wenig gemeinsam. Es herrschte in der Schulgemeinde der Eindruck, es handele sich um „zwei getrennte Schulen unter einem Dach". Um diesen Zustand zu ändern, entwickelten im Schuljahr 2012/13 Eltern, Kolleginnen und Kollegen aus beiden Schulzweigen gemeinsam mit der Schulleitung in mehreren Workshops ein gemeinsames Leitbild. Stück für Stück wurden in den vergangenen Jahren die Inhalte dieses Leitbilds umgesetzt und spiegeln sich nicht nur punktuell, wie zum Beispiel beim Feiern zahlreicher gemeinsamer Feste oder dem Treffen in Arbeitsgemeinschaften, sondern auch zunehmend im Schulalltag wider. So werden unter anderem in der Zwischenzeit alle Kinder im Freizeitbereich vom Personal des freien Trägers Mittelhof e. V. betreut. Die ergänzende Förderung und Betreuung erfolgt zwar zurzeit noch an zwei Standorten, nämlich im benachbarten „Kinderhaus Athene" und in Räumen der Schule, aber die Mischung der Kinder aus beiden Zweigen steht stets im Vordergrund. In diesem Zusammenhang werden alle Kinder sowohl aus den Regel- als auch aus den SESB-Klassen von der Küche des Kinderhauses mit frisch gekochtem Mittagessen versorgt – das war nicht immer so. Bis 2014 lieferte ein anderer Caterer das Essen für die Europa-Schulkinder. Das Raumkonzept wurde dahingehend verändert, dass das „Tür-an-Tür-Prinzip" von SESB- und Regelklassen beachtet wird. Alle Klassen der Schulanfangsphase, die in der Jahrgangsmischung 1 und 2 arbeiten, haben ihre Räume auf einem Flur, was ihnen ermöglicht, zahlreiche gemeinsame Projekte und Werkstätten durchzuführen. Davon profitieren alle Kinder: So treffen zum Beispiel Kinder, die neu aus Griechenland kommen, auf Kinder, die nur Deutsch sprechen und verstehen, was sie zum Deutschlernen motiviert, andererseits lernen Kinder aus den Regelklassen – je nach Thema – spezifische Aspekte aus der griechischen Kultur kennen.

Seit dem Schuljahr 2014/15 stehen Schulleitung und Kollegium vor einer neuen Herausforderung: Nach dem Beschluss, dass der SESB-Zug an der Homer-Grundschule auslaufen wird, hat die Athene-Grundschule von der Bildungsverwaltung den Auftrag erhalten, sukzessive einen zweiten bilingualen SESB-Zug aufzubauen.

Homer-Grundschule   Deutsch/Griechisch

- Schulgebäude errichtet 1905 nach Plänen des damaligen Stadtbaudirektors Hoffmann;
- seit 1991 Grundschule mit den Jahrgängen 1 bis 6 für das Bötzowviertel, ab 1996 zusätzlich Staatliche Europa-Schule – Deutsch/Griechisch;
- seit 1996 zusätzlich Standort der Staatlichen Europa-Schule – Deutsch/Griechisch;
- im Oktober 1998 Namensverleihung „Homer-Grundschule";
- muttersprachliche griechische Lehrkräfte wurden bis 2013 durch die Hellenische Republik finanziert, ab dem Beginn des Schuljahres 2013/14 erhielten die muttersprachlichen Lehrkräfte für Griechisch ein Anstellungsverhältnis mit dem Land Berlin;
- im Schuljahr 2015/16 lernen 510 Schülerinnen und Schüler, davon 60 SESB-Schüler und 18 Teilnehmer an der AG „Griechisch" in 23 Klassen. Sie werden von insgesamt 35 Lehrkräften unterrichtet und 20 weiteren pädagogischen Kräften betreut. Davon unterrichten 3 Kollegen Unterricht in griechischer Sprache, weitere 3 Lehrkräfte sind bilingual;
- im Schuljahr 2018/19 läuft die Homer-Grundschule als Standort der SESB aus, bietet aber bei Bedarf im innerstädtischen Bereich weiterhin für Schüler der Regelklassen als Interessen- und Arbeitsgemeinschaft die Möglichkeit an, (Neu-)Griechisch zu erlernen.

Gymnasium Steglitz   Deutsch/Neugriechisch

Das Gymnasium Steglitz wurde 1886 als altsprachlich-humanistisches Gymnasium gegründet, damals wie heute mit dem Ziel, Kindern und Jugendlichen bewährte humanistische Bildungsinhalte in zeitgemäßer und in die Zukunft weisender Form nahezubringen. Es ist eine Schule mit besonderer pädagogischer Prägung, da sie bereits mit der 5. Klasse beginnt und alle Schülerinnen und Schüler (SuS) in Latein und Altgriechisch unterrichtet werden. Die SuS der Staatlichen Europa-Schule Berlin (SESB) Deutsch/Neugriechisch besuchen die Schule ab der Klassenstufe 7.

Das Gymnasium Steglitz hat ungefähr 900 SuS, davon besuchen 135 den SESB-Zweig, also etwa ein Sechstel der Schülerschaft. Aufgrund der besonderen Prägung der Schulzweige kommt die Schüler- und Elternschaft der Schule aus ganz unterschiedlichen Wohnbezirken, wobei der Anteil der SuS aus dem Südwesten und dem südlichen Umland Berlins überwiegt.

Seit dem Schuljahr 2011/12 bietet die Schule einen offenen Ganztagsbetrieb an. In der Hortbetreuung, die ebenfalls angeboten wird, machen die SuS ihre Hausaufgaben und werden anschließend bis 16 Uhr in speziellen Horträumen betreut. Hinzu kommt ein breites Angebot von zurzeit 23 Arbeitsgemeinschaften, darunter sind 12 Musik-AGs.

Seit Beginn des Schuljahres 2012/13 bildet das Gymnasium Steglitz den gymnasialen Zweig der Staatlichen Europa-Schule Berlin (SESB) mit den Partnersprachen Deutsch und Neugriechisch. Bei der Entscheidung für den Schulstandort spielte die seit 1996 am Gymnasium Steglitz bestehende Neugriechisch-AG, die mit mehreren Stunden und in unterschiedlichen Niveaustufen von zwei griechischen Lehrern und Lehrerinnen geleitet wurde, eine große Rolle. Das Kollegium entschied sich für die SESB auch aufgrund der langen positiven Erfahrungen mit dem regen Austausch zwischen Alt- und Neugriechisch. Ein praktischer Grund war auch die Tatsache, dass durch die neueingeführte G8 der Raum und die Kapazitäten des Gymnasium Steglitz diese Aufnahme ermöglichten.

In den Klassen der SESB werden auf Neugriechisch Geschichte, Erdkunde, Biologie und teilweise Sport und Ethik unterrichtet, auf Deutsch Mathematik, Physik, Chemie, Musik, Kunst und teilweise Sport und Ethik. Als weitere Fremdsprachen lernen die SuS Englisch als zweite Fremdsprache, Französisch als dritte Fremdsprache. Ab der 8. Klasse kann als weitere Fremdsprache Altgriechisch dazugewählt werden.

Die jeweils neue Klasse der SESB im 7. Jahrgang wird von den SuS der 8. Klassen zu einem Willkommensfest für Eltern und Schüler eingeladen. Eingeladen sind auch die parallelen 7. Klassen des altsprachlichen Zuges. Auch die gemeinsame Arbeit in den Arbeitsgemeinschaften der Schule stärkt das Miteinander zwischen beiden Zweigen. Dabei integrieren die AG kulturelle griechische Aspekte. Zudem erhält jede SESB-Klasse eine Partnerklasse aus dem altsprachlichen Zweig. SESB-Klasse und Partnerklasse führen ein Unterrichtsprojekt/Schuljahr sowie einen Wandertag gemeinsam durch.

In den bisher drei gemeinsamen Schuljahren sind der altsprachige und der SESB-Zug am Gymnasium Steglitz immer mehr zusammengewachsen. Die tragende Brücke zwischen der humanistischen Bildung (Latein und Altgriechisch) und der durchgängig zweisprachigen deutsch-neugriechischen Erziehung prägt das Profil der Schule zunehmend. Die Schule organisiert zahlreiche weitere gemeinsame Projekte, die die Integration zwischen den altsprachlichen Zügen und dem SESB-Zweig fördern und die Schulgemeinschaft stärken, dazu zählten in letzter Zeit zum Beispiel Theaterdarstellungen, Begegnungen mit Zeitzeugen, Künstlern und Wissenschaftlern. Zusätzlich wird für SuS des altsprachlichen Zuges eine Neugriechisch-AG angeboten. Nach dem Besuch dieser AG können die SuS das staatliche „Zertifikat zum Nachweis von Griechischkenntnissen" der Stufen A1 bis C2 erwerben.

Eine weitere Vernetzung zwischen dem altsprachlichen Zweig und der SESB Deutsch/Griechisch wird angestrebt. Hierfür wird über die Einrichtung von Sprachpaten aus dem altsprachlichen Zweig nachgedacht, die SuS, die als Seiteneinsteiger aus Griechenland kommen und daher mit Schwierigkeiten im Gebrauch der deutschen Sprache kämpfen, unterstützen.

Max-von-Laue-Schule (ISS) — Deutsch/Griechisch

Die Max-von-Laue-Schule ist seit 2008 eine Integrierte Sekundarschule (ISS) mit über 400 Schülern im Bezirk Steglitz-Zehlendorf. Die Max-von-Laue-Schule liegt idyllisch im Berliner Villenviertel Lichterfelde. Die Besonderheiten unserer Schule sind die Beschaulichkeit, der familiäre Umgang, das Lehrerengagement und vor allem die Leistungsorientierung. Als Integrierte Sekundarschule mit Ganztagsbetrieb war und ist unser Ziel, die Schülerinnen und Schüler sowohl auf die gymnasiale Oberstufe als auch auf qualifizierte Ausbildungsberufe vorzubereiten.

Im Jahre 2014 wurde die Schule umgebaut, modernisiert und ein neuer Schulgebäudekomplex entstand. Die Ausstattung in allen Unterrichtsräumen ist auf dem neuesten Stand. In allen Räumen befinden sich Smart Boards, die einen interaktiven Unterricht unterstützen.

Seit dem Jahr 2014 ist die Max-von-Laue-Schule eine Staatliche Europa-Schule (SESB) mit der Partnersprache Griechisch. Alle SESB-Schüler und -Schülerinnen erlernen gleichberechtigt zwei Unterrichtssprachen. Die Fächer Geschichte, Erdkunde, Biologie, Kunst oder Ethik werden auf Griechisch unterrichtet, während alle anderen Fächer auf Deutsch erfolgen.

Ein Schwerpunkt der Schule und besonders des SESB-Zweiges ist der Austausch zwischen den Kulturen. Unterstützt wird diese Arbeit von den griechischsprachigen Lehrern und Lehrerinnen sowie dem Förderverein der Max-von-Laue Oberschule e. V.

Charakteristisch für die Max-von-Laue-Schule ist ihr Weinfest, das einmal im Jahr stattfindet. Auf dem Weinfest versteigert der Weinbaukurs den Rot- und Weißwein aus eigenem Anbau. Solche Schulfeste sowie Jahrgangsfahrten und sportliche Veranstaltungen tragen dazu bei, den Gemeinschaftsgeist der Schüler zu stärken und interkulturelle Erlebnisse und Erfahrungen im Unterricht zu thematisieren. Das wird in den kommenden Jahren weiter ausgebaut.

Am Ende der 10. Klasse können die Schülerinnen und Schüler alle Schulabschlüsse der Berliner Schule erreichen, wie zum Beispiel die Berufsbildungsreife, die erweiterte Berufsbildungsreife und den Mittleren Schulabschluss. Erreicht eine Schülerin oder ein Schüler den Mittleren Schulabschluss mit der Qualifikation für die gymnasiale Oberstufe, besteht die Möglichkeit, den bilingualen Unterricht in der Sekundarstufe II in Zusammenarbeit mit dem Gymnasium Steglitz fortzusetzen. Damit können die Schülerinnen und Schüler eine annähernd muttersprachliche Kompetenz in der erlernten Partnersprache erreichen.

Finow-Grundschule — Deutsch/Italienisch

Die Finow-Grundschule feierte in diesem Schuljahr ihr 20-jähriges erfolgreiches Bestehen als Staatliche Europa-Schule Berlin (SESB).

Die Schule liegt im Stadtteil Schöneberg und wird von knapp 600 Schülerinnen und Schülern besucht, die in den Regelklassen überwiegend aus dem Schuleinzugsgebiet stammen, in den Europa-Klassen aus ganz Berlin. Für die Zeit ihrer Asbest-Sanierung war die Grundschule aufgeteilt auf verschiedene Schöneberger Schulstandorte und ihre Fortexistenz nicht gesichert. Zu dieser Zeit entschied man sich, den ersten Standort der neuen SESB-Sprachkombination Deutsch/Italienisch an die Finow-Schule zu vergeben. 1998 zog die Finow-Schule wieder in ihr inzwischen saniertes Gebäude an der Welserstraße zurück, nun als Staatliche Europa-Schule Berlin mit jeweils zwei Europa- und Regelklassen pro Klassenstufe. Die Schule versteht sich heute als im besten Sinne europäische Schule mit starker deutsch-italienischer Prägung, in der aber auch die Kinder der Regelklassen mit gemeinsamen, im Schulprogramm festgelegten Eckpfeilern „Aufwachsen in Europa", „Interkulturelles Lernen" und „Leseförderung" Teil des Fächerkanons und der Schulgemeinschaft sind und das europäische Profil der Schule mit leben und prägen.

Das nicht nur bilinguale, sondern interkulturelle SESB-Konzept wird an der Finow-Grundschule auf vielen Ebenen, getragen von Pädagogen beider Muttersprachen, in den Curricula und Projekten umgesetzt, unterrichtlich wie außerunterrichtlich. Dabei wird der außerunterrichtlichen Qualität und Vielfalt des Konzepts mit europäischen Schulpartnerschaften und Schülerbegegnungen große Bedeutung gegeben. 1999 fand der erste gegenseitige Schüleraustausch zwischen zwei 4. Klassen – mit einer Partnergrundschule – in Genua statt, zu dem sich inzwischen Partnerschulen in Pisa, Udine und Turin gesellten.

Das alles realisieren zu können, gelang auch dank des außerordentlich großen Engagements der Elternschaft – besonders der Europa-Klassen. Es ermöglicht viele interkulturell geprägte Projekte. Besonders augenfällig wird es in Angeboten, die es an anderen Berliner Grundschulen nicht oder so nicht gibt: etwa die Finanzierung muttersprachlicher Erzieherinnen zur Gewährleistung der Bilingualität und Bikulturalität auch im „Freizeitbereich" der Europa-Klassen oder die Stützung eines ebenso vielfältigen und umfangreichen AG-/Freizeitangebots, auch unter Einbeziehung externer Experten und interessanten außerschulischen Lernorten. Ein anderes besonders markantes Beispiel für dieses Engagement ist die in Trägerschaft des Eltern-Fördervereins „Europa unter einem Dach e. V." geführte Schülerbibliothek mit (Namens-)Patenschaft des populärsten italienischen zeitgenössischen Kinderbuchautors, Roberto Piumini, und Medienpatenschaft der Verleger Inge Feltrinelli und Klaus Wagenbach.

Bestandssicherung und Fortentwicklung
Auch wenn die hälftige Zusammensetzung der bilingualen Europa-Klassen mit Kindern der jeweils einen und anderen Muttersprache schon wegen des über die Jahre noch gewachsenen Anteils binationaler Familien nie ganz zutreffend war, ist durch gewachsene Bedeutung der Stadt als Regierungssitz und Zentrum von Wissenschaft, Kultur und Politik auch die Mischung in den Europa-Klassen bunter geworden.

Mit Abschaffung der Vorklassen wurden Zugangskorridore für Kinder ohne Vorkenntnisse in der jeweiligen Partnersprache enger. Deshalb gewinnt die schon bestehende enge Kooperation mit deutsch-italienischen bilingualen Kitas weiter an Bedeutung. Diese Vorbereitung sollte Kindern künftig Zugang zu Europa-Klassen sichern – und damit der SESB als zukunftsorientierter Schulform Nachwuchs und Zukunft.

Herman-Nohl-Schule (Grundschule) — Deutsch/Italienisch

Die Herman-Nohl-Schule ist eine Verbundschule im Berliner Bezirk Neukölln, genauer im Ortsteil Britz. Vielfalt ist nicht allein auf die unzähligen Nationalitäten an unserem Standort beschränkt. Unter einem Dach lernen etwa 500 Schülerinnen und Schüler (SuS) von der 1. bis zur 10. Klasse.

Aufgabe der Schule ist es, die sehr heterogene Schülerschaft zu einer inklusiven Schulgemeinschaft umzugestalten, in der alle SuS ihren individuellen Fähigkeiten entsprechend gefördert werden, ihre Begabungen entfalten können, ihre Interessen, Stärken und Schwächen kennen lernen und zu einem wertvollen Mitglied der Gesellschaft heranwachsen. Dazu gehört die Bereitschaft, die Verantwortung für das eigene Lernen und Handeln zu übernehmen. Durch Aufklärung und Anleitung zum angemessenen Umgang im Bereich mit der Sucht- und Schuldenprävention, der Sexualität, der Gefahren in sozialen Netzwerken usw. lernen die SuS Gefahren zu erkennen, Risiken einzuschätzen und ihr Handeln bewusst zu planen. Sie werden darin unterstützt, achtsam, tolerant, gewaltfrei und wertschätzend mit den Mitmenschen umzugehen und sich aktiv in die Schulgemeinschaft einzubringen. Hilfsbereitschaft und ein konstruktives Miteinander sind die Voraussetzungen für ein gelingendes Schulleben. Dies wird ihnen durch das Pädagogenteam vorgelebt.

Lehrer und Erzieher unterschiedlicher Nationalitäten und pädagogischer Professionalisierung kooperieren auf Augenhöhe miteinander und mit über 60 Kooperationspartnern innerhalb der Schule sowie außerschulisch mit Ausbildungsbetrieben und Vertretern aus Kultur, Sport und der Wirtschaft. Vor Schuleintritt, beim Übergang von der Grund- zur Oberschule und beim Übergang in den Beruf werden alle SuS langfristig eng begleitet. In den Projektwochen sind alle Klassenteams aufgelöst, und Lehrer und Erzieher arbeiten mit gemischten Schülergruppen in Teams.

Bereits im Schuljahr 2007/08 zogen die ersten *interaktiven Whiteboards* in 14 Klassenzimmer ein und beendeten dort das Zeitalter der Tafel. Inzwischen ist die Herman-Nohl-Schule kreidefrei. Die installierte SMART-Notebook Software liefert umfangreiche Inhalte und ist darüber hinaus ans Internet angebunden, sodass viele Sachverhalte im Unterricht tagesaktuell behandelt und in Arbeitsaufgaben übernommen werden können. Mit interaktiven Whiteboards können auch SuS mit Sprachbarrieren weitaus besser, bewusster und intensiver lernen. Sie werden vor allem durch die visuellen und akustischen Reize angesprochen. Bilder, Töne und Animation vermitteln das Wissen.

Albert-Einstein-Gymnasium Deutsch/Italienisch

Seit Beginn des Schuljahres 2001/02 ist das Albert-Einstein-Gymnasium Standort des deutsch-italienischen Zugs der Staatlichen Europa-Schule Berlin (SESB): Zusammen mit der Alfred-Nobel-Oberschule (Realschule) nimmt es seitdem Schüler, die die 6. Klasse der SESB-Grundschulen mit der Sprachkombination Deutsch/Italienisch abgeschlossen haben, in den sogenannten SESB-/Europa-Zug auf, der im Regelfall aus zwei Klassen besteht. Überdies ist das Albert-Einstein-Gymnasium seit vielen Jahren stolz auf sein musisches Profil. Durch die Unterzeichnung des deutsch-italienischen Abkommens im Jahre 2007 können SESB-Abiturienten zusätzlich zum SESB-Zertifikat das Zertifikat des italienischen *Ministero degli Affari Esteri* erlangen, das die Absolventen mit italienischen Studenten gleichsetzt, sodass sie sich ohne Sprachprüfung oder andere Einschränkungen an italienischen Hochschulen immatrikulieren können. Derzeit besuchen 174 Schülerinnen und Schüler die 7. bis 10. Klassen der SESB-Mittelstufe. Insgesamt 67 Schülerinnen und Schüler haben ein SESB-Kursprofil in der Oberstufe gewählt.

Die Lerngruppen weisen meist ein ausgewogenes Mischungsverhältnis zwischen Schülern italienischer und deutscher Muttersprache auf: Das stellt eine wichtige Voraussetzung für den Erfolg des SESB-Konzepts dar, das dem *Peer-to-peer*-Lernen großen Wert beimisst.

Kindern aus anderen Schulen bleibt die Aufnahme in den SESB-Zug offen, soweit sie über ausreichende Sprachkenntnisse verfügen. Diese sogenannten Seiteneinsteiger weisen unterschiedliche Profile auf: Kinder italienischer Eltern, die zuerst eine deutsche Regelgrundschule besucht haben und die Chance nutzen wollen, den Kontakt mit der italienischen Sprache und Kultur im Unterricht ab der 7. Klasse zu vertiefen und zu sichern, sowie Kinder deutscher Eltern, die mehrere Jahre in Italien gelebt, italienische Schulen besucht haben und anschließend nach Deutschland zurückgekehrt sind. Dieser Seiteneinsteigergruppe gehören auch Kinder an, die eine deutsche Schule in Italien (Mailand, Genua, Rom) besucht haben: Sprachlich integrieren sie sich nahtlos in die SESB-Klassen und freuen sich darauf, ihre soliden Italienischkenntnisse weiter festigen zu können.

Die derzeit größte Herausforderung stellen allerdings die Bedürfnisse italienischer Familien dar, die Italien immer öfter aus wirtschaftlichen Gründen verlassen müssen und die SESB-Klassen des Albert-Einstein-Gymnasiums als Chance für ihre Kinder betrachten, unmittelbar Anschluss an den italienischen Unterricht zu finden. Auf den SESB-Unterricht kommen hier neue Integrationsaufgaben zu. Die Aufnahme in Willkommensklassen soll daher in Kooperation mit italienischen Institutionen durch ein gezieltes Förderangebot für italienischsprachige Kinder mit geringen Deutschkenntnissen begleitet werden. Auch die sprachliche Förderung der Schüler mit Italienisch als Partnersprache als genuine Aufgabe des SESB-Unterrichts soll keineswegs aus dem Blick geraten: Nur eine durchgehende und didaktisch konsequente Verknüpfung von Fach- und Sprachunterricht kann die erfolgreiche Einbindung dieser Schüler in das SESB-Modell bis zum Abitur sichern.

Die Ergebnisse der MSA-Prüfung scheinen den Erfolg des bilingualen SESB-Konzeptes im gesamten Sprachbereich zu bestätigen. Die Noten der SESB-Schüler und der Regelschüler am Albert-Einstein-Gymnasium zeigen eine ähnliche Streuung, wobei SESB-Schüler bessere Ergebnisse in den Fremdsprachen, insbesondere im mündlichen Bereich, aufweisen können.

In den SESB-Klassen kennen sich die Eltern untereinander in der Regel bereits vor Beginn des 7. Jahrgangs: Sie bringen an das Albert-Einstein-Gymnasium Erfahrungen mit, die sie in den vorausgehenden sechs Jahren zusammen erworben haben. Dieser gewachsene Zusammenhalt fördert die Kommunikation unter den Familien ebenso wie mit der Schule und korrespondiert mit dem im Leitbild formulierten Ziel einer aktiven Mitwirkung an der Verbesserung der schulischen Arbeit und Atmosphäre.

Alfred-Nobel-Schule (ISS) — Deutsch/Italienisch

Die Alfred-Nobel-Schule, Integrierte Sekundarschule und Europa-Schule mit der Partnersprache Italienisch, befindet sich im Süden von Berlin-Neukölln, in Britz. Im Zuge der Schulstrukturreform im Jahre 2010 fusionierte die Realschule Alfred-Nobel-Schule mit der Anna-Siemsen-Schule zur Sekundarschule und verfügt über zwei Standorte: das Hauptgebäude am Britzer Damm 104 und die Filiale in der Parchimer Allee 111, in direkter Nachbarschaft zum Albert-Einstein-Gymnasium.

Bereits im Jahr 2001 wurde die Alfred-Nobel-Schule zum Standort der Staatlichen Europa-Schule Berlin (SESB), da auch Schülerinnen und Schülern die Möglichkeit des Erwerbs des Realschulabschlusses als zweisprachigen Bildungsabschluss gegeben werden sollte, und bildet seitdem zusammen mit dem benachbarten Albert-Einstein-Gymnasium den Standort für die Europa-Schule mit der Partnersprache Italienisch. Die Kooperation mit dem Albert-Einstein-Gymnasium entwickelt sich weiter in gemeinsamen Projekten und durch regelmäßigen Lehreraustausch.

Die Schülerinnen und Schüler der Europa-Schule kommen größtenteils aus den zwei SESB-Grundschulen in Berlin, der Finow-Grundschule in Berlin-Schöneberg oder der Herman-Nohl-Schule in Berlin-Neukölln, ein Teil der Schülerinnen und Schüler kommt auch direkt aus Italien an die Alfred-Nobel-Schule.

Seit 2010 ist die Alfred-Nobel-Schule eine Integrierte Sekundarschule ohne eigene gymnasiale Oberstufe mit gebundenem Ganztagsbetrieb im 7. und 8. Jahrgang und teilgebundenem Ganztagsbetrieb im 9. und 10. Jahrgang. Zurzeit besuchen 480 Schülerinnen und Schüler die Schule, 70 Schülerinnen und Schüler besuchen die Klassen 7 bis 10 der Europa-Schule.

Die musisch-ästhetische Bildung ist neben der Sprache ein Schwerpunkt des Schulprofils. Die Alfred-Nobel-Schule hat einen Kulturfahrplan im Schulprogramm verankert, seit drei Jahren nimmt sie am Programm „Kulturagenten für kreative Schulen" teil.

Die Schule bietet eine intensive Berufsorientierung durch Projekte, Betriebspraktika und eine Praxisklasse. Förderkurse in Deutsch, Mathematik und Englisch helfen den Schülerinnen und Schülern bei der Erreichung des Mittleren Schulabschlusses. Außerdem verfügt die Alfred-Nobel-Schule als einzige Schule in Berlin über einen eigenen Flugsimulator, der von einer Schülerfirma betrieben wird. Es gibt vielfältige Arbeitsgemeinschaften im Ganztagsbetrieb, auch mit außerschulischen Partnern: Theater, Tanz, Fußball, Selbstverteidigung für Mädchen, Volleyball, Kochkurs, Robotik, Streitschlichter-AG, Kunst, Jugendfeuerwehr und Schulgarten-AG. Klassenfahrten und Seminarfahrten gehören zum regelmäßigen Angebot in allen Klassen. Höhepunkte des Schuljahres sind das Sommerfest – mit einem Themenschwerpunkt, der im Projektunterricht vorbereitet wird –, die Teilnahme an sportlichen Wettkämpfen und die kulturelle Projektwoche im Winterhalbjahr.

Nach dem Erwerb des Mittleren Schulabschlusses am Ende der 10. Klasse wechseln die Europa-Schüler, die die Berechtigung zum Übergang in eine gymnasiale Oberstufe erreicht haben, zur gymnasialen Oberstufe des Albert-Einstein-Gymnasiums.

Katharina-Heinroth-Grundschule　　　　　　　　　Deutsch/Polnisch

Im Jahr 1997 wurde durch den Bildungsstadtrat von Charlottenburg Herrn Statzkowski die Idee an die damalige Goerdeler Grundschule herangetragen, an ihrem Standort eine Staatliche Europa-Schule Berlin (SESB) Deutsch/Polnisch einzurichten, da dieser Wunsch von vielen polnisch sprechenden Eltern geäußert wurde. Die Nähe zu Polen und die große polnische Gemeinschaft in Berlin sprachen für diesen Vorschlag. Nachdem er von allen Instanzen befürwortet wurde, konnten zum Schuljahr 1998/99 die ersten Kinder der neuen Europa-Schule in den Vorklassen aufgenommen werden. Im Jahr 2005 wurde die Robert-Jungk-Oberschule die weiterführende Schule für die Sprachenkombination Deutsch/Polnisch.

Zum Schuljahr 2008/09 zog die SESB Deutsch/Polnisch in die Katharina-Heinroth-Grundschule um und läuft auch dort weiterhin zweizügig neben dem Regelzug.

In diesen SESB-Klassen werden möglichst zur Hälfte jeweils deutsche und polnische Muttersprachler in der Ganztagsschule unterrichtet. Die Regelschule ist als Halbtagsschule konzipiert. Die Zusammensetzung der Schülerschaft in den Regelklassen entspricht dem Querschnitt der Bevölkerung im Einzugsgebiet der Schule.

Zusätzlich gibt es derzeit drei Willkommensklassen, in denen Schüler ohne Deutschkenntnisse unterrichtet werden. Zu den Angeboten unserer Schule gehören unter anderem Sprachförderkurse, Sonderpädagogik an der Schule und verschiedene AGs im sportlichen und kreativen Bereich. Insgesamt werden etwa 525 Schülerinnen und Schüler in 26 Klassen (12 Klassen der SESB) von 45 Lehrkräften und 20 Erzieherinnen und Erziehern unterrichtet und betreut.

Das Konzept der Europa-Schule wird konsequent durchgesetzt, allerdings legen wir verstärkten Wert auf Deutsch als Umgangssprache, da die meisten unser Schülerinnen und Schüler in polnisch sprechenden Familien aufwachsen und so in ihrem privaten Umfeld wenig Bezug zur deutschen Sprache haben. Deswegen arbeiten wir verstärkt daran, mehr Schüler mit deutschsprachigen Eltern an unsere Schule zu holen, um eine bessere Ausgewogenheit der beiden Sprachen zu erreichen.

Missverständnisse gibt es immer wieder mit den Eltern des Regelzuges, die glauben, wir wären eine polnische Schule, und die Probleme im Umgang mit den polnischen Kindern vermuten. Diesen Vorurteilen begegnen wir mit vielen gemeinsamen Projekten und Festen. An den angebotenen AGs können sowohl Kinder des Regel- als auch des Europa-Zugs gemeinsam teilnehmen. Seit zwei Jahren sind wir „Schule ohne Rassismus". Auch hierdurch wollen wir Befindlichkeiten abbauen und die Gemeinsamkeit aller an der Schule lernenden und lehrenden Menschen stärken.

Unser Ziel ist es, eine Schule für alle zu sein!

Robert-Jungk-Schule (ISS) — Deutsch/Polnisch

Die Robert-Jungk-Oberschule ist eine Integrierte Sekundarschule mit gymnasialer Oberstufe. In jedem Jahrgang der Klassen 7 bis 10 gibt es vier Regelklassen und zwei Klassen der Staatlichen Europa-Schule Berlin (SESB) Deutsch/Polnisch. Insgesamt besuchen etwa 950 Schülerinnen und Schüler unsere Schule. Davon werden etwa 280 bilingual deutsch/polnisch unterrichtet. Unsere Schule liegt im Stadtteil Wilmersdorf, sehr zentral und mit einer hervorragenden Anbindung an den öffentlichen Nahverkehr. Dies ermöglicht es Schülerinnen und Schülern auch aus anderen Teilen Berlins zu uns zu kommen.

Die Züge der SESB gibt es seit 2005. Zuvor gab es bereits einige Jahre lang das Angebot, Polnisch als zweite Fremdsprache zu lernen. Obwohl Polen nur etwa 80 km entfernt ist, gab und gibt es auch heute nur zwei staatliche Oberschulen in Berlin, an denen Polnisch gelernt werden kann. Um Polnischunterricht auch Mutter- und Partnersprachlern zu ermöglichen, folgte die Einrichtung der SESB-Klassen.

Neben dem zweisprachigen Unterrichtsangebot (Biologie, Musik, Geschichte und Geografie in polnischer Sprache) liegt ein besonderer Schwerpunkt auch in der Integration polnischer Kunst und Kultur in den Schulalltag. In zahlreichen Projekten, die teilweise auch gemeinsam mit Schülerinnen und Schülern unserer Partnerschulen in Polen durchgeführt werden, lernen die Schülerinnen und Schüler der SESB eigene Wurzeln kennen. Ein Leitgedanke der Robert-Jungk-Oberschule ist interkulturelles Lernen. Wir legen deshalb viel Wert darauf, dass auch unsere Regelklassen ihr Wissen über unser Nachbarland vertiefen und Vorurteile abgebaut werden. Wir unterstützen deshalb ganz besonders Projekte, in denen unsere Regelklassen gemeinsam mit den SESB-Klassen länderübergreifende Themen erarbeiten. Die Attraktivität von Polnisch als Fremdsprache ist sicherlich begrenzt. Dennoch arbeiten wir sehr intensiv daran, über das Interesse an unserem Nachbarland auch die Bereitschaft zu erhöhen, Polnisch zu erlernen.

Ein wichtiger Aspekt in unserer schulischen Arbeit ist die Integration von Kindern, die erst kurze Zeit in Deutschland leben. Die deutsche Sprache als Fundament für eine Ausbildung wird in den Vordergrund gerückt und die Steigerung der Sprachkompetenz auf allen Ebenen gefördert.

Die Staatliche Europa-Schule Berlin umfasst jeweils zwei Klassen eines Jahrgangs, der Leitgedanke Europa soll aber die gesamte Schule tragen. Eine Schule, die sich in ihrer Gesamtheit als Europa-Schule empfindet, vermittelt allen Schülerinnen und Schülern Kompetenzen, die in einem immer globaler ausgerichteten Leben benötigt werden. Dies ist das Ziel der Robert-Jungk-Oberschule.

Grundschule Neues Tor Deutsch/Portugiesisch

Die Grundschule Neues Tor ist eine Staatliche Europa-Schule Berlin (SESB) Deutsch/Portugiesisch mit zwei Zügen Europa-Schule und einem Zug Regelschule in Berlin-Mitte seit dem Schuljahr 1997/98.

Die kulturelle Vielfalt ist der größte Reichtum unserer Schule. Insgesamt sind wir 370 Kinder sowie 35 Lehrer und Lehrerinnen und 23 Pädagogen aus unterschiedlichen Ländern der Welt.

In der Europa-Schule werden die Kinder in zwei gleichberechtigten Unterrichtssprachen unterrichtet: Deutsch und Portugiesisch. Ungefähr die Hälfte der Schüler und Schülerinnen haben Portugiesisch als Muttersprache, die andere Hälfte Deutsch.

Die portugiesische Sprache ist die offizielle Sprache von neun Staaten und verbindet weltweit vier Kontinente!

Die interkulturelle Begegnung findet zwischen deutschen, portugiesischen, brasilianischen, angolanischen, mosambikanischen, kapverdischen und den vielen Kulturen der Regelschule, wie türkisch, polnisch, russisch usw., statt. Die Vielfalt und Diversität der Länder, in denen Portugiesisch gesprochen wird, illustriert zugleich den kulturellen Reichtum der portugiesischsprachigen Welt, zum Beispiel in der Literatur, in der Musik und im Film, die hier in unserer Schule in unterschiedlichen Formen ausgelebt werden.

Bei wachsender Globalisierung hat das Interesse an Sprachen und an anderen Kulturen zugenommen. Portugiesisch wird weltweit von insgesamt etwa 240 Millionen Menschen gesprochen und ist damit die siebtgrößte Sprache der Welt. Diese Sprache ist die Amtssprache in acht Ländern auf vier Kontinenten: Portugal, Brasilien, Angola, Mosambik, Kapverden, Guinea-Bissau, São Tomé und Príncipe sowie Ost-Timor. Darüber hinaus ist es Amtssprache in Äquatorialguinea und der chinesischen Sonderverwaltungszone Macao.

Die Erfolge der Kinder und das wachsende Interesse an unserer Schule lassen uns mit Freude in die Zukunft blicken.

Kurt-Schwitters-Schule (ISS)   Deutsch/Portugiesisch

Die Kurt-Schwitters-Schule wurde zum Schuljahr 1991/92 als Gesamtschule mit gymnasialer Oberstufe Prenzlauer Berg (1.O/OG) gegründet und gab sich 1993/94 den Namen Kurt-Schwitters-Schule. Die KSS liegt am Rand des Bezirks Pankow, im Bötzowviertel im Prenzlauer Berg. Sie ist verteilt auf drei Gebäude und zwei Schulhöfe. Im Schuljahr 2015/16 besuchen 942 Schülerinnen und Schüler (SuS) unsere Schule (629 Sekundarstufe I, 313 Sekundarstufe II), davon sind etwa 163 SuS im deutsch-portugiesischen Zweig der Staatlichen Europa-Schule Berlin (SESB). Die Kurt-Schwitters-Schule umfasst die Jahrgänge 7 bis 13 und ist seit der Schulstrukturreform eine Integrierte Sekundarschule mit einer eigenen gymnasialen Oberstufe, einem gebundenen Ganztagsbetrieb, dem deutsch-portugiesischen SESB-Zweig und inklusiven Klassen.

Die deutsch-portugiesische SESB wurde im Sekundarbereich mit der ersten 7. Klasse im Jahr 2004 eingerichtet, zunächst an einem Gymnasium. 2006 erfolgte der Wechsel auf die Kurt-Schwitters-Schule. Die SESB beruhte von Beginn an auf einer engen Kooperation des Senats von Berlin mit dem portugiesischen Erziehungsministerium. Die Mehrzahl der portugiesischen Lehrkräfte wurde über die Botschaft entsandt. Mittlerweile sind die meisten Lehrkräfte in den Berliner Schuldienst übernommen worden, mit festen Arbeitsverträgen. Die enge Kooperation mit der Botschaft von Portugal und dem Instituto Camões besteht jedoch fort und ist für die Schule von großer Bedeutung. Im Schuljahr 2015/16 unterrichten sieben muttersprachliche Lehrkräfte und ein bilingualer Lehrer im SESB-Zweig die Fächer Portugiesisch, Geschichte, Ethik, Biologie, Geografie und Musik. Der Unterricht in diesen Fächern erfolgt auf der Basis der Berliner Rahmenpläne, mit SESB-spezifischen Modifikationen, in portugiesischer Sprache.

In Eigeninitiative und in Kooperation mit der Botschaft werden regelmäßig künstlerische, literarische oder musikalische Projekte durchgeführt. Auch Lehrerfortbildungen gehören zu dieser Kooperation. Die SuS der deutsch-portugiesischen SESB repräsentieren die gesamte Vielfalt der lusophonen Community in Berlin: Es sind Kinder portugiesischer, brasilianischer, angolanischer, mosambikanischer, kapverdianischer usw. Eltern, oft in binationalen Beziehungen, die ihr sprachliches und kulturelles Erbe und die Zukunftspotenziale, die im Beherrschen der fünftgrößten Weltsprache liegen, an die Kinder weitergeben möchten. Es ist Ziel der Kurt-Schwitters-Schule, den SuS die Kompetenzen zu vermitteln, sich den Reichtum dieser lusophonen multikulturellen Gemeinschaft Europas, Lateinamerikas und Afrikas eigenständig zu erschließen und sich gleichzeitig mit ihrem Leben als Bürgerinnen und Bürger Deutschlands und Europas zu identifizieren.

Zentral für den Anspruch der Kurt-Schwitters-Schule steht dabei die intensive Integration der „Regelschülerschaft" mit dem SESB-Zweig (und umgekehrt), sei es über gemeinsamen Unterricht in den Wahlpflichtfächern und den Arbeitsgemeinschaften in der Sekundarstufe I und über gemeinsame Kurse in der Sekundarstufe II. Auch für die SESB-SuS ist die Teilnahme am berufsorientierenden Programm „Duales Lernen" selbstverständlich. In gemeinsamen Unterrichtsprojekten oder außerunterrichtlichen Aktivitäten lernen die SuS des SESB- und des Regelzweigs voneinander. Ebenso stehen auch die Schüleraustausche bzw. Schulfahrten zu Partnerschulen in Portugal und Brasilien allen SuS offen. Die Kurt-Schwitters-Schule hat zum Ziel, die Ausstrahlung des deutsch-portugiesischen Zweigs weiter zu fördern, um das multikulturelle Potenzial von SuS, Eltern und Lehrkräften der SESB weiter zur Bereicherung der Schulgemeinschaft zu entfalten. Dazu gehört auch die sozialpädagogische Betreuung: Zum Team der Sozialpädagogen gehört ein brasilianischstämmiger Psychologe.

Der Erfolg des SESB-Zweigs zeigt sich in wachsenden Übergängen von SuS der Grundschule auf die Sekundarschule; im Schuljahr 2015/16 wurden zwei 7. Klassen eingerichtet. Die steigenden Zahlen sind auch der engen Kooperation mit der Grundschule Neues Tor zu verdanken. 2016 wird die SESB zum sechsten Mal die bilinguale Abiturprüfung durchführen – aus einem ehemals gewagten Projekt ist eine stabile und erfolgreiche Schule besonderer pädagogischer Prägung geworden.

Grundschule am Brandenburger Tor Deutsch/Russisch

Die Grundschule am Brandenburger Tor befindet sich im Zentrum der Stadt im Bezirk Mitte und ist mit den öffentlichen Verkehrsmitteln gut zu erreichen. Das Gebäude ist im Jahre 1991 fertiggestellt und als Schule eröffnet worden. Seit dem Jahr 2004 ist die Grundschule am Brandenburger Tor auch eine Staatliche Europa-Schule Berlin (SESB) mit der Partnersprache Russisch. Sie gliedert sich in eine Regelschule für die Kinder des umgebenden Einzugsbereichs und den Europa-Schulteil. Im Regelschulteil lernen Schülerinnen und Schüler (SuS) aus mehr als 40 Nationen. Zurzeit besuchen 570 SuS die Schule in 23 Klassen. 11 Klassen davon sind Klassen der SESB. Dabei besuchen die SESB-SuS einen gebundenen Ganztagsbetrieb, während der Besuch der Regelklassen im offenen Ganztag erfolgt.

Die Entscheidung, eine Staatliche Europa-Schule zu werden, ergab sich aus dem Umstand, dass ein Europa-Schulstandort im Stadtbezirk Köpenick geschlossen werden musste und der Anteil russischstämmiger SuS oder von Kindern mit einem russisch sprechenden Elternteil unter den vielen Nationalitäten der SuS unserer Schule ohnehin am höchsten war. Auch die Botschaft der Russischen Föderation befindet sich in unmittelbarer Nähe der Schule. Viele Kinder von Botschaftsangehörigen besuchen in beiden Schulzweigen unsere Schule. Nach einem Abstimmungsprozess in den schulischen Gremien wurde 2003 der Antrag gestellt, am damaligen Modellprojekt „Staatliche Europa-Schule Berlin (SESB)" teilzunehmen. Ab dem Schuljahr 2004/05 begann dieser Schulversuch mit der Einrichtung einer Vorklasse. Durch die Kooperation mit der Technischen Jugendfreizeit- und Bildungsgesellschaft (tjfbg gGmbH) konnte der SESB-Zweig der Schule 2005 mit einer optimalen Ausstattung an pädagogischem Personal starten.

Das Konzept der Europa-Schule wird an der Grundschule am Brandenburger Tor auf vielfältige Weise umgesetzt. Die Berücksichtigung der nationalen Besonderheiten, Traditionen, Feste und Feiertage der Partnernationen sind fester Bestandteil der Schuljahresplanung in der SESB. Ein wesentliches Element ist dabei die Zusammenarbeit der zwei Grundschul- und des einen Oberschulstandorts mit der Partnersprache Russisch. Diese Zusammenarbeit drückt sich in der Organisation und Durchführung gemeinsamer Veranstaltungen, gemeinsamen Fachkonferenzen und der Verlinkung der Homepages dieser Schulen aus. Auch die gemeinsamen Veranstaltungen aller SESB-Standorte wie Grand Prix und Fußballturnier sind Höhepunkte im Schuljahr, an denen wir uns gerne beteiligen.

Die Staatliche Europa-Schule an der Grundschule am Brandenburger Tor erfreut sich einer großen Beliebtheit. Seit Jahren ist es aufgrund der starken Nachfrage nur noch über ein Losverfahren bzw. eine Warteliste möglich, hier Kinder einzuschulen.

Es ist allgemein bekannt, dass die Europa-Schulklassen Leistungsträger der Schule sind. Bei den Vergleichsarbeiten in Deutsch und Mathematik zeigen diese Klassen immer ein hohes Niveau. Auch in der Vergleichsgruppe der Schulen untereinander liegen sie immer im vordersten Bereich der Wertung. Leider verlässt uns nach der 4. Klasse jedes Jahr eine nicht unerhebliche Anzahl von SuS dieses Schulzweigs, um an grundständigen Gymnasien weiter zu lernen. Fast in jedem Jahr müssen deshalb nach der 4. Klasse Zusammenlegungen erfolgen, sodass die SESB ab der 5. Klasse einzügig geführt wird.

Wir achten darauf, dass die SuS – bei allen Besonderheiten und Unterschieden der Schulformen an einem Standort – die Schule als Ganzes betrachten. Deshalb finden viele Veranstaltungen für alle SuS gemeinsam statt. So tragen Erfolge bei sportlichen Veranstaltungen, gemeinsame Jahrgangsfahrten und Schulfeste zur Entwicklung eines Zusammengehörigkeitsgefühls bei. Die Programme zur Einschulung der Schulanfänger und „Ausschulung" der 6. Klassen werden wechselseitig von SuS der beiden Schulformen für alle Klassen gestaltet. Auch bei den Lehrkräften und Erziehern achten wir darauf, dass sie möglichst in beiden Schulzweigen tätig sind. Schwierig ist die Gestaltung der Elternmitwirkung. Dabei sind die teilweise sehr großen Entfernungen zu den Wohnorten der Kinder und die Tatsache, dass der Unterrichtstag erst um 16 Uhr endet, ein Problem, Elternbeteiligung über den Klassenverband hinaus zu entwickeln. Hier müssen wir noch Formen finden, die das Elternengagement künftig stärker zum Tragen bringen.

Lew-Tolstoi-Grundschule   Deutsch/Russisch

Die Lew-Tolstoi-Grundschule wurde 1992 als Staatliche Europa-Schule Berlin (SESB) neben den Sprachen Englisch, Französisch für Russisch in Karlshorst gegründet. Da die Schule nach einem neuen Profil suchte, engagierte Lehrer – besonders Russischlehrer – hier arbeiteten, kam die Schulleiterin auf die Idee, den Gedanken der SESB zu entwickeln. Das Konzept des Senats wurde evaluiert und in der Praxis durch die Erfahrungen der engagierten Kollegen ständig weiterentwickelt.

Am Anfang lernten auch monolinguale Kinder an dieser Schule. Gemeinsam mit den Eltern wurden Feste gefeiert, Projekte gestaltet. 1995 erfolgte die Namensverleihung „Lew Tolstoi". Seit 2006 wurden zusätzlich deutschsprachige Regelklassen eingerichtet. Es entwickelte sich eine Schule, in der deutsche Kinder neben russischsprachigen Kindern lernen. Heute – 2015 – haben wir 500 Kinder in 12 Regelklassen und 12 SESB-Klassen.

Mehr als 50 Kolleginnen und Kollegen arbeiten an unserer Schule, das sind deutsche und russische Muttersprachler, männliche und weibliche Kolleginnen und Kollegen, junge und erfahrene Lehrer und Lehrerinnen, Erzieher und Erzieherinnen. Die gute Mischung trägt zum Erfolg unserer Arbeit bei.

So wie Karlshorst wächst, entwickelt sich auch unsere Schule und darauf sind wir stolz. Wir könnten noch viel mehr Kinder aufnehmen, der Wunsch, bei uns zu lernen, ist sehr groß, leider reicht der Platz nicht, sodass im letzten Jahr das Los über die Aufnahme an unsere Schule entscheiden musste.

Ab 2016 beginnt die Planung für eine größere Schule, es erfüllt sich unser Wunsch nach mehr Platz, nach einem Anbau, einer größeren Turnhalle und einem neuen Sportplatz. Unser Kampf der Kollegen mit Schülern, Eltern und Sponsoren, Kooperationspartnern hat sich gelohnt. Umzug, Auslagerung und Ähnliches gehören dann hoffentlich der Vergangenheit an.

Die Eltern schätzen sehr den gebundenen Ganztag. Die Kinder können von 8 bis 16 Uhr neben einem abwechslungsreichen Unterricht, vielen Arbeitsgemeinschaften, tollen Projekten eine interessante Freizeitgestaltung mit erfahrenen Lehrern und Erziehern organisieren. Unsere Eltern unterstützen uns dabei. Denken wir dabei an Zirkusprojekte, Märchentrucks, Gartenarbeit, Leseprojekte in zwei Sprachen, mathematischen Knobeleien, Gesang und Tanz und verschiedene Sportwettkämpfe. Zu den jährlichen Höhepunkten gehören der erste Schultag: Begrüßung aller Schüler und neuen Kollegen, die Einschulungsfeiern mit tollem Programm und begeistertem Publikum. Der Tag der offenen Tür wird von den neuen Eltern immer voller Sehnsucht erwartet, um die Schule kennen zu lernen. Mit viel Engagement der Kinder, Lehrer und Eltern werden alle Gäste begrüßt und durch das Schulgebäude geführt. Hier werden die tollen Arbeiten der Kinder ausgestellt. Weihnachtsprojekte in beiden Sprachen gehören ebenso zu den Höhepunkten wie Fasching, Masleniza – Winterabschiedsfest, Osterbasar, Schüleraustausch mit Jasnaja Poljana und St. Petersburg, Auftritte im FEZ beim Grand Prix, unsere sportlichen Wettkämpfe (Sportfest und Sponsorenlauf) und Klassenfahrten.

Lernen in kleinen Sprachgruppen mit kompetenten Lehrern gehört zu den Vorteilen an unserer Schule. Ein freundliches und sauberes Umfeld, gute Verkehrsanbindung und der schöne Stadtteil Karlshorst zieht immer mehr Menschen mit schulpflichtigen Kindern an.

Unsere Öffentlichkeitsarbeit hat sich gelohnt. Netzwerk mit der Kita Römerweg, der Mildred-Harnack-Schule (unserer weiterführenden Schule) und der Hochschule für Technik und Wirtschaft Berlin gehören zu unseren Attraktionen. Dank der Arbeit unseres Fördervereins und den Sponsoren unserer Schule: Gazprom Germania, European Business Congress, der HOWOGE und der Stiftung Deutsch-Russischer Jugendaustausch können wir auch weiterhin ein interessantes Schulleben gestalten.

Mildred-Harnack-Schule (ISS)   Deutsch/Russisch

Die Mildred-Harnack-Schule ist eine Integrierte Sekundarschule mit gymnasialer Oberstufe und schon seit 1998 der Standort für die weiterführende Europa-Schule der Sprachkombination Deutsch/Russisch. Die Schule besteht aus zwei Gebäudekomplexen, einem Schulaltbau aus dem Jahre 1905 und einem Schulneubau, die durch einen großen, begrünten und mit einem Fußballspielfeld versehenen Hof miteinander verbunden sind. Im Gebäude B, dem Altbau, befindet sich neben Klassen- und Fachräumen der Schülerclub mit Snackbar, Tischspielen und Spieleausleihe sowie die Schulstation. Im Gebäude A, dem Neubau, sind neben Klassen- und Fachräumen die gut ausgerüstete Schülerwerkstatt und die Cafeteria mit einem großen Speiseraum, in der es auch eine warme Mittagsversorgung gibt.

    An der Mildred-Harnack-Schule lernen 852 Kinder und Jugendliche, davon 151 in den Europa-Klassen. Sie werden von 85 Lehrerinnen und Lehrern unterrichtet, davon sind 10 russische Muttersprachlerinnen. Die Wahl für diesen Standort erfolgte aufgrund der räumlichen Nähe zur Lew-Tolstoi-Grundschule, die auch im Stadtbezirk Lichtenberg ansässig ist, und des sehr großen Interesses am Projekt vonseiten des Kollegiums. Ästhetische Erziehung und kulturelle Bildung sind Grundanliegen unserer Arbeit.

    Den Schülerinnen und Schülern wird eine Vielzahl von Sprachen geboten. Neben Russisch können sie auch Englisch, Französisch, Spanisch und Latein zum Teil auch als dritte Fremdsprache bzw. im Rahmen einer AG erlernen. Beim Sprachenlernen spielt natürlich auch das Kennenlernen unterschiedlicher Kulturen eine große Rolle. Deshalb haben Schüleraustausche eine große Tradition. Es bestehen feste Schulpartnerschaften mit Mariagne/Frankreich, Moskau/Russland und Milwaukee/USA, sodass auch Auslandsschulbesuche möglich sind. Für die Schülerinnen und Schüler der Oberstufe werden regelmäßig Kursfahrten nach England, Ski- und Surfkurse angeboten.

    Im Rahmen des offenen Ganztagsbetriebs haben die Schülerinnen und Schüler die Möglichkeit, nach dem Unterricht an Schülerarbeitsstunden bzw. an einer Hausaufgabenbetreuung durch Fachlehrer und an Arbeitsgemeinschaften teilzunehmen. Eine Auswahl der Freizeitangebote sind zum Beispiel Informatik, Tanzen, Kochen, Sport, Theatergruppen, Astronomie, Malerei/Grafik, Fotografie und vieles mehr. Im Unterricht werden die Schülerinnen und Schüler auf verschiedene Wettbewerbe vorbereitet, die dann an Nachmittagen zwischen verschiedenen Schulen ausgetragen werden. In der außerunterrichtlichen Zeit und zum Teil in den Kerngruppenstunden werden die Kinder und Jugendlichen durch festangestellte Sozialarbeiter betreut.

    Das Europa-Schulkonzept bereichert auf vielfältige Weise den Schulalltag, zum Beispiel durch das russische Weihnachtsfest im Januar und den Europatag im November. In den gemischten Kursen der leistungsdifferenzierten Fächer profitieren alle von der hohen Leistungsbereitschaft und dem Fleiß der russischen Schülerinnen und Schüler. Im Austausch mit den Kolleginnen und Kollegen eröffnet sich eine andere Sicht auf Geschichte und Politik.

    Trotz der engen Zusammenarbeit mit den beiden Europa-Grundschulen Lew-Tolstoi und Am Brandenburger Tor sind die Schülerzahlen in den Jahrgängen sehr schwankend. Viele russischstämmige Eltern wünschen einen Gymnasialplatz. Hier müssen wir noch mehr auf die Stärken und Vorzüge einer Integrierten Sekundarschule mit gymnasialer Oberstufe hinweisen.

Joan-Miró-Grundschule   Deutsch/Spanisch

Die Joan-Miró-Grundschule liegt im Bezirk Charlottenburg-Wilmersdorf. Sie ist eine von zwei SESB-Grundschulen mit der Sprachkombination Deutsch/Spanisch. Mit mehr als 700 Schülerinnen und Schülern ist sie eine der größten nicht nur im Bezirk, sondern in ganz Berlin.

Die Schule ist SESB-Standort und Regelschule zugleich. Sie ist fünfzügig und führt in jeder Klassenstufe drei SESB-Klassen und zwei Regelklassen.

Das Aufnahmeverfahren sieht, wie in allen anderen Europa-Schulen, einen Sprachtest für die Zuordnung der Schülerinnen und Schüler zu Mutter- bzw. Partnersprache sowie eine Auswahl per Los vor, wenn es mehr Anmeldungen als Plätze gibt. Wegen der großen Nachfrage richtete die Joan-Miró-Grundschule mehrmals in den letzten Jahren vier statt drei 1. Klassen ein.

Die Joan-Miró-Grundschule ist eine stark nachgefragte Grundschule. Ein Grund dafür ist der in den letzten Jahren zunehmende Zuzug von spanischen Familien nach Berlin. Unter anderem aus diesem Grund ist das Verhältnis Deutsch–Spanisch in der Schülerschaft insgesamt ausgewogen, auch wenn in einzelnen Klassen unter bestimmten Umständen ein unausgewogenes Verhältnis entstehen kann.

Der deutsch-spanische Standort der Europa-Schule existiert seit dem Schuljahr 1993/94. Nach den zwei Jahren zuvor eingerichteten Sprachkombinationen mit Englisch, Französisch und Russisch folgten dann Spanisch und Italienisch. Maßgeblich für die Entstehung dieser SESB-Schulen war das starke Engagement der Eltern-Initiativen.

Die Klassen in der Europa-Schule werden in zwei Lerngruppen aufgeteilt, da die Alphabetisierung für jede Gruppe in deren Muttersprache erfolgt. Spanisch ist die Sprache in den Fächern Sachunterricht, Geschichte, Erdkunde, Naturwissenschaften, Musik oder Sport. Mathematik wird (ebenso wie das Fach Deutsch) auf Deutsch unterrichtet. In der SESB wird jahrgangsbezogen unterrichtet. Die Schulanfangsphase erstreckt sich über die 1. und 2. Jahrgangsstufe. Die Partnersprache ist die erste Fremdsprache. Die zweite Fremdsprache ist Englisch und wird ab der 5. Klasse erlernt.

Flankierend führen wir zahlreiche bilinguale und interkulturelle Projekte durch. Beispielsweise führt die Schule seit Jahren erfolgreich Comenius- und Erasmus+-Projekte mit mehreren spanischen Partnerschulen durch. Unterstützt wird die Arbeit von den spanischsprachigen Erzieherinnen und Erziehern sowie den „Teamern" des Elternvereins Escándalo e. V. Die Vermittlung von Kulturen und Inhalten über eine Partnersprache ist somit eines der wichtigsten Merkmale der Europa-Schule.

Es besteht die Möglichkeit, den bilingualen Unterricht in der Sekundarstufe I und II fortzusetzen und eine annähernd muttersprachliche Kompetenz in der erlernten Partnersprache zu erreichen.

Friedensburg-Schule (ISS)   Deutsch/Spanisch

Die Friedensburg-Schule, der einzige Standort der SESB für die Sprachenkombination Deutsch/Spanisch, ist eine Integrierte Sekundarschule mit gymnasialer Oberstufe. Sie liegt im Bezirk Charlottenburg. Zurzeit lernen und leben an dieser Schule etwa 1.100 Schülerinnen und Schüler. Knapp die Hälfte hiervon gehen in die Klassen des SESB-Zweiges: In den Klassenstufen 7 bis 9 gibt es zurzeit jeweils drei, in Klassenstufe 10 vier parallele SESB-Klassen. In der Klasse 11, der Einführungsstufe der gymnasialen Oberstufe, bildet der SESB-Zweig zwei Klassen, das heißt die Hälfte dieser Stufe.

Die Friedensburg-Schule ist seit mittlerweile elf Jahren SESB-Standort. Die deutsch-spanische Kombination wurde, ebenso wie die anderen Kombinationen, Jahrgangsstufe für Jahrgangsstufe aufgebaut. Als die erste Schülergeneration in die 7. Klasse kam, wurde zunächst die Sophie-Scholl-Schule gewählt, die bereits die deutsch-französische Kombination beheimatete. Als sich nach drei weiteren Jahrgängen herausstellte, dass für Deutsch/Spanisch mittelfristig bis zu vier Züge erforderlich würden, musste ein neuer Standort gesucht werden. Die Friedensburg-Schule, die sich zu der Zeit in einer Phase der Neuorientierung befand, erklärte sich zur perspektivischen Einrichtung dieser vier Züge bereit.

Das am meisten herausragende Merkmal der Friedensburg-Schule ist die Heterogenität in der Zusammensetzung der Schülerschaft. Diese kann vor allem in drei für die schulische Bildung relevanten Bereichen quantifiziert werden: bezüglich der Leistungsfähigkeit, der sozialen sowie der sprachlich-kulturellen Herkunft. Diese Heterogenität hat die Schule als Chance erkannt und deshalb als Leitmotiv formuliert: „Vielfalt ist unsere Stärke." Auch das Kollegium ist mittlerweile sehr vielfältig zusammengesetzt: Knapp ein Viertel der Lehrkräfte haben ebenfalls einen Migrationshintergrund überwiegend natürlich aus spanischsprachigen Ländern. Jede Schülerin und jeder Schüler wird beim Erreichen des für sie oder ihn bestmöglichen Abschlusses unterstützt. Die vorhandene sprachliche und kulturelle Vielfalt wird genutzt und weiterentwickelt. Toleranz und Wertschätzung werden vorgelebt, Konflikte werden thematisiert und gemeinsam gelöst. Entwicklungsrückstände werden mit Geduld und Respekt erzieherisch aufgearbeitet. An der Schule wird die Verschiedenheit der kulturellen Herkunft, der Hautfarbe, der sexuellen Orientierung und religiösen Zugehörigkeit geachtet.

Im Schuljahr 2014/15 hat die Friedensburg-Schule sich um den Deutschen Schulpreis beworben, mit erfreulichem Erfolg: Sie wurde von der Jury nominiert und kam unter die 15 besten unter den Kandidaten aus ganz Deutschland. Schulleitung, Kollegium und Schülerschaft haben das nicht nur als Anerkennung, sondern auch als Ansporn aufgefasst.

Aus verschiedenen Gründen verlassen eine Reihe Familien den bilingualen Bildungsgang nach der Grundschule. Für die Friedensburg-Schule ist ein vorrangiges Entwicklungsziel, noch mehr Eltern und Kinder aus den beiden deutsch-spanischen SESB-Grundschulen zu gewinnen, diesen Bildungsgang fortzusetzen und zunächst mit dem Mittleren Schulabschluss und dann möglichst mit dem Abitur eine sprachliche und interkulturelle Kompetenz zu erreichen, die kein anderer Bildungsgang anbieten kann.

Hausburg-Grundschule

Deutsch/Spanisch

Die Hausburg-Grundschule ist eine Staatliche Europa-Schule Berlin (SESB) mit der Sprachkombination Deutsch/Spanisch als Muttersprachunterricht und Partnersprachunterricht und Englisch als zweite Fremdsprache ab Klasse 5 sowie einem Regelschulteil des Wohnumfeldes mit der ersten Fremdsprache Englisch ab Klasse 3. Als sprachbetonte Projekte werden vom Freizeitbereich Englisch in der 3. und 4. Klasse der SESB, Spanisch ab Klasse 1 und Vietnamesisch ab Klasse 2 im Regelschulteil angeboten. Für beide Schulteile findet eine differenzierte Profilbildung im musisch-ästhetischen, sportlichen und naturwissenschaftlichen Bereich statt.

Die Hausburg-Grundschule ist eine Schule mit gebundenem Ganztagsbetrieb. Der Unterricht und die Freizeitplanung werden rhythmisiert von 8 bis 16 Uhr organisiert. Die gemeinsame Frühstückspause und die gemeinsame Einnahme des Mittagessens gehören zum Tagesablauf.

Kinder mit unterschiedlichen Fähigkeiten und Voraussetzungen werden gemeinsam unterrichtet und erzogen. Die vielfältigen sprachlichen und kulturellen Hintergründe der Kinder sollen für die pädagogische Arbeit fruchtbar gemacht werden und Einlass finden in Unterricht, Freizeit und in das projektorientierte Lernen. Sport, Bewegung und eine gesunde Ernährung spielen dabei ebenfalls eine wichtige Rolle.

Dieses schulische Anliegen wird durch eine qualitativ gute Zusammenarbeit mit den vorschulischen Einrichtungen, durch die Mitwirkung Freier Träger und die aktive Einbeziehung der Eltern und des Wohnumfeldes unterstützt. Ergänzt wird die Bildungs- und Erziehungsarbeit durch zahlreiche Kooperationspartner in musisch-ästhetischen und sportlichen Gebieten. Es wird auf ein gutes Schulklima Wert gelegt, das vertrauensvoll, offen, ehrlich und gewaltfrei sein soll.

Die Hausburg-Grundschule hat eine 100-jährige Schulstandorttradition in einer überwiegend einfachen Wohnlage, die durch zwei Sanierungsgebiete – „Alter Schlachthof" und „Samariter-Viertel" – begrenzt wird. Die Schule hat 42 Klassenräume mit jeweils 50 qm, 6 Klassenräume mit jeweils 30 qm, Fachräume für Musik, Medien, Bildende Kunst, Naturwissenschaften und Computer. Ferner verfügt sie über einen Gymnastikraum, eine Zweifeldturnhalle, Freizeiträume, eine Bibliothek, einen Raum für Religionsunterricht, für Lebenskunde, für spezielle Förderungen und ein Elterncafé, in dem auch Deutschkurse für Eltern stattfinden. Die Räume werden grundsätzlich mehrfach genutzt.

Es lernen etwa 560 Kinder in den Klassen 1–6 bei 41 Lehrerinnen und Lehrern sowie 30 Erzieherinnen und Erziehern. 260 Kinder wohnen im Schulumfeld und besuchen den Regelschulteil des Landes Berlin, etwa 300 Kinder besuchen die deutsch-spanischen Europaklassen und kommen aus dem gesamten Stadtgebiet.

Die soziale Zusammensetzung ist sehr vielschichtig und durch etwa 60 Prozent Schülerinnen und Schüler unterschiedlicher Herkunftssprachen, allen voran der spanischen Sprache geprägt. Entsprechend des Schulprogramms der SESB sind 12 Lehrerinnen und Lehrer spanische Muttersprachlerinnen und -sprachler aus Spanien und dem iberoamerikanischen Sprachraum.

Den denkmalgeschützten Hoffmann-Bau ergänzen drei durch die Schule selbst gestaltete Freiflächen mit Spielangeboten, Rückzugsmöglichkeiten und Grünflächen mit insgesamt etwa 5.000 qm Fläche, sowie einen neuen Schulhof von etwa 1.000 qm.

Aziz-Nesin-Grundschule

Deutsch/Türkisch

Unsere Schule wird im Jahre 2016 das 20-jährige Bestehen feiern. Die Gründung ist aus einer Initiative deutsch-türkischer Eltern hervorgegangen. Aus anfänglich zwei Vorklassen mit 32 Schülerinnen und Schülern deutsch-türkischer Muttersprache ist eine dreizügige Schule entstanden, die im Schuljahr 2015/16 genau 380 Schülerinnen und Schüler im Bezirk Kreuzberg beschult.

In einigen Familien türkischer Herkunft ist bereits in 2./3. Generation Deutsch die dominante Sprache. Somit ist die Aufteilung der Sprachgruppen auch durch die vielen bikulturellen Familienstrukturen folgendermaßen gegliedert: 60 Prozent Muttersprache Deutsch und 40 Prozent Muttersprache Türkisch.

Die Kooperationen mit den zweisprachigen Kitas und dem weiterführenden SESB-Zweig an der Carl-von-Ossietzky-Schule bilden einen Schwerpunkt unserer pädagogischen Arbeit für die durchgängige Sprachbildung.

Im Rahmen der Europawoche feiern wir jedes Jahr das internationale Kinderfest und laden hierzu unsere Kooperationspartner ein.

Mittlerweile sind es zwei SESB-Züge, die in der Mittelstufe eingerichtet werden mit dem Ziel des zweisprachigen Abiturs.

Ganz im Sinne von Aziz Nesin, unserem Namensgeber, ist ein weiterer Schwerpunkt die Demokratie-Erziehung. Jedes Jahr nehmen die Schülerinnen und Schüler der 5. und 6. Klassen an den Sitzungen des Kinderparlaments teil. Auch im Programm unserer Partnerschulen aus der Türkei ist jedes Jahr ein Besuch im Deutschen Bundestag geplant.

Carl-von-Ossietzky-Schule (ISS) — Deutsch/Türkisch

Die Carl-von-Ossietzky-Gemeinschaftsschule ist seit 2002 die weiterführende Europa-Schule der Aziz-Nesin-Grundschule. Beide Schulen befinden sich auf demselben Schulgelände im Bezirk Friedrichshain-Kreuzberg, was für den Übergang von der Grundschule in die Oberschule und die Kooperationsarbeit zwischen den Schulen ein besonderer Vorteil ist.

Die Carl-von-Ossietzky-Schule wurde vor 40 Jahren als erste Gesamtschule Kreuzbergs mit gymnasialer Oberstufe gegründet. Seit fünf Jahren ist die Carl-von-Ossietzky-Schule eine Gemeinschaftsschule und baut nun im dritten Jahr eine eigene Grundstufe auf. Die Entscheidung, den Europa-Schulzweig einzurichten, wurde vom Kollegium bewusst getroffen.

Zurzeit besuchen 1.130 Schülerinnen und Schüler die Carl-von-Ossietzky-Schule, davon 195 den SESB-Zweig von Klasse 7 bis 13. Neben den Absolventen aus der Aziz-Nesin-Grundschule besuchen auch hochmobile Schülerinnen und Schüler in fast allen Jahrgangsstufen erfolgreich den SESB-Zweig.

Mit dem projektorientierten Unterricht wie zum Beispiel Lesungen mit türkischen und deutschen Autoren, ganztägigen Exkursionen/Klassenfahrten innerhalb Deutschlands und Europas sowie Diskussionsveranstaltungen mit Politikern kommen wir unserem sprachlichen, interkulturellen und politischen Bildungsauftrag als Europa-Schule nach.

Vom Europa-Zweig profitieren nicht nur die Schülerinnen und Schüler der SESB; sämtliche Projekte sind für den Regelzweig geöffnet.

Die muttersprachlichen Kolleginnen und Kollegen sind Sprachvorbilder für alle Schülerinnen und Schüler, sodass die türkische Sprache insgesamt in der Schule gestärkt und damit das mehrsprachige und interkulturelle Zusammenleben sowie die Ausbildung einer europäischen Identität gefördert und bewusst gelebt werden.

UNSERE BUCHEMPFEHLUNG

Kristina Reiss, Christine Sälzer,
Anja Schiepe-Tiska, Eckhard Klieme,
Olaf Köller (Hrsg.)

PISA 2015
Eine Studie zwischen Kontinuität und Innovation

2016, 504 Seiten, br., 34,90 €,
ISBN 978-3-8309-3555-1

Alle drei Jahre testet PISA den Stand der Grundbildung fünfzehnjähriger Jugendlicher in den Bereichen Naturwissenschaften, Mathematik und Lesen und untersucht so Stärken und Schwächen von Bildungssystemen im Vergleich der OECD-Staaten. Zentral ist dabei die Frage, inwieweit es den teilnehmenden Staaten gelingt, die Schülerinnen und Schüler während der Schulpflicht auf ihre weiteren Bildungs- und Berufswege vorzubereiten. Der nationale Berichtsband stellt die Ergebnisse aus PISA 2015 vor, die von den Schülerinnen und Schülern in Deutschland erreicht wurden, und setzt sie in Relation zu den Ergebnissen in anderen OECD-Staaten. Der Schwerpunkt der Erhebungen und Auswertungen liegt dabei auf den Naturwissenschaften.

PISA 2015 bildet als sechste Erhebungsrunde des *Programme for International Student Assessment* der OECD zugleich den Abschluss des zweiten Zyklus der Studie und den Beginn der computerbasierten Testung. Mit Blick auf diese Balance zwischen Kontinuität und Innovation werden die Befunde aus PISA 2015 in diesem Band eingeordnet und diskutiert.

UNSERE BUCHEMPFEHLUNG

Petra Stanat, Katrin Böhme,
Stefan Schipolowski, Nicole Haag
(Hrsg.)

IQB-Bildungstrend 2015

Sprachliche Kompetenzen
am Ende der 9. Jahrgangsstufe
im zweiten Ländervergleich

*2016, 544 Seiten, br., 44,90 €,
ISBN 978-3-8309-3535-3*

Im IQB-Bildungstrend 2015 wird über die Ergebnisse des zweiten Ländervergleichs des Instituts zur Qualitätsentwicklung im Bildungswesen (IQB) in den sprachlichen Fächern berichtet. Untersucht werden Kompetenzen von Schülerinnen und Schülern der 9. Jahrgangsstufe im Jahr 2015 in den Fächern Deutsch, Englisch und Französisch. Ein Fokus liegt dabei auf Trendanalysen, die zeigen, inwieweit sich das von Neuntklässlerinnen und Neuntklässlern erreichte Kompetenzniveau in den sprachlichen Fächern seit dem IQB-Ländervergleich 2009 verändert hat. Die Referenzgröße bilden die länderübergreifenden Bildungsstandards der Kultusministerkonferenz, die fächerspezifisch festlegen, welche Kompetenzen Schülerinnen und Schüler bis zu einem bestimmten Punkt in ihrer Schullaufbahn entwickelt haben sollen.

Neben der Untersuchung der sprachlichen Kompetenzen in den Bereichen *Lesen*, *Zuhören* und *Orthografie* im Fach Deutsch sowie im *Lese-* und *Hörverstehen* in den fremdsprachlichen Fächern werden in diesem Bericht auch geschlechtsbezogene, soziale und zuwanderungsbezogene Disparitäten analysiert und ebenfalls überprüft, inwieweit hierfür seit dem Jahr 2009 Veränderungen festzustellen sind. Ergänzend werden Befunde zur Aus- und Fortbildung von Deutsch- und Englischlehrkräften berichtet.

www.waxmann.com